World Book 171

Nikolai Vasilyevich Gogol
MYORTVYE DUSHI/SHINEL/NOS
ZAPISKI SUMASSHEDSHEGO

죽은 혼/외투/코/광인일기

고골/김학수 옮김

동서문화사

디자인 : 동서랑 미술팀

죽은 혼/외투/코/광인일기
차례

죽은 혼
죽은 혼
제1부 … 11
제2부 … 270

외투
외투 … 405

코
코 … 441

광인일기
광인일기 … 469

고골의 생애와 문학 … 495

고골 연보 … 511

Mërtvye dushi

죽은 혼

제1부

1

한 지방도시의 어떤 여관으로 작지만 멋지게 꾸민 반 지붕 달린 사륜마차가 들어왔다. 독신자, 그것도 퇴역 육군중사나 이등대위, 아니면 농노 백 명쯤은 거느리는 지주 같은 이른바 중류층 신사 양반들이 곧잘 몰고 다니는 마차이다. 마차에는 한 신사가 타고 있었다. 미남은 아니었지만 못생겼다할 정도도 아니고, 뚱뚱하지도 않지만 그렇다고 너무 마른 편도 아니며, 노인이라 할 것까진 없어도 딱히 젊다고 할 수도 없는 사내였다. 이 사내가 왔다고 마을에 큰 소동이 벌어진 것도 아니요, 무슨 야릇한 일이 생긴 것도 아니었다. 다만 여관과 마주 보는 선술집 앞에 서 있던, 천생 러시아 사람으로 보이는 두 농부가 뭐라고 속닥댔을 뿐인데 그나마도 마차에 탄 사내가 아니라 마차에 대한 이야기였다.

"저 마차 좀 보게. 굉장하지 않나?" 농부가 자신과 마주 선 농부에게 말했다. "어떤가? 저런 마차라면 모스크바까지 갈 수 있을까?"

"물론이지."

"하지만 카잔까지는 어렵겠지?"

"카잔까지는 무리야."

대화는 여기에서 끝났다. 그리고 또 하나, 마차가 여관 바로 앞까지 왔을 때 지나가던 한 청년이 있었다. 통이 매우 좁고 짧은 줄무늬 면바지에 한창 유행하는 연미복을 입었는데 그 아래로 청동권총 장식이 달린 투라제 핀으로 여민 셔츠 자락이 드러나 보였다. 이 사내는 잠깐 뒤돌아 마차를 바라보다가 하마터면 바람에 날아갈 뻔한 모자를 손으로 누르고는 오던 방향으로 내쳐 걸어가기 시작하였다.

마차가 안으로 들어서자 여관 종업원, 내지는 러시아 여관에서 널리 쓰이는 호칭으로 하자면 '폴레보이(^{마루닦이})'가 신사를 맞이했다. 어찌나 움직임이 날쌘지 얼굴이 어떻게 생겼는지 알아볼 수 없을 정도였다. 키가 큰 체격에 목깃이 뒤통수에 닿을 것만 같은, 솜을 넣은 프록코트를 입고 있었다. 한 손에 냅킨을 들고 재빨리 달려와서는 머리를 뒤로 삭삭 넘기고 허둥지둥 신사를 2층으로 데려가서 나무복도를 지나 남아 있는 방으로 안내했다.

이런 여관이 지방도시에 더러 있기 때문에 독자 여러분도 잘 알고 있을 테지만, 이런 여관은 하루 2루블이면 쾌적한 방을 빌릴 수 있다. 하지만, 방구석에서는 바퀴벌레가 쏟아져 나오고, 서랍장으로 막아났다고는 하지만 옆방과 이어진 문이 있다. 아무리 말이 없고 점잖은 사람이라도 호기심은 이기지 못하는 법이라 옆방 사람의 개인적인 이야기를 꽤나 궁금해 할 것이다. 또 어쩌면 그렇게 외부까지 내부와 똑같은지 감탄할 지경이다. 터무니없이 길기만 한 2층 건물의 1층은 회반죽도 바르지 않아서 검붉은 벽돌이 그대로 드러나 있었다. 안 그래도 깨끗하지 않은 벽돌은 세월에 시달리면서 더 더러워져 있었다. 또 2층은 흔해빠진 노란 페인트를 칠했다. 1층에는 가게가 늘어서 멍에나 밧줄, 도넛 같은 것을 팔고 있었는데 그 중에 모퉁이에 자리잡은, 가게라기보다는 그냥 창가 자리라고 부르는 것이 어울릴 곳에는 따뜻한 꿀물을 파는 사내가 붉은 사모바르(*러시아의 전통 찻주전자*)와 나란히 앉아 있었다. 만일 그의 얼굴에 콜타르처럼 새까만 턱수염이 달려 있지 않았더라면 멀리서 보면 사모바르 두 개가 나란히 놓여 있다고 생각했을 것이다.

새로 온 신사가 방 안을 살펴보는 동안에 그의 짐이 안으로 운반되어 들어왔다. 제일 먼저 들어온 것은 하얀 가죽 트렁크였다. 여기저기 성한 곳이 없어 아무래도 이번 여행이 처음이 아닌 듯했다. 트렁크를 들고 온 사람은 모피외투를 입은 작달막한 마부 세리판과 시중꾼 페트루슈카였다. 그는 서른쯤 되어 보이는 젊은이로 언뜻 봐도 자기 주인한테서 물려받은 게 분명한 크고 낡은 프록코트를 입고 있었는데, 유난히 큰 입술과 코가 어딘지 모르게 깐깐한 인상을 줬다. 트렁크 다음으로는 자작나무로 쪽매세공한 고급 마호가니 상자, 장화 틀, 푸른 종이로 둘둘 싼 닭구이 같은 것이 옮겨져 왔다.

짐을 모두 나른 뒤 세리판은 말을 돌보러 마구간으로 가고, 페트루슈카는 무척이나 어둡고 개집처럼 좁은 자신의 휴게실을 정리하러 갔다. 그는 이미 그곳에다가 자기 외투와 함께 특유의 퀴퀴한 냄새도 가져왔는데, 그 냄새는 일하는 데 필요한 일곱 가지 도구가 든 자루에도 스며들어 있었다. 페트루슈카는 이 조그마한 방에 폭이 좁고 다리가 세 개인 침대를 놓고 그 위에 작은 요처럼 생긴 이불을 덮었는데, 팬케이크처럼 얄팍한데다 역시 팬케이크처럼 기름에 쩐 그 이불은 여관주인에게 부탁해서 얻어낸 것이었다.

이렇게 하인들이 이리저리 짐을 정리하는 동안, 신사는 여관 홀로 나섰다. 이 홀이 어떤 모습일지는 여행을 다녀본 사람이라면 잘 알고 있을 것이다. 페인트칠한 거푸집 같은 벽의 위쪽은 담배 연기로 검게 변해 있었고, 아래쪽은 방방곡곡에서 온 여행객, 특히 지역 상인들이 등을 문대면서 반들반들해져 있었다. 시장이 서는 날이면 상인들은 이곳에 예닐곱 명이 모여 한 사람당 두 주전자 정도의 차를 마시곤 했다. 검게 변한 천장에 매달려 있는 역시 검게 변한 샹들리에는 수많은 유리장식이 달려 있었는데, 이 장식들은 종업원들이 찻잔을 쌓아 올린 쟁반을 기운차게 휘두르며 기름에 찌든 바닥 위를 바닷새처럼 뛰어다닐 때면 잘그락잘그락 소리를 냈다. 그리고 벽 한 면에 다닥다닥 내걸린 유화. 하나 같이 평범하기 짝이 없는 그림들이지만, 유일하게 다른 점이 있다면 독자 여러분이 어디서도 구경해본 적이 없을 거대한 유방을 가진 님프가 그려진 그림이 있다는 정도다. 이런 자연의 장난은 각종 역사화 속에서도 자주 볼 수 있는데, 그러한 그림이 대체 언제, 어디서, 누구의 손을 거쳐 러시아에 들어왔는지 도무지 알 수 없지만, 예술을 사랑하시는 이 나라의 높으신 양반들이 때때로 이탈리아를 방문해서 안내인들의 말주변에 속아 넘어가 멋모르고 사온 것들 속에도 이런 그림이 없다고는 할 수 없다.

신사는 모자를 벗고 무지갯빛 털실로 짠 목도리를 목에서 풀어제쳤다. 이러한 목도리는 부인이 손수 짜서 두르는 방법까지 빠뜨리지 않고 가르쳐주는 법이거늘, 도대체 누가 이 독신자에게 짜준 것인지 작자로서도 알 도리가 없다. 하늘만이 안다고 할까, 나로 말하자면 한 번도 이런 목도리를 둘러본 적이 없다. 신사는 목도리를 다 풀더니 식사를 가져오라고 말했다. 그러자 여관주인은 여행객을 위해 언제든지 손님상에 올릴 수 있게끔 몇 주 전부터 저장해둔 요리를 꺼낸다. 이를테면 가볍게 구운 피로시키(고기를 넣고 구운 러시아빵)를 곁들인 양배추 수프라든가, 완두콩을 넣은 소골요리, 양배추를 곁들인 소시지, 닭고기구이, 소금에 절인 오이 같은 것들이다. 그 가운데 명물인 피로시키는 절대로 동이 날 염려가 없다. 차가운 요리들이 식탁에 차려지고 다시 데워지는 동안 신사는 종업원, 아니 폴레보이를 붙잡고 온갖 질문을 쏟아냈다. 전에는 누가 이 여관을 경영했으며, 지금은 누가 주인인지, 수입은 좋은지, 주인이 심술궂지는 않은지 하는 것들이었다. 그러면 종업원은 한결같은 말투로 "그럼요, 손님. 대단한 사기꾼이랍니다"라고 대답했다.

문명이 발달한 유럽에서도 그렇듯이 문명개화를 이룬 러시아에서도 요즘은 여관에서 식사할 때도 종업원에게 말을 걸거나, 때로는 농담을 하지 않으면 음식이 목구멍에 넘어가지 않는다는 신사들이 많다.

하지만 이 손님이 결코 하찮은 질문만 한 것은 아니었다. 이 마을을 다스리는 지사(知事)는 누구며, 법원장은 누구며, 검사는 누구냐 하는 것까지 꼬치꼬치 캐물었으니 관리 중에서도 고위층에 속하는 사람은 전부 물어본 셈이다. 단순한 흥미로 그런 것은 아닌 듯, 굉장히 세세하게 주요 지주들에 대해서 하나부터 열까지 캐물었다. 이를테면 누가 농노를 몇 명이나 거느리고 있으며, 마을에서 얼마만큼 떨어진 곳에 살고 있는가, 더 나아가서는 성격이 어떤 사람이며, 시내에 자주 오는지 하는 것이었다. 또 이 지방의 보건 상태에 대해서도 물었다. 유행성 열병이라든지, 악성 말라리아, 천연두 같은 질병에 대해 꼬치꼬치 캐물었는데, 그 질문은 하나하나가 매우 주도면밀하여 호기심에서 물은 것은 아님이 분명했다. 신사의 태도는 어딘가 묵직한 데가 있었다. 코를 풀 때도 요란한 소리를 내며 풀었는데, 대체 어떻게 하면 그런 소리가 나는지 모르겠지만, 마치 나팔 소리 같았다. 그런데 이런 재주가 오히려 종업원의 존경을 받게 했다. 왜냐하면 종업원은 그 나팔 소리가 날 때마다 머리를 흔들어 올리고는 한층 정중한 자세로 고개 숙이면서 "뭔가 부탁하실 것은 없으십니까?" 하고 물었기 때문이다.

식사를 마친 신사는 커피를 한 잔 마시고 긴 의자에 앉아서 쿠션에 등을 기댔다. 하지만 러시아 여관에 마련된 쿠션이라고 해봤자 폭신폭신한 양털 대신 벽돌인지 차돌인지 알 수 없는 것이 들어있어 딱딱했다. 이윽고 하품이 나오기 시작하자 그는 종업원에게 안내를 부탁해서 방으로 돌아와 드러누워 두 시간 가량 잠을 잤다. 그렇게 쉬고 난 신사는 여관 종업원이 경찰에 제출하기 위해 내민 서류에 관등과 세례명, 본명을 적어주었다. 종업원이 계단을 내려가면서 손님이 적어준 서류를 한 자 한 자 읽어보니 이렇게 씌어 있었다. '6등관 지주 파벨 이바노비치 치치코프, 개인적으로 여행중.'

종업원이 서류를 읽는 동안 본인인 파벨 이바노비치 치치코프는 시내 구경을 하러 나갔는데, 그는 그럭저럭 이 마을에 만족한 눈치였다. 그도 그럴 것이 다른 곳과 비교해보아도 조금도 손색이 없다는 것을 알았기 때문이다. 노란 페인트를 칠한 벽돌집이 눈길을 끌었고, 회색 페인트를 칠한 목조 건물은 수수하면서도 차분해보였다. 집들은 1층과 2층 건물이 많았지만, 지방 건축가들이 무척이나 좋아하는 다락을 넣은 건물도 더러 있었다. 이런 집들은 들판처럼 휑한 거리나 끝없이 이어진 울타리 사이에 파묻힌 것처럼 보이기도 하지만, 옹기종기 모여 있는 건물들에는 오가는 사람들도 눈에 띄게 많아서 더욱 활기차 보였다.

세월에 쓸려 알아보기도 어려운 롤빵과 부츠 그림이 그려진 간판에, '아르샤바(바르샤바의 철자를 잘못 적은 것)의 재봉사 아무개'라고 이름을 적어 넣은 푸른 반바지 간판, 거기다 간판에 '외국인 바실리 표도로브(러시아인이지만 외국 재봉사를 선호한 탓)'라고 적은 모자 가게도 있었다. 이 나라 극장에서 마지막 무대에 등장하는 손님들처럼 연미복을 말쑥하게 차려입은 두 사내가 당구를 치고 있는 간판도 있었는데, 손은 뒤로 약간 빼고 다리는 방금 발레라도 춘 것처럼 비스듬하게 벌리고 당구봉으로 공을 겨누고 있었다. 이렇게나 공들인 간판에는 "여기가 그 가게입니다"라고만 쓰여 있었다. 거리에 아무렇게나 놓아둔 탁자에 호두나 비누, 비누처럼 생긴 당밀과자 같은 것을 늘어놓은 가게도 보이고 통통하게 살이 찐 생선에 포크를 쿡 찌른 간판을 내건 식당도 여기저기 보였다. 그 가운데에서도 눈에 띄는 것은 쌍두(雙頭) 독수리 국장(國章)이 달린(당시 주류는 정부에서만 판매했기 때문) 검게 더러워진 간판이었다. 이건 나중에 매우 알아보기 쉽게 '술집'으로 바뀌면서 더는 볼 수 없게 되었다.

도로는 아주 엉망이었다. 공원도 가보았지만 그곳에는 앙상한 나무 몇 그루만 심어져 있을 뿐이며, 그나마도 비실비실한지 삼각형 모양으로 만든 튼튼한 나무받침이 돼 있었다. 오히려 녹색 페인트칠을 한 나무받침이 더 화사해 보였다. 이렇게 갈대만도 못한 나무지만, 당시 신문기사에는 "이렇게 우리 시와 시장님께서 힘쓰신 결과, 나무가 울창하게 자라나 찌는 듯한 여름에 시원한 나무그늘과 바람이 불어오는 아름다운 공원이 생겨났습니다"라던가, "시민의 마음은 감격으로 차올라, 시장님에 대한 감사의 눈물로 흘러넘치고 있다"라고 쓰여 있었다.

치치코프는 순경을 붙잡고 의회나 법원, 청사로 가려면 어디가 가까운지 아주 세세하게 물어보곤, 도시 한가운데를 흐르는 강을 보러 갔다. 가는 길에 치치코프는 돌아가서 자세히 읽어볼 양으로 게시판에 붙어 있던 전단을 떼고, 군복차림에 손에 작은 꾸러미를 든 소년과 함께 나무판 길을 걸어가는 아름다운 부인을 물끄러미 바라봤다. 그리고 이곳 지리를 머릿속에 새겨두고자 다시 주변을 둘러본 다음, 여관으로 돌아갔다. 종업원의 부축을 받으며 계단을 올라 방으로 간 치치코프는 차를 한가득 마신 뒤 탁자에 앉아서 종업원에게 촛불을 가져오게 했다. 그리고는 아까 떼어온 전단을 주머니에서 꺼내 오른쪽 눈을 가늘게 뜨고 읽어봤지만, 그다지 눈길을 끌만 한 내용은 없었다. 이번에 열릴 코제브(1761~1819,
독일의 극작가)의 연극에서 포프르빈이 롤 역할을 맡았고, 쟈브로프 양이 코라 역을 맡았다는 내용뿐으로 다른 역할을 맡은 배우는 변변찮은 사람들뿐이었다. 그래도 치치코프는 거기 적힌 이름을 전부 읽고 대중석 요금에서부터 전단을 찍어낸 인쇄소의 이름까지 읽어두었다. 그리고 뒷면에도 뭔가 쓰여 있지는 않을까 뒤집어 보았지만 아무 것도 없었다. 치치코프는 눈을 비비고 전단을 잘 접어 상자 속에 넣었다. 치치코프는 뭐든 손에 들어온 것을 상자에 넣어두는 습관이 있었다.

이날 치치코프는 차게 식힌 송아지 구이 한 접시와 크바스(호밀과 엿기름을
발효한 음료) 한 병을 비웠다. 그리고는 광대한 러시아 제국의 여러 지방에서 쓰이는 표현을 빌려서 얘기하자면, '펌프질하는 듯한 소리로' 요란하게 코를 골며 푹 잠들어 원만히 하루를 끝마쳤다.

다음 날은 종일 의례적인 방문으로 시간을 보냈다. 치치코프는 도시의 이름난 관리들을 한 사람도 남기지 않고 모두 찾아갔다. 먼저 정중하게 주지사를 방문했다. 주지사는 치치코프처럼 뚱뚱하지도 마르지도 않은 사람이었다. 목에는 성 안나 훈장이 걸려 있었는데, 거기다 성 스타니슬라프 훈장 추천까지 받았다는 소문도 있었다. 하지만 겉보기와 달리 주지사는 손수 레이스에 자수까지 놓을 만큼 매우 섬세한 사람이었다. 치치코프는 이어서 부지사를 만나러 갔다. 그다음에는 검사, 법원장, 경찰서장, 세무서장, 관영공장 감독관…… 아니, 이렇게 전부 늘어놓는 건 안타깝지만 불가능한 일이다. 그러니 여기선 치치코프가 좀처럼 보기 어려운 기동력을 발휘했다고만 해두자. 그도 그럴 것이 치치코프는 뒤이어 의료감독관과 건축기사까지 만나러 갔으니 말이다. 그러고도 치치코프는 흔들리는 마차에 몸을 싣고서 행여나 찾아가지 않은 관리가 남아 있지는 않은지 이리저리 고개를 갸웃거렸지만, 찾아보지 않은 관리는 더 이상 없었다.

치치코프는 그가 만난 관리 한 사람, 한 사람과 아주 능수능란하게 이야기를 나누었다. 주지사에게는 마치 이곳은 천국 같고, 길은 또 벨벳을 깔아둔 것만 같으니 이렇게 능력 있는 관리들을 임명한 정부는 참으로 훌륭하다는 식으로 넌지시 그를 칭찬했다. 또 서장에게는 순경들 이야기로 입가에 미소가 걸리게 했으며, 부지사와 법원장에게는 마치 실수로 그랬다는 듯이 아직 5등관인 두 사람을 '각하(3, 4등관에 대한 경칭)'라고 불러, 두 사람을 무척이나 기쁘게 해주었다. 그러자 지사는 곧바로 그날 자신의 야회(夜會)에 꼭 참석해서 자리를 빛내달라며 치치코프에게 초대장을 보냈으며, 다른 관리들도 식사 모임이나 노름판, 다과회에 그를 초대했다.

이 신사는 정작 자신에 대해서는 많은 이야기를 하려고 하지 않았다. 하더라도 매우 겸손하고 진부한 이야기였으며, 말투도 마치 책을 읽고 있는 것처럼 딱딱했다. 이를테면 그는 자신이 아무 짝에도 쓸모없는 밥버러지로 이렇게 사람들의 관심을 받을 만한 인물이 아니라고 했다. 예전에는 꽤 노력도 했고 관직에 있을 무렵에는 정의를 위해 열심히 일해서, 적이 자신의 목숨을 노렸던 일도 한두 번 있었다고 했다.

하지만 이제는 남은 인생을 조용히 보내고 싶어 이렇게 뼈를 묻을 곳을 찾아 헤매다 이곳에 오게 된 만큼, 일류 명사 분들을 찾아뵙는 것이 가장 중요한 일이라고 생각했다고 이야기했다. 그리고 이것이 주지사의 야회에 빠짐없이 참석하게 된 새로운 인물에 대해 사람들이 알고 있는 전부였다.

그 야회에 대해서인데, 그는 야회 참석 준비에 족히 두 시간은 썼다. 치치코프가 그렇게 몸치장을 했던 건 아마도 보기 드문 일이었을 것이다. 점심을 먹고 잠깐 낮잠을 잔 뒤, 치치코프는 준비시켜둔 세숫물로 볼록하게 부풀린 두 빰을 뽀드득뽀드득 시간을 들여 비누로 문질렀다. 그것이 끝나면 종업원의 어깨 위에 걸쳐진 수건을 집어서 종업원의 얼굴에 두 번 정도 횡횡 거센 콧바람을 불어주고, 귀 뒤쪽부터 시작해서 동글동글한 얼굴을 구석구석 닦았다. 그리곤 거울 앞에 서서 삐져나온 코털 두 가닥을 뽑고 곧바로 반짝거리는 검붉은 빛깔의 연미복을 입었다.

준비를 끝마친 치치코프는 자신의 마차에 몸을 싣고 연회장으로 달려갔다. 한산해진 거리는 집집마다의 창문을 통해 새어나오는 희미한 불빛이 길을 밝혀주고 있었다. 하지만 주지사의 저택은 달랐다. 아무리 연회가 열린다고는 하지만 너무 휘황찬란했다. 각등(角燈)을 단 마차들에 입구를 지키는 헌병들, 멀리서 들려오는 마부들의 고함…… 말하자면 판에 박은 연회의 모습이었다. 연회장으로 들어선 순간 치치코프는 자신도 모르게 눈을 감고 말았다. 촛불에 램프, 여인들의 화려한 옷이 뿜어내는 빛에 눈이 부셨던 탓이다. 온갖 것들이 눈부시게 빛나고 있었다.

검은 연미복을 입은 사내들이 여기저기, 아니면 저 멀리에서 떼를 지어 이리저리 옮겨 다니는 모습은 마치 더운 7월의 어느 날, 나이 든 하녀장이 새하얗게 빛나는 설탕 덩어리를 쪟어서 가루를 내고 있을 때, 무심코 열어둔 창문으로 날아 들어온 파리 떼 같았다. 주변에 모여든 아이들은 망치를 휘두르는 하녀장의 손놀림을 신기한 듯이 바라보지만, 가볍게 바람을 탄 파리 편대는 두렵지도 않은 지 방약무인하게 날아와 눈이 나쁜 하녀장이 눈부신 햇살에 어쩔 줄 몰라 하는 틈을 타, 한 마리 혹은 검게 무리 지어 맛있는 음식에 달려들었다. 이게 아니더라도 먹을 게 풍부한 여름철이다. 그런 만큼 파리들의 목적은 음식이 아닌, 자신의 힘을 과시하려고 설탕 덩어리에 달려드는 것이다. 앞발과 뒷발을 문질렀다가 뒷발로 날개 아래를 문지르고, 앞발을 뻗어 머리 위에서 문지르더니 방향을 바꾸어 어디론가 날아가 버린다. 하지만, 또 어디선가 새로운 편대가 나타난다.

치치코프는 주변을 둘러볼 겨를도 없이 주지사에게 이끌려 주지사의 부인과 인사를 나누었다. 치치코프는 자신의 품위를 떨어뜨릴 만한 행동을 할 사람은 아니었기에, 곧바로 관등이 높지도 낮지도 않은 자신의 지위에 걸맞은 감상을 늘어놓았다. 춤추는 사람들이 생겨나면서 다른 사람들은 벽 쪽으로 밀려나기 시작했다. 치치코프는 뒷짐을 지고 2분가량 주의 깊게 춤추는 사람들을 바라봤다. 대부분의 여인은 유행에 맞춘 멋진 드레스를 입고 있었는데 개중에는 이곳에서 구했다고 보기 어려운 물건을 입고 있기도 했다.

사내들은 어디나 그렇듯 여기서도 둘로 나뉜다. 하나는 말라깽이들이다. 그들은 여인네 꽁무니만 졸졸 따라다니며 거만한 자세로 짙게 기른 수염을 문지르거나, 깔끔하게 깎아서 반들반들한 계란형 얼굴을 드러내놓고 있어서 수도(首都) 녀석들과 구별이 가질 않는다. 익숙하다는 듯이 여인들 틈으로 파고 들어가 프랑스어로 여인들을 즐겁게 해주는 모습은 꼭 수도 녀석들이 었다.

나머지는 뚱보와 치치코프처럼 말라깽이도 뚱보도 아닌 녀석들이다. 말라깽이와는 달리 곁눈질로 여인을 경원시할 뿐이며, 주지사의 하인이 휘스트(카드놀이의 일종)용 녹색 탁자를 어디에 꺼내 놓을지에 정신이 팔려 있다. 뚱보들은 얼굴이 통통하고 동글동글하지만 개중에는 사마귀가 난 녀석도 있고, 곰보도 있다. 머리카락은 앞머리도 세우지 않고, 말아 올리지도 않는다. '아무려면 어떠냐(á la diable m'emporte)'라는 프랑스인들의 말처럼 짧게 깎거나 단정히 빗어두기만 했을 뿐이다. 그러면 얼굴은 더욱 둥글고 정력적으로 보이게 된다.

도시의 높은 관직에 있는 사람은 모두 뚱보였다. 그렇다, 뚱보가 말라깽이보다 더 일을 잘하기 때문이다. 말라깽이는 관청에서 일하더라도 하찮은 임시직이거나 직원명부에 이름만 올라있을 뿐이다. 듬직하지 못하게 이리저리 휘둘려선 믿음이 가질 않는다. 그에 비해 뚱보는 결코 요직(要職) 자리를 벗어나질 않는다. 언제나 탄탄한 선로만 달리고, 어떤 자리든 한 번 앉으면 산처럼 요지부동이다. 의자를 붙잡은 뚱보들은 의자가 끽끽 소리를 내며 부서질지언정, 그들이 먼저 의자에서 쫓겨나진 않는다. 또 뚱보들은 꾸미는 걸 즐기지 않는다. 입고 다니는 연미복은 말라깽이들 같은 맵시는 없지만, 대신 금고에는 보물이 가득하다. 말라깽이는 3년도 안 돼서 모든 농노가 담보로 잡히게 되어 있지만, 뚱보는 조용히 지내다 보면 아내 명의로 산 집이 도시에 떡하니 나타나고, 반대쪽에는 다른 집이 한 채 더 생겨난다. 다음에는 작은 마을이 손에 들어오고, 이어서 산과 밭과 함께 큰 마을을 손에 넣게 된다. 이제 뚱보는 마지막으로 신과 왕가에 대한 의무를 마치고, 사람들의 존경을 받으며 자리를 떠나 시골로 내려가 지주가 된다. 누가 뭐래도 손님을 좋아하는 러시아 신사답게 안락하게 여생을 보내다 가는 것이다. 하지만 그가 죽으면 말라깽이 상속인이 나타나 눈 깜짝할 사이에 아버지의 재산을 날려버릴 것이다. 그것이 러시아의 전통이니까 말이다.

그들을 바라보는 치치코프의 머릿속에 이러한 상념이 오갔다는 것은 의심할 여지가 없을 것이다. 그런 만큼 치치코프는 뚱보 집단에 가입했는데, 그곳에 있는 사람들은 대부분 그가 아는 사람들뿐이었다. 먼저, 마치 "이보게,

같이 저 방으로 가지 않겠나? 할 얘기가 있네"라는 듯이 왼쪽 눈으로 살며시 윙크를 해오지만, 사실은 성실하고 무뚝뚝한 짙은 눈썹의 검사. 다음으로 키가 작고 유능하지만, 이상한 이야기만 늘어놓는 우체국장. 또 사려 깊고 친절한 법원장까지…… 이런 사람들이 모인 뚱보 집단은 치치코프를 오랜 친구처럼 환영해주었다. 이에 치치코프는 관심이 없는 듯 가볍게 고개만 숙였지만, 그 독특한 매력은 감출 수가 없었다.

치치코프는 그곳에서 매우 겸손하고 예의 바른 지주 마니로프와 언뜻 둔해 보이는 소바케비치와 친해졌다. 그는 첫 만남부터 치치코프의 발을 밟고는, "이런, 이거 실례"라고 한 사람인데, 치치코프를 휘스트 자리에 억지로 끌어들였지만 치치코프는 예의 바르게 고개를 숙이며 카드를 받았다. 한번 녹색 탁자에 둘러앉은 뚱보들은 연회가 끝날 때까지 자리를 떠나지 않는다.

이제야 좀 실속 있는 일을 하는가 싶지만, 언제나 그렇듯 누구도 말을 하지 않는다. 입을 다물 줄 모르는 우체국장도 트럼프만 손에 들면, 승부가 끝날 때까지 생각에 잠겨 아랫입술을 지그시 깨문 그 표정을 바꾸지 않는다. 그는 트럼프를 내놓을 때면 손으로 탁자를 쾅하고 두드리며 퀸이면, "가라, 포파디아(성직자의 아내) 할망구!", 킹이면, "가라, 탐보프의 농사꾼!" 하고 소리를 질렀다. 그러면 법원장이 "어이쿠, 텁석부리가 한 놈! 텁석부리 여편네가 한 놈!" 하고 맞장구를 쳐주었다. 때로는 트럼프를 탁자에 내던지면서, "젠장, 에라 모르겠다! 아무것도 없으니 다이아몬드, 너라도 가라!"라고 하기도 했다. 그러다 보면 "늙어빠진 하트 꾀꼬리! 스페이드 누님 나가신다!"라든가, 줄여서 "스페이드 놈팡이! 스페 놈! 스페 년!", 심할 때는 "스페!"라고 하기도 했다. 이건 전부 그들 사이에서 통하는 트럼프 카드의 별명이다.

노름이 끝날 때면 언제나 말싸움이 벌어진다. 그날은 치치코프도 말싸움에 끼어들었는데, 어찌나 말을 잘하는지 모두가 저 사람은 누굴 욕 먹일 사내가 아니라고 여겼을 정도였다. 치치코프는 결코 "선생이 그걸 내서"라고 하지 않는다. "선생님께서 그걸 내셨기에"라던가, "안타깝지만 거기서 선생님이 잘못된 카드를 내셨기 때문에"라는 식으로 말했다. 그리고 자신의 설득력을 높이고자 에나멜 칠이 된 은제 코담배갑을 상대방에게 내밀었는데, 담뱃갑 바닥에는 향을 더해주는 제비꽃 두 송이가 들어 있었다.

치치코프가 가장 관심 있게 지켜본 사람은 앞서 말한 마니로프와 소바케비치였다. 그는 곧바로 우체국장과 법원장을 잠깐 불러서 두 사람에 대해서 물어보았는데, 그 몇 가지 질문은 그가 결코 호기심에서가 아닌 제대로 된 생각이 있다는 걸 보여줬다. 치치코프가 두 사람이 가진 농노의 수와 영지 상태를 묻고 나서야, 이름과 성을 물었기 때문이다. 치치코프는 곧바로 그 두 사람의 마음을 사로잡았다. 아직 중년 나이에 들지 않은 마니로프는 눈매가 설탕처럼 달콤한 사내였다. 거기다 그는 웃을 때마다 눈을 가늘게 뜨곤 했는데, 그건 치치코프에게 푹 빠졌다는 뜻이었다. 그는 한참을 치치코프의 손을 붙잡고, 저희 마을에도 꼭 한번 들러주십사 애원을 했는데, 도시에서 15킬로미터밖에 떨어져 있지 않은 곳에 있다고 했다. 그러자 치치코프는 매우 정중하게 머리를 숙이고는 마니로프와 진심어린 악수를 나누면서, 기꺼이 초대에 응할 것이며 그건 신께서 제게 내린 의무나 마찬가지라고 대답했다. 그러자 소바케비치도 다소 퉁명스럽게, "저희 집에도 들르시지요"라고 하면서, 두 발꿈치를 마주대며 탁 소리를 냈다. 그가 신은 부츠는 어마어마하게 컸는데, 아마도 저게 발에 맞는 사람을 찾아낸다는 건 지금처럼 호걸이 없는 러시아에선 불가능할 것이다.

다음 날 치치코프는 경찰서장의 저택에서 점심과 저녁식사를 함께 했는데, 오후 3시부터 시작한 휘스트는 새벽 2시까지 계속되었다. 치치코프는 그 자리에서 지주 노즈드로브와 친해졌다. 노즈드로브는 올해로 서른이 된 시원시원한 사내였는데, 한두 마디 얘기를 나누다가 '자네' 하면서 말을 놓게 되었다. 그는 서장과 검사와도 말을 놓는 사이였지만, 카드놀이가 시작되면 서장과 검사는 그가 속임수를 쓰지 않나 그가 내는 카드 한 장, 한 장을 눈을 부릅뜨고 지켜보았다.

다음 날은 법원장의 저택에서 저녁 식사를 함께했는데, 법원장은 때 묻은 가운차림으로 손님을 맞이했다. 손님 중에 부인이 두 사람이나 있었는데 말이다. 그런 다음 부지사 저택의 야회에 참석했고, 세무서장 저택의 오찬, 약식이라고 했지만 정식과 다를 바 없었던 검사의 오찬, 거기다 시장의 환영회에까지 참석했다. 물론 환영회라고 해봤자 오찬이나 마찬가지였지만 말이다. 그리고 미사가 끝나면 아침 식사 모임에 참석했다. 말하자면 그는 한 시간도 숙소에 머물 시간이 없었다. 그에게 숙소는 그저 잠만 자는 곳이었다.

새롭게 나타난 신사는 자신이 어떤 경우에도 쩔쩔매지 않고 대처할 줄 알며, 사교에도 익숙하다는 것을 몸소 보여주었다. 어떤 이야깃거리가 나오더라도 그는 장단을 맞출 줄 알았다. 이를테면 목장이야기가 나오면 목장이야기를 했고, 우량견이 화제에 오르면 그에 걸맞는 의견을 내놓았으며, 재판심리에 대해선 모르는 게 없었고, 당구에 대해서도 결코 헛짚는 일이 없었으며, 자선이야기가 나오면 눈시울을 붉히며 능변을 토해냈고, 브랜디 만드는 방법 이야기가 나오면 온갖 제조법을 쏟아냈고, 세관원이나 검열관이야기가 나오면 마치 자신이 세관원이나 검열관이라도 되는 듯이 이야기를 풀어냈다. 특히나 사람들의 이목을 끌었던 것은 어떤 이야기라도 그가 중후함과 절도를 잃지 않았으며, 목소리 또한 너무 높지도, 낮지도 않게 잘 어울리는 목소리였다는 점이다. 한마디로 그는 어떤 빈틈도 없는 훌륭한 신사였다.

관리들은 누구라 할 것 없이 새로운 인물의 등장을 기뻐했다. 지사는 치치코프를 사상이 온건한 사람이라고 했으며, 검사는 노련한 사람, 경찰서장은 배운 사람, 법원장은 존경할만한 사람이라고 했다. 거기다 경찰서장 부인까지 그를 교양 있는 착한 사람이라고 했다. 다른 사람이야기는 별로 하지 않는 소바케비치까지 늦은 밤에 집으로 돌아와 옷을 훌훌 벗어 던지곤 날씬한 아내가 누워있는 침대 곁으로 다가와, "여보, 오늘은 주지사의 야회와 경찰서장의 오찬에 다녀왔는데, 거기서 6등관인 파벨 이바노비치 치치코프라는 사내를 만났다오. 정말이지 멋진 친구였어!"라고 했는데, 이에 그의 아내는 "흥!" 하는 대답과 함께 발길질을 했다.

이렇게 새로운 인물에 대한 흡족할 만한 평판이 도시 전체로 퍼져 나갔다. 이 평판은 독자 여러분도 곧 알게 될 그의 기괴한 본성과 계획이 온 마을 사람들을 의혹의 늪에 빠뜨릴 때까지 계속되었다.

2

치치코프는 일주일도 넘게 이 마을에 머무르며 여기저기 야회와 오찬회장을 찾아다니며 즐겁게 지내고 있었다. 그러다 자신의 방문지를 교외로 돌려 지주 마니로프와 소바케비치를 찾아가보기로 했다. 이런 결심의 배경에는 뭔가 다른 중요한 원인, 이를테면 더 절실한 사정이 있었을지도 모른다. ……그 사정은 독자 여러분이 꼭 참고 이 소설을 끝까지 읽어나가면 언젠가 전부 알게 될 것이다. 이 이야기는 무척이나 길며, 화룡점정이라고 할 수 있는 대단원에 가까워질수록 그 규모는 더욱 커질 것이다.

아침 일찍부터 마부 세리판은 주인의 지시대로 사륜마차에 말을 매고 있었고, 페트루슈카는 여관에 남아 방과 짐을 지키게 되었다. 여기 주인공을 모시는 두 하인과 친해지는 것이 독자 여러분에게 그렇게 무익한 일은 아닐 것이다. 그렇다고 두 사람이 그렇게 훌륭한 인물이라는 얘기는 아니다. 말하자면 이류, 아니 잘해야 겨우 삼류 정도의 인물이다. 이 서사시의 흐름과도, 이끌어나가는 등장인물과도 어떤 관련이 없으며, 아주 잠깐 스쳐 지나가듯이 등장할 뿐이다. ……하지만 작가로서는 뭐든 꼼꼼한 편이 좋기에 이 점에 대해선 독일인처럼 정확하게 다룰 것이다. 그렇다고 막무가내로 시간과 지면을 할애하지는 않는다. 독자 여러분도 잘 아시겠지만, 페트루슈카는 주인에게서 물려받은 품이 큰 갈색 프록코트를 입었고, 그와 같은 신분에서 흔히 볼 수 있는 큰 코와 입술을 제외하고는 덧붙일 것도 없는 사내다. 수다스럽기보다는 무뚝뚝했지만, 자신만의 공부, 그러니까 '독서'라는 기특한 습관을 갖고 있었다. 책도 가리지 않아서 영웅의 모험담이든, 기초문법서든, 예배서든 닥치는 대로 읽었다. 만약 화학 서적을 줬더라도 꽁무니를 빼지 않았을 것이다. 그가 좋아했던 것은 책의 내용이 아니라 독서 그 자체, 정확하게 말하자면 책을 읽어나가는 그 과정을 좋아했다. "글자가 모이면 언제든지 어떤 단어가 생겨나. 거참, 이 단어란 게 말이야 가끔은 아무리 용을 써도 모르겠단 말이야." 그는 이러한 '독서'를 대부분 휴게실 침대 위에 누워서 했는데, 그 덕분에 침대 시트는 웨이퍼(얇고 바삭하게
구운 과자)처럼 여기저기가 납작해져 있었다.

그에게는 독서라는 열정적인 습관 말고도 두 가지의 습관이 더 있었는데, 그건 그의 특징이기도 했다. 하나는 단벌신사라는 점이다. 언제나 그 프록코트만을 입고 다녔고, 그걸 입고 잠까지 잤을 정도다. 또 하나는 그에게서 나는 어떤 독특한 체취였다. 삶에 찌든 그 체취 덕분에, 사람이 살지 않았던 방도 그의 침대와 프록코트, 짐만 가져다 놓으면 사람이 10년도 넘게 산 방이 되어버렸다. 매우 예민한 성격에 때때로 아주 유난을 떨곤 하는 치치코프는, 아침에 일어나 코끝 가득히 그 냄새를 들이마시기라도 하면 찌푸린 얼굴로 고개를 저으며, "아니, 이럴 수가 있나. 땀이라도 흘린 거냐? 목욕이라도 좀 하면 어떻겠냐" 하고 말할 뿐이었다. 이에 페트루슈카는 묵묵히 일하는 척을 했다. 이를테면 솔을 들고 벽에 걸린 주인의 연미복 쪽으로 가서는 하릴없이 그 주변을 정리하곤 했다. 뚱하니 입을 다문 그가 대체 무슨 생각을 하고 있었던 걸까? 어쩌면, "참 어지간하시구려. 했던 얘기를 40번이나 되풀이하다니. 질리지도 않으시오?" 하면서 투덜대고 있을지도 모른다. 이렇게 주인의 훈계에도 일만 하는 하인이 속으로 뭘 생각했을지는 신만이 아시는 만큼, 페트루슈카에 대해 쓸 수 있는 이야기는 이게 전부이다.

이렇게 하층민 이야기를 길게 늘어놓아서 독자 여러분께는 미안할 따름이다. 하찮은 것들과 친해지는 걸 달가워하지 않는 독자 여러분의 마음을 나는 경험으로 잘 알고 있다. 러시아인은 그런 족속이다. 조금이라도 계급 높은 사람과 친해지려 하고, 절친한 우정보다 백작이나 공작과 나누는 인사를 더 좋아한다. 그렇기에 나는 사실 6등관에 지나지 않는 이 작품의 주인공이 걱정스럽다. 7등관이라면 그나마 관심 있게 이 글을 읽어주겠지만, 콧대가 하늘처럼 높으신 3, 4등관 나리께선 발밑에 있는 것들을 오만한 눈길로 경멸스럽게 힐끔 쳐다만 보거나, 심각하게는, 작가에겐 치명적이라 할 수 있는 무시로 일관하는 경우가 비일비재하다. 그렇게 좋은 이야기는 아니었지만, 아무튼 다시 주인공의 이야기로 돌아가 보자.

전날 밤에 모든 지시를 해두었던 치치코프는 날이 밝자마자 일어나 세수를 하고 온몸을 물에 적신 스펀지로 구석구석 깨끗이 닦았다. 사실 이건 일요일에만 하는 건데, 다행히도 이날은 일요일이었다. 그리고는 양쪽 뺨을 비단결처럼 매끈매끈하고 윤기 있게 정돈하고, 번쩍번쩍 윤이 나는 프록코트에 곰가죽으로 만든 커다란 오버코트를 겹쳐 입었다. 여관 종업원에게 오른손을 부축받다가, 어떤 때는 왼손을 부축받아가며 계단을 내려와 마차에 몸을 실었다. 마차는 덜컹덜컹 큰 소리를 내며 대문을 빠져나와 큰길로 나갔다. 지나가던 한 사제가 모자를 벗었고, 지저분한 옷을 입은 네댓 명의 부랑아가 "나리, 가엾은 고아에게 한 푼만 주십시오" 하면서 손을 내밀었다. 그 가운데 한 녀석이 마차에 올라타려고 했고, 마부는 그 녀석을 채찍으로 찰싹 때려주었다. 마차는 자갈길을 덜컹거리며 달려갔다.

얼마나 갔을까, 드디어 거친 자갈길이 끝났다는 것을 알려주는 줄무늬 모양의 시문(市門)이 보이면서 치치코프는 안도의 한숨을 내쉬었다. 하지만 푹신한 흙길 위를 달릴 때까진 몇 번을 더 호되게 머리를 부딪쳐야만 했다.

시가지가 저 멀리 사라지자 길 양쪽으로 러시아 교외의 흔한 풍경이 보였다. 작은 언덕에 전나무 숲, 키 작은 소나무 덤불, 타고 남은 나무 그루터기, 히스꽃밭 같은 것들이다. 줄을 그은 것처럼 죽 늘어선 집들도 때때로 보였는데, 어느 집이고 오래된 장작을 쌓고 그 위에 지붕을 씌운 것으로 잿빛 지붕 아래에 널린 목조 장식은 자수를 넣은 수건을 몇 장 걸어둔 것 같았다. 문앞에 앉은 양가죽 외투를 입은 몇몇 농부는 하품을 하고 있고, 통통한 얼굴에 천으로 가슴을 꽉 동여맨 여인들은 창밖을 바라보고 있었다. 그 아래에는 송아지가 고개를 내밀고 있었고, 밖이 보이지도 않으면서 돼지들은 코끝을 내밀고 있었다. 그야말로 일상적인 풍경이다.

15킬로미터 정도를 가던 치치코프는 그 근처에 자신의 마을이 있다던 마니로프의 말을 떠올렸지만, 아무리 가도 마을다운 마을이 보이질 않았다. 우연히 마주친 두 농부가 없었더라면 그가 과연 무사히 목적지에 찾아갈 수 있었을지 모를 일이다. 자마니로프카까지 얼마나 남았냐는 질문에 두 농부는 모자를 벗었고, 똑똑해 보이는 쐐기모양 수염의 농부가 이렇게 대답했다.

"혹시나 자마니로프카가 아니라 마니로프카 아닙니까?"

"맞소, 마니로프카요."

"마니로프카 말이군요! 1킬로미터만 더 가시면 오른쪽에 있을 겁니다."

"오른쪽이요?" 마부가 되물었다.

"네, 오른쪽이요. 여긴 마니로프카로 가는 길이지 자마니로프란 곳은 없습니다. 저 마을은 그렇게 부릅니다. 아, 그러니까 마니로프카 말입니다. 자마니로프카란 건 여기 없습니다. 저기 가시면 언덕 위에 2층 석조저택이 한 채 보이실 건데, 거기가 주인집입니다. 아, 그러니까 거기에 주인 나리께서 살고 계십니다. 거기가 어르신께서 말씀하신 마니로프카입니다. 그 자마니로프카란 건 여기 없고, 애초에 그런 건 있지도 않았습니다."

마차는 마니로프카를 찾아 달려갔다. 2킬로미터를 더 가서야 마을로 들어서는 길목이 나왔지만, 그 길로 들어서 2킬로미터, 3킬로미터, 아니 4킬로미터를 더 가도 석조저택은 나오질 않았다. 이때서야 비로소 치치코프는 마니로프가 15킬로미터 떨어진 곳에 있는 저택에 초대를 했지만, 사실은 30킬로미터 넘게 떨어져있다는 것을 깨닫게 되었다.

확실히 마니로프카는 그 지형으로 보아 여간한 사람이 아니면 찾아오기가 어려운 곳이었다. 마니로프의 저택은 바람맞이 언덕 위에 덩그러니 홀로 서 있었다. 언덕 경사면은 잘 손질된 잔디로 덮여 있었고, 그 위에는 영국 라일락과 노란 아카시아 나무를 심은 화단이 여기저기 있었다. 대여섯 그루의 자작나무가 작은 숲을 이루어 조그마한 잎사귀가 달린 가지를 높이 치켜들고 있었다. 그 아래에는 색바랜 녹색 둥근 지붕에 푸른 기둥을 세운 정자가 있었고, 거기에는 '묵상의 사원'이라는 간판이 걸려 있었다. 그리고 정자 아래로는 푸른 수초로 뒤덮인 연못이 있었는데, 그건 러시아 지주들의 영국식 정원에선 당연한 풍경이었다.

언덕에는 기슭에서부터 비탈진 곳까지 농민들의 회색 통나무집이 난잡하게 세워져 있었는데, 무슨 까닭에선지 치치코프는 그걸 하나둘 세서 2백이 넘는다는 걸 확인했다. 집집 사이에는 잎이 무성한 나무는커녕 풀포기 하나 눈에 띄지 않았고, 어디를 봐도 그저 통나무집뿐이었다. 이런 풍경에 한 가닥 생기를 불어넣어 준 것은 두 여인이었다. 그녀들은 치마를 한껏 걷어 올려 끈으로 단단히 동여매고는, 무릎까지 올라오는 연못을 첨벙첨벙 걸어 다니며 두 작대기 끝에 매어둔 구멍 난 그물을 끌고 있었다. 그물에는 버둥거리는 새우 두 마리와 은빛 비늘을 번뜩이는 잉어 한 마리가 걸려 있었다. 그런데 두 여인은 말싸움이라도 하는지 큰 소리로 고함을 지르고 있었다.

조금 떨어진 곳에는 시원찮아 보이는 푸른 소나무가 어렴풋이 보였다. 날씨까지도 이곳과 딱 어울리게 맑지도 흐리지도 않은 것이, 수비대가 입고 다니는 낡은 군복 같은 회색빛이었다. 여기서 수비대란 건 평소에는 얌전하다가 일요일만 되면 술에 취해서 소란을 피우는 어느 부대를 가리키는 말이다. 이러한 풍경을 더욱 완벽하게 해주는 것은 한 마리 수탉이었다. 이 예측할 수 없는 날씨를 알려주는 예보자는 말하지 않아도 알만한 사랑싸움에서 다른 수탉들에게 머리에 구멍이 날 정도로 쪼여댔음에도, 큰 소리로 꼬끼오 하고 홰를 쳤을 뿐만 아니라, 낡은 멍석처럼 너덜너덜해진 두 날개를 펄럭였다.

저택에 가까워지면서 치치코프는 계단에 집 주인이 나와 있는 것을 볼 수 있었다. 그는 녹색 프록코트를 입고, 한손으로 이마에 챙을 만들어 멀리서 다가오는 마차를 알아보려 애쓰고 있었다. 마차가 가까이 다가올수록 그의 눈가에는 반가움이 서렸고, 입가에는 점차 미소가 퍼져갔다.

"파벨 이바노비치!" 치치코프가 마차에서 내리자마자, 그는 이렇게 소리를 질렀다. "잊지 않고 찾아와주셨군요!"

둘은 뜨겁게 인사를 나누고 함께 집안으로 들어갔다. 두 사람이 현관을 지나, 응접실, 식당을 빠져나갈 동안, 시간이 부족하겠지만 아무튼 그 틈을 이용해 집주인에 대해서 약간 이야기해두고자 한다. 사실 이런 이야기를 하는게 꽤 어렵다는 걸 미리 고백해두겠다. 어느 정도 규모가 큰 인물은 그리기 쉬워서, 캔버스 위에 아무렇게나 붓을 놀린 다음, 날카롭게 빛나는 검은 눈동자와 처진 눈썹, 주름진 이마, 어깨에 걸친 검정이나 타오르는 붉은 망토만 그려 넣으면 초상화가 완성된다. 하지만 이렇게 흔해빠진 인물은 겉모습은 비슷비슷한데 자세히 관찰해보면 미묘하게 다른 특징을 풍부하게 갖추고 있어서, 초상화를 그리기가 여간 어려운 것이 아니다. 눈에 띄지 않을 만큼 작은 특징을 빼놓지 않고 잡아내려면 흐트러짐 없는 엄청난 주의력이 필요하다. 연마에 연마를 거듭한 관찰력을 한층 깊게 투사해야 하는 것이다.

마니로프가 어떤 인물인지는 아마 하늘만이 알 것이다. '도시 신사도, 시골 농부도 아닌 평범한 사람'이라는 옛말에 어울리는 사람들이 더러 있는데, 어쩌면 그도 그런 사람일지 모르겠다. 언뜻 봐서는 풍채도 훌륭하고 얼굴도 제법 잘생긴 편이었는데, 그 표정이 좀 지나치게 달콤한데다, 말투나 행동까지도 아첨을 떨어 호의와 친밀감을 드러내려는 경향이 있었다. 매력적인 미소에 금발, 푸른 눈동자를 갖고 있었다. 그와 이야기를 나누어보면 누구나 처음에는 "이 얼마나 멋지고 착한 사람이란 말인가!" 하고 말할 것이다. 하지만 그러고는 뭐라 할 말이 없어지다가 "아니, 뭐 이런 사람이 다 있어?" 하고는 그의 곁을 떠나버릴 것이다. 만약 그 자리를 벗어나지 않으면 무척이나 지루한 꼴을 당하고 말테니 말이다.

사람은 누구든 상대방이 자신의 자존심을 건드리면 방만한 말을 늘어놓기 마련인데, 마니로프는 결코 그러질 않았다. 누구나 오기라는 게 있는 법이다. 이를테면 보르조이(^{러시아산 사냥개} 귀족견이라고 불림)에 모든 걸 쏟아 붓는 사람, 자신은 음악에 모르는 것이 없고 어떤 곡도 세세하게 잡아낼 줄 안다는 사람, 미식가라고 자랑하고 다니는 사람, 자신은 주어진 역할보다 한 단계 위가 더 어울린다고 생각하는 사람처럼 말이다. 어떤 사람은 좀 소박한 편인데 잠이 들면 시종무관(侍從武官)과 함께 산책하는 모습을 친구나 지인, 심지어는 생판 모르는 남에게까지 보여주고 싶다고 잠꼬대를 하곤 했다. 그런가 하면, 노름을 할 때 다이아몬드의 에이스나 듀스의 끄트머리를 꺾고(판돈을 1/4 만큼 더 건다는 뜻) 싶어 하는 사람에, 여관주인이나 마부를 함부로 때리고 다니는 사람도 있다. 말하자면 각양각색이다. 사람은 저마다 개성이란 게 있는 법인데, 마니로프는 그런 것이 없었다. 그는 매우 무뚝뚝했고 언제나 깊은 생각에 잠겨 있었다. 대체 뭘 그렇게 골똘히 생각하는지는 역시 하늘밖에 모르겠지만 말이다.

영지를 관리하느라 그런 거라고는 빈말로도 할 수가 없다. 자신의 들판에도 나가본 적이 없는 만큼, 그야말로 알아서 잘 굴러가고 있는 형편이었다. 관리인이 "나리, 이건 이렇게 하시는 게 어떻겠습니까?"라고 하면, 그는 언제나 담뱃대를 입에 물고 뻐끔뻐끔 담배연기를 내뿜으면서, "그래, 나쁘지 않겠어"라고 대답했다. 그가 담뱃대를 피운 건 일찍이 군대에 몸담고 있었을 때부터의 습관으로, 군대에서도 그는 몹시 겸손하고 누구에게나 정답게 대할 줄 아는 데다 더없이 교양이 높은 장교라고 알려졌었다. "그래, 나쁘지 않겠어." 그는 언제나 같은 대답을 되풀이했다. 또 농노가 찾아와선 뒤통수를 긁으며, "나리, 죄송하지만 삯일로 좀 다녀와야겠습니다"라고 하면, 담뱃대를 뻐끔뻐끔 피우면서 "그렇게 하게"라고 대답했다. 농부가 술을 마시러 가리라고는 꿈에도 생각하지 못했다.

하지만 때로는 저택 문 앞에 서서 정원이나 연못을 바라보며, 당장에라도 집에서 밖으로 나가는 지하도를 파거나, 연못에 돌다리를 놓아서 다리 양쪽으로 조그만 가게를 차려 주민에게 필요한 물건들을 팔았으면 좋겠다고 혼잣말을 하곤 했다. 그럴 때면 그의 두 눈은 무척이나 부드러워지고, 만족스러운 표정을 지었지만 언제나 말뿐이지 한 번도 실행한 적은 없었다.

마니로프의 서재에는 언제나 책 한권이 놓여있다. 그 책에는 14페이지에 책갈피가 꽂혀있는데, 그건 벌써 2년 째 읽는 중이었다. 그의 집은 언제나 뭔가가 빠져있었다. 응접실에는 비단 덮개를 씌운 훌륭한 가구들이 즐비했지만, 안락의자 두 개만은 덮개가 부족했는지 돗자리 같은 걸 아무렇게나 씌워놓았다. 그래서 벌써 몇 년째 오는 손님마다, "저 의자에는 앉으시면 안 됩니다. 실은 아직 완성을 하지 못했습니다" 하고 주의를 주고 있었다. 어떤 방에는 가구가 하나도 없었다. 신혼 무렵에는, "여보, 당장 내일이라도 알아봐서 임시라도 좋으니 이 방에 가구를 놓읍시다"라고 하기는 했었는데 말이다. 저녁이 되면 카리테스($^{그리스\ 신화에\ 나오는\ 미,}_{희극,\ 풍요의\ 세\ 여신}$)가 새겨져 있고, 진주 장식 받침에, 칙칙해진 청동이 무척이나 고귀해 보이는 촛대가 탁자 위에 놓여졌다. 그런데 그 옆에는 다리가 구부러져 한쪽으로 휘고 기름 범벅이 된 폐품이나 다름없는 구리 촛대가 올라오곤 했는데, 주인도 그렇고, 부인도 그렇고, 하인도 그렇고, 누구도 그걸 이상하다고 생각하질 않았다.

그 부인 얘기인데…… 아니, 아무튼 두 사람은 서로 사랑하고 있었다. 부부가 된 지 8년이나 됐건만, 아직도 사과 한 쪽에 사탕, 호두까지도 서로에게 가져와 사랑이 듬뿍 담긴 녹아버릴 듯한 목소리로 "여보, 아— 해봐요. 내가 맛난 걸 넣어줄게요" 하고 있었다. 물론 그러면 서로 아주 예쁘게 아— 하고 입을 벌렸다는 건 두말할 것도 없을 것이다. 생일이 가까워지면 깜짝 놀라게 해줄 갖가지 선물을 준비했는데, 이를테면 비즈($^{실에\ 꿰어\ 장식}_{하는\ 유리구슬}$)로 만든 이쑤시개 보관함 같은 것이었다. 또 도대체 어떻게 된 것인지 알 길이 없지만, 두 사람은 의자에 앉아 있다가도 누군가가 담뱃대를 내려놓으면 다른 한 사람은 당장 하던 일을 멈추고는 서로 몸도 마음도 녹아내릴 듯한 오랜 키스를 했다. 얼마나 오래 그러고 있었느냐 하면, 작은 시가 담배 한 대는 족히 피울만한 시간이었다. 그야말로 두 사람은 흔히들 얘기하는 행복에 겨운 사람이었다.

물론 길고 긴 키스나 선물 말고도 이 저택에서 할 일이 더러 있다는 사실을 지적하는 것은 자유이며, 또 다음과 같은 갖가지 의문점을 얘기해보는 것도 나쁘지 않을 것이다. 그게 뭐냐고 묻는다면, 왜 부엌에서는 이상하고 맛없는 요리만 하는가? 왜 곳간은 텅 비었는가? 왜 곳간을 지키는 하녀는 손버릇이 나쁜가? 왜 시종들은 지저분하고 술에 취해 있는가? 왜 하인들은 하나같이 잠만 자고, 깨어 있어도 제대로 일도 하지 않는가? 모두 저질스러운 문제점이지만, 그에 반해 마니로프 부인은 고등교육을 받은 여인이었다.

어떤 고등교육이었냐 묻는다면, 바로 독자 여러분께서도 아실 만한 기숙학원이다. 알고 계시겠지만 기숙학원에는 여인이 익혀야 할 기초적인 주요 도덕과목이 셋 있다. 가정생활의 행복에 빠질 수 없는 프랑스어, 남편에게 즐거운 한때를 선사하기 위한 피아노, 그리고 마지막으로 가사(家事)다. 가사라고 해봤자 털실로 선물용 지갑을 짜는 게 전부지만 말이다. 거기다 교육 방식 같은 것은 특히 요즘 들어 여러모로 개선과 변경이 시도되고 있어서,

모든 것은 기숙학원의 경영자이신 교장의 식견과 재간에 맡기는 경우가 잦다. 그래서 학교마다 방침이 다른데, 피아노를 우선시하고 다음이 프랑스어에 가사가 마지막인 경우가 많다. 어떤 곳은 가사, 즉 선물용 뜨개질을 우선하고 다음이 프랑스어, 피아노를 마지막에 두는 곳도 있다. 방식이 갖가지이다. 그런데 또 한 가지, 미리 얘기해두는 편이 좋다고 생각하지만, 마니로프 부인께선…… 아니다, 사실을 말하기엔 부인이 다른 얘기를 할까 봐 걱정되므로 슬슬 주인공의 곁으로 돌아가야만 할 것 같다. 응접실 문 앞에 선 두 사람이 벌써 몇 분째 먼저 들어가라고 서로 양보하고 있기 때문이다.

"저 같은 것에 너무 신경 쓰지 마십시오. 제가 뒤따라 들어가겠습니다" 하고 치치코프가 말했다.

"아니올시다. 파벨 이바노비치 씨, 그건 아니올시다. 당신이 손님이지 않습니까?" 하고 마니로프가 한 손으로 문을 가리키며 말했다.

"아닙니다, 그렇게 신경 쓰지 마시고 먼저 들어가십시오."

"당치도 않는 말씀이십니다. 이렇게나 유쾌하고 교양 있으신 분을 뒤따라 들어오게 하다니요."

"교양이 높다니요…… 제발 먼저 들어가시지요."

"그렇게 말씀하시는 손님부터 먼저 들어가시지요."

"아니, 대체 어째서입니까?"

"어째서고 저째서고 없습니다!" 마니로프는 입가에 미소를 지으며 말했다.

나란히 선 두 사람은 이렇게 서로 떠밀다시피 하면서 방으로 들어갔다.

"먼저 제 아내를 소개해 드리겠습니다. 여보, 이분이 파벨 이바노비치 씨라오."

그제야 치치코프는 부인의 모습을 확연히 볼 수 있었다. 조금 전까지는 문 앞에서 마니로프와 서로 먼저 들어가라고 몇 번이고 머리를 숙이느라 바빠서 방에 있던 부인을 미처 알아보지 못했기 때문이었다. 상당한 미인이었다. 거기에 옷도 훌륭해서, 옅은 빛깔의 비단 가운이 잘 어울렸다. 그녀는 가느다란 손가락이 하던 일을 탁자 위에 내려놓고 가장자리에 자수를 놓던 바티스트 손수건을 꼭 움켜쥐더니 앉아 있던 의자에서 일어났다. 치치코프는 싫지 않은 듯 그녀의 손등에 입을 맞추었다. 마니로프 부인은 약간 혀가 잘 돌지 않는 것 같은 달콤한 목소리로 이렇게 찾아와 주셔서 얼마나 기쁜지 모르겠다고, 남편은 선생님 이야기를 하지 않고 지내는 날이 단 하루도 없다고, 이런 말을 늘어놓았다.

"그렇답니다." 마니로프도 덧붙여 말했다. "사실 제 아내가 매일 저를 붙잡고는 '왜 친구분께선 찾아오시질 않나요?' 하고 물어대는 통에, '조금만 더 기다려요. 분명히 찾아오실 거요' 하고 있었던 터라, 이렇게 찾아와주셔서 얼마나 고마운지 모릅니다. ……정말이지 꿈이라도 꾸는 기분이에요…… 하늘로 날아갈 것만 같다고나 할까요……."

상대방이 곧바로 '하늘로 날아갈 것만' 같다는 얘기에 천하의 치치코프도 조금은 당황해서 자신은 유명한 인물도 아니고 눈길을 끌만큼 높은 관리도 아니라고 얘기했다.

"아니오, 당신은 모든 것을 갖추고 계십니다." 마니로프는 여전히 미소 띤 얼굴로 대답했다. "모든 것, 아니 그 이상입니다."

"저희 도시는 마음에 드시던가요?" 옆에 있던 마니로프 부인이 물었다. "뭔가 불쾌하셨던 점이라도?"

"아닙니다. 매우 훌륭한 곳이더군요. 멋진 도시였습니다. 불쾌할 만한 점은 어디에도 없었습니다. 여러분처럼 친절한 사람들뿐이더군요."

"주지사님은 어떠시던가요?" 마니로프 부인이 물었다. 그런데 거기에 마니로프가 덧붙여서, "정말이지 훌륭하시고 기품 있지 않으시던가요?"라고 말했다.

"그렇더군요! 정말이지 훌륭한 분이셨습니다. 마치 직무와 하나가 된 듯이 완벽하게 이해하고 계시더군요! 그런 인물이 한 사람이라도 더 많아지길 바랄 따름입니다."

"거기에 능숙한 손님접대에 어느 것 하나 빠짐없이 정중한 태도까지! 어떻게 그럴 수 있는지 놀라울 따름입니다" 하고 마니로프는 미소 띤 얼굴로 덧붙여 말했다. 그는 만족스러운 듯이 눈을 가늘게 뜨고 있었는데, 마치 목덜미를 매만져준 고양이 같았다.

"정말 싹싹하고 인상 좋은 분이시더군요. 거기다 손재주까지 대단하시더군요! 저도 그것만큼은 전혀 짐작하지 못했습니다. 온갖 모양의 자수를 손수 그렇게 멋지게 놓으시다니 놀랄 일이지요! 그분께서 손수 만든 지갑을 봤습니다만, 어떤 부인도 그 정도로 훌륭하게 만들지는 못하겠더군요."

"그리고 부지사님은 어떠시던가요? 매력 있지 않으시던가요?" 마니로프는 또다시 눈을 가늘게 뜨고 이렇게 물었다.

"참 훌륭한 분이지요, 훌륭한 분이고말고요." 치치코프는 대답했다.

"이런 말을 물어서 안 되지만, 경찰서장의 인상은 어떻습니까? 참 유쾌한 분이죠, 그렇지 않습니까?"

"참 대하기가 부드러우면서도 총명하고 박식한 분이더군요. 그분 댁에서 검사님이며, 법원장님과 새벽닭이 울 때까지 휘스트를 했지요. 그럼요, 아주 상당한 인물입니다."

"그러면 경찰서장 부인은 어떠셨나요?" 마니로프 부인이 다시 한 마디 물었다. "정말 친절한 분이시지요, 그렇죠?"

"예, 그 부인은 제가 아는 한, 가장 훌륭한 부인들 가운데 한 사람이더군요." 치치코프도 다시 대답했다.

이어서 그들은 법원장이니 우체국장까지도 빼놓지 않고, 이 시내에 사는 관리는 거의 빼놓지 않고 화제에 올렸거니와 누구 할 것 없이 가장 훌륭한 사람이라는 칭찬을 퍼붓곤 했다.

"두 분께서는 항상 시골에서 지내고 계신가요?" 이번에는 치치코프가 질문을 했다.

"대체로 이곳에서 지내고 있지요. 하지만 때때로 교육받은 분들의 얼굴을 보러 시내에 들어가는 일도 있답니다. 항상 시골에만 처박혀 있으면 촌뜨기가 될 테니까요."

"옳은 말씀입니다, 옳고말고요."

"물론이지요." 마니로프는 다시 이야기를 계속했다. "근처에 좋은 이웃이라도 있다면 또 별문제겠지만요. 이를테면 교양에 대한 이야기나, 학문 연구라도 함께할 수 있는 상대가 있어서 덕분에 영혼이 뒤흔들려지기도 하고…… 뭐라고 할까요, 영감에 사로잡히게 된다든가 하면 별문제겠지만서도……."

마니로프는 문득 이야기가 너무 장황해지는 것 같아서 잠시 손가락을 비비 틀다가 다시 말을 잇는 것이었다.

"그렇게 되면 촌구석에서 외롭게 지내는 것에도 매력을 느낄 수 있을 것입니다. 하지만 이곳에는 그럴 이웃이 한 사람도 없습니다. 이따금 '조국(祖國)의 아들^(1812년부터 40년 동안 발행했던 종합잡지)'이나 읽는 게 고작이지요."

치치코프는 마니로프의 의견에 대해서 진심으로 동감이라고 말하긴 했지만, 그에 앞서 이처럼 한적한 고장에서 자연의 경치를 감상하면서 때때로 책을 읽으면서 사는 것만큼 즐거운 생활은 아마 찾기 어려울 거라고 덧붙여 말했다.

"하지만 말입니다." 마니로프는 덧붙여 말했다. "서로 속을 털어놓고 지낼 수 있는 친구가 없다는 것은 뭐라고 할까……."

"아무렴요, 사실 옳은 말씀이지요, 옳은 말씀이고말고요……" 치치코프는 마니로프의 이야기를 가로채더니 이렇게 덧붙여 말했다. "세상에 있는 온갖 보물과 돈이 있은들 무슨 소용이 있으리오. 황금을 얻는 것도 좋은 벗을 갖는 것만 같지 못하니라, 하고 현인도 그런 말씀을 하셨으니까요."

"그런데 말입니다. 파벨 이바노비치 씨" 하고 말을 꺼내는 마니로프의 그 얼굴은 마치 세상에 닳고 닳은 교활한 의사가 오직 환자의 비위만 맞춰주면 그만이라는 생각에서 덮어놓고 달콤하게 만든 물약처럼, 구역질이 날만큼 달콤한 표정을 지으면서 이렇게 말했던 것이다.

"그렇게 되면 뭐라고 할까요, 정신적인 즐거움이라고 할까, 그런 것을 느낄 수 있지 않습니까……. 이를테면 지금처럼 이렇게 선생과 같은 분과 이야기를 하여 여러 가지 좋은 말씀을 듣고, 여간해서 누리기 어려운 행복한 기분에 잠겨 있을 때가 그렇단 말씀이지요……."

"천만의 말씀, 제가 좋은 이야기를 한 게 뭐 있습니까? 저 같은 것은 아무 보잘것없는 위인이올시다." 치치코프가 대답했다.

"오, 파벨 이바노비치 씨, 실례지만 툭 터놓고 말씀드리지요! 저는 선생이 지니고 있는 가치의 일부라도 가질 수 있다면 제 재산의 반이라도 기꺼이 내놓겠습니다!"

"그 반대올시다. 저는 저대로 참 훌륭한 분도 계시는구나 하고 감탄하는 중인 걸요……."

또다시 이 두 친구는 서로서로 상대방을 추어올리느라 떠들어대는 것이었는데, 만일 그때 하인이 들어와서 식사 준비가 돼 있다는 말을 전하지 않았다면 언제까지고 계속되었을지 모를 일이다.

"자아, 그럼 식사하러 가실까요." 마니로프가 말했다. "저희 집에서 드시는 음식이 저택이나 큰 도시에서 드실 수 있는 그런 좋은 음식이 아니더라도 널리 용서해주시기 바랍니다. 저희는 단순히 러시아식 야채수프를 올릴 수 있을 뿐입니다만, 정성을 다해 대접하는 것이오니 그리 아시고, 자아 어서 들어가 보실까요."

여기서 또 그들은 누가 먼저 들어갈 것인가에 대하여 잠시 옥신각신하다가 결국 치치코프가 주인의 의견을 좇아 옆걸음으로 먼저 식당 안으로 들어갔다.

식당에는 두 사내아이가 먼저 와 있었다. 이 아이들은 마니로프의 아들로 식탁에 함께 앉도록 허락받았지만 아직도 높은 의자가 필요한 나이의 아이들이었다. 그 옆에 있는 사람은 아이들의 가정교사였는데, 그는 미소 띤 얼굴로 정중하게 머리를 숙였다. 마니로프 부인은 수프 그릇 앞자리에 앉았고, 손님 치치코프는 주인과 부인 사이에 앉게 되었다. 하인은 아이들의 목에 냅킨을 매어주었다.

"귀여운 아이들이군요! 몇 살이나 되었습니까?" 치치코프는 아이들을 바라보며 물었다.

"큰아이는 여덟 살이고, 작은 아이는 바로 어제 만 여섯 살이 되었습니다." 마니로프 부인이 대답했다.

"페미스토크루스!" 마니로프가 큰아이를 불렀다. 페미스토크루스는 하인이 매어준 냅킨 때문에 불편해진 턱을 편하게 하려고 애쓰고 있었다. 치치코프는 마니로프가 부른 이름 끝에 '-우스'라는 그리스식 표현이 들어가 있어서 깜짝 놀라 눈을 치떴지만, 이내 아무렇지 않은 표정으로 돌아갔다.

"페미스토크루스. 프랑스에서 제일 훌륭한 도시가 어딘지 아버지한테 말해보렴."

가정교사는 당장에라도 페미스토크루스의 두 눈으로 뛰어들 듯이 온 마음을 페미스토크루스에게 집중시켰다. 페미스토크루스가 '파리'라고 대답하고 나서야 겨우 냉정함을 되찾은 가정교사는 크게 고개를 끄덕였다.

"그러면 우리나라에서 제일 훌륭한 도시는 어디지?" 마니로프가 또다시 물었다.

가정교사는 또다시 긴장했다.

"페테르부르크."

"그리고, 또 뭐가 있지?"

"모스크바."

"참 똑똑하구나!" 치치코프는 탄성을 지르고는 놀랍다는 표정으로 아버지 쪽을 바라보았다. "어린 나이에 이렇게나 똑똑하다니 장차 틀림없이 뛰어난 인물이 되겠군요!"

"저 정도는 아무것도 아닙니다. 페미스토크루스는 무척이나 머리가 좋은 아이랍니다. 동생 알키드는 제 형에 비하면 그렇게 똑똑한 편은 아니지요. 어쨌든 저 녀석은 장수풍뎅이나 무당벌레만 보면 눈을 빛내며 쫓아가 잡아서는 열심히 들여다본답니다. 그래서 저는 이 아이를 외교관으로 만들어볼까 합니다. 페미스토크루스!" 그는 다시금 큰 아이의 이름을 불렀다.

"너, 대사(大使)가 되고 싶으냐?"

"네, 되고 싶어요." 페미스토크루스는 우물우물 빵을 씹으며 머리를 좌우로 흔들었다.

바로 그 순간, 아이의 뒤에 서 있던 하인이 미래의 대사님의 코를 닦아주었는데, 아주 적절한 행동이었다. 그러지 않았다면 우아하다고 할 수 없는 엄청난 것 한 방울이 수프 속에 떨어지고 말았을 것이다.

이제 식탁에선 한가로운 생활 속 기쁨에 대한 이야기가 오고 갔는데, 가끔 마니로프 부인이 연극이나 배우들 이야기로 끼어들곤 했다. 가정교사는 이야기하는 사람들의 얼굴을 뚫어지게 쳐다보다가, 웃음이 터질 것 같으면 때를 놓칠세라 자기도 입을 크게 벌리고 큰 소리로 웃어댔다. 짐작컨대 이 가정교사는 고마워하는데 능한 성격인 듯, 이런 조그만 일에도 평상시의 주인들의 좋은 대우에 대해 보답을 하려는 듯했다. 딱 한 번, 그가 엄한 표정으로 맞은편에 앉은 아이들을 노려보더니 갑자기 콩하고 탁자를 내리친 일이 있었는데, 하지만 이것도 적절한 행동이었다. 왜냐하면 페미스토크루스가 알키드의 귀를 깨무는 바람에 눈을 찡그린 알키드가 단박에 애처로운 울음을 터뜨릴 듯이 입을 벌렸기 때문이었다. 울어버리면 모처럼의 맛있는 저녁을 먹지 못하게 되리란 걸 깨달았는지 다시 입을 다물고는 눈물이 글썽한 채, 양 뼈를 깨작깨작 씹어댔는데, 그 바람에 양쪽 뺨이 기름 범벅이 되어버렸다.

부인은 줄곧 치치코프에게, "아무것도 안 드시네요, 너무 적게 드시는 것 아니신가요?" 하고 얘기했는데, 그럴 때면 치치코프는, "아닙니다, 잘 먹었습니다. 이렇게 기분 좋게 이야기를 주고받는 게 뭣보다 좋은 음식이지요"
하고 대답했다.

식사가 끝난 뒤의 일이다. 마니로프는 매우 흐뭇해진 기분으로 한 손으로
손님의 등을 떠밀며 그대로 응접실로 안내하려고 했으나, 그때 갑자기 손님
은 정색한 태도로, 사실은 어떤 중대한 용건이 있어서 잠깐 이야기할 게 있
다고 서두를 꺼냈다.

"그러면 서재로 가시지요." 마니로프는 이렇게 말하고는 창 너머로 푸른
숲이 보이는 아늑한 방으로 안내해주었다.

"저 혼자 쓰는 방이랍니다."

"아늑한 방이로군요." 치치코프는 주위를 둘러보며 이렇게 말했다.

확실히 그 방은 매력이 없는 방은 아니었다. 사방 벽은 회색빛 도는 푸른
빛으로 칠해져 있었고, 보통 의자가 네 개에다가 안락의자가 하나, 게다가
탁자가 놓여 있었고, 그 탁자 위에는 앞서 말한 장서표를 끼운 책과 쓰다 버
린 종이가 대여섯 장 놓여 있었다. 그러나 무엇보다도 많은 것은 담배였다.
담배는 여러 모양으로 놓여 있어서 종이봉투에 들어 있는 게 있는가 하면 상
자에 넣은 것도 있고, 심지어는 탁자 위에 직접 산더미처럼 쌓아올린 것도
있었다. 양쪽 창에도 역시 담뱃대에서 털어 낸 재가 상당히 조심스럽게 늘어
놓은 듯싶게 줄지어 있었다. 집작건대 집주인은 상당한 애연가인 듯했다.

"여기 이 안락의자에 앉으십시오. 여기가 더 편하실 겁니다."

"아닙니다. 괜찮으시다면 저는 이 의자에 앉겠습니다."

"안타깝지만, 안 됩니다." 마니로프는 웃으며 대답했다. "저희 집에서는
이 안락의자가 손님용으로 정해져 있으니 꼭 여기에 앉아 주셔야겠습니다."

치치코프는 의자에 앉았다.

"담배나 한 대 태우시지요."

"아, 전 담배를 피우지 않습니다." 치치코프는 정중하게 매우 유감스러운
듯이 대답했다.

"아니, 어째서입니까?" 마니로프도 정중하게 유감스럽다는 듯이 말했다.

"습관을 들이지 않아서 말입니다. 피우는 게 좀 무섭더군요. 담배를 피우
면 여윈다고들 하지 않습니까."

"실례지만 그건 편견입니다. 전 담뱃대가 코담배보다 훨씬 몸에 좋다고

생각하고 있습니다. 제가 몸담았던 연대에 대단한 미남에 학식이 뛰어난 중위가 있었습니다. 그는 식사 중은 물론이고, 어디든 입에서 담뱃대를 떼어놓은 적이 없었습니다. 이제 마흔이 넘었지만 누구 못지않게 건강하답니다."

치치코프는 분명히 그런 일이 더러 있지만, 아무리 자연계에 박식한 사람이라도 설명하기 어려운 일이 많은 법이라고 했다.

"그런데 실례가 될지도 모르겠습니다만, 한 가지 부탁하고 싶은 게 있는데……."

치치코프가 이렇게 서두를 꺼낸 목소리 뒤에는 어떤 기묘한, 또는 기묘함에 가깝다고 할 정도의 그런 표정이 숨겨져 있음을 느낄 수 있었다. 이렇게 서두를 내놓고는 무슨 까닭에선지 치치코프는 힐끗 뒤를 돌아보았다. 그러자 마니로프도 힐끗 뒤를 돌아보았다.

"주인장께선 호적을 알아본 지 얼마나 됐습니까?"

"아마 꽤 오래전일 겁니다……. 솔직히 말하자면 기억나질 않습니다."

"그럼 그 뒤로 영지에서 죽은 농노는 몇이나 됩니까?"

"글쎄요, 그건 관리인에게 물어보지 않고선 모르겠군요. 여봐라, 아무도 없느냐! 관리인을 불러와라, 오늘은 분명히 출근했을 거다."

곧 관리인이 나타났다. 마흔쯤 되어 보이는 관리인은 턱수염을 깨끗하게 면도하고 프록코트를 입어 언뜻 보기에 편하기 그지없는 생활을 해온 것처럼 보였다. 왜냐하면 얼굴은 통통하게 살이 찐 편인데다가 누리끼리한 얼굴빛이며 조그만 두 눈이 그가 새털 넣은 이불이니 베개가 어떻다는 것을 속속들이 잘 알고 있다는 것을 나타내고 있었기 때문이다. 또한 그가 지주들이 거느리고 있는 다른 모든 관리인들처럼 똑같은 길을 걸어왔음을 한눈에 알아볼 수 있었던 것도 사실이었다. 예전에는 단지 글을 읽고 쓸 줄 아는 소년으로 지주 집안에서 머슴살이를 하다가 이윽고 지주 마님이 귀여워하던 가정부하고 결혼하여 자기 자신도 창고지기가 되고, 그러다가 그대로 눌러앉아 어느 틈엔가 관리인이 되고 말았을 게 분명했다. 관리인이 된 뒤로는 두말할 것도 없이 다른 모든 관리인과 똑같이 행동했을 것이었다. 이를테면 마을에서도 돈깨나 있는 사람들하고는 교제하지만 가난뱅이에게는 더 많은 세금을 거둬들이곤 했을 것이리라. 아침에도 여덟 시가 넘어서야 자리에서 일어나고 사모바르가 준비되는 것을 기다려서 천천히 차를 마시고서야 나갈 것이다.

"이보게, 호적을 만든 뒤로 농노가 얼마나 죽었지?"

"몇이냐고 물으시면 곤란합니다. 그 뒤로 잔뜩 죽었잖습니까?" 그리고 말을 이으려던 관리인은 딸꾹질이 나오는 바람에 손으로 입을 막았다.

"그렇겠지. 나도 그럴 줄 알았어. 굉장히 많이 죽어나갔으니 말이야!" 마니로프는 다시 치치코프를 바라보며 말했다. "꽤 많이 죽은 것 같군요."

"이를테면 몇 명이나 되겠습니까?" 치치코프가 물었다,

"글쎄, 몇 명이나 되겠나?" 마니로프가 질문을 받아 관리인에게 물었다.

"정확한 수까지는 짐작이 가질 않는군요. 몇 명이 죽었는지 알 리가 있겠습니까? 죽어간 농노를 누가 일일이 세고 앉아 있겠습니까."

"그렇겠지." 마니로프는 다시 치치코프를 바라보며 말했다. "저도 사망률이 높다고는 생각했지만, 대체 얼마나 죽었는지 짐작도 가질 않는군요."

"이보게, 수고스럽겠지만 한 번 계산해주겠나?" 치치코프가 말했다. "그리고 죽은 사람들의 이름까지 전부 적어서 상세한 표로 만들어주게."

"이름까지 전부." 마니로프가 덧붙였다.

관리인은 "그렇게 하겠습니다" 하고 말하고는 밖으로 나갔다.

"그런데 어째서 그걸 알려고 하십니까?" 관리인이 밖으로 나가자 마니로프가 물었다.

그런데 아무래도 손님은 이 질문에 당황한 듯했다. 그의 얼굴에는 묘하게도 긴장한 표정이 떠올랐을 뿐만 아니라 심지어는 붉어지기조차 했던 것이었다. 그것은 좀처럼 말로 나타내기 약간 거북한 것을 말하려고 할 때와 같이 긴장된 표정이었다. 그리고 과연 마니로프는 이제껏 들어본 적도, 있어본 적도 없는 기괴하고 이상한 이야기를 듣게 되었던 것이었다.

"어째서냐고 물으신다면, 다름이 아니라 실은 제가 농노를 사고 싶어서 말입니다……." 대답을 하던 치치코프는 거기서 말문이 막혀 끝까지 말하지 못했다.

"실례가 될지도 모르겠습니다만, 농노를 어떻게 사시겠다는 건가요? 땅까지 포함해서 사시는 겁니까? 아니면 땅 없이 농노만 사시는 겁니까?"

"아니오, 제가 사려는 건 살아 있는 농노가 아니라 죽은 농노입니다……."

"무슨 말씀을! 이거 실례했습니다. 제가 귀가 나빠서 뭔가 이상한 이야기

로 잘못 들었나 보군요."

"제가 사려는 건, 죽었지만 호적에는 살아 있는 것으로 되어 있는 농노입니다." 치치코프가 다시 한 번 말했다.

그 순간 마니로프는 입에 문 담뱃대를 바닥에 떨어뜨리고, 몇 분을 멍하니 입을 벌린 채로 앉아 있었다. 조금 전까지 친구란 참 좋은 것이라며 정답게 이야기를 주고받던 두 사람은 서로 눈을 마주 보고 있었다. 마치 예전에 거울 양쪽으로 마주 걸어놓은 두 장의 초상화처럼 한참을 꼼짝 않고 가만히 앉아 있었다.

겨우 몸을 움직여 바닥에서 담뱃대를 주운 마니로프는 아래에서부터 슬며시 치치코프의 얼굴을 올려다보면서 그가 비웃고 있지는 않은지, 놀리고 있는 건 아닌지 확인하려고 했다. 하지만 치치코프의 얼굴에는 그런 기색은 조금도 없고, 오히려 어느 때보다 더 진지해 보였다. 그래서 마니로프는 어쩌면 그가 미쳐버린 것은 아닌가 생각하고 의심스러운 눈길로 조심조심 손님의 얼굴을 지켜보았다. 그러나 손님의 눈은 맑디맑아서 미친 사람의 눈에서 보는 것 같은 갈피를 잡지 못하는 불안하고 야릇한 표정이란 찾아볼 길이 없을뿐더러 어디에도 어색한 점이란 하나도 없어 보였다. 그리하여 마니로프는 자기가 어떻게 행동하면 좋을지, 무엇을 하면 좋을까 하고 퍽 오래 궁리를 해 보았으나, 입에 잔뜩 고인 담배연기를 가늘게 내뿜을 뿐, 신통한 생각이 전혀 떠오르지 않았다.

"제가 여쭤보고 싶은 것은 지금 얘기한 것처럼, 실제로는 죽어있지만 법률상으로는 살아 있는 농노들을 파시든지, 양도하시든지, 어떤 형식으로든 저한테 물려줄 수 없겠는지 하는 것입니다."

그러나 마니로프는 너무나 당황하여 갈피를 잡지 못하고 오직 치치코프의 얼굴만 뚫어져라 바라보고 있을 따름이었다.

"난처한 이야기였나 보군요."

"난처한……, 아니, 그렇지 않습니다." 마니로프는 계속 말을 이었다. "그게 저로서는 도저히 이해가……, 이거 실례했습니다. 말씀드릴만한 이야기는 아닙니다만, 얘기하자면 저는 당신의 행동 하나하나에서 느껴지는 그런 고등교육을 받지 못했기 때문에, 제 생각을 돌려 말하는 기교가 없습니다만……. 어쩌면 여기엔…… 다른 뜻이 숨어있는 것인지…… 아니면 당신께서 상징적인 뜻으로 그러신 건 아닌가 싶어서 말입니다."

"아니오." 치치코프는 얼른 그의 이야기를 가로막았다. "그렇지 않습니다. 제 얘기는 있는 그대로, 그러니까 정말로 죽은 농노에 대한 것입니다."

마니로프는 완전히 어리둥절해지고 말았다. 마니로프는 자기가 던진 말에 대해서 어떻게든지 수습을 해야만 한다는 것, 무슨 질문이든지 해야 된다는 것을 느끼기는 하면서도, 무슨 질문을 해야 할 것이냐 하는 점에 이르면 도무지 좋은 생각이 떠오르지 않았던 것이다. 결국 그는 또다시 담배연기를 내뿜는데 그쳤던 것이지만, 다만 이번에는 입이 아닌 콧구멍으로 연기를 내뿜었다.

"괜찮으시다면 바로 명세서를 작성하도록 하지요."

"네? 죽은 농노에게 명세서라니요?"

"그게 아니지요. 명세서에는 호적과 똑같이 살아 있는 사람으로 해서 쓰면 됩니다. 저는 뭐든 법에 저촉되는 일은 하지 않습니다. 하긴 그 때문에 관직에 있을 때는 힘든 일도 많이 겪었지만, 어쩔 수 없지요. 저에게 있어 의무란 신성한 것이며, 결코 법 앞에서는 변명을 하지 않습니다."

치치코프가 말한 이 마지막 말은 마니로프에게도 마음에 들었으나, 이야기 자체의 의미를 도저히 이해할 수가 없어서 대답 대신 담뱃대를 바순(낮은 음 색의 목 관악기)에서 나는 것 같은 쉰 소리가 나올 만큼 세게 불기 시작했던 것이었다. 마치 그의 이런 모습은 일찍이 듣도 보도 못한 괴이한 제안에 대한 의견을 이 담뱃대 속에서 불기라도 할 것 같은 태도였다. 그러나 담뱃대에서는 목쉰 소리만 나올 뿐이었다.

"혹시 뭔가 걸리시는 게 있으십니까?"

"그럴 리가요! 걸리는 게 있을 리가 있겠습니까. 그 예를 들어서 말입니다. 비난할 생각은 추호도 없습니다만 솔직하게 말해서 이 계획이라고 해야 하나요? 아니 좀 더 분명하게 표현해서 거래라고 해야 하려나요……, 아무튼 이 거래가 민법에 어긋나거나, 러시아의 앞날을 망치지는 않을까요?"

여기서 마니로프는 생각에 빠진 듯이 아주 골똘한 표정으로 치치코프를 바라보았다. 굳게 다문 입술에 심각한 표정은 마치 난관에 봉착한 현명한 장관의 얼굴 같았다.

그러나 치치코프는 이런 계획, 또는 거래는 결코 민법이나 러시아의 장래에 불명예스러운 것이 될 염려는 없다고 딱 잘라 말하고 나서, 잠시 뒤 정부는 정당한 세금을 부과하게 되니까 오히려 이익을 보는 셈이지요, 하고 덧붙여 말했다.

"하하하, 그런 것이었군요."

"매우 깨끗한 일이라고 봅니다."

"그렇군요. 깨끗하다면 얘기가 다르지요. 전 어떤 불만도 없습니다." 마니로프는 안도의 한숨을 내쉬었다.

"그러면 이제 값만 정하면 되겠군요."

"값이라니요?" 마니로프는 또다시 이렇게 말하고는 망설이고 말았다. "아니, 당신께선 제가 죽은 농노들의 값을 받을 거로 생각하셨습니까? 만약 그렇다면, 그 뭐라고 합니까? 환상! 그걸 품고 계셨다면, 제가 얘기하겠습니다. 그런 건 제가 거저 드리지요. 서류도 제가 쓰겠습니다."

만일 여기서 마니로프의 얘기에 치치코프가 그지없이 흐뭇해했다는 얘기를 빼먹었다면, 신랄한 비판을 받게 될지도 모를 일이다. 평소 매우 신중하고 생각 깊은 사내였지만, 이때만큼은 당장에라도 산양처럼 펄쩍펄쩍 뛰어다닐 것만 같아 보였다. 이게 기쁨이 너무 컸을 때에 일어나는 발작 같은 현상이라는 것은 누구나 다 알고 있을 것이다. 어찌나 몸을 흔들었던지 의자에 놓여있던 쿠션이 터지고 말았는데, 마니로프는 어리둥절해진 얼굴로 치치코프를 바라보고 있었다.

너무나도 고마워서 마음이 뿌듯해진 치치코프는 몇 번이고 계속 감사의 말을 건넸고, 마니로프는 그 모습에 적잖이 당황하여 새빨개진 얼굴로 고개를 절레절레 흔들며, 당치도 않다고 사양의 뜻을 나타내었다. 그리고는 이런 건 손바닥 뒤집는 것보다도 쉬우며, 진심으로 존경하고 사랑하는 선생께 어떻게든 성의를 나타내고 싶던 터였고, 죽은 농노는 쓰레기나 마찬가지라고 말해버린 것이다.

"아니오, 쓰레기가 아닙니다." 치치코프가 마니로프의 손을 잡고 말했다. 이때 치치코프는 길게 한숨을 내쉬었는데, 마치 진심을 털어놓는 듯한 표정으로 이와 같은 얘기를 했다.

"어디 누구의 자식인지 근본도 확실치 않는 걸레조각처럼 하찮은 저에게 이렇게 큰 친절을 베풀어주시니 얼마나 감사한지 모릅니다! 사실 제가 겪어보지 못한 어려움이 어디 있겠습니까. 그야말로 미친 듯이 날뛰는 파도 사이를 떠도는 작은 배와 마찬가지였답니다……. 어떤 압박이고, 어떤 박해고 받아보지 않은 것이 없었습니다. 슬픔은 이루 말할 수도 없지요! 무엇 때문에 그런 고통을 받았는지 아십니까? 모두 정의를 지켰기 때문이었지요. 제 자신의 양심에 부끄럽지 않게 행동했기 때문입니다. 의지할 데 없는 과부와 불행한 고아들을 도우려 했기 때문입니다!"

치치코프는 흘러나오는 눈물을 손수건으로 훔쳤고, 마니로프는 진심으로 감동했다. 두 사람은 한참을 서로 손을 마주 잡고 아무 말 없이 서로의 촉촉해진 두 눈을 바라보고 있었다. 마니로프는 행여 놓칠세라 치치코프의 손을 꽉 붙잡고 있었는데, 어떻게 하면 그에게 잡힌 손을 빼낼 수 있을는지 도무지 방도가 생각나지 않을 정도였다. 마침내 잡힌 손을 살그머니 빼낸 치치코프는 등기를 내는 것은 되도록 빠를수록 좋으니, 주인께서 시내로 와주면 참 고맙겠다고 말하고는 모자를 집어 들고 작별인사를 하는 것이다.

"네? 벌써 돌아가실 생각이십니까?" 정신을 차린 마니로프가 소스라치게 놀라 이렇게 말했다.

바로 그 순간, 마니로프 부인이 서재 안으로 들어왔다.

"여보, 리잔카!" 마니로프는 매우 애처로운 표정으로 이어서 말했다. "파벨 이바노비치 씨께서 우리를 저버리고 떠나시겠다는구려."

"저희 같은 사람들하고 있어봐야 파벨 이바노비치 씨도 따분하시겠지요." 마니로프 부인이 대답했다.

"부인, 여길 보십시오!" 치치코프가 말했다. "바로 여깁니다……." 그는 자기 심장 위에 손을 얹고는 다시 말을 이었다. "네, 바로 여기에 두 분과 함께한 즐거운 시간이 언제까지고 남아 있을 겁니다! 두 분과 한 지붕아래에서는 아니더라도 근처에서 함께 산다면 그보다 행복한 일은 없을 겁니다."

"저 역시 그렇습니다!" 마니로프가 말했다. 마니로프는 그런 상상을 매우 즐기는 사내였다. "저희가 한 지붕아래에서 살 수만 있다면 얼마나 좋겠습니까! 그러면 느릅나무 그늘 아래에서 철학이야기도 주고받고, 함께 명상에 잠길 수도 있을 테죠!"

"오오, 그야말로 극락이겠지요!" 치치코프는 가볍게 한숨 쉬었다.

"그럼, 부인께서도 안녕히 계십시오!" 치치코프는 마니로프 부인의 손에 키스하기 위해 다가서면서 말했다. "그럼, 안녕히 계십시오. 제가 드린 부탁도 잊지 마시고요!"

"전혀 걱정하실 것 없습니다! 이틀도 못돼서 찾아갈 겁니다."

그들은 모두 식당으로 들어갔다.

"잘들 있으렴, 귀여운 애들아!" 치치코프는 때마침 손과 코가 떨어져나간 나무인형을 가지고 놀고 있던 알키드와 페미스토크루스를 보면서 말했다. "오늘 선물을 못 가져와서 미안하구나. 하지만 너희들이 있는 줄 몰랐으니 별 수가 있었겠니? 대신에 다음에 올 때는 꼭 선물을 가져오마. 넌 긴 칼이 어떻겠느냐? 긴 칼이 좋겠니?"

"좋아요."

"너한테는 북을 사다주마. 북으로 괜찮겠니?" 치치코프는 허리를 숙여 알키드에게 물었다.

"네." 알키드는 머리를 푹 수그린 채 조그만 목소리로 대답했다.

"좋아, 그럼 너한테는 아주 좋은 북을 가져다주마. 때릴 때마다 뚜르르르 — 트랏타타, 타타타 하는 녀석으로 말이다. 잘 있으렴!"

치치코프는 알키드의 이마에 입을 맞추고, 마니로프 부부를 향해 빙긋이 미소를 지었다. 누구나 흔히 이런 웃음 띤 얼굴을 해보이며 부모를 향해서 아드님의 희망은 참 순진하구만요 하는 뜻을 나타내고 싶어하는 법이 아닌가 한다.

"역시 기다리는 것이 좋겠는데요, 파벨 이바노비치 씨. 가시면 안될 것 같아요!" 그들이 현관 층계에까지 나왔을 때 마니로프는 이렇게 답했다. "저것 보세요, 구름이 굉장히 낀 것을 보니 폭풍우가 오겠는데요."

"뭐 대단치 않은 구름이군요." 치치코프는 대답했다.

"그런데, 선생께선 소바케비치 씨 댁으로 가는 길을 알고 계십니까?"

"그렇지 않아도 그분 주소를 물어보고 싶었답니다."

"그러면 당장 선생의 마부에게 가르쳐주도록 하지요."

마니로프는 한결 같이 정중한 태도로 마부에게 길을 가르쳐 주는 것이었다. 모퉁이를 두 번 지나쳐서 세 번째 모퉁이를 돌라는 말에 마부는, "잘 알겠습니다, 나리" 하고 대답했다. 이리하여 치치코프는 언제까지나 절을 하기도 하고 발돋움해 서서 손수건을 자꾸만 흔들고 있는 이들 부부의 배웅을 받으며 그곳을 떠났다.

　마니로프는 차츰 멀어져가는 사륜마차를 눈으로 쫓으면서 오랫동안 현관으로 올라가는 층계 위에서 서성거리고 있었다. 마차가 완전히 보이지 않게 된 뒤에도 담뱃대를 피우면서 언제까지나 그 자리에 멈춰 서 있었던 것이었다. 마침내 집 안으로 들어와 의자에 앉은 마니로프는 비록 얼마간이라도 손님을 기쁘게 해준 것을 흐뭇하게 생각하면서 명상에 잠겼다. 그럭저럭 하는 동안에 그의 생각은 어느 결엔지 다른 데로 옮겨가 마지막에는 엉뚱한 곳으로 발전해 갔다. 그가 제일 먼저 생각하고 있었던 것은 우정의 행복이었다. 그는 친구와 함께 어떤 개울가에서 살았으면 참 좋으리라는 생각을 하고 있는 동안에 이번에는 그 개울에다 다리를 놓으리라, 다음에는 모스크바까지도 바라볼 수 있는 높은 망루가 달린 호화스러운 저택을 마련하리라는 공상으로까지 옮겨갔고, 이어 저녁나절이 되면 집 밖 뜰에서 함께 차를 마시고, 즐거운 이야기라도 주고받으리라, 그리고 그는 치치코프와 함께 훌륭한 마차에 몸을 싣고 연회석상에 나타나는 것이다. 그리고 거기서는 아주 부드러운 몸가짐으로 연회에 모였던 모든 사람들을 매혹시키리라. 그리하여 이 두 사람의, 세상에도 드문 훌륭한 우정은 마침내 황제에게까지 알려져 두 사람은 장군 자리에 앉게 된다…… 하는 식으로 마니로프의 공상은 끝없이 뻗어나가, 나중에는 자기 자신도 뭐가 어떻게 된 것인지 분간하지 못했다.

　그러다 문득 치치코프가 신신당부한 괴상한 부탁이 갑자기 떠올라 마니로프의 망상은 중단되고 만다. 마니로프도 그것만은 어떻게 된 건지 도무지 알 수가 없었다. 이런 얘긴가? 저런 얘긴가? 아무리 생각해봐도 명확한 대답은 나오질 않았기에, 결국 마니로프는 자리에 주저앉은 채로 저녁때까지 애꿎은 담뱃대만 뻐끔뻐끔 피워댔다.

3

　한편, 큰길을 미끄러지듯 달려가는 마차에 타고 있던 치치코프는 무척이나 기분이 좋았다. 그가 뭘 모으고 있으며, 뭘 좋아하는지는 앞에서 전부 드러났으니, 지금 그가 거기에 완전히 정신이 팔려있더라도 전혀 놀랍지 않을 것이다. 치치코프는 얼굴에 속셈과 의도, 꿍꿍이가 떠오를 때마다 무척이나 즐거운지 그때마다 회심의 미소를 지었다.

거기에 정신이 팔린 탓에 치치코프는 마니로프 댁 하인들의 융숭한 대접에 자못 의기양양해진 마부가 오른쪽에 비끄러맨 얼룩무늬 말에게 퍼붓고 있는 아주 적절한 잔소리는 귀에 들어오지도 않았다. 그도 그럴 것이 이 얼룩무늬 말은 아주 능청맞은 놈이어서 언뜻 보기에는 상당히 힘들여 끌고 있는 것 같은 시늉을 하고 있을 따름이었기 때문이다. 그 말에 비하면, 밤색 말과, 어떤 의원한테서 샀다고 해서 '의원님'이라고 부르는 갈색 말은 온힘을 다해 끌고 있어서, 이 때문에 눈에는 힘껏 일하고 있다는 즐거운 빛조차 드러나 보일 정도였던 것이다.

"게으름 피우려면 피워봐라! 내 눈을 속이려고 해도 그건 안 될 말이지!" 하고 세리판은 몸을 일으켜 게으름뱅이에게 찰싹 매질을 했다.

"네 할 일을 잊은 게냐, 이 건방진 놈아! 밤털이를 좀 봐라. 부지런히 자기 일을 하고 있지 않느냐. 저렇게만 해주면 나도 여물을 더 줄 마음이 생길 게 아니냐! 의원님도 잘하고 있건만! ……요, 요놈! 어쩌자고 귀를 흔들어! 이 멍청아, 사람이 무슨 말을 할 때는 듣는 거야. 내가 너한테 나쁜 애기를 하겠냐. 아니, 어디로 가는 거야!"

세리판은 다시 찰싹 매질을 했다. "에잇, 이 깜둥이 하인 같으니! 이 나폴레옹 같으니라고!" 그는 이어서 말들에게, "자, 다들 잘 알겠지!" 하고 말하더니 찰싹찰싹찰싹 셋 모두에게 매질을 했다. 벌을 준 것이 아니라 그가 셋 모두에게 만족하고 있다는 표시로 때린 것이었다. 이렇게 말들을 북돋아 주고 세리판은 다시 얼룩이에게 잔소리를 늘어놓았다.

"넌 내 눈을 잘 속이고 있다고 생각하는 모양인데, 전혀 글러먹었어. 사람의 존경을 받고 싶거든 정직하게 살지 않으면 안 돼. 그것 봐라, 우리가 갔다 왔던 지주나리 저택에는 모두 훌륭한 분들만 계시지 않더냐.

그러고도 곧잘 사람 눈을 속이고 있다고 생각하는 모양인데, 틀려먹었단 말이다. 남의 존경을 받고 싶으면 정직하게 살아가지 않으면 안 된단 말이다. 보려무나, 지금 우리가 갔다 온 지주나리 집에는 모두 훌륭한 분들만 계시지 않더냐. 나도 훌륭한 사람들하고라면 기쁘게 이야기도 하고 언제든지 사이좋은 친구도 된단 말이다. 차를 마시는 것이든, 밥을 먹는 것이든, 훌륭한 사람들하고 함께 먹는 거라면 기쁘게 먹는단 말이야. 훌륭한 사람이라면 누구나 존경한단 말이다. 우리 나리만 하더라도 모든 사람들에게서 존경을 받고 있더라. 그것도 나리가 나라에 봉사했기 때문이란 말이다. 나리는 6등 관이시라……."

이런 모양으로 따지다가 어느 결엔지 세리판은 터무니없이 허망한 공상 속에 빠져들어가고 말았다. 만일 치치코프가 귀를 기울이고 있었더라면 세리판이 지껄여대고 있는 자기에 대한 여러 가지 사실을 들었겠지만, 생각에 빠진 탓에 때마침 크게 울린 벼락치는 소리를 듣고서야 비로소 제정신이 돌아와 사방을 둘러보았던 것이었다.

올려다본 하늘은 온통 구름으로 뒤덮였고, 흙길 위로 빗방울이 떨어지고 있었다. 이어서 이번에는 더 가까운 곳에서 아까보다 더 요란한 소리를 내며 두 번째 천둥이 울리더니 느닷없이 마차를 휩쓸어갈 기세로 억수 같은 비가 쏟아졌다. 처음에는 빗발이 마차의 한쪽 편으로만 떨어졌는데, 반대쪽으로 방향을 바꾸더니 마침내 지붕 위로 쏟아지는 비에 북 치는 소리가 나고, 빗방울이 치치코프의 얼굴에도 들이닥치자 하는 수 없이 경치를 구경하기 위해 조그맣게 뚫어놓은 양쪽의 둥근 창에 가죽 커튼을 치고, 세리판에게 마차를 더 빨리 몰라고 명령했다.

세리판은 한참동안 신이 나서 지껄여대던 넋두리를 갑자기 중단하였거니와, 우물거리고 있어서는 안되겠다고 깨달았던지 성급히 자리 밑에서 잿빛 헝겊 조각을 꺼내 손목에다 둘둘 감고 두 손으로 고삐를 잡고는, 그의 설교를 듣느라고 나른해진 듯 겨우 걸음을 내딛고 있던 세 마리 말들을 마구 후려쳤다. 하지만 세리판은 그때까지 지나친 모퉁이가 둘이었는지, 셋이었는지 도무지 생각나질 않았다. 지나친 모퉁이가 몇이었는지 이리저리 생각해봤지만 그런 길이 여러 개이지 않았나 짐작되었다. 원래 러시아 사람이란 위험한 순간에 부닥치면 더 이상 깊이 생각해보지도 않고 앞 일이 어떻게 될지 전혀 짐작도 못하면서 무턱대고 결단을 내리는 그런 면이 있다. 세리판도 이런 예에 벗어나지 않았기에 다음 십자로(十字路)가 나타나자 선뜻 오른쪽 길로 접어들더니, "잘 부탁한다!" 하고 소리치면서 그 길이 어디로 통하는지는 제대로 생각해보지도 않고, 덮어놓고 말을 몰았던 것이다.

비는 좀처럼 멎을 것 같지 않았다. 흙길은 순식간에 진흙구덩이로 변해 시간이 갈수록 마차를 끄는 말들을 힘들게 만들었다. 한편, 치치코프는 아무리 달려도 소바케비치의 마을이 나타나지 않자 불안해졌다. 예정대로라면 한참

전에 도착했어야 하기 때문이다. 그는 양쪽 길을 눈여겨 살펴봤지만, 지척을 분간할 수 없을 정도로 어두웠기에 아무것도 보이질 않았다.

"세리판!" 결국 치치코프는 마차 밖으로 몸을 내밀어 이렇게 소리쳤다.

"무슨 일이신가요, 나리?" 세리판이 대답했다.

"잠깐 주변 좀 둘러보게. 근처에 보이는 마을이 없나?"

"아니요, 나리. 어디에도 마을이라곤 없는데요."

이러더니 세리판은 채찍을 휘두르며 노래라고 하기에는 이상야릇하게 길고 긴 내용의 민요 비슷한 것을 노래하기 시작했다. 그가 부르는 노래에는 별의별 내용이 다 들어 있었다. 말을 격려하거나 성미를 돋울 때 러시아 전국 어디에서나 쓰는 이랴칙칙하는 것에서부터 혀 끝에 떠오르는 대로 온갖 직책이나 형용사를 마구 주워섬기다보니 나중에는 말들을 '비서관'이라고 부르기까지 했던 것이었다.

그러는 동안에 치치코프는 마차가 온통 좌우로 흔들려서 자기 몸에 맹렬한 충격을 주고 있음을 깨달았다. 그리고 이는 마차가 길에서 벗어나 이제 막 가래질을 마친 밭에 뛰어들었기 때문임을 알 수 있었다. 세리판도 그걸 알았지만 주인나리에게는 어떤 말도 하지 않았다.

"이 불한당 같으니! 대체 무슨 길로 가는 게냐!"

"하지만 나리, 저인들 어쩌겠습니까. 이런 시간이라 채찍 끝도 보이질 않는데요."

그 순간, 마차가 크게 기울었다. 치치코프는 자기도 모르게 두 손으로 마차를 꽉 붙잡는데, 그는 그제야 세리판이 술에 취해 있다는 걸 깨달았다.

"고삐를 당겨, 고삐를! 마차가 넘어가고 있잖느냐!"

"어휴, 나리, 그럴 리가 있겠습니까?" 하고 세리판이 말했다. "넘어가선 안 된다는 것쯤은 잘 알고 있습니다. 무슨 일이 있더라도 절대로 마차는 안 넘어갈 테니 두고 보세요."

세리판은 마차의 방향을 조금씩 바꿨지만, 이리저리 방향을 잡느라 용을 쓰다가 결국 마차를 옆으로 넘어뜨리고 말았다. 그와 동시에 치치코프는 공중제비를 돌면서 떨어져 두 손과 두 무릎이 진흙 속에 빠져버렸다. 세리판도 마지못해 고삐를 잡아당겼지만, 그러지 않았더라도 지친 말들이 알아서 멈췄을 것이다. 전혀 예상도 못한 일에 유들유들한 세리판도 그만 질리고 말았다. 마차에서 내린 세리판은 두 손을 허리에 올리고 멍하니 서서 진흙구덩이에서 빠져나오려고 발버둥을 치는 주인을 한참 동안 바라보더니 이렇게 말했다. "이것 참, 정말로 넘어갔네."

"이 멍청한 놈, 구두장이처럼 곤드레만드레 취했구나!"

"아닙니다, 나리. 제가 어쩌자고 취하겠습니까? 그게 좋지 않다는 것 정도는 저도 알고 있습니다. 그저 훌륭한 분과 얘기만 나눴을 뿐입니다. 그게 나쁜 짓은 아니잖습니까? 그리고 그분과 간단히 식사도 함께 했는데, 그것도 전혀 부끄러워할 일이 아니잖습니까?"

"지난번에 네가 취했을 때 내가 뭐라고 했는지 기억나느냐? 아니면 잊어버렸느냐?"

"그럴 리가요, 제가 어떻게 잊겠습니까. 제 의무인걸요. 취하는 게 나쁘다는 것쯤은 잘 압니다. 단지 훌륭한 분과 얘기만 나눴을 뿐이라니까요."

"나한테 흠씬 두들겨 맞고 나면 그 훌륭한 분과 얘기를 나누면 어떻게 되는지 잘 알게 될 거다!"

"그럼, 좋으실 대로 하십쇼." 포기가 빠른 세리판이 대답했다. "때리려면 때리십시오. 전 불만 없습니다. 때릴 놈이라서 때리겠다는데 뭐라고 하겠습니까? 나리 뜻대로 하시지요. 아랫것이란 때리지 않으면 바로 버릇이 없어지잖습니까. 뭐든 질서란 게 중요한 법이니까요. 때릴 만한 이유가 있으시다면 어서 때리십시오. 제가 무슨 할 말이 있겠습니다."

세리판의 논리에 치치코프는 말문이 막히고 말았다. 그러나 바로 그 순간, 운명의 신이 치치코프를 불쌍히 여기기라도 했는지 멀리서 개 짖는 소리가 들려왔다. 치치코프는 기쁜 마음에 기운을 차리고 즉시 말을 달리게 하라고 세리판에게 명령했다. 러시아의 마부란 아주 예민한 감각을 갖고 있어서 때로는 눈을 감고 전속력으로 달리게 해도 반드시 어딘가에 도착하게 마련이었다. 비록 세리판은 아주 가까운 것조차도 볼 수 없었음에도 불구하고 마을을 향해 말들을 똑바로 몰아가다가 마차의 굴대가 어떤 집 울타리에 쾅하고 부딪쳐서 그 이상은 가려야 갈 수도 없게 된 뒤에야 비로소 고삐를 늦추어 서게 했던 것이다. 억수같이 퍼붓는 무더운 비의 장막 속에서 치치코프는 간신히 지붕 비슷한 것을 분간할 수 있었다. 그는 세리판을 보내 문을 찾게 했다. 그런데 이곳 러시아에서는 문지기 대신 사나운 개가 집을 지키고 있기 마련이어서 이놈이 그가 온 것을 아주 큰 소리로 짖어서 알렸으니 망정이지 그렇지 않았더라면 문을 찾느라고 더 많은 시간이 걸렸을 게다. 치치코프가 자기도 모르게 두 손으로 귀를 막을 만큼 큰 소리로 그들의 도착을 알린 것은 바로 그 개였다. 창문 하나에서 불빛이 아른아른하더니 그것이 희미한 광선을 이루어 울타리 근처까지 뻗어와서 문이 어디 있는지 치치코프 일행에게 알려주었다. 세리판이 문을 두드리자 곁문을 열고 겉옷을 몸에 걸친 사람 그림자가 불쑥 나타나더니 쉬어터진 여인의 목소리가 들렸다.

"누가 이렇게 시끄럽게 문을 두드리는 게요?"

"지나가는 나그네올시다. 하룻밤만 쉬게 해주십시오." 치치코프가 말했다.

"아니, 뭐 이런 뻔뻔한 사람들이 다 있담. 이 늦은 시간에 무슨 소리요? 여긴 여관이 아니라, 지주님의 저택이란 말이에요!" 나이든 부인이 말했다.

"하지만 어쩌겠습니까? 보시다시피 길도 잃었고, 이런 밤에 노숙을 할 수도 없잖습니까."

"그럼요, 이렇게 깜깜하고 비까지 오잖습니까." 세리판도 거들었다.

"입 닥치지 못해, 이 멍청한 놈!"

"아니 대체 당신들은 누구요?"

"귀족이랍니다, 아주머니."

귀족이라는 말에 나이든 부인도 생각을 달리한 듯했다.

"잠깐만 기다려요, 들어가서 마님께 여쭈어보고 올 테니."

그렇게 2분 정도가 지나자 손에 랜턴을 든 부인이 되돌아왔다.

문이 열리고 다른 창문에도 불이 켜졌다. 마차는 안으로 들어가 조그만 집 앞에 섰지만 워낙 어두워서 어떤 모양의 집인지 도무지 알아볼 수가 없었다. 그저 창문에서 새어나온 빛에 드러난 집 반절과 그 앞에 고인 웅덩이가 보였을 따름이다. 지붕 위로 요란하게 쏟아지는 비는 챙을 타고 내려와 빗물 통을 따라 쏴아 소리를 내며 흘러갔다.

그 사이에도 개들은 목청이 터져라 짖어대고 있었다. 한 녀석은 힘껏 고개를 쳐들고 그러면 특별한 몫이라도 나오기라도 하는지 열심히 길게 목청을 뽑고 있었고, 또 한 마리는 바로 그 뒤를 이어 당직인 것처럼 으르렁거렸고, 그 사이마다 깽깽거리는 강아지의 보이 소프라노가 마치 우편마차에 달린 방울소리처럼 울려 퍼졌다. 그리고 마지막을 장식해주는 나이든 개의 베이스가 있었다. 늙은 개치고는 꽤나 원기 왕성한 울음소리는 마치 절정에 치달은 연주회의 베이스를 연상시켰다. 테너는 어떻게 해서든지 힘껏 높은 소리를 내려고 발돋움을 하며 짖고 있고, 그곳에 모여 있는 다른 개들도 모두 머리를 흔들면서 열심히 높은 소리로 짖어대고 있는데, 유달리 이 개는 북슬북슬한 턱을 목에 바짝 당기고, 배는 바닥에 거의 닿을 듯이 웅크리고 앉아서 짖어대고 있었다. 그런데 그 소리가 어찌나 큰지 마차 유리가 덜덜거릴 정도였다.

이런 음악가로 구성된 합창단이 짖는 소리만으로도 이 마을이 꽤 부유하다는 걸 짐작할 수 있었다. 하지만 물에 빠진 생쥐 꼴이 되어 덜덜 떨고 있는 우리의 주인공은 머릿속에 오직 잠자리밖에 떠오르지 않았다. 마차가 완전히 서기도 전에 벌써 계단을 뛰어올라가다 그만 비틀거렸던 치치코프는 하마터면 계단을 뒹굴 뻔했다.

계단에는 좀 전의 부인보다 조금 젊지만 매우 비슷한 차림을 한 부인이 나와 있었다. 부인이 안으로 안내해주었는데, 그는 재빨리 방안을 훑어보았다. 낡아빠진 줄무늬 벽지가 온통 발라져 있었고, 여기저기 새가 그려진 그림이 걸려 있었다. 창문과 창문 사이에는 작고 오래된 비틀린 검은 나뭇잎 모양의 거울이 몇 개 걸려 있었는데, 뒤쪽으로 편지지, 낡은 트럼프, 한 짝뿐인 긴 양말 같은 것들이 아무렇게나 쑤셔 넣어져 있었다. 그리고 숫자마다 꽃이 그려진 괘종시계에…… 그 이상 뭐가 있었는지 확인할 수가 없었다. 눈꺼풀에 누가 풀칠이라도 해놓았는지 도무지 떠지질 않았던 것이다.

잠시 뒤 여주인이 들어왔다. 나이가 꽤 들어 보이는 부인으로 황급하게 쓴 듯한 나이트캡에 플란넬을 목에 칭칭 감고 있었다. 저 모습으로 보아 요새 흔히 볼 수 있는 지주 할멈이 분명하다.

지주 할멈들은 조금이라도 흉작이나 손해가 나면 우는 소리만 늘어놓고 성질을 부리는데, 사실 옷장에 숨겨둔 얼룩무늬 지갑에는 차곡차곡 돈을 모아놓고 있다. 한 지갑에는 1루블 은화, 다른 지갑에는 50코페이카(러시아의 화폐단위, 100코페이카는 1루블) 은화, 또 다른 지갑에는 25코페이카 은화를 모아놓았는데, 잘 보면 옷장에는 속옷에 잠옷, 실타래, 허름한 누더기밖에 없다. 이것들은 낡은 가운이 휴일에 먹을 피로시키(빵이나 파이 반죽으로 만든 껍질에 각종 고기로 속을 채운 러시아의 대표적인 빵)를 굽다가 불에 그슬리거나 다 해어져 넝마조각이 되면 새로 가운을 지을 때 옷감으로 써먹으려고 둔 것들이다. 하지만 구두쇠 할멈은 언제나 조심스러워서 가운이 불에 그슬리거나 해어지는 일은 절대 일어나는 법이 없으니, 결국 이것들은 평생 서랍 속에 고이 모셔져 있다가 유언에 따라 다른 온갖 잡동사니와 함께 조카에게 넘겨질 것이다.

치치코프는 갑작스레 찾아와 폐를 끼쳐 죄송하다고 여주인에게 사과부터 했다.

"아뇨, 괜찮습니다. 그보다 이렇게 심한 폭풍우에도 하느님의 은혜로 용케 이곳까지 찾아오셨군요. 이런 날씨에 길을 잃지 않을 사람이 누가 있겠어요. 뭐라도 드셔야 할 텐데, 밤중이다 보니 준비된 것이 아무것도 없네요."

그때 여주인의 말을 끊고 들려온 슈욱슈욱하는 이상한 소리에 치치코프는 소스라치게 놀라고 말았다. 마치 방에 뱀들이 들끓고 있는 소리 같았기 때문이다. 하지만 치치코프는 위를 올려다보고는 안심했다. 괘종시계가 막 종을 치려고 하고 있었던 것이다. 슈욱슈욱거리던 소리가 목쉰 소리로 바뀌더니 시계가 있는 힘껏 두 번 종을 쳤는데, 그건 마치 깨진 항아리를 몽둥이로 내리치는 소리 같았다. 그러더니 시계추가 다시 조용히 흔들리며 똑딱똑딱 소리가 났다.

치치코프는 여주인에게 감사인사를 하고, 잠자리 외에는 필요한 것이 없으니 신경쓰지 않아도 된다고 얘기했다. 그리고는 여기는 어디며, 또 여기서 소바케비치의 저택까지 얼마나 떨어져 있는가 물었다. 하지만 여주인은 그런 이름은 들어본 적도 없으며, 여기에는 그런 지주가 없다고 대답했다.

"그래도 마니로프는 아시겠지요?" 치치코프가 물었다.

"저기 마니로프라는 분은 뭐하시는 분이신가요?"

"지주랍니다, 부인."

"글쎄요, 들어본 적이 없군요. 여기엔 그런 분이 안 계세요."

"그럼 여긴 어떤 분들이 계십니까?"

"보브로프, 스비니인, 카나파티에프, 할파킨, 트레파킨, 프레쉐코프, 이런 분들이시지요."

"부자들인가요?"

"아, 아뇨, 부자라 할 만한 사람은 없어요. 이곳 지주들은 대개 농노가 스무 명, 서른 명 정도 되죠. 농노를 백 명 이상 거느린 그런 부자는 여기에 없답니다."

그제야 치치코프는 자신이 촌구석으로 왔다는 것을 알아차렸다.

"그럼 여기서 시내까지는 얼마나 됩니까?"

"아마 60베르스타(러시아의 옛 거리 단위, 약 1.06㎞)도 넘을 걸요? 그런데 아무것도 드릴 게 없으니 어쩌죠? 차라도 한 잔 하시겠어요?"

"괜찮습니다, 부인. 잠만 잘 수 있다면 충분합니다."

"그렇겠지요. 그렇게 고된 여행을 한 뒤에는 무엇보다 편히 쉬는 게 제일이지요. 그럼, 이 소파에서 쉬도록 하세요. 페티냐, 이불과 베개, 담요를 가지고 오너라. 그나저나 정말이지 고약한 날씨로군요. 이렇게 천둥이 심하게 치는 밤엔 밤새 성상(聖像)에 촛불을 켜두곤 한답니다. 어머나, 선생님? 등이고 옆구리고 돼지처럼 진흙투성이시네요! 어쩌다 그렇게 되셨나요?"

"이렇게 흙투성이가 되긴 했지만, 오히려 고맙게 생각해야지요. 자칫 잘못했으면 갈비뼈가 몽땅 부러지고 말았을 테니까요."

"어휴, 그거 큰일이었겠어요. 뭐로 좀 닦으셔야 하지 않을까요?"

"아닙니다, 염려치 않으셔도 괜찮습니다. 그보단 하녀에게 제 옷을 말려서 진흙을 털어달라고 해주셨으면 좋겠군요."

"알아들었지, 페티냐?" 여주인은 아까 등을 들고 현관으로 나왔던 여인에게 말했다. 그런데 그녀는 벌써 방으로 이불을 가져와 죽은 숨을 살리고자 양쪽 옆구리를 팡팡 두드리고 있었다. 그 덕분에 방에는 깃털이 폴폴 날렸다.

"손님의 외투와 속옷을 저기로 가져가서, 돌아가신 바깥양반한테 했던 것처럼 불에 잘 말려서 옷솔로 흙을 털어내도록 해라."

"그렇게 하겠습니다, 마님." 페티냐는 이불 위에 담요를 깔고 베개를 올려놓으면서 대답했다.

"잠자리 준비가 다 끝났군요. 그러면 전 이만 실례하겠습니다, 부디 푹 쉬십시오. 더 필요한 건 없으신지요? 혹시 선생님께서도 자기 전에 발꿈치를 긁어드려야 하나요? 돌아가신 저희 바깥양반께선 그렇게 해주지 않으면 잠들지를 못했답니다."

하지만 손님은 그걸 사양했다.

여주인이 나가자 기다렸다는 듯이 치치코프는 옷을 전부 벗어 페티냐에게 넘겨주었다. 그녀는 안녕히 주무시라고 인사를 하더니 젖은 옷을 들고 밖으로 나갔다. 혼자 남겨진 치치코프는 천장에 닿을 것만 같은 이불을 자못 흐뭇한 기분으로 바라보았다. 그녀는 이불을 부풀리는데 굉장한 솜씨를 가졌음이 분명했다. 치치코프는 의자를 밟고 잠자리에 누웠는데, 그의 몸에 짓눌린 소파는 바닥에 닿을 듯이 푹 꺼지고, 터져 나온 새털들이 방 여기저기에 흩날렸다. 촛불을 끄고 친츠^(무늬가 들어간 면직물, 가구 덮개)를 뒤집어쓴 치치코프는 몸을 도넛처럼 둥글게 웅크리고 곧바로 곤히 잠들어버렸다. 그렇게 잠이든 치치코프는 다음 날 해가 중천에 뜨고서야 일어날 수 있었다.

하늘 높이 떠오른 해는 치치코프의 얼굴을 내리쬐고 있었다. 밤새 벽과 천장에서 조용히 잠을 자던 파리들이 그에게 달려들고 있었는데, 한 마리는 입술, 한 마리는 귀에 앉았는데, 어떤 녀석이 어떻게든 눈꺼풀에 앉으려고 하고 있었다. 그러던 녀석은 콧구멍 근처에 앉다가 잠든 치치코프의 콧속으로 빨려 들어가 버렸는데, 그 바람에 치치코프는 크게 재채기를 했다. 그리고 이것이 바로 치치코프가 잠에서 깨게 된 이유였다.

잠이 깬 치치코프는 새삼스레 방안을 둘러보다 벽에 걸린 그림들이 전부 새를 그린 그림이란 것을 알게 되었다. 그 밖에도 쿠투조프^(나폴레옹의 군대를 몰아낸 러시아의 장군)의 초상화와 파벨 1세^(1796~1801, 러시아의 황제) 시대에나 유행했던 빨간 끝동을 단 제복을 입은 노인의 초상화도 걸려 있었다. 괘종시계가 또다시 슈욱슈욱 소리를 내며 10시를 알렸다.

문에서 어떤 여인이 힐끔 안을 들여다보다가 이내 사라져버렸다. 그도 그럴 것이 편하게 잘 요량으로 치치코프는 옷을 훌훌 벗고 알몸으로 자고 있었기 때문이다. 방을 들여다본 여인의 얼굴은 아무래도 낯이 익었다. 그게 누군지 한참을 생각한 끝에야 치치코프는 그 사람이 여주인임을 생각해냈다.

치치코프는 먼저 셔츠를 챙겨 입었다. 옆에는 진흙을 털어내고 잘 말린 옷들이 놓여 있었다. 옷을 입은 치치코프는 거울 앞에서 다시 한 번 재채기를 했는데, 그 소리가 어찌나 크던지 마침 창가에 있던 칠면조가—창문은 지면과 매우 가까웠다—깜짝 놀라서 치치코프에게 특유의 울음소리로 뭐라고 했는데 아마도 '감기 조심하세요'라고 한 것 같았다. 그에 치치코프는 멍청이라고 대답해주었다.

창가로 다가가 밖을 내다보았다. 축사가 딸려 있는 듯했다. 앞쪽 작은 뜰이 여러 가축들로 가득했기 때문이었다. 칠면조에 암탉은 이루 헤아릴 수 없을 만큼 많았다. 그 중에 수탉 한 마리는 벼슬을 덜렁덜렁 흔들며, 때때로 뭔가에 귀라도 기울이는 듯이 고개를 갸우뚱거리다 다시 유유히 걸어 다니고 있었다. 새끼들을 데리고 나온 돼지도 있었는데, 음식물 쓰레기더미를 파헤치다가 그만 병아리를 먹어버렸는데, 정작 돼지는 전혀 눈치채질 못했는지 아무렇지도 않게 수박껍질을 먹어댔다.

이 자그마한 뜰, 아니 축사에는 나무판자가 둘려있었고, 그 너머로는 양배추와 파, 감자, 무 같은 채소들을 심은 넓은 밭이 있었다. 밭 여기저기에 서 있는 과일나무는 까치나 참새를 막아주는 망을 뒤집어쓰고 있었는데, 그 위를 올려다보니 마치 검은 구름 같은 참새 떼가 이리저리 날아다니고 있었다. 그리고 참새를 쫓아내고자 두 팔을 벌린 긴 장대 허수아비도 여럿 서 있었는데, 그 가운데에는 여주인의 두건을 쓴 것도 있었다.

채소밭 너머에는 집들이 모여 있었다. 집들은 하나 같이 다른 방향을 바라보며 아무렇게나 서 있었지만 농노들의 생활은 풍족해보였다. 집들은 모두 손질이 잘 되어 있었다. 낡은 지붕은 모두 손을 본 듯했고, 문이 기울어진 집도 없었다. 거기다 안이 보이는 곳간마다 새 것 같은 짐마차가 한 대씩 있었는데, 어떤 곳은 두 대나 있었다.

"이거, 할망구 마을도 돈 좀 되겠는걸."

치치코프는 당장 여주인과 이야기를 나누어 친해지기로 했다. 그래서 조금 전 여주인이 고개를 내밀었던 문의 틈새를 들여다보고, 그녀가 티테이블에 앉아 있는 것을 확인하자 밝고 상냥한 얼굴로 걸어 들어갔다.

"안녕하세요, 선생님. 잘 주무셨나요?" 여주인이 의자에서 일어나며 말했다. 여주인의 옷차림은 어젯밤보다 나았다. 검은 가운에 잠옷 모자도 쓰고 있지 않았지만, 여전히 목에는 뭔가를 두르고 있었다.

"아주 잘 잤습니다." 치치코프는 안락의자에 앉으며 말했다. "부인께서도 잘 주무셨는지요?"

"저는 아주 형편없었답니다."

"아니, 무슨 일이라도 있습니까?"

"불면증이 있거든요. 늘 등이 아프고 위쪽 무릎이 욱신욱신한답니다."

"그런 거라면 머지않아 좋아질 겁니다. 너무 신경 쓰지 마세요."

"그러면 얼마나 좋겠어요. 돼지기름도 발라봤고, 테레빈(소나무 수액을 증류시켜 만든 기름) 기름도 발라봤답니다. 그건 그렇고 차에는 뭘 넣으시겠어요? 여기 과실주가 있습니다만."

"나쁘지 않군요. 어디 맛 좀 보죠."

독자 여러분은 이미 눈치챘을 것이다. 치치코프의 미소는 여전하지만, 말투에서는 마니로프의 집에 있었을 때와 비교해서 훨씬 자유롭고 격식도 거의 차리지 않고 있다. 미리 말해두겠는데 우리 러시아인은 외국인에 비해 몇 가지 못 미치는 점이 있지만, 사람 사귀는 솜씨에 있어선 그들을 훨씬 능가한다.

대화에서 상대방에 따라 조금씩 바뀌는 말투와 화법은 이루 헤아리기가 어려울 만큼 복잡해서 프랑스인이나 독일인은 평생 노력해도 이걸 다 배우지 못할 것이다. 다른 나라사람들은 상대방이 백만장자든 거지든 거의 같은 말투와 화법으로 이야기한다. 물론 속으로는 백만장자에게 굽실거리고 있겠지만 말이다. 그런데 우리 러시아인은 그렇지 않다. 러시아에서는 2백 명의 농노를 거느린 지주와 3백 명을 거느린 지주를 상대할 때 화법이 각각 다르다. 3백 명을 거느린 지주와 5백 명을 거느린 지주를 상대할 때도 말투가 달라진다. 5백 명을 거느린 지주와 8백 명을 거느린 지주도 마찬가지다. 이렇게 백만까지 가더라도 러시아인은 전부 다른 뉘앙스로 말할 수 있다.

예를 들어 여기 관청이 하나 있다고 하자. 아니, 먼 곳의 이야기이지 여기가 아니다. 아무튼 그 관청에는 청장이 있다고 치자. 그럼 이제 부하에게 둘러싸인 청장을 상상해보자. 어떤가, 말 한마디 감히 하지 못하고 벌벌 떠는 저 부하들! 넘치는 자신감! 귀족다운 위엄! 아니, 저 얼굴에 부족한 것이 뭐가 있는가? 목탄으로 초상화를 그린다면 프로메테우스(인류에게 불을 주었다는 그리스신화 속 영웅)일 것이다! 독수리처럼 위풍당당하게 내려다보며 유유히 걸음을 내딛는 모습은 영락없는 프로메테우스이다. 그런데 이렇게 사나운 독수리가 자신의 방을 나와 상관의 방으로 가게 되면 꿩이 된다. 겨드랑이에 서류를 끼고 안절부절 못하는 모습은 정말이지 꼴불견이다. 모임이나 파티에서도 주변에 아랫것들만 있으면 프로메테우스는 여전하지만, 조금이라도 높은 상관이 나타나면 프로메테우스는 오비디우스(고대 로마의 시인 '변신이야기'의 작가)도 상상 못할 변신을 한다. 파리, 아니 파리보다 더 보잘것없는 먼지가 되어버린다.

"저 사람은 이반 페트로비치가 아닐세." 그를 본 사람은 이렇게 말했다. "이반 페트로비치는 키가 큰데, 저 친구는 키도 작고 말라깽이잖소. 이반 페트로비치는 목소리가 크고 굵으며 결코 웃는 법이 없지. 그런데 저 친구를 보게, 마치 새처럼 짹짹거리면서 웃고 있지 않은가!"

그런데 곁에 가서 자세히 봤더니, 아니 이반 페트로비치가 아닌가! 사람들은 "아니, 세상에……"라는 말밖에 하지 못했다고 한다. ……아무튼 그만 등장인물 곁으로 다시 돌아가도록 하자.

치치코프는 우리가 앞서 본 것처럼 그렇게 격식을 차리지 않기로 했기에 홍차가 든 찻잔에 과실주를 따르고는 이처럼 말했다.

"참 멋진 마을을 갖고 계시군요. 농노는 몇이나 됩니까?"

"농노라면 여든이 조금 못 된답니다. 안 좋은 일이 계속되다 보니 그렇네요. 작년만 해도 큰 흉년이 들어서 무척이나 힘들었답니다."

"하지만 그런 것치고는 농노들은 건강하고 집은 매우 튼튼해 보이더군요. 그런데 실례지만 부인의 성함을 물어봐도 될지 모르겠군요. 이거 오밤중에 오다보니 경황이 없어서 그만……."

"코로보치카라고 합니다. 10등관의 미망인입니다."

"이거 반갑습니다. 그럼 세례명과 성은 어떻게 되십니까?"

"나스타샤 페트로브나라고 합니다."

"나스타샤 페트로브나 부인? 나스타샤 페트로브나, 좋은 이름이군요. 제게도 나스타샤 페트로브나라는 성함의 이모님이 한 분 계십니다."

"그럼 손님의 성함은 어떻게 되시나요?" 여주인이 물었다. "혹시나 세무관이신가요?"

"아닙니다, 부인." 치치코프는 미소를 지으며 대답했다. "세무관은 아닙니다. 그저 개인적인 일로 여기저기 여행하고 있을 뿐이랍니다."

"어머나, 세상에! 그럼 행상인이시군요! 아쉽게 됐네요. 지난번에 다녀간 상인에게 벌꿀을 아주 싸게 팔았답니다. 선생님이셨다면 분명히 비싼 값으로 사주셨을 텐데 말이에요."

"아니요, 전 벌꿀은 사지 않습니다."

"그럼 다른 물건을 찾으시나요? 혹시나 삼베가 필요한가요? 삼베라면 저희 집에 얼마 없답니다. 기껏해야 20파운드 정도일거에요."

"아닙니다, 부인. 제가 사고 싶은 건 조금 별난 겁니다. 그런데 좀 여쭤보겠습니다만, 댁에서는 농노가 더러 죽기도 했습니까?"

"그럼요. 열여덟 명이나 죽었답니다!" 노부인이 한숨을 쉬면서 말했다. "전부 더할 나위 없이 훌륭한 일꾼들이었답니다. 그 뒤로 아이를 많이 낳았지만, 그게 무슨 소용이겠어요. 다 애들인걸요. 그런데 찾아온 세무관은 농노세를 내라고 하지 않겠어요? 다 죽고 없는데 세금은 살아 있는 농노와 똑같이 받아갔답니다. 지난주에는 대장장이까지 타죽었어요. 기술이 좋아서 자물쇠도 만들 줄 알았던 농노였는데 말이에요."

"여기서 불이라도 났던 겁니까, 부인?"

"아니에요. 다행히 그런 일은 생기지 않았답니다. 불이라도 났다면 그 정도로 그치지 않았겠지요. 그러니까 그 스스로가 타죽은 것이랍니다. 어떻게 된 일인지 뱃속에 불이 붙었답니다. 그는 대단한 술꾼이었거든요. 입에서 파란 불꽃이 나오더니 점점 몸이 타들어 나중에는 석탄같이 새카맣게 되어 죽어버렸지 뭡니까. 그렇게 됐지만 그는 참 솜씨 좋은 대장장이였어요. 그 탓에 편자를 만들어줄 사람이 없어서 여태껏 어디 외출하려고 해도 타고 갈 게 없는 형편이랍니다."

"전부 하늘의 뜻입니다, 부인!" 치치코프가 한숨을 지으며 말했다. "그 뜻에 불만을 표해서는 안 됩니다. ……그러면 전부 저한테 양도하시지 않으시겠습니까, 나스타샤 페트로브나 부인?"

"뭘 말인가요?"

"무엇이라니요, 죽은 농노 말입니다."

"하지만 어떻게……?"

"그야 쉽죠. 뭣하시면 파셔도 좋습니다. 값은 확실하게 드리지요."

"아니, 어떻게요? 도저히 모르겠네요. 설마 땅속에서 파내시려고요?"

노부인이 터무니없는 오해를 하고 있다는 사실을 깨달은 치치코프는 어떻게 된 것인지 설명해줄 필요가 있다고 생각했다. 그래서 간단하게 죽은 농노의 양도와 매각은 단지 문서상의 이야기로, 죽은 농노를 산 농노로 해서 등기만 작성하면 된다고 설명했다.

"하지만 그걸 어디에 쓰시려고요?" 노부인은 얼굴에 구멍이라도 낼 듯이 치치코프를 노려보며 말했다.

"어디라니요, 제가 알아서 잘 쓸 겁니다."

"하지만 죽은 사람이잖습니까?"

"누가 살아 있다고 하던가요? 오히려 죽었기 때문에 부인께서 계속 손해를 보셨잖습니까. 죽은 농노의 세금을 계속 냈으니 말입니다. 그러니 제가 그런 귀찮은 일과 새어나가는 돈을 없애드리겠다는 겁니다. 아시겠어요? 거기다 15루블까지 드리겠다는 겁니다. 자아, 이제는 이해하셨겠죠?"

"글쎄요, 아무래도 이해를 못하겠네요." 조금 주저하던 여주인은 다시 말을 이었다. "무엇보다 한 번도 죽은 농노를 팔아본 적이 없어서요."

"그야 그렇죠. 그걸 팔았다간 정말이지 엽기적인 사건이 되겠지요. 아니면 부인께선 그게 무슨 쓸모가 있다고 생각하시는 건가요?"

"설마요. 그렇지는 않습니다. 그게 무슨 쓸모가 있겠어요? 아무짝에도 쓸모가 없지요. 그저 전 죽은 사람이라는 점이 마음에 걸려서요."

'젠장, 이거 머리가 안돌아가는 할망구 같은데?' 속으로 이렇게 욕을 내뱉은 치치코프가 이어서 말했다. "저기, 부인? 잘 들어보세요. 부인께서는 조금씩 재산이 줄고 있어요. 산 사람처럼 죽은 농노의 세금을 내시다간……."

"아아, 선생님! 제발 그런 이야기는 그만하세요!" 여주인이 치치코프의 말을 가로막았다. "불과 2주 전에 낸 세금만 해도 150루블이 넘는 데다 관리한테 뇌물까지 줘야했단 말입니다."

"그것 보세요, 부인. 그러니 차분히 생각해 보십시오. 이제부터는 뇌물을 줄 필요가 없다는 겁니다. 바로 제가 그 세금을 대신 내드릴 테니까요! 부인이 아니라 제가 말입니다! 납세의무를 제가 전부 받아갈 거고, 등기 수수료도 제가 낼 겁니다. 이제 아시겠습니까?"

노부인은 생각에 잠겼다. 확실히 이 거래는 자기에게 유리했지만 너무 기이하고 들어본 적도 없는 이야기였기에 어쩐지 이 중개인에게 속고 있는 것은 아닌지 걱정이 되었다. 이 사내는 어디서 온 지도 모르고, 밤늦게 갑자기 찾아오지 않았던가.

"자아, 부인, 그만 계약하시지요."

"하지만 죽은 사람을 팔아본 적이 없어서요. 살아있는 사람이라면 작년에 백 루블씩 받고 신부님께 하녀 둘을 판 적이 있지만요. 그때는 정말로 좋았어요. 지금 그 두 아이는 훌륭한 일꾼이 되어서 냅킨도 직접 짤 줄 안답니다."

"지금 저희는 살아있는 농노에 대해 얘기하고 있는 게 아닙니다. 그딴 건 어떻게 되든 상관없어요! 제가 필요로 하는 건 죽은 농노입니다."

"솔직하게 말씀드리자면 이런 일은 처음이어서요. 어쩐지 손해라도 보는 것은 아닐까 걱정이 든단 말입니다. 혹시나 선생님께선 저를 속이고 계신 게 아닌가요? 죽은 농노에게…… 무슨 큰 가치가 있는 건 아닌가요?"

"아니, 부인…… 이것 참, 부인도 참! 대체 그게 무슨 쓸모가 있다는 겁니까? 생각 좀 해보십시오. 그런 건 전부 잿더미일 뿐이에요, 아시겠어요? 그냥 잿더미일 뿐이라고요! 예를 들어 부인께서 아무 쓸모 없는 걸레조각을 갖게 되었다고 칩시다. 한번 비교해보세요. 걸레조각이라면 그래도 가치가 있어요! 종이공장에 가지고 가면 사주니까요. 하지만 죽은 농노는 그 어떤 가치도 없지요. 어떻습니까? 그래도 쓸모 있다고 하실 건가요?"

"그야 그렇지요, 아무런 쓸모가 없답니다. 하지만 죽은 사람이라는 것이 아무래도 꺼림칙하단 말입니다."

'젠장, 빌어먹게 머리가 둔한 할망구로군.' 치치코프는 진절머리가 났다. '이렇게 말이 안 통할 수가 있나! 빌어먹을 할망구 때문에 진땀만 빼는군!'

치치코프는 손수건을 꺼내 이마에 맺힌 땀을 닦았다. 하지만 이건 짜증을 내고 있는 치치코프가 잘못이다. 원래 훌륭한 정치가들 사이에선 여기 코로보치카나 부인 같은 이들이 허다하기 때문이다. 아무리 침이 마르도록 설득해도 이야기는 귀담아듣지 않고, 불 보듯이 뻔한 증거도 고무공처럼 튕겨낼 뿐이다. 그렇기에 이마에 맺힌 땀을 닦고 난 치치코프는 상대방을 올바른 길로 되돌릴 다른 방법이 없는지 시험해보기로 했다.

"저기, 부인께선 제 얘기를 알아들으려는 마음이 없으신 겁니까, 아니면 그저 아무 얘기나 하고 있을 생각으로 일부러 그러시는 겁니까? ……제가 돈을 드리겠다는 겁니다. 지폐로 15루블을 말입니다! 아시겠어요? 돈 말입니다, 돈! 길거리에서 주울 수 있는 물건이 아니란 말입니다. 실례지만 벌꿀은 얼마에 파셨습니까?"

"1푸드 (*러시아의 옛 무게 단위. 1푸드는 16.38킬로그램*)에 12루블을 받았답니다."

"거짓말을 하시면 벌 받습니다. 12루블이라니요."

"틀림없이 그렇게 받고 판 걸요?"

"정말인가요? 하지만 그건 벌꿀이잖습니까. 그걸 모으기 위해 부인께선 일 년 가까이 벌을 돌보고, 고생하고 걱정도 하셨겠지요. 벌통을 여기저기 옮기고, 벌들이 죽기도 하고 겨울에는 지하창고에서 키우기도 하면서 말이지요. 그런데 죽은 농노는 이 세상의 것이 아닙니다. 부인이 특별히 공을 들인 것도 아닙니다. 죽은 놈들이 부인의 재산에 손해만 끼치고 있더라도 그건 어디까지나 하늘의 뜻이겠지요. 그렇게 열심히 일해서 거둔 벌꿀로 겨우 12루블을 받으셨지만 이건 다릅니다. 어떤 노력도 없이 15루블이나! 더구나 은화가 아니라 푸른 지폐로 15루블이 손에 들어오게 된단 말입니다!"

이렇게 강력하게 설득했으니 이 늙은이도 분명히 항복하겠지, 치치코프는 믿어 의심치 않았다.

"아무래도 제가 세상 물정을 모르는 과부다보니, 좀 더 기다리는 것이 현명할 것 같군요. 그러다가 보면 다른 상인도 올 테니 그때 값을 알아보도록 하지요."

"이봐요, 부인! 부끄러운 줄을 아세요, 부끄러운 줄을. 그걸 말이라고 하시는 거예요? 자신이 무슨 얘기를 했는지 다시 잘 생각해보세요! 대체 누가 그걸 사려고 하겠습니까? 아니, 샀다고 해서 그걸 어디다 쓰겠습니까?"

"어쩌면 농사일에 도움이 될지도⋯⋯." 여주인은 말을 끝맺지 못했다. 그녀는 멍하니 입을 벌린 채로 치치코프를 바라보며 그가 어떤 얘기를 할지 두려움에 떨었다.

"죽은 사람을 농사일에 쓴다고요? 그게 무슨 얼토당토않은 소립니까! 아니, 밤마다 밭에서 참새라도 쫓게 하시겠다는 겁니까, 네?"

"하느님 맙소사! 어쩜 그렇게 끔찍한 말을 하십니까!" 노부인은 성호를 그었다.

"그럼 어디다 쓰시려고 그러십니까? 거기다 유골과 무덤은 여기에 두고, 제가 가져가는 건 그저 서류뿐입니다. 자아, 이제 어떻습니까? 대답이라도 들려주시지요." 하지만 노부인은 다시 생각에 빠졌다. "뭘 그렇게 생각하십니까, 나스타샤 페트로브나 부인?"

"정말 어쩌면 좋을지 모르겠군요. 차라리 삼베는 어떠신가요?"

"삼베라니요? 어처구니가 없군요. 제가 원하는 것과 전혀 다르잖습니까! 좋아요, 삼베는 다른 때 와서 사가도록 하겠습니다. 자아, 이제 어떻게 하시겠습니까, 나스타샤 페트로브나 부인?"

"하지만, 팔라는 물건이 너무 괴팍한데다가, 이런 얘기는 전혀 들어본 적이 없는 걸요!"

이쯤 되니 치치코프의 인내심에도 한계가 왔다. 너무 화가 난 치치코프는 의자를 바닥에 내동댕이치고 마귀의 이름을 꺼내 여주인을 저주했다.

그 마귀의 이름에 여주인은 소스라쳐 놀랐다.

"아아, 주여……. 제발 마귀 소리만은 하지 말아줘요!" 얼굴이 새파래진 여주인이 소리쳤다. "엊그제 밤에도 마귀가 꿈에 나타나서 혼이 났단 말입니다. 기도를 드리고 잠들기 전에 잠깐 카드 점을 쳤었는데, 분명히 주님께서 그 벌로 마귀를 보내신 거겠지요. 정말 끔찍했어요. 뿔이 황소보다 더 컸답니다."

"오호라, 그렇습니까? 부인 같으신 분은 마귀를 몇 십 마리는 더 보셨을 것 같은데요. 단지 전 기독교인답게 자비심에서 이 이야기를 꺼낸 겁니다. 가난에 시달리는 가엾은 과부가 보기 안쓰러워서 말입니다……! 젠장, 당신이고 마을이고 전부 없어져버렸으면 좋겠군! 전부 뒈져버렸으면 좋겠어!"

"아니, 어떻게 그런 심한 말을 하시나요!" 겁먹은 여주인이 치치코프를 바라보며 대답했다.

"당신 같은 사람을 뭐라고 해야 할지 모르겠군! 건초 위에 자빠진 개 꼬락서니랄까! 건초를 먹지도 않을 거면서 남도 못 먹게 한단 말이야. 사실 부인의 여러 농작물도 사려고 했는데 안타깝게 됐구려. 이래봬도 난 정부와 계약을 맺고 있다오."

사실 이건 깊은 뜻도 없는 가벼운 거짓말이었다. 하지만 이 거짓말은 뜻밖에 성공을 거두었다. 정부라는 얘기에 나스타샤 페트로브나의 마음이 움직인 것이다. 그녀는 거의 애원하듯이 이렇게 말했다.

"왜 그렇게 화가 나셨어요. 그렇게 화를 잘 내시는 분인 줄 알았더라면 저도 이렇게 토를 달진 않았을 텐데 말이에요."

"화낼 만하니까 화내는 것 아닙니까! 개떡만도 못한 일로 제가 화내겠습니까?"

"좋아요, 좋다고요! 지폐로 15루블 받고 넘기도록 하겠어요. 하지만 그 정부 계약은 꼭 해주셔야 합니다! 그리고 다음에 호밀이나, 메밀가루, 도살한 가축을 구매하실 때는 부디 절 수치스럽게 만들지 말아주세요."

"물론입니다. 다음에는 이런 일이 없도록 하지요."

이렇게 말하면서도 한편으로 치치코프는 얼굴을 따라 흘러내리는 세 줄기의 땀을 연신 손으로 훔쳐냈다.

이어서 치치코프는 여주인에게 등기 처리나, 그밖에 필요한 일을 맡아줄 대리인이나 아는 사람이 없는지 물었다.

"없을 리가요! 키릴 신부님의 아들이 법원에서 일하고 있답니다."

그리하여 치치코프는 그 사람 앞으로 위임장을 써 달라고 부탁하고, 공연한 수고를 덜고자 자신이 직접 서식까지 만들어주었다.

'이걸로 우리 집 밀가루와 가축을 정부에서 구매해준다면 나야 좋지.' 치치코프가 떠들어대는 동안 코로보치카는 속으로 이런 생각을 하고 있었다. '그러려면 어떻게든 이 사람을 구워삶아야해. 어머나, 그렇지! 어젯밤에 썼던 밀가루 반죽이 남았으니까, 페티냐에게 팬케이크라도 구우라고 해야겠어. 아, 달걀 넣은 피로시키도! 그건 우리 집 명물이고, 그렇게 손도 많이 가질 않으니까 말이야.'

여주인은 피로시키와 부엌에서 만들 수 있는 여러 음식들을 준비하기 위해서 밖으로 나가버렸다. 그 사이 치치코프는 가방에서 필요한 서류를 꺼내기 위해 잠을 잤던 객실로 들어갔다. 객실은 벌써 깨끗이 정돈되어 있었다. 화사한 새틸 이불은 치워졌고, 소파 앞에는 테이블보를 씌운 탁자가 놓여 있었다. 치치코프는 탁자 위에 가방을 올려놓고는 한참을 멍하니 앉아있었다. 마치 개울에 빠진 사람처럼 셔츠에서부터 양말까지 하나도 남김없이 땀에 젖어 있었기 때문이었다.

'빌어먹을 할망구! 사람 지치게 만드는군 그래!'

그렇게 한숨 돌린 치치코프는 서류가방을 열었다. 그런데 단언하건대, 독자 여러분 가운데 이 가방의 구조와 내부가 알고 싶은 호기심 강한 분들이 계실 것이다. 그럼 좋다, 그 호기심을 풀어선 안 될 이유가 어디 있겠는가? 그럼 내부 구조부터 살펴보자.

제일 한가운데에는 비누가 든 상자가 있고, 그 앞에는 면도칼을 꽂아두는 예닐곱 개의 좁은 칸이 있다. 다음으로는 모래상자(전에는 잉크를 먹는 압지 대신에 모래를 썼다)와 잉크병을 넣어두는 네모난 그릇이 있고, 그 사이에는 움푹하게 홈이 파여 있어서 펜과 봉인용 양초, 그밖에 길쭉한 일용품들이 들어 있었다. 그리고 여러 잡동사니를 넣어두는 칸이 있었는데 이를테면 명함이나 표처럼 추억이 될 만한 물건들이 잔뜩 들어 있었다. 이렇게 여러 칸으로 나눈 윗서랍을 빼내면 그 아래에는 반으로 자른 종이다발이 가득했고 그 옆에는 돈을 넣어두는 작은 비밀 서랍이 있는데, 이것은 서류가방 옆구리에서 슬그머니 뺄 수 있게끔 되어 있었다. 이 서랍은 언제나 치치코프가 얼른 뺐다가 곧바로 밀어 넣었기에 대체 그 서랍에 얼마나 들어 있는지는 명확하지 않다.

치치코프는 시간을 허투루 쓰지 않고자 곧바로 깃털로 만든 펜을 정돈하고 서류를 꾸몄다. 그때 여주인이 방으로 들어왔다.

"참 좋은 상자네요." 치치코프 옆에 앉아 있던 여주인이 말했다. "아마 모스크바에서 사신 물건이겠지요?"

"네, 모스크바에서 샀습니다." 치치코프는 계속 펜을 놀리며 대답했다.

"그럴 줄 알았어요. 거기서 만든 건 뭐든 품질이 좋거든요. 재작년에 제 동생이 모스크바에서 아이들의 겨울 구두를 사다 주었습니다만, 어찌나 튼튼한지 지금까지도 신고 있답니다. 어머나, 문장(紋章)이 들어간 종이도 많으시군요!" 더 가까이 다가온 여주인은 상자 속을 들여다보며 호들갑을 떨었다. 하지만 정말로 상자에는 종이가 많았다.

"한 장이라도 좋으니 좀 얻을 수 없을까요? 저희 집에는 이런 종이가 도무지 없어서 말이에요. 법원에 청원서를 쓰려고 해도 종이가 없답니다."

하지만 치치코프는 이 종이는 등기용이라서 청원서로는 쓸 수가 없다고 설명해주었지만, 여주인을 달래주고자 값으로 치면 1루블씩이나 하는 종이를 그녀에게 주었다.

작성이 끝난 위임장에 여주인의 서명을 받고 난 치치코프는 농노들의 명부를 보고 싶다고 했다. 그런데 여주인은 따로 명부를 만들지 않고, 죽은 농노들의 이름을 거의 외우다시피 하고 있었다. 그래서 치치코프는 여주인이 불러주는 이름을 받아 적었는데, 농노들의 유별난 성과 별명은 그를 당황스럽게 했다. 치치코프는 그런 독특한 성이나 별명이 나오면 잠시 펜을 놓고 쉬었다가 다시 받아 적곤 했는데, 그 가운데서도 페드로 사베레브 네우바자이 콜리토라는 이름에는 그만 어안이 벙벙해져서 자신도 모르게 "아니, 뭐가 이리 길어!" 하고 소리를 지르고 말았다. 또 이름에 '소 벽돌'이 들어가는가 하면, '수레의 이반'이라는 아주 간단한 이름도 있었다. 서류를 다 꾸미고 들이마신 숨에 뭔가 버터로 튀긴 듯한 음식 냄새가 났다.

"자아, 이리 오셔서 점심이라도 드시지요."

뒤를 돌아보자 어느 틈에 탁자 위에는 버섯과 피로시키, 팬케이크, 그리고 양파, 양귀비, 치즈, 빙어 등 갖가지 속을 넣어 만든 빵이 차려져 있었다.

"달걀을 넣은 담백한 피로시키랍니다."

치치코프는 달걀을 넣었다는 담백한 맛의 피로시키를 집어서 우물우물 반 넘게 먹은 뒤에야 맛있다고 칭찬했다. 피로시키가 맛있기도 했지만, 여주인의 허술한 점을 노려 이익을 챙긴 뒤라 그런지 더욱 각별하게 맛있었다.

"팬케이크는 어떠세요?"

치치코프는 대답 대신 팬케이크 세 개를 한꺼번에 똘똘 뭉쳐서 녹은 버터와 함께 입안에 집어넣고는 입술과 두 손을 냅킨으로 닦았다. 그렇게 세 번이나 되풀이해서 먹고는 치치코프는 이제 슬슬 마차 떠날 준비를 시켜달라고 여주인에게 부탁했다. 나스타샤 페트로브나는 그 말이 떨어지기가 무섭게 페티냐에게 마차 준비를 시키라고 보냄과 동시에 갓 구운 팬케이크를 더 가져오라고 지시했다.

"부인, 댁의 팬케이크는 정말 맛있군요." 치치코프는 갓 구운 팬케이크를 집으며 이렇게 말했다.

"예, 일하는 애들이 이걸 잘 굽는 답니다. 다만 난처하게도 흉작이라 밀가루도 이런 좋지 못한 것밖에 없어서…… 어머나? 선생님, 왜 그렇게 급히 가려고 하시나요?" 모자를 집어드는 치치코프를 보고 여주인이 말했다. "아직 마차 준비도 안 됐을 텐데……."

"금방 될 겁니다. 제 하인 놈은 준비하는데 그래 오래 걸리지 않거든요."

"저어, 거래처 알아봐주는 거 잊으시면 안 됩니다."

"잊어버리다니요, 잊어버릴 리가 있겠습니까."

치치코프는 현관으로 나가면서 이렇게 말했다.

"돼지기름은 어떠세요? 구매하지 않으시겠어요?" 여주인은 뒤따라 나오면서 말했다.

"거절할 이유가 있겠습니까. 당연히 사야지요. 다만 이다음에 말입니다."

"크리스마스까지는 돼지기름이 많이 생길 거예요."

"물론 사겠습니다. 뭐든 다 사야지요. 돼지기름까지도."

"아마 새털도 필요하겠지요? 필립포브키(크리스마스까지 40일의 정진(精進)기간)까지는 새털도 준비될 겁니다."

"좋습니다, 좋아요."

"그것 보세요, 마차가 아직이지 않습니까." 두 사람이 밖으로 나와 계단에 섰을 때 여주인이 말했다.

"곧 올 겁니다. 큰길로 가려면 어떻게 가야 하는지만 알려주십시오."

"어쩌죠? 돌아가는 길이 너무 많아서 설명해드리기 힘들겠어요. 그보다는 차라리 길을 안내해줄 계집아이를 하나 빌려드리지요. 그 아이가 앉을 만한 자리는 있겠지요?"

"물론이지요."

"그럼 됐습니다. 그럼 계집아이를 빌려드리죠. 그 아이는 길을 잘 안답니다. 다만 그 아이를 데리고 아주 가버리진 말아주세요. 전에도 어떤 장사꾼이 그렇게 아이를 데리고 가버렸답니다."

절대로 데리고 가지는 않을 테니 염려 말라는 치치코프의 말에 안심한 여주인은 치치코프를 데리고 자신의 저택을 구경시켜주었다. 곳간에서 나무단지에 담은 꿀을 옮기는 하녀장과 문 근처에서 모습을 드러낸 농부를 물끄러미 바라보고 있는 동안에 점차 농장에 마음을 빼앗겨갔다. 그런데 이렇게까지 코로보치카 이야기만 할 필요가 어디에 있단 말인가? 코로보치카이건, 마니로프 부인이건, 농장이건, 뭐든 간에 전부 갖다 버려라! 안 그러면 실로 기묘하게 이루어진 이 세상에선 아무리 재밌는 일이라도 길어지면 바로 보잘것없는 것이 되고 만다. 그렇게 되면 여태껏 생각도 못한 별난 생각이 머릿속에 떠오르게 된다. 이를테면 이런 것 말이다.

'대체 이 코로보치카란 인물은 인류의 완성이라는 무한한 계단에서 얼마나 낮은 층에 있단 말인가? 이 노부인과 매닐로프 부인 사이에 놓인 심연이 그토록 크단 말인가! 그녀는 향긋한 무쇠계단에 빛나는 패물들, 붉은 마호가니 탁자, 카펫이 깔린 호화로운 저택에 둘러싸여 읽다가 만 책 앞에서 하품을 하면서 유머감각 있고 눈치 빠른 손님을 기다리고 있을 텐데 말이다. 물론 손님이 오면 자신의 지식을 자랑하거나, 외워둔 누군가의 사상을 표명할 기회를 잡게 되겠지만, 그 사상이란 건 유행의 법칙대로 기껏해야 일주일 남짓 마을을 풍미할 것이다. 더구나 자신의 집과 경영지식이 없어서 혼란스러운 영지에서 일어나는 일 같은 것이 아니라, 프랑스에서 어떤 혁명이 일어나려 하고 있고, 최근 가톨릭이 보이는 어떤 태도에 대한 이야기다.'

그런 건 갖다 버려라, 전부 갖다가 내던져 버려라! 이런 이야기를 꺼낼 필요가 어디 있단 말인가! 아니 어찌하여 이렇게 걱정 없이 즐겁고 한가한 순간에 얼토당토아니한 이상한 사상 쪽으로 이야기가 흘러간단 말인가.

웃는 얼굴이 사라지기도 전에 재빨리 그것은 다른 웃음으로 바뀌었고 얼굴에 비치는 빛도 이미 다른 것이 되어 있었다……

"아, 왔군요, 마차가 왔어요!" 마침내 다가오는 자신의 사륜마차를 보고 치치코프가 소리쳤다. "이 머저리 같으니! 언제까지 꾸물거릴 셈이냐. 옳거니, 어제 먹은 술이 아직 깨지 않은 모양이로구나."

세리판은 아무런 대꾸도 하지 못했다.

"그러면 부인, 안녕히 계십시오! 그런데 그 계집아이는 어디 있습니까?"

"펠라게야, 이리 오너라!" 부인은 계단 근처에 서 있던 열한 살 정도 되어 보이는 여자아이를 불렀다. 그 아이는 직접 만든 리넨 옷을 입었고 맨발이었는데, 멀리서 보면 장화라도 신은 게 아닌가 싶을 만큼 진흙투성이였다.

"이분께 길을 가르쳐 드리거라!"

세리판은 손을 뻗어 소녀를 자신의 옆자리에 앉혔는데, 그녀는 먼저 한 발로 치치코프가 딛고 올라서는 층계를 밟아서 진흙투성이로 만들고서야 간신히 위로 올라와 세리판의 곁에 앉았다. 뒤이어 치치코프도 한 발로 층계를 밟았는데, 뚱뚱한 몸 탓에 마차가 조금 오른쪽으로 기울어지고서야 겨우 자리에 앉았다.

"좋아, 이제 됐군! 부인, 안녕히 계십시오!"

그렇게 마차가 떠나갔다.

마차를 몰고 가는 내내 세리판은 시무룩한 얼굴이었다. 하지만 자신의 의무는 굉장히 신경 쓰고 있었는데, 이건 세리판이 뭐든 나쁜 짓을 했거나, 술에 취하고 난 뒤에 흔히 볼 수 있는 모습이었다. 말들은 놀랄 만큼 손질이 잘되어 있었다. 평소에는 터진 목줄 사이로 헝겊이 고개를 내밀고 있곤 했는데, 이것까지 보기 좋게 수선해놓은 것이다. 마차를 몰고 가는 동안 세리판은 퉁명스러운 표정으로 채찍을 휘두를 뿐, 전처럼 말들에게 잔소리를 늘어놓지 않았다. 하지만 어쩐지 얼룩이는 은근히 꾸짖어주길 바라는 눈치였다. 세리판이 잔소리를 늘어놓을 때면 항상 고삐는 느슨했고, 채찍도 형식적으로 등위를 스쳐 지나갈 뿐이었기 때문이다. 하지만 지금처럼 기분이 좋지 못할 때에는, "이 멍청아! 꾸물거리지 마!"와 같은 단조롭고 재미없는 고함뿐이었다. 밤털이와 의원님은 "수고했어"라든가, "좋아, 잘했어."같은 말을 한 번도 해주지 않아서 불만이 가득했고, 얼룩이는 통통하게 살찐 널찍한 엉덩이를 내리치는 채찍 탓에 여간 불쾌한 것이 아니었다.

'젠장, 여기다 화풀이야!' 얼룩이는 귀를 쫑긋거리며 속으로 욕을 했다. '어디가 급소인지 잘도 아는군! 등은 안 때리고 아픈 곳인 귀랑 배만 골라서 찰싹 때린단 말이야!'

"오른쪽이지, 맞지?" 세리판은 길을 가리키며 옆에 앉은 여자아이에게 여전히 퉁명스러운 말투로 물었다. 푸르고 시원한 들판을 가로지르는 길은 비를 맞아 검게 변해있었다.

"아뇨, 제가 가르쳐 줄게요." 여자아이가 대답했다.

"어느 쪽이지?" 갈림길에 가까워지자 세리판이 다시 물었다.

"저쪽이에요." 여자아이가 한쪽 손으로 길을 가리키며 대답했다.

"이런 놈을 봤나! 오른쪽이 맞잖아! 너 왼쪽, 오른쪽도 모르는 거냐?"

날씨는 갰지만 간밤의 비로 길이 진흙구덩이가 되면서 마차 바퀴는 양탄자라도 감은 것처럼 진흙투성이가 되고 말았다. 게다가 흙이 찰지다 보니 길은 더욱 끈적거렸다. 이토록 길이 험한 까닭에 길을 빠져나온 것은 한낮이 다되어서였다. 만일 이 여자아이가 없었더라면 그 시간까지도 길을 빠져나오지 못했을 것이다. 주변에는 마치 잡아놓은 새우를 자루에서 풀어놓은 것처럼 많은 길이 여기저기 뻗어 있었던 것이다. 이래선 아무리 시간 낭비를 했다 한들 세리판을 탓할 것이 못 되었다.

잠시 뒤 여자아이가 저 멀리 거무스름하게 보이는 건물을 손으로 가리키며 말했다.

"저기가 큰길이에요!"

"그럼, 저 건물은?"

"여관이에요."

"그럼 이제 알아서 갈 수 있으니까, 그만 집으로 가거라."

세리판은 마차를 세워 아이를 내려주고는, "무슨 놈의 다리가 이리 더러운지 원!" 하고 투덜거렸다. 치치코프는 아이에게 동전 하나를 주었는데, 잠깐이었지만 마부 자리에 앉아본 것이 사뭇 즐거웠는지 여자아이는 어슬렁거리며 집으로 걸어갔다.

4

여관이 가까워지자 치치코프는 두 가지 이유를 들어 마차를 세웠다. 하나는 말들을 쉬게 하기 위해서, 또 하나는 자신도 가볍게 식사를 하여 기운을 차리기 위해서였다.

말이 나왔으니 말인데, 이들 뚱보들의 식성과 밥통에는 부러움을 금할 수가 없다. 페테르부르크나 모스크바에 살면서 내일은 뭘 먹을까, 모레 저녁에는 뭘 차릴까, 날이 새고 해가 저물도록 그런 생각만 하고 있다. 그러다 정작 식사시간이 되면 먼저 약부터 입속에 집어넣고 굴이나 게 같은 온갖 괴상한 음식들을 마구 먹어대다가 결국에는 탈이 나서 카를로비바리(체코의 유명)나 코카서스 같은 곳으로 요양이나 가는 부자양반들의 꼬락서니에 대해서는 아무런 관심도 없다. 아무렴, 애시당초 이런 양반들이 나의 부러움을 샀던 적이 없으니 말이다.

중산층 신사는 다르다. 한 여관에서 햄으로 주문하는가 싶더니, 다음 여관에선 새끼돼지, 다음 여관에선 얇게 썬 철갑상어나 아니면 양파를 곁들인 구운 소시지를 먹는다. 그런데도 태연한 얼굴로 시간을 가리지 않고 식탁에 앉아 대구나 멸치를 곁들인 철갑상어 수프를 이빨 사이로 쯔읍쯔읍 기묘한 소리를 내어가며 꿀꺽꿀꺽 마시고는 입가심으로 생선 피로시키와 메기 꼬리를 넣은 만두까지 집어먹어대니, 보고 있자면 나까지 배가 고파질 지경이다.

바로 이 신사들이야말로 존경받아 마땅한 하늘의 축복을 받은 위인이라고 불러 마땅하다! 중산층 신사들의 저 거대한 밥통을 가질 수만 있다면 저당이 잡혀 있건 외국식이나 러시아식으로 개량 되어 있건 자기 농노와 영지의 절반 정도는 내놓을 수 있다는 부자양반이 한둘이 아니다. 하지만 안타깝게도 아무리 큰돈을 내놓는다고 하더라도, 개량이 되었든 안 되었든 영지를 내놓더라도, 중산층 신사가 가진 저 밥통만큼은 절대로 가질 수 없는 물건이다.

여관은 거무튀튀하게 곰팡이가 피어있는 작은 목재 건물이었는데, 문 앞에는 낡은 교회 촛대처럼 둥글게 깎은 한 쌍의 나무기둥이 어서 들어오라는 듯이 폭이 좁고 정다워 보이는 장막을 받치고 서 있었다. 러시아식 통나무집과 별반 다르지 않고 크기만 조금 더 큰 정도였다. 창가와 천장에는 무늬를 넣은 새 돌림띠(벽, 천장, 처마 가장자리를 마무리 하거나 장식하기 위해 두른 띠)가 빛바랜 벽에 생뚱맞게 붙어 있었고, 덧문에는 꽃을 꽂은 항아리가 그려져 있었다.

좁은 나무 계단을 지나 널찍한 현관으로 올라오면, 끼익하고 문이 열리며 화려한 무늬가 새겨진 가운을 입은 뚱뚱한 노파가 얼굴을 내밀고는 "어서옵쇼!" 하고 말한다. 안에는 흔해빠진 통나무집 여관에서 쉽게 볼 수 있는 물건들이 놓여 있었다. 이를테면 하얗게 먼지가 쌓인 사모바르, 매끈매끈하게 대패질을 한 소나무 벽판, 구석에 찻주전자를 넣어둔 세모난 찬장, 푸른빛과 붉은빛 리본으로 성상 앞에 매달아놓은 도금한 도자기 구슬, 얼마 전에 새끼를 낳은 고양이, 얼굴을 비추면 눈은 넷에 얼굴 전체가 핫케이크처럼 납작하게 보이는 거울, 그리고 마지막으로 성상 앞에 다발로 묶어놓은 향초와 패랭이꽃이 있었는데, 너무 바싹 말라서 냄새를 맡으려고 하면 재채기가 나왔다.

"새끼돼지는 있소?" 치치코프는 우뚝 선 채로 노파에게 물었다.

"있습죠."

"겨자에 사워크림(젖산으로 발효시킨 신맛 나는 생크림)까지 곁들여서?"

"겨자에 사워크림까지 곁들인답니다."

"그럼, 그걸로 주게."

노파는 밖으로 나가 뭔가를 이리저리 찾더니, 곧 접시와 마른 나무껍질처럼 풀을 너무 먹인 냅킨, 뼈로 만든 손잡이가 누렇게 변색된 주머니칼처럼 얄팍한 나이프, 날이 두 개뿐인 포크, 절대로 탁자 위에 똑바로 세울 수 없는 소금 그릇을 갖고 왔다.

우리 주인공은 버릇대로 노파에게 이것저것 꼬치꼬치 캐물었다. 여관은 직접 경영하는 것인지, 아니면 다른 주인이 있는지, 수입은 얼마나 되는지, 부부 사이에 자식은 있는지, 있다면 함께 사는지, 큰 아들은 아직 총각인지, 어떤 며느리를 얻었으며, 지참금은 많았는지, 아니면 가져오지 않았는지, 시아버지는 만족하고 있는지, 아니면 결혼 선물이 적다고 화내고 있는 건 아니냐는 등 전부 대수롭지도 않은 것들이었다.

그리고 이건 말할 것도 없는 이야기지만, 주변에 어떤 지주들이 있는지에 대해서도 빼놓지 않고 물어보아 여러 지주들에 대해서 들을 수 있었다. 브로힌, 포치타예프, 뮈리노이, 체프라코프 대령, 소바케비치…… "호오, 소바케비치를 알고 있소?" 치치코프가 묻자, 노파는 소바케비치뿐만 아니라, 마니로프까지 알고 있는데, 마니로프가 소바케비치보다는 더 품위 있는 지주라는 이야기까지 했다. 마니로프는 여관으로 들어오기가 무섭게 닭고기를 쪄달라고 하고 송아지에 양의 간까지 주문하지만 하나같이 조금만 집어먹을 뿐이다. 반면에 소바케비치는 한 가지만 주문해서 다 먹고는 돈은 더 주지 않으면서 덤으로 더 달라고 한다는 것이다.

이런 식으로 이야기를 나누며 마지막 남은 새끼돼지고기 한 점을 먹고 있을 때, 여관으로 달려오는 사륜마차 소리가 들렸다. 여관 밖에는 훌륭한 말 세 마리가 끄는 가벼워 보이는 마차가 서 있었다. 두 사내가 마차에서 내렸는데 한 사람은 키가 크고 금발이었으며, 다른 사람은 그보다 조금 키가 작고 머리가 검었다. 금발 사내는 진한 감색 코트를 걸치고 있었고, 검은 머리 사내는 줄무늬가 들어간 외투를 입고 있었다. 멀리서 또 한 대의 마차가 달려왔지만 안은 텅 비어있었다. 마차를 끄는 말들은 털이 길고, 목줄은 다 떨어졌고, 마구도 새끼줄을 꼬아 만든 것이었다.

금발 사내는 성큼성큼 계단을 올라갔지만, 검은 머리의 사내는 뒤에 남아서 하인과 이야기도 주고받고, 뒤따라온 사륜마차에 손을 흔들어 보이면서 마차 안에서 뭔가를 찾고 있었다. 치치코프는 그 사내의 목소리를 어디서 들어본 것 같다는 생각이 들었다. 치치코프가 가까이 다가오는 검은 머리 사내를 뚫어져라 쳐다보는 사이, 금발 사내는 벌써 입구를 찾아내 문을 열고 안으로 들어왔다.

큰 키에 그을리고 야윈 얼굴의 그 사내는 당근처럼 붉은 수염을 달고 있었다. 그을린 얼굴만 봐도 그가 화약 연기는 몰라도 담배 연기는 잘 알고 있을 것만 같았다. 그는 치치코프에게 공손히 인사를 건넸고, 치치코프도 마찬가지로 공손하게 답례를 했다. 몇 분만 더 있었다면 두 사람은 잡담을 나누며 더 친해질 수 있었을 것이다. 이야기를 주고받을 계기는 이미 갖추어진 셈이었는데, 두 사람은 어제의 비로 길의 먼지가 다 가라앉아 여행하기 좋아졌다는 이야기까지 주고받았으니 말이다.

하지만 그때 금발 사내의 일행인 검은 머리 사내가 안으로 들어왔다. 그는 모자를 벗어 탁자 위에 집어던지면서 다른 한 손으로 검은 머리를 힘차게 뒤로 쓸어 넘겼다. 키는 그렇게 크지 않지만 우락부락하고 탄탄하게 생긴 사내였는데, 통통하게 살이 찌고 불그스름한 뺨, 눈처럼 하얀 이, 옻칠한 것처럼 까만 턱수염을 달고 있었다. 보기에도 기운이 넘쳐 보이는 사내의 얼굴에는 건강함이 묻어나고 있었다.

"이거, 이거, 이거!" 치치코프를 본 사내는 갑자기 두 팔을 벌리며 이렇게 소리쳤다. "이거 또 기이한 인연이로구먼!"

노즈드료프였다. 검사의 저택에서 함께 만찬을 하고 친밀한 태도를 보이지 않았던 치치코프에게 몇 분도 안 되서 "자네, 자네" 하고 반말을 해오던 바로 그 사내였다.

"어디 다녀오는 겐가?" 노즈드료프는 이렇게 질문을 해놓고는 치치코프의 대답도 기다리지 않고 이어서 말했다. "난 지금 장터에서 돌아오는 길이라네. 아주 탈탈 털어버리고 오는 길이야. 이렇게까지 빈털터리가 되어본 건 태어나서 처음일세. 하는 수 없이 마차까지 빌려 타고 힘들게 달려왔다네. 밖을 좀 보게!" 이렇게 말하고는 치치코프의 머리를 아래로 눌렀기 때문에 하마터면 창살에 얼굴을 부딪칠 뻔했다.

"저 말들 좀 보게, 정말 대단하지 않나? 빌어먹을 놈들이야. 여기까지도 간신히 기어왔네. 그래서 이 친구 마차로 갈아탔지" 하고 노즈드료프는 함께 온 사내를 가리켰다.

"그렇군, 서로 인사가 아직인가? 매부 미주에프일세! 우리는 아침부터 쭉 자네 얘기만 하고 있었다네. '두고 보라고, 반드시 치치코프를 만날 테니까!' 하여간에 내가 얼마나 따분한 신세가 되었는지 알아준다면 참 좋겠네! 빠른 말 네 필을 잃었을 뿐만 아니라 가지고 있던 것은 모두 빼앗겨 버렸다네. 시계는 물론이요, 시곗줄까지도 몽땅!"

얼핏 봐도 확실히 그는 시곗줄도 시계도 갖고 있지 않았다. 심지어 한쪽 구레나룻까지 짧고 듬성듬성해 보였다.

"그때 내 주머니에 20루블만이라도 있었더라면……. 많이도 필요 없어. 그저 20루블만 있으면 됐는데. 그랬다면 잃은 걸 전부 되찾았을 걸세. 아니 그뿐 만이 아니라 분명히 3만 루블 정도는 너끈히 챙겼을 거란 말일세."

"또 그 소리!" 금발머리의 사내가 되받아쳤다. "그래서 내가 50루블을 줬더니 바로 잃어 놓고선 뭔 큰소린가?"

"그걸 해선 안 됐었는데. 암, 안 되고말고! 어쩌자고 그런 바보짓을 했을까? 판돈을 두 배로 올렸을 때, 그 빌어먹을 7만 아니었어도 몽땅 털어먹을 수 있었는데 말이야."

"하지만 결국 못 털어먹었지 않나?"

"그거야 그때 내가 재수가 없었으니 그렇지. 아니, 그럼 자네는 소령이 대단한 승부사라도 된다는 건가?"

"대단하든 못하든 자네한테 이겼지 않은가?"

"쓸데없는 소리 집어치우게! 내가 당장에라도 그놈을 꺾어주지. 그래, 그놈한테 판돈을 두 배로 해서 다시 한 판하자고 하세. 그러면 그놈이 진정한 승부사인지 아닌지 금방 드러나겠지! 하지만 그전에……, 치치코프, 며칠 동안 화끈하게 놀아보도록 하지! 정말이지 이번 장날은 대단했다네. 장사꾼 놈들이 그렇게나 많이 모인 건 여태껏 본 적이 없었다고 하더군. 나만하더라도 마을에서 가지고 간 물건들을 하나도 빼놓지 않고 제일 비싼 값으로 팔아 치웠거든! 여보게 참 잘 놀고 왔지! 지금 생각해봐도 그렇단 말야…… 제기랄! 자네가 없었던 게 유감천만이었네! 좀 상상해보게나. 읍에서 불과 1마일 떨어진 곳에 용기병 연대가 주둔해 있었다네. 그래서 그 연대에 있는 장교란 장교는 모두 빼놓지 않고 마흔 명이나 되는 군인이 한꺼번에 와자하게 읍내로 들어왔던 것일세그려……. 우리가 술을 마시기 시작했을 때였네. 기병 이동대위로 포체루예프라는 녀석이 있었는데……. 참 유쾌한 친구였다네! 수염도 굉장했지! 글쎄, 그 친구는 끌라레(프랑스 보르도 에서 나는 와인)를 '쓰레기'라고 부르더군. '이봐, 그 쓰레기나 좀 가져오게'라고 말일세.

또 쿠프신니코프 중위는…… 이쪽도 참 대단한 쾌남이었어! 어딜 보나 최고의 놀이꾼이었지! 그 녀석과 나는 쭉 함께 있었다네. 헌데 포느마료프란 놈이 어떤 술을 내놨는지 아나? 내 자네한테는 가르쳐주겠네만, 그놈은 사기꾼이니까 그놈 가게에선 아무것도 사선 안 되네. 그놈은 포도주에 별별 것을 다 섞는단 말이야. 백단에 코르크 마개, 심지어는 딱총나무 열매즙까지 집어넣는 악당일세! 그 대신, 녀석이 만약 특별실이라고 부르는 깊숙한 방에서 술병을 꺼내오기만 하면 그야말로 천국이 따로 없네. 바로 우리가 그걸 마셨다네! 그것과 비교하면 러시아 샴페인은 샴페인도 아니지. 상상해보게, 평범한 클리코(샴페인의 일종)가 아니라 '클리코 마트라두라'란 말일세! 바로 두 번 증류한 녀석이지. 게다가 프랑스 포도주도 한 병 꺼내왔는데, 봉봉이라는 녀석이었다네. 향기? 장미향도 났고, 거기다 여러 향기가 풍기더군. 얼마나 마셔댔는지, 우리들이 가고 난 뒤에 모 공작이 와서 샴페인을 주문하러 심부름꾼을 보냈는데, 마을을 다 뒤져도 단 한 병도 구할 수 없었다더군. 장교들이 모조리 비워버린 걸세. 거짓말 같나? 그럼 오늘 내가 저녁때 혼자서 17병을 비워 보이겠네!"

"흥, 무슨 수로 17병을 마시겠다는 건가." 금발 사내가 한마디 했다.

"내 명예를 걸고 마시겠다고 맹세하지." 노즈드료프가 대답했다.

"뭐라고 하든 자네 마음이지만, 난 자네가 10병도 못 마실 거라고 보네."

"좋아, 그럼 마실 수 있는지 없는지 내기를 하지."

"내기라니? 뭐 걸게 있어야 하지 않나?"

"어떤가, 읍내에서 사온 엽총을 걸어보지 않겠나?"

"싫어."

"걸어보라니까, 시험 삼아서 딱 한 번만!"

"그런 시험은 하고 싶지 않네."

"그래, 저번에 잃은 모자처럼 엽총도 잃을 게 뻔할 테니 말이야. 이보게, 치치코프. 자네가 그 자리에 없었던 게 참 유감이야! 아마 자네는 쿠프신니코프 중위와 헤어지지 못했을 걸세. 분명히 자네는 그 녀석과 의기투합했을 걸세! 이곳 검사들처럼 한 푼 두 푼에 벌벌 떠는 그런 놈들과는 다르단 말일세. 그는 파로(카드게임의 일종)든 뭐든 어떤 게임이라도 닥치는 대로 할 위인이란 말일세. 이봐, 치치코프. 자넨 오려면 얼마든지 올 수 있었던 게 아닌가. 정말 어쩔 수 없는 친구로구먼. 사람이 왜 그리 싱거운가! 포옹이나 한 번 더 하세. 나는 자네가 좋아 죽을 지경일세. 미주에프, 보게나. 이게 운명적인 만남이 아니고 뭐겠나! 보게나, 이 친구와 나, 나와 이 친구가 도대체 무슨 관계가 있단 말인가? 치치코프는 어디서 굴러들어왔는지 알 수가 없는 친구고, 나 역시 이런 데서 살고 있단 말일세……

그건 그렇고, 그곳에 모인 마차 수효란 굉장했었다네. 정말이지 도떼기시장 같았어. 거기서 룰렛을 돌려서 포마드 두 병과 도자기 찻잔 하나, 기타를 갖게 된 것까진 좋았는데, 또 걸었다가 전부 잃고 거기다 6루블까지 빼앗겼다네. 쿠프신니코프가 얼마나 난봉꾼인지 자네가 직접 봐야 하는데. 우리는 녀석과 함께 무도회란 무도회는 거의 빼놓지 않고 찾아다녔네. 그런데 굉장

히 멋을 부린 계집이 하나 있지 않았겠나. 치마 주름이니 치마깃 장식이니,
뭔지 모를 것들을 잔뜩 달고 있었다네, ……나는 속으로 '무슨 계집이 이
래!' 하고 있었는데, 쿠프신니코프, 그러니까 그 난봉꾼 녀석은 일부러 그녀
곁에 가서 앉아서 프랑스어로 잔뜩 추켜세우더란 말일세……. 정말이지 그
녀석은 하다못해 시골 농사꾼 여편네도 그냥 보내지를 않네그려. 그 녀석의
말에 의하면 '장미는 꺾을 수 있을 때 모아두는 게 좋다'는 거야. 그리고 굉
장히 맛있는 생선에다 말린 철갑상어도 있었다네. 그건 파는 것이었지만…
…. 나도 그걸 하나 샀었지. 돈이 있는 동안에 사는 게 좋겠다고 생각한 것
은 참 잘한 일이었지. 그건 그렇고 자넨 이제부터 어디로 가는 것인가?

"누굴 좀 만나러 가는 길일세." 치치코프가 대답했다.

"누군데? 그런 건 집어치우고, 우리 집에나 가세!"

"아니, 그건 안 될 말이지. 거기에 볼일이 있다네."

"어이쿠, 볼일이 있으시다구요? 그것도 다 예상했네! 오포델도크 이바노
비치 (치치코프의 이름인 파벨을 우스꽝스럽게 부른 것)!"

"정말로 일이 있다니까 그러네. 그것도 아주 중요한 일이야."

"자네가 거짓말하고 있다는 데에 돈을 걸지! 얘기해보게, 누굴 만나러 가
는데 그러나?"

"누구냐니, 소바케비치일세."

그 말에 노즈드료프는 웃어대기 시작했는데, 이런 요란한 웃음소리는 저
기운 넘치는 건강인이 아니면 도저히 낼 수 없는 것이었다. 설탕처럼 새하얀
이를 드러내고, 뺨까지 부르르 떠는 웃음소리에 문을 두 개나 사이에 두고
세 번째 방에서 잠을 자던 사람까지 벌떡 일어나 눈을 휘둥그레 뜨고는 "아
니, 저놈이 미쳤나?" 하고 무심결에 지껄였을 정도였다.

"뭐가 그리 우습나?" 그의 웃음에 기분이 나빠진 치치코프가 물었다.

그러자 노즈드료프는 "아아, 그만하게, 뱃가죽이 찢어지겠어." 그러면서
여전히 큰소리로 웃어댔다.

"대체 뭐가 그리도 우스운 건가? 난 한 번 찾아뵙겠다고 약속을 했었네."

"이보게. 그놈 집은 가봤자 지루하기만 할 거야. 그놈은 모두가 두 손 두
발 다 들었을 만큼 지독한 구두쇠거든! 자네를 잘 알기에 내 한 마디 하네
만, 거기서 카드놀이를 한다든지 봉봉처럼 고급술이 나올 거라고 생각하면

큰 오산일세.

나쁜 얘기는 안 할 테니 소바케비치 녀석은 내버려두고 우리 집에 오게나! 고급 철갑상어 요리를 차려줌세! 바로 그 망할 포노마료프 놈이 굽실거리면서, '나리께만 특별히 드리는 겁니다. 여길 다 둘러봐도 이만한 놈은 찾기 힘드실 겁니다'라고 했던 거지. 하지만 그놈은 지독한 사기꾼이잖아? 그래서 나도 이렇게 말해줬지. '네놈하고 이곳 세관원은 최고의 악당이로군!' 그랬더니 그 망할 놈이 글쎄, 턱수염을 쓸어내리며 싱글벙글 웃지 뭔가. 난 쿠프신니코프와 함께 매일 그놈 식당에서 아침을 먹었다네.

아, 그렇지. 자네한테 얘기하는 걸 깜빡했군. 이건 아마 자네라도 펄쩍 뛸 거야. 미리 거절해두겠네만, 100만 루블을 준다 해도 난 안 팔 걸세. 폴피리!"

노즈드료프는 창가로 다가가 하인을 불렀다. 그런데 이 하인 놈이 한 손에는 나이프를 다른 손에는 마차에서 뭔가를 꺼내면서 슬쩍 베어낸 게 틀림없는 철갑상어 고기를 빵에 곁들여서 들고 있었다.

"폴피리!" 노즈드료프가 소리쳤다. "강아지를 데리고 와!" 그는 치치코프를 돌아보면서 말을 이었다. "정말이지 사랑스러운 강아지라네! 그런데 유감스럽게도 그 도둑놈이 내가 갈색 암말을 준다고 약속까지 했는데도 강아지에게 밥을 안 줬다네. 자네도 알 테지, 내가 흐보스티료프에게서 얻은 그 암말 말일세……."

하지만 치치코프는 여태껏 그 갈색 말도, 흐보스티료프는 인물도 본 적이 없었다.

"나리, 뭣 좀 안 드시겠습니까요?" 노파가 다가와서 물었다.

"필요 없네. 정말이지, 재밌게 놀았다네! 이보게, 잠깐 기다려보게. 보드카나 한 잔하겠네. 여기엔 어떤 게 있지?"

"아니스(아니스 열매로 맛을 낸 스페인의 독한 술)가 있습니다." 노파는 대답했다.

"좋아, 그 아니스를 가져오게." 노즈드료프가 말했다.

"그럼 여기도 한 잔 갖다 주게." 금발 사내가 말했다.

"극장에선 왈패 같은 여배우가 카나리아처럼 노래하고 있었다네! 그랬더니 옆에 앉아 있던 쿠부시니코프 녀석이 대뜸 '꺾어주기를 바라고 있는 장미가 있구나!' 이러지 뭔가. 아, 그리고 장터에 들어선 점포만 해도 오십 군데는 되었을 걸세. 페날디(글 당시 이름) 녀석은 재주넘기를 네 시간 동안이나 하더군."

여기서 그는 노파의 손에서 술잔을 빼앗았고, 이에 노파는 머리를 조아렸다. "아, 그 녀석을 이리 가져와라!" 노즈드료프는 강아지를 데리고 들어온 하인을 보고 소리쳤다. 폴피리는 주인과 똑같이 속에 솜을 넣은, 때가 끼어 반질거리는 외투를 입고 있었다.

"이리로 데려와서 바닥에 내려놔."

폴피리가 강아지를 바닥에 내려놓자 강아지는 다리를 쭉 뻗어 기지개를 펴고 이리저리 냄새를 맡고 다녔다.

"자아, 이 놈을 좀 보게나!" 노즈드료프는 손으로 강아지의 등을 잡아 공중으로 들어올리면서 말했다.

강아지가 애처롭게 짖었다.

"이 망할 놈, 내가 시킨 대로 하질 않았구나!" 노즈드료프는 강아지의 배를 자세히 훑어보면서 폴피리를 향해 말했다. "강아지 빗질을 전혀 해주질 않았어!"

"아닙니다, 해주었습니다."

"그럼 왜 벼룩이 있어!"

"잘 모르겠습니다. 아, 어쩌면 마차에서 옮았을 지도 모르겠습니다."

"누굴 속일 셈이냐! 빗질해줄 생각도 없어, 거기다 자기 벼룩까지 옮겨놔? 이 빌어처먹을 놈! 자아, 보게, 치치코프. 귀 예쁘지? 한 번 만져보게."

"그럴 필요가 뭐 있겠나? 보기만 해도 알겠는데. 확실히 혈통이 좋은 놈이군." 치치코프가 대답했다.

"보는 것보다 만져보는 게 제일이야, 아무튼 귀 좀 한 번 만져보게."

치치코프는 별 수 없이 노즈드료프의 말대로 귀를 만지고 이렇게 말했다.

"정말이로군, 이거 좋은 개가 되겠어."

"코는 또 얼마나 차갑다고. 한 번 만져보게."

노즈드료프의 비위를 건드리지 않기 위해 치치코프는 강아지의 코까지 만져보고 "좋은 코로군" 하고 말했다.

"순수혈통의 불도그라네. 사실 난 오래전부터 불도그를 갖고 싶었어. 폴피리, 강아지를 데리고 가게."

폴피리는 강아지를 끌어안고 마차로 돌아갔다.

"치치코프, 이렇게 됐으니 꼭 우리 집에 와줘야겠어. 여기서 겨우 5베르스타밖에 안 되니 한걸음에 달려갈 수 있을 걸세. 그리고 나서 소바케비치 녀석 집으로 가도 되지 않나."

'그래도 되겠군.' 치치코프는 속으로 생각했다. '잠깐만 노즈드료프의 집에 들렀다가기로 할까. 다른 놈들보다 악당은 아닌 것 같고, 평범한데다가 노름으로 빈털터리까지 된 사내가 아닌가. 무슨 짓이고 저질러버릴지도 모를 사내야. 어쩌면 뭐든 공짜로 얻게 될 지도 몰라.'

"모처럼이니 함께 가도록 하지." 치치코프는 말했다. "하지만 오래 붙잡지는 말게, 내겐 금쪽같은 시간이니까."

"좋아, 그렇게 나와줘야지! 이제 됐군, 한 번 더 포옹이나 하세." 노즈드료프는 치치코프를 끌어안았다.

"점점 재밌어지는군. 그럼 셋이서 달려보자고!"

"미안하지만 난 빼주게. 부탁이야." 금발 사내가 말했다. "이제 그만 집으로 돌아가야 해."

"자네 그게 무슨 돼먹지 못한 소린가! 내가 가게 해줄 것 같은가."

"아내가 화를 낼 거야. 자네는 저 사람의 마차를 타고 가면 되지 않나?"

"안 되네, 안 돼, 안 돼! 꿈도 꾸지 말게."

금발 사내는 옹고집이 있는 사람이었다. 입만 열면 토론부터 하려고 하고, 자기와 반대되는 의견에는 절대로 동의하지 않는다. 결코 바보를 똑똑하다고 말하지 않으며, 남의 장단에 춤을 추는 건 절대로 용납하지 않는다. 하지만 그는 언제나 소심함이 대범함을 짓누르고 있기에 처음에는 반대하던 것도 찬성하고, 바보도 똑똑하다고 말하고, 결국엔 남의 장단에 맞춰 정말이지 훌륭하게 춤을 추게 되는 것이다. 한 마디로 용두사미이다.

"되지도 않은 소리는 집어치우게!" 노즈드료프는 매부의 불평을 한마디로 물리치고 머리에 모자를 씌워버렸다. 결국 그는 두 사람의 뒤를 따라 자리에서 일어섰다.

"나리, 보드카 값을 아직 주지 않으셨는뎁쇼……." 노파가 말했다.

"아, 그런가? 알겠네, 알겠어. 이보게, 매부! 미안하지만 대신 좀 내주게. 난 주머니가 텅텅 비어서 말이야."

"얼만가?"

"네, 나리. 은화로 20코페이카 (지폐로는 80코페이카에 해당하는 가격) 입니다."

"헛소리 말게. 지폐로 50코페이카면 충분하고도 남아."

"나리, 그건 너무 적습니다요." 노파는 그렇게 말했지만 돈을 주자 감지덕지 받고는 허둥지둥 문을 열어주러 달려가기까지 했다. 사실 보드카 값을 네 배나 부풀렸기에 조금도 손해를 보지 않았던 것이다.

일행은 저마다 마차 안에 자리를 잡고 앉았다. 치치코프의 마차는 노즈드료프와 그의 매부가 탄 마차와 나란히 달려갔기에 셋은 자유롭게 이야기를 주고받을 수 있었다. 뒤쪽으로는 여윈 말이 이끄는 노즈드료프의 조그만 마차가 계속 뒤떨어지면서 따라왔는데, 거기에는 폴피리와 강아지가 타고 있었다.

이들이 주고받은 이야기는 독자 여러분의 흥미를 끌만한 것도 아니기에 차라리 그보다는, 이 서사시에서 비중 있는 역할을 맡게 될 노즈드료프라는 인물에 대해 이야기할까 한다.

노즈드료프의 사람됨에 대해서는 아마 독자 여러분께서도 대체적으로 알고 있을 것이다. 누구나 이런 인물을 한 번쯤은 만나봤을 것이다. 세상 사람들은 이런 사람을 쾌남아라고 부른다.

그는 학생시절부터 친해지기 쉬운 친구로 이름 높았지만, 그 탓에 여러 번 혼이 났다. 숨김없이 솔직하고 의욕적인 성격으로 사람과 쉽게 친해지고 눈 깜짝할 사이에 '자네, 나' 하면서 말을 놓는다. 한번 우정은 영원히 가는 법이거늘, 친구가 된 그날 밤 기념파티에서 술잔을 기울이는 동안에 언제나처럼 멱살을 잡고 싸우곤 한다.

그는 늘 말이 많고 놀기를 좋아하며 겁이 없어 모든 일에 앞장서기를 좋아했다. 이미 서른다섯이나 먹었건만 열여덟이나 스물 때와 전혀 다를 바가 없는 난봉꾼이었다. 그건 결혼하고 나서도 변하지 않았다. 두 아이가 태어나고 얼마 지나지 않아 아내가 세상을 뜨면서 더욱 그럴 마음이 없어졌다. 그는 아이들도 귀찮은 존재일 뿐이었기에, 아이들은 숙련된 보모에게 맡겨두고 있었다.

그는 하루도 집안에서 가만히 머무르질 못했다. 예민한 코는 수십 베르스타 떨어진 곳에서도, 장터가 열려 거기서 갖가지 모임과 무도회가 열릴 것이라는 걸 알아냈다. 그러면 곧바로 그곳에 나타나 노름용 탁자에 앉아 말싸움을 하거나 난장판을 만들곤 했는데, 그와 같은 사내들이 대개 그렇듯이 그도 카드놀음에 푹 빠져있었기 때문이다.

앞서 설명했겠지만 그는 결코 정정당당하고 말하기 어려웠다. 밑장빼기 같은 여러 가지 고도의 기술을 갖추고 있었기에, 카드 싸움은 결국 다른 싸움으로 끝나기 마련이었다. 장화로 얻어맞거나, 덥수룩한 구레나룻을 뽑히곤 했다. 그러다보니 한쪽에만 구레나룻을 남기고, 그나마도 듬성듬성한 채로 집으로 돌아오곤 했다. 하지만 건강하고 통통하게 살 찐 그의 뺨은 터무니없이 상태가 좋아, 멋진 재생력을 갖고 있었다. 눈 깜짝할 사이에 두 번째 수염이 자라나는데, 지난번 구레나룻보다 더욱 훌륭했다. 그런데 가장 이상한 점은—이는 러시아 사람만의 고유한 특성인지도 모르겠는데—얼마 지나지 않아서 자신을 이렇게 만든 친구들이 있는 곳을 다시 찾아가 마치 아무 일도 없었다는 듯이 행동하며, 양쪽 모두 시치미를 뚝 떼는 것이다.

어떤 의미에서 그는 말썽꾸러기였다. 어떤 연회든 노즈드료프만 나타나면 무사히 끝나는 일이 없었다. 반드시 뭔가 사건이 발생해 헌병이 그를 연행해 가던지, 친구들이 직접 그를 쫓아내야만 했다. 다행히 그런 사건이 발생하지 않더라도, 다른 사람이라면 절대로 일어나지 않을 사태가 발생했다. 이를테면, 식당에서 자신도 비웃을 만큼 취하거나, 누구하나 믿어주지 않는 거짓말을 해서 창피를 당하는 것이다.

그는 정말이지 쓸데없는 거짓말을 아무렇게나 해버리는 버릇이 있었다. 뜬금없이 나한테는 푸른색 말이 있다느니, 장밋빛 말이 있다느니, 그런 얘기를 입에서 나오는 대로 지껄이다보니 듣고 있던 사람들도 "하하, 자네 또 그 대단한 허풍인가?" 하고는 떠나가 버린다.

흔히 세상에는 아무런 이유도 없이 주위 사람을 괴롭히고 싶어 하는 그런 무리가 있다. 이를테면 관직자리에 앉아있고, 기품 있는 모습, 가슴에는 스타니슬라프 훈장까지 단 그런 위인이 처음에는 반갑게 악수도 나누고, 심도 있는 문제를 두고 이야기를 하다가도 바로 눈앞에서 상대방을 헐뜯는 것이다. 가슴에 훈장을 달고 교양 있는 이야기만 할 것 같은 사람이 너무나 어울리지도 않게 14등관이나 입에 담을 얘기를 하니, 이쪽은 그저 기가 막혀서 어깨를 으쓱해 보이고는 자리를 뜨고 만다.

노즈드료프라는 사내가 바로 이런 기묘한 취미를 가진 사내였다. 그는 누구든 친해진 친구가 있으면 만사를 제쳐놓고 그 친구를 망신주지 않고는 못 참는 성미였는데, 어지간해서는 상상조차 못할 터무니없는 소문을 퍼트려 혼담이나 거래를 방해했다. 그런데 정작 자신은 상대방에게 못할 짓을 했다고는 결코 생각지도 않을뿐더러, 기회가 있어서 다시 만나게 되면 자못 친한 체를 하며, "자네 너무하군 그래. 왜 우리 집에 오질 않나" 하고 말하는 것이다.

노즈드료프는 손을 안대는 것이 없는 인물, 즉 '만물상'이었다. 여러분을 보고는 대뜸 어디라도 상관없네, 세상 끝까지라도 좋으니 함께 가세라고 한다든가, 어떤 계획이라도 동참해주겠네 라든가, 뭐든 좋으니 자네가 원하는 것과 바꾸지, 라고 제안을 해온다. 권총이든, 개든, 말이든 뭐든 가리지 않고 교환하려고 했는데, 그렇다고 이득을 보려고 하는 것은 아니다. 뭐든 침착하지 못하고 화끈하게 저지르지 않고서는 견디지를 못하는 그의 성격 탓이다.

어쩌다 장터에서 운 좋게 봉이라도 만나면, 그에게서 벗겨먹은 돈으로 가게에서 미리 봐두었던 물건들을 닥치는 대로 산더미처럼 사들였다. 말 목줄에서부터 시가 라이터, 유모에게 줄 손수건, 종마, 건포도, 은으로 만든 세숫대야, 삼베 한 필, 고급 밀가루, 담배, 권총, 청어, 그림, 숫돌, 항아리, 장화, 도자기…… 이러한 것들을 돈 되는 대로 사들이는 것이다. 하지만 그것들을 아무 탈 없이 집으로 가져간 적은 여간해서 없었고, 대부분 그날이 지나기 전에 자신보다 운이 좋은 노름꾼의 손에 고스란히 넘겨버렸다.

어떤 날은 자신이 평생 써오던 파이프와 담뱃갑, 물부리, 네 마리의 말과 그에 딸린 부속까지, 그러니까 마차와 마부까지도 판돈으로 모조리 내놓는다. 그리고 나면 땅딸막한 프록코트에 화려한 무늬가 새겨진 평상복 한 벌만 남긴 채 빈털터리가 되어 자신을 태워다줄 친구를 찾아다니는 것이다.

노즈드료프란 바로 이런 사내였다. 이러한 성격을 낡아빠진 것이라고 하면서 요즘 세상에 그런 사람은 없다고 말하는 사람이 있을지도 모른다. 하지만 그건 착각이다. 노즈드료프 같은 위인은 아직 이 세상에서 사라지지 않았기 때문이다. 그들은 어디에나 있다. 옷차림이야 다들 다르겠지만 말이다. 요즘 사람들은 경박하고 통찰력이 없어서 옷차림만으로 사람을 구별하려 든다.

그러는 사이 세 대의 마차가 노즈드료프의 현관에 도착했다. 집에는 손님을 맞이할 준비가 전혀 되어있지 않았다. 식당에는 가운데에 나무발판이 놓여 있고, 두 농부가 그 위에 올라서서 뭔지 모를 끝없이 긴 노래를 흥얼거리며 한창 벽을 희게 칠하고 있는 중이어서, 바닥에는 여기저기 하얀 페인트가 떨어져 있었다. 노즈드료프는 당장 농부들에게 발판을 치우라고 지시하고는, 다른 지시를 하기 위해 다른 방으로 달려갔다. 손님들은 노즈드료프가 요리사에게 저녁식사를 준비하라고 지시하는 소리를 들을 수 있었다. 이미 허기가 들었던 치치코프는 주인의 말에 5시 전까지는 식사를 할 수 없다는 사실을 깨달았다.

다시 돌아온 노즈드료프는 자신의 마을을 구경시켜주겠다고 손님들의 안내를 자청했는데, 2시간 뒤에는 더 이상 보여줄 것이 없다고 했을 정도로 하나부터 열까지 전부 구경시켜주었다.

먼저 마구간 구경부터 하러 나섰는데, 그곳에는 암말이 두 마리 있었다. 하나는 잿빛 점박이였고 하나는 갈색 말이었다. 그 밖에 적갈색 수망아지 한 마리가 보였는데, 그다지 좋아보이지도 않는데 노즈드료프는 저 말을 1만 루블을 치르고 샀다고 딱 잘라 말하는 것이었다.

"1만 루블을 냈다고?" 그의 매부가 끼어들었다. "1천 루블도 안 되어 보이는데?"

"맹세하건대 틀림없이 1만 루블을 냈네."

"맹세하고 싶거든 얼마든지 하게."

"좋아, 그럼 내기 할까?"

하지만 매부도 내기까지 할 마음은 없었다.

이어서 노즈드료프는 전에는 좋은 말이 있었다는 빈 마구간을 여러 곳 보여주었다. 그곳에는 산양이 한 마리 있었는데, 오래 전부터 전해 내려오는 말에 따르면 산양은 반드시 말과 함께 길러야 한다는 것이었다. 그런데 이 산양도 말과 성격이 잘 맞는지 마치 자기 집처럼 말의 배 밑을 지나다니고 있었다.

다음으로 노즈드료프는 쇠사슬에 매어둔 새끼 늑대를 보여주었다.

"이게 새끼 늑대일세! 난 이 녀석에게 일부러 날고기를 먹이고 있다네. 완벽한 야수로 만들려고 말일세!"

그리고 셋은 연못을 보러 갔다. 노즈드료프의 얘기로는 오래전 이 연못에 엄청나게 큰 물고기가 한 마리 있었다고 했다. 덩치 좋은 사내 둘이 덤벼들고서야 겨우 끌어낼 수 있었다고 했는데, 물론 매부는 이 얘기에도 의심의 눈길을 보냈다.

"치치코프, 자네에게 멋진 개들을 보여주지. 장딴지는 놀랄 만큼 탄탄하고 코끝은 바늘처럼 날카롭다네!" 이렇게 말하고 노즈드료프가 두 사람을 데리고 간 곳은 사방을 울타리로 둘러친 커다란 마당 한가운데 꽤 멋들어진 모습으로 서 있는 조그만 개집 앞이었다.

마당에는 온갖 종류의 개들이 있었다. 털이 긴 놈이 있는가 하면, 짧은 놈도 있고 검붉은 놈, 검은 색에 갈색 얼룩이 있는 놈, 붉은색 얼룩이, 귀가 검은 놈, 회색인 놈 등등 가지각색이었다. ……그런 만큼 이름도 다양했는데, 갖가지 호칭에, 갖가지 명령형으로 지어져 있었다. '쏴', '꾸짖어', '뛰어다녀', '불', '싸움꾼', '원망해', '구워', '그을려', '북풍', '제비', '상(賞)', '후견인'과 같은 식이었다.

개들 속에 있는 노즈드료프의 모습은 마치 아이들에게 둘러싸인 아버지 같아 보였다. 개들은 애견가들 사이에서 '키'라고 부르는 꼬리를 높이 치켜들고 한달음에 달려와 손님들을 맞이해주었다. 10마리는 노즈드료프의 어깨에 발을 올리고 있었다. '꾸짖어'가 치치코프에게 똑같은 애정표현을 해주고자 앞발을 들고 일어나 그의 입술을 핥아주었고, 치치코프는 엉겁결에 침을 퉤 하고 뱉었다. 그리고 장딴지가 놀랄 만큼 탄탄하다는 개도 구경했는데, 그건 정말이지 훌륭한 개였다. 이어서 크림 반도 출신의 암캐를 보러갔는데, 그 개는 이제 앞이 보이질 않았다. 노즈드료프가 말하길 머지않아 죽을 것이라고 했는데, 2년 전만 하더라도 굉장히 좋은 개였다고 한다.

다음으로는 물레방아를 구경하러 갔는데, 축을 따라 빙글빙글 도는—러시아의 멋진 표현을 빌려서 말하자면 '펄떡거리는'—그 돌을 받쳐줄 바퀴가 빠져 있었다.

"저 앞에 대장간이 있다네!" 하고 노즈드료프가 말했다. 조금 더 걸어가자 확실히 대장간이 있었다. 그렇게 그들은 대장간도 구경했다.

"저 들판에는 말일세……." 노즈드료프가 들판을 가리키면서 말했다. "땅바닥이 안 보일 만큼 토끼가 바글바글 하다네. 나도 두 손으로 뒷다리를 잡아 토끼 한 마리를 사로잡은 적이 있을 정도네."

"흥, 자네가 토끼를 맨손으로 잡았다고?" 매부가 끼어들었다.

"정말로 잡은 걸 어쩌겠나? 분명히 잡았다니까!" 하고 대답한 노즈드료프
는, "자아, 그럼 이번에는……" 하고 치치코프를 돌아보며 말했다. "우리
영지의 경계선을 보여줌세."

노즈드료프는 울퉁불퉁 경사진 들판을 지나 두 손님을 안내했다. 손님들
은 휴한지와 막 가래질을 해둔 밭 사이를 지나가야만 했다. 치치코프는 슬슬
피곤해졌다. 가는 곳마다 발목까지 잠길 만큼 질척였다. 그 정도로 지대가
낮았던 것이다. 처음에는 다들 조심해서 신중하게 진흙탕을 건너 뛰어갔지
만, 그렇게 해도 결국 아무 소용이 없다는 걸 깨닫고 진흙탕이 크건 작건 전
혀 상관하지 않고 저벅저벅 걸어갔다. 꽤 걸었다고 생각될 즈음, 정말로 나
무울타리와 좁은 도랑으로 된 경계선 같은 것이 보였다.

"여기가 경계선일세!" 노즈드료프가 말했다. "이쪽에 보이는 건 전부 내
땅일세. 저쪽도, 저기 파랗게 보이는 숲도, 숲 너머에 있는 것도 전부 내 것
이라네."

"그런데 언제부터 저 숲이 자네 땅이 된 거지?" 노즈드료프의 매부가 물
었다. "얼마 전에 산 건가? 그전까지만 해도 자네 땅이 아니었지 않나."

"그래, 얼마 전에 샀다네."

"아니, 언제 그렇게 감쪽같이 사들였나?"

"언제라니, 그저께 샀다네. 제기랄, 턱없이 비싸게 줬어."

"하지만, 그저께 자네는 장터에 가지 않았나?"

"이런 얼간이 같으니! 그날 장터에 갔다고 땅도 못 산다는 건가? 그렇
네, 난 그날 장터에 갔네만, 내가 없는 사이에 관리인이 사둔 거란 말일세."

"오호라, 관리인이 말이군!" 노즈드료프의 매부는 그렇게 말했지만, 역시
납득이 가질 않는지 연신 고개를 갸웃거렸다.

손님들은 앞서 걸어온 험한 길을 걸어 되돌아왔다. 노즈드료프는 두 사람
을 서재로 안내해주었다. 서재라고 했지만, 일반적으로 서재에 있어야 될 물
건, 다시 말해 책과 서류가 전혀 보이질 않았다. 칼과 두 자루의 총이 걸려
있을 뿐이었는데, 한 자루는 3백 루블, 다른 한 자루는 9백 루블을 냈다고
한다. 그걸 보더니 노즈드료프의 매부는 고개를 저었다.

그 다음으로는 터키 단검이라는 것을 보여주었는데, 그 중 한 자루에는 어찌된 영문인지 '도공 사베리 시비랴코프(러시아 사람의 이름)'라는 서명이 새겨져 있었다. 이어서 두 사람에게 선보인 것은 오르골이었다. 노즈드료프는 곧바로 두 사람 앞에서 손잡이 같은 것을 몇 개인가 돌렸다. 오르골은 제법 좋은 소리를 내며 연주를 했지만, 안에서 뭔가 고장이라도 났는지 마주르카의 마지막 부분이 '말보로(1650~1722, 영국의 장군·정치가)가 전장에 갔도다'로 바뀌더니, 그 '말보로가 전장에 갔도다'라는 노래의 마지막 부분까지도 오래전에 들어본 적이 있는 왈츠로 변했다. 이미 핸들을 돌리지 않은 지가 꽤 되었지만 오르골 속에는 억제할 수 없는 파이프가 하나 있어서, 그놈이 혼자서 멈추지 않고 연주를 하고 있었다.

　다음으로 보여준 물건은 파이프였다. 재질도 다양해서 나무에 찰흙, 해포석(海泡石)으로 만든 것들이 있었다. 사용한 것도 있었고, 사용해보지 않은 것도 있었다. 가죽에 싸둔 것도 있었고, 싸두지 않은 것도 있었다. 최근에 노름판에서 딴 호박 물부리가 달린 터키식 파이프 담배도 있었다. 어떤 여관에서 자신에게 홀딱 반한 백작부인이 자수를 놓아서 주었다고 하는 담뱃갑도 있었다. 그가 말하길 백작부인의 그 손은 세상에서 가장 가련한 슈페르프류, 즉 무용지물이라고 했는데, 아마도 그는 그 말을 자신이 생각하기에 더할 나위 없이 완전하다는 뜻으로 썼을 것이다.

　세 사람이 식탁에 앉은 시간은 오후 다섯 시 무렵이었고, 전채요리로 훈제 철갑상어가 나왔다. 노즈드료프의 저택에서 저녁 식사는 대수롭지 않은 일인 듯, 요리도 보잘것없었다. 탄 것도 있고 설익은 것도 있었다. 아마 요리사가 감에만 의지해서 아무 것이나 처넣은 게 분명했다. 근처에 후추가 있으면 후추를 뿌리고, 양배추가 보이면 양배추도 넣고, 우유도 넣고, 햄도 넣고, 완두콩까지 되는대로 집어넣는다. 말하자면 "뭔 일 있겠어? 저질러 버려. 식지만 않으면 뭐든 맛있겠지, 뭐" 하면서 만든 요리인 것이다.

　그 다음으로 노즈드료프는 온갖 종류의 술을 내어왔다. 수프가 나오기도 전에 큰 술잔에 포트와인과 오 소테른(프랑스 소테른에서 생산되는 백포도주)을 따라주었는데, 이런 '오'가 붙는 와인은 시골 마을에선 좀처럼 구하기가 힘들다.

　"이보다 좋은 건 원수 나리도 못 먹어봤을 걸세." 이렇게 자신 있게 말하며 이어서 마데이라 와인을 가져왔다. 아닌 게 아니라 한잔 들이키자 입안이 타버릴 것만 같았다. 이 술이 그처럼 독한 것은 그러한 고급 마데이라 와인을 즐기는 지주들의 미각을 잘 알고 있는 상인들이, 사정없이 럼주를 섞고 경우에 따라서는 러시아인의 위장이라면 괜찮을 거라는 생각에서 보드카까지도 섞어 넣었기 때문이다. 이어서 노즈드료프는 뭔가 특별한 것을 한 병 가져오게 했는데, 그의 설명에 따르면 부르고뉴 와인과 샴페인을 섞은 것이라고 했다.

노즈드료프는 한 번은 왼쪽, 또 한 번은 오른쪽, 매부와 치치코프에게 번갈아가며 술을 권했다. 그러다 문득, 치치코프는 노즈드료프가 자신의 술잔에는 그다지 따르지 않고 있다는 것을 알아차렸다. 이것을 수상하게 여긴 치치코프는 노즈드료프가 어쩌다 이야기에 신이 나서 딴 데를 보거나 매부의 잔에 술을 따르는 틈을 타서 접시에다 술을 버리곤 했다. 이어서 식탁에 올라온 것은, 노즈드료프의 말에 따르면 크림 같은 맛이 난다는 감로주(甘露酒)였는데, 놀랍게도 코를 찌르는 탁주 특유의 썩은 단내가 물씬했다. 다음으로는 향료주 같은 것을 마셨는데, 이건 기억하기도 어려운 그런 이름이어서 집주인조차 두 번째에는 벌써 다르게 부를 지경이었다.

식사는 한참 전에 끝이 났고, 술도 이것저것 전부 맛보았지만, 손님들은 여전히 식탁에 앉아 있었다. 치치코프는 노즈드료프의 매부가 동석해 있는 자리에서는 그 얘기를 꺼낼 마음이 전혀 없었다. 집주인의 매부라곤 하나 지주도 아니고 더구나 문제가 문제인 만큼 다른 사람이 없는 자리에서 서로 속을 터놓고 의논할 필요가 있었기 때문이다.

하지만 매부라는 작자도 위험인물은 아닌 듯했다. 술에 녹초가 된 이 양반이 의자에 앉아서 끄덕끄덕 졸고 있으니 말이다. 그런 모습이 보기 좋지 않다는 걸 자신도 깨달았는지 결국 그는 집으로 돌아가게 해달라고 노즈드료프에게 부탁하기 시작했는데, 그게 또 맥이 풀린 듯한 매우 느린 말투여서 러시아식으로 표현하자면 장도리로 말에 목줄을 매려는 꼴이었다.

"안 되네, 안 돼. 어딜 간다는 건가!" 노즈드료프가 말했다.

"그러지 좀 말게나. 이보게, 난 정말로 가야한다니까, 글쎄." 노즈드료프의 매부가 말했다. "자넨 정말이지 날 괴롭히길 좋아하는군."

"쓸데없는 소리는 집어치우고, 빨리 이리 와서 파로나 한 판 하세."

"싫네. 하려거든 자네 혼자서 하게. 집사람이 기다리고 있단 말일세. 장터에 갔던 일도 얘기해줘야 하고. 어서 가서 집사람을 즐겁게 해줘야겠네. 그러니 날 더 이상 붙잡지 말아주게.”

“어이쿠, 그놈의 집사람, 집사람, 더럽게 재미없군! 둘이서 뭐 중대한 일이라도 하려고 그러나?”

“그게 아닐세. 이보게, 집사람은 매우 조신하고 훌륭한 여성일세! 날 위해 얼마나 애쓰는지 아나. 것 참, 눈물이 다 나네 그려. 그러니 날 막지 말게. 정말로 집으로 갈 거라니까. 내 양심에 걸고 맹세하지!”

“보내주지 그러나, 자네 매부 발목 잡아서 뭔 도움이 된다고 그래?” 치치코프가 작은 소리로 노즈드료프에게 말했다.

“흥, 그거야 그렇지! 하지만 난 이렇게 판 깨는 놈이 제일 싫어!” 그러더니 노즈드료프는 큰 소리로 이렇게 덧붙였다. “그래, 가려거든 멋대로 가버리게! 가서 자네 마누라랑 뜨거운 밤이라도 보내라고, 호색한 녀석!”

“함부로 지껄이지 말게. 집사람은 내 생명의 은인이야. 착하고 아름다운 데다가 그렇게 친절하게 대해주기까지…… 고마워서 눈물이 다 나는군. 분명히 ‘장터에선 뭘 보고 오셨나요?’ 하고 묻겠지. 그러면 난 하나에서부터 열까지 전부 얘기해줄 걸세…… 정말로 사랑스러운 착한 여인이야.”

“됐으니까 빨리 돌아가서 그놈의 헛소리나 실컷 해주게. 자네 모자 여기 있네.”

“것 참, 이보게 집사람을 그런 식으로 얘기하지 말게. 그건 바로 나를 능멸하는 것이나 마찬가지잖나. 그녀는 정말로 아름다운 여인이라니까.”

“빨리 그놈의 여편네한테 가라니까, 글쎄!”

“알겠네, 그럼 이만 가보겠네. 먼저 자리에서 일어나서 미안하네 그려. 함께하고 싶은 마음은 굴뚝같지만, 그럴 처지가 못 되어서 말이야.”

노즈드료프의 매부는 이러한 변명을 계속해서 되풀이하느라, 자신이 오래전에 마차에 탔다는 것도, 마차가 오래전에 밖으로 나왔다는 것도, 그리고 아까부터 눈앞에 광막한 들판이 펼쳐져 있다는 것도 모르고 있었다. 아마 이래서는 그의 아내는 장날에 있었던 이야기를 제대로 들어보지도 못할 것이다.

“참 보잘것없는 위인이로군!” 노즈드료프는 창가에 서서 사라져가는 마차를 눈으로 쫓으면서 중얼거렸다. “혼자서 돌아가는 저 꼴 좀 보게! 하지만 저 말 만큼은 나쁘지 않지. 오래전부터 저놈의 말을 차지하려고 했지만, 상대가 저 졸장부니 이야기가 잘될 리 없지. 색골이야, 색골! 대단한 색골!"

두 사람은 다른 방으로 들어갔고 폴피리가 등불을 가지고 왔다. 문득 치치코프는 주인의 손에 언제 가져왔는지도 모를 트럼프가 쥐어져 있다는 것을 눈치챘다.

"그런데, 이보게. 이거 어떤가?" 노즈드료프는 트럼프의 양쪽 끝을 손가락으로 꾹 눌렀다가 튕겼는데, 트럼프 한 장이 밖으로 튀어나왔다. "3백 루블을 걸 테니 심심풀이로 뱅크나 하세."

치치코프는 못 들은 척하면서 마치 지금 생각난 것처럼 얘기를 꺼냈다.

"아, 그렇지. 깜빡하고 있었네만 사실 자네한테 부탁할 것이 좀 있네."

"어떤 부탁인데?"

"그전에 먼저 꼭 들어주겠다고 약속부터 하게."

"그러니까 무슨 부탁이냐니까?"

"됐으니까, 약속부터 하게."

"좋네."

"틀림없겠지?"

"틀림없네."

"뭐 부탁이랄 것도 없는데 말일세, 자네 영지에서 죽은 농노를 아직 호적에서 지우지 않았을 거라고 생각하네만."

"그렇긴 한데, 그게 어쨌다는 건가?"

"그걸 나한테 넘겨주지 않겠나? 내 명의로 말이네."

"그걸로 뭘 어쩌려고?"

"어쩌다니, 필요해서 그러지."

"뭣 때문에?"

"그냥 좀 필요해서 말이네……. 그럴만한 사정이 있네. 그러니까 그냥 좀 필요해."

"하하! 이거 꿍꿍이가 있군 그래. 솔직하게 털어놓게, 뭔데 그러나?"

"꿍꿍이라니? 그런 쓰잘머리 없는 걸로 내가 뭘 하겠다는 건가!"

"그럼 어째서 그게 필요하다는 건가?"

"것 참, 궁금한 것도 많구먼! 시답잖은 것 하나하나 직접 만지고, 냄새

맡아봐야 속이 풀리나?"

"그야 자네가 속을 털어놓지 않으니 그렇지."

"그걸 알아서 자네한테 뭔 도움이 된다고 그러나? 별거 아닐세, 그냥 어떤 생각을 좀 해본 거야."

"오, 그래? 그럼 이렇게 하지. 자네가 말하지 않으면, 나도 부탁을 들어주지 않겠네."

"거 보게, 자네가 더 악당이라니까. 약속을 해놓고는 딴소리 하긴가?"

"자네 좋을 대로 생각하게. 그걸 어디에 쓸 건지 털어놓기 전에는 아무것도 해주지 않을 거야."

'이 녀석한테 뭐라고 해둘까?' 치치코프는 궁리한 끝에, 사실 사회적 지위를 높이기 위해 죽은 농노를 모으고 있다고 얘기했다. 대단한 영지도 없기에 나중에 어떻게 되건 당장은 죽은 농노라도 모으려 한다는 것이었다.

"거짓말이군, 새빨간 거짓말!" 노즈드료프가 말을 끊고 들어왔다. "이보게, 거짓말일 게 뻔하잖나!"

치치코프 자신도 그 말이 구실로는 너무 약하다는 생각이 들었다.

"알았네, 알았어. 솔직하게 털어놓겠네" 하더니 치치코프는 말투까지 바꿔서 얘기를 꺼냈다. "부탁하건대 이 이야기는 아무한테도 얘기하지 말아주게. 실은 결혼을 하려고 하는데 말일세. 아내 될 사람의 부모가 터무니없는 야심가라서 나도 참 딱하게 됐지. 아마 누구라도 결혼할 마음이 안 생길걸? 신부 부모가 사위가 되려거든 농노를 3백 명쯤은 거느려야 한다는 거야. 하지만 난 다 합쳐도 절반은 더 부족……"

"흥, 또 거짓말이군, 아주 새빨간!" 노즈드료프가 또다시 소리를 질렀다.

"그렇지 않네, 이 이야기만큼은 조금의 거짓도 없네." 치치코프는 엄지손가락으로 새끼손가락 끝에 작은 선을 그으면서 대답했다.

"자네가 거짓말을 하고 있다에 내 목을 걸지!"

"아무리 그래도 그렇지, 그 말은 심하지 않나! 난 그런 사람이 아닐세! 왜 내가 거짓말을 한다는 건가?"

"난 자네 같은 사람을 아주 잘 알고 있어. 자넨 엄청난 악당이야. 친구 사이니까 스스럼 없이 얘기하겠네만, 내가 자네 상관이었다면 바로 교수형에 처했을 거야!"

치치코프는 노즈드료프의 말에 적잖이 화가 났다. 사실 치치코프는 조금이라도 야비하고 예의에 어긋나는 말을 싫어했다. 상대방이 매우 높은 지위에 있지 않고서야 이렇게 조롱당하는 걸 좋아하지 않았다. 그렇기에 지금 치치코프는 매우 화가 나 있었다.

"반드시 목을 매달았을 걸세!" 노즈드료프가 또 다시 되뇌었다. "그렇다고 내가 자네를 무시한다는 건 아닐세, 친구 사이니까 이런 말도 해줄 수 있는 거지."

"모든 일에는 한도라는 것이 있는 법일세!" 치치코프가 굳은 표정으로 말했다. "그런 식으로 얘기하고 싶거든 차라리 병영으로 가지 그러나!" 그리고 잠시 후 이렇게 덧붙였다. "공짜로 주기 싫으면 파는 건 어떤가?"

"팔라고? 난 자네를 잘 알아. 쓰레기 같은 놈이니 말도 안 되는 값을 부르겠지?"

"것 참, 자네도 얕볼 게 못되는군! 하지만 생각해보게! 자네 농노가 뭔 보석으로 만들어지기라도 했는가?"

"그야 물론이지. 난 자네가 무슨 꿍꿍이인지 다 알고 있어."

"헛소리 집어치우게. 이보게, 자네 같은 사람을 보고 유대인 같은 놈이라고 하는 걸세! 대체 왜 넘겨주지 않는 건가?"

"그럼 이렇게 하지. 내가 쩨쩨한 놈이 아니란 걸 증명하기 위해서 죽은 농노 값을 한 푼도 받지 않겠네. 대신에 내 종마를 사주게. 그러면 농노를 덤으로 얹어서 주도록 하지."

"말도 안 되네. 내가 종마를 사서 어디다 쓴단 말인가?" 치치코프는 기가 막힌 듯이 말했다.

"아니 못 쓸게 뭐 있나? 난 저 종마를 사는데 1만 루블이나 치렀어. 그걸 4천 루블에 넘겨주겠다니까."

"아니 내가 종마를 사서 어디다 쓴단 말인가? 난 목장도 없단 말이네!"

"내 얘기 좀 들어보게. 거 말귀가 참 어둡군 그래. 난 지금 자네한테서 3천 루블만 받으면 되네. 나머지 1천 루블은 나중에 내도 좋네."

"아니 나는 종마가 필요 없다니까! 얼마를 불러도 안 살 걸세!"

"그럼 갈색 암말은 어떤가?"

"필요 없네."

"암말에 좀 전에 봤던 회색 말까지 해서 2천 루블! 어떤가?"

"글쎄, 나한테는 목장이 없다니까 그러네!"

"자네한테 필요 없거든 되팔면 되지 않나. 이번 장터에서 세 배는 벌 수 있을 걸세."

"세 배나 받을 자신이 있거든 자네가 팔지 그러나."

"그야 그렇겠지만, 난 자네가 벌었으면 해서 말이야."

치치코프는 그 호의에 감사했지만, 회색 말과 갈색 말을 사라는 부탁만은 딱 잘라 거절했다.

"그럼 개는 어떤가? 훌륭한 사냥개라네, 보기만 해도 등골이 오싹해지는 녀석이지! 브루다스타야 종이라네. 꼿꼿하게 선 수염에, 바늘처럼 곤두선 털, 늠름하게 쩍 벌어진 가슴. 발바닥은 또 어찌나 부드러운지 바닥에 발자국도 남지 않아!"

"하지만 사냥개를 사서 어쩌라는 건가? 난 사냥을 즐기지 않네."

"난 자네가 개라도 키워봤으면 해서 말이야. 그렇지, 개가 싫다면 오르골은 어떤가? 저건 정말 좋은 놈이라네! 솔직히 말해서, 1천 5백 루블이나 주고 산 거지만, 자네한테 만큼은 9백 루블에 넘기겠네."

"나한테 오르골이 무슨 소용이라는 건가? 내가 그딴 거나 짊어지고 돈이나 구걸하러 다니는 독일인인줄 아는가!"

"이보게, 저건 독일 놈들이 짊어지고 다니는 그것과는 격이 다르단 말일세. 저건 장담하건대 오르간일세. 한 번 잘 보게, 전부 마호가니로 되어 있다니까. 아무튼 다시 한 번 보러 가세!"

그렇게 노즈드료프는 치치코프의 손을 잡고 옆방으로 끌고 가려고 했다. 치치코프는 딱 버티고 서서 그 오르골이라면 잘 알고 있다고 소리 높여 얘기했지만, 결국 말보로가 전장에 간 사연을 다시 한 번 들어야만 했다.

"돈 내는 게 그렇게 싫다면 이건 어떤가? 잘 듣게, 나는 저 오르골과 죽은 농노 전부를 자네에게 주겠네. 그 대신 자네는 타고 온 마차에 3백 루블을 얹어서 나에게 주게."

"또 그 소린가! 그럼 나더러 뭘 타고 가라는 건가?"

"다른 마차를 주면 되지 않나. 창고로 가서 내 직접 보여줌세! 칠만 새로 하면 멋진 마차가 될 걸세."

'이런 빌어먹을, 정말이지 끈덕진 놈이로군!' 하고 속으로 생각한 치치코 프는 어차피 이렇게 된 바에야 마차든, 오르골이든, 상상할 수 없을 만큼 쩍 벌어진 가슴에 부드러운 발바닥을 가진 개든지 간에 전부 거절하기로 마음 을 굳혔다.

"그러면 자네는 마차에 오르골, 죽은 농노까지 전부 갖게 되지 않나."

"싫네." 치치코프가 다시 소리쳤다.

"대체 왜 그러는 건가?"

"싫으니까 싫다고 하는 걸세! 이제 그만 좀 하게."

"것 참 나! 무슨 사내가 그렇나? 이래가지고 진실한 친구, 동료 사이가 될 수 있겠어? 것 참, 이런 사람을 봤나! ……자네가 위선자였다는 걸 이 젠 알겠네!"

"내가 아무것도 모른다고 생각하나? 자네가 한번 말해보지 그러나? 대체 내가 왜 전혀 필요도 없는 것들을 사야한다는 거지?"

"됐네, 그만하게! 이제는 자네라는 사내가 어떤 인간인지 확실하게 알겠 어. 자네는 정말이지 대단한 악당이야! 좋아, 그럼 파로는 어떤가? 난 죽은 농노와 오르골을 걸지."

"트럼프로 정하자고? 그 결과를 나더러 믿으라고?" 치치코프는 그가 손에 든 카드를 힐끔 쳐다보았다. 둘로 나눈 카드는 어떤 속임수가 있는 것 같아 보였고, 뒷면에 난 표시에서부터 수상한 냄새가 폴폴 풍겼다.

"왜 못 믿겠다는 건가? 절대로 그렇지 않네! 자네한테 운만 있으면 엄청 나게 벌 게 아닌가! 오오, 이거 보게! 좋은 카드가 나왔지 않나!"

노즈드료프는 치치코프의 관심을 끌려는 듯이 카드를 뒤집어댔다.

"이것도 좋은 카드! 이것도 좋은 카드! 자네 운이 엄청 좋잖나! 이런, 나한테선 빈털터리로 만들어줄 9가 나왔군 그래! 운이란 놈이 날 배신할 것 같더니 말이야. 난 눈을 감고 속으로 '빌어먹을, 배신할 거면 배신해봐라, 이 망할 것아!'라고 생각하겠지."

그러는 사이에 폴피리가 술병을 갖고 들어왔다. 하지만 치치코프는 카드 도 술도 모두 거절했다.

"왜 카드를 하지 않겠다는 건가?" 노즈드료프가 물었다.

"그야 하기 싫으니까 그렇지. 솔직히 말해서 난 노름을 좋아하지 않네."

"왜 좋아하지 않지?"

치치코프는 어깨를 으쓱하고는 "그야 좋아하지 않으니까 그렇지"라고 대답했다.

"정말이지 시시하군!"

"어쩔 수 없잖나, 날 때부터 그랬는걸."

"결국 쓰레기였군! 그나마 처음에는 쓸모 있는 놈인 줄 알았건만, 자네는 친구를 사귈 때 어떻게 해야 하는지 전혀 모르고 있어! 더는 자네와 친구로 있을 수 없겠어. 솔직하지도 않고, 성실하지도 않아! 소바케비치 같은 쓰레기야!"

"왜 그렇게 욕을 하나. 카드 한 번 같이 안 친 것이 그렇게 나쁜 일인가? 이렇게 너절한 일로 화를 낼 거면, 나한테 죽은 농노만 팔고 끝내세!"

"아이쿠, 이거 미안해서 어쩌나? 난 자네한테 거저 줄 생각이었네만 일이 이렇게 됐으니 절대로 주지 않을 걸세! 나라를 셋이나 준다고 해도 말이야. 이 사기꾼 자식! 더러운 굴뚝청소부 같으니! 이제부터 자네랑은 말도 섞지 않겠네. 이봐, 폴피리, 마구간지기한테 가서 이놈 말한테는 귀리를 주지 말고 건초만 먹이라고 해, 그거면 충분하니까, 알겠나?"

저 마지막 얘기만큼은 치치코프도 예상하지 못했다.

"눈앞에 얼씬거리지 말고 썩 사라지게!" 노즈드료프가 말했다.

이런 싸움이 있었음에도 손님과 주인은 야식을 함께했다. 하지만 이번에는 이름난 술은 한 병도 나오지 않았다. 그저 키프로스 와인 한 병만이 나왔을 뿐이었는데, 이건 어느 모로 보나 시큼하기만 한 술이었다. 야식을 마치고 노즈드료프는 치치코프를 위해 마련해둔 침실로 안내해주었다.

"저기가 자네 침댈세! 잘 자라는 얘기까지는 하고 싶지 않네."

치치코프는 노즈드료프가 떠나가고 무척이나 불쾌한 마음에 사로잡혀 있었다. 저런 인간의 집에서 시간을 허비한 자신에게 너무나 화가 났는데, 그 중에서도 특히나 분통이 터졌던 것은 이런 녀석에게 그 일에 대해서 이야기를 했다는 것이다. 어린아이처럼 바보 같은 짓을 해버렸다. 그건 저딴 인간에게 털어놓을 만한 이야기가 아니었는데……

저 놈은 인간쓰레기다. 입만 열면 거짓말에, 허풍에, 여기저기 소문까지 내고 다니니 자신에게 어떤 평가가 내려질지 알 수가 없다. 위험하다. "난 정말 바보야……." 그날 밤, 치치코프는 제대로 잠들 수가 없었다. 거기다 조그맣고 극성스러운 벌레들에게 사정없이 물려, 치치코프는 다섯 손가락을 모두 펴서 물린 곳을 북북 긁으며 계속해서, "이 빌어처먹을 것들, 네놈들도 노즈드료프도 전부 악마한테 잡혀가버려라!"라고 중얼댔다.

눈을 뜨자 이른 아침이었다. 가운을 걸치고 장화를 신고는 다른 건 내버려 두고 가장 먼저 정원을 가로질러 마구간으로 가서 세리판에게 곧바로 마차 준비를 해두라고 명령했다. 다시 정원을 가로질러 돌아오다가 그만 노즈드료프와 마주치고 말았다. 그도 치치코프처럼 가운 차림이었는데, 입에는 파이프를 물고 있었다.

노즈드료프는 다정하게 인사를 하더니 간밤에는 잘 잤느냐고 물었다.

"그럭저럭 잤네." 치치코프는 아주 쌀쌀맞게 대답했다.

"이보게, 나는 말일세, 떠올리기만 해도 구역질이 날만큼 끔찍한 악몽에 밤새 시달렸다네. 거기다 어제 마신 술 탓인지 입안에 기병 중대라도 주둔해 있는 것처럼 텁텁하군 그래. 생각해보게, 글쎄 내가 얻어맞는 꿈을 꾸었지 뭔가! 내 말이 믿어지나? 누가 그랬을지 자넨 상상도 못할 걸세. 포체루예프 대위와 쿠프신니코프 중위라네!"

'그야 그렇겠지.' 치치코프는 속으로 생각했다. '너 같은 놈은 꿈이 아니라 실제로 호되게 얻어맞아야해.'

"정말이지, 굉장히 아프더군! 눈을 떠 보니, 제기랄, 뭔가가 우글거리지 뭔가. 바로 벼룩이었어. 자넨 저 방에서 옷 좀 갈아입게. 나도 곧 가겠네. 먼저 빌어먹을 관리인 놈을 좀 야단치고 오겠네."

치치코프는 방으로 돌아가 세수를 하고 옷을 갈아입고 식당으로 갔다. 식탁에는 벌써 다구(茶具)와 럼주 한 병이 놓여 있었다. 하지만 방은 간밤에 식사를 하고 난 흔적이 그대로 남아 있었다. 바닥에는 빵부스러기가 굴러다녔고, 식탁보에는 담뱃재까지 있었다.

뒤이어 들어온 집주인은 가운 속에 아무것도 걸치고 있지 않아서 움직일 때마다 가슴털이 삐죽이 고개를 내민 가슴을 그대로 드러내고 있었다. 담뱃대를 손에 들고 차를 홀짝거리는 그의 모습은, 흔히 이발소에서 볼 수 있는 반드르르하게 기름을 바르거나, 곱실곱실하게 지지거나, 짧게 깎은 머리 신사를 모델로 선호하는 화가(畵家)에게 나무랄 데 없는 포즈였다.

"그럼 어떻게 할 텐가?" 잠시 침묵을 지키던 노즈드료프가 이렇게 말했다. "농노를 걸고 한 게임 해볼 생각은 없나?"

"카드놀이는 하지 않겠다고 얘기하지 않았나. 자네가 팔기만 한다면 사겠지만 말이네."

"팔기는 싫네. 친구 사이에 거래라니! 거기다 무슨 영문인지 모르는 일엔 가담하고 싶지 않네. 파로라면 얘기가 다르지만. 한 게임 하지 않겠나?"

"얘기했듯이 내기는 안 할 걸세."

"그럼 교환하는 것도 싫은가?"

"싫네."

"그럼 체스를 두면 어떤가? 자네가 이기면 자네 뜻대로 해주지. 호적에서 파내야할 놈들이 잔뜩 있단 말일세. 폴피리, 이리로 체스를 가져와라!"

"쓸데없는 짓이네. 난 안 둘 걸세."

"하지만 이건 파로와는 다르지 않나. 운에 좌우되지도 않고, 속임수도 쓸 수 없는 기술 싸움이잖나. 미리 이야기해 두지만 난 전혀 둘 줄 모르니까 미리 몇 수 놓고 시작하겠네."

'해보는 것도……' 치치코프는 속으로 생각했다. '한 번 둬볼까? 체스라면 나도 꽤 두는 편이고, 이거라면 저 친구도 여간해선 속임수를 쓰지 못할 테니 말이야.'

"그거 좋군, 한 판 해보지."

"난 농노에다 100루블까지 걸겠네!"

"뭔 소린가, 50루블이면 충분하지."

"50루블 내기가 어디 있나. 그럼 자넨 강아지나 시계에 다는 인장(印章)을 더 걸게."

"그럼 그렇게 하지!" 치치코프가 말했다.

"몇 수만 봐주면 어떻겠나?" 노즈드료프가 말했다.

"말도 안 되네. 당연히 맞수여야지."

"딱 두 수 정도만 봐주게."

"안 되네, 나도 서투르단 말일세."

"엄살떨지 말게." 노즈드료프가 체스 말을 앞으로 밀면서 말했다.

"체스를 둬본 지가 너무 오래돼서 그러네." 치치코프가 체스 말을 옮기면서 대답했다.

"안 믿는다니까." 노즈드료프가 체스 말을 앞으로 밀었다.

"진짜 오래됐네." 치치코프가 체스 말을 옮기며 말했다.

"안 믿네." 노즈드료프가 체스 말을 앞으로 밀면서 슬그머니 소매로 다른 말을 움직였다.

"정말이라니까. 체스 둬본지…… 어, 어, 가만. 자네 뭐하는 건가! 그 말 도로 놔두게, 어서!"

"뭘 말인가?"

"뭐라니? 그 체스 말을 물리란 말이네!" 그 순간 치치코프는 자신의 코앞에서 여왕을 노리고 있는 다른 말을 발견했다. 이게 어디서 튀어나온 건지 도무지 영문을 알 수가 없었다. "안 되겠군." 치치코프는 자리에서 일어났다. "자네와는 도저히 승부를 낼 수 없겠어. 대체 한 번에 말을 세 개씩 움직이면 어쩌자는 건가!"

"뭐가 세 개라는 건가? 이건 실수일세. 모르는 사이에 하나가 움직인 것일 뿐일세. 이 녀석은 제자리에 갖다놓겠네."

"그럼 또 하나는 어디서 나온 건가?"

"또 하나라니, 어떤 것 말인가?"

"여왕을 노리고 있는 바로 이 놈 말일세."

"아니, 이런 사람을 봤나. 자네 기억이 안 나는 건가?"

"그럴 리가 있겠나. 난 모든 수를 전부 헤아리고 기억하고 있단 말일세. 이건 자네가 방금 옮긴 말이지 않은가! 이건 바로 여기 있어야한단 말일세!"

"이건 또 뭔 소린가!" 얼굴이 새빨개진 노즈드료프가 말했다. "것 참, 이제 보니 자네 사기꾼이로군 그래?"

"아니, 사기꾼은 바로 자네겠지. 솜씨도 좋지 못한 사기꾼 말이야."

"도대체 자넨 날 뭐로 보는 건가? 내가 속임수라도 쓴다는 건가?"

"자네가 사기꾼이든 아니든 관심 없네. 다만 앞으로 자네와 내기는 하지 않을 걸세."

"아니, 이제 와서 거절하는 법이 어디 있나!" 노즈드료프는 머리끝까지 화가 치밀었다. "승부는 지금부터란 말일세!"

"나는 거절할 권리가 있네. 자네는 신사답지 못한 짓을 했어."

"거짓말 말게! 자네는 그런 소릴 해서는 안 되네!"

"그런 소리를 해선 안 되는 건 자넬세. 거짓말을 하고 있는 건 바로 자네라고."

"난 속임수 따윈 쓰지 않았고, 자네도 이제 와서 거절할 수 없네! 끝까지 대국을 끝마쳐야 한단 말일세!"

"억지로 두게 할 수는 없을 걸." 차갑게 말을 내뱉은 치치코프는 체스말들을 뒤섞어버렸다.

노즈드료프는 분개한 얼굴로 치치코프에게 바싹 다가섰고, 그 기세에 눌린 치치코프는 무심코 두어 걸음 뒤로 물러섰다.

"옳고 그름은 가려야하네! 말이 뒤섞였다고 그게 무슨 상관인가! 순서는 전부 기억하고 있으니 다시 순서대로 세워놓겠네."

"아니, 이미 끝났어. 나는 자네와 두 번 다시 체스를 두지 않겠네."

"체스를 두지 않겠다는 건가!"

"자네가 잘 알거 아닌가? 자네하고는 둘 수 없네!"

"확실하게 대답해주게. 무슨 일이 있어도 두지 않을 건가?"

"그래." 그와 동시에 사태가 너무나 위급해진 것을 느낀 그는 만일의 경우를 생각해서 두 손을 얼굴 가까이 가져갔다.

그런데 이것은 아주 적절한 행동이었다. 노즈드료프가 치치코프에게 한쪽 팔을 날쌔게 올렸기 때문이다. 하마터면 우리 주인공의 혈색 좋고 통통한 한쪽 뺨에 치욕적인 손바닥 자국이 날 뻔했다. 용케 공격을 막아낸 치치코프는 노즈드료프의 분노에 찬 두 손을 붙잡아 그를 꼼짝 못하게 했다.

"폴피리! 파브루쉬카!" 노즈드료프는 치치코프를 뿌리치려고 버둥거리면서 미친 사람처럼 소리를 질렀다.

그 소리에 치치코프는 하인들에게 이런 흥미진진한 장면을 구경시켜선 곤란하고, 또 노즈드료프를 잡고 있어도 아무 소용이 없다고 느꼈기에 손을 놓아주고 말았다. 바로 그때 폴피리와 파브루쉬카가 함께 들어왔는데, 두 사람은 매우 건장한 젊은이로 치치코프가 이들을 상대로 이길 방법은 없었다.

"그러니까 이 대국을 끝내기 싫다 이건가? 바로 대답해보게!"

"끝내려고 해도 끝낼 수가 없지 않나." 치치코프는 이렇게 말하면서 힐끗 창 너머로 바깥을 내다보았다. 출발 준비를 모두 마친 자신의 마차가 보였다. 세리판도 현관에 마차를 대라는 신호가 오기만을 기다리고 있는 듯했다. 하지만 방에서 빠져나갈 방법이 없으니 어찌하랴. 문에는 우락부락한 하인 두 놈이 버티고 있지 않는가.

"그러니까 이 대국을 끝내기 싫다 이건가?" 노즈드료프는 불같이 새빨갛게 달아오른 얼굴로 되물었다.

"자네가 신사적으로 하겠다면 모르겠지만, 이렇게 나온다면 할 수 없네."

"그래, 못 하겠다? 이 불한당 같으니! 승산이 없다고 바로 포기해? 어서 저놈을 쳐라!"

그는 폴피리와 파브루쉬카를 돌아다보면서 정신없이 소리치며 자신도 벚나무로 만든 긴 담뱃대를 손에 들고 겨누는 것이었다. 치치코프는 얼굴이 새파래졌다. 뭐라고 말하려고 했지만 그저 입술이 부르르 떨릴 뿐 아무 말도 하지 못했다.

"저놈을 두들겨 패라!"

노즈드료프는 벚나무 담뱃대를 휘두르며 마치 난공불락의 요새라도 공격하는 듯이 온몸이 빨갛게 달아올라 땀을 뻘뻘 흘리며 다가오고 있었다.

"두들겨 패라!"

그 목소리는 마치 죽음도 불사하고 소대원들에게 "돌격 앞으로!" 하고 총공격을 내리는 중위와도 같았다. 이런 중위의 만용은 너무 유명하기에, 사태가 급박해지면 먼저 그의 팔부터 꼼짝 못하게 하라는 지시까지 있을 정도이건만, 정작 중위는 손쓸 방도가 없을 만큼 피가 끓어올라 머리는 어질어질, 수보로프 장군(^{패배한 적이 없는
러시아의 유명한 장군})의 환영이 아른아른, 그저 공훈만을 노리고 전진할 뿐이었다. 이런 행동이 작전을 망친다는 것도, 구름에 가려진 난공불락 요새의 총안(銃眼)에서 수많은 총구가 노리고 있다는 것도, 자기가 지휘하는 무력한 소대쯤은 가루가 되어 날아가 버릴 거라는 것도, 고함을 지르는 자신의 목구멍을 꿰뚫고자 운명적인 한 발의 총알이 요란한 소리를 내며 이미 날아오고 있다는 것도 전혀 생각하지 못했다.

이렇게 중위가 죽음도 불사하고 요새로 쳐들어간다고 하지만, 정작 목표물인 요새는 난공불락도 무엇도 아니었다. 난공불락은커녕 심장이 터질 듯한 공포에 사로잡혀 있었다. 호신용으로 집었던 의자는 이미 하인 놈들에게 빼앗긴 터라, 이제는 눈을 감고, 죽은 사람처럼 창백한 얼굴로 집주인의 벚나무 담뱃대의 일격을 달게 받을 각오를 하고 있었다.

운명의 여신은 치치코프의 편이었다. 만약 그녀가 기적을 일으켜 그의 옆구리와 어깨와 배를 지켜주지 않았더라면 과연 어떤 일이 벌어졌을지는 하느님만이 아실 것이다. 마치 하늘에서 울려 퍼지는 아름다운 음악처럼 요란한 방울소리와 현관 앞으로 들어오는 마차의 덜그럭거리는 바퀴소리가 들려왔다. 곧이어 마차가 멈췄는지 흥분한 말들이 내뿜는 육중한 콧바람 소리와 괴로운 숨소리가 방까지 들려왔다. 안에 있던 사람들은 자신도 모르게 밖으로 시선을 돌렸다. 밖에는 콧수염을 기르고 군복처럼 생긴 프록코트를 입은 사내가 마차에서 내리고 있었다. 현관에서 안내를 부탁한 사내는, 치치코프가 공포로 까무러치기 일보 직전의, 인간으로서 가장 비참한 모습일 때 성큼성큼 방으로 들어왔다.

"실례지만 노즈드료프라는 분이 어느 분이십니까?"

낯선 사내는 긴 담뱃대를 들고 서 있는 노즈드료프와 간신히 불리한 상황에서 벗어난 치치코프를 매우 난처한 얼굴로 쳐다보며 물었다.

"내가 먼저 여쭙지요. 당신은 누구요?"

노즈드료프가 그 사내에게 가까이 다가가며 물었다.

"이 지역의 경찰서장이올시다."

"그래서, 용건이 뭐요?"

"사건의 판결이 날 때까지 당신이 법정구속 되었다는 걸 알리러 왔소."

"그건 또 뭔 개소리요! 사건은 또 뭐고?"

"술에 취해 지팡이로 지주 막시모프 씨를 때려 명예를 훼손시킨 혐의요."

"거짓말 마시오! 난 막시모프란 사내를 본 적도 없소!"

"이보시오, 내가 관리라는 걸 잊지 마시오! 그런 말은 댁의 하인이라면 몰라도 나한테는 삼가주길 바라겠소."

그때였다. 경찰서장의 말에 노즈드료프가 뭐라고 하기도 전에 치치코프는 모자를 쓰고 서장의 뒤로 빠져나가 현관으로 달려갔다. 재빨리 마차에 올라탄 치치코프는 전속력으로 달리라고 세리판에게 명령했다.

5

어느 모로 보나 우리의 주인공이 완전히 기가 죽어 있었음은 확실했다. 마차가 전속력으로 달려준 덕분에 노즈드료프의 마을은 이미 들판과 언덕 너머로 사라진 지 오래였지만, 쫓아오는 사람이 있지는 않을까 싶어 치치코프는 연방 부들부들 떨며 뒤를 돌아봤다. 숨도 겨우 몰아쉬고 있었다. 가슴에 손을 올리자 심장은 마치 새장에 갇힌 메추라기처럼 팔딱거리고 있었다.

"빌어먹을! 사람을 그 꼴로 만들어? 망할 자식 같으니!"

치치코프는 이 말을 시작으로 노즈드료프에 대한 온갖 저주를 쏟아냈다. 결코 품위 있다고 할 수 없는 말도 섞여 있었지만 어쩌겠는가? 그는 러시아인이며, 저렇게나 화가 나 있지 않는가. 거기다 이번에 일어난 일은 결코 웃어넘길 문제가 아니었다.

'무엇보다, 그때 마침 경찰이 와줬으니 망정이지 안 그랬으면 나는 두 번 다시 햇빛 아래를 거닐지 못했을 거야! 자식도 못 남겼겠지. 재산 한 푼, 변변한 이름 하나 아이들에게 물려주지 못하고 세상에 어떤 흔적도 남기지 못하고 물거품처럼 사라져버렸겠지!' 이렇듯 우리 주인공은 자기 자손에 대해 염려하는 바가 많았다.

'뭐 그런 양반이 다 있담!' 세리판도 속으로 이렇게 생각하고 있었다. '그런 양반은 여태껏 본 적이 없어! 침이라도 뱉어줄 걸! 사람을 못 먹여도 그렇지 말을 안 먹이는 게 어디 있어! 요놈들이 귀리를 얼마나 좋아하는데! 밥이란 말이야, 밥! 어떻게 보면 요놈들의 품삯이기도 하단 말이야.'

말들도 노즈드료프를 좋지 않게 생각하는 듯했다. 밤털이와 의원님뿐만이 아니라, 얼룩이도 온통 심술이 나 있었다. 매번 자신에게는 좋은 귀리가 온 적도 없거니와, 그나마도 넣어줄 때면 세리판의 "어휴, 이 밥벌레 놈!"이라는 소리를 들어야만 했다. 어찌 됐든 귀리는 귀리다. 건초가 아닌 게 어딘가? 얼룩이는 그걸 기꺼이 우적우적 먹었고, 세리판이 자리를 비운 틈에 다른 친구들의 말구유에 주둥이를 집어넣어 친구들의 밥까지 시식하곤 했다. 그런데 어제는 건초 밖에 나오질 않았다……. 이래서야 정말 너무하지 않은가! 그 때문에 말들도 기분이 좋지 않았다. 이렇게 모두가 분통을 터뜨리고 있었지만, 갑작스레 벌어진 사건으로 터져가던 분통은 모두 사그라져 버렸다.

세리판은 퍼뜩 정신을 차렸지만 느닷없이 나타난 여섯 마리 말이 이끄는 마차와 정면으로 충돌했고, 자신의 머리 위에선 저쪽 마차에 타고 있던 여인들의 비명과 마부의 욕지거리가 쏟아졌다.

"이 빌어 처먹을 놈아! 그 썩어빠진 마차를 오른쪽으로 꺾으라고 목이 쉬어라 소리 질렀건만! 썩을 놈, 술에 취한 거냐?"

아뿔싸! 세리판은 자신이 뭘 잘 못했는지 깨달았다.

하지만, 본디 러시아인은 자신의 잘못을 인정하는 걸 좋아하지 않는 족속이다. 그는 곧바로 허세를 부리며 이렇게 말대꾸를 했다.

"부딪친 주제에 뭐가 잘 났다고 큰소리야! 눈은 술집에 외상 맡겼냐?"

세리판은 마차를 뒤로 물려 앞쪽 마차의 마구에서 빼내려고 했지만 생각대로 되지 않았다. 두 마차가 완전히 엉켜버린 탓이었다. 얼룩이는 양옆으로 새롭게 나타난 친구들이 신기한 듯 냄새를 맡아댔고, 앞쪽 마차에 탄 여인들은 시종일관 공포에 질린 표정으로 쳐다보고 있었다.

한쪽은 노부인이었지만, 다른 한 여인은 이제 열여섯 정도 되어 보이는, 작은 머리와 잘 정돈된 금발이 무척이나 잘 어울리는 어린 소녀였다. 예쁘장한 얼굴은 신선한 달걀처럼 둥글고 새하얬다. 마치 하녀가 갓 태어난 달걀을 새까만 손으로 들어 햇빛에 비춰 살펴볼 때처럼, 말갛고 투명하게 빛나는 흰빛이었다. 화사한 귀도 따스한 햇볕을 받아 발그레하면서도 투명해 보였다. 거기다 깜짝 놀라 부들거리는 입술에, 글썽거리는 눈까지…… 실로 모든 것이 가련해 보였다. 우리의 주인공은 몇 분 동안을 그저 소녀만을 바라볼 뿐, 말과 마부 사이에서 벌어진 싸움에는 아무 관심도 없었다.

"마차를 뒤로 물려, 이 니제고로트 까마귀 놈아!" 앞쪽 마부가 소리를 질렀다. 세리판은 앞쪽 마부와 똑같이 고삐를 잡아당겼지만, 말들은 몇 걸음 뒤로 물러날 뿐, 봇줄에 걸려 다시 되돌아오고 말았다. 그러는 사이에 얼룩이는 새 친구가 마음에 든 것 같았다. 난데없이 닥쳐온 운명의 수레바퀴에서 빠져나올 생각은 않고 주둥이를 새 친구의 목 위에 올려놓곤 귓가에다 뭐라고 속닥거리는 것이 아닌가. 그때마다 새 친구의 귀가 팔랑대는 모습으로 보아하니 아무래도 허튼수작을 걸고 있는 게 분명했다.

다행히도 소동이 벌어진 곳에서 가까운 마을 사람들이 모여들었다. 농부들에게 이런 구경거리는 독일인으로 치자면 신문과 모임 같은 것으로 좀처럼 없을 소중한 기회이기에 다들 마차 주변에 구름떼처럼 몰려들어서, 마을에는 늙은이와 갓난아기만 남아 있을 정도였다.

봇줄이 풀렸지만 얼룩이는 주둥이를 주먹으로 몇 대 얻어맞고 나서야 마지못해 뒤로 물러났다. 모처럼 친해진 두 말을 억지로 떼어놓은 셈인데, 친구와 떼어놓은 게 마음에 안 들었는지, 아니면 단순한 변덕인지 마부가 아무리 채찍으로 때려도 바닥에 뿌리라도 내렸는지 꼼짝도 하지 않았다.

농부들이 어찌나 적극적으로 발 벗고 나서는지 믿기 힘들 지경이었는데, 저마다 앞장서서 쓸데없는 참견을 했다.

"어이! 안드류시카, 오른쪽 바퀴 앞에 있는 놈을 잡아당겨! 미타이 삼촌, 채에 비끄러맨 놈을 올라타세요! 올라타요, 얼른!"

붉은 턱수염에 삐쩍 마르고 훤칠하게 키가 큰 미타이는 채에 비끄러맨 말에 올라탔는데, 종탑, 아니 그보다는 우물에 매어둔 두레박 같은 모습이 되었다. 마부는 계속해서 말들을 후려쳤지만 아무런 도움도 되지 못했고, 미타이도 전혀 도움이 되질 않았다.

"어이! 잠깐 기다려 봐!" 어떤 농부가 소리를 질렀다. "미타이 삼촌, 오른쪽 놈에 올라타요! 미나이 삼촌이 가운데 놈을 타는 게 낫겠수!"

숯처럼 까만 수염에 어깨도 널찍한 농부 미나이는 추운 겨울날 시장 사람들 전원이 마실 만큼의 꿀물을 끓일 특대형 사모바르만한 배를 가진 뚱보였다. 그 큰 배를 가지고 말에 허겁지겁 올라타니, 말은 무게를 견디지 못하고 비실비실 주저앉아 버렸다.

"옳거니, 이제 됐어!" 농부들이 소리를 질렀다. "때려라, 때려! 저 갈색 망아지 놈을 채찍으로 갈겨라! 제 까짓게 안 움직이고 배길까 보냐. 내리쳐라, 내리쳐! 채찍을 각따귀 떼처럼 퍼부어라!"

그래도 해결은 나질 않았다. 아무리 때려도 소용이 없자 이번엔 미타이와 미나이 두 사람이 한꺼번에 채에 비끄러맨 말에 올라타고, 오른쪽 말에는 안드류시카가 올라타기로 했다. 하지만 짜증이 난 마부가 농부들을 전부 쫓아내 버렸는데, 그건 정말이지 적절한 행동이었다. 말들은 마치 쉬지 않고 한 마장 거리를 달린 것처럼 온몸에서 김이 나고 있었던 것이다. 조금 쉬게 해주자 말들은 알아서 움직여주었다.

이런 소동 속에서도 치치코프는 뚫어져라 이름 모를 소녀만을 바라보고 있었다. 몇 번이고 말을 걸어보려고 했지만, 어떻게 된 영문인지 말도 제대로 못 붙여보고 여인들은 그 자리를 떠나가 버렸다. 갸름한 얼굴도, 귀여운 외모도, 가련한 자태도, 모두 환영처럼 사라지고 남겨진 것은 도로와 마차, 독자 여러분에게도 친숙한 말 세 마리, 세리판, 치치코프, 그리고 주변에 펼쳐진 인기척 없는 들판뿐이었다.

고집 세고, 덜렁이에, 볼품없고, 지저분하게 곰팡이까지 핀 하류계급이건, 단순하고, 냉혹하며, 구역질이 날만큼 점잔을 빼고 다니는 상류계급이건, 인생을 살아가면서 누구나 할 것 없이 한번 정도는 자신이 지금까지 봐왔던 것과는 전혀 다른 일을 만나, 색다른 경험을 하게 된다.

우리의 인생이 어떤 슬픔으로 물들더라도 찬연히 반짝이는 기쁨의 빛은 어느 때에든 불시에 우리 곁을 스쳐간다. 마치 그림에서 나온 듯한 황금 마구를 단 준마가 아름답게 빛나는 마차를 이끌며 갑작스레 시골 냄새 물씬한 화물마차 밖에 모르는 황량한 마을을 달려가는 것과 같이. 그 훌륭한 마차는 한참 전에 보이지 않게 되었지만 농부들은 입을 벌린 채로 모자 쓰는 것도 잊고 계속 그 자리에 서 있다. 금발 소녀도 마찬가지다. 갑자기 땅에서 솟아난 듯이 우리 이야기 속에 등장하더니 홀연히 모습을 감추어버렸다.

만약 그 자리에 스물 정도 된 젊은이가 있었다면? 경기병이든, 학생이든, 아무튼 이제 막 인생의 첫걸음을 내딛는 평범한 젊은이가 있었더라면? …… 아아! 그때 젊은이의 마음에는 얼마나 많은 감정이 솟아나 일제히 떠들어댔겠는가! 분명히 넋을 잃고 멍하니 먼 곳만을 바라보다, 갈 길을 잊고, 늦어서 받게 될 지독한 질책도 잊고, 자신을 잊고, 직업도 잊고, 세상도 잊고, 세상 모든 것을 잊고, 백치처럼 그 자리를 떠날 줄을 몰랐을 것이다.

하지만 우리의 주인공은 이미 나이도 중년에 접어들었고, 성격 또한 매우 신중하고 냉정했다. 이리저리 생각을 더듬었는데, 그 내용은 보다 착실한 것이었다. 그의 사고방식은 결코 무책임하지 않고 얼마간의 근거가 있었기 때문이다.

"참으로 어여쁜 처녀였어." 치치코프는 담뱃갑을 열어 코담배를 한 움큼 맡으면서 중얼거렸다. "그런데 어째서 그녀가 좋았던 걸까…… 그건 아마도 이제 학교를 갓 졸업한지라 속세에 찌들지 않아서, 그러니까 아직 때가 타지 않아서겠지. 그래, 아직 소녀야, 소녀. 생각나는 대로 말하고, 웃고 싶으면 웃어버리는 순수한 어린아이.

이제 어떻게 길을 들이냐에 따라서 달라지겠지. 다이아몬드가 되던가, 굴러다니는 돌멩이가 되겠지. 뭐, 돌멩이가 될 게 뻔하겠지만 말이야. 어디 한번 어머니나 고모 같은 족속의 손에 맡겨보라고, 일 년도 안 돼서 아버지도 못 알아볼 만큼 속세에 찌들어버릴 걸? 호들갑떠는 법과 잘난 척하는 법을 배우고, 귀에 못이 박이도록 들어온 가훈이 몸에 밸 테지. 누구와 어떤 식으로 얼마만큼만 이야기해야 한다든지, 누구를 어떤 식으로 만나야 하는지 고민하고, 필요 이상 떠들면 안 된다고 항상 벌벌 떨게 될 걸.

그러다가 나중에는 자기 스스로도 뭐가 뭔지 알 수가 없게 되어 평생 거짓말만 하다가 별 볼일 없는 존재가 되고 말테지!"

치치코프는 잠시 말이 없다가 다시 중얼거렸다.

"대체 그녀는 누구의 딸일까? 아버지는 어떤 사람일까? 부자에 됨됨이도 좋은 지주? 아니면 열심히 일해서 돈을 모은 호인? 만약 그녀에다가 20만 루블이라는 지참금까지 붙었다고 상상해보라고. 그 얼마나 구미가 당기는 이야기겠어! 한 사람을 행복하게 만들어줄 멋진 것이란 말이지!"

20만이라는 돈이 그의 머릿속에 굉장히 매혹적으로 그려진 탓에 치치코프는 아까 서로 부딪쳐서 이런저런 소동이 벌어지는 동안 마부를 시켜 마차에 탄 부인들이 어디에 사는 누구인지 알아두지 못한 스스로가 굉장히 한심하게 느껴졌다.

그러는 사이 소바케비치의 집이 저 멀리서 보이기 시작했다. 그는 그런 생각을 떨쳐버리고 어수선해진 마음을 다잡았다.

마을은 상당히 커 보였다. 자작나무와 소나무 숲이 한 쪽은 시커멓고, 한 쪽은 새하얀 날개처럼 마을 양쪽에 펼쳐져 있었다. 가운데에는 다락이 딸린 통나무집이 보였는데, 지붕은 빨강에, 벽은 또 칠을 대충했는지 검은빛이 도는 회색이었는데 이것은 러시아에서 둔전병(평소에는 농사를 짓고 전쟁이 나면 소집되는 병사)과 독일이민자를 위해 지어주는 집과 같은 종류였다.

보나마나 이 집을 지을 때 건축기사는 주인과 충돌을 빚었을 것이다. 융통성 없는 건축기사는 균형성을 주장했을 것이고, 주인은 처음부터 실용성을 주장했을 것이다. 그렇기에 저런 결과가 나왔을 것이다. 있어야 할 창문은 한쪽이 전부 못질 되어 있고, 대신에 창고에나 있을 법한 작은 채광창이 딱 하나 나 있었다. 현관도 건축기사가 고집을 부려가며 애를 썼지만 결국 집

가운데에 내지는 못했던 것은 집주인이 기둥 하나를 없애라고 명령해서 처음에 예상했던 네 개의 기둥이 셋이 되었기 때문이다.

마당에는 튼튼하고 매우 굵은 나무울타리가 둘러져있었다. 아무래도 이곳의 지주는 튼튼함에 신경을 쏟고 있는 듯 했다. 마구간이고, 헛간이고, 부엌이고, 거의 한 세기는 버틸 수 있을 만큼 튼튼하고 굵은 통나무가 사용되었다. 농부들의 집도 놀랄 만큼 튼튼하게 지어져 있었다. 기둥에 대패질을 한다든지, 멋진 장식을 하는 것처럼 꾸민 곳이 하나도 없었다. 대신에 하나부터 열까지 전부 튼튼하고 다부지게 만들어져 있었다. 우물 도르래만 하더라도 물레방아나 배를 만들 때에만 쓰는 튼튼한 참나무로 되어 있었다. 말하자면 어딜 보더라도 전부 다부지고 꿈쩍도 하지 않을 만큼 튼튼했지만, 그만큼 볼품없게 생겨 보였다.

현관에 마차를 댄 치치코프는 그 순간 창문에서 자신을 내려다보는 두 얼굴을 보았는데, 마치 오이에 두건이라도 씌운 듯 길쭉한 여성의 얼굴과 몰다비아 호박처럼 둥글넓적한 사내의 얼굴이었다.

이 몰다비아 호박의 다른 이름은 호리병인데, 우리 러시아에선 그걸로 발랄라이카를 만든다. 두 줄 악기인 발랄라이카는 손재간이 좀 있고, 씩씩한 멋쟁이 20대 청년들의 장식품이자 유흥도구로 쓰이는데, 서투르기 짝이 없는 솜씨로 그놈을 땡땡거리고 있노라면 그 소리에 이끌려 가슴과 목덜미가 하얀 아가씨들이 모여드는데 그러면 윙크나 휘파람을 보내기만 하면 되는 것이다.

밖을 내다보던 두 얼굴이 사라지더니, 푸른 목깃이 달린 회색 재킷을 입은 시종이 계단으로 나와 치치코프를 현관으로 안내해주었는데, 그곳에는 벌써 주인이 마중 나와 있었다. 치치코프의 모습을 보자마자 그는 "어서 오시게!" 하더니 그를 안으로 안내해주었다.

치치코프는 소바케비치를 곁눈질로 힐끔 쳐다보았는데, 웬 곰같이 생긴 사내가 보이는 게 아닌가. 거기다 친절하게도 입고 있는 연미복도 곰의 털빛과 똑같았고, 소매도 길고 바지도 길며, 거기다 비틀비틀 걸으면서 발까지 마구 밟아댔다. 얼굴은 새빨갛고 반질반질해 보여서 마치 5코페이카짜리 동전 같았다.

이런 얼굴은 세상에 흔하다. 아마 하느님도 이 얼굴을 만들 때, 별다른 고민 없이 사포나 줄, 송곳처럼 섬세한 도구는 하나도 쓰지 않고 아무렇게나 해서 단숨에 만들었을 게 뻔하다. 도끼를 휙 내리치면 코가 되고, 한 번 더 내리치면 입술이 된다. 또 큰 송곳을 써서 콱콱 눈을 뚫어주고 사포질은 해주지도 않고, "이만하면 됐겠지!" 하고는 세상에 내던졌을 것이다.

소바케비치는 정말이지 이처럼 투박하고 매우 거친 얼굴을 하고 있었다. 거기다 몸에 목이 '달려 있다'기보다는, '붙어 있다'고 하는 편이 옳을 만큼, 그의 목은 전혀 돌아가질 않았다. 그렇기에 그는 얘기하는 사람의 얼굴을 쳐다보는 일이 거의 없고, 시선은 언제나 난롯가 구석에 있는 문을 향하고 있었다.

식당을 지나가면서 치치코프는 다시금 소바케비치를 힐끔 쳐다보았다. 곰이다! 틀림없는 곰이야! 소름 끼칠 만큼 닮은 것도 당연하다. 왜냐하면 소바케비치의 세례명이 미하일 세메노비치(곰의 애칭
이기도 하다)이기 때문이다.

그가 남의 발을 밟는 버릇이 있다는 걸 알게 된 치치코프는 조심스럽게 걸음을 옮기면서 최대한 소바케비치가 앞서 가게 했다. 그도 자신의 그런 버릇을 알고 있었는지 곧바로, "제가 실례를 저질렀습니까?" 하고 물었던 것이다. 치치코프는 실례될 일은 전혀 없었다고 대답하고 집주인의 마음씀씀이에 감사인사를 건넸다.

응접실로 들어서자 소바케비치는 안락의자를 가리키며 "앉으시죠!" 하고 말했다. 치치코프는 의자에 앉아 벽마다 걸려 있는 그림들을 바라보았다. 하나같이 그리스 영웅호걸들의 전신이 그려진 동판화뿐이었다. 붉은 바지에 군복을 입고 코에 안경을 걸친 마브로코르다토, 미아우리스, 카나리스 같은 영웅들이었는데, 하나같이 무시무시한 장딴지와 믿을 수 없을 만큼 기다란 콧수염을 가지고 있어서 보기만 해도 소름이 끼쳤다.

그리고 대체 어떤 사정이나 목적이 있어서 그랬는지는 모르겠지만, 이러한 굴지의 그리스 영웅들 사이에 보기 민망할 정도로 휑한 몰골의 바그라티온(나폴레옹 전쟁에 참전
했던 러시아의 영웅) 장군의 초상화가 걸려 있었다. 아래쪽에 조그마하게 대포와 깃발이 그려진 그림은 매우 좁은 액자에 넣어져 있었다.

그 옆에는 마찬가지로 그리스의 영웅 보베리나(그리스 독립 전쟁에서
활약한 파르티잔 지도자)의 초상화가 걸려 있었는데, 그녀의 한쪽 다리만 하더라도 응접실에 우글거리는 남정네들의 허리보다 굵어보였다. 아무래도 주인은 자신이 강하고 굳센 사내이기에 응접실도 강하고 굳센 영웅들로 장식하고 싶었던 것 같았다.

보베리나 옆, 창문 바로 곁에는 새장이 걸려 있고, 그 안에는 검은 빛깔에 하얀 반점이 나 있는 개똥지빠귀 한 마리가 이쪽을 바라보고 있었는데, 이놈 또한 주인을 쏙 빼닮아 있었다.

주인과 손님이 말없이 앉아 있은 지 2분도 채 지나지 않아 문이 열리며 소바케비치 부인이 안으로 들어왔다. 키가 매우 컸는데, 집에서 손수 물을 들여 만든 것으로 보이는 리본이 달린 보닛을 쓰고 있었다. 그녀는 마치 종려나무처럼 고개를 빳빳하게 치켜들고 조용하게 걸어 들어왔다.

"제 아내인 페오두리야 이바노브나랍니다!" 소바케비치가 말했다.

치치코프는 허리를 숙여 그녀가 자신의 입속으로 집어넣을 듯이 내민 손에 입을 맞추었는데, 아무래도 소금에 절인 오이를 씻다가 온 모양이었다.

"당신한테도 소개해주리다. 이 분이 바로 파벨 이바노비치 치치코프 씨라오! 주지사와 우체국장 댁에서 알게 된 분이지."

페오두리야 이바노브나는 남편과 마찬가지로 달랑 "앉으시죠!" 한 마디만 말하고는 마치 여왕을 연기하고 있는 여배우처럼 살짝 고개를 끄덕여 손님에게 의자에 앉을 것을 권했다. 그리고는 소파에 앉아 양털로 짠 숄을 푹 뒤집어쓰더니 눈은커녕 눈썹 하나 까딱하지 않았다.

다시 고개를 들자 기다란 수염의 카나리스와 굵은 장딴지의 보베리나, 개똥지빠귀가 들어있는 새장이 보였다. 세 사람은 그렇게 5분 동안 아무 말도 하지 않았다. 새장 바닥에 떨어진 낟알을 주워 먹고자 개똥지빠귀가 부리로 톡톡 쪼는 소리만이 들릴 뿐이었다.

치치코프는 다시 한 번 방과 방 안에 놓인 값비싼 가구들을 살펴보았다. 하나 같이 튼튼하고 투박한 것이 왠지 집 주인과 묘하게 닮아 있었다. 응접실 구석에는 배가 툭 튀어나온 책상이 보기 흉한 네 다리로 서 있었는데, 꼭 곰 같았다. 탁자도 그렇고 안락의자도 그렇고 평범한 의자까지도 하나 같이 무겁고 어딘가 안정감이 없어서, 한마디로 이놈이고 저놈이고, '나도 소바케비치라오!', '나도 소바케비치와 붕어빵이라오!' 하고 말하고 있는 것만 같았다.

"사실 법원장 이반 그리고리에비치 씨한테서 선생에 대한 소문을 들었습니다." 아무도 이야기를 꺼내려하지 않자 결국 치치코프가 먼저 얘기를 꺼냈다. "지난주 목요일이었지요? 그때는 참 즐거웠습니다."

"그렇군요, 전 그날 소장의 저택에는 가질 않았었지요."

"훌륭한 분이시더군요."

"어느 분 말씀입니까?" 소바케비치는 난로 구석을 바라보며 물었다.

"소장님 말입니다."

"아하, 선생의 눈에는 그렇게 보일 수도 있겠군요. 하지만 그놈은 허울만 프리메이슨이지 개각 이래 최대의 멍청이랍니다."

치치코프는 이 신랄한 비평에 적잖이 당황했지만 이내 다시 마음을 가다 듬고 이야기를 계속했다.

"물론 누구나 단점이야 있는 법이지요. 하지만 주지사님은 실로 대단한 분이시더군요!"

"주지사가 대단한 사람이라고요?"

"네, 안 그렇습니까?"

"세계에서 제일가는 도둑놈입니다!"

"네? 주지사님이 도둑놈이라고요?" 치치코프는 어째서 주지사가 도둑놈 인지 짐작도 가질 않았다. "그렇게 말씀하셔도 저는 도저히 이해가 가질 않 는군요. 제가 보기에는 그분 행실에선 아무런 나무랄 부분도 없었고 오히려 부드럽고 온화해 보이시던데 말입니다."

치치코프는 주지사가 손수 자수까지 놓은 그 지갑을 예로 들면서 싹싹하 고 인상이 좋다고 칭찬을 했다.

"그 도둑놈 얼굴을 보고도 말씀입니까?" 하고 소바케비치가 말했다. "제 얘기가 의심스럽거든 그놈에게 칼을 줘서 거리에 놔둬 보십시오. 곧바로 사 람을 죽일 겁니다. 그리고는 1코페이카라도 빼앗겠지요! 그놈과 부지사 놈 은 완전히 고그와 마고그^(성서에 나오는 악인의 이름)입니다."

'하하, 아무래도 이 양반 그 사람들과 사이가 좋지 못한가 보군.' 치치코프 는 속으로 생각했다. '서장 얘기라도 꺼내봐야겠어. 서장이라면 분명히 친하 겠지.'

"그보다 저는 말입니다." 치치코프가 얘기를 꺼냈다. "사실 서장님이 가장 마음에 들더군요. 뭐든 솔직하시고 개방적인데다가 얼굴에 성실함이 묻어나 는 분이셨습니다."

"악당입니다!" 소바케비치는 매우 차가운 말투로 내뱉었다. "선생을 배신하고 속이고도 아무렇지 않게 함께 저녁을 먹으러 가자고 할 놈입니다! 저는 그놈들이 어떤 놈들인지 잘 알고 있지요. 이놈이고 저놈이고 할 것 없이 전부 악당입니다. 시내에는 그런 놈들 천지예요. 그야말로 악당이 악당을 말로 삼고 채찍으로 삼아 부리고 있는 꼴입니다. 모여도 하필이면 유대인 같은 놈들만 모였답니다. 우리 도시에서 제대로 된 사람은 단 한 사람뿐입니다. 바로 검사 그 친구지요. 그래봤자 그놈도 사실 돼지이긴 하지만요."

이처럼 치치코프는 짧지만 여러 관리들의 장점만을 집어낸 인물평을 아무리 들려줘봤자 소용이 없다는 것, 그리고 소바케비치가 다른 사람을 칭찬하는 것을 좋아하지 않는다는 것도 알게 되었다.

"여보, 슬슬 식사하러 가도록 해요." 부인이 소바케비치에게 말했다.

"가시죠." 소바케비치가 말했다.

손님과 주인은 전채요리가 차려진 식탁에서 관례에 따라 보드카를 한 잔씩 마시고, 도시, 시골을 가리지 않고 넓은 러시아 모든 곳에서 지키고 있는 양식에 맞춰 소금에 절인 음식과 식욕을 돋궈줄 맛있는 요리들을 먹었다. 그리고는 함께 식당으로 갔는데, 앞장서서 걸어가는 부인의 모습은 마치 미끄러지듯 물위를 헤엄치는 거위 같았다.

작은 식탁에는 4인분의 식기가 차려져 있었다. 오래 기다릴 것도 없이 네 번째 자리의 주인공이 나타났는데, 결혼했는지, 미혼녀인지, 친척인지, 가정부인지, 아니면 평범한 동거인인지 꼬집어 말할 수는 없지만, 보닛을 하지 않고 얼룩무늬 스카프를 두른 30대 전후의 여인이었다.

흔히 세상에는 하나의 대상으로 존재하지 않고, 다른 대상에 얼룩처럼 붙어사는 자들이 있다. 이들은 언제나 같은 장소에서 고개 하나 까딱하지 않고 앉아 있어서 자칫하면 가구로 착각하기 쉽다. 태어나서 지금까지 입을 연 적이나 있을까 생각하겠지만 한번 하녀들의 방이나 창고에 가보시라. 그러면 악하고 소리 지를 만큼 놀라운 광경이 눈앞에 펼쳐질 것이다.

"오늘은 각별히 양배추 수프 맛이 좋구려!" 수프를 한 숟가락 떠 마시고는 커다란 냐니 한 덩이를 자신의 접시에 덜어내며 말했다. 이 냐니라는 것은 여러분도 잘 아시겠지만, 양의 위장에 오트밀이나 양의 뇌, 다릿살을 채운 것으로, 양배추 수프에 빠질 수 없는 요리이다.

"이런 냐니는—" 소바케비치가 치치코프를 바라보며 이어서 말했다. "시내를 다 둘러보셔도 못 구하실 겁니다. 거기는 대체 뭘 내놓는지 알 수가 없으니 말이지요."

"하지만 주지사님 댁에서 먹었던 요리는 좋았습니다." 치치코프가 말했다.

"아니, 그걸 무엇으로 만든 줄 알고 그러시오? 뭔지 알게 되면 입에 댈 생각도 안 들 겁니다."

"제가 그것까지는 몰라서 뭐라고 말씀드려야 할지 모르겠군요. 다만, 포크커틀릿과 생선조림은 참 훌륭하더군요."

"그건 선생의 생각일 뿐이지요. 놈들이 시장에서 뭘 사가는지, 저는 전부 알고 있습니다. 프랑스 놈 밑에서 배우고 왔다는 그 변변찮은 요리사는 고양이를 사와서 껍질을 벗겨 토끼 고기라고 내놓는다오."

"어머나! 어쩌자고 그런 기분 나쁜 소리를 하세요." 하고 부인이 남편을 나무랐다.

"아니, 나더러 어쩌란 말이오? 놈들이 그렇게 하고 있는 게 내 탓은 아니지 않소? 놈들은 다들 그렇게 하고 있단 말이오. 좀 더러운 이야기지만, 음식이 남으면 우리 집의 아쿠리카는 전부 쓰레기통에 버리는데, 놈들은 그걸 수프에 집어넣는단 말이오! 수프 말이오! 수프!"

"만날 식사 얘기만 나오면 그 소리예요." 부인이 한 마디 톡 쏘았다.

"그래서 뭐가 나쁘단 거요? 이참에 얘기해두겠는데, 난 그런 소름끼치는 것들은 먹지 않아! 아무리 설탕을 발랐다고 해도 어떻게 개구리를 입에 집어넣을 수 있겠어? 굴도 질색이야. 굴이라는 것이 어떤 것인지 잘 알고 있거든. 여기 양고기라도 좀 드시구려."

소바케비치는 치치코프 쪽으로 고개를 돌려 이야기를 계속했다.

"이건 양의 갈비에 오트밀을 곁들인 겁니다! 시장 바닥에서 나흘은 뒹군 양고기로 그놈들 부엌에서 만든 프리카세(잘게 썰어 구운 고기를 야채와 끓인 요리) 따위와는 격이 다를 겁니다! 그런 요리를 발명한 사람은 전부 독일인이나 프랑스인 의사랍니다. 그걸 그렇게 만든 놈들을 모조리 잡아서 목을 매달아야 해요! 식이요법이라는 게 나와서 어떤 병이든 굶어서 고친다고 하더군요. 독일 놈들은 자기 몸뚱이가 비실비실하니까 러시아인의 밥통도 그런 식으로 고칠 수 있다고 생각하는 모양인데, 그런 말도 안 되는 소리가 어디 있겠소! 다 지어낸 얘길 거요, 다 지어낸 얘기……."

소바케비치는 매우 화가 난 듯이 고개를 저었다.

"입만 열면 문명, 문명 떠들어대는데, 문명 따윈…… 엿이나 먹으라고 해요! 다른 말로 표현하고 싶지만, 식사 중에는 적절하지 않겠군요. 아무튼 저희 집에선 그런 일은 절대로 없습니다. 돼지면 돼지, 양이면 양, 거위면 거위를 요리해서 통째로 내놓지요! 저는 두 그릇이라도 먹고 싶은 만큼, 배가 부를 만큼 먹습니다."

소바케비치는 직접 그걸 증명해보였다. 그는 양 갈비를 자신의 접시에 반이나 덜어놓더니 그걸 뼈 하나까지 우적우적 씹고, 쪽쪽 빨아먹는 것이다.

'그렇군.' 하고 치치코프는 생각했다. '음식 맛을 아는 친구로군 그래.'

"우리집에서는 절대 그런 짓은 하지 않아요." 소바케비치는 냅킨으로 손을 닦으며 말했다. "프루시킨이라는 녀석과는 격이 다르지. 듣자하니 그놈은 8백이나 되는 농노를 거느리고 있으면서 먹는 건 우리집 양치기보다 못하다고 하더군요."

"그 프루시킨이라는 분은 어떤 사람입니까?"

"그야 악당이지요." 소바케비치가 대답했다. "상상조차 못할 만큼 구두쇠라 감옥에 있는 죄수도 그놈보다는 잘 먹고 잘 산다고 할 정도랍니다. 그런 놈 밑에 있으니 굶어죽은 농노도 한둘이 아니지요."

"오호라!" 치치코프는 신이 나서 물었다. "정말로 거기서 사람이 많이 죽었단 말입니까?"

"파리처럼 픽픽 쓰러졌답니다."

"파리처럼 이라고요! 잠깐만 여쭙겠습니다만, 그 양반 집까지 멉니까?"

"5킬로미터 정도될 겁니다."

"5킬로미터!" 치치코프가 소리를 질렀다. 벌써부터 심장고동이 커져가는 것이 느껴졌다. "그럼, 여기 정문을 나와서 왼쪽입니까, 오른쪽입니까?"

"그딴 개자식의 집으로 가는 길은 모르는 편이 나아요! 그딴 곳에 가느니 어디 유곽이라도 찾아가는 게 죄가 더 가벼울 겁니다!"

"아니, 뭐 특별히 용건이 있어서 그런 건 아닙니다. 그저 여러 장소를 알아두고자 하는 호기심일 뿐입니다."

갈비 다음으로는 치즈를 넣은 피로시키가 나왔는데, 하나같이 접시보다도 컸다. 다음으로는 송아지만큼이나 큰 칠면조 요리가 나왔다. 속에는 달걀에,

쌀에, 간까지 얼마나 들어갔는지 알 수 없을 만큼 많은 재료로 채워져 있었는데 먹고 났더니 위장이 터질 것만 같았다. 이로써 저녁식사가 모두 끝이 났는데, 자리에서 일어난 치치코프는 몸무게가 15~16킬로그램은 늘어난 것만 같았다.

응접실로 돌아가자 거기에는 어느 틈에 갖다놓았는지 작은 접시에 배인지 살구인지 딸기인지 알 수 없는 잼이 듬뿍 담겨 있었다. 하지만 손님도 주인도 잼에는 손을 대려고 하지 않았다. 부인은 잼을 다른 접시에 덜어놓고자 밖으로 나갔는데, 그 틈을 타서 치치코프는 소바케비치 쪽으로 고개를 돌렸다. 소바케비치는 워낙 배부르게 포식을 하고 난 뒤라서 그런지 안락의자에 몸을 기대고 들릴 듯 말듯하게 신음소리를 내면서 뭐라고 웅얼거리고는 성호를 그리고 손으로 입을 막곤 했다.

"잠깐 하고 싶은 이야기가 있습니다만." 치치코프는 그를 바라보며 말했다.

"잼이 이렇게나 많이 남았는걸요?" 작은 접시를 갖고 돌아온 부인이 말했다. "꿀에 넣고 끓인 무도 있답니다."

"그건 나중에 먹기로 하지!" 소바케비치가 말했다. "그만 방으로 들어가보구려. 난 파벨 이바노비치 씨와 함께 옷을 벗고 한숨 잘 테니까 말이오."

부인은 말이 떨어지기가 무섭게 이불과 베개를 가져다드릴지 물었지만, 남편은 "아니오, 안락의자에서 잘 테니 필요 없소." 하고 대답했기에 그대로 밖으로 나가버렸다.

소바케비치는 고개를 약간 기울인 채로 할 얘기라는 게 뭔지 듣고자 했다.

치치코프는 에둘러서 이야기를 꺼냈는데, 먼저 서론으로 러시아라는 이나라 땅덩어리의 거대함에 대해 설명하며 외국인들이 놀라는 것도 당연하다고 얘기했다. 그러는 동안 소바케비치는 고개를 꾸벅거리기 시작했다.

"비할 데 없이 영광으로 빛나는 이 나라의 현행법은 호적에 등록된 농노가 자신의 인생행로를 끝마치더라도 새 호적부를 내기 전까지는 살아 있는 사람과 똑같이 취급하도록 되어 있는데, 이렇게 해둔 이유는 자질구레하고 쓸데없는 업무를 줄여 관계기관의 부담을 덜어주고, 더불어 복잡하기 그지없는 국가기관의 번잡함을 완화하기 위해서지요……. (소바케비치는 고개를 기울인 채 가만히 이야기에 귀를 기울이고 있었다.) 물론 이런 시스템은 매우 적절하지만, 살아있는 자들과 마찬가지로 조세의무를 지게 한 것은 많은 지주에게 얼마간 부담이 되는 것은 분명하겠지요. 저는 귀하에게 개인적으로 호의를 갖고 있기에 그 골치 아픈 짐을 다소나마 덜어드리고자 합니다."

가장 중요한 물건에 대해 치치코프는 매우 신중한 표현을 썼는데, 그는 '죽은' 농노라고 하지 않고 '존재하지 않는' 농노라고 얘기했다.

소바케비치는 한결 같이 고개를 기울인 채 가만히 이야기에 귀를 기울이고 있었지만 그의 얼굴에는 어떤 표정도 떠오르질 않았다. 이 사내에게는 혼이란 게 없는 걸까? 아니면 혼은 깃들었지만 마땅히 있어야 할 곳에 있지 않고, 불사신 코시체이(러시아 동화에서 나오는 불사신 마법사)의 혼처럼 산 너머 어느 곳에 두꺼운 껍질을 뒤집어쓰고 뒹굴고 있는 것은 아닐까? 그 속에서 뭔가가 거꾸러지더라도 껍질은 꿈쩍도 하지 않는 게 아닐까? 그런 생각이 들 정도였다.

"저어, 어떠신지요⋯⋯?" 치치코프는 불안한 마음으로 대답을 기다렸다.

"죽은 농노가 필요하시다는 거군요." 소바케비치는 전혀 놀라는 기색도 없이, 마치 곡식에 대한 이야기라도 주고받는 것처럼 담담하게 물었다.

"그렇습니다" 하고 대답한 치치코프는 거기에다, "다시 말해서, 존재하지 않는 농노들이지요." 하고 덧붙여 부드럽게 표현했다.

"물론 있지요. 그게 없을 리가 있겠습니까?"

"그러시다면 필경 선생께서는 그 귀찮은 것들을 기꺼이 내쫓으시겠지요?"

"물론입니다, 거래하시지요." 하고 소바케비치가 말했다. 고개를 높이 치켜든 이 판매인께서는 크게 한 몫 벌 속셈인 것이 분명했다.

'망할 놈!' 치치코프는 속으로 이렇게 생각했다. '내가 사겠다고 한 마디도 하지 않았건만 팔겠다고?' 치치코프는 다시 입을 열었다.

"그럼 얼마에 파시겠습니까? 물건이 물건이다 보니⋯⋯ 값에 대해서 이러쿵저러쿵 하는 것도 이상한 이야기이긴 합니다만⋯⋯."

"선생과 흥정을 할 수는 없으니, 한 사람 당 100루블씩만 받겠습니다." 소바케비치가 말했다.

"100루블이라고요!" 치치코프는 입을 벌린 채, 상대방을 뚫어져라 쳐다보며 소리쳤다. 자신이 잘못 들은 걸까? 아니면 소바케비치가 날 때부터 혀가 둔한 탓에 제대로 발음을 하지 못해 잘못 말한 것은 아닐까? 도무지 영문을 알 수가 없었다.

"왜 그러십니까? 그건 너무 비싸다고 말씀하고 싶으신 겁니까?" 소바케비치가 말했다. "그럼 선생은 얼마를 예상한 겁니까?"

"얼마를 생각하냐고요? 이거 아무래도 우리가 서로 오해를 하고 있는 것 같습니다. 아니면 지금 거래하려는 물건이 어떤 건지 깜빡해서 서로의 이야기가 맞물리지 않고 있던가요. 아무튼 거짓 없이 말씀드리자면, 한 사람 당 80코페이카, 이게 최대가격입니다!"

"아니, 세상에나…… 80코페이카라고요?"

"그렇습니다. 아무래도 그 이상은 드릴 수 없습니다."

"제가 팔려는 건 허수아비가 아니올시다."

"하지만 살아 있는 인간도 아니지요. 거기에 이의는 없으시겠지요?"

"그러니까 선생께선 호적에 버젓이 올라 있는 농노를 20코페이카 동전 네 개에 팔 바보를 찾고 있단 말씀이시군요."

"뭔 실례되는 말씀을. 그게 어떻게 호적에 올려진 농노란 말입니까? 그놈들은 진작 죽고 이름만 남아 있을 뿐이잖습니까? 계속 이런 이야기를 해봐야 도움이 안 될 것 같군요. 그럼 한 사람 당 1루블 반을 드리겠습니다. 그 이상은 절대로 안 됩니다."

"이보시오, 선생, 그런 값을 매기다니 창피하지도 않소? 흥정은 그만 하시고 제대로 된 값을 말씀하시는 게 어떻겠습니까?"

"그 이상은 절대로 안 됩니다. 미하일 세묘노비치 씨, 제 양심을 걸지요. 정말로 그 이상은 낼 수 없습니다." 이렇게 말했지만 치치코프는 한 사람 당 반 루블을 더 내기로 했다.

"왜 그렇게 인색하시오? 그건 너무 싸지 않습니까! 다른 악당들 같았으면 농노라고 할 수도 없는 건달 놈들을 속여서 선생께 팔았을 겁니다. 하지만 저희 농노들은 모두 잘 고른 호두 같은 놈들뿐이랍니다. 실력 있는 장인에, 실력은 없더라도 몸이 튼튼한 놈들뿐이지요. 한번 보여드리고 싶군요. 그렇지, 마차장인 미헤에프! 요놈은 스프링 안 달린 마차는 만들지를 않았지요. 모스크바에서 만든 놈들처럼 한 시간도 못타는 그런 것이 아닙니다. 정말이지 튼튼하답니다. 고놈이 직접 못도 박고, 바니시까지 칠했답니다!"

치치코프는 그 미헤에프란 녀석은 오래 전에 세상을 떠나지 않았느냐고 말하려고 했다. 하지만 자기 얘기에 흥이 나버린 소바케비치의 혓바닥은 도무지 멈출 줄을 몰랐다.

"목수 프로브카 스테판 녀석은 또 어떻고요! 제 목을 걸어도 좋습니다. 그런 놈은 어딜 가도 못 구해요. 정말이지 힘이 장사였답니다! 근위병으로 들어갔더라면 엄청나게 출세했을지도 모를 일입니다. 키가 무려 2미터 17센티미터나 되었답니다!"

치치코프는 그 프로브카 스테판이란 녀석도 진작에 세상을 떠나지 않았느냐고 말하려고 했다. 하지만 소바케비치는 아무래도 입에 달린 브레이크가 고장이 나버렸는지, 조금의 여유도 주지 않고 계속 떠들었기에, 치치코프는 그저 가만히 귀를 기울이고 있을 수밖에 없었다.

"벽돌공 미루시킨! 요놈은 무슨 집을 짓더라도 꼭 벽난로를 붙여넣는 놈이었답니다. 구두장이 막심 테랴트니코프. 요놈은 큰 바늘을 몇 번 슥슥 찔러주면 멋진 장화 한 켤레를 만드는 녀석이었답니다. 거기다 술도 한 방울도 마시지 않았지요! (러시아에서 구두장이는 술꾼의 대명사이다) 그리고 에레메이 소로코프료힌! 이놈만 하더라도 다른 농노 모두를 합친 것과 같은 가치가 있었답니다. 모스크바에서 장사를 하면서 세금만 5백 루블을 냈답니다. 뭐, 이런 놈들입니다! 프루시킨 같은 놈이 파는 농노와는 격이 다르지요."

"잠깐 실례하겠습니다." 청산유수처럼 쏟아지는 그의 언제 끝날지도 모를 얘기에 질려버린 치치코프가 겨우 입을 열었다. "어쩌자고 그런 특징 하나하나를 설명해주십니까? 이젠 아무 소용이 없잖습니까. 전부 죽어버렸단 말입니다. 죽은 사람은 울타리 받침대로도 못 쓴다는 옛말도 있잖습니까?"

"그렇죠, 전부 죽어버렸지요." 잠깐 생각에 빠졌던 소바케비치도 그들이 죽었다는 사실을 깨달았는지 그렇게 대답했지만, 이렇게 덧붙였다. "하지만 말입니다, 지금 살아있는 놈들이 뭔 줄 아십니까? 사람이라고 생각하십니까? 파리입니다, 파리. 사람이 아니에요."

"어쨌든 살아있지 않습니까? 하지만 지금 하신 얘기는 그저 허깨비일 뿐이지요."

"허깨비라니, 당치도 않아요! 미헤에프가 어떤 녀석인지 선생께도 가르쳐 드리리다. 정말이지 그런 놈은 야단법석을 떨며 찾아다닌들 구할 수 없는 놈이었답니다. 어찌나 몸집이 크던지 방안으로 들어올 수도 없을 정도였다오. 이놈이 허깨비란 말입니까? 팔 힘도 어찌나 센지 말도 못 당할 정도였지요.

대체 어딜 가야 그런 허깨비를 볼 수 있는지 한번 말씀해 보십시오."

이 말과 함께 소바케비치는 고개를 돌려, 마치 자신의 주장에 대하여 확신을 구하려는 것처럼 벽에 걸린 바그라티온과 콜로코트로니스의 초상화를 바라보았다. 그것은 전쟁 중에 전혀 아는 사이도 아니고 논쟁 주제와도 관련이 없는 옆자리의 제삼자에게 자기주장의 정당성을 호소하려는 그런 몸짓과 다를 바 없는 것이었다. 그러면 제삼자는 쓴웃음을 지으며 들어본 적도 없는 낯선 사람의 얘기에 대답을 해줘야 하는지, 아니면 예의에 어긋나지 않을 정도로 잠자코 있다가 슬그머니 빠져나가야 할지 망설이게 되는 것이다.

"안됩니다. 2루블 이상은 낼 수 없습니다." 치치코프가 말했다.

"어쩔 수 없군요. 높게 부르기만 해서는 너무 매정하다고 오해 받겠습니다. 그럼 농노 한 사람 당 75루블씩 받도록 하지요. 물론 지폐가 아니면 안됩니다. 이건 정말이지 친한 친구니까 그렇게 해드리는 겁니다!"

'정말이지 미치겠군.' 치치코프는 속으로 생각했다. '날 바보로 보고 있는 건가?' 그리고는 소리 내어 이렇게 말했다.

"묘하군요. 아무래도 저와 선생께서 함께 무대에서 연극이라도 하고 있나 봅니다. 그렇지 않고선 설명이 되질 않아요. ……머리도 좋으시고 교양도 갖추신 분 같은데, 이게 뭐하자는 겁니까? 그따위 것에 무슨 가치가 있다는 겁니까? 누가 그걸 필요로 한다고 그러십니까!"

"지금 당신이 사겠다고 하고 있지 않소? 사겠다는 건 필요로 해서 그런 것 아니오?"

그 말에 치치코프는 무심코 입술을 깨물고 어떻게 대답해야 좋을지 알 수가 없었다. 별 수 없이 자신의 가문이나, 주변사정에 대해 이야기를 해봤지만 소바케비치는 실로 간단하게 다음과 같이 말했다.

"선생의 사정 같은 건 알고 싶지 않습니다. 저는 남의 사정에 간섭하지 않는다는 주의이고, 그건 선생의 사정입니다. 선생께서 농노가 필요하시니 제가 팔겠다는 것뿐입니다. 사두지 않으면 후회하실 겁니다."

"2루블이겠지요?" 치치코프가 말했다.

"원, 이럴 수가 있나! 흔히들 바보는 하나밖에 모른다더니 딱 그 말이군요! 2루블로 정해버렸으니 무슨 얘기를 하더라도 요지부동이겠어요. 좀 더 제대로 된 값을 말씀해보시는 게 어떻겠습니까?"

'이런 빌어먹을 것 같으니!' 치치코프는 속으로 생각했다. '좋아, 그럼 반 루블 씩 늘려주지!'

"그럼, 반 루블을 더 내도록 하지요."

"그럼 저도 최대한 깎아드리지요, 50루블! 정말이지 이 가격으로는 제가 손해를 보겠지만 그렇게 훌륭한 농노는 어딜 가더라도 이보다 싼 가격으로 살 수는 없을 겁니다."

'이 옹고집 같으니!' 하고 속으로 생각한 치치코프는 조금 짜증이 난 듯한 말투로 덧붙여 말했다.

"대체 어떻게 된 영문인지 모르겠군요……. 본격적인 거래도 아니잖습니까. 다른 곳에서는 공짜로 넘겨준단 말입니다. 모든 사람들이 골치 아픈 짐을 덜어버리려고 기꺼이 내놓는단 말입니다. 그런 짐을 끌어안고 세금까지 내는 건 바보들이나 하는 짓입니다!"

"하지만 말입니다, 이런 거래를…… 친구 사이니 말씀드리는 겁니다만, 이런 거래를 언제까지고 공공연히 할 수 있다고 생각지는 마십시오. 혹시라도 저나 다른 사람이 소문을 낸다고 상상해보십시오. 바로 신용을 잃고 어떤 계약도 좋은 거래도 맺지 못하게 될 겁니다."

'망할 놈 같으니, 약점을 찌르고 들어오는군!' 하지만 치치코프는 아무렇지도 않은 척하며 말했다.

"어떻게 생각하시든 그야 선생의 마음이겠지요. 하지만 저는 선생께서 생각하시는 것처럼 필요해서 사려는 게 아닙니다. 이유가 있는 것도 아니고, 그저 좋아서 이러는 것일 뿐입니다. 2루블 반마저 싫으시다면, 이 얘기는 없었던 걸로 하지요!"

'여간내기가 아닌데 그래. 아주 교활해.' 하고 소바케비치는 생각했다.

"별 수 없군요, 한 사람당 30루블만 내십시오. 그걸로 팔도록 하지요."

"아닙니다, 팔기 싫으신 것 같으니 이 얘기는 없었던 걸로 하겠습니다."

"거, 거, 그러지 마시고!" 소바케비치는 치치코프의 손을 잡은 채로 한쪽 발을 밟으며 이렇게 말했다. 이는 우리 주인공이 깜빡하고 경계를 게을리 한 벌이었는데, 치치코프는 으악하고 소리를 지르더니 까치발이 되어서 껑충껑충 뛰어다녀야만 했다.

"이거 실례했군요! 불쾌하게 해드려서 죄송합니다. 자아, 여기 앉으십시오! 어서 앉으시죠." 하고는 소바케비치는 치치코프를 안락의자에 앉혔다. 그 동작이 어찌나 민첩하던지 길들여진 곰이 '미샤, 한증막에 들어간 여자 흉내를 내보렴'이라든가, '미샤, 꼬마아이는 완두콩을 훔칠 때 어떻게 하지?' 하는 얘기에 재주를 넘고 여러 가지 곡예를 보여주는 것만 같았다.

"이건 시간낭비일 뿐입니다. 전 이러고 있을 시간이 없어요."

"잠깐만 더 계셨다 가시지요. 곧바로 내키실만한 얘기를 들려드리리다." 그러더니 소바케비치는 치치코프의 곁으로 바싹 다가와 허리를 숙이고는 마치 비밀얘기라도 하는 듯이 귀에다 속삭였다.

"한 각(角)은 어떻습니까?"

"25루블 말입니까? 아뇨, 아뇨, 안 됩니다. 한 각의 반의 반도 낼 수 없습니다. 이젠 1코페이카도 더 못 드려요."

소바케비치는 잠잠해졌다. 치치코프도 역시 침묵을 지켰다. 그렇게 침묵은 2분 동안 이어졌고, 벽에 걸린 매부리코 바그라티온만이 매우 주의 깊게 이 거래를 지켜보고 있었다.

"대체 당신이 낼 수 있는 한도는 얼마입니까?" 마침내 소바케비치가 입을 열었다.

"2루블 반입니다."

"한 사람에 말입니까? 그건 찐 무 값이나 다를 바가 없잖소? 적어도 3루블은 주시오!"

"못 내겠습니다."

"이거 선생한테는 못 당하겠구려. 그래, 좋소! 손해도 손해지만 이 망할 성격 탓에 다른 사람을 기쁘게 해주지 않고선 어쩌지를 못하니 말이오. 그럼 뒤탈이 없도록 서류도 꾸며야겠지요?"

"그야 물론이지요."

"그렇겠지요. 그럼 시내로 가야겠군요."

이로서 거래는 끝이 났다. 두 사람은 바로 다음날 시내로 가서 서류를 꾸미기로 했고, 치치코프는 농노들의 명부를 달라고 했다. 소바케비치는 그 두 가지 부탁을 모두 승낙하고는 곧바로 책상에 앉아 농노들의 이름뿐만 아니라 각자의 장점까지 덧붙인 명부를 써내려갔다.

아무것도 할 일이 없었던 치치코프는 소바케비치의 뒤에 앉아서 그의 큼직한 몸뚱이를 이리저리 살펴보고 있었다. 뱟카(러시아 서부, 우랄 산맥 서부에 있는 도시)에서 나는 다부진 말처럼 널찍한 등과 길에 세워 둔 쇠기둥을 연상시키는 두 다리를 보고 있자니 내심 이런 생각이 들었다.

'이거 참, 하느님께서도 이 친구에게 큰 축복을 내리셨군 그래! 흔히들 말하는 보기에는 흉하지만 속은 알차다는 그런 것이겠지! ……이 친구는 태어났을 때부터 저렇게 곰처럼 생겼었을까? 아니면 초목이 우거진 시골에 살면서 보리타작을 하고, 농부들과 실랑이를 하다 보니 곰처럼 되어버린 걸까? 그러다 저런 옹고집까지 생긴 걸까? 아니야, 아니야, 그럴 리가 없지. 내가 보기에 이 친구는 근대적인 교육을 받고 사회에 진출했더라도, 이런 시골이 아니라 페테르부르크에서 살았더라도 똑같았을 거야. 다른 점이 있다고 해봐야, 지금처럼 접시만한 치즈 피로시키를 한입 먹고 오트밀을 곁들인 양 갈비를 반이나 덜지 않고, 송이버섯을 곁들인 커틀릿 같은 걸 먹는 정도겠지.

거기다 농노가 수하이다보니, 이 친구도 그놈들과 사이가 좋아서 괴롭히거나 그러지는 않겠지. 자신의 것이기에 괴롭히면 자기가 곤란해질 테니 말이야. 하지만 수하가 관리였다면 이 친구는 자기 농노가 아니라고 막 대하겠지. 거기다 공금까지 횡령하고 말이야!

것 참, 어느 한쪽이 구두쇠면 정말이지 난감하군 그래. 꽉 쥔 그놈의 손을 펼치게 만든다는 건 도저히 무리야! 그렇다고 구두쇠가 손가락 한두 개만 펴게 되면 오히려 더 곤란해지는 법이지. 이런 놈들이 뭐든 학문이라도 배운다고 생각해보라고. 바로 사람들이 쳐다보는 높은 자리로 올라가 학식 높은 사람에게 그걸 자랑하려 들겠지. 그뿐만이 아니지, "제 솜씨를 보여드리지요!"라면서 까다로운 규칙 같은 거나 만들어서 사람들을 난처하게 만들겠지…… 아아, 세상 사람들이 전부 이런 구두쇠였다면……!'

"전부 다 썼소이다." 소바케비치가 뒤를 돌아보며 말했다.

"다 되었습니까? 그럼 저에게 좀 보여주십시오."

명부를 쭉 훑어보던 치치코프는 정확성과 꼼꼼함에 깜짝 놀라고 말았다. 직업에서부터 신분, 나이, 가족상황 등이 매우 상세하게 기록되어 있었을 뿐만 아니라, 품행과 음주여부에 대해서까지 주석이 달려 있었던 것이다. 말하자면 보기만 해도 마음이 흐뭇해지는 그런 명부였다.

"그럼 보증금을 주시지요." 소바케비치가 말했다.

"어째서 보증금 같은 것이 필요하겠습니까? 시내에 갔을 때 한꺼번에 드리겠습니다."

"거래를 할 때면 전 늘 그렇게 해왔습니다." 하고 소바케비치가 반박했다.

"어떻게 드리면 좋죠? 마침 제가 돈을 가지고 오질 않아서 말입니다. 그렇지, 10루블이라면 여기 있습니다."

"10루블 가지고 어디 되겠습니까? 적어도 50루블은 주셔야지요!"

치치코프는 없다면서 버티려고 했지만, 소바케비치가 더 있을 게 분명하다고 덮어씌우듯이 말했기에 별 수 없이 지폐 한 장을 더 꺼냈다.

"15루블을 더 드리겠습니다. 이걸로 25루블이군요. 그럼 영수증을 써주시지요."

"영수증을 받아서 어쩌려고 그러시오?"

"뭐든 간에 받아서 손해 볼 것은 없잖습니까. 무엇하나 안심할 수 없는 이 세상에선…… 무슨 일이 일어날지도 모르는 법이니까요."

"좋소이다. 그럼, 먼저 돈을 여기 올려두시겠소?"

"돈을 올려놓으라니요? 돈이라면 이렇게 제가 들고 있지 않습니까! 영수증만 써주신다면 바로 드리겠습니다."

"실례지만 그래선 제가 어떻게 영수증을 쓰겠소? 먼저 돈을 봐야지 할 것 아니겠소?"

치치코프는 소바케비치에게 돈을 넘겨주었다. 소바케비치는 책상으로 다가가 왼손으로 지폐를 누르고, 오른손으로는 쪽지에 '국립은행지폐 25루블을 농노매각대금의 보증금으로 전액 영수했음'이라고 썼다. 소바케비치는 영수증을 쓰고 나서 다시 한 번 지폐를 살펴보았다.

"정말이지 오래된 지폐로군요." 소바케비치는 한 장의 지폐를 햇볕에 이리저리 비춰보면서 말했다. "게다가 조금 찢어졌군요. 뭐, 친구 사이니까 이런 건 괜찮겠지요."

'좀생이 같으니!' 치치코프는 속으로 생각했다. '거기다 뻔뻔하기까지 하지!'

"여자농노는 필요 없으십니까?"

"아니요, 괜찮습니다."

"싸게 해드리지요. 친한 처지니까 한 사람당 1루블에 어떠십니까?"

"아닙니다, 여자는 괜찮습니다."

"그렇습니까. 필요 없으시다니 더 이야기할 것도 없겠군요. 사람마다 취향이 다르지 않습니까? 옛말에도 성직자와 사랑에 빠진 놈도 있고, 성직자의 아내와 사랑에 빠진 놈도 있다고 하잖습니까."

"한 가지 더 부탁하겠습니다만, 이 거래는 저희 둘만의 비밀입니다." 치치코프는 작별인사를 하면서 말했다.

"물론이지요, 두 말할 필요가 있겠습니까. 다른 사람을 끌어들일 생각은 눈곱만큼도 없소이다. 친한 친구 사이에 터놓고 한 이야기는 어디까지나 우정 어린 비밀로 간직해 둬야 할 일이잖습니까. 그럼, 잘 가시오! 이렇게 찾아와주서서 정말로 감사드립니다. 이후로도 잊지 말고 찾아와주십시오. 한가하실 때면 같이 식사를 하거나, 유흥을 즐기거나, 놀러가도록 하지요. 또뭔가 도움이 될 일이 있을지도 모르잖습니까."

'두 번 다시 볼 것 같으냐!' 치치코프는 마차에 올라타며 이렇게 생각했다. '죽은 농노 한 명당 2루블 반씩이나 받아먹다니! 빌어먹을 구두쇠 놈!'

치치코프는 소바케비치가 보여준 행동에 비위가 거슬렸다. 어찌되었든 간에 서로 알고 있는 주지사와 서장의 저택에서 마주했던 사이가 아닌가? 그런데 마치 생판 남처럼 대하고, 쓰레기나 다름없는 것으로 돈까지 빼앗다니!

마차가 저택을 빠져나올 때 치치코프는 뒤를 돌아다보았다. 현관에 서서 태연하게 쳐다보고 있는 소바케비치가 보였다. 아무래도 손님이 어디로 가는지 알아봐두려는 듯이 이쪽을 쳐다보고 있는 듯 했다.

"이런 빌어 처먹을, 아직도 서 있잖아!" 치치코프는 내뱉듯이 말하고는 농가가 있는 방향으로 모퉁이를 돌았다. 그리고는 세리판에게 저택에서 마차가 보이지 않게끔 해서 곧장 달려가라고 명령했다. 그는 소바케비치가 농노들이 파리처럼 죽어나갔다고 했던 프루시킨의 저택에 들르려고 했는데, 그걸 소바케비치에게 알리고 싶지 않았던 것이다.

마차가 마을 어귀에 이르렀을 무렵이었다. 치치코프는 우연히 마주친 농부를 마차 곁으로 불렀는데, 농부는 길바닥에서 주은 듯한 굉장히 굵은 통나무를 어깨에 짊어지고, 지칠 줄 모르는 개미처럼 자신의 오두막으로 끌고 가던 중이었다.

"이봐, 거기 턱수염! 여기서 프루시킨 저택으로 가려면 어디로 가야하지? 자네 주인의 저택을 지나가지 않고 말이네."

하지만 농부는 질문에 전혀 갈피를 못 잡는 것 같았다.

"왜 그러지? 모르나?"

"나리, 모르겠는뎁쇼."

"무슨 이런 놈이 다 있어! 흰머리까지 난 놈이 그것도 몰라! 자기 농노들에게 밥도 제대로 안 준다는 그 구두쇠 프루시킨을 모른단 말이냐!"

"아아! 그 거지영감 말씀이시군요. 그 누더기 영감탱이!"

사실 이 '거지영감'이라는 말에 이어서 아주 적절한 표현이 붙어 있었지만, 상류층 인사들의 대화에선 쓰이지 않는 단어이기에 여기서는 생략하기로 한다. 그 말이 얼마만큼 적절했는지는, 농부의 모습도 보이지 않게 되고, 마차가 꽤 멀리까지 달려왔음에도 불구하고 그때까지도 치치코프가 쿡쿡대며 웃고 있었다는 것으로 능히 짐작할 수 있을 것이다.

러시아 민중의 표현은 실로 그지없이 신랄하다. 누구든 한번 별명이 붙게 되면 그걸로 끝이다. 그 별명은 자손대대로 전해져 당사자가 관직에 있건, 관직에서 물러나건, 페테르부르크에 있건, 먼 곳으로 가버리건 악착같이 따라다니게 된다. 그렇게 되면, 아무리 술책을 부려 자신의 별명을 고귀한 것처럼 꾸미려 해도, 글쟁이를 고용해서 자신의 별명이 오랜 귀족의 가명에서 나온 것이라고 글을 쓰게 해도, 행차 뒤에 나팔일 뿐이다. 그럴수록 별명은 까악까악하고 갑작스레 울어대는 까마귀처럼 목청 높여 자신이 어디에서 날아온 까마귀인지 전부 폭로해버리고 만다.

어울리는 말이란 것은 한번 내뱉어지면 글로 쓴 것과 마찬가지라 도끼로 내려치더라도 끊을 수 없다. 이렇게 독일인도, 핀란드인도, 다른 어떤 민족도 살지 않고, 활달하고 똑똑한 토박이 러시아인만이 사는 러시아의 변두리에서 나온 말은 어느 것을 봐도 신랄함의 극치를 보여준다. 보통 말을 할 때면, 마치 암탉이 둥지에서 알을 품듯이 말에 온기를 더해주는데, 러시아인은 그러지 않는다. 그 재치 넘치는 말을 마치 무기한 여권이라도 되는 듯이 내던진다. 그러면 코가 어떻다느니, 입이 어떻다느니 하는 말을 붙일 필요 없이, 바로 단 한 마디로 머리끝에서부터 발끝까지가 표현되는 것이다!

성스러운 신앙의 나라 러시아에 둥근 지붕과 큐폴라(비잔틴 양식의 양파 모양 지붕), 십자가가 달린 교회와 수도원이 수없이 존재하는 것처럼, 이 땅에는 수없이 많은 인종과 종족, 국가가 한데 엉키고 뒤섞여 이리저리 밀치락달치락하고 있다.

저마다 역량과 창조적 정신, 명확한 개성, 그밖에 천부적인 재능을 지닌 국민들은 각자의 고유 언어로 자신을 다른 국민과 확연하게 구별 짓는다. 그러한 언어는 어떤 대상을 표현하더라도 그 속에서 독자적인 성격 일부를 반영하는 법인데, 영국인의 말에선 심리에 대한 통찰과 총명한 인생에 대한 인식이 드러나며, 프랑스인의 말에선 짧지만 번뜩이는 재치가 느껴지며, 혈기가 적은 독일인들은 흉내도 못 낼 지적인 말을 만들어낸다. 하지만 적절하게 표현된 러시아 말처럼 가슴 깊은 곳까지 시원하게 뚫어주는 호쾌하고 힘 있는 언어는 달리 없을 것이다.

6

옛날하고 아주 먼 옛날, 이제는 떠나가 다시는 돌아오지 않을 나의 어린 시절. 그 무렵의 나는 낯선 곳을 처음 찾아갈 때면 가슴이 두근거리곤 했었다. 그곳이 작건, 가난한 지방도시건 큰 마을이건 정착촌이건 상관없었다. 호기심으로 가득한 아이의 눈에는 모든 게 신기해보였으니 말이다.

어떤 집이든 조금이라도 인상에 남는 특징이 있으면 나는 곧바로 걸음을 멈추고 놀란 눈으로 쳐다보곤 했다. 깎아낸 통나무를 쌓아 만든 서민들의 수수한 단층집이 어수선하게 지어져 있고, 그 가운데 홀로 우뚝 솟은 장식용 창문을 단 흔해빠진 석조 관청 건물, 눈처럼 새하얀, 우뚝 솟은 큐폴라에 하얀 철판을 빈틈없이 붙인 새 교회, 시장, 난데없이 마을 한복판에 나타난 시골 멋쟁이. 아이의 생생하고 섬세한 눈길은 그 어느 것 하나도 놓치지 않았다.

그리고 나는 타고 있는 역마차에서 얼굴을 내밀고는 한 번도 본 적이 없는 프록코트라든가, 바싹 말린 모스크바 사탕상자, 채소 가게 대문에서 아른거리는 못, 멀리서는 노랗게 보이는 유황, 건포도, 비누 같은 것들을 담은 나무상자를 바라보거나, 어떤 지역인지는 모르겠지만 이런 따분한 시골 마을로 오게 된 보병장교가 걸어가는 걸 구경한다든지, 경주마차를 타고 쏜살같이 지나가는 장사꾼들을 바라보며 그들의 가난한 생활을 더듬어보곤 했다.

시골 관리가 옆으로 지나가면 나는 저 사람들은 대체 어디로 가는 걸까?

형제의 집으로 파티를 하러 가는 걸까? 아니면 바로 집으로 돌아가 땅거미가 짙게 내릴 때까지 30분 정도 현관에 앉아 있다가 어머니와 부인, 처제, 그밖에 다른 가족들과 함께 이른 저녁식사를 하는 걸까? 식사가 끝나고 목걸이를 한 하녀와 투박한 재킷을 걸친 하인이 조상 대대로 물려받은 촛대에 기름양초를 꽂아서 가져올 때면, 가족 사이에선 어떤 이야기가 오고갈까? 그런 상상을 했었다.

마차를 타고 어느 지주의 마을로 가는 길에는 높고 호리호리한 나무 종탑과 널찍하고 거무튀튀한 목조교회를 신기한 눈길로 바라보곤 했다. 푸른 잎사귀 사이로 저 멀리 지주 저택의 붉은 지붕과 하얀 굴뚝이 내 마음을 사로잡을 듯이 남실거린다. 지주 저택으로 통하는, 울창하게 우거진 나무들이 양옆으로 줄지어 늘어서 있는 정원 도로를 달려가고 있노라면, 지금과는 달리 기품이 넘쳤던 지주 저택의 웅장한 모습이 어서 나뭇가지 사이로 나타나기만을 애타게 기다리곤 했다.

지주는 어떤 사람일까? 뚱뚱할까? 아들은 있을까? 아니면 딸만 여섯 있어서 깔깔대는 여인들의 웃음소리가 쉴 새 없이 들리고, 여러 가지 놀이도 하고, 그 중에서도 막내딸은 엄청난 미인이 아닐까? 전부 검은 눈동자를 하고 있을까? 집주인은 유쾌한 사람일까? 아니면 9월 말처럼 음침하고, 달력만 들여다보면서 젊은 사람들은 싫어하는 호밀이나 밀 이야기만 하는 사람은 아닐까? 이런 상상을 하곤 했었다.

하지만 지금은 어떤 낯선 마을도 태연한 마음으로 찾아가고, 저속한 외관을 봐도 느끼는 바가 없다. 생생했던 표정과 웃음, 끊이지 않던 이야깃거리도 지금처럼 차가워진 나의 눈에는 어느 것이고 재미가 없다. 그냥 지나쳐버리는 나의 굳게 닫힌 입가에는 차가운 침묵만이 남아 있다. 아아, 나의 청춘이여! 아아, 나의 순정이여!

치치코프는 농부들이 지어준 프루시킨의 별명을 떠올리며 속으로 큭큭 웃어대느라, 마차가 민가와 사람들의 왕래가 많은 마을 한복판에 왔다는 사실을 눈치채지 못했다. 하지만 마차가 통나무 길을 지나면서 요란스럽게 흔들리고서야 비로소 어디에 왔는지 알아차렸다. 길에 깐 통나무들은 마치 피아노 건반처럼 올라갔다 내려갔다 했기에 마차에 탄 사람은 정신을 똑바로 차리지 않다가는 목에 혹이 생기거나, 이마에 시퍼런 멍이 들거나, 어쩌면 혀

끝을 아얏 소리가 날만큼 아프게 깨물지도 모른다.

치치코프는 마을 건물들이 하나같이 폐허가 다 된 모습을 하고 있다는 걸 깨달았다. 농부들 집의 통나무는 오래되어서 거무튀튀했고, 지붕이 체처럼 구멍투성이인 곳도 몇 군데 보였다. 그 가운데에는 꼭대기의 들보와 양쪽에 갈비뼈처럼 건너지른 서까래밖에 남지 않은 집도 있었다. 오두막 지붕은 이미 제 구실을 하지 못하게 된 지 오래여서 비가 오면 줄줄 새기 일쑤이므로, 농부들은 구태여 오두막에 머물지 않고 술집이나 길거리, 또는 다른 거처에서 지냈고, 그런 이유로 오두막에 붙어 있던 명패와 널빤지들도 전부 뜯겨져 나갔다. 창문에는 유리창이 없고 넝마나 코트를 걸어놓은 곳도 더러 보였다. 이유는 알 수 없지만 러시아에는 처마 아래에 난간 달린 베란다를 설치한 곳이 많았는데, 그것마저도 이곳은 옆으로 기운 데다가 볼썽사납게 거무튀튀해져 있었다. 집 뒤로는 여기저기에 커다란 퇴비더미가 줄지어 늘어서 있었는데, 마치 굽다가 태워먹은 벽돌 같아서 누가 봐도 오랫동안 방치되어 있었음을 알 수 있을 정도였다. 위에는 잡초가 무성하게 돋아나 있었고, 주변에는 관목까지 무성했는데, 아무래도 이 퇴적더미는 지주의 것인 듯했다.

퇴비와 앙상한 지붕 너머로는 교회 두 채가 보였다. 마차가 방향을 바꿀 때마다 오른쪽에 있다가, 왼쪽에 있다가 하면서, 맑은 하늘 아래를 남실거리며 차츰 다가오고 있었다. 나란히 세워진 두 교회는 못 쓰게 된 목조건물과 석조건물이었는데, 모두 벽은 노랗게 변했고, 얼룩에 상처투성이였다.

지주의 저택이 어렴풋이 보이기 시작하자 듬성듬성 보이던 농노들의 집이 사라지고 대신에 여기저기 부서진 울타리를 두른 밭이 빈 터처럼 남아 그 모습을 드러내고 있었다. 이 유난히 길쭉하고 묘하게 생긴 저택은 어쩐지 늙은 폐인과 같은 분위기를 풍겼는데, 단층을 기본으로, 일부는 이층으로 지어올린 구조였다. 제 구실을 못하는 지붕 위에는 망루가 서로 마주보며 서 있었는데, 하나 같이 금방이라도 쓰러질 듯했고, 오래전에 입힌 칠도 다 벗겨져 있었다. 건물 벽도 군데군데 회반죽이 떨어져 나가 비와 눈, 가을의 변덕스런 날씨와 같은 온갖 악천후를 수없이 겪어왔다는 것을 한눈에 알아볼 수 있었다. 열린 창문은 둘 밖에 없었고, 다른 창문에는 덧문이 걸려 있거나, 못질이 되어 있었다. 열린 창문도 반쯤 장님이나 마찬가지였는데, 한 창문에는 설탕을 담았던 푸른색 포장지를 세모나게 잘라 붙여놓은 탓에 안은 어두컴컴했다.

오래되고 휑뎅그렁한 정원은 집 뒤에서부터 마을 건너편, 그리고 들판까지 펼쳐져 있어 울창하면서도 황량했지만 이 삭막한 마을에 유일하게 생기를 불어넣어주고 있었다. 황폐해진 그 모습은 확실히 그림을 보는 듯 이채로웠다. 제멋대로 자라나 서로 얽히고설킨 가지 끝에 걸친 녹색 궁륭은 살랑거리는 나뭇잎으로 이루어져 균형 잡히지 않은 돔처럼 공중에 드리워 있었다.

바람에 꺾였는지, 벼락이라도 맞았는지 가지가 없는 자작나무의 큰 줄기가 푸른 숲 속에서 삐죽 솟아올라, 마치 호리호리하고 빛나는 대리석 기둥처럼 하늘에다 호(弧)를 그리고 있었다. 기둥머리 대신 꼭대기에 비스듬히 난 갈라진 틈은 새하얀 나무에 까만 모자를 씌웠거나 까마귀라도 앉은 것처럼 보였다.

덧나무, 마가목, 개암나무 숲을 완전히 말려버리고, 울타리란 울타리는 전부 칭칭 감고 올라간 홉 넝쿨이 가지 꺾인 자작나무 위까지 타고 올라와 휘감은 채 가늘고 끈적이는 둥글게 말려 들어간 줄기를 살랑대는 바람에 흔들고 있었다.

햇빛이 쏟아져 내리는 푸른 숲은 군데군데 짙은 그늘로 잠겨 있었다. 햇빛이 닿지 못하는 그 깊고 어두운 공간은 마치 아가리를 쩍 벌린 짐승의 시커먼 목구멍 같았다. 그 안쪽으로 작은 오솔길과 무너진 울타리, 쓰러진 정자, 구멍투성이 버드나무 고목이 보인다. 이 고목 아래로는 너무 무성해진 탓에 서로서로 얽혀 바짝 말라버린 잎사귀와 잔가지를 뻣뻣한 털처럼 드러내놓고 있는 흰머리 관목 덤불과, 그 옆으로 짐승발자국처럼 생긴 파란 잎사귀를 양쪽으로 내놓고 있는 어린 단풍나무가 있었다. 이 단풍나무 잎사귀는 어째서인지는 모르지만 뒷면에 햇살이 들면 갑자기 타오르는 불처럼 투명해져서는 깊은 어둠 속에서 밝게 빛나곤 했다. 정원에서 제일 구석진 곳에는 다른 나무들과는 어울리지 않을 만큼 높게 뻗은 사시나무 몇 그루가 흔들거리는 가지에 커다란 새집을 달고 있었는데, 부러진 가지가 아직 줄기에서 떨어져 나가지 못한 채 말라버린 잎사귀와 함께 매달려 있기도 했다.

한 마디로 모든 것이 아름다웠다. 그것은 자연이나 예술만으로는 이룰 수 없는, 오직 그 둘이 한데 결합했을 때에야 이룰 수 있는 아름다움이었다. 그럴 때 자연은 예술의 무거움을 덜어주고, 속셈이 빤히 들여다보이는 과도한 정확성과 조잡한 구상의 구멍을 메우고, 계산된 차가운 순수성에 따스한 온기를 불어넣어준다.

한두 번 길을 돌고나서야 우리 주인공은 드디어 저택 앞에 도착할 수 있었지만 오히려 그곳이 더 초라해보였다. 다 썩어버린 울타리와 문에는 파랗게 이끼가 끼어 있었다. 뜰 안에는 시종들이 묵는 방과 창고, 곳간들이 한눈에 봐도 다 쓰러져가는 모습으로 들어차 있었고, 왼쪽과 오른쪽으로는 안뜰로 통하는 문이 나 있었다. 이러한 모습에서 한때 이곳에서 대규모 농업을 했었다는 걸 짐작할 수 있지만, 이제는 음산하게만 보일 뿐이었다.

활기라고는 찾아볼 수 없었다. 문이 열려 있지도, 사람이 보이지도, 시끌시끌하게 사람 사는 기척이 나지도 않았다. 손님을 배려하는 마음 씀씀이라고는 눈 씻고 찾아봐도 없다! 그래도 정문은 열려 있었는데, 그것도 한 농부가 가마니를 잔뜩 실은 짐마차를 끌고 나타나 준 덕분이었다. 하지만 그마저도 죽어가는 이 풍경을 어떻게든 살려보려는 발버둥처럼 보였다. 경첩에 큰 자물쇠까지 걸려 있는 걸로 봐서 이 문은 항상 닫혀 있는 게 분명했다. 그리고 치치코프는 한 건물 옆에서 어떤 사람이 짐마차를 몰고 온 농부와 말다툼하는 것을 보게 되었다.

한참 동안이나 치치코프는 그 사람이 여자인지 남자인지 분간할 수가 없었다. 입고 있는 옷은 여자들이 입는 가운과 매우 흡사했고 시골 아낙네들처럼 머리에 수건을 두르고 있었지만, 여자치고는 조금 갈라진 목소리였다. '여자로군!' 치치코프는 이렇게 생각했지만 이내 곧바로 생각을 바꿨다. '아니군, 틀려!' 그렇게 한참을 지켜보고 나서야 '틀림없는 여자야!'라고 생각했다.

그 사람 역시 치치코프를 뚫어져라 쳐다보고 있었다. 치치코프뿐만이 아니라 세리판, 그리고 말까지도 꼬리에서부터 콧등까지 이리저리 훑어보고 있는 것으로 보아 손님이 찾아온 것이 신기한 모양이었다. 허리춤에 열쇠꾸러미를 달고 있고, 농노를 매섭게 욕하고 있었기에 치치코프는 이 여자를 가정부라고 지레 짐작을 했다.

"이보시오, 아주머니." 치치코프는 마차에서 내리며 말했다. "주인어른은 ……."

"안 계시오." 가정부가 치치코프의 말이 끝나기도 전에 대답을 하고는, 잠시 뒤에 이렇게 덧붙여 말했다. "용건이라도 있소?"

"용건이라면 있소."

"안으로 들어가시구려." 가정부는 휙 돌아서서 치치코프에게 등을 내보이며 이렇게 말했다. 등은 밀가루 범벅에, 옷의 아랫단은 너덜너덜했다.

치치코프는 지하실에서 흘러들어오는 듯한 냉기가 감도는 넓고 어두운 현관으로 들어섰다. 현관을 지나 들어간 방도 어두컴컴했는데, 문 밑의 넓은 틈으로 새어 들어오는 빛이 희미하게나마 밝혀주고 있었다. 그 문을 열고서야 치치코프는 환한 곳으로 들어설 수 있었는데, 순간 눈앞에 놓인 어수선한 광경에 자신도 모르게 멍해지고 말았다. 마치 대청소라도 하고 있어서 집 안의 가구를 임시로 여기에 쌓아놓기라도 한 것 같았다. 책상 위에는 다리가 부러진 의자까지 올려져 있었는데, 그 옆에는 멈춘 시계추가 거미줄로 뒤덮인 시계도 있었다. 낡은 은식기, 물병, 중국 도자기가 들어 있는 찬장도 옆으로 뉘어져 있었다. 자개를 박은 책상은 자개가 군데군데 떨어져 나가, 누런 아교 자국만이 남아 있었다. 그 책상 위에도 잡동사니들이 자질구레하게 올려져 있었는데, 푸른빛이 도는 손잡이 달린 대리석 문진으로 꾹 눌러둔 자질구레한 서류 뭉치, 빨간 실로 재단한 가죽 표지 고서(古書), 호두알보다도 작아 보이는 바싹 마른 레몬, 안락의자의 부서진 팔걸이, 덮개를 씌웠지만 안에 든 어떤 액체에 파리 서너 마리가 빠져 죽어 있는 술잔, 봉랍(封蠟) 조각, 어디선가 주워 모은 헝겊조각, 잉크가 엉겨 마치 폐병이라도 걸린 듯 바싹 마른 펜 두 개, 프랑스 군대가 모스크바로 쳐들어오기 전부터 집주인이 이를 쑤시는 데 썼는지 샛노랗게 된 이쑤시개 등이 있었다.

벽에는 그림 몇 점이 무질서한 모습으로 아무렇게나 걸려 있었다. 커다란 북, 삼각모를 쓰고 소리 지르는 병사들, 물에 빠져 죽어가는 말이 그려진 어떤 전쟁을 묘사한 듯한 길쭉하고 누렇게 색 바랜 동판화가 가는 구리 줄무늬와 구석마다 구리 장식을 넣은 마호가니 액자에 유리도 없이 걸려 있었다. 그 그림과 나란히 벽의 반을 차지하고 있는 것은 커다랗고 거무튀튀한 유화였는데, 꽃과 과일, 잘라낸 멜론, 멧돼지의 목, 거꾸로 매단 오리가 그려져 있었다. 천장 한가운데에는 마대자루를 씌워놓은 샹들리에가 매달려 있었는데, 먼지가 어찌나 많은지 마치 누에고치 같았다.

방의 한쪽 구석은 더욱 심각했다. 책상에 올려놓을 가치조차 없는 쓰레기들이 산더미처럼 바닥에 쌓여 있었다. 정말이지 그 속에 뭐가 있는지 알아보는 것조차 쉽지 않았다. 먼지라는 놈들이 또 어찌나 지독한지 조금만 건드려도 마치 손이 장갑이라도 낀 것처럼 되어버렸는데, 그나마 눈길을 끌었던 것은 나무로 만든 삽 파편과 낡아빠진 장화 밑창이었다.

만약에 책상 위에 낡고 너덜너덜한 두건이 없었더라면 이 방에 산 사람이 살고 있다고는 도저히 생각할 수 없었을 것이다. 치치코프가 너무나도 기괴한 방안 장식을 둘러보는 사이에 옆쪽 문이 열리더니, 현관 앞에서 만났던 가정부가 안으로 들어왔다. 순간 치치코프는 이 사람이 가정부가 아니라 남자 창고지기가 아닐까 싶었다. 가정부라면 턱수염을 깎지 않을 텐데, 이 사람은 면도를 했지 않은가! 하지만 턱이고 뺨이 말을 빗겨줄 때 쓰는 바늘 브러시와 똑같은 걸 보니 그나마도 어쩌다가 하는 모양이었다.

치치코프는 물어볼 것이 있다는 표정으로 창고지기가 얘기를 꺼내기만을 애태우며 기다렸지만, 창고지기는 창고지기대로 치치코프가 얘기를 꺼내기만을 기다리고 있었다. 결국 이런 야릇한 분위기를 참지 못한 치치코프가 먼저 입을 열고 물어보기로 했다.

"주인은 어디 계시오? 집에 안 계신 거요?"

"주인이라면 여기 있소." 창고지기가 대답했다.

"그러니까 어디 있느냐 말이오." 치치코프가 되물었다.

"아니, 이보시오. 당신 장님이오? 엉?" 창고지기가 말했다. "이런 젠장! 바로 내가 주인이란 말이오!"

여기서 우리 주인공은 자기도 모르게 뒤로 물러나 상대방의 얼굴을 뚫어져라 쳐다보았다. 지금까지 치치코프는 별의별 사람을 다 만나봤고, 그 중에는 나나 독자 여러분이 평생 볼까 말까 한 사람도 있었지만, 이런 사람은 처음이었다. 그렇다고 유달리 이상한 얼굴이었던 것도 아니다. 어디에서나 흔히 볼 수 있는 말라빠진 노인과 별다를 게 없었다. 다만 몹시 튀어나온 턱 때문에, 흐르는 침을 닦아줄 손수건을 항상 갖고 다녔고, 빛을 잃지 않은 옴팡눈을 송충이 같은 눈썹 아래에서 두리번거렸는데, 마치 어두운 구멍 속에서 뾰족한 주둥이를 내민 쥐가 귀는 쫑긋, 수염은 바르르 떨며 어디 고양이나 장난꾸러기가 숨어 있지는 않나 주변을 살피고 냄새 맡는 모습 같았다.

가장 눈에 띄는 건 역시 그의 옷차림이었다. 도대체 어떤 재질로 만든 건지 알 도리가 없는 외투는 기름때가 심하게 절은 소맷부리와 옷자락이 마치 장화 만들 때 쓰는 러시아 가죽처럼 번들거렸고, 옷 뒷자락은 둘도 아닌 넷으로 갈라져 너덜너덜했고 안감 찌꺼기까지 삐져나와 있었다. 목에도 뭔가 이상한 것을 감고 있었는데, 넥타이는 분명히 아니었다. 양말인지, 양말대님인지, 아니면 복대인지, 전혀 알 수가 없었다. 이건 정말이지 교회 앞에서 이런 사람을 만났다면 치치코프라도 분명히 동전 한 닢을 던져줬을 것이다. 우리 주인공의 명예를 위해서라도 한마디 해두겠지만, 그는 원래 자비심이 많아서, 가난한 사람을 보면 동전을 주지 않고는 못 참는 사람이다.

하지만 지금 치치코프 앞에 서 있는 인물은 거지가 아닌 지주이다. 적어도 천 명이 넘는 농노를 거느리고 있으며, 곡물을 낟알이나, 가루, 아니면 낟가리 그대로 저장해두고 있고, 삼베와 모직물, 손질한 양가죽, 손질하지 않은 양가죽, 건어물, 말린 채소와 버섯 같은 것들을 산더미처럼 저장한 창고, 헛간, 건조장을 갖고 있는 이 이상 부자가 있을까 싶을 만큼 큰 부자인 것이다.

안쪽 마당을 볼라치면, 그곳에는 여러 가지 목재와 한 번도 안 쓴 식기가 예비품으로 산더미처럼 쌓여 있었다. 알뜰한 부인이 하녀를 데리고 매일 장을 보러가는 모스크바 도떼기시장에 온 건 아닐까 싶을 만큼, 나무를 꿰고, 깎고, 잇고, 짜서 만든 생활용품들이 산더미처럼 쌓여 있었다. 나무통, 대야, 들통, 주둥이가 달린 나무 항아리와 주둥이가 없는 나무 항아리, 술잔, 소쿠리, 여자들이 세탁물이나 잡동사니를 넣어두는 광주리, 가는 버드나무 껍질로 만든 종다래끼, 자작나무 껍질로 만든 바구니, 그밖에도 가난하건 부자건 할 것 없이 러시아 사람이라면 누구나 쓰는 여러 물건들이 놓여 있었다.

왜 프루시킨은 이런 물건들을 산더미처럼 쌓아놓은 걸까? 영지가 지금의 두 배가 되더라도 평생 써도 다 못 쓸 것만 같은데 그에게는 아직도 부족한 듯했다. 이에 만족하지 못하고 그는 매일같이 마을을 쏘다니며 다리 밑이나, 시궁창 덮개 아래를 들춰보곤 낡은 구두 밑창, 여인네가 내다 버린 걸레, 쇳조각, 깨진 그릇까지 닥치는 대로 집으로 가져와 치치코프가 봤던 방구석의 쓰레기더미에 올려두곤 했다.

"거지영감이 또 한몫 낚으러 오는군." 농부들은 먹잇감을 찾아 헤매는 그의 모습이 보이면 이렇게 수군거렸는데, 그가 지나간 자리는 빗자루도 필요 없을 만큼 깨끗해졌다. 얼마 전에는 지나가던 한 장교가 박차를 떨어뜨렸는데, 그 박차는 눈 깜빡할 사이에 프루시킨의 쓰레기더미로 옮겨져 있었다. 만일 깜빡하고 우물가에 들통이라도 놓고 가기라도 하면, 그 들통까지도 말없이 가져가 버렸다. 그걸 본 농부라도 있으면 그는 두말없이 훔친 물건을 내놓지만, 쓰레기더미 속으로 들어갔다 하면 그걸로 끝이다. 이건 자기 물건이라느니, 언제 어디서 누구한테서 샀다느니, 심지어는 아버지한테서 물려받은 것이라고 막무가내로 억지를 부렸다. 거기다 그는 집안에서도 눈에 띄는 것이라면 봉랍이건, 종잇조각이건, 새털이건 할 것 없이 모두 주워서 책상이나 창가에 갖다 놓았다.

하지만 이런 그도 예전엔 누구보다 성실하고 번듯한 지주였다. 아내와 자식까지 거느린 가장이었으며, 식사를 즐기러 온 이웃사람들에게 농사법이나 돈 버는 법에 대해 들려주거나 가르침을 주곤 했었다.

모든 일이 활기차고 순조롭게 풀려나가던 시절이었다. 물레방아가 돌고, 마전터에 모직공장, 목공공장, 방직공장도 활기차게 돌아갔다. 주인 프루시킨의 날카로운 눈초리는 어디하나 빠짐없이 살펴보고 있었고, 바지런한 거미처럼 집안 구석구석을 부산하면서도 빈틈없이 돌아다녔다. 그런 성격이 얼굴에 드러나지는 않았지만 눈은 날카롭고 총명했다. 풍부한 인생 경험과 슬기로운 지혜로 가득한 그의 말에는 무게가 있어서 누구나 기꺼이 그의 이야기에 귀를 기울이곤 했다.

싹싹하고 대화를 좋아하는 부인은 손님 대접을 잘한다고 평판이 높았다. 손님이 오면 장미꽃처럼 젊고 아름다운 금발머리 두 딸이 나와서 인사를 했고, 기운 넘치는 아들도 뛰어나와 손님이 좋아하건, 싫어하건 상관하지 않고 아무에게나 키스를 해댔다. 집 안의 창문이라는 창문은 모두 활짝 열려 있었다. 2층 다락은 프랑스인 가정교사의 방이었는데, 그는 늘 깨끗하게 면도를 했고, 명사수라 저녁때만 되면 꿩이나 오리를 잡아오곤 했다. 때로는 새알만 가지고 오기도 했었는데, 그때면 손수 오믈렛을 만들었다. 집에서 오믈렛을 먹는 사람이 자신밖에 없었기 때문이었다. 또 2층 다락방에는 두 딸을 가르쳤던 프랑스 여교사도 살고 있었다.

주인은 식탁에 앉을 때면 언제나 예복을 입고 나타났다. 좀 오래되긴 했지만 깨끗했고 팔꿈치가 멀쩡할 만큼 손질도 잘 되어 있어, 옷감을 덧대 수선한 흔적은 어디에도 없었다. 하지만 착한 부인이 세상을 떠난 뒤로 집안의 온갖 자질구레한 일들은 열쇠꾸러미와 함께 그의 몫이 되었다.

프루시킨은 걱정이 더 많아졌다. 세상 홀아비들이 그렇듯 부쩍 의심도 늘었고 인색해졌다. 그는 큰딸 알렉산드라 스테파노브나에게 집안일을 맡기지 않았는데, 그도 그럴 것이, 그가 군인이라면 전부 노름꾼에 건달이라 생각하며 질색한다는 걸 알면서도 그녀가 어디서 굴러먹던 놈인지도 모를 기병연대의 이등대위와 손을 잡고 사랑의 도피를 해버렸기 때문이었다. 그녀는 어느 시골 교회에서 이등대위와 식을 올렸다. 프루시킨은 딸을 저주하기는 했지만, 찾아가서까지 혼내고 싶은 마음은 없었다.

집은 전보다 더 쓸쓸해졌고, 주인은 전보다 더 인색해졌는데, 그의 억센 머리털 사이로 인색함의 좋은 동반자인 흰머리마저 희끗희끗 돋아나기 시작하여 한층 더 그의 특징을 부각시켜 주었다.

프랑스인 교사는 아들이 일할 나이가 되었다는 이유로 해고되었고, 여교사는 큰딸이 달아난 사건에서 결백하지 못하다는 이유로 쫓겨났다. 아들은 아버지의 뜻대로 법원에서 본격적인 일을 배우러 큰 도시로 갔지만, 법원이 아닌 군대에 입대해서는 아버지에게 군복을 마련할 돈을 보내달라고 했는데, 그 답변으로 흔히 말하는 '퇴짜'를 맞았다는 건 너무나 당연한 이야기일 것이다. 그러다 함께 남아 있던 둘째 딸마저 죽으면서 노인은 유일한 재산 관리인이자 보호자, 소유자가 되고 말았다.

고독한 생활은 그를 더욱더 욕심꾸러기로 만들었다. 독자 여러분도 아시겠지만 욕심이라는 놈은 늑대와 같아서 탐하고 또 탐하더라도 그 바닥을 드러낼 줄을 모른다. 그렇지 않아도 부족하던 인간미는 시간이 갈수록 더욱 줄어들었고, 그가 사는 폐허처럼 나날이 빛을 잃어갔다.

바로 그때, 마치 군인에 대한 아버지의 가치관을 직접 증명해보이기라도 하겠다는 듯이 아들은 카드놀이로 돈을 몽땅 잃어버리고 말았다. 프루시킨은 아들에게 진심어린 저주를 쏟아냈고, 그 뒤로 아들의 생사에 대해서는 알아보려고도 하지 않았다.

시간이 갈수록 저택의 창문은 하나둘 닫혀 끝내 두 개만 남게 되었는데, 그나마도 하나는 독자 여러분이 아시듯이 종이를 붙여놓는 지경에 이르게 되었다. 차츰 집안일도 그의 눈길에서 멀어졌고, 초라해진 그의 눈에는 종잇조각이나, 깃털 같은 것만 보이게 되어, 그런 것들을 방에 모으는 데만 열중하게 되었다.

전부터 생산품을 사가던 도매상에게는 갈수록 완고하게 대했다. 애를 먹어가며 실랑이를 벌이던 상인들도 결국은 이놈은 사람의 탈을 쓴 악마라며 다시는 찾아오지 않았다. 쌓아둔 건초와 곡물은 썩을 대로 썩어 양배추를 심을 때나 쓸 비료가 되어버렸고, 지하실에 저장해둔 밀가루는 돌처럼 딱딱해져 도끼로 부숴야만 쓸 수 있게 되었고, 모직물, 리넨 같이 손으로 짠 직물들은 만지면 기분이 나빠질 만큼 먼지로 변해갔다.

이제는 그도 집 안에 무엇이 얼마만큼 있는지 잊어버렸다. 기억하고 있는 거라고는 누구에게도 들키지 않도록 표시를 해둔 어떤 과실주가 든 병이 찬장 어딘가에 숨겨져 있다는 것과 봉랍과 새털이 어디에 있다는 것뿐이었다. 그래도 세금은 이전과 다름없이 거두었기 때문에 농부들은 전과 다름없는 소작료를 내야만 했고, 여자들은 전처럼 호두를 납품해야 했고, 길쌈하는 여자들은 전과 똑같은 양의 직물을 짜야만 했다. 그리고 이렇게 거두어진 것들은 모두 창고에 쌓이는 족족 줄이 터지고 썩어 넝마로 변해버렸고, 결국 프루시킨까지 인간넝마가 되어버렸던 것이다.

큰딸 알렉산드라 스테파노브나는 뭐라도 받아볼 꿍꿍이로 두어 번 정도 작은 사내아이를 데리고 찾아왔었는데, 아무래도 이등대위를 따라 주둔지를 전전하며 사는 생활은 그녀가 결혼식을 올리기 전에 상상하던 것만큼 매혹적이지 못했던 모양이었다. 프루시킨도 딸을 용서해주었고 어린 손자에게는 탁자에 놓여 있던 단추를 장난감으로 주기도 했지만, 돈은 한 푼도 주지 않았다. 두 번째 찾아왔을 때는 두 아이를 데리고 차 마실 때 먹을 과자와 새 가운을 갖고 왔었는데, 지나가는 사람이 보기에도 창피할 만큼 아버지가 입고 있는 가운이 너무 초라했기 때문이었다. 프루시킨은 두 손자를 양쪽 무릎에 앉혀놓고 마치 말에 올라탄 것처럼 얼러주고 빵과 가운도 받았지만, 딸에게는 아무것도 주지 않았다. 그녀는 맥없이 돌아서야만 했다.

자아, 지금 치치코프 앞에 서 있는 사람은 그런 지주이다! 미리 얘기해두자면 이런 일은 러시아에서도 매우 드문 일이다. 러시아에선 누구나 더 크게 늘어나길 원하지, 작게 줄어들기를 바라지 않기 때문이다. 거기다 바로 옆에는 러시아식 방자함과 양반기질을 마음껏 발휘하며 돈을 물 쓰듯이 쓰는, 이른바 유흥 삼매경으로 세월을 보내는 지주가 있다하니 이러한 일이 더욱 놀랍게 느껴질 것이다.

예전엔 이곳에 처음 와본 사람들이 지주의 저택에 놀라 발길을 멈추곤 했다. 수많은 굴뚝과 망루, 풍향계가 솟아있고, 엄청나게 많은 방과 접객용 건물에 둘러싸인 흰 저택은 마치 궁전처럼 보였다. 이런 곳에도 부족한 것이 있을까? 연극과 무도회는 물론이요, 음악소리가 귓전을 때리는 정원에선 밤새 촛불과 등불이 휘황찬란하게 빛을 발했다.

마을사람들은 옷을 차려입고 즐겁게 가로수 길을 거닐었다. 어둔 밤에도 환한 불빛이 나무들을 비추어 삐죽삐죽 솟은 나뭇가지에도 사람들은 놀라거나 불쾌해하지 않았다. 하지만 위를 올려다보면 밤하늘은 여느 때보다 어둡고 커서 스무 배는 더 무섭게 느껴졌다. 위쪽에 있는 가지들은 아득히 높은 곳에서 잎사귀를 흔들다 깊은 어둠 속으로 사라져가며 뿌리만을 비추고 있는 엉터리 불빛에 화를 내고 있었다.

벌써 몇 분째 프루시킨은 말 한마디 않고 서 있었고, 치치코프도 집주인의 옷차림과 방안 광경에 어안이 벙벙해져서, 말문을 닫은 채 자신이 찾아온 이유를 어떻게 설명해야 할지 한참을 고심했다. 선생님의 인덕과 훌륭하신 인격에 대해 일찍이 들은 바가 있어 직접 뵙고 경의를 표하고자 찾아왔다고 얘기하려 했지만, 너무 과장된 것 같았다. 그래서 다시 방안을 스윽 훑어보고는 인덕이니 인격이라는 말보다는 '근검한'이나 '수완 있는'이란 말이 더 어울리지 않을까 싶었다. 그래서 그렇게 말을 바꿔 선생의 근검함이 돋보이는 영지관리 수완에 대해서는 일찍이 들은 바가 있어 꼭 한번 뵙고 경의를 표하고자 찾아왔다고 말했다. 물론 이것 말고 더 좋은 이유를 붙일 수 있었겠지만, 이때는 아무리 애를 써도 다른 생각이 떠오르지 않았던 것이다.

그 얘기에 프루시킨은 입술을 웅얼거리며 뭐라고 했는데(치아가 없었기 때문), 뭐라고 했는지 알 수는 없지만 아마 '네놈이고 네놈의 그 경의고 전부 엿이나 처먹으시지!'라는 뜻이었을 것이다. 하지만 우리 러시아에서 손님을 접대하는 전통은 어떤 구두쇠도 어기지 못할 만큼 널리 행해지고 있는 터라 프루시킨은 더 명확한 목소리로 이렇게 덧붙였다. "자아, 앉으시지요!"

"저희 집에 손님이 다녀간 지도 꽤 오래되었습니다. 그런데 솔직히 손님이 무슨 도움이 되겠습니까. 서로 부질없이 왔다갔다만 하는 지랄 맞은 전통이에요. 덕분에 집안일은 밀리지…… 찾아온 손님 말에게 건초도 먹여야 하지, 거기다 저는 이미 점심을 마친데다가 저희 집 부엌은 천장이 낮고, 더럽고, 굴뚝까지 부서져서 깜빡하고 불씨라도 넣었다간 화재가 날지도 모르지요."

'하하, 이거 굉장한데!' 치치코프는 속으로 생각했다. '소바케비치 집에서 치즈 케이크와 양고기로 속을 채우고 오길 잘했어.'

"거기다 집 여기저기를 뒤져봐도 건초더미 하나 보이질 않으니, 한심할 따름이지요!" 프루시킨은 이야기를 계속했다. "애당초 모아둘 것도 없답니다. 땅은 좁지, 농부들은 게을러서 일하기 싫어하고, 어떻게든 술집에 갈 생각만 하니…… 멍청히 있다가는 늙어서 이렇게 거지가 된답니다!"

"하지만 제가 듣기로는―" 치치코프가 정중하게 끼어들며 물었다. "선생님 댁 농노가 천 명도 넘는다고 하던데요?"

"누가 그런 소리를 합디까? 그런 소리를 한 놈 얼굴에 침이라도 뱉었으면 좋았을 텐데! 그건 분명히 장난꾸러기 녀석이 선생을 조롱하려고 한 말일 거외다. 농노가 천 명이라니, 농담도 작작하라고 해요. 궁금하시거든 직접 세어보시구려. 그렇게 많지 않다는 것을 알게 될 테니! 지난 3년 동안 고약한 열병으로 농노들이 무섭게 죽어나갔어요."

"허, 그래요? 많이 죽었나요?" 치치코프는 신이 나서 소리쳤다.

"그렇답니다. 많이 죽어나갔죠."

"실례지만 몇이나 죽었습니까?"

"80명쯤 될 겁니다."

"설마요."

"거짓말을 할 리가 있겠습니까?"

"한 가지만 더 여쭙겠습니다만, 그 수는 지난 인구조사 때부터 세신 겁니까?"

"그러면 얼마나 좋겠습니까. 지랄 맞게도 그때부터 센다면 120명쯤 될 겁니다."

"네? 120명이나 된다고요?" 치치코프는 놀란 나머지 입을 다물 줄 몰랐다.

"이런 늙은이가 선생께 거짓말을 할 것 같소이까? 이래봬도 난 일흔 살이 넘었소!"

아마도 프루시킨은 치치코프의 자못 기뻐하는 말투가 적잖이 비위에 거슬렸던 모양이었다. 치치코프도 다른 사람의 불행에 배려하는 태도를 보이지 않은 것은 분명히 실례되는 일이라는 것을 깨닫고, 곧바로 한숨을 푹 내쉬고는 진심어린 동정의 뜻을 나타냈다.

"아닙니다. 동정 받는다고 주머니가 두둑해지는 것도 아니잖습니까." 프루시킨이 말했다. "요 근처에도 어디서 굴러들어왔는지 근본도 알 수 없는 대위 한 놈이 있는데, 저더러 친척이라며 '삼촌! 삼촌!' 하면서 제 손에 키스하는 그런 놈이랍니다. 이놈이 동정이라도 할라치면 귀를 틀어막고 싶어질 만큼 큰 소리를 지른답니다. 얼굴도 빨간 걸로 봐서는 십중팔구 보드카라도 퍼마신 걸 테지요. 사관으로 일할 때, 노름으로 빈털터리가 됐거나, 여배우한테 돈을 싹싹 긁어 바쳤을 게 뻔합니다. 그러니 이제 와서 나한테 동정하는 척 요란을 떠는 걸 테지요!"

치치코프는 자신의 동정은 그 대위라는 사람의 동정과는 전혀 다르며, 빈말이 아니라 사실로 그걸 증명할 수 있다고 설명했다. 괜히 여러 소리 늘어놓느라 일을 질질 끌어서는 안 되겠다고 생각한 치치코프는 재난으로 죽은 농노에 대한 세금을 자신이 대신 내겠다고 진지하게 말했다. 이러한 제안에 프루시킨은 매우 놀란 모양이었다. 그는 두 눈을 동그랗게 뜨고는 한참을 치치코프를 바라보다 이렇게 물었다.

"선생께서는 전에 군대에 계셨습니까?"

"아니올시다." 치치코프는 꽤나 빈틈없는 대답을 했다. "저는 문관 쪽이었습니다."

"문관이라고요?" 프루시킨은 이렇게 되뇌더니, 마치 무얼 먹고 있는 것처럼 입술을 우물거렸다. "그럼 대체 어째서입니까? 선생께는 손해만 갈 텐데요?"

"노인장께서 좋으시다면야 손해 정도는 아무렇지도 않습니다."

"아니, 세상에 이렇게 고마운 분이 있나!" 프루시킨이 소리를 질렀다. 어찌나 기뻤던지 콧구멍에서 진한 커피찌꺼기 같은 코담배가 흉하게 삐져나와 있다는 것도, 가운 앞자락이 드러나서 지저분한 속옷이 보이고 있다는 것도 깨닫지 못했다.

"이 늙은이를 위로해주는구려! 고마우이! 정말로 고마우이!" 프루시킨은 그 이상 아무 말도 하지 못했다.

하지만 나무껍질 같던 얼굴에 확 피어올랐던 화색은 마찬가지로 확하고 사라지고 다시 근심어린 표정이 피어올랐다. 그러더니 손수건으로 얼굴을 닦고, 돌돌 말아 윗입술을 박박 문지르기까지 하는 것이었다.

"그러면 말입니다, 이런 무례한 질문으로 화를 내실지도 모르겠습니다만, 이제부터 선생께서 그놈들의 세금을 맡아주시겠다는 건데, 그 돈을 제게 주신다는 겁니까, 아니면 국고에 직접 내시겠다는 겁니까?"

"그건 이렇게 하면 됩니다. 저희 둘이서 등기거래를 하는 것이지요. 다시 말하면 그놈들이 살아있다고 꾸며서, 노인장께서 저에게 파시는 것이지요."

"그래요, 등기거래 말이군요……." 그러더니 프루시킨은 다시 생각에 잠겨 입술을 우물댔다. "아시다시피 등기거래는 돈이 많이 듭니다. 요새 관리 놈들은 양심이 없어요. 전에는 반 루블 동전과 밀가루 포대 하나면 해줬는데, 요즘은 곡식을 가득 실은 마차와 빨간 종이 한 장(10루블 지폐의 속칭) 정도 주지 않으면 꿈쩍을 안 해요. 다 돈독이 올랐어요, 돈독이! 그런데 어째서 신부님들은 그런 놈들을 눈감아주는지 모르겠어요. 납득이 안가요, 납득이! 확실하게 설교해줘야 합니다! 그런 설교에 대들 사람은 없을 테니 말입니다."

'아마 당신이었다면 대들었겠지!' 치치코프는 속으로 그렇게 생각했지만 조금의 망설임도 없이, 다른 사람도 아닌 선생의 일이고 하니까 등기를 옮기는데 드는 비용까지 자신이 부담하겠다고 했다.

비용까지 부담하겠다는 말에 프루시킨은 이 손님이 터무니없는 바보라고 생각했다. 문관이라는 얘기는 새빨간 거짓말이고, 사실은 여배우 꽁무니나 쫓아다니는 장교라고 말이다. 그래도 기쁨을 감출 수가 없었던 프루시킨은 치치코프만이 아니라, 있는지 없는지도 물어보지 않고 그의 자식들에게까지 이런저런 축복의 말을 해주었다.

그리고는 창가로 다가가 손가락으로 유리창을 두드리더니, "이봐, 프로시카!" 하고 소리를 질렀다. 그러자 누군가가 빠르게 현관으로 뛰어와서는 한참 동안을 부스럭대고, 쿵쿵 장화 소리를 내더니, 마침내 문이 열리고 프로시카라는 사내아이가 안으로 들어왔다. 열두세 살 정도 되어 보이는 아이였는데, 걸으면 금방이라도 쑥 빠질 듯한 큰 장화를 신고 있었다.

어째서 프로시카가 그렇게 큰 장화를 신고 있었는가하면, 프루시킨의 집에는 하인이 몇이건 상관없이 장화는 한 켤레밖에 없어서, 언제나 현관 앞에 두었다가 주인이 부른 하인이 마당에서 맨발로 뛰어와 장화를 신고 방으로 들어가야만 했다. 그리고 방을 나와 현관에서 다시 장화를 벗고 맨발로 걸어갔는데, 가을이 와서 아침마다 서리가 내릴 무렵이면 창밖으로 하인들이 무대 위 경쾌한 춤꾼마냥 펄쩍펄쩍 뛰는 모습을 볼 수 있었다.

"좀 보세요, 이 얼굴을!" 프루시킨은 프로시카의 얼굴을 가리키며 치치코프에게 말했다. "바보 주제에 뭐든 떨어져 있기만 하면 눈 깜짝할 사이에 훔쳐간답니다. 요놈, 또 뭘 주워갈 생각이냐?"

그리고 프루시킨이 아무 말도 하지 않자, 프로시카도 침묵으로 일관했다.

"가서 차를 준비해라, 알았지? 그리고, 자아, 이 열쇠를 마브라한테 줘서 창고로 가라고 해라. 창고에 있는 찬장 위에 알렉산드라 스테파노브나가 갖고 왔던 말린 빵이 있을 게다. 그걸 차와 함께 내오라고 전하고, ……잠깐, 어딜 가는 게냐! 이 멍청아! 무슨 이런 멍청이가 다 있어! 발밑에 마귀라도 돌아다니는 게냐? 내가 하는 말을 잘 듣고 가란 말이다! 말린 빵들 껍데기가 거의 다 썩었을 테니, 칼로 그것만 벗겨내라고 해라. 벗겨낸 껍데기는 버리지 말고 닭 모이로 주라고 하고. 그리고 잘 들어, 너는 창고로 들어가선 안 돼! 그랬다가는 알지? 자작나무 회초리 맛을 보게 될 게다! 요즘 먹을 것만 밝히고 있던데, 들어가 보고 싶거든 해봐! 여기 창문에서 쭉 지켜보고 있을 테니! 정말이지 믿을 놈 하나 없답니다."

그는 프로시카가 장화를 질질 끄면서 나간 뒤에도, 치치코프를 보면서 계속 이야기를 했다. 거기다 한술 더 떠서 치치코프까지 의심스러운 눈초리로 힐끔힐끔 쳐다봤는데, 아무래도 그는 이런 보기 드문 관대한 제안이 도저히 있을 수 없는 일이라고 생각한 것 같았다.

'어디서 굴러먹던 말뼈다구인지는 몰라도, 그 난봉꾼들처럼 헛소리나 늘어놓는 놈일지도 몰라. 차를 마시면서 허풍만 늘어놓다 꽁무니를 빼고 달아나는 건 아닐까?'

그래서 프루시킨은 조심도 할 겸, 상대방이 허풍을 치고 있진 않은가 알아보고자 거래는 한시라도 빨리 끝마치는 것이 좋고, 사람은 믿을 것이 못 되며, 한 치 앞도 모르는 것이 사람 일이 아니냐고 했다.

그러자 치치코프는 당장에 명세서를 써도 상관없다고 하면서, 다만 농노의 명부를 보여주었으면 좋겠다고 했다.

그제야 프루시킨은 마음을 놓았다. 한참을 생각에 빠져 있던 그는 열쇠를 들고 찬장으로 가더니 찬장 문을 열고 컵과 찻잔 사이를 뒤적거리다 이렇게 말했다.

"이게 어디로 갔지? 분명히 여기에 고급 리큐어(알코올에 설탕과 향료를 넣은 혼성주)가 있었을 텐데 말이야. 설마 어떤 놈이 마셔버렸나? 정말이지 이놈이고 저놈이고 도둑놈들뿐이라니까! 가만있자, 이건가?"

그러더니 프루시킨이 유리병 하나를 꺼냈는데, 치치코프가 보기에 마치 복대라도 두른 것처럼 먼지투성이였다.

"이건 죽은 아내가 살아있을 적에 만들어둔 것이랍니다. 그런데 몹쓸 가정부가 뚜껑도 막지 않고 아무렇게나 두었지 뭡니까, 그 썩을 년! 덕분에 무당벌레같은 별별 것들로 꽉 들어차 있었지만, 제가 그 쓰레기들을 전부 건져내서 지금은 깨끗합니다. 어떻게, 한잔 하시겠습니까?"

치치코프는 술도 식사도 모두 하고 왔다고 하면서 극구 리큐어를 사양했다.

"술도 식사도 하고 오셨다니!" 프루시킨이 말했다. "드시지도 않고 배부르다고 하시니, 상류층 분들은 역시나 다르군요. 정작 여기 도둑놈들은 먹어도, 먹어도 끝이 없답니다. 좀 전에 얘기했던 대위 녀석은 올 때마다, '삼촌, 먹을 것 좀 줘요!'라고 하니 말입니다. 그놈이 나를 삼촌이라고 부르겠다면 나는 그놈을 영감이라고 불러야겠어요. 원, 짜증이 나서 견딜 수가 있나! 어차피 집에 먹을 게 없으니까 덜렁덜렁 찾아오는 걸 겁니다! 그렇지, 그렇지, 선생께서 그 밥벌레들의 명부가 필요하다고 하셨지요? 그거야 간단합니다. 그놈들의 이름은 제가 기억나는 대로 전부 특별한 서류에 적어두었답니다. 다음 조사가 오는 대로 전부 지워버리려고 말이지요."

프루시킨은 안경을 쓰고 서류더미를 뒤졌다. 서류뭉치라는 뭉치는 전부 풀었는데, 그 덕분에 치치코프는 재채기가 나올 만큼 많은 먼지성찬을 들게 되었다. 마침내 프루시킨이 글씨로 가득한 서류 한 장을 꺼냈는데, 농노들의 이름이 마치 우글거리는 파리 떼처럼 빽빽하게 적혀 있었다. 파라모노프, 피메노프, 판테레이모노프……, 그 속에는 그리고리 드에즈자이 네드에데시(절대로 갈 수 없다는 뜻)라는 이름도 있었다. 다 합해서 120명이 좀 넘었다. 이렇게나 많은 수에 치치코프는 무심코 빙그레 웃고 말았다. 그는 서류를 주머니에 집어넣고 프루시킨에게 등기를 올리려면 시내로 오셔야겠다고 말했다.

"시내라고요? 이것 참 어쩌면 좋지. ……제가 어떻게 집을 비우겠습니까? 여긴 전부 도둑놈들뿐이라 하루라도 집을 비웠다간 모조리 쓸어가서, 외투 걸어놓을 데조차 없어질 겁니다."

"그럼 아는 분이라도 안 계십니까?"

"아는 사람이라고요? 제가 알던 사람은 모두 죽었거나, 사이가 멀어졌답니다. 아아, 그렇지! 있습니다, 있어요!" 그가 소리를 질렀다. "아시죠? 법원장이 저와 아는 사이랍니다. 한두 번인가 저희 집에도 오고 그랬었지요. 우리는 같은 학교를 다녔거든요. 함께 담도 넘고 그랬답니다. 네, 알다마다요. 그럼, 그 친구에게 편지를 쓰는 건 어떻겠습니까?"

"그분이라면 괜찮겠지요."

"제가 아는 사람 중에 이처럼 훌륭한 사람은 없을 겁니다. 학창시절 친구였지요."

그러자 뜻밖에도 저 나무껍질 같던 얼굴에 따스한 빛이 살짝 스치면서 감정이 아닌, 감정의 창백한 그림자 같은 것이 떠올랐다. 마치 물에 빠졌던 사람이 갑자기 물 위로 떠올라 물가에 모인 사람들이 환호성을 지르게 하는 것과 흡사했다. 기뻐하는 사람들은 물가에서 밧줄을 던져주고, 다시금 지쳐버린 팔이 허우적대는 모습이라도 보이지 않을까 기대하지만, 방금 내밀었던 얼굴이 마지막이 되었다. 모든 것이 적막하고 조용해지고, 대답 없는 수면은 점점 무섭고 허무해진다.

프루시킨의 얼굴이 바로 그러했는데, 한순간 반짝이던 감정의 빛이 빠져나간 뒤에는 더욱 속되고, 더욱 고약해져 버렸다.

"책상 위에 잘라 둔 새 종이가 있었을 텐데. 이게 또 어디로 사라졌지? 정말이지 하나 같이 쓸모가 없어, 쓸모가!"

프루시킨은 책상 아래를 살펴보고 주변을 기웃거리다가, 마침내, "마브라! 마브라!" 하고 소리를 질렀다. 그러자 소리에 답하듯이 한 여인이 접시를 들고 나타났는데, 그녀가 든 접시에는 독자 여러분께서도 잘 아실 말린 빵이 올려져 있었다.

두 사람 사이에서는 다음과 같은 대화가 오고 갔다.

"이 도둑년 같으니, 종이를 어디다 감췄지?"

"나리, 전 정말로 종이 같은 건 보지도 못했습니다. 나리께서 술잔 덮개로 쓰시는 그 작은 종잇조각은 빼고요."

"나는 말이야, 네 눈만 봐도 훔쳤다는 걸 알 수 있어."

"하지만 그걸 왜 훔치겠어요? 저한테 무슨 도움이 된다고요? 읽지도 쓰지도 못하는데."

"거짓말 마! 네가 당지기한테 갖다 준 게 틀림없어. 그놈은 글씨를 좀 아니까 분명히 네가 가져다주었을 게야."

"그 사람이 그럴 생각이었다면 종이를 직접 샀겠지요, 그 사람이 나리의 종잇조각을 어떻게 알겠어요?"

"오호라, 그래? 이만하면 마지막 심판에 악마들이 너를 꼬챙이에 꽂아서 바싹 구워주겠군! 그렇게 되더라도 울지나 마라!"

"종이를 건드린 적도 없는데 무슨 벌을 받겠어요? 다른 계집의 약점을 캐려고 했던 적 외에는 도둑년소리 들을 짓은 결코 한 적이 없어요."

"두고 봐라, 악마들이 너를 불태워버릴 게다! '자아, 각오해라! 도둑년 같으니, 네 주인을 속인 벌을 받아라!'라고 하면서 새빨갛게 달아오른 꼬챙이로 널 구워버릴 게다!"

"그러면 저는 이렇게 말하겠어요. '헛소리 말아요! 신께 맹세코 도둑질 같은 건 하지 않았습니……' 어머? 종이가 저 책상 위에 있잖아요! 나리는 꼭 죄 없는 사람을 야단친다니까!"

정말이었다. 종이는 그곳에 있었다. 그걸 본 프루시킨도 할 말이 없었는지 입술만 우물거리다 이렇게 말했다.

"흥, 뭘 그렇게 떠들어대. 악착같은 년. 한 마디만 하면 열 마디로 말대답을 하니 원! 가서 편지 봉인을 하게 불씨나 가져와. 잠깐! 또 기름양초를 가져오려고 그러지? 그건 잘 녹아서 한번 불을 붙이면 남는 게 없어서 손해만 난단 말이야. 가서 성냥이나 가져와!"

마브라가 밖으로 나가자, 프루시킨은 안락의자에 앉아서 펜을 꺼내 종잇조각 하나를 들고 한동안 이리저리 뒤집어보며 이걸 어떻게 더 자를 수는 없을까 고민했다. 하지만 어떻게도 할 수 없다는 것을 깨달았는지 바닥에 곰팡이가 핀 어떤 액체와 파리가 잔뜩 들어 있는 잉크병에 펜을 꽂고 글씨를 끼적이기 시작했다. 춤이라도 출 듯이 와들와들 떠는 손을 쉴 새 없이 억누르며, 콩나물 대가리 같은 글자를 종이에 빈틈없이 깨작깨작 채워나갔는데, 오히려 그럴수록 여백이 더 많아져서 짜증을 부렸다.

이렇게까지 사람이 초라하고, 인색하고, 추잡하게 타락할 수 있단 말인가! 이렇게까지 변할 수 있단 말인가! 이 이야기는 진실인가? 그렇다. 이것은 전부 진실이며, 사람에게는 어떤 일이든 일어나는 법이다. 혈기왕성한 젊은이도 자신의 늙은 모습을 보게 된다면 공포에 질려 뒤로 벌렁 넘어지고 말 것이다. 감수성 풍부한 청년 시절이 끝나 거칠고 냉혹한 중년이 되더라도 인간성만큼은 잃어버려선 안 된다. 그건 결코 다시 주울 수 없기 때문이다. 다가올 노년은 무자비할 만큼 무시무시하다. 무엇하나 원래대로 돌려놔주지 않는다. 노년에 비하면 오히려 무덤에 누워 있는 게 훨씬 나을 지경이다. 죽으면 '여기 아무개 잠들다'라고 쓴 묘비라도 있을 텐데, 비인간적인 노년의 냉혹하고 비정한 용모에서는 뭘 읽을 수 있단 말인가.

"그런데 친구분들 중에 말입니다." 프루시킨이 편지를 접으면서 말했다. "달아난 농노가 필요하다는 분은 안 계십니까?"

"도망간 농노도 있다고요?" 정신을 차린 치치코프가 다급히 물었다.

"그렇답니다. 사위 녀석이 여기저기 알아봐주었지만, 도무지 행방을 찾을 수가 없다고 하더군요. 하기야 군인이라 발로 뛰는 건 잘하겠지만, 법원에 들락거리는 건 영……."

"그래서 몇이나 됩니까?"

"글쎄올시다, 아마 70명 정도 될 겁니다."

"설마요!"

"아니, 정말입니다! 저희 마을에선 해마다 몇 놈씩 달아나고 있어요. 농노라는 놈들이 하나 같이 밥통이 커서, 빈둥거리는 동안 우적우적 먹어대는 버릇만 들었답니다. 덕분에 저마저도 끼니를 굶을 지경이에요……. 얼마가 들든 상관없습니다. 한번 친구분들께 권해보시는 건 어떻겠습니까? 딱 10명만 찾아내도 좋은 돈벌이가 될 겁니다. 호적에 올려 진 농노는 한 사람당 500루블은 하거든요."

'농담도 작작하슈, 그런 걸 친구에게 알려줘서 어떡하게!' 하고 생각한 치치코프는 이렇게 설명해주었다.

"아마 그런 농노를 사겠다고 나설 친구는 절대 없으려니와, 외투자락이 닳도록 열심히 법원에 드나들어도 아무런 소득도 얻지 못하고 포기할 게 뻔합니다. 비용만큼 손해가 날 테니까요. 하지만 그렇게 곤경에 처했다고 하시니 너무 안타까운 일입니다. 제가 값을 치러도 좋긴 합니다만, 말을 꺼내기도 부끄러울 만큼 사소한 금액이라……."

"그럼 얼마나 주시겠소?" 그렇게 묻는 프루시킨의 얼굴은 마치 유대인처럼 변했고, 두 손을 수은처럼 가늘게 떨었다.

"저라면 한 사람당 25코페이카씩 내겠습니다."

"돈은 현찰로 내실 겁니까?"

"네, 현금으로 드리겠습니다."

"선생님, 그러면 말입니다, 이렇게 가난한 저를 좀 보시고 한 사람당 40코페이카씩 쳐주시면 안 되겠습니까?"

"아아, 어르신! 40코페이카라니요! 저는 한 사람당 500루블이라도 내고 싶은 심정입니다! 기꺼이 드리고말고요. 존경받아 마땅한 선량하신 노인장께서 그 정직함 때문에 이렇게 고통 받고 계신데 어찌 그냥 보고 넘어갈 수 있겠습니까?"

"그렇지요! 말씀하신 대롭니다!" 프루시킨은 조아린 머리를 마구 흔들어 대며 말했다. "전부 제가 정직해서 그런 것이지요."

"그렇습니다. 저는 한눈에 선생님이 어떤 분인지 알아차렸답니다. 그런 분께 한 사람당 500루블 정도는 쳐서 드려야할 텐데…… 그러기에는 제 주머니 사정이 넉넉지가 않답니다. 그러니 5코페이카만이라도 더 해서 한 사람당 30코페이카로 하는 건 어떻습니까?"

"저야 좋지요. 다만 2코페이카라도 더 해주실 수는 없겠습니까?"

"좋습니다, 그럼 2코페이카 더 내도록 하죠. 몇 명이라고 하셨죠? 아마 70명이라고 하셨죠?"

"아니요, 전부 78명입니다."

"78명, 78명이라, 한 사람당 32코페이카니까……." 여기서 우리 주인공은 불과 1초 만에, "24루블 96코페이카로군요!"라고 말했을 만큼 셈에 아주 강했다.

치치코프는 그 자리에서 프루시킨에게 영수증을 쓰게 하고 돈을 넘겨주었다. 두 손으로 돈을 받아든 프루시킨은 무슨 물로 가득 채운 그릇이라도 옮기는 양 조심스럽게 책상으로 가져갔다. 그는 거기서 다시 한 번 세어보고 서야 서랍 안에 돈을 조심스레 집어넣었다. 아마도 이 돈은 마을에 두 명뿐인 신부님, 칼프 신부와 포리칼프 신부가 프루시킨의 장례를 치를 때까지 서랍 속에 내내 잠들어 있다가 나중에 딸과 사위, 아니 어쩌면, 친척으로 되어 있을지도 모를 그 대위에게 이루 말할 수 없는 기쁨을 선사하게 될 것이다.

돈을 챙기고 안락의자에 앉은 프루시킨은 더 이상 할 얘기가 생각나지 않는 듯했다.

"아니, 벌써 가려고 하십니까?" 주머니에서 손수건을 꺼내려고 치치코프가 조금 몸을 움직인 것일 뿐인데 그걸 알아보고는 이렇게 말했다.

하지만 치치코프는 그 얘기에 더 이상 이곳에 꾸물거리고 있을 필요가 없다는 것을 깨달았다.

"네, 슬슬 가봐야겠습니다." 치치코프는 모자를 집으면서 말했다.

"차라도 드시고 가시지요."

"아닙니다, 그건 다음에 찾아뵐 때 함께 하도록 하겠습니다."

"그렇습니까. 사모바르를 준비시키긴 했습니다만, 사실 저는 차를 그렇게 좋아하지 않습니다. 무엇보다 돈이 많이 들잖습니까. 요즘 설탕 값은 또 얼마나 올랐습니까? 프로시카, 사모바르는 준비할 것 없다! 빵은 마브라한테 도로 갖다 주거라. 알겠지? 원래 있던 곳에 돌려놓으라고 해야 한다. 아니, 그보단 이리 가져 오거라. 내가 직접 갖다놔야겠다. 그럼, 안녕히 가십시오. 신의 가호가 있으시길! 그리고 편지를 법원장에게 전해 주십시오. 보여주시기만 하면 됩니다. 그 양반은 저의 오랜 친구거든요! 네, 그렇지요! 동문수학한 사이랍니다!"

그러더니 이 기괴한 인물, 주름투성이 노인은 치치코프를 배웅해주고 당장 문을 닫도록 명령했다. 그는 창고를 돌며 창고지기들이 제자리에 잘 있는지 확인했다. 창고지기들은 각자의 자리에서 철판 대신에 빈 통을 나무 가래로 때리고 있었다. 바깥 순찰이 끝나자 프루시킨은 부엌으로 들어가 하인들이 잘 먹고 있는지 확인하겠다며 맛을 본다는 구실로 양배추 수프와 오트밀을 배부르게 먹어치우고, 한 사람도 빠짐없이 도둑놈이니, 게으름뱅이니 실컷 욕을 퍼붓고는 방으로 돌아갔다. 혼자 있게 된 그는 좀 전의 손님께서 보여주신 그 관대함에 어떤 보답을 해드려야 좋을지 고민했다.

'그 친구한테 회중시계라도 선물할까? 그놈은 고급 은시계라 황동이나 구리로 만든 것과는 격이 다르단 말이지. 좀 고장 나긴 했지만, 그쯤이야 알아서 고치겠지. 아직 젊으니까 마누라한테 잘 보이려면 회중시계 하나쯤은 필요할 거야! 아니지, 그보다는…….' 그는 잠깐 생각하고 이렇게 덧붙였다. '차라리 나를 두고두고 기억하도록, 유언에 시계를 그 사람한테 주도록 적는 게 낫겠어.'

그러나 우리 주인공은 그런 시계를 받건 안 받건 간에 무척이나 기분이 좋았다. 이런 뜻하지 않은 수확이야말로 무엇보다 좋은 선물이었기 때문이다. 죽은 농노뿐이랴, 도망간 농노까지 손에 들어왔겠다, 다해서 2백 명도 넘으니 엄청나지 않은가! 물론 프루시킨의 마을에 가까워질수록 뭔가 좋은 일이 있을 거라는 예감이 들었지만, 이렇게까지 좋을 거라고는 꿈에도 생각지 못했던 것이다. 치치코프는 마차를 타고 달리는 내내 여느 때와 달리 즐거운 마음으로 휘파람을 불거나, 나팔을 부는 것처럼 주먹을 입에 대고 불거나 하더니, 나중에는 노래 같은 것을 부르기 시작했는데, 그게 또 무척이나 이상야릇한 노래라, 열심히 귀를 기울이고 있던 세리판까지 머리를 절레절레 저으며, "나리는 무슨 저걸 노래라고 부르고 있담!" 하고 중얼거렸을 정도였다.

마차가 시내에 가까워졌을 무렵에는 이미 짙은 어둠이 내려와 있었다. 빛과 어둠이 한데 어울려, 마치 모든 것들이 뒤섞여버린 것처럼 보였다. 시문(市門)의 가로수는 어슴푸레한 빛깔을 띠고 있고, 보초를 선 병사의 턱수염도 뺨이나, 이마에 자라난 것처럼 보였고, 코는 아예 없는 것 같았다.

달그락달그락하는 소리와 거센 진동으로 마차가 포장도로 위에 들어섰다는 것을 알 수 있었다. 가로등에는 아직 불이 들어오지 않았고, 이집저집의 창문에서 겨우 불빛이 비치기 시작할 무렵, 골목이나 막다른 길에는 군인이나 마부, 노동자, 그리고 붉은 숄에 양말도 없이 구두만 신은 여인이 마치 박쥐처럼 이 거리, 저 거리를 돌아다니고 있었고 늘 이 시간이 되면 경험할 수 있는 평범한 마을의 장면과 대화가 반복되고 있었다.

하지만 치치코프는 그걸 전혀 눈치채지 못했고, 산책을 마치고 집으로 돌아가는 길인 듯한 지팡이를 든 여러 명의 말라깽이 관리들도 눈에 들어오지 않았다. 가끔가다 "이 주정뱅이가 무슨 소릴 하는 거야! 허튼짓하면 가만 안 놔둘 거예요!"라든가, "이거 놔요! 별꼴이야 정말. 경찰서로 가서 혼쭐이 나봐야겠어요?"와 같은 여인의 고함이 들려왔는데, 한 마디로 꿈을 품고 살아가는 20대 젊은이가 스페인 거리나 밤거리, 기타를 끌어안은 곱슬머리 여인의 매혹적인 자태 같은 것들에 눈길을 주면서 극장에서 돌아오는 길에 뜬

금없이 끓는 물을 뒤집어쓰는 것처럼 듣게 되는 말이다. 이런 젊은이의 머릿속엔 떠오르지 못할 상상이 있기야 하겠는가? 천국을 산책하다 실러(독일 고전주의 극작가이자 시인)의 집을 방문한 것이다, 라는 숙명적 문장이 머릿속에 번개처럼 떠올랐다. 정신을 차리자 그는 다시 땅 위의 시끌벅적한 시장, 그것도 술집 옆에 있었다. 일상은 여봐라는 듯이 그의 눈앞에서 다시 촌스러운 행진을 시작했다.

마침내 마차는 덜커덩하고 크게 튀어올라, 구멍 속으로 빨려 들어가듯이 여관 안으로 들어갔다. 페트루슈카가 마중을 나와 주었는데, 그는 프록코트 옷자락이 벌어지는 것이 질색인지라 한 손으로 그걸 잡고, 다른 한 손으로 치치코프가 마차에서 내리는 걸 도와주었다. 종업원도 촛대를 들고, 어깨에는 냅킨을 걸치고 달려 나왔다. 페트루슈카가 주인이 돌아온 것을 기뻐했는지 어땠는지는 알 수가 없지만, 그는 세리판과 서로 눈길을 교환했고, 평소의 신경질적인 얼굴도 지금은 조금이나마 풀려 있었다.

"꽤나 긴 출타셨네요." 종업원이 등불로 계단을 비추며 말했다.

"그렇지." 치치코프는 계단을 올라가면서 말했다. "그래, 잘 지냈나?"

"다 나리 덕분이지요." 종업원은 머리를 조아려 인사하면서 대답했다. "어제는 중위되시는 분이 찾아오셔서 16호실에 묵으셨답니다."

"중위라니?"

"누구신지는 잘 모르겠습니다만, 랴잔에서 갈색 말이 끄는 마차를 타고 오셨습니다."

"좋네, 좋아. 앞으로도 열심히 하게!" 치치코프는 자기 방으로 들어갔다.

하인들의 휴게실을 지나면서 냄새를 맡고는 이렇게 말했다.

"이놈아, 창문 정도는 열어 둬야 할 게 아니냐!"

"열어뒀는뎁쇼."

페트루슈카가 이렇게 대답했지만, 그건 거짓말이었다. 치치코프도 그게 거짓말이라는 걸 알았지만 뭐라고 해줄 마음이 나지 않았다. 막 여행을 마치고 돌아와 몹시 피곤했던 탓이었다. 치치코프는 새끼돼지 고기만으로 가볍게 저녁을 해결하고 바로 옷을 벗고 담요 속으로 들어가 깊은 잠에 빠져들었다. 치질과 벼룩, 불면증 걱정이 없는 그런 행복한 사람만이 누릴 수 있는 멋진 잠이었다.

7

추위에 진눈깨비, 진흙구덩이, 잠에 취한 역참주인, 달랑거리는 방울소리, 마차 수리, 말싸움, 마부, 대장장이, 길바닥을 돌아다니는 여러 불한당들이 으레 뒤따르는 길고 따분한 여행을 끝마치고 자신을 반겨주는 친숙한 지붕과 빠르게 가까워지는 등불을 볼 수 있는 나그네는 행복한 사람이다. 눈앞에 나타나는 그리운 방, 마중하러 뛰어나오는 사람들의 환영, 시끄럽게 뛰어다니는 아이들, 뜨거운 키스는 여행으로 인한 피로와 우울을 말끔히 씻어주고 조용하고 차분한 이야기꽃을 피우게 해준다. 이렇듯 가정을 갖고 있는 사람은 행복한 사람이다. 그에 비하면 독신자는 얼마나 처량한가!

비참한 현실을 드러내어 사람을 놀라게 하고 따분함으로 몸서리치게 만드는 그런 인물을 멀리하고, 고결한 인간의 자질을 갖춘 사람만을 가까이하는 작가, 매일매일 눈앞을 스쳐 지나가는 인파 속에서 예외적인 소수만을 골라내는 작가, 높게 조율된 자신의 하프 가락을 절대로 바꾸지 않고 자신의 높이에서 아래쪽에 있는 동료를 불쌍하다는 듯이 바라보며 지상에서 멀리 떨어진 곳에서 머물며 자족하는 인물, 바닥에 직접 발을 딛으려 하지 않고 자신의 일에만 몰두해온 작가는 행복한 사람이다. 그런 사람들 가운데 있는 그의 모습은 피로 이어진 가족 같으며, 한편으로 그의 명성은 번개처럼 널리 퍼져 나간다. 이런 멋진 운명은 이중으로 부러워할 만한 것이다.

그는 매혹적인 향연(香煙)으로 사람들의 눈을 속인다. 인생의 비참함을 감추고, 위대한 인간상만을 드러내 사람들에게 멋진 기쁨을 선사한다. 대중은 박수를 보내며 그를 따른다. 화려한 그의 마차를 따라 뒤를 쫓는다. 세계적인 시인이라 부르며, 마치 저 높은 하늘을 나는 새들보다 더 높은 하늘을 누비는 독수리처럼, 세상의 천재들이 우러러보는 위인이 된다. 그 이름을 듣는 것만으로 젊은이들의 열정적인 마음은 감격에 휩싸이고 두 눈에는 감격의 눈물이 고인다……. 이러한 능력, 세상에 그와 같은 자는 없다. 그가 바로 신(神)이다!

그러나 여기에 이런 운명과는 인연이 없는 전혀 다른 운명을 타고난 작가가 있다. 우리 눈앞에 끊임없이 벌어지고 있건만 무관심한 눈에는 보이지 않는 인생을 겹겹이 둘러싼 일상 속 작은 일들의 소름 끼칠 만큼 끔찍한 늪, 자칫하면 측은하고 을씨년스러운 인생행로에 넘쳐나는 냉정하고 인색한 통속적 인물의 밑바닥을 대담하게 밖으로 드러내, 끌로 사정없이 내리쳐 대중에게 여러 가지 조각(彫刻)으로 보여주는 작가!

이러한 작가는 대중의 갈채를 받지 못한다. 감격한 독자의 눈물과 감동의 즐거움을 맛볼 수도 없고, 열여섯 꽃다운 소녀의 열정적인 포옹을 받는 일도 없고, 자신의 명성에 취할 수도 없고, 거기다 현대의 비평에서 벗어날 수도 없다. 현대의 비평, 위선적이고 무정한 현대의 비평은 작가가 심혈을 기울여 쓴 작품을 볼 가치도 없는 저급한 것이라 칭하고, 작가에게는 인간을 모욕하는 자라는 낙인을 찍는다. 게다가 작품의 주인공과 작가 자신을 동일시함으로써 작가의 마음도, 영혼도, 신성한 재능까지도 모조리 없애버린다.

왜냐하면 현대의 비평은, 첫째로 천체를 들여다보는 렌즈도, 눈에 보이지 않는 작은 벌레가 움직이는 것을 보여주는 렌즈도, 둘 다 뛰어난 물건이라는 것을 인정하지 않고, 둘째로 비천한 생활을 취재한 장면에 광채를 띠고 주옥 같은 창작의 경지로 끌어올리는 깊은 정신의 중요성을 인정하지 않으며, 셋째로 마음속에 살아 숨 쉬는 웃음과 고상하고 서정적인 감동은 동등한 가치가 있으며, 길거리에서 아무렇게나 볼 수 있는 싸구려 배우의 광대놀음과 차이가 있다는 것을 인정하지 않기 때문이다.

현대의 비평은 이러한 것들을 인정하지 않고, 모든 걸 불우한 작가에 대한 비난과 욕지거리로 바꿔버린다. 따라서 작가는 상대도, 대답도, 동정도 얻지 못하는 집 없는 나그네처럼 외로이 인생길에 남겨지게 된다. 그렇게 작가는 자신의 세계의 초라함과 자신의 고독을 뼈에 사무치도록 깨닫게 될 것이다.

나 또한 신기한 힘에 이끌려 앞으로 오랫동안 기묘한 등장인물들과 함께 손을 마주 잡고 나아가면서, 시시각각으로 변해가는 인생의 모습을 누구나 느낄 수 있는 즐거운 웃음, 아무에게도 보이거나 알려져서는 안 될 눈물을 통해 구석구석까지 살펴야 한다! 그런 만큼, 성스러운 공포와 광명에 덮인 장(章) 속에서 영감(靈感)의 폭풍이 샘물처럼 솟아나 여러분이 불안의 전율 속에서 한 구절, 한 구절 위대한 울림을 접하게 되는 것은 좀 더 나중의 일이 될 것이다…….

자, 출발이다! 출발하자꾸나! 이마에 주름살을 잡거나, 신경질이 난 것처럼 얼굴을 찡그리는 짓은 그만하자! 소리 없는 아우성과 딸랑이는 방울소리로 가득한 인생의 한복판으로 단숨에 뛰어들어 치치코프가 어떤 행동을 하는지 지켜보도록 하자.

치치코프는 눈을 뜨고 두 팔과 두 다리를 쭉 뻗고는 개운한 기분을 즐겼다. 2분 정도 드러누워 있던 치치코프는 갑자기 손가락을 딱하고 튕기면서 '이제는 나도 400명 가까운 농노를 거느린 몸이야.' 하고 기쁜 빛이 넘치는 표정으로 생각했다. 곧바로 침대에서 일어났지만 거울에 얼굴을 비춰보려고도 하지 않았다.

얼굴 이야기가 나왔으니 말이지만 그는 자기 얼굴을 무척이나 좋아했다. 그중에서도 턱이 제일 매력적이라고 생각했는지, 친구들과 있을 때, 특히나 수염을 깎을 때면 늘 한 손으로 턱을 쓸어대며 이렇게 턱 자랑을 하곤 했다. "이것 좀 보게. 내 턱 어떤가? 정말 동그랗지 않나?" 그런데 지금은 턱은커녕 얼굴조차 거들떠보지 않고 자고 일어난 모습으로 러시아인의 유별난 취미 덕분에 토르조크 시(市)에서 가장 잘나간다는 여러 색상 장식이 달린 모로코가죽 장화를 신었다. 그런 다음 스코틀랜드풍의 짧은 루바시카(러시아 남성이 입는 블라우스 풍상의)를 하나 걸치고 체면도 나이도 잊은 듯이 쿵쿵하고 방바닥 위에서 두 번 점프를 하고 곧바로 일을 시작했다.

먼저 손가방을 앞에다 놓고 심리를 마친 지방법원의 청렴한 예심판사들이 전채요리 테이블에 앉았을 때처럼 만족스러운 표정으로 두 손을 비비고는 곧바로 서류를 꺼냈다. 그는 빠르게 일을 끝마치고, 대리인에게 한 푼이라도 주지 않기 위해 등기 서안(書案)에서부터 정서(淨書), 사본까지 직접 작성하기로 했다. 서식은 모두 꿰뚫고 있었다. 먼저 커다란 글씨로 기세 좋게 '18××년'이라고 쓰고 작은 글씨로 '지주 아무개'라고 써넣고는 필요한 사항을 빠짐없이 적어 넣었다.

두 시간 만에 일이 모두 끝났다. 치치코프는 완성된 서류를 훑어보다가 죽은 농노들, 다시 말해 한때는 살아서 손일도 하고, 논밭도 갈고, 술도 마시고, 마차도 몰고, 주인나리의 눈을 속이거나, 착실하게 일했던 농노들의 이름을 보고 있자니 어쩐지 묘한, 자신도 알 수 없는 어떤 감정에 휩싸였다.

명부에 적힌 이름 하나하나마다 독특한 성격을 갖고 있어서인지, 농노 한 사람, 한 사람까지도 독자적인 개성을 가진 것처럼 보였다. 코로보치카 부인에게서 받아온 목록에는 농노 대부분에 별명과 주석이 붙어 있었고, 프루시킨의 목록은 음절이 짧은 것이 특징이었는데 이름과 성은 머리글자만 써놓고 점 두 개만 찍어놓은 것이 많았다. 소바케비치의 목록은 매우 충실하고 상세해서 감탄하지 않을 수가 없었는데, 농노들의 특징에 대해서도 어느 것 하나 빼먹은 게 없었다. 어떤 농노에는 '열심히 일하는 목수', 다른 농노에는 '맡은 바를 열심히 하고 술을 안 마심'하는 식이었다. 또 아버지는 누구며, 어머니는 누구, 부모의 행실은 어떠했던가와 같은 기록도 있었다. 다만 페도토프라는 사내에 대해서만은 '아버지는 누군지 모름, 어머니는 하녀 카피토리나. 착하고 도벽이 없음'이라고 되어 있었다. 이런 주석은 독특하고 신선한 감흥을 돋궈주어 마치 농노들이 어제까지만 하더라도 살아 있었던 것처럼 느껴졌다.

오랫동안 농노들의 이름을 바라보는 사이에 치치코프는 측은한 마음이 들어 한숨을 내쉬고 이렇게 중얼거렸다. "것 참, 빽빽하게도 모여 있구나! 대체 이 세상에서 뭘 하고 지냈느냐? 뭘 하면서 먹고 살았느냔 말이다."

그러다 문득 한 이름에 시선이 멈췄다. 페드로 사베레브 네우바자이 콜이토, 한때는 여지주 코로보치카를 모시던 사내였다. 치치코프는 다시금 이렇게 중얼거렸다.

"정말이지 긴 이름이군 그래. 한 줄을 전부 차지하고 있군! 너도 직공이었나? 아니면 평범한 농부였나? 어쩌다가 죽었나? 술집에서 죽은 게냐? 아니면 길 한복판에서 자다가 달려오던 마차에 깔려 죽은 게냐?

프로브카 스테판, 목수, 모범적인 하인인가. 하하! 이 녀석이 근위병에 어울린다고 했던 그 거인 프로브카 스테판이로군! 아마도 너는 도끼를 허리춤에 차고 장화를 어깨에 짊어지고는 이 지역에서 저 지역으로 발이 닳도록 돌아다니고, 반 코페이카짜리 빵과 1코페이카짜리 말린 생선으로 끼니를 챙겼겠지. 그렇게 집으로 돌아갈 무렵이면 언제나 지갑에는 은화 100루블이 모였겠지. 아니, 어쩌면 천 루블 지폐 한 장 정도는 바지에 꿰매 감췄던지, 장화 속에 숨겨놨을지도 모르지. 너는 대체 어쩌다가 죽은 게냐? 아마 크게 벌어보려고 교회 지붕, 아니 십자가 위까지 기어 올라가다 실수로 발을 헛디뎌 가꾸러져 떨어진 것일 테지. 옆에 있던 미헤이 숙부는 머리를 벅벅 긁으며, '켁, 바냐! 자네 운도 없군그래!' 하고는 자신의 몸에 밧줄을 묶고 대신 십자가에 올라갔을 테지.

막심 테랴트니코프, 구두장이. 오호, 구두장이인가! '구두장이처럼 곤드레만드레 취하다'라는 속담도 있지. 나는 잘 알아, 네놈이 어떤 인물인지 잘 알고말고. 뭣하면 너의 일대기를 한번 얘기해볼까? 너는 독일인 주인 밑에서 기술을 배웠지. 주인은 언제나 너희를 함께 밥 먹이고, 게으름피우면 가죽끈으로 등을 때리고, 나쁜 짓을 한다며 외출도 금지시켰지. 너는 구두장이로서 뛰어난 기술을 갖고 있어 독일인 주인과 그의 부인이 동료에게 어찌나 네 자랑을 해댔는지 모를 정도였지.

그런데 도제(徒弟)가 끝나자마자 너는 '자, 이제 내 가게를 차려볼까. 난 독일인처럼 쩨쩨하게 모으지 않고, 바로 부자가 되겠어' 하고 큰소리를 뻥뻥 쳤을 거야. 주인에게 많은 소작료를 내고 산더미처럼 주문을 받아 자그마한 가게를 열고 일을 시작했겠지. 어디서 다 썩은 가죽을 세 곱절이나 싸게 사와서 한 켤레마다 두 배나 되는 이익을 남겼지. 하지만 2주가 지나자 네가 만든 장화는 하나같이 전부 못 쓰게 되었고, 너는 욕을 삼태기로 얻어먹었지. 그 덕분에 가게에는 발길이 끊기고, 술독에 빠진 네놈은 길바닥에 드러누워서, '글렀어, 역시 세상은 내 뜻대로 되질 않아! 어디를 가더라도 독일 놈들이 가로막고 있어서 러시아인이 살기는 다 틀렸어!' 하고 투덜거렸겠지.

아니, 이거 또 특이한 농노로군. 에리자베타 보로베이? 이런, 빌어먹을! 여자잖아! 여자가 어떻게 여기에 들어왔지? 오호라, 소바케비치 녀석이 사기를 쳤군!"

치치코프의 말대로 그건 틀림없는 여자 이름이었다. 어떻게 여기에 끼어들어 온 것인지 알 수 없는 일이지만, 언뜻 봐서는 사내로 보이게끔 교묘하게 쓰여 있었다. 이름의 맨 끝 글자를 '트'로 해서 여자 이름인 에리자베타가 아닌 사내 이름 에리자베트라고 써놓은 것이다. 하지만 치치코프는 더 이상 따지지 않고, 그 자리에서 바로 이름을 지워버렸다.

"그리고리 드에즈자이 네드에데시! 너는 대체 어떤 사람이었지? 거적으로 지붕을 두른 마차를 이끌고 장사를 하겠다며 제 고향을 등지고 장사꾼들과 함께 장이 서는 곳만 찾아다녔겠지. 그러다가 생을 마감했거나, 볼이 빨간 뚱보 과부를 놓고 친구랑 다투다가 뒤통수를 맞고 죽었거나, 아니면 네가 가진 가죽 장갑과 작지만 튼튼하게 생긴 말들이 탐이 난 산적들의 손에 죽었거나, 그렇지 않으면 혼자 자리에 누워 이리저리 고민하다가 훌쩍 술집으로 달려가 곤드레만드레 취해서 돌아오다 강에다 뚫어놓은 얼음구멍에 빠져서 그대로 하늘나라로 가버린 거겠지. 나 참, 죽는 꼴이 이런 놈들은 러시아 농노밖에 없을 거다! 제대로 죽는 게 싫은 거냐? 너희는 대체 어떻게 된 놈들이냐?"

치치코프는 프루시킨이 준 달아난 농노들이 적힌 서류에 시선을 옮기면서 중얼거렸다.

"비록 너희가 살아 있다고 하더라도 그게 어쨌다는 거지? 죽은 것이나 마찬가진데. 대체 그 빠른 다리로 지금 어디를 달리고 있는 게냐. 프루시킨한테 학대라도 받은 거냐? 아니면 그냥 그렇게 하고 싶어서 숲 속을 헤매며 산적 짓이라도 하는 거냐? 그렇지 않으면 감옥에라도 잡혀 있는 거냐? 그것도 아니라면 다른 주인 밑에 정착해서 밭이라도 일구고 있는 게냐?

안짱다리 에레메이 카랴킨, 호색가 니키타 보로키타와 그의 아들 악톤 보로키타란 말이지. 과연 별명만 봐도 발이 빠를 것 같군그래. 하인 포포프(슈현이라는 말에서 유래한 성(姓)) …… 이놈은 글을 쓰고 읽을 줄 알았겠군. 그러니 흉기를 쓰지 않는 고상한 방법으로 도둑질을 했겠지. 하지만 여권이 없어서 바로 서장에게 붙잡혔겠지. 그리고는 태연하게 심문을 받았을 거야.

'네 주인은 누구지?' 서장은 매서운 말투로 따지고 들겠지. '지주 아무개이올시다.' 너는 뻔뻔하게 대답을 하겠지. '여긴 뭐하러 온 거냐?' 서장이 다시 묻겠지. '몸값을 치르고 자유로워졌기 때문이올시다.' 너는 서슴없이 대답하겠지. '여권은 어딨지?' '여관주인인 피메노프 상인에게 있습니다.' '피메노프를 불러라! 네가 피메노프냐?' '제가 바로 피메노프이올시다.' '이 사내가 너한테 여권을 맡겼다는데?' '아니요, 저는 이 사내의 여권을 맡은 기억은 눈곱만큼도 없습니다.' '네놈! 거짓말을 했구나.' 서장이 또다시 매서운 말투로 따지겠지. '네, 그렇습니다.' 너는 그렇게 뻔뻔스럽게 대답하겠지. '사실은 여관으로 돌아가는 게 너무 늦어서 이 사람에게 맡기지 않고, 종지기 안티프 프로호프에게 맡겨두었습니다.' '종지기를 불러라! 이 사내가 너에게 여권을 맡겼다던데?' '아니요, 이놈한테서 여권을 받은 적이 없습니다.' '뭐라고, 또 거짓말을 했구나!' 서장은 매서운 말투로 다시 따지겠지. '대체 네놈의 여권은 어디에 있는 거냐!' '갖고 있긴 했었습니다만.' 그리고는 당돌하게 대답하겠지. '어디서 떨어뜨린 모양입니다.' '그럼 그 군용 외투는?' 서장이 다시금 매서운 말투로 묻겠지. '왜 훔쳤지? 그리고 사제한테서 동전이 든 궤를 훔쳤지?' '말도 안 됩니다.' 너는 눈썹 하나 까딱하지 않고 대답하겠지. '저는 도둑질 같은 건 해본 적이 없습니다.' '그럼, 어째서 외투가 너한테 있지?' '모르겠군요, 아마도 누가 저한테 가져다준 게 아닐까요?' '에잇, 고약한 놈!' 서장은 허리에 두 팔을 올리고는 고개를 저으며 말하겠지. '됐다! 이놈에게 족쇄를 채워서 감옥에 집어넣어라.' '감사합니다! 정말로 감사합니다.' 너는 그렇게 대답하겠지. 그리고는 주머니에서 담뱃갑을 꺼내서 족쇄를 채우는 두 노병에게 친근하게 코담배를 권하면서 퇴역한 지 얼마나 되었는지, 종군은 다녀왔는지, 그런 질문을 하겠지. 그리고 너는 재판에 불려 나갈 때까지 감옥살이를 하게 되겠지. 법원에선 너를 짜레보크샤이스크에서 다른 감옥으로 옮기라는 명령을 내리겠지. 그리고 다시 거기에서 명령이 떨어져 베시에곤스크로 보내지겠지. 이렇게 감옥에서 감옥을 아무렇지도 않게 오가며 새로운 방으로 들어가 안을 둘러보고는 '음, 역시 베시에곤스크 방이 더 컸어. 거기는 바프카(세워놓은 동물 뼈에 뼈를 던져서 맞추는 놀이) 놀이도 할 수 있었고, 친구도 많았단 말이지!' 하고 말하겠지.

자, 다음은 아바쿰 필로프인가! 이봐, 너는 무슨 일이 있었지? 지금은 어디를 헤매고 있나? 볼가 강(江)을 따라 흘러가다 바지선의 선원이라도 되어서 제멋대로 사는 병에라도 걸린 건가……?"

치치코프는 중얼거리는 것을 멈추고 생각에 빠졌다. 뭘 생각한 걸까? 아바쿰 필로프의 운명에 대해서? 아니면 자유로운 생활의 즐거움을 떠올릴 때면, 나이, 관직, 신분에 관계없이 모든 러시아인이 그렇듯이 자신만의 상상에 빠졌던 것일까?

그보다 필로프는 지금 어디에 있는 걸까? 그는 상인들에게 정식으로 고용되어 곡물 창고에서 떠들썩하고 즐겁게 살아가고 있었다. 모자를 꽃과 리본으로 장식한 바지선 선원들은 시끌시끌하게 떠들며 은 목걸이와 리본을 단 키 크고 매력적인 아내에게 작별인사를 하고 있었다. 춤과 노래로 하역장이 떠나가라 소란스럽다. 그 와중에도 근로자들은 서로에게 언성을 높이고, 욕설을 퍼붓고, 다그치면서도 150킬로그램이나 되는 짐에 갈고리를 걸어 짊어지고는 완두콩과 밀가루를 깊은 뱃바닥에 던져 넣거나 귀리와 톱밥 가마니를 던져 넣기도 한다. 저 너머 광장에서는 포대를 포탄처럼 쌓아올린 피라미드들이 늘어선 것이 보이고, 곡물의 산이 거대한 전모를 드러내고 있다. 그리고 이러한 광경은 곡물 산이 흘수(배가 떠 있을 때, 수면에서 배 밑바닥까지의 수직 거리) 깊은 범선에 전부 실려 끝없는 함대는 일렬로 봄의 유빙(遊氷)과 함께 출항할 때까지 계속되겠지만, 바지선 선원들이여, 그때야말로 그대들은 마음껏 일하게 될 것이다! 이전에 놀고 떠들어대던 때처럼 마음을 모아 열심히 일하며 땀 흘리게 될 것이다. 마치 러시아처럼 끝이 보이질 않는 단 하나뿐인 노래에 맞춰 바지선의 밧줄을 잡아당길 것이다.

"이, 이런! 벌써 12시로군!" 그제야 힐끔 시계를 바라본 치치코프가 말했다. "뭘 꾸물대고 있는 거지? 빨리 일이나 끝냈으면 좋았을 것을, 쓸데없는 혼잣말이나 늘어놓다 멍하니 생각에 빠지기까지 했으니 원, 나도 참 어리석군 그래!"

치치코프는 스코틀랜드풍의 복장을 유럽식으로 바꿔 입고, 불룩한 배를 더욱 꽉 졸라맸다. 오드콜로뉴 향수를 뿌리고, 방한모를 집어 들고, 서류를 겨드랑이에 끼고는 등기수속을 하러 법원으로 출발했다. 지각할까 봐 그가 서두른 것은 아니다. 지각하는 것 정도는 상관없었다. 그는 법원장과 친한 사이였기 때문이다. 마치 호메로스의 시(詩)에 나오는 그리스의 신(神) 제우스가 자신이 사랑하는 영웅들의 싸움을 막거나, 반대로 자웅을 겨루기 위해서 편의를 봐줄 필요성이 있었을 때 낮을 늘리거나 밤을 짧게 했던 것과 마찬가지이다. 하지만 치치코프는 되도록 빨리 일을 끝마치고 싶었다. 어찌 되었든 농노들이 정말로 살아 있는 것은 아니라는 생각이 머릿속을 떠나지 않아서 일을 끝마치기 전까지는 불안한 마음이 가시지 않을 것만 같아서, 이 무거운 짐을 빨리 내려놓고 싶었다.

치치코프는 그러한 생각을 하면서 속에 갈색 천을 덧댄 곰 가죽 외투를 어깨에 걸치고 큰길로 나가려던 순간이었다. 때마침 골목을 돌아나가는 곳에서 치치코프와 마찬가지로 갈색 천을 덧댄 곰 가죽 외투를 어깨에 걸치고, 귀 가리개가 달린 방한모를 쓴 신사와 딱 마주쳤다. 신사는 앗! 하고 소리를 질렀다. 마니로프였다.

두 사람은 서로 꽉 끌어안고 5분 동안이나 길 한복판에 서 있었다. 어찌나 열렬하게 키스를 했던지 두 사람은 종일 앞니가 아팠을 지경이었고, 마니로프는 얼마나 기뻤던지 얼굴에는 코와 입만 남아 있었고, 눈은 완전히 파묻혀 있었다. 두 손으로 15분 동안 치치코프의 손을 꽉 잡고 있었던 탓에 치치코프의 손은 후끈 달아오르기까지 했다. 마니로프는 파벨 이바노비치 씨를 안아주고 싶어서 달려왔다는 얘기를 굉장히 세련된 말로 표현했는데, 그건 사실 묘령의 여인에게 춤추러 가자고 유혹할 때나 써야 적당한 말이었다.

이러한 찬사에 어떤 말로 감사를 해야 할지 몰라서 치치코프가 그저 입만 벌리고 있었을 때, 대뜸 마니로프가 외투 안쪽에서 둘둘 말아서 붉은 리본으로 묶은 종이를 꺼냈다.

"그건 뭡니까?"

"농노들이지요."

"아!" 치치코프는 그 자리에서 종이를 펼쳐서 훑어보고는 깨끗하고 아름다운 필적에 감탄했다. "정말로 훌륭하군요. 새로 쓸 필요가 없겠어요. 거기다 테두리까지 그려놓으셨군요! 아니, 누가 이렇게 멋지게 해놓으셨습니까?"

"물어볼 것까지 있겠습니까." 마니로프가 말했다.

"당신이신가요?"

"제 아내입니다."

"이거, 이거! 이렇게 폐를 끼치다니 정말 죄송할 따름입니다."

"무슨 소리십니까? 파벨 이바노비치 씨를 위한 일인데 폐라니요!"

치치코프는 감사의 뜻으로 고개를 숙였다. 마니로프는 그가 등기수속을 위해 법원으로 가는 길이라는 얘기를 듣고 자신도 함께 가고 싶다고 했고, 그렇게 두 사람은 팔짱을 끼고 함께 걸어갔다. 자그마한 언덕이나 구릉, 계단이 나타나도 그때마다 마니로프는 치치코프를 거의 안아 올리듯이 부축해주었고, 입가에는 싱글벙글 미소를 띠며 파벨 이바노비치 씨의 소중하신 다리는 제가 반드시 지키겠노라 하는 것이었다. 안 그래도 몸이 둔했던 치치코프는 뭐라 감사해야 할지 몰라 부끄러워할 뿐이었다. 그렇게 두 사람은 서로 부축하며 마침내 법원이 있는 광장에 도착했다.

법원은 큰 벽돌로 지은 3층 건물로, 건물 전체가 분필처럼 하얀색이었다. 아마도 안에서 일하는 직원들의 청렴함을 나타낼 의도인 모양이었다. 광장에 있는 다른 건물들은 어느 것 하나 크기에서 이 벽돌 건물과 비교조차 할 수 없었다. 다른 건물이란 바로 옆에 군인이 총을 들고 서 있는 위병소, 역마차 대기실 두세 군데, 그리고 길게 둘러쳐진 담장을 말한다. 담장에는 숯과 분필로 쓴 흔히 볼 수 있는 낙서가 있었다. 그 밖에 삭막한, 아니 우리 러시아식으로 표현하자면, 훌륭한 그 광장에는 더 이상 아무것도 없었다. 2층과 3층 창문에서 테미스(고대 이집트의 질서와 율법의 여신)의 사제(司祭)들이 청렴결백한 얼굴로 기웃거리며 밖을 내다봤지만 바로 다시 숨어버렸다. 아마 그때 상관이 안으로 들어와서 일 것이다.

두 사람은 계단을 걸어간다기보다는 뛰어가고 있었다. 마니로프의 부축을 피하고 싶었던 치치코프는 걸음을 재촉했고, 마니로프는 마니로프대로 치치코프를 피곤하게 만들지 않으려고 빨리 앞장서야겠다는 생각에 달렸던 것이다. 그렇게 어두컴컴한 복도에 도착했을 무렵 두 사람은 씩씩대며 숨을 헐떡이고 있었다.

복도나 방은 그렇게 깨끗하진 않았다. 그때만 하더라도 청결에 신경 쓰는 사람이 없어서 지저분한 상태로 방치했던 탓에 매력적인 외관을 갖추지 못했던 것이다. 테미스만 하더라도 가운만 걸치고 손님을 맞이하지 않았던가?

자아, 여기서부터 주인공이 다녀간 사무실을 묘사해야 마땅하겠지만, 이상하게도 나는 법원에는 겁을 집어먹곤 한다. 바닥과 책상마다 바니시를 칠해서 눈부시게 번쩍거리고, 값비싼 장식들을 늘어놓은 사무실을 지나가본 적이 없는 것은 아니다. 그럴 때면 언제나 황송하게 머리를 숙이고 눈을 감은 채로 최대한 빨리 빠져나갔기에 나로서는 법원이 얼마나 평화롭고 번영으로 가득한지 전혀 알 수가 없는 것이다.

수북하게 쌓인 서류들, 앞으로 푹 숙인 머리, 굵직한 목덜미, 시골에서 만든 연미복과 프록코트, 아무렇게나 차려입은 옅은 회색 재킷 같은 것이 우리 주인공들의 눈에 띄었다. 그중에서도 유별나게 눈에 띤 회색 재킷 주인은 종이에 코가 닿을 듯이 고개를 숙이고 옆으로 구부려 위세 좋고 거리낌 없이 조서(調書) 같은 서류를 옮겨 적고 있었다. 그 조서는 토지의 강제양도와 영지 차압에 관한 것이었는데, 아무래도 그 영지는 어떤 착한 지주가 횡령을 해서 시종일관 재판에 시달렸지만 오히려 그 덕분에 자식과 손자를 낳고 지금까지도 잘 살고 있다는 것이었다.

그밖에 "페도세이 페도세바치, 368호 사건서류 좀 빌려주게!" 라든가, "자네는 꼭 사무실 잉크병 뚜껑을 잃어버리는군 그래!"와 같은 쉰 목소리의 짧은 몇 마디 말이 여기저기서 들려왔다. 때로는 좀 더 굵고 상관으로 보이는 사내의 명령적인 말투가 요란스레 울리기도 했다. "알겠나, 다시 써오게! 안 그러면 장화를 벗겨서 여섯 날밤을 물 한 방울 주지 않고 여기 앉아 있게 할 테니까!" 펜을 직직 긁는 소리도 대단했는데, 마치 섶나무 가지를 잔뜩 실은 짐마차 몇 대가 낙엽이 한 뼘은 쌓인 숲속을 지나가는 것만 같았다.

치치코프와 마니로프는 젊은 두 관리가 앉아 있는 가장 가까운 책상으로 다가가 물었다. "잠시 좀 여쭙겠습니다만, 부동산 담당자는 어디 있습니까?"

"무슨 일이시죠?" 두 명의 관리가 돌아보면서 물었다.

"신고할 것이 좀 있습니다."

"뭘 사셨습니까?"

"그보다 담당자가 어디 계신지 부터 듣고 싶은데요. 여깁니까? 아니면 다른 곳입니까?"

"아니요, 그보다 무엇을 얼마에 사셨는지부터 말씀해주셔야 합니다. 그러면 담당자를 가르쳐드리겠습니다."

젊은 관리들이 늘 그렇듯, 여기 두 관리도 마냥 호기심이 강하고, 어떻게 든 자신들의 직책과 업무에 중요성과 위엄을 갖추려하고 있다는 것을 치치코프는 대뜸 알아보았다.

"실례지만, 거래등기 업무는 액수에 관계없이 같은 담당자가 처리한다는 것 정도는 잘 알고 있습니다. 그러니 그 담당자가 어디에 있는지나 알려주십시오. 두 분께서 모르시겠다면 다른 분께 여쭙도록 하지요."

두 관리는 아무 말도 하지 못했다. 그저 한 관리가 구석 책상에 앉아서 뭔지 모를 서류에 표시를 하고 있는 노인을 가리켰을 따름이다. 치치코프와 마니로프는 책상 사이를 비집고 지나가 노인이 있는 곳으로 다가갔다. 노인은 매우 열심히 일하고 있었다.

"좀 여쭙겠습니다." 치치코프는 가볍게 인사를 하면서 물었다. "여기가 부동산 담당입니까?"

노인은 고개를 들어 더듬거리는 말투로 대답했다. "부동산, 등기는, 여기서, 하지, 않습니다."

"그럼 어디지요?"

"부동산 담당이 하지요."

"그 부동산 담당자는 어디 있습니까?"

"이반 안토노비치 씨입니다."

"그 이반 안토노비치라는 분은 어디 있습니까?"

노인은 손가락으로 방안 다른 구석을 가리켰다. 치치코프와 마니로프는 이반 안토노비치가 있는 곳으로 발걸음을 옮겼다. 이미 뒤돌아서 곁눈질로 보고 있던 이반 안토노비치는 아까보다 더 열심히 글을 쓰는 데 몰두했다.

"좀 여쭙겠습니다." 치치코프가 가볍게 인사를 하면서 물었다. "여기가 부동산 담당입니까?"

이반 안토노비치는 마치 아무 얘기도 못 들었다는 듯이 대답도 않고 서류에 얼굴을 파묻고 있었다. 척 보기에도 세상물정을 잘 아는 중년남성으로 보이는 그는 수다나 떨어대는 젊은 덜렁이 놈들과는 달라 보였다. 마흔을 넘긴지가 오래 되어보였지만 머리는 검고 풍성했으며, 얼굴은 가운데 부분 전체가 앞으로 튀어나와 코처럼 되어있어 흔히들 말하는 주전자 같은 낯짝이었다.

"좀 여쭙겠습니다만, 여기가 부동산 담당입니까?"

"그렇습니다." 그러더니 이반 안토노비치는 주전자 같은 낯짝을 다시 돌려 뭔가를 적어댔다.

"부탁이 있습니다만, 실은 이곳의 여러 지주들에게서 이주 목적으로 농노를 사들였는데 권리증서는 있으니 등기수속만 좀 해주셨으면 합니다."

"파시는 분들도 오셨습니까?"

"오신 분도 계시고, 위임장을 써주신 분도 계십니다."

"청원서는 가져오셨습니까?"

"청원서도 가져왔습니다. 될 수 있으면…… 사실은 좀 급해서 그런데…… 어떻게 오늘 안으로 끝내줄 수는 없으시겠습니까?"

"오늘 안이라니요! 오늘 중으로는 무리입니다. 일단은 법을 어기지는 않았는지 조사도 받으셔야 합니다."

"하지만 이곳 법원장이신 이반 그리고리비치 씨가 제 절친한 친구라면 더 빨리 끝낼 수 있지 않겠소?"

"법원장님 혼자서 될 일이 아닙니다. 그 밖에도 거쳐 가야 할 사람이 많아요." 이반 안토노비치가 퉁명스럽게 말했다.

치치코프는 이반 안토노비치가 한 말의 뜻을 깨달았는지 이렇게 말했다.

"그 분들의 명성에 누가 될 만한 짓은 하지 않습니다. 저도 관직에 몸담았던 적이 있어서 이런 일이 어떻게 돌아가는 지 정도는……."

"그러면 법원장님께서 계신 곳으로 가보시는 게 좋겠군요." 이반 안토노비치가 조금은 부드러워진 목소리로 말했다. "법원장님께서 적절한 조치만 취해주신다면 저희 쪽 업무가 늦어지는 일은 없을 겁니다."

치치코프는 주머니에서 지폐 한 장을 꺼내 이반 안토노비치 앞에 놓았지만, 그는 돈을 보지 못했다는 듯이 위에다 장부를 얹어버렸다. 치치코프는 거기에 돈이 있다는 걸 그에게 알려주려고 했지만, 이반 안토노비치는 고개를 저어서 그럴 필요가 없다는 뜻을 알렸다.

"저 사람이 법원장실로 안내해줄 겁니다." 이반 안토노비치가 턱을 까딱이며 말했다. 그러자 그곳에 있던 테미스의 사제 하나가 나타났다. 양쪽 팔꿈치에 구멍이 나서 안감이 드러나 보일만큼 열심히 몸과 영혼을 바쳐 겨우 14등관(러시아에서 가장 낮은 등관) 자리를 얻어낸 위인이었는데, 마치 단테에게 지옥을 안내해준 베르길리우스처럼 우리의 두 친구를 법원장실로 안내해주었다.

그곳에는 폭이 넓은 안락의자 하나만이 놓여 있었다. 책상에는 제르짤(거울 같은 것으로 왕실문장이 새겨져 있어 관청 책상에는 반드시 비치되어 있었다)과 두꺼운 책 두 권이 올려져 있었고, 의자에는 마치 태양처럼 단 한 사람, 법원장만이 앉아 있었다. 법원장실에 도착하자 완전히 겁을 집어먹은 2대 베르길리우스 선생은 그 이상 걸음을 내딛지 못하고, 마치 거적때기처럼 해지고 닭털이 묻은 등을 이쪽으로 휙 돌리더니 밖으로 나가버렸다. 그런데 법원장실에 들어서고 나서야 알게 된 사실이지만, 법원장 혼자 있는 것이 아니었다. 법원장의 곁에는 제르짤 뒤에 가려진 소바케비치가 앉아 있었다.

손님들이 도착하자 와! 하는 함성이 일었는데, 어찌나 요란했던지 안에 있던 안락의자가 뒤로 밀려날 지경이었다. 소바케비치도 의자에서 일어났는데, 그 덕에 그의 모습과 그의 긴 소매가 전부 드러났다. 법원장은 치치코프를 껴안았고 법원장실에는 키스 소리만이 울려 퍼졌다. 두 사람은 서로 문안인사를 건넸는데, 두 사람 다 허리가 아프다고 했고, 그건 다 앉아서 일하는 직업 탓이라는 걸로 얘기를 끝맺었다.

법원장은 치치코프가 농노를 샀다는 걸 오래전에 소바케비치한테 들어서 알고 있었는지 대뜸 축하한다는 말부터 꺼내 우리의 주인공을 적잖이 당황하게 하였다. 더욱이 몰래 거래를 했던 소바케비치나 마니로프가 이렇게 한 자리에 얼굴을 마주하고 있지 않은가! 아무튼 치치코프는 법원장에게 감사 인사를 건네고, 소바케비치에게 안부를 물었다.

"몸은 좀 어떠십니까?"

"신경 써주신 덕분에 멀쩡합니다."

그야 당연한 얘기일 것이다. 이 엄청난 몸집의 지주보다는 쇳덩이가 먼저 감기에 걸려서 콜록거릴 테니 말이다.

"그렇겠지요, 선생이야 언제나 건강하시기로 유명하니까요." 법원장이 말했다. "돌아가신 춘부장도 건강한 분이셨지요."

"예. 혼자서 곰 사냥까지 하시던 분이셨으니까요." 소바케비치가 대답했다.

"뭐 그거야," 법원장이 말했다. "진심으로 맞선다면 곰 정도는 선생께서도 쓰러뜨릴 수 있는 거 아닙니까?"

"어휴, 말도 안 됩니다." 소바케비치가 대답했다. "돌아가신 아버지가 저보다 더 힘이 장사셨습니다." 그러더니 한숨을 푹 몰아쉬고 다시 이야기를 계속했다. "아니, 이제 그런 사람은 어디에도 없겠지요. 저만 보더라도 이런 삶을 살고 있잖습니까. 대체 이게 무슨 꼴인지, 원. 한심할 따름이지요……."

"아니, 선생의 삶에 뭔가 잘못된 점이 있단 말씀이십니까?" 법원장이 말했다.

"잘못 돼도 한참 잘못되었죠!" 소바케비치는 고개를 절레절레 흔들면서 말했다. "한번 생각해보십시오. 이반 그리고리비치 씨, 저는 50년 동안 살아오면서 한 번도 병에 걸려본 적이 없습니다. 목이 아팠던 적도 없고, 부스럼이나 종기가 났던 적도 없지요……. 이건 예삿일이 아닙니다! 언젠가 분명히 이에 대한 벌을 받을 게 분명합니다." 그러더니 소바케비치는 그지없이 침울해졌다.

'걱정할 것이 따로 있지!' 치치코프도 법원장도 이렇게 생각했다. '무슨 이런 녀석이 다 있어!'

"실은 선생 앞으로 온 편지를 갖고 왔습니다." 치치코프는 주머니에서 프루시킨의 편지를 꺼냈다.

"누구한테서 온 건가요?" 봉투를 뜯어보던 법원장은 앗! 하고 소리를 질렀다. "세상에나 프루시킨이 보낸 편지군요! 그 사람이 아직도 죽지 않고 살아 있다는 거군요. 이것도 운명이로군요. 그렇게나 총명하고 부자였던 사람이 지금은……."

"개새끼가 되었죠." 소바케비치가 말했다. "자기 농노들을 굶어 죽게 만든 천하의 개새끼지요."

"좋습니다, 좋아요." 편지를 다 읽고 난 소장이 말했다. "기꺼이 제가 대리인이 되어 드리겠습니다. 그런데 등기수속은 언제 하시는 것이 좋겠습니까? 지금 하시겠습니까? 아니면 다음으로 미루시겠습니까?"

"지금 하도록 하지요. 그리고 되도록 오늘 안으로 해주셨으면 합니다. 사실 저는 내일 이 마을을 떠날 생각이랍니다. 증서도 청원서도 준비해왔습니다."

"걱정하실 건 없으시겠군요. 다만 선생께서 아무리 빨리 떠나고 싶다고 하시더라도 저희가 순순히 보내드리진 않을 테니 그렇게 아십시오. 등기수속은 오늘 안으로 마무리되겠지만 저희 마을에 좀 더 머물러 주셔야겠습니다. 그럼 바로 지시를 해두도록 하지요."

그러더니 법원장은 사무실 쪽으로 난 문을 열었다. 법원에 이런 비유를 들어도 될지 모르겠다만, 그곳에 우글거리는 관리들의 모습은 마치 벌집에 모인 꿀벌들 같았다.

"이반 안토노비치는 있는가?"

"있습니다." 안쪽에서 목소리가 들려왔다.

"이리로 불러주게!"

그러자 독자 여러분께서도 잘 알고 계시는 주전자 같은 낯짝의 이반 안토노비치가 법원장실에 나타나 공손히 머리를 숙였다.

"이반 안토노비치, 이분의 등기서류를 전부 가지고 가서……."

"이반 그리고리에비치 씨, 이걸 잊으시면 안 됩니다." 소바케비치가 끼어들었다. "양쪽 모두 증인이 두 명씩 필요합니다. 검사를 불러주십시오. 그 양반은 한가하니까 분명히 집에서 자고 있을 겁니다. 일은 전부 세상에서 뇌물 잘 받기로 소문난 대리인 조로투하가 하고 있을 겁니다. 그리고 의료감독관, 그 양반도 한가하니까 어디서 카드놀이를 하던지, 아니면 집에 있을 겁니다. 근처에 불러올 양반이라면 얼마든지 있답니다. 트루하체프스키, 베그시킨도 있군요. 이렇게 늘어놓고 보니 전부 밥버러지들이군요."

"지당한 말씀이십니다, 지당한 말씀이에요!"

법원장은 곧바로 부하를 보내서 그들을 모두 불러들였다.

"저도 한 가지 부탁이 있습니다." 치치코프가 말했다. "이분도 저와 거래한 지주입니다만, 그녀의 대리인도 불러주시지 않겠습니까? 대사제 키릴 신부의 아들로 이곳에서 근무하고 있다고 하더군요."

"알겠습니다, 그 사람도 부르도록 하지요!" 소장이 말했다. "전부 말씀하신 대로 해드리겠습니다. 하지만 그렇다고 관리들에게 마음의 표시라고 뭘 주시거나 하셔서는 안 됩니다. 꼭 좀 부탁드립니다. 제 친구분들께 그런 폐를 끼쳐서야 되겠습니까?"

법원장은 곧바로 이반 안토노비치에게 뭐라고 지시를 내렸는데, 아무래도 그에게는 그렇게 달갑지 않은 지시인 듯했다. 등기증서는 법원장에게 매우 좋은 인상을 주었는데, 사들인 가격의 합이 10만 루블에 가까웠으니 그럴 만도 할 것이다. 몇 분 동안을 매우 만족스러운 표정으로 치치코프의 얼굴을 바라보다가 이렇게 말했다.

"과연 그렇군요! 파벨 이바노비치 씨, 정말 훌륭하군요! 드디어 선생도 부자가 되신 거군요."

"그렇지요." 치치코프가 대답했다.

"정말 굉장합니다! 굉장해요!"

"그렇지요. 저도 이보다 더 굉장한 거래는 없으리라고 생각합니다. 사람이란 젊은 시절의 자유주의의 환상에서 벗어나 견고한 땅 위에 두 발을 딛고 서기 전까지는 목적을 정했다고 할 수 없으니까요."

치치코프는 말이 나온 김에 요즘 젊은이들의 자유주의는 엉터리라며 몹시 혹평을 했다. 하지만 그의 얘기는 어쩐지 힘이 부족해서 마치 자신에게 '이봐, 거짓말을 하고 있군 그래. 그것도 당치도 않은 거짓말을 말이지!' 하고 말하고 있는 것 같았다.

치치코프는 말하는 내내 소바케비치와 마니로프의 얼굴을 거들떠보지도 않았다. 내심 얼굴을 바라봤다간 비난의 시선이라도 받을까 걱정했지만 그건 한낱 기우(杞憂)에 지나지 않았다. 소바케비치의 얼굴은 꼼짝도 하지 않았고, 마니로프는 치치코프가 떠들어대는 이야기를 구절구절 옳다는 듯이 넋 놓고 고개를 끄덕이고만 있었다. 마치 여가수가 바이올린 소리를 능가하지만 작은 새의 목청에는 미치지 못하는 섬세한 구절을 노래하는 것을 감상하고 있는 음악애호가의 표정을 연상시켰다.

"그런데 왜 선생께선 이반 그리고리에비치 씨에게 이야기하지 않으신 거요?" 소바케비치가 말했다. "이번에 구한 농노들이 얼마나 좋은지 왜 얘기 안 하시오? 법원장도 그렇지요, 이 양반이 얼마나 좋은 농노를 샀는지 왜 안 물어보시오? 정말 굉장한 농노들이랍니다! 돈 덩어리에요, 돈 덩어리! 전 이 양반한테 마차장인 미헤에프까지 팔았단 말입니다."

"미헤에프를 팔았다니, 정말이십니까?" 법원장이 말했다. "마차장인 미헤에프라면 저도 알고 있습니다. 훌륭한 장인이지요. 저도 그에게 마차를 개조받은 적이 있으니까요. 아니, 잠깐만요. 이상하군요……. 제가 듣기로 선생께서 그가 죽었다고 하시지 않았습니까?"

"누가 죽었다고요? 미헤에프가요?" 소바케비치는 얼굴색 하나 바꾸지 않고 대답했다. "죽은 건 그놈의 형제올시다. 그놈은 팔팔한 게 전보다 더 건강해진 것 같을 정돕니다. 얼마 전에는 모스크바에서도 못 만들 반개마차를 만들었답니다. 그놈은 황제폐하의 전속 장인이 되고도 남을 놈입니다."

"네, 미헤에프는 정말 훌륭한 장인이지요. 용케 그놈을 놓아줄 생각을 다 하셨군요."

"미헤에프뿐이라면 얼마나 좋겠습니까! 목수 프로브카 스테판, 벽돌장이 밀시킨, 구두장이 막심 테랴트니코프까지 전부 팔아버렸답니다!"

이 말을 들은 법원장이 어쩌자고 필요한 사람과 직공들을 팔았느냐며 따져 묻자, 소바케비치는 손사래를 치며 이렇게 대답했다.

"그러게나 말입니다! 특별한 이유도 없었습니다. 그저 마가 낀 걸 테지요. 에잇, 다 팔아버리자 하면서 정말로 다 팔아버렸답니다!" 소바케비치는 진심으로 후회하는 듯 머리를 푹 숙이고는 이렇게 덧붙여 말했다. "이렇게 머리는 세어가는데, 아직도 철이 덜 든 탓이겠지요."

"실례가 될지도 모르겠습니다만, 파벨 이바노비치 씨!" 소장이 말했다. "선생께선 어째서 토지는 놔두고 농노만 사신 겁니까? 이주(移住)라도 하실 생각이신가요?"

"그렇습니다."

"그렇습니까, 그러면 이야기가 다르지요. 그래서 어디로 가실 겁니까?"

"어디요? ……그, 그게 헬손입니다."

"오오! 거기라면 땅이 좋지요!" 그러더니 법원장은 그곳에선 목초가 무척이나 잘 자란다고 칭찬을 했다. "땅은 충분하십니까?"

"이번에 산 농노들이 일하기에는 충분할 겁니다."

"강이나 못은 있습니까?"

"강도 있고 못도 있습니다."

이렇게 말하고 치치코프는 아무렇지도 않게 소바케비치의 얼굴을 힐끗 바라봤다. 그는 여전히 태연한 표정이었지만, 어쩐지 이렇게 쓰여 있는 것 같았다. '이봐, 거짓말하지 말라고! 강이니 못은커녕 땅도 없으면서 무슨 소리야!'

이렇게 이야기를 주거니 받거니 하는 사이에 증인들이 하나둘 모습을 드러냈다. 독자 여러분께서도 익숙하실 윙크를 잘하는 검사, 의료감독관, 트루하체프스키, 베그시킨까지 소바케비치의 말을 빌려서 표현하자면 밥버러지들이 어슬렁어슬렁 나타난 것이다. 그런데 치치코프가 처음 보는 사람들도 몇몇 있었는데, 그건 부족한 증인을 법원에서 일하는 관리들로 채웠기 때문이었다. 대사제 키릴 신부의 아들도 데리고 왔는데, 아들만이 아니라 키릴 신부까지 증인으로 소집되었다.

증인들은 누구나 할 것 없이 자신의 관등과 자격을 빠짐없이 서명했다. 글씨체는 가지각색이었는데, 왼쪽으로 처진 사람, 오른쪽으로 처진 사람, 러시아 알파벳에서는 본 적도 없는 글자를 거꾸로 세워놓은 것처럼 심하게 기운 글씨체도 있었다. 이반 안토노비치는 매우 신속하게 일을 처리했다. 등기증권을 등록하고, 날짜를 넣고, 대장을 비롯하여 다른 여러 곳에 등록을 마쳤다. 하지만 0.5%의 수수료와 '관보'의 공고 수수료만 징수했기에 치치코프의 지출은 그렇게 크지 않았다. 거기다 법원장은 그 수수료마저도 반만 받으라고 지시한 터라 나머지 반은 어떻게 징수될지 의문이지만, 아마 다른 신청자가 뒤집어쓰게 될 것이었다.

"그러면, 이제……." 수속을 모두 마치자 법원장이 말했다. "축배만 올리면 되겠군요."

"그거 좋군요." 치치코프가 말했다. "이제 시간만 맞추면 되겠군요. 이렇게 모여주신 유쾌한 분들을 위해서라면 샴페인 한두 병이라도 터뜨리지 않고선 체면이 서지 않겠지요."

"아니, 아무도 그런 소리하지 않았습니다. 샴페인은 저희가 준비할 겁니다." 법원장이 말했다. "이건 저희가 해야 할 일이자, 책임입니다. 선생께선 저희의 손님이시니 저희가 대접하는 게 당연한 일입니다. 여러분, 이렇게 하는 건 어떻습니까! 지금부터 다 함께 경찰서장의 집으로 갑시다. 그는 마법사랍니다. 그 친구가 생선시장이나 술집을 지나가면서 눈만 한번 깜빡하면 우리는 훌륭한 자쿠스카(캐비어, 연어 알, 훈제)를 얻어먹을 수 있게 되지요! 거기다 좋은 기회이고 하니 휘스트도 해봐야지 않겠습니까."

이런 제안에 거절할 사람이 어디 있겠는가. 증인들은 생선시장이라는 말에 군침을 삼킬 정도였다. 사람들은 곧바로 모자를 썼고 오늘의 업무는 그렇게 끝이 났다. 사람들이 줄을 지어 사무실을 빠져나갈 때, 주전자 낮짝 이반 안토노비치가 치치코프에게 공손하게 인사를 하고 이렇게 속삭였다.

"농노를 10만 루블 어치나 사셨으면서 수고비는 달랑 하얀 종이(25루블 지폐의 속칭) 한 장입니까?"

"그게 어떤 농노들인지 알기나 하십니까?" 치치코프도 소곤거리는 목소리로 대답했다. "아무 짝에도 쓸모없는 고약한 놈들뿐이라 반값도 안 나갈 겁니다."

이반 안토노비치는 이 어지간히 독한 손님에게서 더는 받아낼 수 없다는 사실을 깨달았다.

"그 구두쇠 놈한테 한 사람당 얼마나 줬소?" 이번에는 다른 귓전에서 소바케비치가 속삭였다.

"그보다 어째서 보로베이를 명부에 집어넣은 거요?"

"보로베이라니요?" 소바케비치가 시치미를 뗐다.

"이봐요, 여자 말입니다, 여자! 에리자베타 보로베이! 이름 마지막 글자를 '타'에서 '트'로 바꿔 놓았던 바로 그 여자 말이오!"

"아니, 난 보로베이를 써넣은 기억은 없는데 그러시는구려." 그러더니 소바케비치는 앞서 가는 사람들을 성큼성큼 뒤따라가 버렸다.

손님들은 다 함께 경찰서장 저택으로 와글와글 몰려갔다. 확실히 서장은 마법사였다. 그는 손님들이 바라는 게 무엇인지 말하기가 무섭게 에나멜 칠을 한 큰 장화를 신은 날씬한 순경을 불러 귓속말로 몇 마디 이르더니, "알았지?"하고 말했을 뿐인데, 휘스트 놀음에 열중하는 사이 다른 방의 식탁 위에는 철갑상어, 캐비어, 연어, 청어, 치즈, 훈제 혓바닥, 철갑상어 등심과 같은 진미(珍味)가 번지르르하게 차려졌다. 모두 생선시장에서 거두어들인 것이었는데, 집주인은 거기다가 150킬로그램이나 나가는 철갑상어의 머리를 연골과 아늠살채로 넣고 구운 피로시키와 버섯 피로시키에 과일파이니 버터케이크, 팬케이크와 같은 여러 가지 음식들까지 내놓았다.

시민에게 있어 서장은 자상한 아버지이자 은인이었다. 시민을 마치 가족처럼 대해 주어서 상점과 시장에 들르는 것도 마치 자기 집 창고를 드나드는 것 같았다. 그야말로 적재적소(適材適所)였다. 그는 자신의 직무를 하나에서부터 열까지 모두 꿰뚫고 있었다. 이 지위를 위해서 그가 태어난 것인지, 아니면 그를 위해서 이 지위가 만들어진 것인지 판단하기 어려울 정도였다.

그의 처세술은 실로 교묘했는데, 수입은 전임자보다 두 배 넘게 거두어들였지만, 그럼에도 온 마을 사람들의 사랑을 듬뿍 받고 있었다. 일류 장사치들이 그를 사랑한 이유는 그가 조금도 잘난 척을 하지 않고, 자기 자식에게까지 세례를 해주고, 세례명까지 지어주었기 때문이었다. 때때로 호되게 쥐어짜는 일도 있었지만 그 방법이 실로 교묘했다. 말하자면 병 주고 약 주는 식이라고 할까, 가볍게 상대방의 어깨를 치기도 하고, 빙그레 웃어주기도 하고, 차를 대접하기도 하고, 약속을 하고 자기가 자진해서 체스를 두러 가기도 하고, 장사는 잘되느냐는 등 여러 가지 물어보기도 하고, 자식이 아프다는 얘기라도 들으면 당장 어떤 약을 지어먹이라고 가르쳐 주기도 했는데, 한마디로 여간한 수완가가 아니었다. 그는 마차를 타고 순찰을 돌 때도 아무한테나 말을 걸곤 했다.

"이봐, 미혜이치! 전에 하던 골카(트럼프 놀이의 일종)는 끝내야 할 게 아닌가!"

"물론이지요, 알렉세이 이바노비치님!" 상대방은 모자를 벗으며 대답한다. "당연히 그래야지요!"

"이보게, 이리아 파라모니치, 우리 집 말이나 한번 보러 오게. 자네 말 따위는 가볍게 추월할 걸세. 자네 말에도 마차를 달아서 시합 한번 해보지 않겠나?"

경마에 푹 빠져 있던 장사치는 오기가 발동해서 함박웃음을 띤 얼굴로 수염을 쓰다듬으며 대답했다. "그거 좋군요, 알렉세이 이바노비치 어르신!"

그러면 종업원들은 마치 입을 맞춘 듯이 모자를 벗고 기쁜 표정으로, '알렉세이 이바노비치 씨는 참 좋으신 분이야!'라고 말하고 싶은 얼굴을 하곤 했다. 요컨대 그는 민심을 잘 다룰 줄 알았다. 장사치들도 그를 챙길 것은 챙기지만, 대신 결코 우리를 배신하지 않을 사람이라고 평가했다.

자쿠스카가 차려지자 서장은 손님들에게 휘스트 승부는 식사가 끝난 뒤에 결말을 짓도록 하자고 제안했다. 그렇게 손님들은 다른 방으로 자리를 옮겼는데, 그곳에서는 아까부터 맛있는 냄새가 솔솔 풍겨와 손님들의 코를 간질이고 있었다. 소바케비치는 벌써 방안을 들여다보며 구석의 큰 접시 위에 올려 진 철갑상어 요리에 눈독을 들이고 있었다. 손님들은 각자의 술잔에 담긴 도장을 만들 때 쓰는 투명한 시베리아 수정(水晶)에서 볼 수 있을 듯한 진한 올리브 빛깔의 보드카를 들이켜고, 포크를 들고 식탁으로 다가왔는데, 그야말로 저마다 취향에 따라 어떤 사람은 연어 알 쪽으로, 또 어떤 사람은 연어 쪽으로, 또 어떤 사람은 치즈 쪽으로 다가갔다.

그러나 소바케비치는 그런 하찮은 요리에는 처음부터 눈길도 주지 않고 곧바로 철갑상어에 매달려서 다른 손님들이 마시고, 얘기를 나누는 사이에 15분도 못 돼서 전부 먹어 치워버렸다. 나중에서야 철갑상어를 기억해낸 서장이, "여러분, 저쪽에 있는 대자연의 걸작은 어떠신가요?" 하면서 손님들과 함께 포크를 들고 다가왔지만, 그 대자연의 걸작께서는 꼬리만 남아 있을 뿐이었다. 정작 소바케비치는 자신은 모르는 일이라는 듯이 시치미를 뚝 떼고는 조금 떨어진 곳에서 자그마한 말린 생선을 포크로 찔러대고 있었다. 철갑상어를 깨끗이 해치운 소바케비치는 안락의자에 앉아서 그 이상은 더 먹지도, 마시지도 않고, 그저 눈만 깜박거리면서 앉아 있었다.

서장은 술을 아끼는 걸 달가워하지 않는 성미인지 건배를 수도 없이 했다. 첫 번째는 독자 여러분께서도 짐작하시듯이 헬손의 새 지주의 건강을 바라는 의미였고, 두 번째는 그의 농노 이주가 순조롭게 이루어지고 한층 더 번영하기를, 세 번째는 그의 미래의 부인이 될 미인의 건강을 바라며 건배를 했다. 우리 주인공의 입 언저리에는 즐거운 미소가 묻어났다. 손님들은 사방에서 그의 곁으로 몰려들어 적어도 2주일 동안은 이곳에 머물러 달라고 적극적으로 간청을 했다.

"안 됩니다, 안 돼요! 파벨 이바노비치 씨! 선생의 뜻이야 어떻든 문 앞까지 왔다가 집안에 바람만 불어넣고 다시 되돌아가시다니요! 안 됩니다, 좀 더 머무르다 가세요! 저희가 중매도 서 드리지요. 이반 그리고리비치 씨, 이 양반께 신붓감이라도 소개해드리는 건 어떻겠어요?"

"물론이지요, 물론이구 말고요!" 법원장이 맞장구쳤다. "이제 선생께서 뭐라고 하시든 저희가 반드시 결혼시켜드리겠습니다! 그러니 이제 불평하시면 안 됩니다! 저희도 농담하고 있는 게 아니니까요."

"불평이라니요, 당치도 않습니다." 치치코프도 빙긋이 웃으며 대답했다. "결혼 가지고 제가 그럴 거로 생각하신 겁니까? ……그저 좋은 상대가 있다면야 모를까."

"좋은 상대야 있지요! 없을 리가 있겠습니까! 다 잘될 겁니다. 다 원하는 대로 될 겁니다."

"정 그러시다면야……."

"만세! 머무른다!" 사람들이 일제히 소리를 질렀다. "만세, 만세, 파벨 이바노비치 만세!"

그렇게 사람들은 받침이 달린 술잔을 들고 건배를 하기 위해 치치코프의 곁으로 모여들었고, 치치코프는 사람들의 술잔에 자신의 술잔을 맞댔다.

"아니지, 아니지! 다시 하게!" 흥분한 사람들은 치치코프와 다시 건배를 했는데, 다시 사람들이 잔을 맞대려 몰려드는 바람에 한 번 더 건배해야 했다.

그러는 사이 사람들은 무척이나 기분이 좋아졌다. 흥이 나면 더할 나위 없이 호인이 되는 법원장은 몇 번이나 치치코프를 부둥켜안고 자지러질 듯이, "나의 그지없이 소중한 벗이여!" 하더니 손가락을 튕기며 춤을 추는 듯한 발걸음으로 치치코프의 곁을 빙글빙글 돌면서 유명한 민요 〈그립고 사랑스러운 그대, 카마린스키의 농부여!〉를 불러댔다.

샴페인 뒤에는 헝가리 술이 나와, 자리에 모인 사람들을 더욱 흥겹고 즐겁게 만들어주었다. 사람들은 휘스트 놀음은 까맣게 잊고, 온갖 문제에 대해서 이야기를 주고받고 토론했다. 정치는 물론이요, 군사 문제까지 끄집어내는 이도 있었고, 다른 때 같으면 자기 자식이라도 채찍으로 혼쭐을 냈을 자유사상에 대한 의견까지 드러냈는데, 이렇게 골치 아픈 문제들은 너무나 쉽게 해결이 났다.

치치코프는 일찍이 이렇게 기분이 좋았던 적이 없었다. 정말로 헬손의 지주가 된 것처럼 삼모작 같은 개량농법이나, 사랑하는 두 영혼의 행복과 안락 같은 것에 대해서 얘기하거나, 소바케비치에게 베르테르(괴테의 소설 《젊은 베르테르의 슬픔》의 주인공)가 샬롯테(같은 소설의 여주인공)에게 보낸 시(詩)를 낭독해주기도 했다. 하지만 혼자서 철갑상어 요리를 먹어치우고 너무 졸렸던 소바케비치는 안락의자에 푹 기대어 앉아 그저 눈만 끔뻑이고 있을 따름이었다.

결국 치치코프 자신도 너무 떠들어댔다는 것을 깨닫고 곧바로 마차를 부탁했고, 검사의 사륜마차를 빌리기로 했다. 나중에 알게 된 것이지만, 검사의 마부는 상당히 노련한 솜씨를 가지고 있어서 한 손으로 고삐를 잡고, 다른 한 손은 뒤로 뻗어서 우리의 주인공이 쓰러지지 않게 붙잡아주었다. 이런 모양새로 검사의 마차를 타고 무사히 숙소로 돌아온 치치코프는 그 뒤로도 한참을 뺨이 빨갛고 보조개가 있는 금발의 신부라던가, 헬손의 영주라던가, 자산이라던가 얼토당토않은 이야기를 늘어놓았다. 거기다 세리판에게는 새로 이주해온 농노들의 인원체크를 직접 할 테니 그놈들을 빠짐없이 모아놓으라는 영지경영 지시를 몇 번이고 내리기까지 했다. 세리판은 잠자코 그 얘기에 귀를 기울이다가 결국 페트루슈카에게, "빨리 나리의 옷을 벗겨 드려!"라고 하고 그대로 밖으로 나가버렸다. 페트루슈카는 장화를 벗기려다가 자칫 장화와 함께 주인나리까지 방바닥으로 끌어내릴 뻔했다. 하지만 마침내 장화가 벗겨지고, 주인도 제 손으로 옷을 벗고 한참을 침대 위에서 삐걱삐걱 엎치락뒤치락 몸을 뒤척이다 완전히 헬손의 지주가 된 기분으로 잠들어 버렸다.

한편 페트루슈카는 전에도 소개했던 그 반짝반짝 빛나는 갈색 양복바지와 연미복을 복도로 들고 나와 옷걸이에 걸어서, 복도에 먼지가 폴폴 날리도록 회초리로 두드리고 옷솔로 손질을 했다. 그리고 옷걸이에서 옷을 걷다가 문득 난간 너머로 마구간에서 돌아오는 세리판과 눈이 마주쳤다. 두 사람은 마주친 시선에서 서로의 마음을 읽어냈다.

'주인나리가 잠들었으니 어딜 놀러 가더라도 괜찮아!'

페트루슈카는 곧바로 연미복과 양복바지를 방에 갖다 놓고 아래층으로 내려와 세리판과 함께 외출을 했다. 두 사람은 어디로 갈지 말 한마디 없이, 그저 쓸데없는 농담만 주고받을 뿐이었다. 그렇다고 그들이 멀리 간 것은 아니었다. 한길 건너 여관 맞은편에 있는 어떤 집 앞에 이르자, 곰팡이가 슬고 낮은 유리문을 열고 지하실 같은 방안으로 들어선 것이다. 안에는 이미 나무 탁자에 잡다한 손님들이 자리 잡고 있었다. 수염 깎은 사람, 안 깎은 사람, 날가죽으로 만든 외투를 걸친 사람, 달랑 셔츠 하나만 입은 사람, 조잡한 라사 외투를 입은 사람이 눈에 띄었다. 이곳에서 페트루슈카와 세리판이 무엇을 했는지는 하느님만이 아실 것이다. 아무튼 한 시간이 지나서 두 사람은 입을 다문 채, 팔짱을 끼고 서로의 발밑과 길모퉁이를 조심하면서 그곳을 빠져나왔다. 손을 마주 잡고 꼭 달라붙은 두 사람은 계단을 오르는 데만 15분이 걸렸는데, 그렇게 계단을 올라 2층에 도착했다.

페트루시카는 자신의 얄팍한 침대 앞에 서서, 어떻게 하면 보기 흉하지 않게 잘 수 있을까 고민하다 침대와 직각이 되도록 드러누웠는데, 덕분에 다리가 바닥에 덜렁 내려앉은 꼴이 되고 말았다. 세리판도 페르투시카의 배를 베개 삼아 드러누웠는데, 절대로 이곳에서 자서는 안 되며, 마구간을 벗어나더라도 하인들 방에서나 자야 한다는 것을 까맣게 잊어버린 것이었다. 그렇게 두 사람은 침대에 드러눕기가 무섭게 요란스레 코를 골며 잠들어버렸다. 그러자 그 소리에 답하듯이 옆방에서 피리처럼 높은 주인나리의 코 고는 소리가 들려왔다.

하지만 그 소리도 곧 사라지면서 조용해진 여관은 깊은 잠에 빠져들었다. 하지만 아직 불이 꺼지지 않은 창문이 하나 있었는데, 바로 라잔에서 왔다던 중위의 방이었다. 이 중위는 지독한 장화 수집광인 듯 이미 네 켤레나 있으면서 새로 맞춘 다섯 켤레째 장화를 신어보는 중이었다. 이미 몇 번이나 장화를 벗고 침대에 누워 잠들려고 했지만, 장화를 벗고선 도저히 잘 수가 없었던 것이다. 확실히 장화는 매우 잘 만들어져 있었다. 그는 오랫동안 두 발을 들어 올려 멋들어지게 잘 꿰매진 뒤축을 질리지도 않고 바라보고 있었다.

8

치치코프가 농노를 샀다는 이야기는 여기저기에서 화제를 낳았다. 마을에서는 이주(移住) 목적으로 농노를 사는 게 과연 바람직한지 어떤지 갖가지 의견과 견해가 쏟아지며 토론회가 열렸다. 얘기하는 것을 들어보니 이 문제에 조예가 깊은 사람도 꽤 있는 모양이었다.

"그야 당연히 유리하지요!" 어떤 이가 말했다. "이렇게 따질 필요도 없을 만큼 남쪽지방은 훌륭하고 땅이 비옥합니다. 하지만 농노들에게 물이 없는데 어떻게 할 셈일까요? 그 근처에는 강이 없잖습니까!"

"물은 그렇게 큰 문제가 아니올시다, 스테판 드미트리비치 씨. 그건 문제도 아니지요. 이주(移住)는 매우 위험성이 크단 말입니다. 무엇보다 농노들이지 않습니까. 뻔하잖습니까? 척박한 생면부지의 땅에서 오두막도 집도 없이 빈털터리로 농사를 지어야 하니 그놈들이 달아날 건 불 보듯 뻔한 일이지요. 말 그대로 발에 날개라도 달린 것처럼 흔적도 없이 사라져 버리겠지요."

"아닐세, 알렉세이 이바노비치. 미안하네만 나는 치치코프의 농노가 달아날 거라는 자네 의견에는 동의할 수 없군. 러시아인은 무슨 일이든 해내는 민족일세. 어떤 기후에서도 적응을 하지. 캄차카로 보내면서 장갑이라도 줘보게, 그저 기뻐서 손뼉을 치며 당장 도끼로 새 오두막을 지을 나무를 베러 갈 걸세."

"이반 그리고리비치, 하지만 말일세, 자네는 중요한 사실을 빠뜨렸어. 치치코프의 농노가 어떤 놈들인지 생각해보질 않았군. 지주가 좋은 농노를 팔리가 없다는 사실을 까맣게 잊고 있어. 만일 치치코프의 농노들이 손버릇 나쁘고, 심한 주정뱅이에, 망나니처럼 성질 사나운 녀석들이 아니라면 내 목을 잘라도 좋네."

"그건 그렇지. 나도 동감일세. 확실히 우수한 놈을 남에게 팔 바보는 없겠지. 치치코프가 산 농노들은 주정뱅이일 게 틀림없네. 그렇게 되면 역시 도덕이라는 것을 생각해볼 필요가 있겠군. 이런 때를 위해서 도덕은 존재하고 있단 말일세. 비록 지금은 망나니 같겠지만 새로운 땅으로 가게 되면 훌륭한 국민으로 다시 태어날지도 모르지. 실제로 그런 예는 지금이나 옛날이나 흔히 나타났지 않나?"

"원, 당치도 않는 소리." 관영공장 감독관이 말했다. "그런 건 절대로 있을 수 없소. 왠지 아시오? 치치코프의 농노들에게는 곧 두 가지 강적(強敵)이 등장할 것이기 때문이오. 첫째는 그 땅이 소러시아와 경계가 맞닿아 있다는 점이오. 소러시아는 다들 아시겠지만, 술 판매가 자유롭다오. 아마 보름도 못 돼서 놈들은 술에 취해 맥을 못 추게 될 거요. 둘째는 바로 역마살이오. 이주한 농노들이라면 역마살이 끼기 마련이지. 그러니 치치코프

씨는 농노들을 눈에 띄는 곳에 두고, 감독하며, 어떤 작은 잘못도 호되게 야단쳐야 한다오. 그것도 다른 사람한테 맡기지 않고 직접 해야 하지. 필요하다면 앞니를 부러뜨리던지, 목덜미를 딱하고 한 대 후려칠 각오가 필요하겠지."

"아니 왜 치치코프 씨가 손수 그 야단을 치면서 목덜미를 딱하고 후려쳐야 한단 말인가? 관리인을 쓰면 되지 않소."

"관리인을 쓰면 뭐하오? 어딜 가나 사기꾼들뿐인데!"

"사기꾼이 된 것도 따지고 보면 주인이 일을 게을리 해서잖나."

"그건 그렇지." 여러 사람이 맞장구쳤다.

"조금이라도 주인이 농사일에 밝고, 사람 볼 줄 아는 눈이 있다면, 언제나 우수한 관리인을 얻을 수 있을 걸세."

하지만 감독관은 5천 루블 이하로는 우수한 관리인을 구할 수 없다고 했다. 그러자 법원장은 3천 루블로도 구할 수 있다고 하는 것이었다.

"대체 어디서 그런 놈을 찾아낸단 말이오? 바로 코앞에라도 있소?"

"아닐세. 코앞은 아니지만 바로 이 마을에 있지. 표트르 페트로비치 사모이로프라는 사내인데, 그 자야말로 치치코프의 관리인으로 제격이지!"

치치코프가 처한 상황을 동정해준 많은 사람들은 그 많은 농노를 이주시킨다고 하니 얼마나 힘이 들겠냐며 애를 태우더니, 결국에는 망나니 같은 농노들이 폭동을 일으키지는 않을까 진심으로 걱정하기까지에 이르렀다. 그러자 경찰서장은 폭동이 일어날 리가 없다, 또 그런 일을 방지하기 위해 경찰서장의 직권제도가 마련되어 있다, 서장 자신이 직접 가지 않더라도 자신의 제복 모자를 대리로 현장에 파견하기만 해도 나머지는 모자가 농노들을 안전하게 목적지까지 호송해줄 것이라고 했다.

치치코프의 농노들 사이에 휘몰아치는 불온한 기운을 어떻게 하면 몰아낼 수 있을까? 사람들은 저마다의 의견을 냈다. 정말이지 가지각색의 의견이 나왔는데, 군대를 뛰어넘을 만큼 가혹하고 엄격하게 다루어야 한다는 것과 온정주의를 내세운 의견도 있었다. 우체국장은 그것을 치치코프에게 주어진 신성한 의무라고 표현했다. 농노들의 자비로운 아버지가 되어 좋은 방향으로 이끌어줘야 한다면서 겸사겸사 란카스타 교육법^(19세기 중반 영국 교육학자 란카스타가 제창한 교육법)을 극찬했다.

마을에서는 이러한 이야기가 파다하게 퍼져 나가 그를 동정한 많은 사람들이 약간의 조언을 해주거나, 이주할 농노를 호송해줄 호위병을 대주겠다고 했다. 치치코프는 조언을 해준 사람들에게 감사하며 경우에 따라 받아들이도록 하겠다고 했다. 하지만, 호위병까지 동원할 필요는 없으며, 자신이 산 농노들은 매우 온순하고 자진해서 이주 준비까지 하고 있어서 폭동이 일어날 염려는 없다며 딱 잘라 거절했다.

　하지만 이런 논의와 소문은 치치코프가 가장 바라던 결과를 가져다주었는데, 바로 그가 진짜 백만장자라는 소문이 퍼진 것이다. 그렇지 않아도 마을 사람들은 우리가 제1장에서 본 것처럼 진심으로 치치코프를 사랑하고 있었는데, 이 소문이 퍼지면서 그에 대한 관심은 더욱 열기를 띠게 되었던 것이다. 하기야 사실 모두 착한 사람들뿐이라 서로 사이가 좋고, 차별을 두지 않았기에 그들의 대화에선 특유의 허물없는 친근함이 느껴졌다.

　"이보게, 이리야 이리이치."—"내 얘기 좀 들어보게, 안티파토르 자하리에비치!"—"사람 좀 그만 놀리게나 이반 그리고리비치." 이런 식이었다. 우체국장 이반 안드레비치를 부를 때면 늘 한마디를 더 붙여서 '시프레헨 지데이치 (독일어를 할 줄 아느냐는 뜻), 이반 안드레비치'라고 부르곤 했다. 한마디로 사람들 모두가 가족처럼 지내고 있었다.

　교양 높은 사람들도 많았다. 법원장은 당시 유행하던 주코프스키(러시아의 대표적 낭만주의 시인 1783~1851)의 소설 《류드밀라》를 달달 외우고 다니며 여러 구절을 아주 멋들어지게 낭송하곤 했다. 그중에서도 '숲은 잠들었노라, 골짜기도 잠들었노라.'라는 대목과 '들어라!'라는 유명한 대목이 나오면 마치 정말로 깊게 잠든 골짜기가 눈앞에 보이는 것만 같아, 한층 더 그러한 느낌을 내기 위해 가늘게 눈을 감기도 했다.

　철학에 관심이 많았던 우체국장은 영국 시인 에드워드 영의 《밤의 상념》과, 독일 신비주의자 에카르츠하우젠이 쓴 《자연 신비를 풀 열쇠》와 같은 책을 며칠 밤 동안 열심히 읽고는, 책 내용 대부분을 베껴 적곤 했는데, 그게 어떤 내용이었는지 아는 사람은 아무도 없었다. 그럼에도 그는 대단한 익살꾼으로 말솜씨도 뛰어나고, 그의 말마따나 이야기에 기교를 부리는 것을 매우 좋아했다. 이를테면 "이보시오"—"하여간 그렇다고나 할까?"—"거 알잖소"—"그야 그렇지요"—"말하자면 그렇지요"—"이를테면 말입니다" 하는 말을 이렇게 아무 데서나 지껄이곤 했다. 이야기에 기교를 부리는 다른 방법으로는 눈짓을 하거나 한쪽 눈을 가늘게 뜨곤 했는데, 이게 또 무척이나 능숙해서 이걸 할 때면 그의 풍자(諷刺)는 한층 더 신랄함을 띠곤 했다.

그 밖에 다른 사람들도 많든 적든 교양이 있었다. 카람진 (러시아의 대표적 감상주의 역사가. 1766~1826)의 작품을 읽거나, 모스크바 뉴스 (1756년부터 모스크바 에서 발행된 신문)를 읽는 사람도 있었지만, 그중에는 아무것도 읽지 않는 사람도 있었다. 또 흔히 굼벵이라고 부르는, 뭐라도 시키려면 발로 걷어차야만 하는 사람, 뼛속까지 게으름뱅이라 일 년 내내 드러누워 있어서 발로 걷어차도 절대로 일어나지 않을 지독한 사람도 있었다. 하지만 외모에서만큼은 독자 여러분께서도 잘 아시듯이 하나같이 턱수염이 풍성해서 폐병을 앓고 있는 사람은 아무도 없었다. 자기 부인과 단둘이서 달콤한 이야기를 주고받을 때면 우리 땅딸보니, 뚱뚱이니, 토실이니, 검돌이니, 키키, 주주와 같은 별명으로 불리는 사내들이었는데, 흔히 말하는 호인(好人)이었다.

이들은 대개 한 번이라도 초대를 받아 깍듯한 대접과 진수성찬, 밤까지 계속되는 휘스트 놀음을 한 것만으로 백년지기 친구와 같은 사이가 되었는데, 하물며 인품이나 태도에 매력이 넘치고 상대방의 마음에 드는 방법을 잘 알고 있는 치치코프였으니 더할 나위가 있겠는가. 너무 인기가 많았던 탓에 어디를 가든 그의 얼굴만 보이면, "제발 일주일만, 딱 일주일만이라도 함께 지냅시다. 파벨 이바노비치 씨!" 하는 말을 듣기 일쑤라 치치코프는 이 마을을 어떻게 빠져나가야 할지 은근히 걱정이 될 정도로 금이야 옥이야 귀한 대접을 받고 있었다.

그중에서도 가장 눈부셨던 것은 치치코프가 부인들에게 준 감명(그건 정말이지 놀라웠다!)이었다. 이 현상을 다소나마 설명하려면 먼저 부인들과 부인들이 다니는 사교계에 대해서 상세히 설명하고, 그야말로 신들린 듯한 솜씨로 그 기풍을 표현해야 할 것이다. 하지만 이건 작자에게 있어 매우 어려운 일이다. 거기다 고관대작 부인들에 대한 존경심이 펜을 둔하게 만들고, 또 거기다, 게다가…… 그러니까 한마디로 어렵다는 것이다.

이곳 부인들은…… 아니, 더는 무리다. 아무리 해보려고 해도 용기가 나질 않는다. 이곳 부인들의 가장 멋진 점이 뭐냐면……. 정말 이상하다. 펜이 전혀 나아가질 않는다. 마치 안에 납덩이라도 들어 있는 것처럼 말이다.

할 수 없다. 그녀들의 내면을 묘사하는 건 팔레트에 생기 있는 물감을 다채롭게 갖추고 계신 분께 맡기도록 하자. 나는 외면만을, 겉으로 드러난 부분에 대해서만 몇 가지 얘기해볼까 한다.

이곳 부인들은 하나같이 겉모습들이 빼어나서 어디를 가더라도 능히 모범이 될 만했다. 행실에서부터 몸가짐, 예의범절, 세세한 배려까지, 거기다 최신 유행에도 뒤처지지 않아서 페테르부르크와 모스크바의 귀부인들이 무색해질 지경이었다. 맵시 있게 차려입은 그녀들이 마차를 타고 시내를 달릴 때면 뒤에는 유행에 맞춰 금줄이 박힌 제복을 입은 하인이 흔들거리며 서 있기 마련이었다. 손님이 내민 명함이 트럼프의 클로버 2나 다이아몬드 에이스에 글을 써넣은 것이더라도 무척이나 신성하게 다루었다. 언제였었는지 실제로 무척이나 친한 친구이자 친척이었던 두 부인의 사이가 완전히 틀어진 사건이 있었다. 바로 한쪽 여인이 답방(答訪)을 게을리 했기 때문이었는데, 남편과 친척들은 두 사람을 화해시키려고 노력했지만 아무 소용이 없었다. 세상에 못해낼 일이란 없지만, 딱 한 가지 안 되는 것이 있다. 그건 바로 방문을 게을리해서 사이가 틀어진 두 부인을 화해시키는 것이다. 그렇게 두 여인은 사교계에서 쓰이는 표현을 빌리자면, 서로 노려보는 관계가 되고 말았는데, 자기가 우위에 서겠다고 울고 소리 지르는 놀라운 장면이 연출되는 것은 물론이고, 때로는 남편들까지 나서서 아내를 대신해 자신을 희생하겠다는 기사도 정신을 발휘하기도 했다. 하지만 둘 다 문관이라 결투를 벌이지는 않았지만, 틈만 나면 상대방을 비난했었는데, 다들 아시겠지만 때로는 그게 결투보다 더 결과가 좋지 못한 법이다.

이곳의 부인들은 절도에 매우 엄격해서 올바른 길에서 벗어나거나, 유혹에 넘어간 사람이 있다면, 고결한 울분을 터뜨려 어떤 약점이든 상관하지 않고 인정사정없이 헐뜯었다. 만에 하나 '불미스러운 일'이 생기더라도, 누구의 눈에도 띄지 않게 은밀하게 이루어졌기에 그 누구에게도 들키지 않고 기품을 유지했던 것이다. 또 남편도 그러한 사실을 다 알고 있었기에, 혹시라도 '불미스러운 일'을 목격하거나 그에 관한 소문을 듣더라도, "대모(代母)가 대부(代父)와 함께 앉아 있기로서니 그게 어쨌다는 거냐?" 라는 옛말을 들먹이며 다 알고 있다는 듯이 가볍게 덮어버렸던 것이다.

또 한 가지 밝혀둘 것이 있다면, 이곳의 부인들은 페테르부르크에 사는 부인들처럼 말투나 표현법에 몹시 신경을 써서 항상 기품을 잃지 않도록 조심을 했다는 것이다. 그녀들은 무슨 일이 있더라도 코를 풀었다, 땀을 흘렸다, 침을 뱉었다는 말을 입 밖에 내지 않았다. 대신에 "코를 좀 가볍게 했어요." 라던지, "손수건을 좀 썼어요"라고 표현했다. 또 어떤 경우에서도 "이 잔 (혹은 접시)에서는 이상한 냄새가 나요"라고 표현해서는 안 되며, 그걸 암시하는 표현도 써서는 안 되었기 때문에, "이 컵은 예의가 바르지 못하군요"와 같은 식으로 표현했다. 또 러시아어를 더 고상하게 만들기 위해 반이 넘는 단어가 일상회화에서 전혀 쓰이지 않게 되면서, 자연스레 프랑스어에 의지해야 하는 일이 잦았다. 그나마도 프랑스어라면 다행인 것이, 그보다 더 심한 말도 아무렇지 않게 쓰이곤 했다.

이것이 이곳 여인들의 겉모습만을 가지고 말할 수 있는 사실이다. 하기야 여인들의 속마음을 더 깊이 들여다본다면 또 다른 사실들을 발견할 수 있겠지만, 그것은 무척이나 위험한 일이다. 그러니 여기서는 겉모습만을 가지고 이야기를 계속하고자 한다.

지금까지 이곳 여인들은 치치코프의 훌륭한 사교성(社交性)을 인정하면서도 어떻게 된 일인지 그를 화젯거리로 삼지를 않았다. 그러던 것이 백만장자라는 소문이 퍼지고 나면서부터 다른 모습을 보이기 시작했다. 그렇다고 여인들이 계산적이라는 것은 아니다. 이 모든 건 그가 엄청난 거부여서가 아니라 '백만장자'라는 말, 바로 그 말 때문이다. 이 '백만장자'라는 말속에는 돈주머니와는 다른, 비속한 사람도, 평범한 사람도, 훌륭한 사람도, 말하자면 모든 사람들을 움직이게 만드는 무언가가 있다. 백만장자는 자신에게 굽실거리는 사람들에게서 욕망에서 벗어난 순수한 의미의 대우를 받을 권리가 있다. 그 많은 사람들은 백만장자한테서 뭘 얻어내려는 것도 아니며, 자신이 받을 권리조차 없다는 것도 잘 알고 있다. 그럼에도 한발 앞서 가서 기다리거나, 싱글벙글 웃어주고, 그의 앞에서 모자를 벗고, 백만장자가 초대받은 만찬회에 부탁해서 억지로 참석을 했는데, 그러지 않고서는 도저히 견딜 수가 없었다.

그렇다고 이 비굴하고 애처로운 마음이 여인들에게도 생겨났다는 것은 절대로 아니다. 그저 이곳저곳의 사교실에선 치치코프에 대한 소문이 퍼져나갔을 뿐인데, 멋진 미남은 아니지만 사내라면 딱 저 정도가 알맞으며, 그보다 조금이라도 더 뚱뚱하고 몸집이 컸더라면 난처했을 것이라는 것이다. 거기다 말라깽이들의 화를 돋우는 말까지 나왔는데, 말라깽이들은 이쑤시개 같아서 사람 축에도 못 든다는 것이었다.

부인들의 옷에는 여러 장식이 주렁주렁 달렸고, 상점가에는 송곳 하나 세울 여유가 없을 정도로 마차가 몰려들어서 마치 소풍이라도 나온 것 같았다. 상인들은 시장에서 사오기는 했지만, 값이 비싼 탓에 전혀 팔리지 않던 몇몇 옷감들이 날개 돋친 듯이 팔려나가서 깜짝 놀랐다. 미사 때에는 어떤 부인이 교회의 절반을 집어삼킬 만큼이나 큰 살대를 넣은 드레스를 입고 오는 바람에 마침 그곳에 있던 순경이 귀부인께서 모처럼 입고 나온 화려한 옷이 망가지지 않도록 다른 사람들을 더 멀리, 그러니까 입구 쪽으로 가라고 명령한 사건이 있었을 정도였다. 그러니 자신에게 쏟아지는 사람들의 비상한 관심을 치치코프가 모르려야 모를 수가 없었던 것이다.

어느 날 여관으로 돌아온 치치코프는 탁자 위에 놓인 편지 한 통을 발견했다. 누가 어디서 보냈는지 전혀 알 수 없었는데, 종업원의 얘기로는 한 심부름꾼이 누구한테도 말해서는 안 된다는 명령을 받고 가져왔다고 했다.

편지는 무척이나 고심한 듯한 문구로 첫머리를 열고 있었다. '아니요, 저는 반드시 그대에게 편지를 써야만 했습니다!' 그리고 영혼과 영혼 사이에는 신비로운 공명이 오가고 있다면서, 그것이 진리라고 강조하고자 거의 반줄 가까이 점선이 쳐져 있었다. 이어서 몇 가지 의견이 적혀 있었는데, 어느 것 하나 놀랄 만큼 뛰어났기에 만사를 제쳐놓고라도 여기에 인용하고자 한다.

"우리의 인생이란 무엇일까요? 그건 슬픔이 사는 골짜기입니다. 사교계란 무엇일까요? 그건 감정을 잃어버린 군중입니다."

그러더니 편지를 보낸 여인은 세상을 떠난 지 25년이나 된 다정한 어머니가 남기고 가신 글을 읽노라면 눈물이 난다고 하면서, 갑갑한 벽 속에 틀어박혀 신선한 공기를 맛보지 못하는 이런 마을과는 영영 작별하고 함께 황야로 떠나는 것은 어떻겠느냐며 치치코프를 유혹하고 있었다. 결정적으로 편지는 절망적인 가락을 담은 이런 시구로 끝을 맺고 있었다.

두 비둘기가 그대에게 보여주리라,
내 차가운 주검을.

구구구 울며 그대에게 알려주리라,
그녀는 눈물 속에서 죽었노라고.

맨 마지막 줄이 운율에 맞지 않았지만, 그게 어떻단 말인가! 이 편지는
당시의 유행에 맞춰 써진 것이니까 말이다. 서명도, 이름도, 성도, 날짜도
적혀 있지 않은 편지에는 그저 추신(追伸)으로 '가슴에 손을 올려보세요. 그
러면 제가 누군지 짐작이 가실 겁니다. 그리고 내일 지사의 저택에서 열리는
무도회에 저도 참석하겠습니다.'라고 적혀 있어, 치치코프의 흥미를 불러일
으켰다.

매우 매혹적이고 호기심을 끄는 익명의 편지를 몇 번이고 되풀이해서 읽
던 치치코프는 마침내 이렇게 말했다. "대체 이 편지를 보낸 여인은 누굴
까?" 사태는 점차 중요성을 띠기 시작했다. 한 시간 넘게 이 문제를 놓고 고
민하던 치치코프는 마침내 두 팔을 벌리고 고개를 갸웃거리며 이렇게 말했
다. "그나저나 문장에 무척이나 공을 들여놨군!" 그리고 새삼스레 이야기할
것도 없겠지만, 치치코프는 편지를 차곡차곡 접어서 7년째 같은 상태로 같
은 장소에 보관된 각종 광고지와 결혼식 초대장이 든 손가방 속에 집어넣었
다. 얼마 뒤, 정말로 지사가 보낸 무도회 초대장이 도착했다. 이렇듯 지방도
시에서 지사가 있는 곳에서 늘 무도회가 열리는 일은 흔했는데, 그렇지 않으
면 귀족들로부터 존경도 사랑도 받지 못하기 때문이다.

초대장이 도착한 순간부터 치치코프는 다른 일들은 모두 뒤로 미루고, 무
도회에 참석할 준비를 하는데 정성을 기울였다. 그도 그럴 것이 초대장에는
그를 흥분시키고 가만히 있지 못하게 하는 여러 원인이 존재했기 때문이었
다. 천지가 창조된 이후로 이렇게 몸치장에 많은 공을 들인 사람은 아마 없
을 것이다. 거울에 얼굴을 비춰보는 데만 족히 한 시간을 썼다. 그리고는 점
잔을 뺀 그럴싸한 표정, 정중하면서도 약간 미소를 품은 표정, 정중하지만
미소를 품지 않은 표정 같은 것을 지어보더니, 거울에 몇 번이고 묵례를 하
면서 뭐라고 중얼거렸다. 아무래도 프랑스어 같았지만, 치치코프는 프랑스
어의 '프'자도 모르는 사내다. 그런가 하면 그는 자신이 봐도 낯설 만큼 재
미난 몸짓을 여러 가지 해보았다. 눈썹과 입술로 윙크 흉내를 내는가 싶더
니, 혀까지 이상야릇하게 움직이는 것이 아닌가. 이렇듯 사람은 자기 혼자

있고 자신이 잘생겼다는 착각에 빠져 있으면, 그리고 무엇보다 자신을 엿보는 사람이 없다는 걸 알게 되면 별의별 짓을 하게 되기 마련이다. 마지막으로 치치코프는, "뭐, 썩 괜찮은 얼굴이군!" 하면서 자신의 턱을 가볍게 두드리고 옷을 입었다. 옷을 차려입는 동안에도 치치코프는 무척이나 기분이 좋았다. 바지 멜빵을 걸치고, 넥타이를 매면서도 그는 오른쪽 발을 살짝 뒤로 빼서 경례를 하거나, 매우 정중하게 머리를 숙이고는 춤을 춰본 적도 없으면서 앙트르샤(공중으로 뛰어올라 두 발을 교차하는 발레 동작)를 춰보기까지 했다. 그 덕분에 죄 없는 옷장이 흔들리면서 옷솔이 바닥으로 떨어지기도 했다.

치치코프가 무도회장에 나타나자 큰 소동이 벌어졌다. 안에 있던 사람들은 너나 할 것 없이 그를 맞이하러 달려나왔다. 손에 트럼프를 든 채로 달려온 사람도 있었고, "거기에 대한 지방법원의 대답은 말일세……." 하고 한창 이야기를 나누던 중이었지만 지방법원의 대답 같은 것은 뒤로 미루고 행여 늦을세라 우리 주인공에게 인사를 하러 달려나온 사람도 있었다.

"파벨 이바노비치 씨!"—"이야, 파벨 이바노비치 씨!"—"잘 오셨습니다, 파벨 이바노비치 씨!"—"이렇게 와주셔서 영광입니다, 파벨 이바노비치 선생!"—"기다리고 있었습니다, 파벨 이바노비치 님!"—"드디어 오셨군요, 파벨 이바노비치 씨!"—"우리들의 파벨 이바노비치 씨!"—"포옹 한 번 할 수 있겠습니까, 파벨 이바노비치 씨?"—"자아, 그분을 이리 보내주시구려. 파벨 이바노비치 씨께 흠뻑 키스를 해 드려야겠소이다!"

치치코프는 자신이 한꺼번에 여러 친구들의 품에 안겨 있다는 것을 깨달았다. 법원장의 품에서 벗어나기도 전에 벌써 경찰서장이 그를 부둥켜안고 있었다. 서장은 의료감독관에게 그를 넘겨주었고, 의료감독관은 세무장관에게, 세무장관은 건축기사에게 넘겨주었다. 지사는 한 손에는 사탕 봉지를, 다른 한 손에는 강아지를 안고 여인들 곁에 서 있었는데, 치치코프를 보자마자 사탕 봉지도 강아지도 바닥에 던져버렸고, 그 탓에 강아지가 깨갱하고 비명을 질렀다.

한 마디로 치치코프가 그지없이 유쾌한 분위기의 중심이 되었던 것이다. 누구나 즐거운 표정을 짓지 않거나, 흐뭇한 표정으로 바라보지 않는 사람이 없었다. 이러한 표정은 장관이 부하의 담당 부서를 시찰하러 왔을 때, 부하들의 얼굴에 떠오르는 그런 표정이었다. 처음의 공포가 지나가고 나면, 장관은 자신이 사람들의 마음에 들었다는 것을 알게 되고, 그러다 장관이 직접 한두 마디 농담을 하게 되고, 장관을 둘러싸고 있던 부하들은 그에 답하듯이 장관보다 한 술 더 떠서 웃기 마련이었다. 장관의 농담을 제대로 듣지 못한 사람들은 더 큰 소리로 웃어대고, 더 멀리 문가에 서서 여태껏 웃어본 적도 없고, 조금 전까지 시민들 앞에서 주먹까지 불끈 쥐어보이던 순경까지 만고 불변의 반사(反射) 법칙에 따라 얼굴에 미소를 띠었다. 그렇다고 해도 독한 코담배를 맡고선 재채기가 나오려 할 때와 똑같은 표정이긴 했지만 말이다.

어쨌든 우리의 주인공은 모든 손님들에게 일일이 답례를 하면서 스스로 흐뭇한 기분에 빠졌다. 치치코프는 평소 버릇대로 좌우로 비스듬히 고개를 숙여 답례를 했는데, 그러한 모습이 너무나 매력적이라 사람들은 그에게 푹 빠져들고 말았다. 여인들은 화려한 화환처럼 재빨리 치치코프를 둘러쌌고, 주변에는 마치 구름처럼 향수 냄새가 뭉게뭉게 피어올랐다. 장미 향기가 나는 여인이 있는가 하면, 봄과 제비꽃 향기가 나는 여인, 온몸에서 물푸레나무 향기가 나는 여인도 있었다. 치치코프는 그저 높이 코를 쳐들고 그 향기를 맡을 따름이었다.

그녀들의 취향은 옷차림에서도 나타났는데, 모슬린에 메슬린, 새틴과 같은 옷감에 이름조차 알 수 없는 흐릿한 빛깔까지(다시 말해 그 정도로 취미가 세련되었다는 뜻이다) 다채롭기 이를 데 없었다. 드레스에는 나비모양 리본이며 꽃다발이 매달려 하늘하늘 흔들렸는데, 사실 이러한 의상은 여러 고민 끝에 마련된 것이었다. 귓가에는 가벼운 머리장식이 꽂혀 있어서 마치 "아아, 어디로든 날아가고 싶구나! 하지만 이 아름다운 여인과 함께 갈 수 없으니 분하구나!" 하고 말하는 듯했다. 허리는 누구 할 것 없이 날씬하게 졸려져 있어 보기 좋은 모양을 하고 있었다(미리 한 마디 해두자면, 이 도시의 여인들은 대체로 약간 뚱뚱한 편이었지만 코르셋 사용법을 잘 알고 있었던 덕분에 뚱뚱해보이지 않았다는 이야기다).

그녀들은 하나부터 열까지 예사롭지 않은 배려를 바탕으로 효과를 계산에 넣어 고민한 것들이다. 목덜미나 어깨는 필요한 만큼만 노출을 하고, 결코 지나치게 드러내지 않았다. 여인들은 자신의 믿음에 따라 그 이상 드러냈다간 사내들을 파멸시킬지도 모르는 그런 수위까지만 살결을 드러내고, 다른 부분은 마찬가지로 정성을 들인 옷으로 모두 감추었다. 이를테면 얇은 리본으로 만든 목도리나 '키스'라는 이름으로 유명한 과자보다 더 가벼운 스카프로 목을 두른다던지, 얇은 바티스트로 만든 '수줍음'이라는 이름의 주름 잡힌 얇은 옷을 어깨너머로 드러내 보이는 식이었다. 이 '수줍음'은 이제 사내들의 마음을 애태우게 하지 못하게 된 어떤 부분을 잘 감춰줄 뿐만 아니라, 오히려 그곳을 대단한 매력이 감춰진 것처럼 만들어주는 역할을 했다.

긴 장갑도 소맷부리까지 전부 끼지 않고, 사내들의 마음을 유혹하기에 알맞을 정도로 팔죽지를 일부러 드러내놓고 있었는데, 그 팔죽지가 또 샘이 날 만큼 통통하게 살이 쪄 있었다. 그중에는 좀 더 노골적으로 자신의 살결을 보여주려고 어린 양가죽으로 만든 장갑을 일부러 찢어버리는 여인들도 있었다. 그야말로 어느 곳이고, "여기는 시골이 아닙니다, 도시입니다. 여기가 바로 파리입니다!"라고 쓰여 있는 것만 같았다. 다만 여기저기에서 지금까지 세상에 그 모습을 드러낸 적이 없을 것만 같은 이상야릇한 모자라든가, 공작날개와 비슷한 깃털장식처럼, 유행을 거스른 자신만의 독특한 취향의 의상들이 불쑥 나타나곤 했는데, 이건 어찌할 도리가 없는 지방도시만의 특색으로 이렇듯 반드시 어딘가에서 파탄(破綻)이 나기 마련이다.

치치코프는 여인들 앞에 장승처럼 버티고 서서, '그나저나 편지를 보낸 여인은 대체 누굴까?' 하고 생각하며 좀 더 자세히 둘러보기 위해 코끝을 앞으로 삐죽 내밀었지만, 그의 코끝으로는 수많은 팔꿈치와 소맷부리, 리본의 끝자락, 좋은 향내가 물씬 풍기는 슈미제트(19세기까지 목과 가슴을 가리는데 사용했던 레이스 장식), 드레스가 차례차례 스치고 지나갔을 뿐이었다.

아찔한 갤럽(원을 그리며 추는 빠른 박자의 경쾌한 춤)이 시작되려 하고 있었다. 우체국장 부인도, 지방경찰서장도, 파란 깃털을 단 부인도, 하얀 깃털을 단 부인도, 그루지야의 공작(公爵) 치프하이히리제프도, 페테르부르크에서 온 관리도, 모스크바에서 온 관리도, 프랑스인 신사 쿠쿠도, 페르후노프스키도, 베레벤도프스키도…… 모두가 자리에서 일어나 춤을 췄다.

"이거 참, 대단한 소동이로군!" 치치코프는 뒷걸음질하면서 이렇게 중얼거렸다. 그러는 사이 여인들은 자리를 잡고 앉았다. 치치코프는 어떻게 표정이나 눈빛으로 편지를 보낸 여인이 누군지 알아볼 수 없을까 다시 주변을 둘러봤지만, 어느 표정과 눈빛에서도 누가 편지를 보냈는지 알아낼 수가 없었다. 어디를 보더라도 알아보기 힘들 정도로 야릇한 것들뿐이었다. 아아! 대체 이 무슨 야릇함이란 말인가! …….

'안 되겠어.' 치치코프는 속으로 생각했다. '정말이지 여자들이란…….' 여기서 그는 한쪽 손을 휘저었다. '이건 정말이지 말도 안 되는 이야기야! 누가 한번 여인들의 얼굴에 떠오른 저 복잡한 암시를 표현해보라고! ……불가능할 게 뻔해. 저 눈망울만 하더라도 끝없이 펼쳐진 왕국과 같아서, 한번이라도 사내놈이 발을 들여놨다간 그날로 끝이야! 갈고리를 쓰건, 뭘 쓰건 빠져든 놈이 탈출하는 건 절대로 불가능해. 저 눈빛을 좀 보라고. 촉촉한 눈망울, 벨벳처럼 부드러운 눈망울, 달콤한 눈망울, 그밖에도 수두룩하지! 날카로운 눈망울에 다정한 눈망울, 나른한 눈망울, 또 흔히 말하는 뇌쇄(惱殺)적인 눈망울, 그리고 뇌쇄적이지 않지만 더 멋진 눈망울까지 있지. 만약 이런 눈망울이 사내의 마음 어딘가에 와 닿게 된다면 그건 바로 바이올린 활로 마음을 켜는 것이나 다를 바가 없어. 아니지, 아니지, 이건 도저히 말로 표현할 수 있는 것이 아니야. 그저 인류의 엘레강트(élégant)한 반쪽이라고밖에 표현할 수 없겠어!'

아차, 이거 실례했습니다! 우연히 얻어들은 속된 말이 우리 주인공의 입에서 새어나오고 말았군요. 하지만 이런 입장에 처해 있으니 러시아의 작가들도 어쩔 수가 없습니다. 애당초 이렇게 속된 말이 책 속으로 흘러들어왔다 하더라도, 그건 작가의 잘못이 아니라 독자들, 그것도 상류층 독자들의 잘못입니다.

그들은 올바른 러시아어를 한 마디도 쓰지 않고, 프랑스어, 독일어, 영어만 질리도록 구사하면서 유별난 발음까지 가르쳐준다. 이를테면 프랑스어에서는 비음(鼻音)을 낸다든지, r발음은 목에서부터 내야 한다든지, 또 영어에서는 말할 때 새 흉내를 내야 한다면서 표정까지 새와 똑같은 흉내를 냈는데, 그걸 못하는 사람을 비웃기도 했다. 그렇게 러시아어조차 구사하지 않는 주제에 기껏 애국심을 나타낸다는 것이 여름철 별장으로 러시아식 오두막을 짓는 정도이다.

이것이 상류층 독자들의 모습이다. 그런데 사람들은 상류사회를 동경하며 흉내를 내고 있고, 상류사회 사람들은 다음과 같은 말투를 강요하고 있으니 어처구니가 없을 따름이다. 문장은 반드시 가장 엄격하고 세련되면서, 고상한 말을 써야만 한다는 것이다. 다시 말해 그들은 빈틈없이 완벽한 러시아말이 구름 사이에서 홀연히 내려와 자신들의 혓바닥에 올라앉은 것처럼, 그저 입만 열고 말을 내뱉기만 하면 되기를 바라고 있는 것이다. 인류의 반이라는 여성을 이해하는 것도 어렵지만, 우리 고상하신 독자분도 그에 못지않게 이해하기가 어려우니 존경스러울 따름이다.

그 사이에도 치치코프는 편지를 보낸 여인이 누구인지 찾아내지 못하고 몹시 초조해하고 있었다. 시험 삼아 여인들을 지긋이 바라본다던지 하면, 여인들의 얼굴에는 이 가엾은 사나이의 마음에 희망과 달콤한 번뇌를 동시에 불러일으키는 야릇한 표정이 떠오르는 것이 아닌가! 결국 치치코프는 이렇게 소리를 질렀다. "안 되겠어, 도저히 짐작도 가질 않아!"

그렇다고 그를 감싼 밝은 마음이 사라진 것은 아니었다. 치치코프는 친근하고 사교적인 태도로 몇몇 여인들과 즐거운 대화를 나누면서, 짤막하고 잰 걸음으로 이 여인 저 여인 사이를 오가고 있었는데, 흔히들 말하는 종종걸음을 하고 있었다. 굽이 높은 구두를 신고 매우 민첩하게 여인들 사이를 뛰어다니는 자그마한 멋쟁이 노년 신사, 흔히들 호색영감이라고 부르는 늙은이들이 자주 이런 걸음걸이를 하곤 했다. 날쌘 움직임으로 왼쪽, 오른쪽으로 몸을 틀어가며 일일이 한쪽 발을 뒤로 빼서 인사를 했는데, 뒤로 뺀 다리는 마치 짧은 꼬리가 달렸거나, 점을 찍어놓은 것처럼 보였다.

더할 나위 없이 만족해한 여인들은 치치코프에게서 수많은 좋은 인상과 친절함을 찾아냈을 뿐만 아니라, 마르스(로마 신화에 등장하는 전쟁의 신)나 군인들처럼 위엄 있는 표정까지 찾아냈다. 독자 여러분도 아시겠지만, 그러한 점은 여인들이 가장 좋아하는 것이다. 치치코프가 대체로 문가에 서 있는 것을 본 몇몇 여인들이 서둘러 문가 자리를 차지하려 했고, 한 여인이 앞서 자리를 차지해버리는 바람에 아주 좋지 못한 일이 벌어질 뻔했다. 자신도 그러고 싶었지만, 그러기에는 너무 예의에 벗어난 행동이라고 생각한 여인들이 많았던 것이다.

끊임없이 쏟아지는 이야기에 치치코프는 눈이 돌아갈 만큼 갈피를 잡지 못하고 있었다. 잇따라 쏟아지는 의미심장한 비유를 헤아리려 진땀을 쏟느라, 치치코프는 남의 집을 방문했으면 가장 먼저 여주인을 찾아봬야 한다는 기본적인 예의를 깜빡하고 있었다. 겨우 그 사실을 깨달은 것은 자신의 앞에서 벌써 몇 분 째 서 있던 지사부인이 말을 걸어오고 나서였다. 지사부인은 밝게 머리를 살랑살랑 흔들며 비꼬는 듯한 애교 섞인 목소리로 말했다. "어머나, 파벨 이바노비치 씨! 여기 계셨군요."

부인의 말을 그대로 옮기는 건 힘들겠지만, 정말이지 호의로 가득한 그 말투에선 사교실의 풍경을 자주 묘사하며 상류사회의 풍속을 자랑하려하는 우리나라의 대중작가들의 작품 속에 등장하는 신사숙녀들의 대사와 매우 흡사했는데, 예를 들자면 이런 식이었다. "가엾게도 당신의 마음에서 잊혀져버린 저희가 들어갈 자그마한 공간마저 없을 만큼 당신은 누구에게 빠져 계신 건가요?" 우리의 주인공은 재빨리 지사부인에게 이렇게 된 이상은 요즘 유행하는 소설의 주본스키, 린스키, 리딘, 그레민과 같은 패들이나, 약삭빠른 군인들이 쓰는 말에 전혀 뒤처지지 않을 대답을 들려주고자 고개를 치켜들다 벼락에라도 맞은 것처럼 그대로 얼어붙고 말았다.

치치코프의 앞에는 지사부인만 서 있었던 것이 아니었다. 열여섯 정도 된 젊은 소녀가 손을 잡고 서 있었던 것이었다. 윤기 있는 금발에 화사한 눈과 코, 날씬한 턱선, 희고 갸름한 얼굴까지, 화가가 본다면 틀림없이 마돈나의 모델로 삼을 것이다.

러시아에서는 좀처럼 볼 수 없는 외모였다. 러시아에선 산이건, 숲이건, 들판이건, 얼굴이건, 입술이건, 발이건, 대체적으로 뭐든 커지려는 경향이 있기 때문이다. 그보다 이 소녀는 언젠가 치치코프가 노즈드료프의 집을 나와 길을 가는 도중에, 마부가 바보였든지 말이 멍청이였든지, 하여튼 양쪽 마차가 아주 기묘하게 충돌하는 바람에 마구(馬具)가 한데 얽혀 미챠인지 미냐인지 하는 사내가 도와주려고 했었던 그때 만났던 바로 그 소녀였다. 완전히 당황한 치치코프는 침착하게 얘기 한번 못하고, 좀 전에 예로 들었던 그레민, 주본스키, 리딘 같은 친구들이라면 절대로 입 밖에 내지 않을 헛소리만 지껄이고 있었다.

"제 딸과는 처음이시죠?" 지사부인이 말했다. "쭉 기숙학교를 다니다 얼마 전에 졸업을 했답니다."

치치코프는 사실 예상치 못한 일로 만나 뵀던 적이 있다고 대답하고, 몇 마디 얘기를 덧붙이려고 했지만, 그 몇 마디의 말이 도저히 입 밖으로 나올 생각을 하지 않았다. 뭐라고 이야기를 하던 지사부인은 딸을 데리고 다른 손님들이 웅성대고 있는 홀 저편으로 가버렸다.

치치코프는 그 자리에 멍하니 서 있었다. 마치 두리번두리번 주변을 둘러보며 즐거운 마음으로 산책 나온 한 사내가 문득 깜빡하고 나온 것이 있다는 것을 깨닫고 그 자리에 멈춰서버린 모습 같았다. 아마 이처럼 어리석은 모습은 세상에 또 없을 것이다. 즐거운 표정은 점차 얼굴에서 사라지고, 대체 뭘 잊고 나온 것인지 생각해내려고 애를 쓴다. ……손수건을 잊었던가? 아니 손수건은 주머니 속에 있는데! 돈을 잊었던가? 아니 돈도 주머니 속에 있는데! 잊은 것은 하나도 없는 것 같은데, 눈에 보이지 않는 요정(妖精)이 뭔가 잊어버린 게 있다면서 귓가에 속삭인다. 그렇게 어찌할 바를 몰라 하던 그는 지나가는 사람들과 달려가는 마차, 행진하는 군인들의 군모와 총, 가게의 간판들을 멍하니 바라보지만, 그의 눈에는 초점이 없다.

지금의 치치코프가 바로 그런 경우였다. 그는 이 순간 주위에서 무슨 일이 일어나든 전혀 관심이 없었다. 그러는 사이에도 여인들의 매력적인 입가에서는 섬세한 감정과 호의가 넘치는 가시 돋친 말과 질문이 빗발치듯 쏟아져나왔다.

"보잘것없는 저희들이 이런 것을 여쭤봐서 염치가 없습니다만, 뭘 그렇게 골똘히 생각하고 계신가요?"—"당신의 마음이 머무른 그 행복한 곳은 대체 어디인가요?"—"그 달콤한 명상의 골짜기에 당신을 가라앉힌 분의 성함을 들려주실 수 없으신가요?"

하지만 치치코프는 어떤 질문에도 성의 없는 대답을 들려줌으로써, 모처럼의 달콤한 말도 아무 소용이 없게 되었다. 어디 그뿐이랴, 치치코프는 지사부인이 딸을 어디로 데리고 갔는지 알아볼 양으로 여인들의 곁을 떠나 다른 곳으로 가버리는 무례한 짓까지 저질렀다. 그러나 여인들도 그를 이렇게 쉽게 놓칠 생각이 없었다. 그녀들은 저마다 우리 남성들의 마음에 큰 위력을 발휘하는 온갖 무기, 비장의 수라는 수는 모두 꺼내려 하고 있었다.

여기서 꼭 한 마디 해두어야 할 것은 어떤 여인들, 그러니까 전체를 말하는 게 아닌 어떤 여인들은 작은 약점을 갖고 있었다. 자신에게 뭔가 특출한 점이 있다면, 그게 이마든, 입가든, 팔이든 그 특출한 부분을 가장 먼저 사람들에게 보여주어 사람들이 입을 모아, "이봐, 저기 좀 보게! 그리스인처럼 잘 생긴 코를 하고 있군!"—"정말이지 기품 있고 매력적인 이마로군!" 하고 말할 거라고 생각한다는 것이다. 어깨가 아름다운 여인은 젊은 사내라면 누구나 자신의 곁을 지나가기만 하면, "아아, 저 얼마나 아름다운 어깨란 말인가!" 하고 끊임없이 소리를 칠 것이며, 얼굴이나 머리모양, 코, 이마 같은 것은 거들떠보지도 않을 것이다, 만약 보더라도 대수롭지 않게 여길 것이다, 라고 처음부터 확신을 한다.

이것이 바로 그 어떤 여인들의 생각이다. 그렇게 여인들은 무도회 때면 매력적으로 행동하고 자신의 가장 아름다운 부분을 화려하게 보여주겠노라 마음먹는다. 우체국장 부인은 왈츠를 추면서 마치 하늘에서 아름다운 음악소리라도 들려오는 것처럼, 애절하게 고개를 한쪽으로 비스듬히 숙였고, 오른쪽 발에 난 콩알만 한 종기 때문에 플러시 장화를 신어야만해서 처음부터 춤출 생각이 없다던 어떤 사랑스런 여인은 결국 참지 못하고 플러시 장화를 신은 채로 몇 번이고 춤을 추고 말았는데, 솔직히 말하자면 우체국장 부인이 너무 잘난 체하도록 내버려둬서는 안 되겠다고 생각했기 때문이었다.

하지만 이러한 노력은 치치코프에게 어떤 효과도 거두지 못했다. 치치코프가 여인들이 그려내는 춤사위에 눈길조차 주지 않았던 것이다. 그저 매혹적인 금발소녀가 어디 숨었는지 찾아다닐 뿐이었다. 쉴 새 없이 발돋움하며 사람들의 머리 너머로, 몸을 숙여서 어깨와 허리 사이로 그녀를 찾아보던 치치코프는 마침내 모친과 함께 앉아 있던 그녀를 찾을 수 있었다. 함께 있던 지사부인의 머리에는 깃털장식이 달린 동양의 터번 같은 것이 엄숙하게 흔들리고 있었다.

그는 마치 두 사람을 빼앗을 듯한 기세로 돌격해갔다. 봄철의 들뜬 분위기에 휩쓸린 건지, 아니면 그저 누군가에게 등을 떠밀린 건지, 치치코프는 주변 사람들은 전혀 개의치 않고 자꾸만 앞으로 헤치고 나아갔다. 크게 떠밀린 세무장관은 간신히 한쪽 발로 버텼는데, 그렇지 않았더라면 뒤에 서 있던 사람들을 도미노처럼 전부 쓰러뜨릴 뻔했다. 깜짝 놀란 우체국장도 뒷걸음치면서 아주 미묘한 비난이 담긴 눈길로 그를 쏘아봤지만, 치치코프는 그런 친구들을 전혀 거들떠보지 않았다. 그의 눈길을 사로잡고 있었던 것은 저 멀리 보이는 금발소녀뿐이었다.

긴 장갑을 낀 소녀는 모자이크 바닥 위에서 마음껏 춤추고 싶다는 간절한 바람을 숨기지 못하고 안절부절못하고 있었다. 게다가 벌써 그녀의 곁에는 네 쌍의 남녀가 신나게 마주르카를 추고 있었다. 뒤꿈치가 바닥을 내리치는 소리가 요란하게 울려 퍼졌고, 어떤 이등대위는 몸과 마음을 다해 손발을 이리저리 움직여 꿈속에서도 절대로 추지 않을 듯한 야릇한 춤을 추고 있었다. 치치코프는 마주르카를 추는 사람들의 곁을 뒤꿈치가 스칠 만큼 아슬아슬하게 지나 두 사람이 앉아 있는 곳으로 곧장 달려갔다. 하지만 막상 두 사람의 가까이까지 오게 되니 공연히 주눅이 들어버려 당당한 걸음걸이도, 종종걸음도 하지 못하고 매우 당혹스러운 표정으로 말에서부터 행동 하나까지 더듬고 말았다.

우리 주인공의 마음속에 사랑이 싹튼 것일까? 거기에 대해서 뭐라고 할 수 없긴 하지만, 이런 부류의 신사가, 그러니까 뚱보도 아니고, 말라깽이도 아닌 신사가 사랑을 할 수 있는지 의심스러울 따름이다. 하지만 이 경우, 치치코프 그 자신도 설명할 수 없는 어떤 야릇한 무언가가 생겨난 것만은 사실이었다. 나중에 치치코프가 고백했던 것처럼 무도회 그 자체가 사람들의 말소리와 소음과 함께 어디론가 멀리 사라져버리고, 바이올린과 트럼펫 소리만이 산 너머에서 어렴풋이 들려올 뿐이었다. 마치 모든 것들이 아무렇게나 칠한 그림 배경처럼 안개에 덮여버린 것만 같았다. 아무렇게나 그린 이 흐릿한 그림 속에서 완벽한 형태를 띠고 있는 것은 저 매혹적인 금발소녀의 얼굴뿐이었다. 달걀처럼 갸름하면서 동그란 얼굴, 학교를 갓 졸업한 소녀들에게서 흔히 볼 수 있는 호리호리한 몸맵시, 순결한 곡선으로 그 속에서 느껴지는 젊고 균형이 잘 잡힌 팔다리를 푹신하게 감싸주고 있는 장신구가 거의 달려 있지 않은 하얀 드레스. 그러한 모습은 마치 섬세하게 조각한 상아 장식품 같았다. 그 새하얀 장식품만이 탁하고 불투명한 군중들 속에서 밝고 투명하게 떠올라 있었다.

세상에 원, 이런 일도 일어나는 법인가보다. 치치코프 같은 사내가 몇 분 동안이기는 하지만 시인(詩人)이 되었다니 말이다. 그렇다고 시인이라고 하기에는 좀 지나친 표현이 아닐까 싶긴 하다. 그래도 지금의 치치코프는 경기병(輕騎兵)까지는 아니더라도 청년의 마음으로 돌아가 있었다. 치치코프는 모녀의 곁에 빈 의자가 하나 놓여 있는 것을 보자마자 곧바로 그 의자를 차지했다. 처음에는 이야기가 잘 나오지 않았지만, 점차 말문이 터져서 나중에는 은근히 신이 나기까지 했다.

……참으로 유감스럽지만 여기서 꼭 한 마디 해두고자 한다. 중년의 나이, 거기다 상당한 지위에 오른 사내들은 여인들과 얘기를 나눌 때면 늘 어

색해하곤 한다. 중위나 대위 정도의 젊은이들은 그런 방면에 매우 능숙했는데, 무슨 이야기를 나누는지 알아볼 방법이 없지만, 그리 재밌는 이야기도 아닐 텐데 젊은 여인들은 늘 의자에 앉아 깔깔거리는 것이다.

그럼 오등관(五等官)은 어떨까? 그들 또한 무슨 얘기를 하는지 알아볼 방법이 없지만, 러시아가 실로 대단한 제국이라는 얘기나, 아첨을 할 것이다. 물론 그 아첨도 전혀 마음에 들지 않을 것들이겠지만 말이다. 한 마디, 한 마디가 책이라도 읽고 있는 것만 같고, 우스꽝스러운 얘기도 듣는 사람보다 말하는 자신이 소리 내어 깔깔 웃으니 이렇게 싱거운 일이 어디 있단 말인가?

여기서 왜 이런 이야기를 하는가 하면, 우리 주인공이 여러 가지 이야기를 하는 동안에 금발소녀가 왜 하품을 했는지 그 이유를 독자 여러분께서 알아줬으면 해서이다. 하지만 정작 우리 주인공은 그걸 전혀 눈치채지 못하고 계속 얘기를 했는데, 사실 그건 이미 이런 기회가 있을 때면 늘상 꺼내던 얘기였다.

심비르스크에 사는 소프론 이바노비치 베즈페치니의 집을 찾아가 그의 딸들인 아델라이다 소프로노브나, 마리 가브리노브나, 알렉산드라 가브리노브나, 아델리게이다 가브리노브나 의자매(義姊妹)에게 들려준 것으로, 라잔에 사는 표도르 표도로비치 페레크로이프의 집에서도 그 이야기를 했고, 펜자의 표도르 바시리에비치 포베드노스니, 또 그의 형제의 집에서 처제 카테리나 마하이로브나, 사촌동생 로자 표드로브나, 에밀리야 표드로브나 세 여인에게도, 그리고 바트카의 표도르 발소노피에비치의 의붓동생 페라게야 에고로브나, 조카 소피야 로스티스라브나, 배다른 두 여동생 소피야 알렉산드로브나와 마크라투라 알렉산드로브나에게도 들려주었던 이야기였다.

치치코프의 이런 태도는 여인들의 빈축을 샀다. 어떤 여인은 그걸 치치코프에게 깨닫게 해주려고 일부러 곁을 지날 때 드레스의 굵은 살대를 금발소녀에게 부딪치게 하거나, 어깨에 비끄러맨 스카프 자락으로 소녀의 얼굴을 간질였다. 그와 함께 치치코프의 등 뒤에선 어떤 여인의 신랄한 독설이 제비꽃 향기와 함께 토해지기도 했다. 눈치챘던지 못 챘던지 간에 이건 분명히 치치코프의 잘못이었다. 여인들의 의견은 결코 소홀히 해서는 안 되기 때문이다. 치치코프도 후회했지만 이미 손을 쓰기에는 너무 늦었던 셈이었다.

많은 여인들이 분노를 나타낸 것은 너무나도 당연한 일이었다. 이렇게 되면 아무리 사회적으로 세력이 크더라도, 백만장자라 하더라도, 당당하고 전쟁의 신 마르스를 떠올리는 풍채를 지녔더라도, 어떻게 해볼 방도가 없는 것이다! 남자와 비교해서 여자는 성질이 나약하고 힘이 없다고 하지만, 때로는 남자보다, 아니 세상 그 무엇보다 더 강해지기도 한다.

치치코프가 자신도 모르게 여인들을 무시하게 되면서, 조금 전까지 의자를 두고 서로 다투던 여인들을 하나로 뭉치게 만들었다. 여인들은 치치코프가 별 뜻 없이 한 말도 조롱하는 걸로 받아들였고, 재수가 없으면 뒤로 자빠져도 코가 깨진다고, 어떤 청년이 연례행사처럼 춤만 추는 사람들을 빗대 짓는 풍자시(諷刺詩)도 치치코프가 지은 것처럼 되어버렸다. 여인들의 분노는 더욱 커져 여기저기에서 치치코프를 마구 깎아내렸고, 애처롭게도 학교를 갓 졸업한 소녀에게까지 성한 곳이 하나 없을 만큼 지독한 욕설이 퍼부어졌다.

그러는 동안에도 한쪽에서는 우리 주인공에게 있어 전혀 예상치 못한 불쾌하기 짝이 없는 사건이 기다리고 있었다. 무슨 말인고 하니, 치치코프는 금발소녀가 하품을 하는 것도 상관하지 않고 여러 시대에서 일어났던 사건들을 이야기하고 있었다. 그렇게 그리스의 철학자 디오게네스에 대해서 이야기하려는 순간, 바로 옆방에서 노즈드료프가 나타났던 것이다.

식당에서 뛰쳐나온 건지, 아니면 휘스트보다 더 큰 판이 벌어지고 있는 작은 녹색 객실에서 뛰쳐나온 건지, 아니면 쫓겨난 건지 모르겠지만, 아무튼 밝고 즐거운 얼굴이었다. 그의 겨드랑이에 안기다시피 한 검사는 벌써 진절머리가 날 정도로 이리저리 끌려다녔는지 어떻게든 여기서 벗어나고자 두꺼운 눈썹을 여기저기 들이밀며 친구들에게 이 여행길에서 벗어날 방법이 없겠느냐고 물어보고 있었다.

정말이지 더는 견딜 수 없는 노릇이었다. 노즈드료프는 찻잔을, 사실은 속에 럼주가 든 잔을 연거푸 들이키더니 주위 사람들이야 어떻든 아랑곳하지 않고 마구 떠들어댔다. 치치코프는 멀리서 노즈드료프의 모습을 보았을 때부터 사람들이 부러워하는 지위를 버리고 이 자리를 떠나기로 했다. 여기서 녀석과 마주치기라도 했다간 신통한 일이 있을 리가 없다. 그런데 운이 없게도 지사에게 붙잡히고 말았다. 지사는 우리 주인공과 만난 것을 보물단지라도 찾은 것처럼 기뻐하며 지금 두 여인과 함께 연인의 사랑은 영원한 것인가 아닌가를 놓고 논쟁을 벌이고 있는데, 제발 그 판정을 내려달라는 것이었다.

그러는 사이 노즈드료프의 예리한 눈은 치치코프를 발견했고, 곧장 그를 향해 다가왔다.

"오오, 헬손의 지주나리 아니신가!" 노즈드료프는 그의 곁에 오기가 무섭게 큰 소리로 웃으면서 이렇게 소리쳤다. 껄껄 웃는 바람에 봄철의 장미처럼 싱그러운 그의 붉은 양쪽 뺨이 부르르 떨렸다.

"그래, 죽은 농노를 잔뜩 사들였다면서? 그렇지, 각하께서는 알고 계셨습니까?" 그러더니 노즈드료프는 지사에게 금이 간 종소리 같은 목소리로 소리쳤다.

"이놈은 죽은 농노를 사고팔고 있답니다! 정말입니다! 잘 듣게, 치치코프! 나라면 말일세, ⋯⋯이건 어디까지나 친구라서 해주는 얘기네. 여기 있는 모든 사람들은 자네의 친구잖나? 여기 계신 각하께서도 마찬가지고 말일세. 그러니까 내가 하고 싶은 얘기는, 나라면 자네를 교수형에 처할 걸세! 그래, 반드시 말이야!"

치치코프는 자신이 머리로 땅을 밟고 서 있는 것인지, 발로 디디고 서 있는지조차 알 수 없을 만큼 당황했다.

"각하께선 설마라고 생각하실 테지요. 저도 이놈한테서 죽은 농노를 팔지 않겠냐는 이야기를 들었을 때는 기가 막혀서 웃기만 했답니다. 그런데 여기 와서 얘기를 들어보니 이놈이 이주시킬 목적으로 3백만 루블에 가까운 돈으로 농노들을 사들였다지 뭡니까? 세상에 이주라니요! 저한테 와서 죽은 놈들을 가지고 흥정을 한 주제에 말입니다! 이봐, 치치코프. 넌 아주 빌어먹을 놈이야. 그래 아주 빌어 처먹을 놈이지. 여기 계신 각하께서도 그렇게 생각하실걸? 안 그렇습니까, 검사 나리?"

하지만 검사는 물론이요, 치치코프에 지사까지 완전히 넋을 잃어버린 상태였기에 대답하고 어쩌고 할 경황이 있을 턱이 없었다. 그러나 노즈드료프는 그러든지 말든지 술에 취한 것처럼 마구 떠들어댔다.

"이봐, 친구. 자네는 말이야⋯⋯, 난 자네가 뭐 때문에 죽은 농노를 사들인 건지, 그 까닭을 알기 전까지는 절대로 물러나지 않을 거야. 이봐, 치치코프, 부끄럽지도 않나? 나만큼 멋진 친구는 없다는 걸 자네도 잘 알지 않나? 여기 계신 각하께서도 그렇게 생각하실걸? 그렇지 않습니까, 검사 나리? 검사 나리께서는 못 믿으시겠지만 저희는 아주 친한 사이랍니다. 만일 각하께서 지금 저에게 '노즈드료프, 자네 부친과 치치코프, 두 사람 중에 누가 더 소중한지 한 점의 거짓 없이 대답해 봐라' 하신다면, 저는 '치치코프입니다'라고 대답할 겁니다. 물론이고 말구요. 자아, 친구! 내 자네에게 베제(키스를 뜻하는 프랑스어)를 해주리다. 각하, 제가 저놈에게 베제를 하는 것을 용서해 주십시오. 잘 들었지, 치치코프? 얌전히 있게, 자네의 그 눈처럼 새하얀 뺨에 딱 한 번만 베제를 해줄 테니 말이야."

그러나 베제는커녕 냅다 떠밀린 노즈드료프는 그대로 바닥에 나동그라질 뻔했다. 이제 사람들은 모두 그의 곁을 떠나 아무도 그의 말을 귀담아듣지 않았다. 하지만 노즈드료프는 여전히 목청이 터져라 죽은 농노를 샀다고 웃어댔고, 방에서 제일 구석진 곳에 있던 사람들까지도 그 얘기에 귀를 기울이지 않을 수 없었다.

이 기묘한 소식에 사람들은 모두 궁금하다는 얼굴로 나무토막처럼 가만히 서 있었다. 치치코프는 많은 여인들이 어딘가 심술궂은 비웃음을 머금고 서로 눈짓을 주고받고 있다는 것을 깨달았다. 하지만 그 와중에도 몇몇 여인의 얼굴에선 애매모호한 표정이 떠올라 있어 치치코프를 당황하게 만들었다. 노즈드료프가 유명한 허풍쟁이라는 것쯤은 누구나가 알고 있는 일이기에, 그가 어떤 헛소리를 하더라도 놀라워할 사람은 없을 것이다. 그런데 난 도저히 이해할 수가 없는 것이, 사람은 그게 아무리 하잘것없더라도 한번 들은 얘기는 반드시 다른 사람에게 전하는 성질을 갖고 있다.

"나 참, 어쩌자고 그렇게 엉터리 같은 소리를 하는지 원!" 이렇게 단 한 마디를 하기 위해서 그러지 않고는 못 배기는 것이다. 그러면 얘기를 듣던 사람은 "정말이지 뻔해 보이는 거짓말이로군요. 듣기만 해도 하품이 다 나네요!" 하고 말하면서도 재미있다는 듯이 상대방의 이야기에 귀를 기울인다. 그리고 곧바로 다른 사람을 찾아가 이 이야기를 들려주고 상대방과 함께 매우 화가 난 듯한 표정으로 "정말이지 뻔해 보이는 거짓말 아닙니까?" 하면서 이야기를 나눌 것이다. 이렇게 소문은 마을 전체로 퍼져 누구 하나 빼놓지 않고 귀찮아 할 때까지 지껄이게 되겠지만, 결국 다 하잘것없는 짓이라며 웃어넘길 것이다.

아무리 하찮은 치인(癡人)의 말도 때로는 현자를 당황하게 만드는 법이라고, 이 한심해 보이는 사건은 우리 주인공을 당황하게 만들었다. 치치코프는 어딘지 모르게 어색하고 갑갑한 마음이 들었다. 마치 번쩍번쩍 광이 나게 닦아놓은 장화를 신고서 갑자기 더럽고 악취가 나는 물웅덩이에 발을 디딘 것만 같았다. 말하자면 불쾌했다. 불쾌 그 자체였다! 치치코프는 더 이상 그일을 떠올리지 않으려고 기분전환 삼아 휘스트 놀음에 끼어봤지만 영 신통치가 않았다. 두 번이나 패를 잘못 낸데다가, 패를 세 번 내서는 안 된다는 룰마저 깜빡한 것이다. 법원장은 트럼프에 능숙하고 기술마저 정교한 파벨 이바노비치가 어째서 이런 어리석은 짓을 했는지, 자신의 수호신이라고까지 얘기하던 스페이드 킹을 저렇게 내버린 것인지 이해할 수 없었다.

우체국장에 법원장, 거기다 서장까지, 사모하는 여인 때문에 정신이 다른데 가 있는 것 아닙니까, 아무래도 파벨 이바노비치 씨의 심장이 반쪽을 바라고 있군요, 누구에게 마음을 빼앗겼는지 우리는 다 알고 있다면서 우리의 주인공을 놀렸다. 하지만 그럼에도 치치코프의 마음은 풀리질 않았고, 아무리 웃어보려고 해도, 농담을 하려고 해도 잘 되지 않았다.

저녁식사 시간이 되었지만, 치치코프는 여전히 우울한 마음에서 벗어나질 못했다. 함께 자리에 마주한 친구들은 모두 유쾌했고, 노즈드료프는 벌써 옛날에 쫓겨났음에도 말이다. 덧붙이자면 노즈드료프가 쫓겨난 이유는 여인들이 그의 무례한 짓을 도저히 참지 못했기 때문이다. 사람들이 한참 코티용(여덟 명이 함께 추는 프랑스 사교춤)을 추고 있는데 노즈드료프는 그 한복판에 앉아서 춤추는 여인들의 치맛단을 붙잡았던 것이다. 여인들의 얘기를 들어보면 이건 무척이나 무례한 짓이라고 한다. 저녁식사 자리는 무척이나 시끌벅적했다. 삼지촛대에 꽃다발, 과자, 술병들을 앞에 늘어놓고 여기저기 보이는 얼굴들은 하나 같이 근심 없이 즐거움으로 빛나고 있었다. 장교들도, 여인들도, 연미복을 입은 신사들까지, 모두 달콤하리만큼 친절했다. 자리에서 벌떡 일어난 남자들은 시종들의 손에서 접시를 뺏어들더니 아주 능숙한 솜씨로 여인들에게 권하곤 했다. 어느 대령은 군도(軍刀)를 빼들어 칼날 위에다 소스그릇을 올려 여인들에게 권했을 정도였다. 치치코프의 양쪽 자리에 나란히 앉은 중년 사내들은 자꾸만 겨자에 담가둔 생선과 쇠고기로 입가심을 하면서 큰 소리로 토론을 주고받고 있었다. 여느 때 같으면 치치코프도 끼어들어서 이야기를 주고받았을 텐데, 마치 긴 여행을 마치고 돌아와 녹초가 되어 맥이 탁 풀린 사람처럼 좋은 생각도 떠오르지 않고 기력도 없는 그런 상태에 놓여 있었다. 결국 치치코프는 저녁식사가 끝날 때까지 기다리지 못하고 여느 때보다도 훨씬 일찍 숙소로 돌아오고 말았다.

치치코프의 숙소, 그러니까 독자 여러분께서는 익숙하실 옷걸이가 문에 걸려 있고 구석에서는 바퀴벌레가 기어 나오는 방으로 돌아왔지만, 그의 마음과 기분은 아무리 편안하게 안락의자에 몸을 뉘어도 전혀 나아지질 않았다. 불쾌하고 답답한, 뭐라 말할 수 없는 비참한 공허감이 남아 있는 것만 같았다.

"그딴 무도회를 발명한 놈들, 전부 악마한테 잡아먹혀버려라!" 치치코프는 홧김에 이렇게 중얼거렸다. "흥, 뭐가 즐겁다고 그렇게 떠들어대는 거야? 농사는 흉년이고 물가는 비싸지고 있는데, 무도회 따위에 정신이 팔려 있다니 원! 기가 막힐 노릇이지! 백성들의 누더기를 기워 입은 꼴을 하고선, 그래놓고 몸치장에 천 루블이나 썼다는 계집도 있다니, 정말 끔찍한 노릇이지! 이것도 다 농노들이 바친 세금, 아니지 나쁘게 말하자면 우리 양심을 팔아서 모은 돈이지. 네놈들이 뇌물을 받고 거짓말을 하는 이유도 뻔하지. 전부 숄이니, 갖가지 로블롱(^{주름이 있는}_{고풍스런 드레스})이니, 해괴망측한 걸 마누라한테 사주기 위해서란 말이야. 그것도 다 시드로브나 같은 악녀가 우체국장 부인이 나보다 더 좋은 옷을 입었더라고 하는 소리를 듣고 싶지 않아서, 그딴 계집한테 천 루블이나 바치는 거란 말이야! 그저 입만 열면 '무도회, 무도회, 아 즐겁다!' 소리만 하고 있으니…… 다 쓸데없는 짓이야. 무도회 같은 건 러시아 사람들의 정신에도 영혼에도 맞지 않는 쓰레기야. 대체 무슨 생각들을 하는지 모르겠어. 나이를 먹고 어엿한 어른이 되었는데, 악마처럼 꽉 끼는 검은 옷을 차려입고 다리를 이리저리 꼬고 있으니 원! 개중에는 자신의 짝과 진지한 이야기를 나누면서 산양 새끼처럼 다리를 이리저리 왔다갔다하고 있으니……. 다 흉내야, 다 흉내일 뿐이야! 프랑스 사람들은 마흔이 되어도 열대여섯 살 먹은 어린애와 똑같은데 그걸 우리보고 그대로 하라니! 말도 안되는 소리지, 나 원……. 무도회가 끝나면 꼭 무슨 나쁜 짓이라도 한 것 같아서 뒷맛이 개운치 못하단 말이야. 머릿속이 텅텅 비어버린 것이 꼭 사교계 신사와 얘기를 주고받은 것만 같단 말이지. 이 사교계 신사란 놈들은 아무 얘기나 함부로 지껄이면서, 책에서 주워들은 지식들을 이것저것 섞어서 청산유수처럼 떠들어대지만, 정작 듣는 사람의 머릿속에는 아무것도 남지 않는 법이거든. 결국에 그런 놈들과 쓸데없는 수다를 떠는 것보단 자기 일밖에 모르지만 장사에 대해선 경험과 지식이 풍부한 장사치의 이야기를 듣는 편이 낫다는 걸 알게 되겠지. 대체 그딴 무도회를 열어서 뭘 어쩌자는 거란 말인가! 예를 들어 작가가 사실 그대로 무도회를 글로 묘사할 생각을 했다면 어떨까? 책에 쓰더라도 무의미한 건 실물과 다를 바가 없겠지. 도덕적일까? 아니면 비도덕적일까? 뭐가 뭔지 전혀 모르겠군! 그러면서 침을 퉤! 뱉고는 책을 덮어버릴 테지." 이렇게 치치코프는 온갖 얘기로 무도회를 헐뜯었다. 하지만 그가 이토록 화를 낸 데에는 다른 이유가 있었던 게 아닌가 싶다.

무엇보다 화가 났던 것은 무도회보다는 자신이 머저리 같은 짓을 했고 많은 사람들이 보고 있는 가운데 추태를 보이게 되면서, 아주 기묘하고 애매한 역할을 연기하고 말았다는 점에 있었다. 물론 사리분별할 줄 아는 사람의 눈으로 본다면 어디 하나 문제될 것 없고, 더욱이 모두 끝난 지금에 와선 그가 한 말은 무의미하다는 것 정도는 치치코프도 모르는 바가 아니었다. 그런데 인간이란 것이 참으로 기묘한 것이, 평소에 존경은커녕 옷차림과 그 야비한 태도를 깎아내리던 상대라도, 그 상대가 적의를 드러내면, 왠지 그것이 마음에 걸리는 것이다. 더구나 곰곰이 따져보면, 이번 일에서 얼마간의 원인은 자신에게 있으니 더욱 분통이 터지는 노릇이었다. 하지만 치치코프는 스스로를 탓하지 않았는데, 그도 그럴 것이 우리에게는 자신의 잘못을 눈감아두려는 약점이 있어서, 자신을 탓하기보다는 가까이에서 분풀이를 할 상대를 찾기 마련이라, 이를테면 하인이나, 마침 나타난 부하, 마누라, 그도 아니면 의자라도 문으로 내동댕이쳐 팔과 등받이를 부서뜨려 놓고 보는 것이다. 의자에게라도 자신의 분노를 깨우쳐주어야 한다는 듯이. 치치코프도 곧바로 자신의 화풀이 대상이 되어줄 상대를 가까운 곳에서 찾아냈다. 바로 노즈드료프였다.

당연히 얘기했지만, 그는 사방팔방에서 호되게 욕을 먹었다. 마치 손님을 속이려던 여관주인이나 마부가 떠돌이 생활에는 이골이 난 대위나, 옛날 욕은 물론이고 자신이 발명한 새로운 욕까지 보태어 퍼부어대는 장군에게 걸려 호되게 당하고 있는 상황이라고나 할까. 사람들은 노즈드료프의 족보까지 들먹이며, 그의 조상과 일족 전체를 싸잡아 지독하게 욕을 퍼부어댔다.

하지만 치치코프가 끼익끼익 소리를 내는 안락의자에 앉아 온갖 상념과 불면증에 시달리며 노즈드료프와 그의 일가친척들에게 욕을 퍼붓고 있는 사이, 눈앞에선 기름양초가 이미 오래전에 심지에 찌꺼기가 잔뜩 고여 금방이라도 꺼질 듯이 타오르고, 밝아오는 여명을 말해주는 것처럼 푸른 밤하늘이 창 너머로 그를 넘겨다보고 있었다. 멀리서는 닭이 홰치며 우는 소리가 들려오고 완전히 잠들어버린 고요한 시내에선 계급도 관등도 알 수 없지만, 러시아의 난봉꾼들의 발길에 거침없이 밟혀 온 이 길은 잘 알고 있을 (아아!) 한 가엾은 사내가 떠도는 이 시간…… 마을의 다른 변두리에선 우리 주인공의 입장이 더 불리해질지도 모를 사건이 막 벌어지려 하고 있었다.

멀리 떨어진 시내의 큰 길거리와 골목길에 덜그럭덜그럭 시끄러운 소리를 내며, 마차라고 부르는 것조차 창피스러울 만큼 이상야릇한 마차 하나가 달려오고 있었다. 그건 여행용 마차라고도, 농장 마차라고도, 반개마차라고도 부를 수 없는 마차였다. 차라리 굉장히 퉁퉁한 수박을 차바퀴 위에 올려놓았다고 하는 게 어울릴 정도였다. 수박의 양쪽 뺨, 그러니까 노란 페인트 자국이 남아 있는 양쪽 문은 손잡이와 적당히 끈으로 비끄러맨 빗장이 낡아빠진 탓에 문이 제대로 닫히질 않았다. 수박 속에는 쌈지모양에 원통모양, 평범한 베개모양의 목면 쿠션이 잔뜩 들어 있었고, 빵에서부터 도넛, 칼라치^(원통 모양의 항가리 과자), 코쿠르카^(안에 고기를 넣고 구운 빵), 핫케이크, 반죽을 기름에 튀겨 만든 끄렌데리 등이 든 자루가 산더미처럼 쌓여 있었다. 닭고기를 넣은 피로시키와 오이를 넣은 피로시키는 아예 밖으로 삐져나와 있었다.

뒤쪽 마부석에는 직접 만든 색색의 웃옷을 입고 흰 터럭이 듬성듬성 섞인 수세미 같은 턱수염의 하인이 타고 있었는데, 보통 '종놈'이라는 별명으로 불리는 사내였다. 쇠못과 녹슨 나사가 내는 삐걱삐걱 시끄러운 소음에 길 건너에서 잠을 자던 순경마저 깨어나 손에 곤봉을 들고 아직 잠에서 덜 깬 듯한 목소리로, "누구냐!" 하고 고함을 질렀지만 길에는 아무도 없고 그저 덜그럭덜그럭 마차소리만이 멀리서 들려올 뿐이었다. 순경은 옷깃에 앉은 벌레를 잡아 가로등으로 데려가 자신의 손톱으로 직접 사형에 처하고는 다시 곤봉을 옆에 놓고 자신만의 기사도에 따라 또다시 정신없이 코를 골아댔다.

말들은 쉴 새 없이 발을 헛디디곤 했는데, 그도 그럴 것이 발에 편자도 박지 않았고, 이런 조용한 시가지의 포장도로를 달려본 경험이 없었던 탓이기도 했다. 이 괴상한 마차는 이 골목 저 골목을 돌다가 네드티치키에 있는 니콜라 성당이라는 작은 교회가 있는 어두운 골목길로 들어서 사제장 부인의 집 앞에서 멈췄다. 마차에서 머리에 스카프를 두르고 소매가 없는 재킷을 입은 소녀가 뛰어내리더니, 사내아이 못지않게 두 주먹으로 문을 꽝꽝 두드렸다(색색의 재킷을 입은 종놈은 죽은 듯이 곤히 잠든 탓에 나중에 발을 잡아서 끌어냈다). 개들이 짖어댔고, 대문도 크게 입을 벌려 무척이나 고생하고 나서야 이 괴상한 탈 것을 집어삼킬 수 있었다. 마차가 장작에 닭장, 여러 헛간이 늘어선 안뜰에 들어서자 마차에서는 한 노부인이 내렸다. 십등관 부인 여지주 코로보치카였다.

우리 주인공이 떠난 지 얼마 되지 않아, 그 사내에게 속은 것은 아닐까 몹시 마음에 걸려 사흘 밤을 자지 않고 고민하던 노부인은 말에 편자도 박지 않은 채로 직접 시내로 나와 죽은 농노가 얼마에 팔리고 있는가, 자신이 엄청나게 싸게 팔아버려서 큰 손해를 본 것은 아닌가, 확실하게 알아보고자 했던 것이다.

그녀의 방문이 어떤 결과를 가져올 것인지, 독자 여러분들은 어떤 두 여인의 대화에서 알 수 있게 될 것이다. 그 대화라는 것은…… 아니, 그건 다음 장(章)에서 얘기하는 편이 좋을 것 같다.

9

마을에 정해진 방문 시간보다 조금 이른 아침에 다락방과 하늘색 둥근 기둥이 있는 오렌지색 목조건물 입구에서 격자무늬 외투를 입은 부인이 외투에 망토를 몇 겹이나 두르고, 금줄이 반짝반짝 빛나는 둥근 모자를 쓰고 하인의 부축을 받으며 뛰어나왔다. 부인은 현관에 대기시켜 놓았던 마차에 접이식 받침대를 밟고 그야말로 나는 새처럼 올라탔다. 하인은 곧바로 문을 닫고 받침대를 접고는 마차 뒤에 달린 가죽 끈을 붙잡기가 무섭게 "출발!"이라고 마부에게 소리를 질렀다.

부인은 방금 들은 소식을 한시라도 빨리 남에게 전해주고 싶어서 어찌할 바를 모르고 있었다. 부인은 쉴 새 없이 창밖을 내다보며 아직 목적지까지 반도 오지 않았다는 사실에 말할 수 없는 분노가 치밀어 올랐다. 늘어선 집들이며 좁은 창문이 달린 하얀 벽돌 양로원이 참을 수 없을 만큼 느릿느릿 지나가는 것만 같았다. 그녀는 결국 "뭐 이런 곳이 다 있지. 가도 가도 끝이 없잖아!" 하고 안달을 내고 말았다. 마부는 두 번이나 같은 명령을 받아야만 했다.

"더 빨리, 안드류시카, 더 빨리 몰라니까! 오늘 너 왜 그러는 거야? 그렇게 느려 터져서 대체 뭘 어쩌자는 거냐고!"

그렇게 마차는 마침내 목적지에 도착했다. 마찬가지로 목조건물인 어두운 잿빛 단층집이었다. 창문에는 하얀 부조(浮彫)가 새겨져 있고, 창가 앞에는 나무울타리와 자그마한 잔디밭이 있었고, 울타리 뒤편에는 키 크고 가냘픈 나무들이 온종일 쏟아지는 도시의 먼지 탓에 하얗게 변해 있었다. 집안 창가에는 화분 몇 개와 부리를 새장 창살에 걸고 몸을 흔들고 있는 앵무새, 햇살이 드는 곳에 잠든 강아지 두 마리가 보였다.

이 집에는 지금 찾아온 부인의 친구가 살고 있다. 그런데 나는 지금 이 두 부인을 어떻게 불러야 좋을지 몰라서 적잖이 난처한 상황이다. 가명을 붙인다는 것은 매우 위험한 일이다. 어떤 이름을 떠올렸다 하더라도 우리나라의 이 넓은 땅덩어리 어딘가에는 그런 이름을 가진 사람이 있기 마련이기 때문이다. 그 사람은 곧바로 머리끝까지 화가 치밀어서 작자란 놈이 내가 어떤 사람이며, 어떤 외투를 입고 다니며, 아그라페나 이바노브나라는 여인을 자주 찾아가며, 어떤 음식을 좋아하는지 빠짐없이 알아내기 위해서 몰래 왔다 간 것이 틀림없다고 트집을 잡을 것이 뻔하다.

그러면 관등으로 부르면 되지 않느냐고 하는 사람도 있을 텐데, 관등으로 부르는 것은 더욱 위험한 노릇이다. 오늘날 러시아의 어떤 관등이나 계급에 속하는 사람들은 몹시 신경이 날카로워서 책에 등장하는 얘기가 자신의 이야기라고 지레짐작을 해버리는 버릇이 있는데, 그런 버릇이 일반 사람들에게까지 옮았기 때문이다. 단순하게 '이러한 마을에 어떤 바보가 산다'라고 썼다치자. 그러면 그것만으로 훌륭한 인신공격이 되어 친하지도 않은 신사가 대뜸 뛰어와서는, "나도 사람이니까, 나도 바보란 얘긴가?" 하면서 소리를 지르니, 그야말로 악의적인 해석인 것이다.

그런 부질없는 일을 피하기 위해 우리는 손님을 맞이하는 부인을 사람들이 입을 모아서 얘기하는 것처럼, '모든 면에서 인상 좋은 부인'이라고 부르기로 하자. 이건 아주 합법적인 방법으로 얻어진 칭호였는데, 그녀는 남에게 친절하게 보이기 위해서 정말이지 아끼는 것이 없었기 때문이다.

하지만 그 속에 여성 특유의 재빠른 민첩함이 숨어 있었다는 것은 두 말할 필요도 없을 것이다! 그 황홀한 말 한마디, 한마디에는 때때로 따끔한 바늘이 숨겨져 있는 것이다! 수단과 방법을 가리지 않고 일류자리를 차지하려는 부인에게 그녀가 속으로 얼마나 증오의 불길을 불태웠을지 생각하면 섬뜩하기 그지없다. 하지만 이 모든 것은 지방도시 특유의 섬세하기 비할 데 없는 사교성에 감추어져 있다. 그녀 또한 행동 하나하나가 고상하고, 거기다 시(詩)를 즐기고, 때로는 황홀한 표정으로 비스듬히 고개를 기울이는 기교까지 터득한 덕분에 사람들에게 '모든 면에서 인상 좋은 부인'이라고 불리게 된 것이다.

그리고 또 한 사람, 그러니까 마차를 타고 찾아온 부인은 앞서 말한 것처럼 다면적 성격을 갖고 있지 않으니, 우리는 그녀를 '그저 인상 좋은 부인'이라고 부르기로 하자.

손님의 도착으로 일광욕을 하며 자고 있던 강아지의 잠이 달아나고 말았다. 언제나 자신의 복슬복슬한 털 뭉치 속에 푹 파묻혀 있는 털북숭이 아델리와 다리가 가느다란 암캐 포푸리였다. 두 강아지는 꼬리를 둥글게 말고 함께 멍멍 짖으며 현관으로 달려나왔는데, 손님은 벌써 외투를 벗고 문양과 빛깔 모두 한창 유행하고 있는 나들이옷에 긴 모피 꼬리를 목에 칭칭 감은 모습으로 서 있었다. 방에서는 재스민 향기가 났다.

'모든 면에서 인상 좋은 부인'은 '그저 인상이 좋은 부인'이 찾아왔다는 소식에 곧바로 현관으로 달려왔고, 두 사람은 손을 마주잡고 키스를 나누며 환성을 질렀다. 그것은 마치 이제 막 기숙학교를 졸업한 두 소녀가 한쪽 소녀의 아버지가 다른 한쪽 소녀의 아버지보다 더 가난하고 신분이 낮다는 얘기를 어머니에게 듣기 전에 만나서 지르던 환성과 같았다. 두 부인이 주고받는 키스 소리가 어찌나 컸던지 놀란 강아지가 또다시 짖어댔고, 그 탓에 손수건으로 얻어맞고 말았다.

두 부인은 응접실 안으로 들어갔는데, 그곳은 다들 아시는 것처럼 소파, 타원형 탁자, 담장나무가 올라탄 병풍까지 놓여 있는 하늘색 방이었다. 그런 두 사람을 따라 털북숭이 아델리와 다리가 가늘고 키가 큰 포푸리가 컹컹거리며 쫓아왔다.

"자아, 이쪽이요, 이쪽! 여기 앉으세요." 여주인은 손님을 소파 구석에 앉히면서 말했다. "그렇지, 그렇지! 여기, 당신 쿠션이에요!" 그러면서 여주인은 손님의 등 뒤로 쿠션을 밀어 넣었다. 쿠션에는 털실로 수놓은 기사(騎士)의 모습이 있었는데, 흔히 캔버스에 수놓은 것처럼 코는 각이 졌고 입은 네모꼴이었다.

"정말 얼마나 기뻤는지 모른답니다. 당신이셨군요……. 누가 찾아온 소리가 들려서, '이렇게 이른 시간에 누구일까?' 하고 생각했답니다! 그랬더니 바라샤 녀석이, '분명히 부지사님 부인일 거예요' 하고 말하는 것이 아니겠어요? 그래서 저도, '또 그 머리에 든 게 없는 멍청이께서 사람을 괴롭히러 오셨구만' 했지요. 하마터면 없는 척을 할 뻔했어요……."

손님은 곧바로 좀 전에 들은 그 소식을 전하려고 했지만, '모든 면에서 인상이 좋은 부인'이 내지른 감탄사에 이야기는 다른 방향으로 흐르고 말았다.

"어머나, 예쁘기도 해라!" '모든 면에서 인상 좋은 부인'이 '그저 인상이 좋은 부인'의 드레스를 바라보며 소리쳤다.

"네, 맞아요. 그런데 프라스코비아 표도르브나는 이 격자무늬가 더 세세하고, 물방울무늬가 갈색이 아닌 하늘색이었다면 더 좋았을 거라는 거예요. 알고 보니 여동생이 다른 데서 구해온 옷감이 바로 그렇더군요. 정말이지 말로 표현할 수 없을 만큼 아름다웠답니다! 한번 상상해보세요. 아주 촘촘한, 사람이 상상할 수 없을 만큼 촘촘한 격자무늬에, 하늘색 바탕, 줄무늬 사이사이에는 눈과 발바닥 모양이 들어 있었지요……. 그건 정말이지 대단했어요! 제가 단언하건대 그런 건 지금까지 한 번도 본 적이 없었답니다."

"그건 지나치게 화려한 듯하네요."

"어머나, 그렇지 않아요."

"아니에요, 그건 너무 화려해요!"

여기서 알아둬야 할 것은, 여기 '모든 면에서 인상 좋은 부인'에게는 나쁘게 표현하면 부정적이고 회의적인 물질주의 경향이 있어서 다른 사람의 얘기라면 토부터 달고 보는 성미라는 점이다.

그렇게 '그저 인상이 좋은 부인'은 그건 결코 화려하지 않다고 강력하게 주장하더니 이렇게 얘기했다.

"그리고 죄송하지만, 당신이 하고 있는 그런 주름장식은 이제 아무도 하지 않는답니다."

"어머나, 정말인가요?"

"이제는 주름장식이 아니라 레이스를 다니까요."

"세상에나 레이스라니요!"

"정말이랍니다. 어딜 가나 레이스에요. 솔에도 레이스, 소매에도 레이스, 어깨에도 레이스인데 치마까지 레이스, 하나 같이 레이스투성이랍니다."

"어머나, 그렇게 레이스 투성이면 보기 흉해요, 소피아 이바노브나."

"그런데 그게 굉장히 좋답니다, 안나 그리고리에브나. 마치 거짓말 같아요! 솔기는 두 겹으로, 폭은 넓게 잡고, 그리고 위에서부터…… 분명히 당신도 깜짝 놀라서 이렇게 말할 걸요? 그러니까…… 그래요, 분명히 깜짝 놀랄 거예요! 한번 상상해보세요. 코르셋 길이가 늘어나서 앞쪽은 튀어나오고, 뼈대 앞쪽은 훨씬 길어진답니다. 거기다 치마는 마치 예전에 살대를 넣었던 것처럼 둘레를 풍성하게 부풀어 오르게 하고, 마지막으로 뒤쪽에 솜을 좀 넣으면, 완벽한 베르펨(프랑스어로 미녀라는 뜻)처럼 되는 것이지요!"

"어마, 기가 막혀라, 정말이지! 기가 막힐 노릇이네요" 정말이지 질렸다는 듯이 머리를 절레절레 저으며 '모든 면에서 인상 좋은 부인'이 말했다.

"그렇네요, 정말 기가 막힐 노릇이지요." '그저 인상이 좋은 부인'이 대답했다.

"부인이 어떻게 생각하시는지는 모르겠지만, 전 절대로 그런 흉내는 내지 않을 거예요."

"저도 그렇답니다……. 생각해보면 유행이란 건 터무니없어요……. 끝에 가서는 뭐가 뭔지 알 수 없게 되어버리니까요! 저도 여동생에게 본을 떠서 보내달라고 했지만, 사실 장난삼아 그랬던 거랍니다. 벌써 메라냐가 옷을 짓기 시작했지만 말이에요……."

"그 본을 뜬 종이를 갖고 있다는 건가요?" '모든 면에서 인상 좋은 부인'은 마음의 동요를 숨기지 못하고 이렇게 소리쳤다.

"그럼요, 제 동생이 가져다주었답니다."

"그걸 저한테 빌려줄 수 없으시겠어요? 제발 부탁이에요!"

"하지만 벌써 프라스코비야 표도로브나에게 빌려주기로 약속해버린 걸요. 그 뒤라면 괜찮으시겠지요?"

"프라스코비야 표도로브나가 입고 난 뒤에 누가 그 옷을 해 입겠어요? 친구를 내버려두고 그런 사람에게 먼저 빌려주다니 당신도 참 이상한 사람이네요!"

"하지만 제 숙모이신걸요?"

"그 사람이 당신의 숙모라구요? 그 사람은 당신 남편의…… 아니요, 소피아 이바노브나, 그런 얘기는 할 필요도 없겠군요. 지금 당신은 저에게 창피를 줄려고 그러는 것이군요? 이제 제가 싫어졌나 봐요? 저와 관계를 끊고 싶으신가 보군요."

가엾은 소피아 이바노브나는 어찌할 바를 몰랐다. 마치 뜨겁게 타오르는 불길 속에 몸을 내던진 듯한 느낌이었다. 쓸데없이 자랑을 한 벌이다! 그녀는 본보기 삼아 자신의 어리석은 혓바닥을 바늘로 찔러버리고 싶은 심정이었다.

"그건 그렇고, 전에 말씀하신 돈 후안께선 어쩌고 계신가요?" '모든 면에서 인상 좋은 부인'이 물었다.

"참, 내 정신 좀 봐! 어쩌자고 이렇게 멍하니 앉아 있었담! 지금이라도 생각이 났으니 다행이지 뭐예요! 안나 그리그리에브나, 제가 무슨 용건으로 찾아왔는지 아시겠어요?"

손님은 여기까지 말하고 깊이 숨을 들이쉬었다. 마치 매가 앞다투어 날아오르는 듯한 기세로 얘기했기에, 그걸 억누르기 위해서는 그녀의 친구가 한 것처럼 냉담한 태도를 보이는 것 외에는 다른 도리가 없었다.

"아무리 당신이 그 사람을 추켜올리고 칭찬하더라도 소용없어요." 여주인은 어느 때보다 더 똑 부러진 말투로 말했다. "솔직히 말하겠어요. 그 사람이 제 앞에 있더라도 말할 수 있어요. 그 사람은 건달이에요! 네, 그래요, 건달이에요, 건달, 건달!"

"저어, 제 얘기를 좀 들어줘요, 실은……."

"그 사람이 미남이라는 소문이 떠돌던데, 미남은 무슨 미남이에요! 미남은커녕 그 코만 하더라도, ……꼴 보기도 싫을 정도예요."

"제발 부탁이니 제 얘기를 들어보세요……. 안나 그리고리에브나, 부탁이에요! 이건 대사건이에요! 스코나페르 이스트바르^(프랑스어로 '이른바' '대사건'이라는 뜻) 라고요!" 손님은 거의 필사적인 표정으로 애원하듯이 얘기했다.

미리 지적해두는 편이 좋을 것 같은데, 여기 두 부인이 주고받는 대화 속에는 실로 많은 외국어와 긴 프랑스어 문장이 섞여 있다. 물론 프랑스어가 러시아에 가져다준 은혜에 경의를 표하고자, 그리고 두 말할 것도 없이 조국에 대한 깊은 애정을 담아 온종일 프랑스어를 써대는 우리 상류사회의 존경스러운 풍습처럼, 나 또한 프랑스어에 경의를 표하지만 러시아의 서사시 속에서는 어떤 말이든 외국어로 표현하고 싶지는 않다. 그러니 앞으로도 계속 러시아어로 표현하고자 한다.

"무슨 소리에요, 대사건이라니?"

"그게 말이에요, 안나 그리고리에브나, 정말이지 제가 어떤 꼴을 당했는지 조금이나마 들어봐 주시겠어요? 글쎄, 오늘 아침 저희 집으로 사제장님의 부인께서 찾아오셨지 뭐에요. 네, 사제장님의 부인이요. 키릴 신부님의 부인이신……, 그런데 뭐라고 했는지 아시겠어요? 저 벌레도 못 죽일 얼굴을 한 우리 방문객이 대체 어떤 사내인지 아시겠어요?"

"어떠냐니요, 그 사람이 사제장님의 부인에게 꼬리라도 쳤다는 건가요?"

"아이 참, 안나 그리고리에브나, 꼬리를 쳤다니요. 그런 이야기가 아니랍니다. 글쎄, 사제장님의 부인께서 했던 얘기를 좀 들어보세요. 집으로 코로보치카라는 여지주가 새파랗게 질려서 송장처럼 창백한 얼굴로 찾아와서 얘기를 했다지 않겠어요? 그 얘기라는 게 또 굉장한 것이, 정말이지 소설 같았답니다! 글쎄, 온 집안 식구들이 잠들어 쥐죽은 듯이 고요한 밤중에 갑자기 무시무시하리만큼 요란하게 문 두드리는 소리가 났다더군요. 그러더니 쾅쾅 문을 두드리던 사람이 '문 열어, 문! 열지 않으면 문을 두들겨 부술 테다!' 하고 고함을 쳤다지 뭐에요. 어떻게 생각하시나요? 이런 짓을 하고 다니는 돈 후안이라니, 대체 뭐하는 작자일까요?"

"그런데 그 코로보치카란 분은 어떤 여인인가요? 젊은 미인인가요?"

"설마요, 늙은 마나님이랍니다."

"어머나, 대단하네요! 그 사람이 할머니한테까지 손을 댔단 말인가요? 정말이지, 그런 사내를 놓고 이러니저러니 한 마을 부인들도 좋은 웃음거리가 되겠어요."

"그런 게 아니라니까요, 안나 그리고리에브나! 당신이 생각하는 것처럼 그렇지가 않다니까요. 한번 상상해보세요, 마치 리나르트 리나르디니(독일 작가 불피우스의 소설에 등장하는 도둑의 이름)처럼 머리부터 발끝까지 무시무시하게 무장하고 들어와서는 '죽은 농노들을 전부 팔아라'라고 했다더군요. 그래서 코로보치카는 '죽었는데 어떻게 팔라는 건가요?' 하고 당연한 대답을 했지요. 그랬더니 '아니, 죽은 게 아니야. 그보다 죽었는지 살았는지 그런 건 상관없어!' 하고 고함을 치더라는 겁니다. 그야말로 말도 안 되는 소리를 하면서 난동을 피운 것이지요. 마을 사람들이 달려오고, 아이들은 울어대고, 모두가 소리를 질러댔지요. 무슨 일이 벌어진 것인지도 모르고 그저 하나같이, 오를르! 오를르! (아아, 무섭다! 무서워!) 하기만 했답니다……

안나 그리고리에브나, 제가 이 이야기를 듣고 얼마나 놀랐을지 당신은 상상도 못할 거예요. 마쉬카가 저더러 그러지 않겠어요? '마님, 거울을 좀 보세요. 얼굴이 새파랗게 질리셨어요.' 그래서 저는 '거울을 들여다보고 있을 겨를이 어디 있겠니! 당장 안나 그리고리에브나 댁으로 가서 이 얘기를 들려 드려야겠어.' 하고는 당장 마차에 말을 비끄러매도록 명령을 내렸답니다. 안드류시카 녀석이 몇 번이고 행선지를 물었지만, 저는 말 한마디 못하고 그저 눈만 바라보고 있었답니다. 분명히 미쳤다고 생각했을 거예요. 아아, 안나 그리고리에브나! 제가 얼마나 놀랐을지 결코 모르실 거예요!"

"확실히 이상한 이야기로군요." '모든 면에서 인상 좋은 부인'이 말했다. "대체 그 죽은 농노라는 게 무슨 뜻일까요? 도저히 모르겠네요. 죽은 농노에 대한 이야기를 듣는 건 이번이 두 번째로군요. 우리 바깥양반은 그걸 노즈드료프의 허풍이라고 딱 잘라 얘기하긴 했지만, 여기에는 분명히 무슨 속내가 있을 거라고 하지 뭐에요."

"하지만 안나 그리고리에프나, 제가 그 얘기를 들었을 때 얼마나 놀랐는지 당신은 상상도 못할 거예요. 글쎄 코로보치카가 '지금도 어쩌면 좋을지 모르겠어요. 가짜 서류에 서명시키고, 15루블 지폐를 던져놓고 사라졌으니, 아무것도 모르는 과부가 뭘 어떻게 하겠어요?' 이러지 뭐에요! 이제 제가 얼마나 놀랐을지 짐작이 가시겠어요?"

"당신은 어떻게 생각하는지 모르겠지만, 죽은 농노라는 건 표면적인 이야기고 사실은 다른 속내가 있을 거예요."

"사실은 저도 그렇게 생각했어요." '그저 인상이 좋은 부인'은 놀란 얼굴로 이렇게 말하더니, 이내 거기에 숨겨진 속내가 무엇인지 알고 싶어 주저하면서도 이렇게 물었다. "그럼 그 속내가 뭐라고 생각하시나요?"

"글쎄요, 당신 생각은 어떤가요?"

"저요? ……솔직히 말해서 전혀 짐작도 못 하겠어요."

"하지만 저는 이 일에 대해서 당신의 의견을 꼭 듣고 싶어요."

하지만 '그저 인상이 좋은 부인'은 뭐라고 대답하면 좋을지 막연하기만 했다. 잘하는 것이라곤 놀라는 것뿐이지, 조리 있게 추측하는 일에는 전혀 소질이 없었다. 그렇기에 그녀는 다른 누구보다도 따스한 우정과 충고가 필요했다.

"좋아요, 그럼 얘기하지요. 그 죽은 농노라는 건 말이에요……." '모든 면에서 인상 좋은 부인'이 얘기를 꺼내자 손님의 온몸은 곧바로 청각으로 변해 버렸다. 귀는 저절로 쫑긋해지고 소파에 제대로 앉아 있지 못할 정도로 엉덩이가 들썩거렸다. 거기다 좀 뚱뚱한 편이었던 몸도 날씬해진 것처럼 혹하고 바람이 불면 날아갈 깃털이 된 것만 같았다.

이는 개를 데리고 사냥을 나서는 무모한 러시아 나리들과 비슷하다. 몰이꾼들에게 쫓긴 토끼가 당장에라도 뛰쳐나올 것만 같은 숲 덤불에 다가가는 그 순간, 타고 있는 말, 높이 쳐든 채찍까지 모든 것이 마치 폭발하기 직전의 화약처럼 긴장으로 얼어붙는다. 안개가 자욱한 앞을 노려보며 아무리 눈보라가 몰아치는 겨울벌판이 앞을 가로막고, 별처럼 빛나는 새하얀 눈송이가 입이고 수염이고 눈이고 눈썹이고 비버가죽 모자에까지 쏟아지더라도, 그는 점찍은 사냥감의 숨통을 끊어놓기 전까지 결코 한 발짝도 물러서지 않을 것이다.

"죽은 농노가 뭐냐면요……" '모든 면에서 인상 좋은 부인'이 말을 꺼냈다.

"그래서요? 그래서요?" 손님은 몹시 흥분한 목소리로 소리쳤다.

"죽은 농노란 건……."

"아이 참, 부탁이니까 빨리 이야기해줘요. 제발!"

"그건 남의 눈을 속이기 위한 책략일 뿐이고, 사실 그 사람은 지사의 딸을 유혹해서 달아날 심보랍니다."

이 결론은 확실히 뜻밖이고, 어떤 점에서 보더라도 기발한 것이었다. '그저 인상이 좋은 부인'은 이 얘기를 듣고 그대로 굳어버려, 죽은 사람처럼 창백해져 말 그대로 정신을 잃을 만큼 깜짝 놀란 듯했다.

"어머나, 세상에!" 그녀는 무심코 박수를 치면서 소리쳤다. "그러리라고는 짐작도 못했어요!"

"사실 저는 당신이 입을 연 순간에 벌써 눈치를 챘답니다." '모든 면에서 인상 좋은 부인'이 대답했다.

"그러면 기숙학교의 교육이란 것도 다 엉터리로군요, 안나 그리고리에브나. 그렇게 어린 소녀던데!"

"소녀라니요! 그 아이가 하는 얘기를 들었는데 저는 도저히 입 밖에도 낼 용기조차 나질 않더군요."

"세상에 그렇게까지 타락했다니 마음이 아프군요."

"남자들은 그 아이한테 사족을 못 쓰더군요. 대체 그 아이의 어디가 좋은 건지 전혀 모르겠던데 말이에요⋯⋯. 그 새침 떠는 꼴하며, 못 봐주겠더군요."

"어머나, 그건 아니에요, 안나 그리고리에브나. 그 아이는 동상(銅像)이었어요, 얼굴에 표정이라고는 없던 걸요."

"아니요, 새침을 떨었어요! 분명히 새침을 떨었다니까요! 정말이지 구역질이 날 정도였어요! 누구한테 배웠는지 모르겠지만 그렇게 잘난 척하는 아이는 처음 봤어요."

"아니에요! 그 아이는 동상이에요. 얼굴빛도 죽은 사람처럼 창백했는걸요."

"무슨 소리에요, 소피아 이바노브나? 그 애는 소름이 돋을 정도로 연지를 칠했었어요."

"아이 참, 무슨 소리에요, 안나 그리고리에브나? 백묵이었어요, 백묵. 그 건 틀림없는 백묵이었어요."

"아니에요, 제가 그 아이 곁에 바로 앉았었는데, 붉은 연지를 손가락만큼이나 두껍게 칠해서 그게 회반죽처럼 벗겨져서 자꾸만 떨어지지 뭐에요. 내색하고 다니길 좋아하는 어머니를 따라서 한 거겠지만, 이젠 딸이 한 술 더 뜨더군요."

"당신이 아무리 장담을 하더라도 상관없어요. 만일 그 아이가 조금이라도, 정말 눈곱만큼이라도 연지를 칠했었다면, 저는 당장에라도 자식도, 남편도, 재산도 모두 포기하겠어요!"

"무슨 얘기를 그렇게 해요, 소피아 이바노브나!" '모든 면에서 인상 좋은 부인'이 이렇게 말하면서 손뼉을 쳤다.

"그건 당신이겠지요, 안나 그리고리에브나! 기가 막혀서 말이 안 나오네요!" '그저 인상이 좋은 부인'도 이렇게 말하고는 마찬가지로 손뼉을 쳤다.

이렇게 함께 봤던 일에 대해 두 부인의 의견이 달랐다고 해서 놀라워할 독자는 없으리라 생각한다. 세상에서 이런 일은 흔한 법이기 때문이다. 어떤 부인이 봤을 때 하얗게 보이는 것도 다른 부인이 보면 월귤처럼 빨갛게 보이는 것이다.

"맞아요, 그 아이의 얼굴이 창백했었다는 증거가 있어요." '그저 인상이 좋은 부인'이 이어서 말했다. "지금도 생생하게 기억해요. 저는 그날 밤, 마니로프 씨 옆에 앉아 있었답니다. '저기 좀 봐요, 저 창백한 얼굴을 좀!' 하고 말했답니다. 그런 계집아이한테 반하다니, 정말이지 이곳 사내들이란! 머저리가 아니고서야 어떻게 그럴 수가 있을까요. 거기다 그 돈 후안은…… 정말이지 음흉한 사내예요! 안나 그리고리에브나, 제가 그 사람을 얼마나 밉살스럽게 생각했는지 당신은 상상도 못할 거예요!"

"하지만 그 사람한테 푹 빠진 부인도 있었던 걸요?"

"그게 나란 말인가요, 안나 그리고리에브나? 전 그런 소리 들을 만한 짓은 하지도 않았다고요. 하나도요, 하나도!"

"당신이라고 한 적 없어요. 당신 혼자만 거기 있었던 것도 아닐 테고요."

"절대로, 절대로, 전 그런 소리 들을 만한 짓을 하지 않았어요, 안나 그리고리에브나! 전 입 놀리는 것밖에 할 줄 모르지만 그래도 몸가짐을 어떻게 해야 하는지 잘 알고 있어요. 조신한 척하고 다니는 어느 부인이라면 또 모르겠지만요."

"아니, 소피아 이바노브나, 잠깐만요! 죄송하지만 저는 지금까지 한 번도 그런 파렴치한 짓은 하지 않았어요. 다른 사람이라면 모르겠지만, 절대로 전 그런 적이 없습니다. 이것만큼은 분명히 해두겠어요."

"어머, 왜 그렇게 화를 내시죠? 그 자리에는 다른 부인들도 계셨잖아요. 거기다 그 사람 곁에 앉으려고 일찌감치 문 입구에 놓인 의자를 차지해버린 분들도 계셨고요."

'그저 인상이 좋은 부인'의 입에서 이런 말까지 나왔으니, 한바탕 소동은 피할 수가 없을 것이었다. 그런데 정말이지 놀랍게도 두 사람이 갑자기 조용해지더니 아무런 소동도 일어나지 않았다. '모든 면에서 인상 좋은 부인'이 자신이 아직 유행하는 옷본을 손에 넣지 못했다는 것을 떠올린 덕분에, '그저 인상이 좋은 부인'이 친구가 귀띔해준 새로운 발견에 대한 자세한 얘기를 하나도 듣지 못했다는 것을 떠올린 덕분에 평화는 뜻밖에도 빨리 찾아올 수 있었다. 본디 두 사람은 남에게 상처 주는 걸 달가워하지 않았고, 성격도 심술궂지 않았다. 그저 얘기를 나누는 사이에 상대의 약점에 바늘을 콕하고 찔러 넣고 싶어진 것뿐이었다. 반쯤 장난삼아 '자아, 이건 어때요? 항복인가요?' 하는 마음으로 말을 주고받는 것처럼 말이다. 남자들도 그렇고, 여자들도 그렇고 마음속에 품고 있는 욕구란 실로 다양한 법이다.

"그런데 이해가 안 되네요." '그저 인상이 좋은 부인'이 말했다. "그저 잠깐 이곳에 들른 나그네에 지나지 않는 치치코프가 어떻게 그런 대담한 짓을 할 마음을 먹은 걸까요? 한 패가 있을 것 같지도 않은데 말이에요."

"한 패가 없다고 생각하셨나요?"

"그럼 누가 그를 부추겼다는 건가요?"

"어머, 노즈드료프가 있잖아요."

"세상에나! 노즈드료프라고요?"

"그래요, 그 사람이라면 그러고도 남을 걸요? 그 사람은 자기 아버지까지도 팔아먹은 적이 있는걸요. 정확하게는 노름 판돈으로 건 거지만요."

"세상에나, 세상에나! 정말 재밌는 얘기네요. 노즈드료프까지 연루되어 있을 줄은 꿈에도 생각 못했어요."

"저는 전부터 그렇게 생각하고 있었답니다."

"정말 세상일이란 게 어떻게 될지 모르는 법이네요. 치치코프가 사교계에서 그런 이상한 짓을 할 줄이야. 그 사람이 이곳에 왔을 당시 누가 짐작이나 했겠어요? 세상에 안나 그리고리에브나, 제가 얼마나 놀랐는지 몰라요! 만일 당신의 호의와 우정이 없었더라면…… 전 어떻게 되어버렸을지도 모를 거예요…… 마샤 녀석도 제가 죽은 사람처럼 창백해진 걸 보고는 그러더라구요. '어머나, 아가씨! 얼굴이 꼭 죽은 사람처럼 창백하세요.' 그래서 저는 '마샤, 지금 그럴 겨를이 없구나.' 이렇게 대답했답니다. 하지만 참 터무니없네요. 노즈드료프가 연루되어 있다니! 기가 막힐 노릇이에요."

'그저 인상이 좋은 부인'은 치치코프의 유괴 계획에 대한 자세한 정보, 그러니까 언제 저지를 것인지에 대한 정보까지 알고 싶어서 야단을 피웠지만, 그것은 지나친 욕심이었다. '모든 면에서 인상 좋은 부인'도 거기까지는 알 수 없었기 때문이다. 그녀는 거짓말을 하지 못하는 성격이었다. 추측을 할 때면 얘기가 달라지긴 하지만 어디까지나 그것도 속으로 확신을 가졌을 때에 한해서이다. 하지만 그렇게 확신을 갖게 되면 자신의 추측을 고집하게 된다. 그렇게 되면 다른 사람의 뜻을 꺾는데 비상한 재주를 가졌다는 변호사라 하더라도 그녀와 논쟁을 벌이면, 그녀 자신만의 확신적 추측이 얼마나 강력한지 새삼 깨닫게 될 것이다.

여기 두 부인이 근거도 없는 단순한 짐작을 틀림없는 사실로 믿더라도 그리 놀랍지 않을 것이다. 스스로를 현명한 종족이라고 믿고 있는 우리 자신도 그와 다를 바 없는 짓을 하고 있으니 말이다. 그 좋은 증거가 우리가 만든 학설들이 아닌가 한다. 학자들은 학설을 연구하면서 처음에는 몹시 조심스럽게, 잠시도 마음을 놓지 못하고 두려워하면서, '이건 여기서 온 게 아닐까?'라든가 '이 나라 이름은 이 지방 이름에서 유래한 게 아닐까?'라든가 '이 민족은 이러한 민족을 잘못 해석한 게 아닐까?'와 같은 겸허한 질문에서 출발하게 된다. 그렇게 옛 작가들이 쓴 글을 인용하다가 힌트나 그럴듯한 것을 찾아내면 흥분해서 겁을 상실하게 된다. 조심스러운 추측에서 시작했다는 것도 잊고 뻔뻔스럽게 옛 작가들과 얘기도 주고받고, 질문도 하다가 자신만의 해답까지 내놓는다. 곧바로 "나는 전부 알고 있어, 모든 것은 명백해!" 이렇게 생각하고는 '그리하여 이러한 결과가 되었다'라든가 '그리하여 이 민족은 이렇게 해석해야 한다'라든가 '그리하여 이 문제는 이와 같은 입장에서 고찰해야 한다!'라는 식으로 결론을 내려버린다. 그리고 이러한 결론은 강연을 통해 널리 알려지게 되고, 새로운 진리는 추종자와 숭배자들을 불러 모아 온 세상으로 퍼져 나간다.

이렇게 두 사람이 엉킬 대로 엉켜버린 사건을 말끔하게 해결했을 무렵, 변함없이 무뚝뚝한 얼굴에 한쪽 눈만 껌벅거리는 짙은 눈썹의 검사가 객실로 들어왔다. 두 부인은 앞 다투어 지금까지의 일들을 모두 일러바쳤다. 죽은 농노를 사들인 일에서부터 지사의 딸을 유괴하려 한다는 것까지 말이다. 검사는 완전히 당황하고 말았다. 검사는 제자리에 가만히 서서 왼쪽 눈까지 껌벅이고 손수건으로 턱수염에 묻은 담뱃재를 털어냈지만, 무엇하나 확실하게 수긍할 수가 없었다.

그러나 두 부인은 그런 검사를 내버려둔 채 시내에 한바탕 소동을 일으킬 속셈으로 저마다의 갈 곳을 향해 떠나가 버렸다. 그리고 그 계획은 30분도 지나지 않아 멋지게 성공했다. 완전히 혼란에 빠진 마을은 어딜 가나 야단법석이었다. 어떻게 된 일인지 이해한 사람은 아무도 없었다. 사람들은 두 부인에게 완전히 속아 넘어갔고, 그중에도 특히 관리들은 한동안 정신을 차리질 못했다.

사람들의 상태는 마치 먼저 일어난 학생이 늦잠을 자고 있는 학생의 콧구멍에 '경기병'을 집어넣은 것과 같았다. 여기서 '경기병'이라는 건 코담배를 쌌던 종이를 말한다. 잠잘 때마다 자주 코담배를 들이켰었던 학생은 자리에서 벌떡 일어나 멍청한 얼굴로 주변을 두리번두리번 둘러보지만, 지금 자신이 어디에 있고, 무슨 일이 있어났는지 전혀 모르겠다는 표정이다. 하지만 곧 비스듬히 쏟아져 들어오는 햇살과 구석에 숨어서 키득키득 웃는 친구들의 목소리, 창밖으로 보이는 아침풍경이 눈에 들어온다. 잠에서 깬 숲에선 많은 새들의 지저귐이 들려오고, 구불구불 흘러내리며 눈부신 햇살을 반사하는 냇가에는 연신 서로의 이름을 부르며 물놀이를 즐기는 아이들로 붐비고 있다. 그리고 그제야 학생은 자신의 콧속에 '경기병'이 들어있다는 것을 깨닫는다. 처음 시민들과 관리들의 상태는 바로 이러했다. 모두가 양(羊)처럼 눈을 동그랗게 뜨고 있을 뿐이었다.

죽은 농노, 지사의 딸, 그리고 치치코프. 이 세 가지가 사람들의 머릿속에서 터무니없을 만큼 이상야릇하게 뭉쳐졌다. 혼란에서 벗어난 사람들은 이 셋을 하나하나 떼어놓고 이 사태를 이해해보려고 했지만, 도저히 이해할 수가 없어 버럭 화를 냈다.

"대체 이게 무슨 소리야! 죽은 농노란 건 또 뭐야? 죽은 농노라니 무슨 말도 안 되는 소리야? 죽은 농노를 사서 뭘 어쩌자고? 그런 짓을 할 바보가 어디 있어! 무슨 돈이 썩어 돈다고 그런 걸 산단 말이야? 대체 어디다 써먹으려고 죽은 농노를 산다는 거야? 거기다 지사의 딸은 또 여기 왜 끼어 있지? 정말로 그가 지사의 딸을 유괴할 생각이라면 왜 죽은 농노를 사야한다는 거지? 정말로 그가 죽은 농노를 샀다면 왜 지사의 딸을 유괴해야 한다는 거지? 죽은 농노를 지사의 딸에게 선물이라도 해주려고 그랬다는 건가? 나 참, 마을에 터무니없는 소문이 퍼졌군. 조금이라도 엉뚱한 일이 벌어지면 야릇한 소문이 생겨나니 원. 뭔가 뜻이라도 있으면 몰라……. 하지만 이렇게까지 소문이 났다는 건 분명히 뭔가 이유가 있을지도 몰라. 하지만 죽은 농노에 무슨 이유가 있다는 거지? 그런 게 있을 턱이 없지. 그래, 이건 터무니없는 헛소리야, 당치도 않는 잠꼬대란 말이야! 삶은 장화 같은 소리라고!"

이런 빌어먹을! ……어째서 한번 내뱉어진 말은 멈출 줄을 모르고 소문에 소문을 낳는 걸까? 마을은 죽은 농노와 지사의 딸의 관계에 대해서, 치치코프와 죽은 농노의 관계에 대해서, 지사의 딸과 치치코프의 관계에 대한 이야기로 들끓었다. 지금까지 잠자는 것처럼 조용했던 마을은 소용돌이라도 일어난 것처럼 시끄러워졌다. 몇 년 동안 집에 틀어박혀 가운만 입고 빈둥거리던 게으름뱅이들까지 모두 밖으로 나와, 지금까지 외출하지 못했던 이유를 꽉 끼는 장화를 만든 구두장이에 재봉사, 주정뱅이 마부 탓으로 돌렸다. 전부터 사람들과 왕래를 끊고 지냈던 '자바리시니 포레자에프'와 친하게 지내던 사람들을 비롯하여, (이러한 이름은 '드러눕다'와 '뒹굴거리다'라는 동사에서 따온 말이다. 독자 여러분도 잘 아시겠지만 '소피코프 카라포피츠키'처럼 러시아에서 흔히 쓰는 표현이다. 여기서 '소피코프'란 말은 옆이나 똑바로 드러누워서 이를 갈거나 코를 골며 죽은 듯이 자고 있다는 걸 뜻한다) 1미터 반이 넘는 철갑상어, 입 안에서 살살 녹는 많은 종류의 피로시키, 5백 루블이나 하는 생선 수프를 차려놓더라도 오질 않던 사람들까지 거리로 쏟아져나왔다. 말하자면 이곳도 시끌벅적하고 활기차고 사람도 많다는 것이 증명된 셈이었다. 시소이 파푸느치에비치, 맥도날드 칼로비치처럼 일찍이 그 이름을 들어 본 적도 없는 사람들에, 손에 총 맞은 흉터가 있고, 한참이나 올려다보아야 할 정도로 키가 큰 낯선 거구의 사내가 틈틈이 살롱에 나타나곤 했다. 길거리에는 덮개를 씌운 사륜마차와 낯선 대형마차, 덜컹덜컹 마차, 삐걱삐걱 마차가 나타나 큰 혼잡을 빚었다. 만약 다른 경우, 다른 상황이었다면 소문은 어느 누구의 관심도 끌지 못했을 것이다. 하지만 이곳은 전부터 소문다운 소문이 나본 적이 없었고, 페테르부르크에서 흥밋거리라고 부르는 것도 석 달째 나오질 않고 있었다. 아시다시피 이러한 흥밋거리는 도시 생활에 있어서 꼭 필요한 식료품과 같은 역할을 한다.

하지만 여론은 순식간에 의견이 대립하는 두 개의 파로 나뉘었다. 남성파와 여성파다. 남성파는 마음에 들지는 않지만 죽은 농노를, 이와 달리 여성파는 오로지 유괴사건만을 문제 삼고 있었다. 여인들의 명예를 위해 한마디 해두자면 여인들의 주장은 매우 주도면밀해서 남성들의 주장과는 비교조차 할 수 없을 만큼 뛰어났다. 아마도 이는 좋은 어머니로서 가정을 맡아야 한다는 그녀들의 사명감에서 비롯됐을 것이다. 이윽고 그러한 주장은 매우 선명하고 확정적이며 의심의 여지가 없는 명백한 논리를 갖추어갔다. 한마디로 완벽한 그림이 완성된 셈이었다. 여인들의 주장에 따르면, 치치코프와 지사의 딸은 오래전부터 사귀는 사이로 달이 뜨는 밤이면 정원에서 자주 만남을 가졌다는 것이다. 그리고 지사도 유대인처럼 돈이 많은 치치코프에게 딸을 주려고 했지만, 그에게 버림을 받은 전처가 불만을 품고 (하지만 치치코프에게 아내가 있다는 걸 어디서 알아냈는지 아무도 알지 못했다) 자신의 절망적인 사랑을 괴로워하는 절절한 심정이 담긴 편지를 지사에게 보냈고, 지사 부부의 허락을 받지 못할 거라고 생각한 치치코프는 그녀를 유괴하기로 결심했다는 것이었다. 다른 집에서는 이야기가 또 달랐는데, 치치코프에게는 아내가 없지만 언제나 빈틈없고 약아빠진 사내인지라 딸을 손에 넣기 위해서 먼저 그녀의 어머니에게 접근하여 얼마간 정을 통해놓고는 시치미를 뚝 떼고 딸과 결혼하고 싶다고 얘기를 한다, 깜짝 놀란 그녀의 어머니는 교리에 어긋나는 죄를 저지를까 두렵고 양심의 가책을 느껴 딱 잘라 거절해버린다, 그래서 치치코프는 유괴할 결심을 했다는 것이었다.

소문은 점차 퍼져나가 마침내 마을의 한적한 변두리 구석구석까지 스며들기에 이르렀다. 러시아의 하류층은 언제나 상류사회에서 일어나는 온갖 흥미로운 사건들에 지대한 관심을 보이는 법이어서, 치치코프에 대한 소문은 그의 얼굴도 이름도 모르는 판잣집 사람들에게까지 전해졌고, 거기에 또다시 무수히 많은 해석과 부연이 덧붙여졌다. 이야기는 시간이 갈수록 재미를 더 했고 날이 갈수록 다듬어져 흠잡을 데 없는 완벽한 이야기가 되어 바야흐로 지사부인의 귀에까지 들어가게 되었다. 한 집안의 어머니로서, 일류귀부인으로서, 그리고 이러한 일은 상상조차 하지 못했던 부인으로서 그녀는 이와 같은 헛소문에 큰 상처를 받아 당연하게도 엄청난 분노에 휩싸였다. 가엾은 금발 소녀는 열여섯이라는 나이에 무척이나 가혹한 tête-à-tête(두 사람이 마주보고 담판을 짓는다는 프랑스어) 시련을 받아야만 했다. 온갖 질문과 심문, 질책, 위협, 비난, 설교가 소나기처럼 쏟아졌다. 소녀는 눈물을 글썽이며 엉엉 울 뿐, 대체 무슨 얘기인지 이해하지를 못했다. 문지기에게는 언제, 몇 번을 찾아오더라도 치치코프를 들여보내서는 안 된다는 엄명이 떨어졌다.

지사부인의 문제가 해결되자 여인들은 남성파에게 달려들어 그들을 자기 편으로 끌어들이려고 했다. 죽은 농노라는 건 꾸며낸 이야기로 이를 둘러싼 온갖 의혹에 사람들의 시선이 쏠린 틈을 이용해 소녀를 유괴하려는 속셈이라고 역설했다. 많은 남자들이 그 말에 넘어가 여성파에 동조하게 되었는데, 그들은 같은 남자들에게서 맹렬한 비난을 받아, 머리에 나사가 빠졌다느니, 호색가 같다느니 하는 욕을 얻어먹었다. 이 같은 욕이 남자에게 얼마나 크나큰 모욕인지는 굳이 설명하지 않아도 될 것이다.

하지만 아무리 철저하게 대비하고 저항한다 하더라도 남자들에게선 여자들에게서와 같은 질서를 찾아볼 수 없었다. 남자들은 저돌적이고, 투박하며, 볼썽사납고, 조화롭지 못하며, 괴팍하고, 저급했다. 거기다 머릿속은 무질서하고 혼란과 애매함, 불순함으로 가득해서 남자들의 어수룩한 본성, 다시 말해 거칠고, 둔하며, 가정에 무관심하고, 신앙심이 부족하며, 게으르고, 끝없는 의심과 공포에 사로잡히는 그 본성이 여지없이 드러나는 것이었다. 남자들은 입을 모아, 지사의 딸을 유혹한다는 건 경기병이라면 모를까 떳떳한 시민이 저지를 짓이 아니므로 치치코프가 그런 짓을 벌일 까닭이 없으며, 따라서 그 주장은 전부 엉터리이고 여자들의 헛소리일 뿐이라고, 또한 애당초 여자란 자루와 같은 것인지라 안에 뭔가를 넣으면 이후로는 볼일이 없어지는 법이며, 지금 중요한 것은 죽은 농노라는 수수께끼인데, 아마도 그 수수께끼의 이면에는 추잡하고 사악한 진실이 숨어 있을 것이라고 역설했다. 그리고 이제 우리는 왜 이들이 그렇게 생각하게 됐는지를 보게 될 것이다.

사실 그즈음에 지방총독이 새로 부임해 왔다. 이 때문에 관리들이 매우 당황했다는 것은 말하지 않아도 알 것이다. 머지않아 감사가 이루어져 장관이 부하에게 주는 질책과 징계라는 이름의 여러 직무상의 수프를 먹게 될 게 뻔했으니 말이다. 관리들은 속으로 생각했다. '만약에 총독께서 우리 마을에 이런 머저리 같은 소문이 떠돌고 있다는 걸 알면 어떻게 될까? 아마 머리에서 김을 뿜으며 버럭 화를 내시겠지.' 그러다 갑자기 이런 생각이 떠오른 의료감독관의 얼굴이 새파랗게 질렸다. '어쩌면 '죽은 농노'라는 건 자신이 적절한 대책을 마련하지 못해 유행성 열병으로 병원에서 죽어간 수많은 환자를 가리키는 것은 아닐까? 치치코프는 이를 몰래 조사하기 위해 총독께서 파견한 관리는 아닐까?' 그는 곧바로 자신의 추측을 법원장에게 말했다. 법원장은 무슨 바보 같은 소리냐고 했지만, 곧바로 그도 치치코프가 산 농노가 정말로 죽은 농노라면 어쩌나 자문을 했고, 그의 얼굴도 새파랗게 질리고 말았다. 등기수속을 허락했을 뿐만 아니라, 직접 프루시킨의 대리인 노릇까지 해주지 않았던가. 이 얘기가 총독의 귀에 들어간다면 어떻게 될까? 그는 몇몇 사람들에게도 이 얘기를 들려주었고, 얘기를 들은 사람들의 얼굴도 곧바로 새파랗게 질리고 말았다. 공포는 페스트보다 더 빠르게 삽시간에 퍼져나갔다. 지금까지의 일들을 되짚어보던 사람들은 겁에 질린 나머지 실제 저지르지도 않은 죄까지 자신이 저지른 양 걱정하기에 이르렀다. 게다가 '죽은 농노'라는 말부터가 너무 애매했다 (러시아 말로 죽은 농노는\n죽은 혼'을 의미하기도 한다). 어쩌면 이는 최근에 일어난 두 사건으로 얘기치 못한 죽음을 맞이한 사람들을 암시하는 것은 아닐까 의심하는 사람까지 나왔는데, 그 두 사건이란 바로 다음과 같았다.

첫 번째는 장날에 찾아온 솔비체고드스크 상인들에 관련된 사건이었다. 그들은 장을 마치고 함께 장사를 하는 우스티시솔리스크 상인들을 위해 작은 술자리를 마련했다. 술자리는 러시아식에 독일식 풍미를 더한 것으로 아르샤트 (일종의\n청량음료)에 폰스 (브랜디에 과즙과\n설탕을 더한 음료), 발잠 (향료를 더\n한 보드카), 그 밖에 여러 가지 것들이 나왔다. 하지만 언제나 그렇듯이 술자리는 곧 난투극으로 이어졌고, 솔리체고드스크 상인들이 우스티시솔리스크 상인들을 마구 때려 숨지게 한 사건이 일어나고 말았다. 물론 가해자 측도 옆구리와 명치, 턱에 큰 타격을 받았는데, 이는 죽은 상인들 역시 범상치 않은 주먹의 소유자였다는 것을 말해주었다. 그중에는 권투선수들이 쓰는 "콧대가 꺾였다"는 표현처럼 완전히 코가 으스러져서 새끼손가락 반 정도 밖에 남아 있지 않은 사람도 있었다. 심리를 받으면서 가해자 상인들은 자신의 죄를 인정했고 장난이 지나쳤을 뿐이라고 변명했다. 그 과정에서 가해자 상인들이 각자 천 루블 지폐 넉 장을 관리의 손에 쥐어줬다는 소문이 떠돌았는데, 그 이후 사건 심리는 더 이상 열리지 않았고, 곧이어 탄산가스 중독에 따른 사망이라는 판결과 함께 사건은 흐지부지 종결되고, 피해자들은 매장되었다.

두 번째는 최근에 있었던 사건이다. 흐시바야 스페시 마을의 소작농들이 보로프카 마을, 일명 자디라이로보 마을의 소작농들과 결탁해서 파견경찰드로비야시킨 순경을 살해한 사건이다. 드로비야시킨은 지나치게 자주 마을을 찾아와서 사람들은 그를 역병처럼 싫어했다. 특히나 그에게는 품행에 있어 자그마한 결점, 말하자면 마을 부인들이나 아가씨들의 엉덩이만 쫓아다니는 버릇이 있었다. 바로 그것이 사건의 원인인 듯했다. 하지만 확실하게 밝혀진 것은 없다. 농부들의 진술에 따르면 순경은 발정 난 고양이 같은 호색가로 벌써 몇 차례 경고를 받았고, 어떤 때는 숨어들어간 농부의 집에서 알몸으로 쫓겨난 일까지 있었다고 한다. 이렇게 품행이 나쁘다면 처벌이야 당연한 얘기겠지만 흐시바야 스페시 마을, 일명 자디라이로보 마을의 농부들이 실제로 그를 살해했다면 그 범죄 역시 묵인할 수는 없는 노릇이었다. 하지만 순경의 시체는 어두운 밤 길 위에서 발견되었는데, 그가 입고 있던 제복은 프록코트인지 걸레인지 분간하기 어려울 정도였다. 얼굴 역시 식별이 힘들 만큼 심하게 훼손되어 있었다. 이 사건은 지방법원을 거쳐 고등법원까지 올라갔고, 거기서 내려진 판결의 이면에는 다음과 같은 사연이 있었다고 볼 수 있다—'농부들 가운데 누가 범인인지 확실치 않으며, 그렇다고 그들 모두를 체포하기에는 그 수가 너무 많다. 드로비야시킨은 이미 죽었으니 재판에 이겨봤자 별로 좋을 것도 없다. 그러니 살아있는 농부들에게 유리한 판결을 내리는 것이 더 좋을 것이다.' 이러한 논리에 따라, 드로비야시킨이 스페시 마을과 자디라이로보 마을 농부들에게 부당한 압박을 주어 원한을 산 것은 사실이나 이는 피해자의 사망과는 무관하며, 그의 진짜 사망원인은 썰매를 타고 집으로 돌아가는 도중에 발생한 뇌졸중이라는 판결이 내려졌고, 이로써 사건은 일단락되었다.

그리고 이제, 사람들은 이러한 과거 두 사건의 피해자들과 죽은 혼이라는 말이 어떤 관련이 있지 않을까 하고 생각하게 된 것이다

관리 나리들은 또 다른 고난에 처해 있었다. 지사 앞으로 두 장의 공문이 날아온 것이다. 하나는 각지의 진술과 정보에 따르면 귀하의 마을에 위폐범이 숨어들어 각종 허위신분을 쓰고 다닌다고 하니 엄중한 수사를 부탁드린다는 내용이었고, 다른 하나는 이웃 지사에게서 온 공문이었는데 만약 귀하의 마을에 신분증명서나 여권을 갖고 있지 않은 수상한 사람이 나타나거든 즉각 체포해달라는 것이었다. 이 두 장의 공문에 사람들은 완전히 당황하고 말았다. 만약 그렇다면 지금까지 내렸던 결론이나 추측은 전부 무의미해지

는 것이 아닌가? 막상 그렇다고 치치코프가 공문에서 말하는 범인과 연관이 있다고 단정지을 수도 없었다. 사람들은 가슴에 손을 얹고 곰곰이 생각해보았다. 치치코프의 정체가 뭘까? 그에 대해 아는 것이라곤 없다. 자신에 대해서 했던 이야기도 그저 정의를 위해 참아왔다는 것뿐, 너무 막연하다. 거기다 그는 자신의 목숨을 노리는 적(敵)도 상당하다고 했다. 사람들은 심각해졌다. 어쩌면 그는 위험에 처해 있을지도 모른다, 쫓기는 몸일 수도 있다. 뭔가 잘못을 저질렀을지도…… 그의 정체는 무엇일까? 지폐를 위조하고 강도짓을 하고 다닌다고 하기에는 얼굴이 너무 곱상하다. 그렇다면, 그는 대체 누구란 말인가? 처음부터, 그러니까 관리 나리들이 이 서사시의 제1장에서 당연히 가졌어야 할 의문을 이제야 갖게 된 셈이었다.

그리하여 농노를 판 사람들을 심문해서 거래는 어떻게 이루어졌는지, 죽은 농노가 뭘 의미하는지, 그리고 아주 사소한 것이라도 좋으니 자신의 속마음을 털어놓지는 않았는지, 또 자신의 정체를 밝히지는 않았는지, 그런 것만이라도 밝혀내기로 했다. 먼저 코로보치카가 심문을 받았다. 하지만 이렇다 할 수확은 없었다. 치치코프는 15루블을 주고, 깃털과 여러 가지 물건들을 사주겠다고 약속하면서 자신이 정부에 돼지기름을 납품하고 있다고 말했지만, 그는 사기꾼이 틀림없다, 전에도 한 사내가 찾아와 깃털을 사겠다느니 돼지기름을 정부에 납품해주겠다느니 하면서 사람들을 속였고 사제장의 부인에게서 백 루블도 넘게 뜯어낸 사건이 있었기 때문이라는 것이었다. 그리고 계속해서 같은 말만 되풀이했기에 결국 관리들이 알아낸 것은 코로보치카가 머리가 나쁜 노파라는 사실뿐이었다. 마닐로프는 파벨 이바노비치 씨에 대한 것이라면 목숨을 걸고 보증할 것이고, 파벨 이바노비치 씨의 매력의 백분의 일이라도 가질 수 있다면 전 재산을 내놓아도 아깝지 않을 거라고 대답하면서 극진한 찬사를 늘어놓으며 그를 칭찬했다. 거기다 감동한 눈빛으로 우정에 관한 약간의 의견까지 곁들였는데, 그러한 의견은 마닐로프가 매우 착하다는 것은 더할 나위 없이 잘 설명해줬지만 관리들이 진상을 밝히는 데에는 도움이 되지 못했다. 그리고 소바케비치는 자신이 보기에 치치코프는 매우 훌륭한 위인이고, 자신이 판 농노들은 어딜 보나 모두 고르고 고른 좋은 놈들뿐이지만, 세상은 한 치 앞도 알 수 없는 법이다, 이주하는 도중에 어떠한 고난을 만나 농노들이 죽더라도 그건 자신의 탓이 아닌 하늘의 뜻이

라고 하면서 세상에는 열병처럼 무서운 병들이 많아서 마을이 송두리째 전
멸하는 일도 더러 있다고 대답했다.

관리들은 다른 방법을 쓰기로 했다. 그렇게 제대로 된 방법은 아니지만 자
주 쓰는 방법인데, 하인들과 친한 사람을 통해 치치코프의 하인들이 자기 주
인의 과거나 지금 상황에 대해 아는 것이 없는지 측면에서 알아보는 것이다.
하지만 이렇다 할 수확은 없었다. 페르투시카에게선 전에 얘기했던 방의 악
취만을 맡았을 뿐이었고, 셀리판에게선 정부를 위해 전에 세무서에서 일한
적이 있다는 것 말고는 아무것도 밝혀내지 못했다. 본디 이러한 계급에는 실
로 기묘한 습관이 한 가지 있다. 단도직입적으로 물으면 아무것도 떠올리지
못하고 모르겠다고 대답하지만, 전혀 상관없는 것을 물으면 곧바로 얘기를
줄줄 쏟아내면서 알고 싶지 않은 얘기까지 상세히 들려주는 것이다. 관리들
의 탐색을 통해 밝혀진 사실은 단순히 치치코프의 정체는 도저히 알아낼 수
없지만 확실히 그는 수상하다는 것뿐이었다. 그래서 이 문제에 대해 마지막
으로 따져보고 어떻게 할 것인지, 그리고 그의 정체는 대체 무엇인지, 과연
그는 체포하여 구속해야 마땅한 악당인지 아니면 오히려 우리들을 체포하여
구속할 권한을 가진 관리인지 확실한 결론을 짓기로 했다. 그리하여 독자
여러분도 알고 있는, 마을의 자부(慈父)이자 은인(恩人)인 경찰서장의 집에
서 집회를 열게 된 것이다.

10

독자 여러분도 잘 알고 있는 마을의 자부(慈父)이자 은인이기도 한 경찰
서장의 집에 모인 관리들은 그동안의 걱정과 불안으로 바싹 야윈 서로의 모
습을 확인할 기회를 갖게 되었다. 확실히 신임 총독의 임명과 그 중대한 내
용을 담은 두 가지 서류, 그리고 이상야릇한 소문들…… 이 모든 것들이 관
리들의 얼굴에 생생한 자취를 남겼고 연미복이 눈에 띄게 헐렁거리는 사람
들도 많았다. 모두가 초췌해져 있었다. 법원장과 의료감독관, 검사도 모두
야위어 있었다. 언제나 세미욘 이바노비치라는 이름으로 불릴 뿐 결코 성
(姓)으로 불려본 적이 없고, 엄지손가락에 낀 보석반지를 여인들에게 자랑
하고 다니는 사내도 마찬가지였다. 하지만 어디를 가나 예외는 있는 법이라,
침착함을 잃지 않고 태연한 모습을 보이는 사람들도 수가 매우 적지만 있었

는데, 우체국장이 바로 그런 사람이었다. 그는 평소와 다름없이 이런 일이 있을 때면 늘 하는 것처럼 이렇게 말했다. "총독 같은 건 아무것도 아니지! 그놈들 자리야 네댓 번도 바뀌지만, 나는 벌써 30년째 한 자리에 있거든." 그러자 다른 관리가 평소처럼 이렇게 응수했다. "자네는 정말 복 받은 줄 알게, 시프레헨 지 데이치 이반 안드레비치. 자네야 우편물을 받아서 발송하기만 하면 되지 않나. 사기를 친다고 해봐야 한 시간 일찍 문을 닫아서 늦게 온 상인에게 수수료를 더 받아 내거나, 규격에 어긋난 소포를 부치는 정도이니, 그 정도라면 누구나 눈감아 주겠지. 말하자면 매일 같이 악마가 찾아와서 자네는 받을 생각도 없는데 손에 돈을 쥐여주는 꼴이란 말일세. 자네는 참 좋겠네그려. 자식도 사내 녀석 하나뿐이지 않나? 우리 프라스코비아 표도르프나는 지치지도 않는지 해마다 애를 낳는다네. 자네도 나와 같은 입장이 되면 다른 소리를 하게 될 걸세." 이런 대화가 오갔지만 정말 그런다고 그가 악마의 유혹에서 벗어날 수 있을지 어떨지 그런 것까지 작자가 의견을 말할 필요는 없을 것이다.

그보다 이번 회의의 가장 큰 특징은 흔히 말하는 분별(分別)이라는 중요한 요소가 빠져 있었다는 점이다. 일반적으로 우리는 대표자를 뽑는 것을 싫어하지만, 마을 농부들 모임에서 학회나 위원회에 이르기까지 위에 서서 모든 일을 척척 처리해주는 인물이 없다면 회의는 수습할 수 없는 혼란에 빠지고 말 것이다. 왜 그렇게 되는지는 모르겠지만 아무래도 국민성 때문일 것이다. 얘기가 술술 통하는 것은 클럽이나 독일식 유원지 같은 곳에서 먹고 마시기 위해서 모일 때뿐이다. 그러면서도 우리는 끊임없이 무슨 일이든 해보려고 하는 의욕만은 지니고 있다. 무슨 바람이라도 불었는지 걸핏하면 자선단체니 장려단체를 만들지만, 취지는 그럴듯해도 뚜렷한 성과는 없다. 아마도 이는 우리가 모임을 만들었다는 사실에 만족해버리고 할일을 다한 것처럼 생각하기 때문일 것이다. 그 좋은 예가 빈민구제를 위한 자선단체이다. 상당한 금액의 기부금이 모이면 과연 우리는 어떻게 할까? 이렇게 기특한 행동을 한 걸 기념하고자 곧바로 파티를 열어서 마을의 높으신 양반들을 빠짐없이 초대한다. 여기에 기부금의 반을 쏟아부으리라는 것은 말할 것도 없다. 그리고 나머지 돈으로는 난방이 되고 문지기가 있는 사무실을 빌리는 데 써버린다. 이렇게 되면 빈민구제에 쓸 금액은 5루블 50코페이카 밖에 남지 않지만, 이 푼돈을 나누는 일마저 의견이 맞지 않아 다들 자신과 가까운 사람에게 주려고 눈에 불을 켜는 것이다.

하지만 오늘 소집된 모임은 지금까지와는 성질이 전혀 달랐다. 그들에게는 절박한 사정이 있었다. 자신들과 관계도 없는 빈민들을 놓고 이러쿵저러쿵하는 것이 아닌, 모든 관리와 관계가 있는 문제, 다시 말해 그곳에 모인 모두에게 해를 끼칠 수 있는 재난에 어떻게 대처할 것인가를 논하는 자리였기 때문이다. 그렇기에 이 모임은 싫든 좋든 일반적인 모임보다 더 많은 협력과 의사소통이 이루어질 것이었다. 하지만 결과는 참담했다. 어떤 회의에도 있게 마련인 의견 차이는 그렇다 치더라도 참석한 사람들의 의견 자체가 이해할 수 없을 만큼 애매했다. 어떤 사람은 치치코프가 위폐범이라고 하더니 곧바로 "물론 아닐 수도 있고요" 하고 덧붙여버린다. 어떤 사람은 총독의 관리가 틀림없다고 주장해놓고선 곧바로 "하지만 내가 어떻게 알겠소? 얼굴에 쓰여 있는 것도 아니고" 하고 덧붙인다. 물론 변장한 강도라는 억측에 대해서는 아무도 찬성하지 않았다. 그의 점잖은 풍채는 물론이고 말투를 보더라도 그런 짓을 할 위인으로는 보이지 않는다는 것이 사람들의 의견이었다.

바로 그때 몇 분 동안 가만히 생각에 잠겨 있던 우체국장이 무슨 영감이 떠올랐는지, 아니면 뭔가 다른 이유가 있어서인지 갑자기 소리를 질러서 사람들을 깜짝 놀라게 했다.

"여러분, 그가 누군지 아시겠습니까?"

그의 목소리에 뭔가 심상치 않은 울림이 느껴져서 사람들은 입을 모아 큰소리로 물었다.

"그가 누굽니까?"

"여러분, 그는 바로 코페이킨 대위(大尉)입니다!"

"그 코페이킨 대위가 누구란 말이오?"

사람들이 우체국장을 몰아세우듯이 묻자, 그는 이렇게 대답했다.

"그럼 여러분은 코페이킨 대위가 누군지 모르신단 말입니까?"

사람들은 모두 코페이킨 대위가 누군지 모른다고 대답했다.

"코페이킨 대위는 말입니다……." 그러면서 우체국장은 담뱃갑의 뚜껑을 반쯤 열었다. 옆에 있는 사람이 손가락을 넣을까봐 그랬는데, 그는 다른 사람의 손가락은 더럽다고 생각했기에 늘 입버릇처럼 "거, 이보게, 자네는 아무 데나 손가락을 들이미는데, 담뱃갑은 청결이 생명이란 말일세." 이렇게 말하고 다녔다. 우체국장은 코담배를 조금 맡고 나서 천천히 말했다. "코페이킨 대위는 말입니다……. 이 사람에 대한 이야기를 들려드리면, 작가들의 마음에 쏙 들 흥미진진한 서사시 한 편이 완성될 것입니다."

자리에 모여 있던 사람들은 입을 모아 그 이야기를, 그러니까 우체국장이 말했던 '작가들의 마음에 쏙 들 흥미진진한 서사시 한 편'을 꼭 들려달라고 얘기했다. 그리하여 우체국장은 다음과 같은 이야기를 시작했다.

코페이킨 대위 이야기

"12년 전쟁(1812년 나폴레옹의 러시아 침입으로 일어난 전쟁)이 끝난 뒤의 일이었지요." 우체국장은 그 방에 무려 여섯 사람이 얘기를 듣고 있었건만 마치 한 사람에게 얘기하는 것처럼 말문을 열었다. "12년 전쟁이 끝나자 다른 부상병들과 함께 코페이킨 대위도 송환되었습니다. 크라스니(크라스니 회름. 1812년 프랑스와 전투가 벌어졌다)였던가, 라이프치히(독일의 도시. 1813년 이 부근에서 나폴레옹과 독일·러시아 동맹군의 전투가 벌어졌다)였던가 확실친 않지만 아무튼 어떤 전투에서 그는 한쪽 팔과 한쪽 다리를 잃어버렸다고 합니다. 그런데 당시만 하더라도 부상병에 대한 대책…… 이랄까, 그런 것이 전혀 세워지지 않았던 시대였지요. 부상병에게 지급하는 연금…… 이었던가? 그러한 제도가 세워진 것도, 그 뭐시냐…… 한참 뒤의 일이니까 말이오. 코페이킨 대위는 무슨 일이든 하고 싶었지만, 하나 남은 팔이 왼팔이었던 겁니다. 그래서 집으로 돌아가 아버지에게 속내를 털어놨지요. 아버지는 이렇게 말했습니다. '너한테는 동전 한 닢도 줄 수 없다. 나도 겨우 풀칠하고 있단 말이다.' 이렇게 되자 코페이킨 대위는 페테르부르크로 가서, 황제폐하께 국고에서 얼마간 연금을 내어줄 수 없는지 부탁하기로 마음먹었답니다. '실은 이러저러해서 이 한 목숨 바쳐 피 흘리며 싸우다, 이렇게 되었습니다…….' 이렇게 말하기로 마음먹고, 그 뭐시냐…… 짐마차나 군용마차 같은 것을 얻어 타고, ……이렇게 저렇게 해서 페테르부르크에 도착했다 이 말씀입니다. 아주 대단했지. 한낱 대위에 지나지 않았으니까요. 그 코페이킨 대위가 말하자면 태어나서 한번도 본 적이 없는 화려한 도시 속에 내쳐진 것이었지요! 눈앞에 갑자기 다른 세계가 나타났단 말입니다. 그야말로 화려한 인생극장, 세헤라자데(『천일야화』 이야기를 들려주었던 여왕의 이름)의 마법 왕국이었지요. 생각들 해보십시오, 주변을 둘러보면, 그러니까…… 넵스키 거리……이었던가요? 그 넵스키가 있고, 고로호바야 거리도 있고, 그 빌어 처먹을 리테이나야 거리도 있지요. 하늘에 높은 탑이 솟아 있는가 하면 다리가 공중에 걸려 있어요. 정말 대단하지 않습니까? 어떻게 한 건지는 모르겠지만, 그게 그러니까…… 지탱하는 것이 하나도 없이 두둥실 떠 있으니까요! 그야말로 세미라미스(아시리아 제국의 전설적인 여왕. 바빌론의 공중정원을 건설했다.)였어요. 그 단어 하나로 충분했지요. 자, 아무튼 방을 빌리려고 여기저기 걸어 다녔지만 어딜 가나 눈이 튀어나올 만큼 비쌌어요. 커튼에서부터 덧문까지 본 적이 없을 만큼 훌륭한 것이었지요. 그리고 융단…… 이놈은 어떻게 말해야 할지? 페르시아산(産)이었으니까요! 이런 보물을 짓밟고 있는 것이나 마찬가지였지요. 그야말로 어딜 가나 수천 루블의 지폐다발 냄새가 풍긴다고 할까. 그런데 우리 코페이킨 대위의 주머니에는 겨우 푸른 종이(5루블짜리 지폐의 속칭) 열 장이 들어 있을 뿐이었지요. 하루에 1루블하는 방을 찾아서 겨우 한숨을 돌렸지만 식사는 양배추 수프에 잘게 썬 고기 조각 뿐이었지요. 이래서는 오래 머무를 수 없겠다고 생각한 그는 어디에 도움을 청하면 될지 사람들에게 물어보고 다녔어요. 그랬는데, 그게 어디더라? 꽤 위엄이 있는 무슨 관청이었는데…… 아무튼 그런 것이 있는데, 어떤 육군대장이 그곳 장관이라고 알려준 사람이 있었어요. 미리 얘기해두지만, 당시에 황제폐하께선 아직 수도에 돌아오시기 전이었지요. 그야 당연하지요. 아직 군대가 파리에서 돌아오지 않았으니 말입니다. 그러니 정부기관들도 전부 외국에 있었어요. 그래서 우리 코페이킨 선생은 그날 여느 때보다 일찍 일어나 왼손으로 수염을 깎았지요. 왜냐하면 이발소에 가서 일일이 돈을 치렀다가는, 그 뭣이냐…… 그러니까 빠져나가는 돈이 많아지기 때문이었지요. 군복을 차려입고 의족(義足)에 의지해서, 아시겠습니까? 그 장관, 그러니까 장군 각하시겠군요. 그 각하께서 계신 곳으로 갔다, 이 말입니다. 각하께서 어디에 사시느냐고 길을 물었더니 '저길세' 하면서 가리킨 곳은, 아니 세상에, 드보르초보야 거리 해안가에 있는 얼핏 봐서는 농가처럼 보이는 집이었어요. 창문을 보니 무려 3미터가 넘는 반짝반짝하는 한 칸짜리 유리라, 방 안에 있는 꽃병이며 모든 것들이 마치 밖에 있는 것처럼 손만 뻗으면 잡힐 것만 같았지요. 벽에는 값비싼 대리석 조각이 놓여 있었고, 청동 장식품도 매우 훌륭했지요. 문손잡이 같은 것도 달려 있었는데, 그건 잡화점에 달려가서 비누를 산 다음, 두 시간 동안 두 손을 박박 문질러 깨끗이 씻기 전에는 도저히 손을 댈 수 없을 것 같은 물건이었지요. ……뭐, 말하자면, 하나에서부터 열까지 고급품투성이, 그 뭣이냐…… 한 번 본 것만으로도 정신이 아찔해지는 그런 저택이었지요. 문지기만 하더라도 무슨 대장군처럼 뻐기고 있었으니까요. 황금처럼 번쩍이는 몽둥이를 들고 백작들처럼 포동포동하게 살찐 강아지같은 얼굴을 하고, 새하얀 목깃을 달고 있었는데 아무리 봐도 악당이었지요……! 우리 코페이킨 선생은 의족에 몸을 맡기고 어떻게 응접실로 들어와 구석에 웅크려 앉았습니다. 미국인지 인도인지는 모르겠지만…… 휘황찬란한 꽃병 같은 것을 실수로 팔꿈치로 건드리기라도 했다간 낭패라고 생각했기 때문이었지요. 그렇게 그 자리에서 넌덜머리가 나도록 오래 기다렸다는 건 말할 필요도 없겠지요. 그도 그럴 것이 그가 너무 일찍 온 탓에, 장군 각하께서…… 그 뭣이냐, 그러니까, 이제 막 자리에서 일어나 몸을 구석구석 씻으시려고 은으로 만든 세면기인지 뭔지를 시종에게 갖고 오게 하셨는데, 아무튼 그런 때였지요. 그렇게 코페이킨 선생이 네 시간 가까이 기다렸을 무렵, 드디어 부관인지 당직 관리인지 모르겠지만, 아무튼 그런 작자가 들어와서 이렇게 말했답니다. '장군 각하께서 곧 응접실로 나오실 겁니다.' 그런데 그때는 이미 응접실에 사람들이 꽉 들어차서, 마치 수프 접시에 콩을 담아놓은 것 같은 꼴이었지요, 거기다 우리들 같은 잡졸들이 아니라 하나같이 사등관이니 오등관이니 그런 대령급 위인들에 어깨에는 큰 황금 견장(肩章)까지 눈에 띄었어요. 그야말로 장관급이었지요. 그런데 갑자기 방 안에 들릴 듯 말 듯한 속닥거림이 일어났습니다. 마치 에테르(전자기장의 매체로 여겨졌던 물질. 19세기 말에 없다는 것이 증명됨)인지 뭔지가 살며시 훑고 지나간 것 같았어요. 여기저기서 '쉿 쉿!' 하는 소리가 들리는가 싶더니 소름이 끼칠 정도로 조용해졌지. 그리고 드디어 각하께서 안으로 들어오셨어요. 아 정말이지…… 대단한 인물 아닙니까? 무엇보다 정치계의 거물이니까요! 얼굴은 또 말하자면 그…… 그러니까 신분에 어울리는, 있잖소? ……높은 지위에 어울리는 그런…… 아무튼 그런 표정이셨지요. 방에 있던 사람들은 누구 할 것 없이 모두 차려자세를 하고 이제 어떻게 되려나 부들부들 떨면서, ……그 뭣이냐, 그러니까 운명의 결정을 기다리고 있었지요. 드디어 대신인지, 각하인지께서는 한 사람 한 사람 앞으로 다가가 '자네는 무엇 때문에 찾아왔나? 무슨 일인가? 용건이라도 있는가?' 이렇게 물었지요. 드디어 코페이킨 선생의 차례가 되자 코페이킨은 용기를 내서 이렇게 말했습니다. '각하, 이러저러한 일로 피흘리고 싸우다가 한쪽 손과 다리를 잃었습니다. 저는 아무 일도 할 수가 없습니다. 황공하오나 각하께서 자비를 베풀어주실 수는 없으시겠습니까?' 대신이 보니 한쪽 다리는 의족이고, 알맹이가 없는 한쪽 소매가 핀셋으로 군복에 메어져 있었지요. 그래서 '잘 알았소. 며칠 뒤에 다시 찾아오시오.' 이렇게 얘기했습니다. 코페이킨 선생은 하늘 높이 날아갈 것만 같은 심정으로 그곳을 나왔지요. 그야 당연한 일이었지요. 다른 사람도 아니고 그런 거물 중의 거물을 직접 만나 ……그 뭣이냐, 그러니까 연금에 대해서도 해결의 실마리가 보였으니 말입니다. 그 사람 참, 의기양양하게도 완전히 춤추다시피 하는 모습으로 거리를 걸어가다가 도중에 레스토랑 팔킨에 들러서 보드카 한 잔을 마시고, 식당 '런던'에서 식사를 했어요. 그것도 향신료가 들어간 소스를 뿌린 커틀릿과 갖가지 양념을 넣은 닭고기 요리, 포도주 한 병을 말이지요. 밤에는 연극을 보러 갔지요. 말하자면 아주 호화로운 시간을 보낸 거지요. 그런데 길을 걷는데 반대편에서 영국 여인이 걸어오는 것이 아니겠어요? 그게 또 백조처럼 우아한 여인이었지요. 우리 코페이킨 선생은 바로 몸이 후끈 달아올랐지요. 딸깍딸깍 의족 소리를 내며 여인의 뒤를 쫓으려다가 문득 이런 생각이 들었답니다. '아니지, 이래서는 안 돼. 오늘이 아니라 연금이 나오고 나서 해야겠어. 오늘은 내가 좀 들뜬 것 같군.' 자, 그렇게 사나흘이 지나 다시 대신을 만나러 가서 나오기만을 기다려 '사실은 이러저러한 일로 소관은 소관의 질병 및 부상에 대한 각하의 명령을 듣고자 출두했습니다……' 아무튼 그렇게 융통성 없고 딱딱한 말투로 얘기하자 대신은 곧바로 '하아…… 그 사내로군' 하는 듯한 표정을 짓더니 '잘 알겠네. 하지만 지금 나로선 자네에게 폐하의 귀환을 기다리라는 말밖에 해줄 수가 없군. 그때가 되면 부상병들에게 얼마간의 보상이 있을 것은 확실하지만. 폐하의 허락이 없는 한 나는 아무것도 해줄 수가 없다네.' 그러더니 가볍게 고개를 숙이고는 '그럼, 잘 가게나' 이러는 것이 아니겠어요? 당연한 얘기지만 코페이킨은 뭐라 말할 수 없는 기분으로 밖으로 나왔지요. 무엇보다 내일이라도 돈이 내려와, '이보게, 이걸 받게나. 술을 마시든, 신나게 놀던지 좋을 대로 쓰게나.' 이렇게 될 줄 알았는데, 돈은 주지 않고 기다리라고만 하니. 거기다 언제까지라는 말도 없없었어요. 그러니 우리 코페이킨 양반께서 현관을 나설 때의 모습은 그저 요리사한테 물벼락을 맞아 가랑이 사이로 꼬리를 말아넣고 귀를 축 늘어뜨린 채로 달아나는 푸들 같았지요. 하지만 그는 생각했어요. '아니지, 아니지. 한 번 더 가보자. 내일 먹을 빵도 없습니다. 만약 도와주지 않으신다면, 그러니까…… 굶어죽을 수밖에 없단 말이지요, 이렇게 부탁해봐야겠어.' 그래서 그는 드보르초보야 거리의 해안가 저택을 다시 찾아갔답니다. 하지만 '안 됩니다, 안 돼요. 만나실 수 없습니다. 내일 와주십시오.' 이런 대답밖에 들을 수 없었어요. 다음 날도 마찬가지였지요. 문지기는 네놈의 얼굴을 보고 있는 것도 짜증이 난다는 시늉이었어요. 거기다 주머니에는 푸른 종이 한 장 밖에 남아 있지 않았지요. 지금까지 양배추 수프와 쇠고기 조각으로 버텨왔지만, 그마저도 이제는 가게에서 수상쩍은 청어와 소금에 절인 오이, 빵을 1코페이카에 사먹어야 하는 형편이 되었어요. 오컨대 먹으려야 먹을 수 없는 신세가 된 것이지요. 하지만 식욕만큼은 늑대처럼 왕성했답니다. 근처 레스토랑 앞을 지나갈 때면 안에 있는 외국인 요리사가, 언제나 사람을 무시하는 프랑스인이었는데, 네덜란드산(産) 셔츠에 눈처럼 새하얀 앞치마를 걸치고 향신료가 들어간 소스에 송로버섯을 곁들인 커틀릿 같은 것을 만들고 있었지요. 뭐, 말하자면 저도 그렇지만, 먹고 싶어서 견딜 수가 없을 만큼 맹렬한 식욕을 돋우는 진미(珍味)들이었지요. 어디 그뿐입니까, 밀류친 가게 앞을 지날 때면 창 너머로, 그 뭣이냐…… 그러니까 커다란 연어들이 보이고, 한 알에 5루블이나 하는 버찌에, 우편마차만큼이나 커다란 수박이 보였습니다. 말하자면 그런 것에 백 루블이라는 큰돈을 아무렇지도 않게 치를 머저리 같은 손님을 기다리고 있었단 거지요. 한 걸음 내디딜 때마다 군침이 도는 유혹이 기다리고 있었지만, 대신에게 들을 수 있는 대답은 언제나 '내일, 내일'뿐이었지요. 이 양반의 입장이 어떠했는지 이제 다들 아시겠지요? 한쪽에서는 연어와 수박이 유혹하고 있고, 다른 한쪽에서는 '내일'이라는 이름의 똑같은 요리만 나오고 있었으니까요. 아아, 그 가엾은 친구는 결국…… 그러니까 인내심의 한계가 찾아와서 이제는 적진 한가운데로 돌진하기로 한 겁니다. 저택의 현관 앞에서 다른 청원자가 오기를 기다렸다가, 때마침 찾아온 어떤 장군과 함께 의족을 끌면서 응접실로 들어갔어요. 그리고 얼마 있지 않아 각하께서 나와 늘 하는 것처럼 '무슨 일로 찾아왔는가? 무슨 일로 찾아왔는가?' 하니까 코페이킨의 모습을 보더니 '아!' 하고는 '자네한테는 때가 될 때까지 기다리라고 하지 않았나!'—'하오나 각하, 저는 빵 한 조각이 절실한 처지입니다……'—'그래서 뭘 어쩌란 말인가? 난 자네한테 해줄 수 있는 게 아무것도 없단 말이네. 아무튼 당분간은 남의 도움을 바라지 말고 어떻게든 혼자 살아갈 방도를 찾아보도록 하게.'—'하지만 각하. 각하께서는 어떻게…… 그러니까, 보고도 모르시겠습니까? 한쪽 팔과 한쪽 다리가 없는 사람이 어떻게 혼자 힘으로 살아갈 수 있단 말입니까?' 그러자 각하가 말하기를 '하지만 말이네, 자네도 이해해주리라 생각하네만, 나는…… 그러니까 내 돈으로 자네를 먹여 살릴 수는 없단 말이네. 나한테 찾아오는 상이군인들 모두 평등한 권리를 갖고 있으니 말이네. 그러니 참고 기다리게. 내 약속하네만 폐하께서 귀환하시면 자네에게 자비를 베푸실 테니까.' 그러자 코페이킨이 말했지요. '하지만 각하. 저는 더 기다릴 수 없습니다.' 뭐, 조금은 난폭하게 말하기도 했겠지만 각하는 각하대로 무척이나 화가 치밀어 올랐지요. 그야 당연하겠지요. 무엇보다 이곳저곳에서 찾아온 장군들이 결제와 명령을 기다리고 있었으니까요. 하나같이 중요한 국가적인 일이고 바로 처리해야지, 1분이라도 늦었다가 돌이킬 수 없는 일이 벌어질지도 모르는 그런 일이었지요. 그런데 어디서 이런 말뼈다귀같이 시끄럽게 떠드는 놈이 나타나 끈덕지게 매달리니 당연한 일이겠지요. '딱하지만 난 바쁜 몸일세……, 자네보다 중요한 일이 있단 말이네.' 이건 그러니까 돌려 말한 거지요. 이제 그만 돌아가 보라는 뜻으로. 하지만 우리 코페이킨 선생에게는 굶주림이라는 박차가 달려 있었기에 한 걸음도 물러서지 않았어요. '각하, 좋으실 대로 하시지요. 어떻게든 해주시기 전에는 전 이 자리를 떠나지 않겠습니다.' ……어떻게 생각하십니까? 이렇게 말대답을 하다니! 말 한마디면 그를 악마도 찾지 못할 만큼 멀리 보내버릴 수 있는 특권을 가진 각하께 말입니다……. 계급이 하나라도 낮은 관리가 우리에게 이런 말투로 얘기한다면 당장 버릇없는 놈이라는 딱지가 붙어버립니다. 더욱이 이 경우에는 두 사람의 차이, 그게 너무 심하거든. 대장군 각하와 일개 대위 아닙니까. 그야말로 하늘과 땅 차이지요! 각하는 아무 말 없이 그저 무서운 눈초리로 한번 노려보았습니다. 그저 힐끔 노려봤을 뿐이었지만, 그 눈초리가 또 대포알이라도 맞은 것처럼 소름이 돋는 그런 눈초리였지요. 그런데 우리 코페이킨 선생은 그 자리에서 꼼짝도 않고 마치 장승처럼 서 있는 게 아니겠습니까! '대체 어쩌자는 건가?' 그러면서 각하는 코페이킨 선생의 어깨에 주먹을 날렸어요. 하지만 그건 관대한 처사였지요. 다른 사람이었다면 사흘 정도는 걸어 다니는 꼴이 춤이라도 추는 것처럼 보일만큼 호되게 때렸을 텐데, 이 각하는 그저 이렇게 만 말했지요. '잘 알았네. 만일 자네가 이곳 생활비가 많이 들어서, 여기서 가만히 운명의 결정을 기다릴 수 없다면, 국비로 자네를 돌려보내주겠네. 전령을 불러 이 사내를 고향으로 돌려보내!' 그러자 곧바로 전령이 나타났어요. 이 친구가 또 2미터가 넘는 거인이라 그 손부터가 마부를 날려버리기 위해 자연이 특별히 만든 게 아닌가 싶을 정도로 손이 커서 뭐, 말하자면 어떤 이도 부러뜨릴 수 있는 치과의사라고나 할까요⋯⋯? 그리하여 하느님의 시종 코페이킨은 그 자리에서 붙잡혀 전령과 함께 마차에 타게 되었지요. '뭐, 좋아. 적어도 마차 삯은 치를 필요가 없으니 그것만이라도 고맙지 뭐.' 이렇게 그 양반은 호송되어갔습니다. 호송되어가는 중에 뭣이냐⋯⋯, 그러니까 말하자면 곰곰이 생각을 해봤던 것이지요. '장군님께선 나더러 도움을 바라지 말고 어떻게든 혼자 살아갈 방법을 찾아보라고 했어. 좋아, 그러길 원한다면 그렇게 해주겠어!' 그런데 그 양반이 대체 어떻게 목적지로 갔는지, 그보다 목적지라는 곳이 어디인지, 도통 알 수가 없단 말입니다. 이렇게 코페이킨 대위에 대한 소문은 흔히 망각의 강이라고 부르는, 시인 놈들은 레테의 강이라 부르는 저 강바닥으로 가라앉고 말았지요. 그런데 여러분, 실은 이 이야기의 실마리⋯⋯라고 할까, 발단은 여기서부터 시작이랍니다. 그렇게 코페이킨 선생은 행방불명이 되었는데 그로부터 두 달도 되지 않아 놀랍게도 랴잔 숲에 강도일당이 나타났지 뭡니까. 게다가 그 두목이라는 자가 바로⋯⋯."

"잠깐 실례하겠소, 이반 안드레비치." 경찰서장이 갑자기 끼어들었다. "당신 말대로라면 코페이킨 대위라는 사람은 한쪽 팔과 한쪽 다리가 없다는 건데, 치치코프에게는⋯⋯."

여기서 우체국장은 크게 소리를 지르더니 자신의 이마를 찰싹 때리며 사람들 앞에서 자신을 바보라고 욕했다. 어째서 진작에 그 사실을 깨닫지 못했는지 스스로도 이해할 수가 없으며 '러시아 사람은 일을 지나고 나서야 깨닫는다'더니 정말 맞는 말이라고 고백했다. 하지만 1분도 채 지나지 않아서 곧바로 한 가지 꾀를 생각해내어 실수를 만회하려고 했다. 이야기는 다르지만 기계학이 매우 발달한 영국에선 어떤 사내가 발명한 의족에 비밀 스프링이 장치되어 있어서 깜빡하고 그걸 만지는 바람에 의족이 어디론가 저절로 걸어가서 그 사람까지 흔적도 없이 사라졌다는 이야기를 꺼냈다.

하지만 사람들은 치치코프가 코페이킨 대위라는 주장에 큰 의문을 가졌고, 우체국장의 이야기는 당치도 않다고 생각했다. 그렇다고 그들도 손을 놓고 있었던 것은 아니었다. 우체국장의 그럴듯한 이야기에 자극을 받은 사람들은 그에 지지 않을 만큼 터무니없는 상상을 해댔다. 그런 엉뚱한 억측 중에는 이렇게 얘기하는 것도 망설여질 만큼 괴상망측한 추측까지 나왔는데 심지어 치치코프는 나폴레옹이 변장한 모습이라는 얘기도 나왔다. 본디 영국인들은 러시아가 이처럼 넓은 국토를 갖고 있는 것을 오래전부터 질투했다. 그 증거로 러시아인이 영국인과 얘기를 나누는 모습을 그린 만화를 보면 영국인은 언제나 목줄을 단 개를 끌고 있다. 이 개가 나폴레옹을 가리킨다는 건 말할 것도 없다. "조심해. 수상한 짓을 했다간 곧바로 이 개가 달려들 거야!" 그 영국 놈들이 드디어 개를 세인트헬레나 섬에서 풀어준 것인지도 모른다. 다시 말해, 나폴레옹이 러시아로 숨어들어왔을지도 모른다, 치치코프라고 자처하고 있지만 사실은 치치코프가 아니라는 것이다.

물론 관리들도 이런 말을 무조건 믿은 것은 아니었지만, 서로 마음속으로 곰곰이 생각해보았더니, 오호라, 그러고 보니 치치코프의 옆모습이 나폴레옹의 초상화와 제법 닮은 구석이 있었다. 12년 전쟁에도 참전하여 직접 자신의 눈으로 나폴레옹을 본 적이 있다는 우체국장도 치치코프가 나폴레옹과 키도 비슷하고, 뚱뚱하지도 마르지도 않았다는 것을 인정했다. 독자 여러분 중에는 말도 안 되는 소리라고 하는 분이 있을 것이다. 나 자신도 이건 모두 터무니없는 거짓말이라고 말하고 싶지만, 안타깝게도 이 이야기는 거짓 한 점 없는 진짜 사실이다. 더욱 놀라운 것은 이곳이 두메산골이 아니라 양쪽 수도(페테르부르크와 모스크바를 가리킴)에서 그다지 멀지 않은 곳에 자리 잡고 있다는 점이다.

하지만 이 모든 사건이 프랑스 군대를 호되게 몰아낸 지 얼마 되지 않아서 일어난 일이라는 점을 잊어서는 안 된다. 당시 러시아는 지주에서 관리, 상인, 하인들까지도 글을 읽을 줄 아는 사람은 물론이고 쓸 줄도 모르는 농부들까지, 적어도 8년 동안은 정치 문제에 빠져 있던 시대였다. '모스크바 소식'이나 '조국의 아들' 같은 소식지는 끊임없이 읽혀서 마지막 독자의 손에 넘어갈 무렵에는 아무 짝에도 쓸모없는 종잇조각이 되었을 정도였다.

"이보시오, 귀리 한 되에 얼마나 하오?" 또는 "어제 첫눈으로 뭐 재미라도 보셨소?" 하고 묻는 대신 "신문에 뭐라고 났소? 설마 나폴레옹이 또 섬을 탈출한 건 아니겠지요?" 이렇게 말하고 다녔다. 특히 장사꾼들은 그러한 소문을 매우 걱정하고 있었다. 그들은 벌써 3년째 감옥살이를 하고 있는 예언가의 예언을 믿고 있기 때문이었다. 나무껍질로 만든 신발을 신고, 썩은 생선 냄새가 나는 생가죽옷을 입고 홀쩍 나타나서는 나폴레옹은 사실 적그리스도로 비록 지금은 돌로 만든 사슬에 묶여 여섯 벽과 일곱 바다에 갇혀 있지만, 곧 사슬을 끊고 온 세상을 점령할 것이라고 떠들고 다녔던 것이다. 이런 예언을 했으니 당연히 그는 감옥에 갇히게 되었지만, 그래도 예언의 효과는 있어서 장사꾼들은 매우 당황하고 말았다. 그 뒤로 오랫동안 아무리 돈벌이가 되는 거래로 레스토랑에서 차를 마시며 얘기를 나눌 때도 상인들은 늘 적그리스도에 대한 이야기를 꺼내곤 했다. 관리들이나 명문 귀족들도 점차 그러한 예언을 믿는 사람이 나오기 시작했고, 거기다 독자 여러분도 아시다시피 그 시절 유행했던 신비주의와 맞물려 '나폴레옹'이라는 이름을 이루는 글자 하나하나에 특별한 의미가 숨겨져 있다고 생각했다. 심한 경우에는 이름에서 계시록(啓示錄)의 숫자(요한 계시록에 나오는 적그리스도를 의미하는 숫자 666)를 찾아냈다는 사람도 적지 않았다. 그런 만큼 관리들이 이 문제로 자신도 모르게 그런 생각을 하더라도 이상한 일은 아니지만, 그들은 곧 생각을 돌이켰다. 아무래도 자기들의 상상력이 너무 지나쳐서 터무니없는 생각만 했다는 것을 깨달았기 때문이다. 그들은 다시 머리를 꼬고 토론에 토론을 거듭한 끝에 노즈드료프를 불러서 더 자세하게 물어보는 것도 나쁘지 않다는 결론에 이르게 되었다. 무엇보다 죽은 농노라는 말을 처음으로 꺼낸 것도 그였고, 소문에 의하면 치치코프와도 아주 친한 사이라고 하니, 치치코프의 신상에 대해서도 뭔든 아는 게 있을 것이다. 그러니 노즈드료프의 얘기를 들어보는 것이 어떻겠느냐는 것이었다.

다른 여러 신분의 사람들도 마찬가지지만 이 관리 나리들도 도대체 참 기묘한 사람들이다. 노즈드료프가 거짓말쟁이이고 그가 하는 얘기라면 아무리 사소한 것이라도 믿을 수 없다는 것을 잘 알면서도 그에게 도움을 청했으니 말이다. 정말이지 인간만큼 구제불능도 없다. 신을 믿지 않으면서 콧등이 가려우면 틀림없이 죽을 거라고 믿는다. 조화(調和)로 가득하고 단순하며 숭고한 예지로 넘쳐나는 밝은 태양처럼 청량한 시인의 작품은 거들떠보지도 않으면서, 어디서 듣도 보도 못한 놈이 자연의 질서를 어지럽히고, 비틀고, 부수고, 뒤집어서 만든 작품에는 좋다고 달려든다. 그리고 그런 작품을 무척이나 마음에 들어하며 "아아, 바로 이거야! 이것으로 진정한 사람의 마음을 알 수 있어!" 이렇게 소리를 지른다. 의사에 대해서는 평생 서푼 어치도 가치를 인정하지 않으면서 발등에 불이 떨어지면 주문(呪文)을 외거나 침을 발라서 치료하는 여자에게 달려가고, 심하면 정체도 알 수 없는 쓰레기같은 것을 끓여서 직접 이상한 약을 만든다. 어찌된 영문인지 그러한 것들이 자신의 병을 고쳐줄 특효약이라고 믿는 것이다. 하기야 지금 관리 나리들이 매우 난처한 입장에 빠져있다는 점을 생각한다면, 어느 정도 그들을 변호해줄 수도 있다. 물에 빠진 사람은 지푸라기라도 잡는다는 속담이 있지만 물에 빠진 인간에게는 지푸라기에 올라탈 수 있는 건 겨우 파리 정도인데 자신의 몸무게가 80킬로그램까지는 안 되더라도 60킬로그램 정도는 된다는 사실을 떠올릴 만한 머리가 없다. 물에 빠질 때는 그런 분별조차 머리에 떠오르지 않기 때문에 지푸라기에 매달리는 것이다.

그리하여 관리 나리들도 노즈드료프라는 지푸라기에 매달리기로 했다. 경찰서장이 노즈드료프에게 보낼 파티 초대장을 완성하자마자, 곧바로 장화를 신고 뺨이 불그레한 지역 경찰서장이 칼자루를 한 손으로 누른 채 펄쩍펄쩍 뛰다시피 노즈드료프의 집으로 달려갔다. 그런데 노즈드료프는 아주 중요한 일에 몰두하느라 벌써 나흘째 방에서 한 발짝도 나오지 않고 있었다. 아무도 방에 들어오지 못하게 하고, 식사도 창문으로 받고 있었다. 그렇다 보니 바싹 야위어 얼굴도 창백했다. 그 일이라는 것이 굉장한 집중력을 필요로 했는데, 바로 몇백 장이나 되는 트럼프에서 절대로 지지 않을 둘도 없는 친구처럼 신뢰할 수 있는 한 쌍의 카드를 골라내는 것이었다. 이 일은 적어도 2주는 더 걸릴 것이다. 그동안 폴피리는 전에도 소개했던 마스티프 종(種) 강아지 배꼽을 특제 솔로 털어주고, 하루에 세 번 비누로 씻겨야만 했다. 노즈드료프는 혼자만의 시간을 방해했다며 머리끝까지 화가 나서 지역 서장에게 마구 욕을 퍼부었지만, 서장이 보낸 초대장에 이번 야회에 처음으로 참가하는 사람이 있어서 봉을 잡을지도 모른다고 적혀 있어 곧바로 화를 풀고는 재빨리 방에 자물쇠를 채우고 아무 옷이나 걸쳐 입은 뒤 사람들이 있는 곳으로 찾아왔다. 하지만 노즈드료프의 진술이나 증언, 추리는 관리들의 생각과 정면으로 대립하는 것이어서, 관리들의 머릿속을 더욱 혼란스럽게 만들었다. 도대체가 노즈드료프는 의혹이라는 걸 모르는 위인이었다. 따라서 관리들의 억측 속에서 느껴지는 동요와 두려움에 비례하여 그에게서는 확신과 자신감이 흘러넘쳐 어떤 질문에도 망설임이 없었다. 치치코프가 수천 루블 값어치의 농노를 산 것이 확실하며, 자기 또한 팔아서는 안 될 까닭이 있는 것도 아니었기에 팔았을 뿐이라고 대답했다. 그런데 치치코프는 첩자가 아니냐, 뭔가를 캐내려는 게 아니냐는 질문에는 그놈은 첩자가 확실하다고 대답하는 것이었다. 함께 공부했던 학창시절부터 '고자질쟁이'라고 불렸을 정도라 자신도 친구들과 함께 그놈의 버릇을 고쳐주기 위해 때려준 적이 있는데, 그게 또 너무 심해서 나중에 관자놀이에만 240마리의 거머리를 붙여 피를 빨아내야 했을 정도였다고 대답했다. 그것도 40마리라고 말하려던 것이 200이라는 숫자가 저절로 입 밖으로 튀어나오고 말았다. 치치코프가 위폐범이 아니냐는 질문에 틀림없다고 대답하더니, 말이 나온 김에 그가 얼마나 약삭빠른지 알려주겠다며 다음과 같은 일화를 얘기해 주었다. 치치코프의 집에 200만 루블의 위조지폐가 숨겨져 있다는 걸 알아낸 당국이 집을 봉쇄하고, 문이라는 문마다 보초를 두 명씩 세웠지만, 치치코프는 위조지폐를 하룻밤 사이에 전부 바꿔치는 바람에 다음 날 봉인을 뜯고 조사해서 나온 것은 전부 진짜 지폐였다는 것이다. 다음으로, 과연 치치코프에게 지사의 딸을 납치하려는 의도가 있었는가, 또 노즈드료프 자신도 그에게 힘을 빌려주어 모의에 가담했다는 게 사실인가 묻는 질문에 노즈드료프는 나는 틀림없이 힘을 빌려주었다, 아니, 오히려 내가 없었으면 아무것도 할 수 없었을 것이라고 대답했다. 거기서 노즈드료프는 문득 깨달았다. '나도 참 쓸데없는 거짓말을 늘어났군. 이 말이 엄청난 재앙을 가져다줄지도 모르겠는데.' 하지만 이제 와서 입조심을 한들 행차 뒤의 나팔이다. 아니 애당초 입조심을 한다는 건 어차피 무리한 얘기다. 참으려고 해도 재밌는 이야기가 샘솟듯 솟아나는 걸 어쩌란 말인가? 두 사람이 결혼식을 올릴 예정인 교회가 있는 트루흐마체프카 마을까지 얘기하더니, 더 나아가 주례는 시돌 신부(神父)로 사례비는 75루블을 주기로 했는데, 이것도 곡물상 미하일을 대부대모 사이인 여인과 결혼시킨 것을 (대부와 대모가 결혼하는 것은 큰 죄로 취급했다) 밀고하겠다고 협박해서 얻어낸 결과이며, 거기다 반(半) 포장마차까지 빌려주고 여관마다 갈아탈 말까지 준비해주었다는 얘기까지 나왔다. 노즈드료프의 허풍은 거기서 그치지 않았고 나중에는 마부들의 이름까지 얘기했다.

관리들은 나폴레옹에 대해서도 넌지시 물어봤지만, 이내 후회했다. 그도 그럴 것이 노즈드료프가 마치 기다렸다는 듯이 마구 쏟아낸 허풍은 진실의 그림자는커녕 뭐가 어떻게 된 건지 도무지 알 수 없을 만큼 뒤죽박죽이었기 때문이다. 관리들은 그저 한숨을 쉬면서 자리를 떠나갔다. 오직 한 사람, 서장만이 작은 단서라도 얻을 수 있지 않을까 싶어서 좀 더 귀를 기울이고 있었는데, 결국 그도 두 손 들었다는 듯이 이렇게 중얼거렸다. "도대체 무슨 소린지 원!" 역시 속담에도 있듯이 '아무리 애를 써도 황소한테서 젖을 짤 수는 없다'는 것이 모두가 한결같이 느낀 감상이었다. 이렇게 관리들은 전보다 더 난처한 처지에 빠졌다. 이런저런 고생 끝에 나온 결론은 치치코프의 정체는 자신들로서는 도저히 알 수가 없다는 것이었는데, 또 한 가지 진절머리가 날만큼 깨달은 점이 있었다. 그것은 인간이란 어떤 생물인가 하는 것이었다. 인간은 자신이 아닌 다른 사람에 대한 일이라면 무척이나 지혜롭고 분별력도 있고, 이해가 빨라 곤경에 처한 다른 사람에게 믿을 만한 조언을 들려준다. 그러면 사람들은 이렇게 소리친다. "어쩜 저리도 총명할까! 어쩜 저리도 당당할까!' 그런데 이 똑똑한 사람도 자기가 재난을 당해 곤경에 빠지게 되면 당당한 모습은 어디로 갔는지 그 의젓한 인물은 망연자실하여 그저 초라한 겁쟁이, 보기에도 안쓰러운 연약한 어린애, 심지어는 노즈드료프가 흔히 말하는 바보가 되어버린다.

그런데 어찌된 영문인지 이러한 토론과 의견, 소문으로 제일 큰 충격을 받은 사람은 불쌍하게도 검사였다. 그 충격이 어찌나 컸던지 집으로 돌아가서도 생각에 빠져 있던 검사는 갑자기 이렇다 할 이유도 없이 덜컥 죽어버리고 말았다. 뇌졸중이라도 온 것일까? 아니면 다른 발작이라도 일어난 것일까? 하여튼 앉아 있던 의자에서 갑자기 뒤로 벌렁 나자빠졌던 것이다. 하인들은 이런 때 늘 그렇듯이 두 손을 쥐어 짜면서 "큰일 났다!"고 소리를 지르더니 사혈요법을 받기 위해 서둘러 의사를 부르러 갔지만, 자세히 살펴보니 검사는 이미 혼이 빠져나간 시체가 되어 있었다. 그제야 사람들은 워낙 겸손해서 그렇지, 고인(故人)에게도 혼이란 게 있었다는 것을 깨닫고 안타까워했다. 어쨌든 죽음은 위인이건 평범한 사람이건 할 것 없이 두려운 일이 아닐 수 없다. 얼마 전까지만 해도 걷고, 움직이고, 노름을 하고, 서류에 서명도 하고, 진한 눈썹 아래 왼쪽 눈을 찡긋거리던 사내가 이제는 식탁 위에 누워 있을 뿐(러시아에서는 유해를 식탁에 안치하는 관습이 있다), 이제는 그 왼쪽 눈은 더 이상 움직이질 않는다. 그저 한쪽 눈썹만이 여전히 물어볼 게 있다는 듯 곤두서 있었다. 자신이 왜 죽었는지, 아니 어쩌면 자신은 지금까지 왜 살아왔는지 묻고 있는 것만 같았다. 하지만 그건 하느님만이 알 것이다.

"이게 무슨 어이없는 소리란 말인가! 도무지 말이 안되잖아! 관리들이 스스로 만들어낸 환상에 그토록 겁을 먹고 저런 어리석은 얘기까지 날조해가며 이리도 진실에서 멀어지다니 믿을 수가 없군!" 아마 독자 여러분은 이렇게 얘기하며 이따위 바보 같은 글을 쓴 작가를 비난하거나 저 가엾은 관리들을 바보 취급할 것이다. 그도 그럴 것이 이 '바보'라는 말처럼 사람들이 아무렇게나 쓰는 표현은 또 없을 것이기 때문이다. 사람은 하루에 스무 번 정도 주변 사람들을 아무렇지도 않게 바보라고 부른다. 열에 아홉이 장점이더라도 하나라도 결점이 있다면 바보 취급하기에 충분하다. 독자 여러분은 아래가 훤하게 내려다보이는 높직한 곳에 편안하게 앉아 있는 만큼, 아래쪽 세상에서 벌어지는 일들을 쉽게 판단할 수 있지만, 실제 당사자들은 눈앞에 있는 것밖에 보이지 않는 법이다.

인류의 역사에서 하찮은 일이라고 말살 당하고 삭제되어버린 세기도 적지 않다. 이 세상에서는 이제 어린아이도 저지르지 않을 잘못이 수없이 되풀이되어 왔다. 끊임없이 진리에 도달하려고 노력하는 인류는 어째서 구불구불하고, 스산하고, 좁고, 장애물도 많고, 멀리 돌아가는 길을 선택한 것일까? 인류 앞에는 궁전이 될 화려한 성으로 가는 길을 닮은 탄탄한 대로가 쭉 뻗어 있는데 말이다! 그 길은 다른 길보다 훨씬 넓고 화려하며, 햇빛을 받아 반짝반짝 빛나고, 밤에는 수많은 등불이 길을 밝혀준다. 하지만 인류는 그 길을 피해 칠흑 같은 어둠 속을 걸어왔다. 하늘이 내려주신 이성(理性)의 인도에 따르고 있을 때도 사람은 몇 번이고 일부러 올바른 길에서 벗어나 엉뚱한 길로 찾아든다. 일부러 훤한 대낮에 마을에서 멀리 떨어진 덤불 속으로 들어가기도 하고, 또 일부러 서로의 눈을 속이고, 또 일부러 늪의 도깨비불을 따라가다 도착한 곳은 낭떠러지 끝. 결국 공포에 질려, 어디로 가야 하지, 길은 어디야 서로에게 몇 번을 물어보았던가. 오늘날의 인류는 이러한 사실을 전부 알고 있다. 그렇기에 그러한 조상의 잘못에 놀라고, 어리석음을 비웃지만 그러한 인류의 역사가 실은 하늘의 성화(聖火)에 의해 기록되었다는 것도, 역사에 쓰인 한 글자 한 글자가 소리 높여 외치고 있다는 것도 모르고 있다. 현대의 인간들은 그저 웃고 있을 뿐이다. 그 현대인들 역시 언젠가는 후손들에게 웃음거리가 될 새로운 잘못을 저지르고 있는 것이다.

치치코프는 이런 일이 벌어지고 있는 줄은 꿈에도 모르고 있었다. 때마침 그는 일부러 걸리기라도 한 것처럼 가벼운 감기에 걸려 있었다. 잇몸이 심하게 붓고 목에는 가벼운 염증도 있었다. 이러한 병이 널리 퍼진 것은 우리 러시아 지방도시의 기후가 병을 마구 퍼뜨리고 다니기 때문이다. 이러다가 자식도 남기지 못하고 아까운 인생을 마치게 될지도 모른다고 생각한 치치코프는 사흘 내내 방 안에 틀어박혀 있기로 마음먹었다. 그동안 치치코프는 무화과가 들어간 우유로 쉴 새 없이 목을 행군 다음 그 무화과를 먹고, 개꽃과 장뇌(樟腦)를 넣은 작은 주머니를 한쪽 뺨에 대고 있었다. 그러는 동안 시간을 낭비하고 싶지 않았던 치치코프는 새로 사들인 농노에 대한 상세한 표(表)를 몇 장 만들기도 하고, 트렁크에서 나온 몇 권째인지 모를 《라바리엘 공작부인》(프랑스 여류작가 / 장리스의 장편소설)을 끝까지 읽고, 가방 속 잡동사니와 메모지를 점검하고, 몇 번인가 메모지를 다시 읽기도 했지만 이윽고 그 일에도 지치고 말았다. 그보다 한 번쯤은 관리들이 병문안을 와줄 만한데도 누구 하나 보이지 않으니 어찌 된 영문인지? 도무지 이해가 되질 않았다. 얼마 전까지만 해도 여관 앞에는 항상 마차가 서 있고, 우체국장이나 검사, 법원장을 맞이하느라 정신이 없었는데 말이다. 치치코프는 방 안을 왔다갔다 거닐면서 그저 어깨를 으쓱할 따름이었다. 그러는 동안 점차 기분이 나아져서 이 정도면 바깥의 신선한 공기를 마셔도 괜찮겠다는 생각이 들었을 때, 치치코프는 마음이 여간 흐뭇한 것이 아니었다. 치치코프는 지체하지 않고 곧바로 외출준비에 나섰다. 먼저 가방을 열고 컵에 뜨거운 물을 한 잔 가득 부은 뒤 솔과 비누를 꺼내 수염을 깎았다. 그런데 사실은 이건 오래전에 해뒀어야 할 일이었다.

그것은 치치코프가 한 손으로 턱을 어루만지며 거울을 들여다보기가 무섭게 "세상에 이거 완전히 숲에서 길을 잃게 생겼잖아!" 이렇게 소리친 사실에서도 알 수 있다. 그렇다고 숲처럼 무성하지는 않았지만 양쪽 뺨과 턱에는 상당히 짙은 수염이 보리 새싹처럼 자라나 있었다. 면도를 끝내고 옷을 챙겨 입었는데, 어찌나 서둘렀던지 하마터면 바지가 흘러내릴 뻔했다. 마침내 외출준비를 마치고 오드콜로뉴를 뿌린 치치코프는 따뜻하게 외투로 몸을 감싸고 만약을 위해 뺨에 찜질주머니를 댄 채 밖으로 나갔다. 병석에서 막 일어난 사람이라면 누구나 그렇겠지만, 밖으로 나온 치치코프는 마치 잔치자리에 온 것처럼 마음이 들떴다. 집들도, 지나가는 농부들도, 눈앞에 보이는 모든 것들이 웃는 얼굴로 자신을 반겨주는 것만 같았다. 하지만 농부들은 사실 매우 심각한 얼굴을 하고 있었고 한 농부는 조금 전에 친구의 따귀를 한 대 후려치고 오는 길이었다. 어쨌든 치치코프는 가장 먼저 지사의 집을 방문할 생각이었다. 길을 가면서도 온갖 상념이 마음속에 떠올랐고, 금발소녀의 모습이 자꾸만 아른거리면서 짓궂은 상상까지 떠올렸다. 혼자 걸어가면서 치치코프는 벌써 농담을 하고 자신을 놀려보기도 했다. 그런 기분으로 치치코프는 어느 틈에 지사의 집 현관 앞에 도착했다. 현관에 들어서면서 서둘러 외투를 벗던 치치코프에게 문지기가 말했다.

"나리를 들여보내지 말라는 분부가 있었습니다!" 너무나도 뜻밖이었던 문지기의 말에 치치코프는 소스라치게 놀랐다.

"뭐라고! 자, 자네는 내가 누군지 모르는 모양이로군. 내 얼굴을 좀 더 자세히 보게!" 치치코프는 문지기를 보고 말했다.

"몰라보다니요, 한두 번 뵌 분도 아닌 걸요." 문지기가 말했다. "바로 나리이시기에 들일 수가 없다는 겁니다. 다른 분이라면 누가 찾아오셔도 상관없습니다."

"이거 놀랍군! 어째서지? 대체 뭣 때문에!"

"전 그저 그렇게 명령받았을 뿐입니다. 그런 명령이 주어졌으니 뭔가 이유가 있지 않겠습니까?" 그러더니 문지기는 "그렇고말고요." 이렇게 한 마디 덧붙였을 뿐, 전처럼 서둘러 외투를 벗겨주던 싹싹한 태도는 조금도 보이지 않은 채, 아주 쌀쌀맞은 표정으로 떡하니 버티고 서 있을 따름이었다. 마치 손님의 얼굴을 뚫어져라 쳐다보면서 '흥! 주인어른께서 집 앞에 얼씬도 못하게 하신 걸 보면, 네놈도 별 볼일 없는 놈인가 보군!' 이렇게 생각하고 있는 것 같았다.

'참 영문을 알 수가 없구먼!' 치치코프는 그 길로 법원장을 찾아가보았지만 그는 치치코프의 얼굴을 보자마자 몹시 당황하더니 앞뒤가 맞지 않는 소리만 늘어놔서 서로 어색해지기만 했다. 대체 무슨 얘기를 했던 걸까? 법원장이 말하고자 했던 건 대체 무엇이었을까? 치치코프는 법원장의 집에서 나와 그가 했던 얘기를 이해해보려고 애를 썼지만 아무것도 알아낼 수가 없었다. 이어서 경찰서장에 부지사, 우체국장도 만나봤지만 모두 그를 쫓아냈고, 어쩌다 만나주더라도 거북한 태도로 대했을 뿐, 당황해하며 알아듣지도 못할 이상한 얘기만 늘어놓으니 치치코프로선 이 사람들이 제정신인지 의심스러울 지경이었다. 하지만 치치코프는 사람들이 이러는 까닭만이라도 알아보고자 몇몇 관리들을 더 찾아가보았지만 아무것도 알아낼 수 없었다. 치치코프는 마치 꿈이라도 꾸는 듯한 기분으로 정처 없이 거리를 헤맸다. 내가 미친 걸까? 관리들이 미친 걸까? 아니면 이 모든 게 꿈은 아닐까? 이런 판단조차 제대로 내리지 못했다. 그렇게 매우 늦은 시간, 땅거미가 질 무렵이 되어서야 경쾌한 마음으로 여관을 나섰던 치치코프는 매우 우울한 모습으로 돌아와 차를 내오라고 일렀다. 자신이 처한 기묘한 입장에 대해서 멍하니 생각을 더듬으며 차를 따르고 있을 무렵, 갑자기 방문이 열리더니 생각지도 못한 손님, 노즈드료프가 불쑥 나타났다.

"옛말에 이런 게 있지. 친구가 보고파서 오는 길은 7베르스타(옛 러시아의 단위, 1베르스타=1.069㎞)도 한달음이다." 노즈드료프가 모자를 벗으면서 말했다. "마침 이 앞을 지나는데 방에 불이 켜져 있지 뭔가. 그래서 생각했다네. '어디 한 번 저놈이나 만나볼까? 벌써 잠든 건 아니겠지?' 하하하! 이거 훌륭한걸, 벌써 차를 내놓다니 말이야. 고맙게 한 잔 받겠네. 점심 때 아무거나 마구 주워 먹은 탓에 위(胃) 녀석이 반란을 일으킨 것 같아서 말이야. 그런데 담배 좀 피울 수 없겠나? 파이프는 어디에 있나?"

"난 파이프 담배는 피우지 않네." 치치코프는 쌀쌀하게 대답했다.

"거짓말 말게. 자네가 태우는 담배만 즐긴다는 걸 내가 모를 것 같나. 이보게! 그러니까…… 자네 하인 이름이 뭐라고 했지? 이보게, 바흐라메이, 잠깐 와보게!"

"바흐라메이가 아니라 페트루슈카네."

"아 참 그렇지! 바흐라메이는 데레빈 집에 있는 녀석이로군그래. 그 데레빈 녀석한테 호박이 넝쿨 채로 굴러들어왔다네. 놈의 백모(伯母)가 아들이 농노의 딸과 결혼하겠다고 하는 바람에 한 바탕 싸우더니 전 재산을 데레빈 녀석한테 준다는 유언장을 썼지 뭔가. 나한테도 이렇게 사촌을 위해주는 백모님이 계셨으면 좋겠어! 그건 그렇고 이보게, 자네 얼굴 못 본 지 한참이나 됐어. 아무리 자네가 학문적인 일을 하고 독서를 즐긴다지만 왜 얼굴을 내밀지 않나? (노즈드료프가 어떤 연유에서 우리 주인공이 학문적인 일을 하고 독서를 즐긴다고 생각한 건지 작가조차 알 수가 없으니 치치코프는 오죽하겠는가?) 그렇지 이보게 치치코프, 자네한테 보여주고 싶은 게 있었다네……. 그걸 봤다면 풍자적인 재능을 가진 자네에게 좋은 소재거리가 되었을 걸세. (어째서 치치코프에게 풍자적인 재능이 있다는 건지 통 영문 모를 소리였다) 실은 말일세, 지난번에 리하쵸프라는 장사꾼의 집에서 노름을 했다네. 그땐 정말이지 배꼽이 빠지는 줄 알았네! 나와 함께였던 페레펜데프란 놈이 '치치코프 녀석이 여기 있었다면 아주 독무대였을 텐데 말이야!' 이런 소리를 해댔다네. (치치코프는 태어나서 지금까지 페레펜데프라는 사내를 본 적도 없었다) 그야 그렇겠지. 이보게, 그때 나한테 비겁하기 짝이 없는 속임수를 쓰지 않았나? 뭐? 잘 생각해보게, 둘이서 체스를 뒀을 때 말이네. 그건 내가 빤히 이길 승부였어……. 그건 정말이지 나를 감쪽같이 속아 넘겼더군. 하지만 이 몸께서는 누구한테 화를 내는 성질이 아니라서 말이네. 지난번에 법원장과…… 아, 그렇지, 그렇지! 이건 꼭 자네한테 들려줘야겠군. 지금 마을 놈들은 모두 자네의 적이라네. 자네를 위폐범이라고 생각하고 있어. 그 덕분에 나한테도 질문세례가 쏟아졌지만, 내가 누군가? 끝까지 자네 편을 들어줬지. 자네와는 학교도 같이 나오고, 아버지와도 잘 아는 사이라고 했다네. 뭐, 놈들을 오리무중으로 만들어놨으니 이제 아무 걱정할 것 없네."

"내가 위폐범이라니?" 치치코프는 의자에서 벌떡 일어나 소리를 질렀다.

"그보다 자네는 어째서 그 친구들을 그리 벌벌 떨게 만들었나?" 노즈드료프는 이야기를 계속했다. "어찌된 영문인지는 모르겠지만, 벌벌 떨던 놈들이 머리가 어떻게 됐는지 자네더러 강도라느니, 스파이라느니 하고 있더군…….

검사는 충격을 받고 죽어버렸다네. 장례식은 내일이라고 하더군. 자네도 참석할 건가? 사실은 말이네, 놈들이 무서워하는 것은 새로 부임해올 총독이라네. 자네 때문에 뭐라도 벌을 받게 되지는 않을까 싶어서 말이네. 내 생각에 총독이 혼자 잘난 체하고 뻐기기만 한다면 귀족들 상대로 아무 일도 할 수 없을 걸세. 귀족들은 아양 떠는 것만 좋아하거든. 안 그런가? 물론 총독이 서재에 처박혀 있던, 무도회를 한 번도 열지 않던 그건 총독 놈 마음이지. 하지만 그러면 어떻게 될 거라고 생각하나? 아무것도 얻는 게 없단 말일세. 그건 그렇고, 이보게 치치코프, 자네 용케도 그런 계획을 짰군그래."

"그건 또 무슨 소린가?" 치치코프는 조마조마해하면서 물었다.

"무슨 소리긴, 지사의 딸 납치사건 말이네. 사실 난 자네가 그런 짓을 저지를 거라고 예상하고 있었다네. 그렇다마다! 무도회장에서 둘이 함께 있는 모습을 보고 바로 알아챘지. 오호, 저 친구가 뭔가 꾸미고 있군그래……. 하지만 말이야, 내가 봤을 때 그 계집은 아닐세. 대체 그 계집의 어디가 좋다는 건가? 좋은 계집이라면 비쿠소프 녀석의 친척이지. 그놈 여동생의 딸인데, 엄청난 미인이라네. 그야말로 최고의 미녀야, 미녀!"

"대체 그게 무슨 소린가? 내가 지사의 딸을 납치하다니! 그건 또 무슨 소리란 말인가?"

"어허, 됐네. 뭘 그리 숨기려고 그러나! 솔직히 말하자면 나도 그 때문에 찾아왔다네. 자네만 허락한다면 내 기꺼이 돕겠네. 아니, 사양할 것 없네. 내가 결혼식 증인도 되어주고, 마차와 말까지 내주겠네……만, 조건이 하나 있네. 그게 그러니까…… 3천 루블만 빌려주게. 부탁이네, 친구! 그 돈이 꼭 필요하네!"

노즈드료프가 이렇게 주절주절 늘어놓는 사이, 치치코프는 이 모든 것들이 전부 꿈은 아닐까 확인하기 위해 몇 번이고 눈을 비볐다. 위폐범에 지사의 딸 납치사건, 자신 때문에 죽은 것으로 되어 있는 검사의 돌연사, 새로 부임한 총독까지…… 치치코프는 간담이 적잖이 서늘해졌다. '가만 있자, 일이 이렇게 되었다면, 더 이상 여기서 우물거리고 있어선 안 되겠는 걸. 한시라도 빨리 여길 떠나야겠어.'

치치코프는 노즈드료프를 다그치듯이 몰아내고는 세리판을 불러 내일 아침 여섯 시에 출발할 수 있도록 모든 마차 손질을 마치고, 중요한 것들을 빠짐없이 챙긴 다음, 바퀴에 기름을 둘러두라 시켰다. "잘 알겠습니다, 파벨 이바노비치 님!" 그렇게 대답하긴 했지만 세리판은 그대로 문 앞에서 버티고 서서 떠나가질 않았다. 하지만 치치코프는 그런 세리판을 내버려둔 채 페르투슈카를 불러서 먼지가 많이 쌓인 트렁크를 침대 밑에서 끌어내 양말에 셔츠, 빨아둔 속옷과 안 빤 속옷, 장화 목형, 달력 같은 것들을 마구 집어넣었다. 그야말로 손에 잡히는 대로 트렁크로 쓸어 담았는데, 다음날 늦거나 하는 일이 없도록 초저녁부터 미리 준비해두고 싶었기 때문이었다. 세리판은 2분 정도 문 앞에 서 있다가 천천히 밖으로 걸어 나갔다. 느리게, 그보다 더 느린 것을 상상할 수조차 없을 정도로 느리게, 닳아빠진 계단에 젖은 장화 자국을 남기며 계단 아래로 내려가면서도 그는 또다시 목덜미를 벅벅 긁고 있었다. 왜 목덜미를 긁었던 걸까? 이러한 행동이 무엇을 나타내는 걸까? 내일 두터운 가죽벨트를 맨 짝패와 어느 국영 술집에서 만나기로 했던 약속이 허탕이 되어 화가 나서 그러는 걸까? 아니면 이 새로운 마을에 좋아하는 여인이라도 생겨서 매일 밤, 거리에 어둠이 드리울 때면 붉은 셔츠를 입은 젊은 사내가 저택의 하인들 앞에서 발랄라이카를 연주하고, 일과를 끝마친 사람들이 서로 나직하게 이야기를 주고받을 때, 늘 입구에서 즐기던 밀회와 슬쩍 잡아보던 그녀의 하얀 손이 오늘로 마지막이라서? 아니면 단순히 하인들 전용 부엌에 놓인 벽난로 곁에서 가죽외투를 덮고 지냈던 따스한 잠자리, 그리고 도시 특유의 부드러운 피로시키를 곁들인 양배추 수프와 작별하고 비와 진창길을 헤치며 계속 여행을 해야 해서? 그건 하느님만이 아실 것이다. 러시아 사람이 목덜미를 벅벅 긁는 데에는 실로 많은 의미가 있기 때문이다.

11

하지만 어느 것 하나 치치코프의 뜻대로 되지 않았다. 우선 치치코프는 생각보다 늦게 일어났다. 그것이 첫 번째 재난이었다. 치치코프는 자리에서 곧바로 일어나 마차에 말을 비끄러맸는지, 떠날 채비는 모두 끝마쳤는지 확인했다. 하지만 마차에는 말이 매어져 있지 않았고, 떠날 채비는 전혀 되어있지 않았다. 이것이 두 번째 재난이었다. 몹시 화가 난 치치코프는 우리의 친구 세리판에게, 그야말로 한 방 먹여줄 생각이었지만, 대체 그놈이 어떤 변명을 늘어놓을지 궁금해져서 초조하게 세리판이 오기만을 기다렸다. 하지만 얼마 지나지 않아 나타난 세리판은 주인어른들이 서둘러 출발할 때면 하인들이 으레 늘어놓은 변명을 듬뿍 맛보여줬다.

"하지만 나리, 말에 편자를 다시 박아야만 하는뎁쇼."

"뭐라고? 이 게으름뱅이에 머저리 같은 녀석! 왜 그렇다고 미리 얘기하지 않았느냔 말이다. 말할 틈이 없었다고는 말 못하겠지?"

"그럴 틈이야, 저어, 있었습죠……. 그리고 차바퀴 말입니다, 어르신, 저것도 쇠틀을 꽉 조여야만 합니다. 가야 할 길들이 다 울퉁불퉁하고 여기저기에 구멍이 나 있어서 언제 내던져질지 모르니까요……. 그리고 한 가지 더 덧붙이자면 마차 앞쪽이 말 그대로 덜덜거려서, 이대로라면 두 정거장도 가기 어려울 겁니다."

"이 악당 같으니!" 치치코프는 두 팔을 들어 올려 이렇게 소리치더니 성큼성큼 세리판의 앞으로 다가왔다. 세리판은 주인나리한테서 엉뚱한 선물을 받게 되지는 않을까 겁을 먹고 두세 걸음 뒤로 물러서서 다른 쪽을 쳐다봤다.

"날 죽일 셈이냐, 엉? 나를 죽이려고 그러는 거냔 말이다! 길가에서 날 죽이려는 거지? 이 악당! 빌어먹을 게으름뱅이! 바다거북 같으니! 대체 뭐냔 말이다! 여기서 3주나 있었어. 그렇지? 그렇다면 한 마디 정도는 해줬어야 할 것 아니냐, 이 색골 녀석아! 이렇게 떠날 때가 다 돼서 사람을 놀려? 갈 준비를 마치고, 자아 탑시다, 자아 갑시다, 이러고 있어야 할 판에! 엉? 이러고 있게 만드느냔 말이다. 네놈은 다 알고 있었지? 그렇지? 어때, 대답해보란 말이다. 알고 있었지? 엉?"

"알고 있었습죠." 세리판은 고개를 축 늘어뜨리며 대답했다.

"그럼 왜 그때 얘기하지 않았지?"

이 물음에 대해 세리판은 한 마디도 대답하지 못했다. 그렇게 고개를 축 늘어뜨린 모습은 어쩐지 자기 스스로에게 '꼴좋다, 일이 엄청나게 되어버렸잖아. 그러게 알면서도 왜 얘기를 안 해?' 이렇게 묻고 있는 것 같았다.

"좋아, 그럼 한달음에 달려가서 대장장이를 데려오도록 해. 그래가지고 두 시간 안에 전부 끝마치도록 하란 말이다, 알겠나? 두 시간이다. 만약 그러지 못하면 그때는 내가 네놈의, 네놈의…… 주리를 틀어버릴 테니 그리 알아!"

세리판은 명령을 수행하고자 문 밖으로 나가다 말고, 문득 걸음을 멈추더니 이렇게 말했다. "그런데 나리, 얼룩이 놈을 팔아치우든지 해야겠습니다요. 그놈은 말입니다, 아주 악당이에요, 악당. 제발 그놈의 말을 다시 안 보게 되었으면 좋겠어요. 거추장스럽기만 하고 아주 쓸모가 없단 말입니다."

"뭐라고? 그럼 나보고 지금 당장 그 녀석을 내다 팔라는 말이냐?"

"그럼요, 거짓말이 아닙니다, 파벨 이바노비치 님. 겉보기에는 멀쩡해 보이지만 여간 내숭스러운 놈이 아닙니다. 저런 놈은 어딜 가도 없을 겁니다……."

"이 멍청아, 그럴 마음이 들면 어련히 팔 거다! 그리고 언제까지 쓸데없는 소리만 늘어놓고 있을 거냐! 잘 들어라, 지금부터 쭉 지켜볼 거다. 당장 대장장이를 불러다가 두 시간 안에 모두 끝마치지 못한다면 네놈을 흠씬 두들겨패서…… 얼굴도 못 알아보게 해주겠다! 냉큼 가서 불러오지 못할까! 썩 꺼지란 말이다!"

세리판은 밖으로 나가버렸다.

매우 화가 난 치치코프는 적당히 상대방을 위협하기 위해서 치치코프가 항상 갖고 다니던 단도를 바닥에 내던졌다. 대장장이와의 흥정은 15분 넘게 실랑이를 벌인 끝에 마무리되었다. 이것도 따지고 보면 대장장이라는 놈들이 하나 같이 지독한 악당이기 때문인데, 놈들은 급한 일이 들어오면 곧바로 삯을 여섯 배나 부풀린다. 치치코프는 펄펄 날뛰며 대장장이에게 사기꾼에 날강도라고 욕을 퍼붓고 하느님께서 무시무시한 심판을 내릴 것이라고 했지만, 총자루를 쥔 놈이 이기는 법이라고, 값을 깎기는커녕 두 시간에 끝낼 일을 다섯 시간 반이나 걸리게 하고 말았다.

어쨌든 그렇게 맡긴 작업이 이루어지는 동안 치치코프는 여행자라면 누구나 경험해봤을 출발을 앞둔 여유로운 한때를 만끽하고 있었다. 가져온 짐들은 모두 트렁크에 실었고, 바닥에는 노끈이나, 종잇조각 같은 잡동사니 쓰레기만 남아 있었다. 하지만 바로 길을 떠날 것도 아니었고, 그렇다고 가만히 앉아 있을 형편도 아니었기에 창가에 멍하니 서서 지나가는 사람을 바라보았다. 그 사람은 두 푼을 걸었다가 세 푼을 잃었다는 얘기를 하며 어슬렁어슬렁 지나가다 호기심 가득한 얼빠진 표정으로 힐끗 이쪽을 바라보더니 다시 제 갈 길을 걸어갔다. 그런데 이게 또 길을 떠나고 싶어도 떠나지 못하는 가엾은 나그네의 마음을 더욱 불쾌하게 만들었다.

온통 못마땅해 보이는 것 투성이였다. 눈앞에 보이는 모든 것들이 거슬렸다. 반대편에 있는 조그만 가게며, 짧은 커튼이 달린 창문으로 보이는 맞은편 집의 할머니의 얼굴을 볼 때마다 울화가 치밀었지만 창가를 떠날 수가 없었다. 그는 망연자실한 표정으로 멍하니 앞을 바라보았다. 그렇게 선 채, 잉잉거리며 유리창에 부딪치고 있는 파리를 무심코 손가락으로 눌러 죽이기도 했다.

그러나 모든 일에는 끝이 있는 법이어서 간절히 기다리던 순간이 마침내 찾아왔다. 모든 준비가 끝났다. 마차 앞쪽도 고쳤고, 바퀴에는 새 쇠틀이 끼워졌으며, 말들도 마구간에서 끌려나왔다. 날강도 같은 대장장이들은 삯으로 받은 1루블 은화를 몇 번이고 세어보더니 편안한 여행되시라며 인사와 함께 떠나가 버렸다. 말들이 마차에 매어지고, 갓 구운 따끈한 콜라치(헝가리 빵의 한 종류) 두 개도 실었다. 세리판은 자기자리에 달아둔 주머니에 자신이 먹을 음식 몇 가지를 집어넣었고, 이제 끝으로 우리 주인공이 언제나처럼 솜을 덧댄 프록코트 차림으로 모자를 흔들며 마중하는 종업원과 자기들과는 아무 인연도 없는 나리를 마중하려고 연신 하품을 하며 모여든 하인과 마부들을 바라보며 마차에 올랐다. 독신자들이 으레 타고 다닌다는 그 마차, 이제는 너무 오래 머물러서 독자 여러분께서 염증을 일으켰을지도 모를 그 마차가 드디어 여관 밖으로 나왔다. '휴우, 살았군, 살았어.' 치치코프는 이렇게 생각하며 성호를 그었다. 세리판이 채찍을 내리치자, 잠깐 동안 발판에 매달려 있던 페트루슈카도 세리판의 옆으로 와서 앉았다. 우리 주인공도 조지아 산(産) 펠트 위에 점잖게 걸터앉으면서 가죽쿠션을 등에 대려다 그만 갓 구운 콜라치 빵을 찌부러뜨리고 말았다. 그러는 사이 마차는 또다시 뛰어오르며 춤을 추기 시작했는데, 독자 여러분께서도 익히 알고 있을 저 탄력적인 포장도로의 짓이었다. 치치코프는 뭐라 표현할 수 없는 감정을 안고 춤을 추듯 천천히 지나쳐 저 멀리 사라져가는 집과 벽, 울타리, 길을 바라보았다. 언제쯤 다시 이 풍경을 볼 수 있을지는 하느님만이 아시리라.

한길로 나가는 골목길에서 마차가 오도 가도 못하고 멈춰 섰다. 장사진을 이룬 장례식 행렬이 통과 중이었던 탓이다. 치치코프는 마차 밖으로 몸을 내밀고 페트루슈카에게 누구의 장례식인지 알아보게 했고 검사의 장례식이라는 얘기를 들었다. 뭐라 말할 수 없는 불쾌한 느낌에 사로잡힌 치치코프는 재빨리 마차 구석에 몸을 숨기고 무릎덮개를 뒤집어쓴 다음 커튼을 쳤다. 이렇게 마차가 멈춰서 있는 동안, 셀리판과 페트루슈카는 공손히 모자를 벗고 장례식 행렬에 참석한 사람들이 어떤 모습이고 어떤 옷을 입었고 어떤 마차를 탔는지 자세히 관찰하고, 걸어가는 사람은 몇이고 마차에 탄 사람은 몇인지 사람 수까지 헤아렸다. 치치코프는 친한 하인들이 보이더라도 모르쇠 잡고, 절대 인사하지 말라 이르고는 자신도 커튼에 달린 작은 유리창으로 조심스레 밖을 내다봤다. 관(棺)을 따라 모자를 벗은 관리들이 걸어가고 있었다. 치치코프는 자신이 탄 마차를 관리들이 알아보지는 않을까 겁을 냈지만 아무도 그가 탄 마차를 눈여겨보지 않았다. 사람들은 흔히 장례식장에서 주고받는 세상 이야기조차 나누고 있지 않았다. 그 순간에도 관리들은 모두 자기 생각에만 빠져 있었다. 새로 부임한 지방총독은 어떤 위인일까? 앞으로 어떻게 일을 처리하실까? 우리는 어떻게 될까? 정신없이 이런 생각들을 하고 있었던 것이다. 걸어가는 관리들 뒤로 마차 몇 대가 뒤따르고 있었는데, 안에는 장례식용 보닛을 쓴 여인들의 모습이 보였다. 입모양과 손짓으로 미루어보아 열심히 이야기를 주고받고 있는 것이 분명했는데, 어쩌면 이 여인들도 새로 부임해온 지방총독이 어떤 무도회를 열지 예상하고 있거나, 레이스나 아플리케 이야기에 푹 빠져 있었을 것이다. 여인들이 탄 마차를 따라서 빈 마차 몇 대가 지나가자 그것을 마지막으로 행렬은 끝이 났고, 우리 주인공은 계속 길을 갈 수 있게 되었다. 치치코프는 가죽커튼을 걷어 올리고 안도의 한숨을 몰아쉬며 자신의 속마음이 담긴 말을 내뱉었다.

"그래, 그렇단 말이지! 그 검사가! 살아서 이것저것 하다가! 이렇게 죽어버렸단 말이로군! 신문은 기다렸다는 듯이 그의 부하들과 시민들이 슬퍼하는 가운데 하늘나라로 떠난 고인은 존경받아 마땅한 시민이요, 보기 드문 훌륭한 아버지였으며, 모범적인 남편이었다니 어쩌니 하면서 너절한 소리를 써대겠지. 아니, 어쩌면 눈물짓는 미망인과 어린 자식들 앞에서 땅에 묻혔다는 쓸데없는 얘기까지 쓸지도 몰라. 하지만 아무리 잘 생각해봐도 떠오르는 건 진한 눈썹 밖에 없는데 말이야."

이렇게 혼잣말을 내뱉은 치치코프는 셀리판에게 더 빨리 가자고 명령을 내리며 생각했다. '하지만 장례식 행렬을 만나다니 운이 좋군. 죽은 사람을

보면 뒤에 좋은 일이 생긴다고 하던데.'

그러는 사이에도 마차는 점점 인적이 드문 거리로 접어들었고, 교외가 가깝다는 것을 알려주는 긴 나무울타리가 이어진 곳까지 오게 되었다. 얼마 지나지 않아 자갈길도 끝이 나고 관문과 마을도 저편으로 사라져 뒤로는 아무것도 보이질 않게 된다. 이로서 그들은 다시 여행자가 되었다. 길 양쪽으로 푯말과 역장, 우물, 짐마차 행렬이 꼬리에 꼬리를 물고 이어졌다. 잿빛 마을을 지나갈 무렵에는 사모바르와 농갓집 아낙들, 귀리를 한 아름 안고 곳간에서 나오는 텁석부리 여관주인이 보였다. 8백 베르스타도 넘게 걸어왔다는 짚신 신은 나그네를 만나기도 했고, 다 쓰러져가는 마을의 작은 상점에는 밀가루 통, 짚신, 컬라치 그 밖에 갖가지 물건들이 늘어서 있기도 했다. 얼룩덜룩하게 칠해놓은 관문의 가로대, 수리 중인 다리, 양옆으로 펼쳐진 넓은 평야, 지주들이 타고 다니는 구식 여행마차, 'XX포병대대'라고 적힌 녹색 포탄 상자를 수송 중인 승마부대, 초록빛과 노란빛으로 물든 평야, 막 가래질을 해둔 시커먼 밭고랑, 멀리서 들려오는 노랫가락, 안개 속에 흐릿하게 보이는 나뭇가지, 희미한 종소리, 파리떼처럼 보이는 까마귀들, 끝없이 펼쳐진 저 지평선……

러시아여! 러시아여! 나에게는 지금 그대가 보이노라. 나는 비록 멀리 떨어진 아름다운 낙원(이탈리아. 고골은 1837년에서 1841년까지 로마에서 이 글을 썼다)에 있지만 나에게는 지금 그대가 보이노라. 참으로 초라하고 난잡하고 부산스럽구나. 눈을 즐겁게 해주고 깜짝 놀라게 할 자연의 분방한 기적도 없고, 그것을 꾸밀 예술의 분방한 기적도 없도다. 많은 창문이 달린 높은 돌탑을 바위산처럼 쌓아올린 도시도 없으며, 쩌렁쩌렁한 소리를 내며 떨어지는 폭포수의 물안개를 맞으며 그림처럼 서 있는 나무들도 없고, 넝쿨에 휘감긴 집들도 없도다. 머리 위로 끝없이 솟아오른 큰 바위를 고개 들고 우러러보는 일도 없고, 포도나 담쟁이넝쿨, 몇백만 송이인지 셀 수조차 없을 많은 들장미로 뒤덮인 아치 문 사이로 은빛 하늘에 떠있는 빛나는 산줄기의 유구한 모습을 바라보는 일도 없도다. 그대에게 있는 것들은 모두 가없이 넓고 평탄하도다. 그대의 등에 달린 납작한 마을은 눈에 띄지도 않는 작은 점처럼, 기호처럼, 넓은 평원에 돋아난 돌기에 지나지 않는구나. 눈길과 마음을 빼앗을 것이라곤 무엇 하나 없구나. 그렇다면 여기 나의 마음을 빼앗은 그대의 불가사의하고도 오묘한 힘은 대체 무어란 말이냐? 어찌하여 그대의 수심(愁心)어린 노랫가락이 이리도 오래, 이리도 먼 바다로 전해져 와서 나의 귓가에 끊임없이 울려 퍼진단 말인가. 이 속에, 이 노랫가락 속에 든 것은 대체 무어란 말이냐? 무엇이 나를 부르고, 흐느끼게 하고, 이토록 애끓게 하느냐? 구슬프게 나를 어루만지며 영혼 속으로 파고들어와 심장을 휘감는 이것은 대체 무어란 말이냐? 러시아여! 그대는 내게서 무엇을 바라는가? 그대와 나 사이에 신비한 인연이라도 맺어져 있기라도 하단 말인가? 어찌하여 그대는 이토록 뚫어져라 나를 바라보는가? 그대 안에 있는 모든 것이 어찌하여 그토록 기대에 찬 눈길로 나를 바라본단 말이냐…… 그뿐만이 아니다. 내가 생각에 빠져 꼼짝도 하지 못하고 있을 때, 당장에라도 비바람이 몰아칠 듯한 새까만 먹구름이 머리 위로 그림자를 드리웠다. 그대의 넓디넓은 품안에서 나의 사고는 마비되어 버렸다. 이 무한한 존재는 무엇을 예언하는가? 그대가 가없이 넓은 존재라면 그대 속에 서 있는 나에게 무한한 사고가 생겨나지는 않을까? 그 힘차고 넓은 품으로 나를 꼭 끌어안아 무시무시한 힘을 가지고 내 영혼의 깊은 곳으로 침투해오는구나. 내 두 눈이 초자연적인 힘으로 빛나고 있도다. 아아, 이 얼마나 영광스럽고 신비로운 미지의 벽지(僻地)란 말인가! 러시아여! ……

"멈춰! 멈추라니까, 이 머저리야!" 치치코프가 세리판에게 소리쳤다.

"이놈아, 내 칼에 목이 달아나고 싶으냐!" 반대편에서 급히 마차를 몰고 오던 70센티미터나 되는 수염을 기른 전령병이 고함을 질렀다. "두 눈 부릅뜨고 잘 보란 말이다, 멍청아! 귀족나리의 마차시다!" 삼두마차는 먼지와 요란스러운 소음을 내며 사라져버렸다.

여로(旅路)! 이 말에는 사람의 마음을 빼앗는 기이하고도 신비한 울림이 있다. 얼마나 멋진가! 맑게 갠 하늘, 낙엽, 쌀쌀한 바깥 공기…… 여행용 외투를 단단히 여미고 모자를 깊숙이 눌러쓰고 마차 구석에 바짝 몸을 웅크린다. 마지막 오한이 부르르 온몸을 훑고 지나가면 이제는 따뜻한 훈기가 몸을 덥히고, 말들은 계속해서 달려간다……. 수마(睡魔)란 놈의 유혹은 또 어찌나 달콤한지 눈꺼풀이 저절로 감기더니 '흰 눈이 아니었기에(_{일반적으로 군가에 속하는 러시아 민요})' 어쩌고 하는 노랫가락도, 말들의 거친 숨소리도, 덜컹거리는 바퀴소리도 꿈속에서 아련히 들려올 뿐이다. 같이 앉은 손님을 저 구석으로 밀어붙이고 쿨쿨 코를 골며 잠들어버린다. 문득 눈을 떠보면 벌써 다섯 정거장이 지나 있다. 달. 낯선 마을. 고색창연한 둥근 나무지붕에 검은 첨탑이 솟은 교회. 검게 곰팡이 핀 통나무집과 새하얀 벽돌집으로 달빛이 쏟아질 무렵이면 벽과 도로, 거리는 하얀 손수건을 깔아놓은 것만 같다. 그리고 그 위를 비스듬히 가로지르며 뻗어가는 칠흑 같은 그림자. 옆으로 기운 달빛에 비친 나무지붕이 잘 닦인 철판처럼 빛을 뿜는다. 어디에도 사람 그림자 하나 없다. ― 만물이 고요히 잠들었다. 아니 딱 한 군데, 어딘가의 자그마한 창문에서 희미한 불빛이 깜빡인다. 누가 자기 장화라도 꿰매고 있는 걸까? 제빵사가 가마 손질이라도 하고 있는 걸까? 아니, 그게 무슨 상관이랴! 그보다는 저 밤을 보라! 저 천상의 위력을 보라! 까마득한 하늘, 끝 모를 심연으로 가없이 퍼져가는 살아 있는 침묵의 음률로 가득한 저 완벽한 하늘을 보라! ……하지만 차가운 밤의 숨결이 두 눈을 살며시 훑고 지나가며 졸음을 주고 가버리니 또다시 꾸벅꾸벅 잠들어 코를 곤다. 애처롭게 구석으로 밀려난 손님은 자기 위로 무거운 것이 올려져 있다는 것을 깨닫고 화를 내며 몸을 뒤척인다. 다시 눈을 뜨면―눈앞으로 밭과 넓은 평야 그리고 광활하게 펼쳐진 천지(天地)가 가로놓여 있다. 숫자가 새겨진 푯말이 스쳐 지나간다. 여명이 가깝다. 찬 공기가 감도는 새하얀 지평선으로 한 줄기 황금빛 선이 떠오르고, 바람은 한결 더 차갑게 몸을 휘감아온다. 따뜻한 외투로 몸을 더욱 감싸야겠어! ……이 상쾌한 아침공기! 내게 다시 손길을 내미는 수마는 또 어떠한가! 갑자기 마차가 덜컹거리는 바람에 다시 잠에서 깼다. 해는 벌써 머리 위에 걸려 있었다. "천천히! 좀 더 천천히!" 어디선가 고함소리가 들려왔다. 마차가 급한 언덕길을 내려가고 있었다. 언덕 아래에는 넓은 둑과 맑고 투명한 연못이 있었다. 쏟아지는 햇살에 마치 연못은 구리그릇처럼 반짝이고 있었다. 마을의 비탈진 언덕으로 군데군데 오두막집이 보인다. 눈을 돌리면 별빛처럼 총총한 교회 십자가. 껄껄대는 농부들의 이야기소리. 사납게 몰아치는 허기……. 아아, 머나먼 여로여. 그대는 참으로 대단하구나! 물에 빠져 지푸라기라도 잡는 심정으로 그대에게 몇 번을 매달렸던가. 그때마다 그대는 너그럽게 나를 끌어올려 내 목숨을 건져주었도다! 수많은 훌륭한 구상과 시상(詩想)을 가져다주었다, 기이한 감동을 맛보여주었다! ……그러나 우리의 벗 치치코프가 산문적인 몽상에만 빠져 있었던 것은 아니었다. 그럼 치치코프는 무엇을 느끼고 있었던 걸까? 치치코프는 아무런 느낌도 받지 못했다. 마을에서 빠져나왔는지 확인하기 위해 그저 뒤만 돌아보고 있었을 뿐이었다. 하지만 마을은 이미 오래전에 자취를 감추었고 대장간과 방앗간 같은 변두리에 있음직한 건물들과 교회의 새하얀 탑도 지평선 너머로 사라진 뒤였다. 치치코프는 그제야 여행기분에 몸을 맡겼다. 조금 전까지 있었던 마을 따위는 어렸을 적에 잠깐 들렀던 곳이라도 되는 듯 기억조차 나질 않는다. 그러다 바깥 경치를 구경하는데 흥미를 잃은 치치코프는 살며시 눈을 감고 쿠션에 머리를 기댔다. 사실 나는 이렇게 우리 주인공에 대해 이야기할 기회를 갖게 되어 진심으로 기쁘게 생각한다. 여러분도 아시겠지만 노즈드료프에 무도회, 여인들, 가십거리, 그리고 책에서는 하찮것없어 보이지만 현실에서는 큰 사건으로 다루어지는 수천 가지의 사소한 얘깃거리 때문에 번번이 얘기할 기회를 놓쳤기 때문이다. 그러니 지금이야말로 그런 일들은 전부 제쳐 두고 본론으로 들어가 볼까 한다.

과연 독자 여러분께서 내가 고른 주인공이 마음에 드셨을지 궁금하지만 아마 여성 독자들은 그렇지 못하리라 확신한다. 여인들은 어딜 보나 나무랄 데 없는 완벽한 주인공을 바라기 때문에 정신적으로나 육체적으로 결점이 있어서는 말짱 황이다. 아무리 주인공의 영혼 깊은 곳까지 들여다보고 거울보다 더욱 선명하게 그려내더라도 여인들에게 그 주인공은 한 푼의 가치조차 없는 것이다. 거기다 뚱보에 중년 사내라는 점이 더더욱 치치코프의 가치를 떨어뜨리리라. 여인들은 어떤 경우에도 뚱보 주인공을 용납하지 않는다. 얼른 고개를 돌리며 "어머 징그러워라!" 이런 감상을 늘어놓을 것이다. 아아! 이런 사실을 누구보다 잘 알고 있지만 나는 도덕적 위인을 이 작품의 주인공으로 쓸 수 없다. 하지만 누가 알겠는가? ……바로 이 소설 속에서 지금까지와는 달리 누구도 다루지 않았던 선율이 울려 퍼지며 러시아 혼의 무한한 보고가 나타나, 신(神)과 같이 강인한 정신을 지닌 대장부와 아름다운 성품과 너그러운 마음, 헌신적인 덕(德)으로 가득한, 세상 어디에도 없을 훌륭한 러시아 처녀가 나타날지. 그들 앞에서는 살아 있는 말(言)에 비하면 글(書)이 시체이듯 민족의 어떤 도덕적 위인도 죽은 사람처럼 보일 것이다. 러시아인의 정신 번영이 이루어진다면…… 다른 민족 기질의 표면만을 아주 약간 스치고 지나간다는 것이 슬라브족의 기질에 얼마나 뿌리 깊게 내렸는지 알 수 있게 될 것이다. 하지만 그런 먼 훗날의 이야기를 지금 꺼내서 어쩌겠는가? 젊은이들처럼 자아를 잊는다는 건 오래전부터 당당한 사내로서 엄격한 정신생활과 성품을 기르기에 적합한 고독과 절제된 생활로 단련된 작가에게도 어울리지 않는 이야기다. 모든 것에는 저마다의 순서가 있고 장소가 있으며 때가 있는 법이다! 아무튼 도덕적 위인께선 이 소설의 주인공으로 선택되지 않았다. 어째서인지 그 이유를 밝힐 수도 있다. 도덕적 위인들도 숨을 돌리게 해주지 않으면 가엾기 때문이다. 세상 사람들은 제대로 의미는 생각해보지 않고 도덕적 위인들의 말을 함부로 입에 담는다. 마치 말을 다루듯이 도덕적 위인들을 채찍이든 뭐든 손에 잡히는 것으로 마구 몰고 다니지 않은 작가는 한 사람도 없다. 시달릴 대로 시달린 도덕적 위인에게선 덕스러운 모습은 온데간데없고 뼈와 가죽만이 앙상하다. 세상 사람들이 도덕적 위인을 걸고넘어지는 건 그저 위선에 지나지 않는다. 사람들은 도덕적 위인을 존경하고 있지 않다. 그렇다면 이제 악당들이 나설 때가 아니겠는가? 그래서 나는 이렇게 악당을 내세웠다!

우리 주인공은 초라하고 이도저도 아닌 신분 출신이었다. 부모는 소위 귀족이었지만 세습귀족이었는지 당대귀족이었는지 기억하는 이가 아무도 없고, 얼굴조차 부모를 닮지 않았었다. 그가 태어날 무렵 마침 그 자리에 있었던 키 작고 통통하게 살찐 '땅딸보' 친척 여인은 갓난아기를 안기 무섭게 이리 말했다. "세상에, 생각과는 영 딴 판인 아이잖아? 지어미의 할미를 닮았으면 좋았을 것을. 이래서는 '아비도 닮지 않고, 어미도 닮지 않고, 지나가는 젊은 사내를 닮았다'는 옛말 같은 얼굴이잖아." 이렇듯 치치코프의 인생은 시작부터 심술궂고 무뚝뚝한 표정으로 눈으로 뒤덮인 깜깜한 창문 너머로 그를 들여다보고 있는 꼴이었다. 어렸을 적부터 친구도 없고 같이 놀아줄 상대도 없었다. 방은 2층 다락. 여름에도 겨울에도 열렸던 적이 없는 조그만 창문이 하나. 양가죽을 덧댄 외투를 두르고 손으로 짠 슬리퍼를 맨발로 신고 방안을 거닐던 아버지는 쉴 새 없이 한숨을 쉬며 구석에 놓인 모래상자에 침을 뱉어댔다. 매일매일 손에 펜을 쥐고 손가락은 물론이고 입술까지 잉크투성이가 되어가며 앉아야 했던 책상. 그 앞에는 언제나 '거짓말을 하지 마라, 윗사람을 공경하라, 마음에 덕을 가져라'라고 적힌 연습장이 매달려 있었다. 온종일 들려오는 직직 끄는 슬리퍼 소리. 단조로운 글쓰기 연습에 질려 글자에 수염과 꼬리를 그려 넣고 있노라면 들려오는 익숙한 고함소리. "또 장난치고 있구나!" 말이 끝나기가 무섭게 등 뒤에서 불쑥 내려온 손가락이 기다란 손톱으로 아얏 소리가 절로 날 만큼 아프게 귓불을 꼬집어 올린다. 익숙하면서도 불쾌하기 짝이 없는 그 기분. 이러한 것들이 치치코프가 기억하는 어린 시절의 참담한 추억담이다. 하지만 인생은 언제나 빠르게 변해가지 결코 멈추지 않는다. 어느 날의 일이었다. 그 날은 해가 처음으로 고개를 내밀어 쌓였던 눈들이 모두 녹아내렸던 이른 봄날이었다. 아버지는 아들과 함께 짐마차를 타고 길을 떠났다. 마차를 끌었던 말은 거간꾼들 사이에서 '까치'라고 불리는 노란 얼룩무늬의 적갈색 망아지였고, 마부는 치치코프의 아버지가 데리고 있던 유일한 농노로 한 집안의 가장이자 저택의 일을 거의 도맡아 하는 작은 몸집의 사내였다. 그들은 그렇게 하룻밤하고도 반나절을 '까치'가 끄는 짐마차에 몸을 실었다. 길 위에서 밤을 지새우기도 하고, 강을 건너기도 하고, 차갑게 식은 피로시키와 양고기로 배를 채워야만 했던 여행길의 사흘날 아침, 드디어 시내에 도착했다. 눈앞에 펼쳐진 상상도 못한 화려한 시가지의 풍경에 아들은 입을 다물지 못했다. 여기서 그만 '까치'가 마차와 함께 웅덩이에 풍덩 빠지고 말았는데, 웅덩이 반대편에는 진흙투성이의 좁다란 골목길이 하류 쪽으로 쭉 뻗어 있었다. '까치'는 마부와 주인에게 호되게 야단을 맞아가며 필사적으로 발버둥친 끝에 겨우 언덕 위 비탈진 곳에 있는 작은 집으로 갈 수 있었다. 낡아빠진 작은 집 앞에는 꽃이 활짝 핀 사과나무 두 그루가 있었고, 반대편으로는 마가목과 덧나무 외에는 키 큰 나무가 한 그루도 보이지 않는 작은 장원이 있었다. 안쪽으로는 그림자가 져서 잘 보이지 않았지만 작달막한 젖빛 유리창을 단 작은 판잣집이 있었다. 여기 사는 사람은 치치코프의 친척이었던 쪼글쪼글한 노파였다. 그러나 아직도 아침이면 장을 보러가고, 집에 오면 양말을 사모바르에 말리곤 했다. 노파는 어린 치치코프의 볼을 두드리며 통통하게 살찐 모습을 칭찬해주었다. 치치코프는 이제 이곳에 머무르며 시내에 있는 학교에 다니게 되었다. 아버지는 하룻밤만 머무르고 다음날 떠나버렸는데, 헤어질 때도 눈물 한 방울 흘리지 않고 과자나 사 먹으라며 50코페이카짜리 동전 하나를 주었을 뿐이다. 하지만 그때 아버지는 치치코프에게 다음과 같은 중요한 교훈을 들려주었다.

"내가 하는 말을 잘 들어라, 파브루샤. 바보처럼 장난치지 말고 공부를 해라. 가장 중요한 건 선생님이나 윗사람의 마음에 드는 것이다. 윗사람의 눈에 들기만 한다면 공부를 못해도, 신께서 주신 재능이 없더라도 모든 일이 척척 풀려 사람들 위에 설 수 있게 될 거다. 친구도 사귀지 말거라. 너에게 도움이 되는 녀석은 하나도 없을 거다. 만약 사귄다면 조금이라도 돈이 있는 친구를 사귀어라. 곤란할 때 도움이 될 거란다. 또 사람을 대접하거나, 한턱 내지 말거라. 그보다는 친구가 한턱 내게 해라. 무엇보다 중요한 건 돈을 아끼고 모으는 일이다. 세상에 믿을 거라곤 돈뿐이다. 짝패니 친구니 하는 것들은 모두 도움이 안 돼. 네가 곤경에 처하면 가장 먼저 배신하겠지만 돈은 무슨 일이 있더라도 널 배신하지 않을 거다. 돈만 있으면 뭐든 할 수 있고, 이 세상도 마음대로 휘두를 수 있어."

아버지는 이런 교훈을 남기고 다시 '까치'가 이끄는 마차를 타고 집으로 돌아갔다. 그 뒤로 아버지를 다시 볼 수는 없었지만 아버지가 들려준 교훈은 파브루샤의 마음속에 깊이 새겨졌다.

바로 다음날 파브루샤는 학교에 입학했다. 바지런하고 정갈했지만 특출하게 잘하는 과목은 없었다. 하지만 다른 쪽에서, 말하자면 실용적인 면에서 엄청난 재능을 발휘했다. 자신이 처한 입장을 곧잘 받아들여 요령 있게 대처하고 친구들이 돈을 쓰는 일이 있을지언정 파브루샤는 절대로 돈을 쓰지 않았다. 어떤 때는 받은 선물을 감춰두었다가 선물한 친구한테 되팔기까지 했다. 파브루샤는 어릴 적부터 욕심을 억누를 줄 알았다. 아버지가 준 50코페이카를 조금도 축내지 않고 오히려 비상한 머리로 해마다 더 많은 돈을 벌어들였다. 이를테면 밀랍으로 만든 피리새 조각에 색을 칠해 비싼 값에 팔거나, 교실에서 조금이라도 돈이 있어 보이는 아이의 옆자리에 앉아서 누가 침이라도 꼴깍 삼켜 배가 고프다는 신호를 보낼 양이면 시치미를 뚝 떼고 의자 밑에서 시장에서 사온 비스킷과 빵조각을 살짝 꺼내 배가 고파 초조해진 친구에게서 돈을 받아냈다. 그뿐만이 아니라 조그만 나무상자에 가둔 생쥐를 두 달 동안 쉴 새 없이 훈련시켜 말 한마디로 벌떡 일어섰다, 드러누웠다, 다시 일어서게 만들어서는 마찬가지로 비싼 값에 팔아버렸다. 그렇게 모은 돈이 5루블이 되자 돈을 넣어둔 주머니의 주둥이를 꿰매버리고 새로운 주머니에 돈을 모았다.

선생님들에게는 더욱 치밀하게 굴었다. 의자에 앉을 때 파브루샤보다 더 얌전하게 자리에 앉는 아이는 아무도 없었다. 미리 얘기해두지만 치치코프의 담임은 조용하고 몸가짐이 바른 아이를 무척이나 좋아했지만, 머리가 좋고 재능 있는 아이를 무척이나 싫어했다. 아이들이 자신을 비웃고 있다고 생각했던 것이다. 건방진 놈이라고 도장이라도 찍히면 조금이라도 몸을 움직이고 눈을 찌푸리는 순간 호된 꾸중과 사정없는 벌이 내려졌다.

"좋아, 네 녀석의 그 건방지고 삐뚤어진 심보를 내가 싹 고쳐주마! 난 너보다 더 너에 대해 속속들이 잘 알고 있어. 자아, 이리 와서 무릎 꿇어라! 한번쯤은 배가 고파봐야 정신을 차리겠지!" 이렇듯 가엾은 소년은 무슨 영문인지도 모른 채 무릎이 까지고 며칠을 쫄쫄 굶어야만 했다. "똑똑하다고? 재능이 있어? 그런 건 아무 짝에도 쓸모없어!" 담임은 늘 입버릇처럼 말했다. "내가 보는 것은 몸가짐뿐이다. 알파벳을 몰라도 몸가짐이 바르면 난 그 녀석에게 전 과목 만점을 줄 거다. 만약 몸가짐이 나쁘고 남을 놀리는 녀석이라면 솔론(그리스 일곱 현인 중의 한 사람) 뺨칠 만큼의 재능이 있더라도 나는 0점을 줄 테니 다들 그리 알거라!"

또한 '나라면 주정뱅이라도 일할 줄 아는 사람을 쓰겠네'라고 말한 크리로프(1768~1844, 러시아의 유명한 시인이자 동화작가)를 몸서리치게 싫어했던 담임은 전에 몸담았던 학교는 너무 조용해서 파리 나는 소리가 들릴 정도였으며, 한해 내내 기침을 하거나 코를 푸는 학생이 단 한 명도 없어서 학교종이 울릴 때까지 교실에 학생이 있는지 모를 정도였다는 식의 이야기를 아주 자랑스럽다는 듯이 늘어놓곤 했다. 치치코프는 담임이 어떤 사람이고, 몸가짐을 좋게 보이기 위해선 어떻게 하면 되는지 곧바로 알아챘다. 뒤에 앉은 아이가 아무리 괴롭혀도 눈 한 번, 눈썹 한 번 까딱하지 않았다. 수업이 끝나면 종이 울리기가 무섭게 담임의 옆으로 달려와 누구보다 빨리 귀 덮개가 달린 모자를 건넸다(치치코프의 담임은 늘 귀 덮개가 달린 모자를 쓰고 다녔다). 모자를 담임에게 건네고 나면 가장 먼저 교실에서 나와 일부러 담임과 마주치게 걸어 다니며 그때마다 공손히 모자를 벗고 인사를 했다. 계획은 멋지게 들어맞았다. 모든 학기 동안 줄곧 우등생으로 지냈고 졸업할 무렵에는 전 과목 만점 졸업증과 함께 '학업이 우수하고 품행이 방정하기에 이 상을 수여함'이라고 금으로 글자를 새긴 책 한 권을 받게 되었다. 면도를 해야 할 만큼 치치코프가 매력적인 청년이 된 그 무렵 아버지가 세상을 떠났다. 유산으로 물려받은 것은 너덜너덜해져 못 입게 된 스웨터 네 벌과 양가죽을 덧댄 낡은 외투 두 벌 그리고 아주 약간의 돈이었다. 아무래도 아버지는 돈을 모으라고 충고할 줄만 알았지 정작 자신은 돈을 모으지 못했던 게 분명했다. 치치코프는 약간의 땅이 딸린 낡은 저택을 천 루블에 팔아치우고 하인 하나와 그에 딸린 가족을 도시로 불러들였다. 도시에서 자리 잡고 일을 해볼 생각이었다. 그 무렵 얌전하고 몸가짐이 바른 아이를 그토록 좋아하던 담임이 무슨 어리석은 짓을 했는지, 아니면 다른 이유가 있었는지 모르겠지만, 안타깝게도 학교에서 쫓겨나버렸다. 담임은 슬픔에 잠긴 나머지 술에 손을 댔고 나중에는 술값마저 떨어져 아픈 몸을 이끌고 온기 하나 없는 누추한 집에 오갈 데 없는 몸을 맡기게 되었다. 늘 건방지고 삐뚤어진 놈들이라고 불렀던 똑똑하고 재능 있는 제자들은 딱한 담임의 이야기를 전해 듣고 담임을 위해 재산까지 팔아치우며 돈을 모았지만, 파브루샤 치치코프는 가난을 구실로 돈을 내길 거부하며 5코페이카 은화 한 닢을 내놓았을 뿐이었다. 동창들은 그 자리에서 그 돈을 집어던지며 "에잇, 이 구두쇠 같은 놈!" 호통을 쳤다. 옛 제자들의 이러한 행실에 담임은 얼굴을 감싸 안고 철없이 눈시울을 붉히며 눈물을 주룩주룩 쏟아냈다.

"하느님, 이렇게 죽을 때가 되어서야 제게 우는 법을 가르쳐주시는군요." 꺼져가는 목소리로 얘기하던 담임은 치치코프의 이야기를 전해 듣고 크게 한숨을 몰아쉬더니 이렇게 덧붙였다. "세상에 그 파브루샤가 말인가? 사람이 그렇게 변하다니! 무척이나 얌전하고 비단결처럼 마음씨가 고운 아이였는데! 아니, 내가 속았던 거로군. 바보 같이 속아 넘어갔어!"

그렇다고 우리 주인공이 아무런 연민도 자비도 느끼지 못할 정도로 냉혈한인 것은 아니었다. 치치코프도 담임을 가엾게 여기고 있었고, 가능한 선까지 도우려고도 했다. 하지만 자기 재산을 절대 축내지 않겠다는 결심까지 깨가며 많은 돈을 내고 싶지는 않았던 것이다. 그야말로 돈을 소중히 여기며 악착같이 모으라던 아버지의 유언이 결실을 맺은 셈이었다. 물론 치치코프가 돈에만 집착했던 것은 아니었다. 탐욕에 마음을 빼앗겼던 것도 아니었다. 그렇다, 치치코프를 움직였던 것은 이런 게 아니다. 치치코프는 이루고 싶은 꿈이 있었다. 무엇 하나 부족한 게 없는 호화스러운 생활, 여러 대의 마차, 훌륭하게 꾸민 저택, 고급 요리들…… 그의 머릿속은 이런 꿈으로 가득했다. 언젠가 이 꿈을 누릴 신분이 되기 위해 욕심을 억누르며 다른 사람에게 빌붙어가며 한 푼 두 푼 모아왔던 것이다. 어떤 부자가 호화스런 마구(馬

具)를 단 훌륭한 사륜마차를 타고 지나갈 양이면 치치코프는 발이 땅에 붙은 것처럼 한참을 서 있다가 오랜 잠에서 깨어나듯 정신을 차리고는 이렇게 말하곤 했다. "하지만 저 신사도 전에는 머리가 휑한 물주(物主)였어!" 치치코프는 부귀영화의 기운이 느껴지는 거라면 그게 무엇이든 알 수 없는 강렬한 인상을 받았던 것이다.

학교를 졸업하고도 치치코프는 조금도 쉬려고 하지 않았다. 한시라도 빨리 취직하고 싶었다. 그의 바람은 간절했다. 하지만 훌륭한 졸업장에도 불구하고 세무감사국의 작은 일자리를 알아보는 일에도 무척이나 애를 먹어야만 했다. 아무리 두메산골이더라도 연줄이 없으면 아무것도 되지 않는 법이니 말이다! 맡은 일은 하잘것없었고 연봉도 고작 3, 40루블밖에 되지 않았다. 하지만 치치코프는 일에 전념하여 모든 고비를 이겨내기로 마음먹었는데, 사실상 그가 발휘했던 헌신적이고 끈기 있고 절제된 노력은 어디에서도 본 적이 없을 정도였다. 이른 아침부터 늦은 밤까지 서류에 파묻혀가며 쉴 새 없이 일에만 몰두했다. 집에도 돌아가지 않고 밤마다 책상에서 잠을 자고 때때로 수위들과 함께 식사를 하는 그런 생활의 연속이었지만 정신적으로도 육체적으로도 지친 모습 한번 보이지 않았다. 그러면서도 옷은 깔끔했고 얼굴은 밝았으며 위엄 있는 몸가짐을 갖추는 것도 잊지 않았다. 미리 밝혀두지만 세무감사국의 관리들은 꼴이 사납고 몸가짐이 막되 먹기로 유명했다. 굽다 만 빵처럼 생긴 낯짝에 한쪽 뺨이 이쪽으로 볼록 튀어나오고 턱은 저쪽으로 홱 돌아가 있고 윗입술에는 물종기가 자라나 있었는데 그게 또 갈라지기까지 한 꼴이니 도저히 좋게는 봐줄 수가 없는 상판대기였다. 거기다 목소리는 또 어찌나 거친지 두 놈이 얘기하는 꼴을 보고 있노라면 마치 어디 패싸움이라도 하러 가는 것 같았고, 슬라브인의 본성에는 아직 이교도 시절의 잔재가 남아 있다는 걸 증명하려는 듯이 바커스($\binom{\text{로마 신화에 등장}}{\text{하는 술의 신}}$) 신께 자신을 바치기까지 했다. 그렇다보니 곤드레만드레가 되어서 출근하는 일이 다반사여서 사무실 분위기가 결코 좋다고 할 수는 없었다. 이러니 다른 관리들과는 달리 용모단정하고 듣기 좋은 목소리에 독한 술엔 입도 대지 않는 치치코프가 눈에 띄지 않을 리가 있겠는가? 하지만 그럼에도 치치코프의 앞날은 결코 밝지만은 않았다.

그의 상사는 나이를 먹을 대로 먹은 과장이었는데 돌부처 같은 냉혹함과 완고함의 본보기라고 할 수 있었다. 늘 웃음기 없는 쌀쌀맞은 얼굴에 인사도 하지 않았다. 길을 갈 때도 집에 있을 때도 이 양반이 여느 때와 다른 표정을 하고 있는 걸 본 사람이 없을 정도였다. 무슨 일에 흥미를 보이거나 얼근하게 취하기라도 하면 술김에 껄껄 웃거나 술 취한 도둑놈마냥 소란을 피우기 마련이건만 그런 모습조차 보이질 않는다. 악당 같지도 않지만 그렇다고 선해보이지도 않으니 무척이나 섬뜩하기까지 하다. 흉한 데가 있는 것도 아닌 저 표정 없는 대리석처럼 딱딱한 얼굴이 뭘 닮았냐고 묻는다면 나는 망설이지 않고 이렇게 대답할 것이다. 많은 선들이 위엄 있게 균형을 이루고 있지만 곳곳에 피어난 곰보와 패인 자국 탓에 흔히들 말하는 매일 밤 완두콩을 찧으러 찾아온다는 악마 같은 얼굴을 하고 있다고 말이다. 이런 인간의 비위를 맞춰 환심을 산다는 건 도저히 사람이 해낼 수 있는 일이 아니었다. 그런 일에 치치코프는 감히 도전장을 내밀었다. 가장 먼저 사소한 일부터 시작했다. 이를테면 과장이 펜을 어떻게 깎는지 잘 봐두었다가 같은 방법으로 깎아둔 펜을 여러 자루 준비해서 손이 닿는 곳마다 두었다. 책상에 모래나 코담배 가루가 떨어져 있으면 후후 불어주거나 쓸어주었다. 잉크병을 닦을 새 헝겊도 갖다 두었다. 퇴근하기 1분 전에 모자를 찾아서 과장의 곁에 가져다주었는데, 대체 어떻게 이리 낡아빠진 모자가 있었을까 싶었다. 벽에 등을 문대는 바람에 하얀 가루가 묻으면 손으로 털어주었다. 그럼에도 과장은 본체만체하니 아무것도 하지 않은 것과 다를 바가 없었다. 그래서 치치코프는 과장의 가정생활과 가족들에 대해서 조사를 벌였고 과장에게는 그와 마찬가지로 매일 밤 완두콩을 찧으러 오는 악마처럼 생긴 과년한 딸이 있다는 것을 알아냈고, 이쪽을 공략하기로 했다. 먼저 그 아가씨가 일요일마다 찾아가는 교회를 알아내서 매일 같이 깨끗한 옷차림에 빳빳하게 풀을 먹인 셔츠를 입고 그녀의 맞은편에 섰는데, 이 작전이 성과를 올렸다. 그 무뚝뚝한 과장도 감동했는지 치치코프를 집으로 초대했던 것이다! 모든 일은 관청 사람들이 깜짝 놀랄 틈도 없을 정도로 빠르게 이루어졌다. 먼저 과장의 집으로 이사를 온 치치코프는 그 집에서 없어선 안 될 사람이 되었다. 밀가루니 설탕이니 장을 봐오기도 하고, 딸을 약혼자처럼 대했으며, 늙은 과장을 아버님이라고 부르며 손에 입맞춤까지 했다. 사람들은 모두 2월 말이나 단식재 전에 결혼식이 치러지리라 예상했다. 심지어 무뚝뚝한 과장은 치치코프를 위해 고위

층에 추천까지 해주었다. 그 덕분에 치치코프는 얼마 뒤 마침 자리가 비었던 어느 담당자의 자리에 앉게 되었는데, 늙은 과장과 특별한 관계를 맺었던 목적이 바로 이거였다는 듯이 곧바로 아무도 모르게 자신의 짐을 트렁크에 싣고 과장의 집을 떠나 다음 날에는 다른 하숙집에 그 모습을 드러냈다. 늙은 과장을 더 이상 아버님이라고 부르지도 않았고, 결혼식에 대한 이야기도 언제 그랬냐며 시치미를 뚝 뗐다. 하지만 그 뒤로도 치치코프는 과장을 만날 때면 악수를 건네며 차라도 하자고 집에 초대를 하니 여간해선 흔들리지 않는 냉혹하고 비정한 과장도 고개를 내저으며 이렇게 말했다. "네가 나를 속였구나, 속였어! 이 악마의 앞잡이 같으니!"

이것이 치치코프가 뛰어넘은 가장 큰 고비였다. 그 뒤로 모든 일이 순조로웠고 치치코프는 주목받는 인물이 되었다. 생각해보면 그에게는 출세에 필요한 모든 것이 갖춰져 있었다. 매력적인 말투와 행동거지, 거기다 야무진 사무능력까지! 이러한 점을 무기로 그는 무척이나 수지 좋은 자리를 얻어냈고 그 자리를 아주 능수능란하게 이용했다. 미리 말해두지만 이때는 각종 뇌물에 대한 엄중한 문책이 가해지던 시절이었다. 하지만 치치코프는 오히려 그러한 규정을 아무렇지도 않게 써먹었다. 궁지에 몰렸을 때 비로소 빛을 발하는 러시아인의 놀라운 꾀를 보여준 셈이었는데, 그 내막은 다음과 같았다.

방문한 청원자가 주머니에 손을 찔러 넣어 우리 러시아 사람들이 흔히 말하는 호반스키 공작(러시아제국 은행 총재. 당시 지폐에는 그의 서명이 인쇄되어 있었다)의 서명이 들어간 소개장을 꺼낼 양이면, 치치코프는 "아닙니다, 아닙니다." 청원자의 손을 잡고 미소 띤 얼굴로 말하는 것이다. "선생께서는 제가…… 아니 천만의 말씀을요! 이건 제가 마땅히 해야 할 의무입니다. 보수 없이 해드려야 마땅하지요! 그러니 마음 푹 놓으십시오. 내일 안으로 전부 끝마쳐 놓겠습니다. 그럼 주소를 말씀해주시겠습니까? 힘든 발걸음 하시지 않도록 서류를 전부 댁으로 보내드리도록 하겠습니다." 마음이 흐뭇해진 청원자는 즐거운 마음으로 집으로 돌아가며 생각할 것이다. '이렇게 훌륭한 사람이 있다니. 저런 위인이 더 많아져야 할 텐데 말이야. 저런 사람이 관공계의 보물이지, 보물!' 하지만 아무리 기다려도 서류는 오지 않는다. 사흘이 지나도 마찬가지다. 청원자는 다시 관청에 찾아간다. 아니 맡긴 서류에는 손도 대지 않은 게 아닌가. 그래서 관공계의 보물을 찾아가서 물어보면, "이거 참 죄송하게 되었습니다." 두 손을 꼭 잡으면서 정중히 애기한다. "워낙 일이 많다 보니 이렇게 되었습니다. 하지만 내일이면 끝낼 수 있을 겁니다. 이번에는 확실합니다. 이거 참 정말이지 부끄러워서 고개를 못 들겠군요." 이런 애기를 늘어놓을 때의 동작은 또 어찌나 매혹적인지! 그러다 외투 자락이 벌어지기라도 할라치면 허둥대며 벌어진 자락을 꽉 움켜쥔다. 하지만 다음 날에도, 모레에도, 글피에도 서류는 오지 않는다. 그제야 비로소 청원자는 깨닫는다. '아무리 그래도 그렇지 이건 뭔가 곡절이 있어.' 그래서 어찌된 영문인지 알아보았더니 서기에게 돈을 쥐어줘야 한다는 것이 아닌가. "그야 저도 압니다. 25코페이카 은화 한두 닢 정도라면 얼마든지 드릴 수 있습니다."—"은화 가지고는 애기가 안 통합니다. 25루블 지폐 한 장쯤은 돌리셔야 합니다."—"서기들에게 하얀 종이를 한 장씩 돌리라고요?" 깜짝 놀란 청원자가 소리를 지르지만 "자, 자, 흥분하지 마십시오." 치치코프는 애기를 계속했다. "말하자면 결국 똑같습니다. 서기들에게 25코페이카씩 돌아가고 나머지는 전부 윗자리에 앉은 관리들의 손에 넘어갈 겁니다." 머리가 둔한 청원자는 그제야 이마를 철썩 치고는 새로운 제도와 감사원, 관리들의 친절하고 세련된 태도에 대해 온갖 욕설을 퍼붓게 된다. "전에는 그래도 어떻게 하면 된다는 것 정도는 알고 있었소이다. 과장한테 10루블 한 장만 쥐어주면 그걸로 끝이었단 말이오. 그런데 서기들에게 25루블씩 돌리라고 하질 않나, 그걸 물어보기 전까지 일주일을 헛걸음하게 만들지를 않나! 나 참, 관리들이 청렴결백하다니 지나가는 개가 웃겠군!"

청원자의 말이 옳다. 그러나 다르게 보면 이제 뇌물을 받는 관리는 없어진 셈이다. 과장급의 위인들은 모두 정직하고 점잖은 사람들이고 나쁜 놈들은 비서와 서기이기 때문이다. 얼마 뒤 치치코프에게 더 넓은 활동무대가 열렸다. 국비로 설립되는 아주 중요한 건물의 설립위원회가 발족된 것이다. 그곳의 한 자리를 차지한 치치코프는 아주 열심히 활동했고 위원회도 곧바로 일에 착수하여 꼬박 6년을 건물설립에 매달렸다. 그러나 기후가 나빴던 탓인지, 건축자재가 좋지 못했던 탓인지 건물은 기초공사 이후로 전혀 진척을 보이지 않았다. 그러는 사이 교외 곳곳에는 위원 개개인의 화사한 저택들이 홀연히 그 모습을 드러냈다. 아마 그곳 땅들이 더 기름졌던 모양이다. 위원들의 생활은 윤택해졌고 아이들도 많이 태어났다. 치치코프도 지금까지 자신을 억눌러왔던 금욕과 자기희생의 엄격한 굴레에서 벗어났다. 오랫동안 이어오던 검소한 생활도 점차 완화되면서 치치코프라는 사내가 결코 향락에 관심이 없었던 것이 아니며, 그저 혈기왕성한 젊은 시절에 그걸 용케 참아냈을 뿐이라는 게 확실해졌다. 점차 사치스러운 취미에도 맛을 들였다. 솜씨 좋은 요리사를 고용하고 네덜란드 산(産) 최고급 셔츠도 입었다. 여기선 아무도 입고 다니지 않았던 나사(羅紗) 옷감도 사들였는데, 이때부터 반짝반짝한 황적색과 붉은 빛에 심취하게 되었다. 훌륭한 이두마차를 타고 한쪽 고삐를 자신이 잡고 다른 말의 머리는 바깥을 바라보게 하고 다니기도 했으며, 오드콜로뉴를 섞은 물에 담근 갯솜으로 목욕하는 습관까지 들이고, 반들반들한 피부를 위해 값비싼 비누까지 샀다. 거기다⋯⋯.

그런데 갑자기 무능한 장관이 물러나더니 뒤이어 아주 엄격하고 비리와 부정부패를 절대로 용납하지 않는 군인출신 장관이 새로 임명되었다. 장관은 새로 온 첫날부터 회계보고서를 제출하라는 명령을 내려 모든 직원을 벌벌 떨게 만들었다. 수지(收支)는 맞지 않고, 여기저기에서 공금을 횡령했다는 사실이 밝혀지면서 장관은 앞서 얘기했던 화사한 저택으로 눈을 돌려 곧바로 조사에 착수했다. 관리들이 잇따라 쫓겨났고 압수된 저택들은 국고로 환수되어 갖가지 자선시설과 소년병(군인의 자식, 태어나면서부터 군적에 들어가게 된다)들을 위한 학교가 되었다. 많은 관리들이 파산했는데 그중에서도 치치코프는 가장 심한 꼴을 당해야만 했다. 치치코프의 얼굴이, 그의 인상 좋은 표정이 새 장관의 마음에 들지 않았던 것이다. 왜 그런지는 아무도 모르고, 또 까닭 없이 그러는 경우도 종종 있다고는 하지만 아무튼 장관은 치치코프를 죽도록 미워했다. 이 융통성 없는 장관은 사람들에게 공포의 대상이었다. 그러나 군인출신이었던 만큼 관리들의 특수한 술책에 대해서는 아는 바가 전혀 없었던 탓에 장관은 정직한 척하고 알랑거리는 관리들의 술책에 빠져 얼마 가지 않아 전보다 더 악질적인 사기꾼들의 손아귀에 떨어져버렸다. 하지만 그런 줄도 모르고 이제 정직한 사람들만 골라놓았다고 흡족해하며 사람을 볼 줄 아는 자신의 안목에 대해 자랑까지 늘어놓았다. 관리들은 그의 기질과 성격을 완벽히 파악했다. 부정부패를 쫓아다니는 부하들의 무시무시한 모습은 마치 작살을 든 어부가 통통하게 살이 오른 철갑상어를 쫓아다니는 것을 방불케 했다. 때와 장소를 불문하고 부정부패 문책에 열을 올렸고, 이 방법은 엄청난 성과를 거두게 되었다. 얼마 되지 않는 사이에 관리들에게는 수천 루블의 재산이 생겨났다. 이 무렵에는 쫓겨났던 관리들도 대부분 정도(正道)로 돌아와 복직되었다. 하지만 치치코프만은 복직이 허락되지 않았다. 장관의 콧등을 붙잡고 마음대로 끌고 다니는 방법까지 알고 있었던 비서조차 호반스키 소개장에 혹해 힘을 써주었지만 어쩔 도리가 없었다. 장관은 콧등을 붙잡히면 이리저리 끌려 다니기는 하지만 (정작 자신은 그걸 모르지만) 한번 머릿속에 들어박힌 사고방식은 마치 박아 넣은 쇠못처럼 무슨 짓을 해도 뽑아낼 수가 없는 사람이었다. 똑똑한 비서가 해줄 수 있는 일이라고는 고작 치치코프의 이력에 남은 오점을 없애주는 것이었다. 그나마도 그의 불행한 가족의 (치치코프에게 가족이 없어서 다행이었다) 딱한 사정을 교묘한 말주변으로 울며 애원해 장관의 마음을 움직여서 얻어낸 결과였다.

"어쩔 수 없지!" 치치코프는 혼자 중얼거렸다. "다 잡은 월척을 놓쳤다고 울고 있을 수만은 없지. 이런다고 뭐가 해결되는 것도 아니니 뭐라도 해야겠어."

얼마 전까지 마음껏 누렸던 향락을 모두 잊고, 다시 참고 견디고 절제하며 재기를 위해 노력하기로 마음먹었다. 그러기 위해선 다른 마을로 떠나 새롭게 시작해야만 했다. 그런데 어찌된 일인지 모든 게 계획대로 되지 않았다. 아주 짧은 기간 동안 치치코프는 직업을 몇 번이나 바꿔야만 했다. 맡은 일들은 하나 같이 지저분하고 천덕스러웠다. 미리 밝혀두지만 치치코프는 세상에 보기 드물 만큼 깔끔한 사람이었다. 처음에는 지저분한 사람들과 함께 일하면서도 깔끔함에 대한 기호만큼은 언제나 잃지 않았다. 사무실에 바니시를 칠한 책상을 갖다놓을 만큼 기품을 즐겼고, 얘기를 나눌 때도 예의에 어긋나는 말을 입에 담지 않았으며, 누가 관등과 신분에 맞게 경칭을 쓰지 않으면 불쾌하게 생각했다. 치치코프가 하루걸러 옷을 갈아입고 더운 여름날에는 매일 갈아입었다는 것을 안다면 독자 여러분께선 분명 호감을 느낄 것이다. 조금이라도 악취가 나면 치치코프는 득달같이 화를 냈다. 페트루슈카가 옷과 장화를 벗겨주러 올 때면 콧구멍에 정향(丁香)을 쑤셔 넣었던 것도 그런 이유에서이다. 이렇듯 치치코프는 마치 젊은 여인처럼 신경이 예민했다. 그러니 독한 보드카 냄새를 폴폴 풍기는 난폭한 짝패들 사이에 다시 끼게 되었을 때 그는 무척이나 힘들었을 것이다. 이런 힘든 시기에는 아무리 애를 써도 살이 빠지고 얼굴도 흙빛이 된다. 다시 살이 찌기 시작한 치치코프가 독자 여러분과 처음 마주했던 그때처럼 통통한 몸매를 갖추었을 무렵에는 몇 번이고 거울을 들여다보면서 마누라에 아이들 방과 같은 즐거운 상상을 떠올리며 빙긋이 웃곤 했었다. 하지만 이제는 거울에 비친 자신의 모습에 "이거야 원, 내 꼴도 볼품없어졌군그래." 소리가 절로 나왔다. 그 뒤로 한참동안 거울을 들여다보지 않았다. 그러나 우리 주인공은 모든 것을 참고 견뎠다. 사내답게 참고 견뎠고, 끈덕지게 참고 견뎠다. 그리고 마침내 세관원이 되었다. 미리 밝혀두자면 치치코프는 전부터 세관원이 되고 싶었다. 외국 사치품을 수집하고, 도자기나 고급 손수건 같은 것을 대모(代母)니 숙모니 누이동생들에게 선물하는 세관원들의 모습을 봐왔던 터라 몇 번이고 한숨을 지으며 이렇게 말하곤 했었던 것이다. "저런데서 일하면 얼마나 좋을까! 국경도 가깝지, 사람들은 교양 있지, 거기다 네덜란드 산(産) 셔츠도 있지!"

덧붙이자면 그때 치치코프는 앞서 얘기했던 그 비누, 피부를 뽀얗게 해주고 얼굴에 생기를 불어넣어주는 특제 프랑스 비누를 떠올리고 있었다. 이름이 뭐였는지 기억나지는 않지만 국경근처라면 반드시 구할 수 있을 것이었다. 그러한 연유에서 세관원은 치치코프가 바라마지 않던 자리였다. 위원회를 맡으면서 누렸던 이익과 비교하자면 세관은 하늘 높이 나는 학이고 위원회는 손에 잡힌 박새나 다름없었다. 그렇지만 지금은 무슨 일이 있더라도 세관원이 되겠다고 결심했고 마침내 소원대로 세관업무를 맡게 되었다.

치치코프는 매우 열정적으로 일했다. 마치 세관원이 될 운명을 타고나기라도 한 것 같았다. 이토록 날렵하고 예리한 눈을 가진 관리는 여태껏 들어본 적이 없을 정도였다. 몇 주 만에 업무에 완전히 익숙해진 치치코프는 모르는 것이 하나도 없었다. 저울과 자를 쓰지도 않고 힐끗 짐표를 본 것만으로 무슨 옷감이며 몇 장에 몇 야드인지 알아맞혔고, 소포를 들어보는 것만으로 무게가 몇 파운드인지 알아맞혔다. 동료들은 단추 하나하나까지 확인하며 신체검사를 하는 치치코프의 끈기 있는 태도에 혀를 내두르며 개코라고 칭찬했을 정도였다. 그러면서도 살인적인 냉정함과 믿기지 않을 정도의 공손함을 가지고 있었다. 검사를 받는 손님들은 화가 치밀어올라 자기도 모르게 이 사내의 명랑한 얼굴에 손가락을 튕겨 따끔하게 알밤을 먹이고 싶다는 악랄한 충동에 휩싸였지만, 치치코프는 안색은 물론이요 공손한 태도 하나 바꾸지 않고 "대단히 죄송합니다만, 잠깐 일어서주실까요?"—"부인, 굉장한 실례가 되겠습니다만 옆방으로 와주실수 없으시겠습니까? 거기 계신 담당자의 부인이 설명해줄 겁니다."—"실례지만 칼로 외투 안감을 좀 뜯어보겠습니다." 이런 얘기를 늘어놓으며 마치 자신의 트렁크라도 되는 듯 태연히 숄이니 손수건을 끄집어내는 것이다. 상관들도 저놈은 악마이지 사람이 아니라고 했을 정도로 마차바퀴에 끌채, 말의 귓속까지, 뿐인가 나로서는 도저히 상상도 못 할 세관원만이 알고 있을 그런 기상천외한 곳에서 별의별 것들을 찾아냈다. 그러니 가엾은 여행자들은 국경을 넘고 나서도 한참을 망연자실해하며 흐르는 땀을 닦으며 성호를 그린다. "원 이거 참!" 그 심정이란 교장 선생님이 부르기에 잔소리라도 하려나 생각하고 찾아갔는데 이게 웬걸, 진절머리가 날 만큼 회초리로 얻어맞고 뛰쳐나온 학생과 같았다. 결국 치치코프 때문에 밀수업자들의 장사는 완전히 말이 아니게 되었다. 폴란드의 유대인들에게 이는 위협이자 절망을 뜻했다. 그 청렴결백함은 부자연스러울 만큼 어떤 회유로도 무너뜨릴 수가 없었다. 갖가지 압수품과 압수는 했지만 성가신 수속이 귀찮아서 국고에 넣지도 않고 쌓아둔 잡다한 물건들로 자기 호주머니를 채우는 짓도 하지 않았다. 이토록 열정적이고 청렴한 근무 태도는 사람들을 깜짝·놀라게 했고, 상관의 귀에도 들어갔다. 관등이 오르고 급료도 올랐다. 그러자 치치코프는 밀수입자들을 일망타진할 계획이 있으니 모든 것을 자신에게 맡겨달라고 청원을 했고, 지휘권과 아무런 제한 없이 수색할 수 있는 권한이 주어졌다. 하지만 이 모든 것은 그의 계획의 일부에 지나지 않았고 이 대담한 계획만 성공시키면 수백만 루블을 벌어들일 수 있을 것이었다. 이 신중하고 치밀한 계획에 발맞춰 큰 밀수조직이 생겨났다. 이 밀수조직에 대해 알고 있었던 치치코프는 자신을 매수하러 온 조직원을 "아직 때가 아닐세"라는 말로 쌀쌀맞게 거절했다. 하지만 이제 모든 권한이 손에 들어오자 때가 되었다며 밀수조직에 자신의 뜻을 전했다. 모든 게 계획대로였다. 이로써 치치코프는 20년 동안 개미처럼 일해도 벌 수 없는 돈을 1년 만에 벌게 되었다. 지금까지 밀수조직과 교섭하지 않았던 이유는 아직 말단관리였던 자신이 받을 수 있는 금액이 뻔했기 때문이었다. 하지만 이제는 …… 이제는 상황이 완전히 뒤바뀌어 마음 내키는 대로 조건을 내세울 수 있게 된 것이다. 수월하게 일을 처리하기 위해 짝패까지 한 사람 구슬렸다. 이제 흰머리가 지긋한 나이임에도 짝패는 유혹을 떨쳐내지 못했다. 계약이

맺어지면서 밀수조직은 계획을 실행에 옮겼고 아주 멋들어진 성과를 올렸다. 독자 여러분들은 아직까지 사람들의 입에 오르내리는 에스파냐 양(羊) 밀수사건에 대해 들어봤을 것이다. 털을 두 겹 겹친 양떼를 데리고 국경을 통과했던 사건인데 겹쳐둔 털 아래에는 백만 루블에 상당하는 브라반트 레이스가 감춰져 있었다고 한다. 이 사건에 당시 세관원으로 일했던 치치코프가 나서지 않았더라면 어떤 유대인도 이토록 완벽하게 일을 성공시키지 못했을 것이다. 양떼가 서너 번 국경을 지나자 두 사람에게는 각각 40만 루블이라는 돈이 굴러들어왔다. 치치코프는 짝패보다 눈치가 더 빨랐으니 어쩌면 50만 루블이 넘었을 거라는 얘기도 있다. 악마라도 나타나지 않는 한 두 사람의 재산은 누구도 상상하지 못할 만큼 크게 불어났을 것이다. 그런데 그 악마가 나타나 두 사람 사이를 갈라놓고 말았다. 쉽게 얘기하자면 쓸데없는 이야기를 주고받다 흥분한 나머지 싸움을 벌이고 만 것이었다. 술기운 때문인지는 모르겠지만 치치코프가 짝패를 목사아들이라고 불렀는데, 정작 목사아들이었던 짝패는 얼굴을 붉히며 무섭게 화를 냈던 것이다. "그게 무슨 소린가! 난 5등 문관이지 목사아들이 아닐세! 그러는 자네가 목사아들이겠지!" 이렇게 자신이 당한 모욕을 그대로 되갚아주고도 상대방을 더 골리기 위해 "자네 꼴이나 보고 그런 소리 하게!"하고 악담까지 덧붙였다. 그럼에도 분이 풀리지 않았는지 치치코프가 저지른 짓을 상사에게 고발까지 해버렸다. 소문에 의하면 이 사건 외에도 두 사람 사이에는 어떤 여인을 둘러싼 사랑싸움이 있었다는데, 관리들이 말하길 그 여인은 포동포동하게 살이 오른 순무 같았다고 한다. 어둠을 틈타 우리 주인공을 골목길에서 흠씬 두들겨 패주려고 깡패들까지 매수했었지만 정작 물먹은 건 두 사람이었다. 여인은 샴샤로프라는 2등 대위에게 넘어가버렸던 것이다. 과연 어떤 얘기가 진실인지 알 수 없지만 관심 있으신 독자 분들은 그 결과를 자유롭게 상상해보길 바란다.

이렇게 해서 밀수업자들과의 관계가 만천하에 드러나고 말았다. 5등관의 자멸로 짝패까지 실각하게 된 꼴이었다. 눈 깜짝할 사이에 재판과 재산몰수가 이루어졌고 탄산가스라도 마신 것처럼 멍해졌던 두 사람이 정신을 차렸을 무렵에는 자신들이 저지른 짓거리에 몸서리쳐야만 했다. 5등관은 러시아인답게 술에 빠져들었지만 6등관 치치코프는 끝까지 발악했다. 무척이나 예리한 감각을 지닌 관리조차 찾을 수 없을 만큼 재산 일부를 감쪽같이 숨기는 데 성공했을 뿐만 아니라, 풍부한 인생경험과 사람의 심리를 전부 꿰고 있었던 두뇌를 활용해 온갖 술책에다 불쌍한 척, 실패한 적 없었던 아첨에, 뇌물까지 동원했다. 말하자면 짝패처럼 체면을 구기지 않기 위해 수작을 부려 재판을 피해간 것이다. 하지만 재산과 사치품들은 하나도 남김없이 다른 수집가의 손에 넘어가고 말았다. 남은 것이라곤 만일을 위해 숨겨두었던 돈 1만 루블과 네덜란드 산(産) 셔츠 스무 벌, 독신자들이 으레 타고 다닌다는 작은 사륜마차, 마부 세리판과 하인 페트루슈카, 그리고 딱하게 여기고 세관원들이 두고 간 얼굴을 생기 있게 만들어준다는 비누 대여섯 개가 전부였다. 이리하여 우리 주인공은 또다시 곤경에 빠지고 말았다! 치치코프가 전에 말했던 '관직에 있을 때 힘든 일을 겪었다'는 건 바로 이걸 말하는 것이었다.

이만한 시련과 운명의 역전, 인생의 쓴맛까지 겪고 나니 이제 마지막 남은 1만 루블을 가지고 한적한 시골로 떠나 라사 가운을 입고 작은 단층집 창가에 앉아서 일요일마다 시작되는 농부들의 싸움을 말리거나, 기분전환 삼아 닭장에 들러 수프 재료로 쓸 암탉을 골라보면서 이렇게 평화롭고 뜻있는 삶을 보내는 것도 나쁘지 않을 것만 같았다. 하지만 치치코프는 그러지 않았다. 우리는 여기서 그의 성격에 감춰진 불굴의 힘을 한 번 더 되짚어 볼 필요가 있다. 사람을 파멸시키지는 않지만 평생 무기력하게 만들기에 충분한 재난을 당하고도 그의 마음속에 숨겨진 불가사의한 정열은 사라지지 않았다. 물론 비탄에 빠지고, 울분을 터뜨리고, 세상 사람들에게 푸념을 늘어놓고, 운명의 불공평에 분개하고, 사람의 불공평에 분노를 금치 못했지만 그래도 다시 일어서는 것을 포기하지 않았다. 치치코프는 단순히 느려터진 혈액순환 탓에 생겨난 독일인들의 인내심과는 비교할 수 없을 만큼의 강인한 인내력을 갖고 있었다. 오히려 어찌나 혈액순환이 활발한지 이리저리 뛰쳐나가려는 걸 억누르기 위해 상당한 양의 총명한 의지력이 필요했을 정도였다. 치치코프는 다음과 같이 신세한탄을 늘어놓았는데, 과연 아주 일리가 없는 말은 아니었다.

"왜 나한테만 이런 일이 생기는 거지? 왜 나한테만 이런 재앙이 몰아치느냔 말이야! 뇌물 안 받는 놈이 요즘 세상에 어디 있다고! 다 받아 처먹고 있어! 내가 뭐 사람들을 불행하게 만들기를 했어? 과부한테서 돈을 뜯었어? 누굴 쫄딱 망하게 만들기라도 했느냐고! 난 그저 남아도는 걸 이용했을 뿐이야. 그것도 누구나 쓸 수 있는 방법을 썼다고! 내가 안 했어도 분명 다른 누군가가 했을 걸? 그런데 다른 놈들은 떵떵거리며 살고 왜 나만 구더기처럼 죽어야만 하는 거지? 대체 난 뭐야? 뭘 할 수 있지? 이제 무슨 낯짝으로 떳떳한 가장 노릇을 하냐고! 내가 그저 밥만 축내는 벌레라고 생각하니 도저히 고개를 들 수가 없어. 아이들은 뭐라고 할까? '어떻게 재산 하나 못 남기다니, 참 대단한 아버지셔!' 분명 이렇게 말할 거야."

치치코프가 늘 후손걱정을 하고 다닌다는 건 독자 여러분도 잘 알고 있을 것이다. 이보다 더 가슴 울리는 이야기가 어디 있겠는가? "만약 우리 애들이 보면 어쩌지?" 문득 떠오르는 이러한 의문에 남의 호주머니 깊숙이 찔러 넣던 손이 멈칫한 사람이 많다. 여기 가장을 꿈꾸는 치치코프만 보더라도 마치 조심성 많은 암고양이처럼 어디서 주인장이 보고 있지는 않을까 이리저리 곁눈질로 경계를 게을리하지 않으면서도 비누에 양초, 돼지기름, 아니 손만 닿는다면 저 카나리아까지 낚아채려 하고 있지 않은가. 그는 무엇 하나 놓치고 싶지 않았던 것이다.

그리하여 우리 주인공은 울먹이며 눈물을 쏟기도 했지만 그 와중에도 치치코프의 두뇌는 한순간도 쉬지 않고 오로지 계획을 구상하고 있었다. 그렇게 계획이 떠오르기만을 기다리며 치치코프는 또다시 몸을 웅크리고 참고 견디며 절제하는 생활을 시작해야만 했다. 우아하고 나무랄 데 없이 훌륭한 지위에서 진흙투성이 하층생활로 추락해버린 것이다. 다시 일어서기 위해 대리인이라는 직업에까지 손을 댔다. 이 대리인이라는 직업은 아직 대중적으로 받아들여지지 않았던 터라, 여기저기에서 구박 당하고 하급관리나 의뢰인의 멸시를 받으며 머리가 땅에 닿도록 굽실거리고 거친 대우를 이겨내야만 했다. 하지만 목구멍이 포도청이니 어쩔 도리가 있겠는가? 그런데 치치코프가 받은 의뢰 중에 이런 것이 있었다. 수백 명이나 되는 농노를 담보로 유족보호원(과부, 고아, 사생아 등을 보살펴주는 동시에, 영지를 저당잡고 돈을 빌려주는 정부기관)에서 돈을 빌려오라는 것이었다. 의뢰인의 영지는 극도로 황폐해져 있었다. 이렇게 된 이유는 가축 전염병과 사기꾼 관리인, 흉작, 실력 있는 일꾼들을 데려가 버린 역병 탓이기도 했지만, 지주의 무분별한 행동 때문이기도 했다. 모스크바에 있는 저택을 유행하는 장식으로 꾸미고자 전 재산을 1코페이카도 남기지 않고 모두 써버리는 바람에 끼니를 챙기는 것조차 어려워지면서 결국 영지마저 저당 잡히는 꼴이 되고 말았던 것이었다. 그러나 저당 잡힌 영지가 국고로 회수된 전례가 없었던 만큼 누구라도 이 의뢰에 의구심을 가질 것이었다. 그래서 대리인 치치코프는 먼저 그쪽에서 일하는 관리들을 모조리 포섭하고(아시다시피 이렇게 해두지 않으면 단순한 조회나 서류작성도 받아주지를 않으니 관리들의 입을 마데이라 와인으로 적셔주지 않는 이상 도리가 없다) 사정을 설명했다.

"사실은 이런저런 사정으로 농노의 반이 죽어버렸는데 나중에 성가신 일이 생기지는 않겠지요……?"

"허나 호적에는 올려져 있을 게 아닌가?" 서기가 말했다.

"올려져 있지요." 치치코프가 대답했다.

"그렇다면 겁먹을 거 없네. 한 명이 죽으면 또 한 명이 태어나는 법이야. 그런 식으로 빈자리는 계속 채워질 걸세."

이 서기는 언어의 마술사라도 되는 걸까? 아무튼 서기의 이야기를 듣고 있던 치치코프는 바로 그 순간 지금까지 사람들의 머릿속에 떠오른 적이 없었던 천재적인 계획이 반짝하고 떠올랐다.

"이런 젠장! 바보 멍청이가 따로 없군. 허리춤에 장갑을 꽂아 놓고 찾아헤매는 꼴이라니! 새 호적을 올리기 전에 죽은 농노를 모조리 사들이면 되는 거야! 유족보호원에서 한 사람 당 2백 루블씩 돈을 빌릴 수 있으니 천 명 정도만 사들여도 20만 루블이라는 거금이 손에 들어오는 거야! 거기다 시기도 딱 알맞군그래. 얼마 전에 돈 역병으로 죽은 농노가 한둘이 아니거든. 지주 놈들은 노름에 빠져 방탕한 생활을 계속하다 빈털터리가 되었을 테고, 요즘은 개나 소나 페테르부르크로 일자리를 구하러 떠나는 형편이니 영지는 텅텅 비고, 관리는 엉망진창에 세금 내는 것도 빡빡할 거야. 그러니 죽은 농노의 세금을 내지 않아도 된다고 하면 누구나 기꺼이 죽은 농노들을 내게 넘겨줄 거야. 아니 어쩌면 꼭 좀 맡아달라면서 돈을 줄지도 몰라. 그야 물론 골치 아플 만큼 힘들겠지. 거기다 심한 꼴을 당하거나 소동에 휘말리게 될지도 몰라. 하지만 지혜라는 건 바로 이럴 때 쓰라고 있는 거지. 거기다 이런 기상천외한 이야기는 아무도 믿지 않겠지. 땅이 없어서는 농노를 살 수도 없고 저당 잡는 것도 못하지만 그놈들을 이주시킬 거라고 하면 돼.

그래 이주(移住)! 타브리다나 헤르손에선 이주하겠다고 하면 땅을 무상으로 준단 말이지. 모두 그곳으로 옮기면 돼! 헤르손으로 가자! 거기서 살면 돼! 이주라면 합법적으로 수속을 밟을 수 있어. 농노들의 호적을 보고 싶다면 마음대로 하라고 그래. 다 보여줄 수 있어. 경찰서장이 직접 서명한 증명서까지 보여줄 수 있다고! 마을 이름은 '치치코프 마을'이나 내 세례명을 따서 '파블로프스코에 마을'이라고 불러야겠어."

이리하여 우리 주인공의 머릿속에 기괴하기 짝이 없는 계획이 세워지게 되었다. 독자 여러분께서는 어떠실지 모르지만 작자인 나로서는 뭐라 할 수 없을 만큼 고마움을 느꼈다. 만약 치치코프가 이 계획을 떠올리지 못했다면 이 서사시는 빛을 보지 못했을 테니 말이다.

치치코프는 러시아의 풍습에 따라 성호를 그리고 곧바로 계획을 실행에 옮겼다. 이주지를 고르기 위해서라는 구실로 우리 러시아제국 방방곡곡을 돌아다니기로 한 것이다. 주로 흉작이나 역병 같은 재해 피해가 특히 심한 지방, 다시 말해서 자신이 필요로 하는 농노를 더 쉽게, 더 싸게 구할 수 있는 지방으로 발길을 돌렸다. 그렇다고 덮어놓고 아무 지주나 찾아간 것은 아니었다. 자신과 취미가 맞는다던지 성가신 일 없이 거래를 끝마칠 수 있을 것 같은 사람만을 골라 미리 호감을 사두어서 최대한 돈이 나가는 일이 없게 끔 애를 썼다. 그러니 독자 여러분께선 지금까지 등장한 인물들이 마음에 들지 않는다고 작자에게 화내지 말아줬으면 한다. 모든 잘못은 치치코프에게 있다. 주인공은 어디까지나 치치코프이기 때문에 우리는 그저 그가 가는 곳이라면 어디든 따라가야만 한다. 만일 인물이나 성격이 명확하지 못하다든가 매력이 없다고 비난한다면, 나는 무슨 일이든 처음부터 전체적인 모습을 알 수 있는 건 아니라고만 해두겠다. 어떤 도시를 가더라도, 그것이 한 나라의 수도라고 하더라도 마차에 탔을 무렵에는 인상이 희박해서 모든 것들이 단조로운 잿빛으로만 보인다. 굴뚝으로 가득한 크고 작은 공장들이 끝없이 이어진 것 같지만, 곧 6층짜리 건물의 끄트머리와 가게의 간판이 보이면서 곳곳에 종루와 둥근 기둥, 동상, 첨탑이 있는 거리와 장대한 광경, 도시의 광채, 소음, 왁자지껄한 사람들의 목소리, 사람의 손과 두뇌가 만들어낸 놀라운 것들이 눈앞에 펼쳐진다. 독자 여러분께서는 치치코프가 처음으로 농노를 사들인 때의 이야기를 보았다. 이제 우리는 이 이야기가 어떻게 진행될 것이며, 우리 주인공이 어떤 성공과 실패를 만나게 될 것인지, 그에게 다가

올 더 큰 난관들을 어떤 방식으로 해결하고 극복해나갈 것인지, 그리고 멀리까지 나아간 이 이야기의 숨겨진 지렛대가 어떤 방향으로 움직여 마침내 장려하고 서정적인 지평선을 그려나가게 될 것인지를 보게 될 것이다. 중년에 들어선 신사와 독신자용 마차, 하인 페트루슈카와 마부 세리판, 그리고 독자 여러분께서도 친숙하실 '의원님'과 교활한 얼룩이! 이 여행자들이 가야 할 길은 아직 멀고도 험난한 것이다.

자아, 여기까지가 우리 주인공이 살아온 삶의 전부이다. 어쩌면 치치코프의 도덕적 자질을 한마디로 정의해달라는 사람이 있을지도 모르겠다만, 그는 결코 도덕적이지도 않으며 완벽하지도 않다. 그럼 그는 대체 어떤 인물인가? 악당인가? 과연 그가 악당일까? 아니 인물을 판단하는데 어찌 그리 가혹하단 말인가! 요즘 세상에 악당은 존재하지 않는다. 모두가 착하고 인상좋은 사람들뿐이지 사람들이 보는 앞에서 뻔뻔스럽게 뺨을 때려 수치를 주는 사람은 아무리 찾아본들 두세 명도 찾기 어려울 것이다. 더구나 요즘은 그런 놈들도 입에 도덕을 담고 다닌다. 그러니 우리 주인공은 사업가나 영리주의자라고 부르는 게 가장 마땅하다. 돈벌이야말로 죄악의 근원이기 때문이다. 돈을 벌기 위해서라면 온갖 구린 짓도 서슴지 않는다. 그러다보니 이런 성격에는 어딘가 배타적인 면이 있다. 평상시에는 이 같은 인물과 정답게 오가며 함께 즐거운 시간을 보내던 독자도 이 같은 인물이 희극이나 서사시의 주인공이 되면 차갑게 돌변해버린다. 하지만 현명한 사람이라면 덮어놓고 싫어하지 않고 그러한 성격을 철저히 분석해서 어찌된 영문인지 하나하나 알아보려고 할 것이다. 이렇듯 사람의 마음은 변화무쌍하기에 자칫하면 무시무시한 구더기가 생겨나 생기(生氣)를 빼앗기게 된다. 그러면 큰 열정뿐만 아니라 보잘것없는 작은 열정까지 위업을 세우기 위해 태어난 위인의 마음에 그 뿌리를 내려 위대하고 신성한 의무를 잊게 만들어 하잘것없는 조그만 일을 위대하고 신성한 의무라고 착각하게 만든다. 사람의 열정이란 바닷가 모래알처럼 그 수를 다 헤아릴 수 없을 만큼 많고 모두 다른 모습을 하고 있지만, 고상하든 천박하든 처음에는 순종적이다 나중에는 무시무시한 폭군으로 변한다. 수많은 열정 중에서 가장 고상한 것만 골라낸 사람은 참으로 다행이다. 헤아릴 수조차 없는 행복이 시시각각으로 자라나 멈출 줄을 모르니 영혼은 끝없는 낙원으로 깊숙이 빠져든다. 그러나 열정 중에는 뜻대로 선택할 수 없는 것이 있다. 그것은 사람이 태어나는 순간에 함께 태어나며, 이를 거부할 수도 없다. 하늘의 뜻으로 정해지는 그러한 열정은 평생토록 유혹의 부름을 멈추지 않는다. 이러한 열정은 지상에서 위대한 역할을 하게끔 운명지어져 있어 어두운 모습으로 찾아오든, 세상에 기쁨을 가져다주는 찬란한 빛의 모습으로 스쳐 지나가든 매한가지인 것이다. 그렇기에 치치코프의 내면에 자리 잡은 열정은 그의 냉정한 마음과는 관계없이 그 속에 언젠가 인간을 하늘의 지혜 앞에 무릎 꿇게 만드는 무언가를 감춰 두고 있을지도 모를 일이다. 그렇다면 이제 곧 전모가 드러날 이 서사시에 이러한 인물이 등장한 것에도 어떤 의미심장한 이유가 있을 것이다.

한 가지 곤혹스러운 점은, 비록 독자 여러분의 눈에 치치코프가 썩 만족스러운 주인공이 아닐지는 모르지만, 작가인 나는 그와 같은 주인공이야말로 진정으로 독자 여러분을 만족시켜줄 수 있을 것이라고 생각한다는 것이다. 만일 작자가 인물의 내면을 들여다보거나 그 속에 감춰진 아무에게도 밝혀지지 않았던 비밀을 떠벌리는 것이 아니라, 마니로프나 다른 사람이 본 것처럼 그려냈다면 모두가 박수갈채를 보내며 치치코프를 재밌는 사내라고 했을 것이다. 이 경우에는 얼굴이나 전체적인 윤곽이 떠오르지 않는다고 해도 별 문제가 안 된다. 하지만 그런 글에서 느낄 수 있는 것은 아무것도 없다. 그리하여 아무것도 얻지 못한 독자들은 책을 덮고는 곧장 러시아인의 위안인 노름판으로 달려가는 것이다. 친애하는 독자 여러분은 인간성의 천박함을 폭로하는 얘기를 보고 싶어 하지 않는다. 오히려 왜 그런 짓을 하느냐고 묻는다. 그런다고 무슨 소용이 있느냐고 말이다. 따분하고 바보 같은 이야기라면 질릴 만큼 들어온 여러분이 그걸 모르지는 않을 것이다. 여러분은 그저 고상하고 아름다운 이야기만을 바라고 있는 것이다. 아주 잠깐이라도 지금의 자신을 잊기 위해서 말이다!

"사정이 좋지 못하니 어쩌니, 나더러 어쩌란 말이냐!" 지주들은 늘 관리인들에게 이렇게 얘기할 것이다. "네놈이 말 안 해도 잘 알고 있으니 그만 좀 하란 말이다. 앓는 소리 말고는 할 말이 없다는 거냐? 제발 날 좀 내버려둬!"

조금이나마 영지의 재정을 회복시켜줬을지도 모를 돈은 지금의 자신을 잊으려는 지주의 손에 탕진된다. 그렇게 엄청난 돈을 가져다주었을지도 모를 지혜는 영영 빛을 보지 못하고 영지는 경매에 부쳐진다. 자신을 잊으려던 지주는 거지로 몰락하고, 배고프면 못할 게 없다며 이전 같았으면 몸서리를 쳤을 비천한 짓을 그만두지 못하게 된다.

나는 또다시 애국자라는 사람들의 비난을 사게 될 것이다. 이들은 평소 집에만 틀어박혀 애국과는 전혀 관계없는 일을 하며 타인을 발판삼아 바지런히 자기 잇속만을 챙기고 있다. 그러나 한 번이라도 우리 조국을 모욕하는 사건이나 뼈저린 진실을 폭로한 책이라도 나타나면, 마치 그물에 걸린 파리를 본 거미처럼 여기저기에서 뛰쳐나와 입 모아 소리를 지른다.

"세상에 이런 사실을 떠들어대도 괜찮다고 생각하는 거요? 이건 전부 우리나라 이야기잖소. 내 알 바 아니라 이거요? 외국인들이 뭐라고 하겠소? 거기다 자기 욕을 하는데 좋아할 사람이 어디 있겠소? 누구 하나 좋을 것 없는 얘기잖소. 이러다간 우리가 애국자가 아닌 줄 알겠소이다." 외국인들이 어떻게 생각하겠냐는 이 약아빠진 충고에 대해 뭐라고 답해야 할지 솔직히 막막하다. 그러니 다음과 같은 이야기를 하나 들고자 한다.

러시아의 어느 시골에 두 신사가 살고 있었다. 한 사람은 키파 모키에비치라는 집안의 가장으로 마음씨는 부드러웠지만 생활력은 야무지지 못했다. 집안일에는 전혀 신경 쓰지 않고 늘 자신이 철학적이라고 부르는 어떤 문제에만 빠져 있었다. "짐승들은 말이야." 그는 이리저리 방 안을 오가며 이렇게 중얼거렸다. "태어날 때부터 벌거벗고 있던데 왜 그런 걸까? 왜 새들하고는 다른 걸까? 왜 알에서 태어나지 않지? 이것 참, 자연이란 탐구하면 할수록 알쏭달쏭하단 말이야!" 키파 모케에비차라는 양반의 사색이란 대개 이런 식이었다. 그런데 여기서 하고자 하는 얘기는 이게 아니다. 다른 신사는 그의 친아들인 모키 키포비치다. 그는 흔히 말하는 용사 같은 사내로 아버지가 짐승의 출생 비밀에 빠져 있는 동안, 억센 체구의 스무 살 청년으로 무럭무럭 자라났다. 무슨 일이건 정도를 모르니 팔을 부러뜨려놓거나, 콧등에 혹을 달아주고 오기 일쑤였다. 그러니 그가 나타났다하면 집이든 밖이든 하녀에서부터 집 지키던 개까지 걸음아 나 살려라하면서 달아나버렸다. 자기 방 침대까지 산산조각 낼 것처럼 보였지만 정작 모키 키포비치는 마음씨가 매우 착했다. 그런데 이 또한 여기서 하고자 하는 얘기가 아니다. 본론은 지금부터다. "나리, 키파 모키에비치 나리." 이렇게 집안 하인들뿐만 아니라 다른 집안 하인들까지 아버지를 찾아와서는 하소연을 했다. "모키 키포비치 도련님 때문에 못 살겠습니다. 보이는 족족 소리를 지르고 약한 사람을 괴롭히고 있습니다요!"—"완전히 망나니에요, 망나니!" 하지만 아버지의 대답은 늘 변함이 없었다. "하지만 이제 방도가 없잖나? 그 아이를 힘으로 때려잡기에는 너무 늦었고 또 그랬다간 난폭한 아버지라고 모두가 손가락질할 거야. 물론 녀석도 부끄러운 줄은 알 테니 사람들이 보는 앞에서 야단치면 얌전해지긴 하겠지. 하지만 그러면 세상 사람들이 다 알게 될 거야. 바로 그게 문제야! 사람들이 다 알게 되면 그 아이는 개자식 소리를 듣겠지? 그걸 바라보는 내 마음은 또 어떻겠나? 아니면 난 아비도 아니라는 건가? 철학에만 빠져서 그 아이를 제대로 돌보지 못했으니까? 헛소리 집어치우게, 난 그 아이의 아비일세! 누가 뭐라든 난 그 아이의 아버지야! 모키 키포비치는 여기 내 마음속 깊이 자리 잡은 소중한 아이란 말이네!" 몹시 흥분한 키파 모키에비치는 주먹으로 가슴을 쾅하고 두들겼다. "그놈이 진짜 개자식이더라도 난 절대 그걸 입에 담지 않을 거네. 무슨 일이 있더라도 난 그 아이를 저버리지 않을 걸세." 키파 모키에비치는 이토록 아름다운 부성애를 보이며 변함없이 아들이 망나니짓을 하게 내버려두고 자신은 앞서 얘기했던 알쏭달쏭한 철학에 빠져 이와 같은 뜬금없는 질문을 스스로에게 던진다. '그런데 만약 코끼리가 알에서 태어난다면 그 껍질은 굉장히 두꺼워서 대포로도 부수지 못할 거야. 그럼 아마 새로운 대포를 만들어야겠지?'

이렇게 평화로운 시골마을에 사는 두 신사가 이제 막바지에 다다른 우리의 서사시에 마치 창문을 내다보듯 고개를 들이민 것은 열정적인 애국자들에게 앙갚음을 해주고 싶었기 때문이다. 평소에는 얌전히 철학에만 몰두하거나 사랑하는 조국의 돈을 희생시켜 자신의 잇속을 채우고 있지만, 그들은 사실 악행을 저지르는 것보다 사람들한테서 비난 받는 걸 바라기 때문이다. 그러니 그들의 비난은 애국심도 아니고 자신의 감정에서 우러난 것도 아니다. 그러한 비난 뒤에는 다른 무언가가 숨겨져 있는 것이다. 얼버무릴 게 뭐가 있겠는가. 신성한 진리를 입에 담아야 할 자가 작가말고 또 누가 있겠는가? 그들은 밑바닥까지 꿰뚫어보는 시선이 두려워 직접적으로 바라보지 않고 막연히 겉면만을 훑으려고 한다. 그들은 치치코프를 보고 깔깔거리며 웃을 것이다. 아니 어쩌면 이렇게 말하며 작자를 칭찬할지도 모른다. "이거 참 이렇게 재미난 이야기를 찾아내다니 이 글을 쓴 친구는 익살꾼이 틀림없어!" 그리고는 더욱 교만하고 자신만만한 미소를 띠며 이렇게 덧붙일 것이다. "시골에도 고장에 따라 이상하고 우스꽝스런 사람과 굉장한 악당도 있다는 걸 인정해야겠어!" 그러나 과연 그들 중에 몇이나 기독교적인 겸손한 자세에서 사람들 앞이 아닌 고독한 명상의 기도를 통해 스스로를 되돌아보며 '어딘가 나에게도 치치코프와 닮은 부분이 있지는 않을까?' 이런 번민을 가져봤을까? 한 사람도 없을 것이다! 오히려 지위가 높지도 낮지도 않은 친구가 지나가기라도 하면, 여봐라는 듯이 옆에 있던 친구의 팔꿈치를 쿡쿡 찌르며 금방이라도 터질 듯한 웃음을 간신히 참으며 이렇게 말할 것이다. "저기 좀 보게, 치치코프야. 치치코프가 가고 있어!" 그리고는 신분도 나이도 잊고 어린아이처럼 뒤를 쫓아다니며 "치치코프! 치치코프! 치치코프!"하고 놀려댈 것이다.

이런 목소리가 너무 컸나 보다. 까맣게 잊고 있었지만 우리가 치치코프에 대해 얘기를 늘어놓는 사이 어쩌면 잠들어 있던 우리 주인공이 눈을 뜨고 계속해서 들려오는 자신의 이름에 귀를 기울이고 있었을지도 모르겠다. 치치코프는 곧잘 화를 내는 성격이라 누가 자신을 놀리면 곧바로 얼굴이 일그러진다. 독자 여러분은 치치코프가 화를 내건 말건 상관없겠지만, 작자는 어떤 경우에라도 자신이 고른 주인공과 싸워서는 안 된다. 우리 두 사람은 사이좋게 손잡고 가야 할 길이 아직 많기 때문이다. 앞에 놓인 방대한 2부(이 소설은 3부로 구성될 예정이었지만, 고골은 끝내 2부를 완성시키지 못했다) …… 이는 결코 손쉬운 일이 아니다.

"이봐 세리판! 뭐하고 있는 거냐!" 치치코프가 세리판에게 말했다. "이것 보라니까!"

"뭡니까?" 세리판은 흐리멍덩한 목소리로 대답했다.

"뭡니까가 뭐야, 뭡니까가! 이 거위 같은 놈! 누가 이렇게 달리라든? 정신 차리고 더 빨리 몰지 못해!"

한참 전부터 무거워진 눈꺼풀을 깜작이던 세리판은 꾸벅꾸벅 조는 말들의 겨드랑이에 고삐를 잠결에 휘두르고 있을 뿐이었다. 페트루슈카 녀석은 모자는 어디로 갔는지 보이지도 않고 벌렁 뒤집어져 치치코프의 무릎을 베고 있었다. 덕분에 주인어른의 매서운 손맛을 봐야 했지만 말이다. 겨우 정신을 차린 세리판은 얼룩이의 등에 몇 번인가 매질을 했고 그제야 얼룩이도 조금씩 달려가기 시작했다. 이어서 다른 말들에게도 찰싹 매질을 하고는 노래하듯 큰 목소리로 "꾸물거리지 마!" 호통을 쳤다. 말들은 빠르게 활기를 되찾았고 경쾌한 사륜마차는 날개라도 단 것처럼 가볍게 달려갔다. 세리판은 그저 가끔 회초리를 휘두르며 "이랴! 이랴! 이랴!" 소리만 질렀다. 마차가 언덕을 오르거나 한달음에 내리막을 내려갈 때면 마부석에 앉은 세리판이 흔들흔들 춤을 췄는데, 약간 내리막이 진 이 길에 울퉁불퉁한 구석이 많았던 탓이었다. 하지만 치치코프는 가죽쿠션에 앉아 흔들리는 마차에 몸을 맡기고는 그저 싱글벙글 웃고 있었다. 치치코프는 달리는 마차를 좋아했다. 아니 치치코프만이 아니다, 러시아 사람치고 달리는 마차를 싫어하는 사람이 어디 있는가? 여차하면 이리저리 마차를 몰고 다니다가 이 머저리 같은 짓에 제정신을 잃고 끝내는 "에잇, 될 대로 돼라!" 소리를 지르는 러시아인에게 달리는 마차가 어찌 어울리지 않겠는가. 마음을 사로잡는 멋진 매력이 있는데 어찌 좋아하지 않겠는가. 마치 보이지 않는 어떤 힘에 사로잡혀 날개라도 달린 것처럼 하늘을 날면 모든 것이 함께 날아간다. 푯말도 날아갔다. 마주 달려오던 마차의 마부석에 앉은 상인도 날아갔다. 울창한 전나무와 소나무 숲에서 들려오던 도끼 소리와 까마귀 울음소리도 저 멀리 날아갔다. 달리는 길도 어딘지 모를 곳으로 멀리, 저 멀리 날아갔다. 이 모든 것들이 눈에 보이기도 전에 사라져버리는 이 현기증 나는 질주에는 뭔가 무시무시한 비밀이 있는 건 아닌가? 날아가지 않는 건 그저 머리 위의 하늘과 두둥실 떠 있는 구름, 구름 사이로 드문드문 고개를 내미는 달뿐이다. 오오, 마차여! 작은 새와 같은 마차여! 그대를 발명한 사람은 누구인가? 넌 아마 혈기 넘치는 적극적인 국민들로 가득하고, 세상의 반을 차지하고 있는 저 아득한 평원에 널린 푯말을 세어보는 것만으로 현기증이 날 것 같은 나라에서 태어났을 것이다. 거기다 정교하게 만들어진 것 같지도 않다. 야로슬라브에 사는 솜씨 좋은 농부가 나사 하나 없이 도끼와 끌 한 자루만으로 간단히 만든 것이리라. 마부는 독일식 장화를 신고 있지도 않고 턱수염은 덥수룩하고 장갑만 끼고 있으며 엉덩이에는 뭘 깔고 있는지도 모른다. 그런데 이 마부가 한번 벌떡 일어나 회초리를 휘두르고 노래를 부르면 말은 질풍처럼 달려가고 마차 바퀴는 매끈매끈한 원판으로 바뀐다. 그러면 길이 요동치고 지나가던 사람들은 놀라서 무심코 걸음을 멈춘다. 하지만 마차는 아랑곳 않고 계속해서 달려가고…… 눈 깜짝 할 사이에 자욱한 흙먼지를 일으키며 저 멀리 달려가는 모습만이 보일 뿐이다.

　러시아여, 그대는 저 쫓아갈 수 없을 만큼 대담무쌍하게 달려가는 마차와 같지 않은가. 마차 아래에서 자욱하게 일어나는 흙먼지도, 덜컹덜컹 들날리는 나무다리도, 모든 것이 멀리, 저 멀리 사라져가는구나. 깜짝 놀란 사람들은 이를 신의 기적이라며 발걸음을 멈춘다. 하늘에서 내려준 번개이다! 이 무시무시한 떨림은 뭘 뜻하는 거지? 저 본 적도 없는 말들에게는 어떤 신비한 힘이 숨겨져 있는 걸까? 오오, 말들이여, 말들이여! 어쩌면 이다지도 신통하단 말이냐! 너희들의 갈기 속에는 질풍이라도 숨겨져 있느냐? 너희들의 혈관은 하나같이 빨갛게 달궈진 예민한 귀라고 갖고 있는 것이냐? 머리 위에서 귀에 익은 노랫가락이 들려오면 말들은 일제히 구릿빛 가슴을 펴고 발굽이 땅에 닿지 않을 정도로 하늘을 가르는 한 줄기 선(線)이 된다. 그렇게 마차는 신의 영감(靈感)을 싣고 계속해서 달려간다! ……러시아여, 그대는 대체 어디로 가는가? 대답해다오! 그러나 대답은 들려오지 않는구나. 딸랑딸랑 맑은 방울소리가 하늘에 울려 퍼지고, 갈기갈기 찢겨진 대기는 굉음과 함께 바람이 된다. 땅 위의 모든 것들이 멀리, 저 멀리 사라져간다. 이러한 러시아의 웅장한 모습에 다른 국가와 국민들은 그저 힐끗거리며 옆으로 길을 내어준다.

제2부

1

대체 무엇 때문에 조국의 머나먼 두메산골에서 사람들을 끄집어내어 우리의 빈곤하고 초라한 삶을 적나라하게 드러내려는 걸까? 만일 이것이 작자의 천성이고 스스로의 부족함으로 병을 앓았던 탓에 조국의 머나먼 두메산골에서 끄집어낸 사람들로 우리의 빈곤하고 초라한 삶을 적나라하게 그려내는 것 말고는 할 줄 아는 게 없다면 어쩔 도리가 없다. 그리하여 우리는 이렇게 멀고 먼 두메산골을 다시 찾게 되었다. 그렇다면 대체 두메산골이란 어떠한 곳인가?

마치 성루와 포문을 갖춘 거대 요새의 성벽과 같은 산맥이 1천 베르스타도 넘게 굽이굽이 뻗어 있다. 물길에 씻겨 이리저리 파헤쳐진 자리에는 절벽처럼 석회단층이 있고, 잘려나간 둥치에서 자라난 어린 관목에 뒤덮여 마치 양털이라도 뒤집어 쓴 것처럼 둥그스름한 푸른 덤불이 자라나 있고, 지금까지 기적적으로 도끼질 당하는 걸 면한 울창한 숲이 끝없는 평원을 뒤덮고 있다. 강물은 강줄기를 따라 이리저리 굽어지는가 싶더니 멀리 초원 저편으로 사라져 몇 번을 더 구불구불 굽어진 뒤에야 햇살 아래에 반짝이는 모습을 드러냈다. 그러다 자작나무와 사시나무, 오리나무 숲 속으로 다시 사라지더니 마치 기다리고 있었다는 듯 다리, 물레방아, 제방을 따라 유유히 모습을 드러냈다.

어떤 산맥의 가파른 경사면은 무성하게 자라난 푸른 고수머리로 뒤덮여 있었다. 협곡의 기복이 심하다는 점을 이용하여 사람들이 나무를 심고 가꾼 탓에 이곳에는 남부와 북부의 식물들이 한데 모여 있었다. 떡갈나무에 전나무, 배나무, 벚나무, 가시나무 그리고 홉 줄기에 휘감긴 마가목과 아카시아까지 서로 돕거나 훼방을 놓아가며 자라나 비탈에서부터 꼭대기까지 산 전체를 뒤덮어 가고 있었다. 저 높이 산 꼭대기 부근에는 초록 우듬지와 한데 어울려 지주 저택의 붉은 지붕과 그 뒤에 가려진 농가, 지붕장식, 무늬가 들어간 발코니, 커다란 반원형 창문이 달린 누각이 드문드문 보였다. 그렇게 우듬지와 지붕들 위로는 도금을 한 다섯 돔 지붕과 함께 고풍스러운 교회가 위엄 있는 모습을 드러내고 있었다. 모든 지붕 꼭대기에는 찬란하게 빛나는 금세공 십자가가 찬란하게 빛나는 금세공 사슬로 매여 있어 멀리서 보면 마치 불타는 금화처럼 반짝이는 금덩어리가 공중에 떠 있는 것처럼 보였다. 그리고 숲도 지붕도 십자가도 모두 거꾸로 뒤집어져 흐르는 강물에 멋들어지게 비쳤다. 강가에는 보기 흉하게 듬성듬성 버들나무가 서 있는데, 하나는 기슭에 하나는 물속에 몸을 담그고는 노란 연꽃과 함께 물 위에 떠 있는 미끈미끈한 수초에 얽힌 가지와 잎사귀를 축 늘어뜨리고 있는 모습은 마치 한 폭의 그림 같았다.

참으로 아름다운 경치였지만 저택에서 내려다보는 전망은 이루 말할 수 없을 만큼 놀라웠다. 발코니에 서면 어떤 손님도 가만히 있지를 못했다. 놀라움에 숨이 막혀 "세상에 이렇게나 넓다니!" 이렇게 감탄하는 것이 고작이었다. 그 정도로 드넓고 가없는 전망이 아래에 펼쳐져 있었다. 드문드문 작은 숲과 물레방아가 보이는 초원 너머로 숲들이 띠를 이루며 푸르게 펼쳐지고, 숲 너머로 안개라도 낀 것처럼 흐릿해진 사막이 노란빛을 띠고 있다. 그리고 다시 바다나 구름처럼 숲이 바다인 양, 구름인 양 푸른빛을 띠고 있고 그 앞의 사막은 한층 더 하얗게 보였지만 아직 노란빛을 잃은 것은 아니었다. 아득히 먼 지평선에는 마치 영원한 태양이 비추기라도 하는 듯 흐린 날씨에도 분필처럼 하얗게 빛나는 산들이 산맥을 이루고 있었다. 눈부시게 빛나는 흰 산맥을 따라 산기슭 여기저기에는 흐릿하게 안개에 휩싸인 반점들이 어른거렸다. 이것은 멀리 떨어진 마을들이었지만 육안으로는 알아볼 수가 없었다. 그저 햇빛을 받아 활활 타오르듯이 반짝이는 교회의 금빛지붕만이 여기가 사람들이 사는 마을이라고 얘기해주고 있었다. 모든 것이 고요 속에 잠겼다. 이내 들리는가 싶으면 저 멀리 사라져버리는 종달새 울음소리에도 정적은 깨지지 않는다. 발코니에 서서 질리지도 않고 두 시간이나 경치를 감상하던 손님은 그저 "세상에 이렇게나 넓다니!" 이 말밖에 내뱉지 못했다.

쉽사리 다가갈 수 없는 난공불락의 요새처럼 멀리 뒤로 돌아가야만 하는 이 마을의 주민이자 주인은 대체 누구일까? 뒤로 돌아가면 마치 따스하게 포옹이라도 해주려는 듯이 가지를 활짝 펼친 참나무가 손님의 방문을 기꺼이 환영하며 저택으로 안내해준다. 우리가 뒤쪽에서 꼭대기만을 보았던 그 저택이 우리 앞에 서 있다. 한쪽으로는 지붕장식과 세공 볏 장식이 엿보이는 농가가 보였고, 다른 쪽으로는 황금 십자가와 그 아래 매달린 사슬의 세공무늬가 찬란하게 빛나는 교회가 있었다. 대체 이 마을은 어떤 행운아의 것인 걸까? 바로 트레말라한스크 군(郡)의 33세의 젊은 독신 지주 안드레이 이바노비치 텐테트니코프의 것이었다.

그는 대체 어떤 위인인가? 자질은 어떻고 성격은 또 어떠한가? 여성분들께서는 꼭 이웃들에게 물어보길 바란다. 눈치가 빠르고 이제는 자취를 감춘 다혈질 퇴역보좌관이었던 이웃은 그를 빌어 처먹을 놈이라고 평가했다. 10베르스타 떨어진 곳에 사는 어떤 장군은 "현명하지만 잡생각이 너무 많아. 내가 힘이 되어줄 수도 있다네. 이래봬도 페테르부르크에 연줄도 있는데다……." 그러더니 말꼬리를 흐린다. 경찰서장은 "그렇지, 내일도 그놈한테 체납금을 받으러 가야지!" 이렇게 전혀 엉뚱한 이야기만 늘어놓고, 그의 농노들은 질문에 어떤 대답도 들려주지 않았다. 그에 대한 평가는 그리 좋지 못했던 것 같았다.

털어놓고 얘기하자면 그는 악당이 아니라 빈둥거리고 놀기 좋아하는 게으름뱅이였다. 세상에 놀고먹는 사람이 없는 것도 아닌데 텐테트니코프만 안된다는 법이 어디 있겠는가! 그러니 언제나 다를 바가 없는 그의 하루를 들여다보고 과연 텐테트니코프가 어떠한 성격의 소유자이며, 그러한 삶이 이 아름다운 주변경치와 어울리는지 독자 여러분께서 판단해줬으면 한다.

매일 아침 텐테트니코프는 늦게 자리에서 일어나 침대에 앉은 채로 눈을 비볐다. 불행하게도 그는 눈이 매우 작아서 눈을 비비는데 오랜 시간이 걸렸다. 그러는 동안 하인 미하일로는 세숫대야와 수건을 들고 문가에 서 있어야만 했는데, 이 가엾은 하인은 한두 시간 서 있다가 부엌으로 갔다가 다시 돌아와 보지만 주인어른은 아직도 침대에 앉아서 눈을 비벼대고 있었다. 마침내 침대에서 몸을 일으킨 텐테트니코프는 세수를 하고 가운을 걸친 다음 거실로 나왔다. 홍차와 커피, 코코아, 갓 짜낸 신선한 우유를 한 모금씩 들이키며 여기저기 빵조각을 떨어뜨리더니 볼썽사납게 담뱃재까지 흩날린다. 이렇게 찻잔을 앞에 두고 텐테트니코프는 두 시간을 내리 앉아 있었다. 이걸로도 부족했는지 차갑게 식어버린 찻잔을 들고 창가로 걸어가 정원을 내다봤다. 그러면 창밖에선 변함없이 이와 같은 풍경이 펼쳐진다.

먼저 소리를 지른 건 시종장 그리고리였는데, 하녀 페르필리예브나에게 욕설을 퍼붓고 있었다. "이 천덕스런 밥벌레야! 그 입 다물지 못해! 더러운 계집이 왜 이 야단이야."

"그럼 넌 이거나 먹지 그래?" 밥벌레 페르필리예브나는 엄지손가락을 다른 두 손가락 사이에 끼워 내밀며 소리를 꽥 질렀다. 그녀는 입은 걸걸했지만 건포도와 과자처럼 단것에는 사족을 못 써 금고에 넣어두었을 정도였다.

"아주 그냥 집사하고도 한판 붙겠네! 참 대단한 곳간지기 납셨군." 그리고리가 으르렁거렸다.

"그야 당연하지, 집사도 너랑 똑같은 도둑놈이거든! 주인어른이 너희들이 하는 짓을 모를 거라고 생각해? 저기 앉아서 다 듣고 계신다고."

"주인어른이 어디 계신데?"

"저기 창가에 앉아서 다 보고 계셔."

정말로 주인어른이 창가에 앉아 모두 지켜보고 있었다.

소동은 여기서 그치지 않았다. 엄마한테 혼이 난 집사의 아들이 목청껏 울어대고, 보르조이 수캐 놈은 부엌에 얼굴을 내밀다 요리사가 끼얹은 뜨거운 물을 뒤집어쓰고 엉덩이를 질질 끌며 깽깽 비명을 질러댔다. 이렇게 하나같이 법석을 떨어대니 참을 수가 없을 지경이었다. 텐테트니코프는 쭉 지켜보기만 하다가 도저히 일이 손에 잡히지 않을 만큼 시끄러워지면 떠드는 것도 좋지만 좀 조용히 떠들라고 얘기하는 것이다.

점심을 먹기 두 시간 전부터 텐테트니코프는 창작활동에 전념하고자 서재로 들어갔다. 여기서 말하는 그의 창작활동이란 사회적, 정치적, 종교적, 철학적 측면 등에서 시대변화에 발맞춰 러시아에 주어지는 수많은 역경과 난관을 해결해 그 위대한 앞날을 더욱 정확히 판단하기 위해서였다. 간단히 말해서 요즘 사람들이 크게 기뻐할 만한 표본을 수집, 완성해내는 작업이라 할 수 있었다. 그러나 이 엄청난 과업은 지지부진을 면치 못하여 한동안 펜을 물어뜯다가, 낙서를 하다가 결국 모두 치워버리고 책을 집어 들더니 점심시간까지도 책을 손에서 놓지를 않는다. 수프를 마시면서도, 소스를 뿌리면서도, 불고기와 만두를 먹으면서까지 책을 손에서 놓지를 않으니 어떤 요리는 식어버리고 어떤 요리는 손도 대지 않은 채 그대로 물려졌다. 점심을 먹고 나면 담배를 태우고 커피를 마시며 혼자 체스를 뒀다. 그가 저녁을 먹기 전까지 뭘 하느냐고 묻는다면 나로서도 딱히 답하기가 어려운데, 사실 이렇다 할 만한 일이 전혀 없기 때문이다.

이렇게 고독한 서른세 살의 젊은이는 넥타이도 매지 않은 가운차림으로 시간만 축내고 있었다. 산책도 외출도 하지 않았고 위층에도 올라가지 않으며 창문을 열어 환기도 시키지 않았다. 그렇다보니 이곳을 찾아온 손님이라면 감격해마지 않는 마을의 아름다운 경치는 지주에게 존재하지 않는 것이나 마찬가지였다. 이러한 사실에서 여기 안드레이 이바노비치 텐테트니코프가 러시아에 아직 남아 있는 이른바 게으름뱅이, 굼벵이, 얼간이 따위로 불리는 유형의 인물이라는 것을 독자 여러분도 잘 아셨으리라 생각한다. 이런 성격은 타고 나는 걸까? 아니면 사람을 혹독하게 구속하는 안타까운 환경이 그렇게 만드는 걸까? 이에 대한 대답으로 텐테트니코프의 어린 시절과 그가 받았던 교육에 대해 얘기해보고자 한다.

그는 어느 면으로 보나 커서 유망한 인물이 될 아이였다. 열두 살 무렵 병약하지만 영리하고 생각이 깊었던 텐테트니코프는 당시 거물이라고 불리던 교장이 있던 학교에 입학하게 되었다. 젊은이들의 우상이요 교사들에게는 경이의 대상이었던 알렉산드르 페트로비치는 직관력이 매우 뛰어났다. 러시아인의 성품을 꿰뚫고 있었으며, 아이들을 말로 타이를 줄 알았고, 사람들을 감동시키는 솜씨 또한 매우 뛰어났다. 장난을 치고 잘못을 고백하러 찾아오지 않았던 아이는 아무도 없었다. 어디 그뿐이랴 아무리 심한 꾸지람을 듣더라도 아이는 기가 꺾이기는커녕 당당하게 물러가곤 했다. 그의 꾸지람에는 상대방을 격려해주는 어떤 힘이 숨어 있었다. "앞으로 나가라! 쓰러지더라도 두 발로 딛고 일어서라!" 몸가짐에 대해서는 입도 뻥긋하지 않았다. 그는 입버릇처럼 말했다. "제가 바라는 건 여러분이 똑똑해지는 것뿐입니다. 똑똑해지려는 사람은 장난칠 겨를이 없으니 못된 장난은 저절로 사라질 겁니다." 그러자 아이들의 장난기가 거짓말처럼 사라졌다. 똑똑해지려고 하지 않는 아이는 다른 아이들의 손가락질을 받았다. 그런 아이는 자기보다 어린 아이들한테서까지 바보니 머저리니 하는 수치스러운 소리를 들었지만 아무런 대꾸도 할 수 없었다. "조금 지나친 게 아닐까요." 어떤 이들은 말했다.

"저래서는 똑똑한 아이들이 거만해질 겁니다."

"아니 뭐가 지나치다는 거죠?" 교장이 대답했다. "전 뒤처지는 아이들을 붙잡아 두지 않을 겁니다. 그 아이들에게는 보통 수업정도면 충분하지만 이 학교에는 우수한 아이들을 위한 특별 수업이 마련되어 있어요." 정말로 우수한 아이들은 특별 수업을 받게 되었다. 거기다 장난은 개성을 싹틔우는 씨앗이라며 억누르려고 하지 않았다. 정확한 진찰을 위해 의사가 필요한 것처럼 아이들에게는 장난이 필요하다고 주장하기까지 했다.

모든 학생들이 교장을 사랑했다. 부모와의 연대감도, 한순간의 호기심도 그를 향한 사랑만큼 영원불멸하지는 못할 것이다. 삶의 마지막 순간까지 은사를 잊지 못했던 학생들은 오래전 세상을 떠난 훌륭한 은사의 생일이 오면 술잔을 들고 눈을 감은 채 은사를 기리며 눈물을 쏟았다. 교장의 작은 격려에도 아이들은 감격했고, 용기를 얻어 다른 아이들을 뛰어넘겠다는 야심에 불타올랐다. 교장은 뒤처지는 아이들을 오래 붙잡아 두지 않았다. 수업량도 적었다. 하지만 재능 있는 아이들은 두 배나 되는 교육을 받았다. 그 속에서 선별해낸 아이들을 위해 만들어진 상급반은 다른 학교들과는 취지가 전혀 달랐다. 여기서 그가 아이들에게 바랐던 것은 전부 다른 학교에서는 전혀 다루지 않았던 것들이었다. 다른 사람을 조롱하지 않고, 자신에게 쏟아지는 조롱과 야유를 이겨내 어리석은 자를 상대하지 않고 화내지 않으며, 자제력을 잃지 않고, 어떠한 경우에도 복수하지 않으며, 언제나 한결같은 마음으로 유유자적함으로 얻을 수 있는 최고의 지성을 그는 요구했다. 굳센 인물을 만들기 위해서라면 뭐든 활용했고 자신도 함께 그걸 시험했다. 오, 이 얼마나 인생학에 통달한 인물이란 말인가!

선생들은 몇 되지 않았다. 대부분의 과목을 교장이 직접 가르쳤다. 현학적인 용어나 거창한 해석이나 관점 없이 학문의 본질을 가르칠 줄 알았기에 어린 학생들도 학문이 필요한 이유를 잘 알고 있었다. 수업은 훌륭한 시민을 만드는데 필요한 것만을 골랐다. 강의 대부분은 훗날 젊은이들이 겪게 될 것들에 대한 이야기로 채워졌다. 그는 미래의 활동무대를 아주 훌륭하게 그려내 아직 책상에 앉아있는 아이들의 영혼을 직장으로 보내버렸을 정도였다. 그는 아무것도 숨기지 않았다. 살아가면서 마주하게 될 번민과 장애, 훗날 자신들을 기다리고 있을 유혹과 시련까지 아이들 앞에 적나라하게 펼쳐 보였다. 그는 모든 직업과 직위를 경험해보기라도 한 것처럼 샅샅이 알고 있었다. 끓어오르는 야심 때문일까, 아니면 저 훌륭한 선생의 눈빛에 깃든 격려 (그 눈빛은 마치 학생들에게 "전진하라!"고, 어리고 예민한 마음들에 마법 같은 호소력을 발휘하는 그 구호를 외치고 있는 듯했다) 때문일까, 그의 제자들은 어려움과 맞붙어 싸우기를 갈망했다. 더 어렵고, 더 힘들고, 더 많은 정신력을 발휘해야 하는 곳에서 일하기를 바랐다. 수업과정을 끝마친 학생은 얼마 되지 않았지만, 그들은 화약 냄새가 나는 백전용사처럼 잘 단련되어 있었다. 자신들보다 똑똑한 사람들이 사소한 일로 모든 것을 내던지고 직장을 나가거나, 사기꾼의 농간에 멍청하게 넘어갈 때도 그들은 흔들리지 않았다. 삶과 사람에 대한 뛰어난 이해력과 지혜로움으로 다른 이들에게 훌륭한 본보기가 되었다.

야심으로 뜨겁게 타오르는 학생들은 특별반에 들어갈 생각에 가슴이 두근거렸다. 텐테트니코프에게 이보다 더 나은 스승이 있을 수 있을까? 그런데 하필이면 그토록 바라던 특별반 편입이 이루어졌던 그날, 이 비범한 선생님이 덜컥 죽어버리고 말았다! 아, 얼마나 충격이 컸을까! 끔찍한 손실이었다! 그는 마치…… (여기서 원고가 잘려 있다—옮긴이주) 학교의 모든 것이 변해버렸다. 알렉산드르 페트로비치의 후임으로 표도르 이바노비치라는 사람이 새로 부임했는데 그는 알렉산드르 페트로비치와는 달리 바른 몸가짐을 중시하고 어른들에게나 어울리는 명령을 아이들에게 강요하기 시작했다. 자유롭게 뛰어노는 아이들이 못마땅했는지 새 교장은 부임하자마자 전임 교장의 얼굴에 먹칠을 하려는 듯 재능이나 우수한 학업성적이 아닌 바른 몸가짐을 평가 기준으로 삼겠다고 천명했다. 하지만 신임 교장 표도르 이바노비치의 목적은 성과를 거두지 못했다. 아이들은 눈에 띄지 않게 장난을 치고 다녔다. 낮에는 모두 반듯한 몸가짐을 하고 있었지만 밤만 되면 난장판이 벌어졌던 것이다.

특별반에도 변화가 일어났다. 새로운 견해와 새로운 관점을 가진 교사들이 새로 채용되었다. 그들은 학생들을 어리둥절하게 만드는 온갖 새로운 용어와 인용구를 구사하면서 화려한 논리와 새로운 발견에 대한 지식을 뽐냈지만, 아아, 안타깝게도 그들의 수업에서는 더 이상 생명력이 느껴지지 않았다. 그들의 입에서 나오는 말들은 시체 냄새를 풍기는 죽은 언어일 뿐이었다. 그렇게 모든 것이 엉망이 되어버렸다. 학교에 대한 존경심을 잃어버린 학생들은 교사들을 조롱했고 교장을 페지카(표뚜르의 비속어)나 깐깐이 영감이라고 놀려댔다. 도가 지나쳤던 많은 학생들이 처벌받거나 퇴학당하는 일까지 벌어지면서 학교는 2년 만에 이전과는 완전히 다른 모습으로 변해버렸다.

텐테트니코프는 점잖은 학생이었다. 친구들이 교장의 집 창가에서 아가씨를 데리고 벌인 술판에도 가지 않았고, 우연히 마주친 사제가 똑똑하지 않다는 이유로 벌어진 신성모독에도 어울리지 않았다. 비현실적인 공상에 가깝긴 하지만 그는 자신의 영혼이 천상의 세계에서 머물던 시절을 기억하고 있다고 믿고 있었기에 쉽게 유혹에 넘어가지 않았다. 하지만 그는 의기소침했다. 이미 야심은 깨어났건만 자신이 할일은 물론이요 활약할 무대도 없었기 때문이다. 차라리 야심이 깨어나지 않았으면 좋았으련만. 텐테트니코프는 열변을 토하는 교사들의 강의에 귀를 기울였지만, 어느새 침착한 목소리로 알기 쉽게 설명해주던 옛 스승을 떠올리고 있었다. 텐테트니코프는 어떤 강의도 놓치는 법이 없었다. 의학, 철학, 법률, 그리고 교수가 서론과 어떤 독일 도시의 지자체 발달 과정을 강의하는 데만 3년이 걸렸던 인류사개론까지 빼놓지 않고 들었던 것이다! 하지만 이 모든 것은 이제 볼썽사나운 덩어리가 되어 머릿속을 채우고 있을 뿐이었다. 텐테트니코프는 뛰어난 머리로 이러한 교육은 잘못됐다는 걸 알았지만, 정작 어떻게 해야 하는지는 알지 못했다. 그때마다 텐테트니코프는 떠나간 알렉산드르 페트로비치 선생을 떠올리며 주체할 수 없는 슬픔에 눈물을 쏟곤 했다.

그러나 젊음에는 미래가 있기에 행복하다. 졸업이 다가오면서 텐테트니코프는 가슴이 두근거렸다. "지금까지는 삶이 아니었어. 이건 삶의 준비에 지나지 않아. 진정한 삶은 직장에 들어가고 나서부터야. 거기라면 이름을 드높일 수 있어!" 그리하여 텐테트니코프는 어떤 방문객도 감탄해 마지않던 아름다운 고향을 뒤로한 채, 부모님의 묘지조차 둘러보지 않고 불타오르는 야심을 안고 다른 젊은이들처럼 페테르부르크로 떠났다. 익히 알다시피 이 시대의 혈기왕성한 젊은이들은 취직과 출세, 명성을 위해, 혹은 빛깔도 향내도 없는 얼음처럼 냉정한 속임수투성이 사회적 교양을 쌓기 위해 러시아 전역에서 페테르부르크로 몰려든다.

그러나 모처럼 불타올랐던 야심은 시작부터 차갑게 식어버렸다. 그의 삼촌인 오누프리 이바노비치 4등 문관으로부터 무엇보다 중요한 건 훌륭한 필체로, 필체가 좋지 못하면 장관은 물론이고 관료도 될 수 없다는 얘기를 들은 이후부터였다. 안드레이 이바노비치는 글쓰기 연습에 몰두했고, 뒤에서 애써준 삼촌 덕분에 어느 관청으로 발령받을 수 있었다. 무늬가 새겨진 마루와 번들번들 윤이 나는 책상들로 가득한 관청은 국가의 운명을 결정짓는 관료회의가 여기서 열리는 건 아닐까 싶을 만큼 휘황찬란했다. 고개를 기울인 채 직직 펜을 그으며 글쓰기에만 몰두하고 있는 훌륭한 신사들 옆에 앉아 일부러 골라온 듯한 시시한 서류(3루블을 놓고 3년 넘게 이어지고 있는 소송에 관한 서류)를 베껴 쓰라는 얘기를 들었을 때, 풋내기 청년은 실로 기묘한 감정에 휩싸였다. 주변의 신사들이 학생들처럼 느껴졌던 것이다. 자못 열심히 일하는 척하면서 심의 중인 서류 사이로 시답잖은 번역소설이나 숨겨서 읽다가 상관이라도 보일라치면 움찔거리는 꼴이라니! 영락없는 학생이지 않은가! 그때마다 잃어버린 낙원처럼 학창시절이 눈앞에 아른거렸다. 쓸데없는 서류나 베껴 쓰는 지금보다 그때가 더 소중했고, 삶의 준비를 하던 시간이 더욱 가치 있게 느껴졌다. 학창시절이 그리워졌다. 눈앞에 생생히 떠오르는 알렉산드르 페트로비치 선생의 모습에 하마터면 눈물을 쏟을 뻔했다. 방이 빙빙 돌고 책상과 관리들의 모습이 이리저리 뒤엉키더니 눈앞이 깜깜해져 당장에라도 쓰러질 것만 같다. '아니야, 아무리 첫인상이 별 볼 일 없더라도 열심히 해보자!' 텐테트니코프는 마음을 다잡고 학교선배들을 본보기 삼아 열심히 일하기로 결심했다.

그렇다고 어찌 삶에 즐거움이 없겠는가? 비록 날씨는 매섭고 우울하지만 이곳 수도 페테르부르크에도 즐거움은 있는 법이다. 영하 30도의 지독한 추위가 몰아치면 북쪽의 영물 눈보라 마녀가 길을 덮어버리고, 눈도 못 뜨게 만들고, 외투자락과 수염, 털이 덥수룩한 가축들의 콧잔등에 눈가루를 마구 뿌려대며 으르렁거리지만, 이토록 사정없이 휘몰아치는 함박눈 사이로도 어느 4층 집의 조그만 창문에선 따스한 불빛이 새어나온다. 아늑한 방을 포근하게 비춰주는 스테아린 촛불 아래, 보글보글 끓고 있는 사모바르 옆에서 몸도 마음도 따스하게 덥혀주는 이야기와 신께서 우리 러시아에 베풀어주신 천재 시인의 재미난 시구(詩句)가 오간다. 그러면 청년의 젊은 가슴은 감히 상상할 수 없을 만큼 크게 고동치며 뜨겁게 불타오르는 것이다.

일에는 익숙해졌지만 기대하던 첫 번째 목표가 아닌 부차적인 목표가 되면서 일은 그저 시간 때우기에 지나지 않게 되었다. 오히려 근무시간이 아닌 때가 더 요긴했다. 하지만 삼촌은 지금처럼만 한다면 조카의 앞날은 밝으리라 생각했다. 하지만 그것도 잠시 텐테트니코프는 엄청난 짓을 저지르고 말았다. 그의 몇 안 되는 친구 중에는 이른바 '불평분자' 위인 둘 있었는데, 이 둘은 부정부패나 잘못된 일이라면 뭐든 조용히 넘길 줄을 몰랐다. 본바탕은 선량했지만 하는 짓거리는 엉망진창인 것이 자기 잘못에는 너그러우면서 남의 잘못에는 전혀 아량을 베풀지 않았다. 두 사람이 매번 토해내는 열변과 사회에 대한 울분에 점차 텐테트니코프는 물들어 갔고 잠들어있던 성깔과 울화통이 깨어나면서 예전 같으면 거들떠보지도 않았을 온갖 사소한 일에도 신경을 쓰게 되었다. 한 예로 그는 이 휘황찬란한 사무실 한쪽을 차지하고 있는 한 부서의 과장으로 있는 표도르 표도르비치 레니친을 혐오하게 되었고, 그러한 감정이 커져 갈수록 과장이 가진 온갖 사소한 결점들이 더욱더 크게 눈에 들어왔다. 이 레니친이라는 위인은 상관과 얘기할 때면 머리끝에서부터 발끝까지 달콤한 설탕이 되는데 부하 놈이라도 왔다싶으면 곧바로 떨떠름한 식초로 변하는 것처럼 보였고, 옹졸한 위인마냥 파티에 참석하지 않은 사람들에게는 잔소리를 퍼붓고 명단에 없는 사람들은 돌려보내라고 문지기에게 지시까지 내리는 위인이었다. 그 때문에 텐테트니코프는 과장에게 내심 반감을 갖게 되었다. 마치 악마가 저 놈한테 한 방 먹여주라고 속삭이는 것만 같았다. 텐테트니코프는 묘한 기대감에 부풀어 과장의 화를 돋울 기회만을 찾아다녔고, 마침내 성공하고야 말았다. 과장과 대판 싸운 것이다. 관청에서는 용서를 구하며 싹싹 빌던지 사표를 쓰라고 통보해왔고, 그는 곧바로 사표를 썼다. 깜짝 놀란 삼촌이 찾아와 그를 설득했다.

"뭐하는 짓이냐, 안드레이 이바노비치! 어쩌자고 그런 짓을 했어! 아무리 상관이 마음에 안 든다고 굴러들어온 출셋길을 차버리다니! 네가 제정신이냐? 모두 너 같았다면 관청에 남을 사람은 아무도 없어. 그러니 변변찮은 자존심이고 긍지는 모두 내던지고 싹싹 빌도록 해라!"

"삼촌, 문제는 그게 아니에요. 과장님께 용서를 구하는 거야 어렵지 않아요. 제가 잘못한 걸요. 그는 제 상관이었고 전 그래서는 안 되는 거였어요. 하지만 문제는 그게 아니에요. 제겐 다른 의무가 있어요. 3백 농노와 방치된 영지, 그리고 머저리 같은 관리인이 절 기다리고 있어요. 서류를 베끼는 일쯤이야 저 말고 다른 사람을 들여도 나라에 큰 손실이 가지 않겠지만 3백 농노가 세금을 내지 않는다면 그건 막대한 손실이겠지요. 삼촌께서 어떻게 생각하시는지 모르겠지만 그래도 저는 지주예요. 제가 이 일을 하지 않는다면 ……. 제가 저에게 주어진 3백 농노들을 유지하고 발전시키는 일에 전념해서, 성실하고 국가에 충성하는 3백 일꾼을 만들어낸다면 레니친 과장이 하는 일보다 훨씬 더 국가에 도움이 될 거예요."

삼촌은 놀라서 멍하니 벌린 입을 다물 줄 몰랐다. 설마하니 조카가 이토록 당당하고 유창하게 자기주장을 할 거라고는 생각지 못했기 때문이다. 잠시 생각하던 삼촌은 이렇게 말했다.

"하지만, 아무리 그래도…… 그런…… 시골에 처박혀 살 수는 없지 않느냐? 거기에 무슨 사교 모임이 있다고……? 여긴 길만 걸어 다녀도 장군이나 공작과 마주치지 않느냐? 또 주변을 보면…… 그렇지, 가스등! 바로 계몽된 유럽이 여기 있단 말이다. 하지만 시골에 돌아다니는 것들이라곤 농부나 아낙네들뿐이지 않느냐! 대체 어쩌자고 그런 놈들과 평생을 보내려고 하는 거냐?"

그러나 삼촌의 설득은 아무 소용이 없었다. 텐테트니코프는 관청 외에는 아무데도 가본 적이 없었던 것이다. 길을 가면서 지나다니는 사람이 장군인지 공작인지 관심을 가지지도 않았고, 도시 사람이라면 누구나 혹할 법한 유혹에도 넘어가지 않았으며 심지어는 극장에도 가본 적이 없었다. 일찍이 꿈을 이루겠다는 야심을 갖고 있었지만 그러한 야심이 식어버리자 페테르부르크에서의 생활에 염증이 났다. 반대로 시골은 자유로운 안식처요, 사색과 명상의 학교요, 유일하게 남은 뜻있는 활동무대로 보였다. 그는 농업에 관한 책까지 새로 사들였다. 그로부터 2주 뒤, 텐테트니코프는 아름다운 자신의 고향으로 돌아왔다. 새로운 감정이 끓어오르고 수많은 추억이 되살아났다. 텐테트니코프는 마치 이곳을 처음 찾은 사람처럼 호기심 어린 눈으로 주변을 둘러봤다. 어쩐지 가슴이 두근거렸다. 길은 좁은 계곡을 따라 휘어들어가다가 숲속으로 이어졌다. 머리 위로도, 아래로도 보이는 건 온통 푸른 나무들, 세 사람이 팔을 맞잡아도 둘레를 잴 수도 없을 만큼 우람한 3백 년 묵은 떡갈나무, 참나무와 전나무, 느릅나무보다 더 높이 자라난 미루나무와 온 사방을 빽빽이 채우고 있었다. "이건 누구의 숲이오?"—"텐테트니코프 나리의 것입니다." 숲을 빠져나오자 길은 구불구불 이어지는 언덕을 피해 사시나무 숲과 늙은 버드나무와 어린 포도나무를 사이에 끼고 들판을 내달린다. 오른쪽으로, 아니 왼쪽으로 강을 넘겨보며 한 줄기 강에 걸친 두 개의 다리를 건넌다. "이 목장과 강 건너의 땅은 누구의 것이오?"—"텐테트니코프 나리의 것입니다." 다시 길은 나지막한 언덕길로 변한다. 한쪽으로는 아직 추수하지 않은 곡식과 밀, 귀리, 보리밭이 펼쳐져 있고, 다른 한쪽으로는 아까 지나쳐온 숲이 조그맣게 내려다보인다. 점차 땅거미가 지면서 녹색 양탄자 길에는 점차 길게 그늘이 드리운다. 지붕장식이 들어간 농부들의 집과 벽돌로 지은 저택의 붉은 지붕이 드문드문 보이다 교회의 금빛지붕이 노을에 반짝이는 그 순간, 격렬하게 요동치는 심장에게 물을 것도 없이 지금 자신이 어디에 있는 것인지 깨달았다. 바로 그때, 지금까지 쌓이고 쌓였던 감정이 힘찬 함성이 되어 입 밖으로 터져 나왔다.

"에잇, 난 대체 지금까지 뭘 했던 거야! 모처럼 운명의 여신께서 날 낙원의 주인으로 임명해주셨는데 난 죽은 서류나 써대는 싸구려 작가 노릇을 하고 있었어! 교양을 갖추고, 학문을 갈고닦으며, 농민들의 삶과 농지를 개선하는 판사이자 관리인이며 감독관이기도 한 지주로서 필요한 지식을 모두 갖춘 주제에 모든 일을 머저리 같은 관리인에게 맡겨버리고는 본 적도 없고 성격도 인격도 모르는 놈들이 벌여놓은 결석판결에만 매달린 꼴이라니……! 직접 관리해야 할 영지는 내버려두고 가본 적도 없는 저 수천 베르스타 떨어진 영지를 종이 한 장 갖다 놓고 관리하려 했으니 실수와 날림업무가 판을 치는 게 당연하지. 정말이지 난 머저리였어."

그를 기다려준 것은 그게 다가 아니었다. 지주 나리가 왔다는 소식에 농노들이 문 앞까지 달려와 준 것이다. 알록달록한 머리장식을 했거나, 스카프를 둘렀거나, 라사 외투를 입었거나, 그림이라도 그려놓은 것처럼 덥수룩한 수염을 기른 농부들이 텐테트니코프를 둘러쌌다. 한 농부가 소리쳤다. "저희의 은인이십니다! 저희를 잊지 않으셨군요……." 아낙네들도 지지 않고 거들었다. "우리 지주 나리께서 돌아오셨다!" 멀리서 보고 있던 농부들은 더 가까이 오려고 몸싸움까지 벌였다. 어디서 말라비틀어진 배처럼 생긴 노파가 사람들의 다리 사이를 비집고 나오더니 꽥 소리를 질렀다. "어쩜 이렇게 여위셨습니까! 고약한 외국 놈들이 나라를 이렇게 만든 겁니까?" 덥수룩한 수염에 가래와 쐐기를 든 농부가 노파에게 소리를 질렀다. "할멈, 썩 비키지 못해! 어디서 새치기야, 새치기는!" 이렇게 러시아 사람만이 이해할 수 있는 농부의 익살스러운 표현에 안드레이 이바노비치는 웃음을 참을 수가 없었다. 하지만 소리 내어 웃고 있는 동안에도 그의 마음속에는 눈물이 흐르고 있었다. '왜지? 얼굴 한 번 내민 적 없고, 너희를 위해 무엇 하나 해준 적이 없는 나를 이토록 반겨주다니! 오늘부터 난 너희와 함께 일하고, 걱정거리도 함께 나누겠노라 맹세하마! 너희가 더 잘 살 수 있도록, 착한 너희가 누려야 할 행복을 위해 나는 뭐든 아끼지 않으마. 너희의 사랑이 헛되지 않도록 좋은 지주가 되겠다!' 그렇게 텐테트니코프는 한 집안의 주인이자 영지 관리자가 되었다.

가장 먼저 늙은 관리인을 쫓아냈다. 농부들이 가져오는 옷감이나 달걀, 닭 같은 것들을 기록해둘 줄만 알았지 농사일에 대해서는 아무것도 몰라서 농부들을 의심하기만 했던 머저리였다. 그리고는 똑똑한 새 관리인을 고용했다. 다음으로 농노들의 부역과 경작지를 줄여 자유 시간을 늘려주었다. 그리고 모든 일터를 찾아 직접 감독했다. 들판에서부터 곳간, 건조장, 방앗간, 선착장에서 짐을 싣고 내리는 모습까지 모두 직접 감독했다. "주인나리가 어지간한 양반이 아니야." 그 열정적인 모습에 게으름뱅이 일꾼들은 자신의 모습이 부끄러워 뒤통수를 긁적였을 정도였다. 하지만 이런 분위기는 그리 오래가지 않았다. 주인나리는 뭐든 해보겠다고 이리저리 뛰어다니기는 했지만 무엇 하나 할 줄 아는 것이 없고 입에서는 농부들이 이해할 수 없는 소리만 쏟아지니 주인과 농부들은 서로를 이해할 수가 없게 되었다. 서로 음정이 맞지 않은데 어찌 합창이 될 수 있겠는가? 점차 일은 틀어져만 갔다.

어찌된 영문인지 지주의 땅은 농부들의 땅보다 작황이 좋지 못했다. 씨도 먼저 뿌렸는데 항상 추수가 늦었다. 그러나 얼른 보기에는 열심히 일하고 있는 것처럼 보였다. 어찌나 열심히 일하는지 직접 감독하러 나온 텐테트니코프가 농부들에게 보드카를 한 잔씩 돌렸을 정도였다. 하지만 농부들의 밭에선 쌀보리가 낟알을 맺고 귀리가 고개를 숙였으며 수수도 쑥쑥 자랐거늘, 지주의 밭에 심은 작물들은 이제 줄기를 뻗기 시작했지 낟알은 아직 열리지도 않은 것이다. 그렇다, 농부라는 것들은 아무리 잘해준들 주인을 속이는 사기꾼 놈들이었다. 질책도 해봤지만 농부들의 입에선 이런 대답만이 돌아왔다.

"주인나리, 저희가 어찌 그럴 수가 있겠습니까! 허리가 휘도록 땅을 파고 씨를 뿌리는 걸 직접 보시고 보드카까지 돌리시지 않으셨습니까?" 이에 대해 뭐라고 반박할 수 있겠는가?

"그럼 왜 이 꼴이 된 거지?" 주인나리가 추궁했다.

"누가 알겠습니까요? 벌레가 뿌리라도 파먹었나보죠. 거기다 여름 내내 비 한 방울 안 왔잖습니까."

농부들의 밭에는 뿌리 먹힌 작물이 하나도 없고 비까지 왔는데, 자신의 밭에는 비가 한 방울도 오지 않았다니 신기한 일이다.

그보다 더 골치 아픈 일은 아낙네들과 잘 지내는 것이었다. 매일같이 부역이 과하다고 불평을 늘어놓으며 일을 덜어 달라고 요구했다. 이게 대체 무슨 소리란 말인가! 해마다 바쳐야했던 옷감과 과일, 버섯, 호두의 공납의무를 폐지하고 부역도 반으로 줄여주었건만! 그러면 자연스레 아낙네들이 바느질을 하거나, 남편이 입을 옷을 짜거나, 밭을 일구리라 생각했거늘 전혀 그렇지가 않았다! 농땡이에 주먹다짐, 헛소문 그리고 온갖 말다툼까지 벌어지니 쉴 새 없이 남편들이 찾아와서 "주인어른, 제발 저 여편네 좀 어떻게 해주십시오!" 하소연할 정도였다. 그래서 텐테트니코프는 마음을 모질게 먹고 아낙네들을 엄하게 대하려고 했지만, 어찌 그럴 수 있겠는가? 아낙네들은 아낙네들대로 어디서 주워왔는지도 모를 지저분한 누더기를 걸치고 찾아와서는 몸이 약하다느니, 아프다느니 온갖 변명을 주절주절 늘어놓는 것이었다. "알겠네, 알겠으니까 그만 나가주게. 걱정 말고 그만 나가주게!" 하지만 텐테트니코프는 아프다던 아낙네들이 문밖을 나서자마자 순무 같은 것을 놓고 말싸움을 벌이더니 몸집 좋은 사내도 못할 만큼 힘차게 이웃집 아낙네의 옆구리를 걷어차는 모습을 지겹도록 봐야 했다.

농부들을 위해 학교도 세워보려 했지만 웃음거리만 되고 말았다. 이런 엉뚱한 생각은 하지 않는 게 더 나았을 것을! 아무도 학교에 오지 않았다. 아이들은 이미 열 살 때부터 일터를 전전하며 그곳에서 교육을 받았기 때문이었다. 철학 선생이 가르쳐준 법률지식은 아무 도움이 되지 않았다. 두 놈 모두 거짓말을 해대니 중재니 합의가 무슨 소용이 있겠는가? 자질구레한 법률과 철학서적보다는 사람을 아는 것이 더 중요하며, 자신에게 뭔가 부족한 것이 있다는 걸 깨닫는다 해도 과연 그게 무엇인지는 하느님만이 아시리라. 그리하여 농노들은 지주를 이해하지 못하고, 지주는 지주대로 농노들을 알아주지 못하는 흔해빠진 관계가 이루어졌고, 날이 갈수록 사이는 벌어져만 갔다. 이렇다보니 불타오르던 지주의 열정도 눈에 띄게 식어갔다. 서걱서걱 풀을 베든, 볏단을 쌓든, 짐을 싣든, 열심히 일하든지 말든지 그저 멍하니 먼 곳만을 바라봤다. 먼 곳에 일하는 농노들이 있으면 더 가까운 곳으로 시선을 돌리거나 굽이치는 강줄기를 바라보았다. 강가에는 부리와 다리가 빨간 제비 녀석이(당연한 얘기지만 사람이 아닌 새다) 거닐고 있었다. 한 놈이 물고기를 부리에 문 채 이걸 삼켜야 하나 말아야 하나 고민하고 있노라니 저 멀리 흐릿하게 보이는 강가에서 다른 한 놈이 이 모습을 쳐다보고 있다. 텐테트니코프는 두 눈을 감고 고개를 쳐들고 들판내음을 맡았다. 그러면 귓가에는 하늘과 땅에서 합창이라도 하는 것처럼 조화롭게 울려 퍼지는 새들의 노랫소리가 들려온다. 호밀밭에서는 메추라기가 지저귀고, 풀숲에서는 뜸부기가 빽빽거리며, 분주히 날아가는 홍방울새가 머리 위로 짹짹거리고, 후드득 하늘로 날아오르는 도요새가 짝을 찾아 울며, 종달새가 햇빛 속으로 모습을 감추면서 노래를 부르고, 세모꼴로 편대를 지어 날아가는 두루미들의 울음소리가 나팔처럼 울려 퍼지면, 이 모든 것이 메아리가 된다. ……조물주여! 세속화된 거리와 도시에서 벗어난 두메산골이란 어찌 이토록 아름답단 말인가! 하지만 이제 싫증이 난다. 머지않아 텐테트니코프는 들판에 발길을 끊고 방 안에만 틀어박혀 관리인의 보고도 듣지 않게 되었다.

  전에는 이웃들이 몇몇 찾아오곤 했었다. 담배에 찌든 퇴역 창기병 중위라든가, 당시 유행하는 잡지나 신문을 통해 얄팍한 지식을 쌓은 넉살좋은 대학 중퇴생이라든지 말이다. 하지만 텐테트니코프는 이들에게도 넌더리가 났다. 그들이 늘어놓는 이야기는 천박하게만 들렸고, 상대방의 무릎을 탁 치는 너글너글한 유럽식 태도와 지나치게 굽실거리고 개방적인 모습이 버릇없고 건방져보였다. 그래서 이들과 절교하기로 결심한 텐테트니코프는 아주 과격한 방법을 동원했다. 이를테면 사람들과 얘기 나누는 걸 즐거움으로 삼고 있는 새로운 사고방식의 선구자이자 최근 들어 찾아보기 어려워진 다혈질 대위들의 대표자인 바르바르 니콜라이예비치 바시네포크로모프가 정치, 철학, 문학, 도덕, 영국의 재정에 대해 원 없이 이야기보따리를 풀어볼 양으로 찾아오면 하인이 '주인어른께서는 출타중이십니다'라고 얘기하는 사이에 조심성 없게 창밖을 내다보는 것이었다. 주인과 손님의 시선이 마주치면 말할 것도 없이 손님은 "이런 빌어 처먹을!" 욕하며 화를 냈고, 덩달아 화가 난 주인은 얼간이라고 되받아쳐준다. 이렇게 해서 그 뒤로는 아무도 텐테트니코프를 찾아오지 않게 되었다.

오히려 그는 기뻐하며 방 안에만 틀어박혀 다시 고독한 삶으로 돌아갔다. 호화로운 가운을 걸치고 빈둥거리며 러시아에 관한 창작활동 구상에 몰두했다. 이 기묘하고도 무질서한 창작활동이 어떻게 이루어지는지 독자 여러분은 잘 알고 있을 것이다. 무의미하고 변화 없는 시간이 속절없이 흘러갔다. 때로는 이 무기력함에서 깨어나는 순간도 있었다. 배달된 신문과 잡지에서 관계에서 화려한 성공을 거두었거나, 학문이나 세계적인 사업에 큰 공헌을 한 옛 친구의 낯익은 이름을 보는 순간, 텐테트니코프의 마음속 깊이 감춰두었던 애처로운 슬픔이 파고들어와 한심한 자신의 처지에 대한 서글픔, 소리 없는 한탄이 북받쳐 올랐던 것이다. 그때마다 자신의 삶이 부정적이고 역겹게 느껴졌다. 흘러간 학창시절의 기억들과 알렉산드르 페트로비치의 모습이 생생하게 떠올랐고 그럴 때면 어느새 눈에 가득 차오른 눈물이 뺨을 타고 흘러내렸다.

이 눈물은 무엇을 의미하는 걸까? 벌레 먹은 영혼이 자신의 애처로운 병의 비밀이라도 털어놓고 있는 걸까? 아니면 성장하고 있던 그의 고상한 내면을 완성시키지 못해서? 어릴 적부터 불행과 싸워보질 않았던 탓에 고난과 역경을 뛰어넘는 강인한 정신을 만들지 못해서? 풍부했던 감수성이 지나치게 달군 쇳덩이마냥 마지막 담금질을 하지 못해 녹아 없어져서? 아니면 너무 일찍 찾아오고만 그 훌륭한 선생의 죽음? 아니면 동요된 힘을 하나로 모아 탄력을 잃고 무기력해진 의지를 채찍질해주거나, 러시아인이라면 계급과 신분, 직업 여부를 불문하고 열망하는 바로 그 격려의 말 "앞으로!"를 우리의 영혼에 외쳐줄 사람이 세상 어디에도 없다는 그런 슬픔을 표현한 걸까?

우리 러시아의 영혼과 한 핏줄을 가진 모국어로 이 전지전능한 말 "앞으로!"를 외쳐줄 사람은 어디에 있는가? 우리가 가진 힘과 소질과 그 깊이를 이해하고 마법의 주문 하나로 우리를 고상한 삶으로 이끌어줄 이는 어디에 있는가? 감사하는 마음을 잊지 않는 러시아인은 어떤 눈물도 사랑도 아깝지가 않거늘, 세월이 흘러도 창피한 줄 모르는 미숙한 젊은이들의 게으름과 어리석음이 그 끝을 보이질 않는구나…… 그렇기에 하느님께선 우리에게 그러한 인물을 내려주지 않으신 거다!

그런데 텐테트니코프가 무기력함에서 깨어나 완전히 다른 사람이 될 뻔 했던 어떤 사랑이야기가 있었다. 결과적으로는 아무 일도 일어나지 않았지만 말이다. 앞에서도 소개한 바 있지만, 텐테트니코프가 사는 곳에서 10베르스타 정도 떨어진 곳에 텐테트니코프를 무척이나 싫어하는 장군이 살고 있었다. 그는 장군답게 손님을 반겼고, 경의를 표하고자 찾아오는 이웃을 환영했지만, 정작 자신이 찾아가는 일은 없었다. 목소리는 쉬었고, 독서를 즐겼으며 조금 이상하고 별난 딸이 하나 있었는데 무척이나 발랄한 아가씨였다.

이름은 울린카라고 했다. 그녀는 약간 특이한 교육을 받으며 자랐는데, 가정교사가 러시아어라고는 하나도 모르는 영국인이었던 것이다. 어렸을 때 어머니를 잃고, 많은 시간 함께하지는 못했지만 딸을 끔찍이도 아끼는 아버지 밑에서 그녀는 응석받이로 자라났다. 예쁜 이마를 찡그리며 화를 내고 아버지와 정색을 하며 말싸움을 하는 모습을 보면 누구나 그렇게 생각할 것이다. 하지만 그녀가 그렇게 화를 내는 경우는 무언가 옳지 못하거나 가혹한 사건이 벌어졌다는 소식을 들었을 때뿐이다. 반면 자신에 관한 문제로 말다툼을 벌인다거나 자기 행동을 변명하려던 적은 한 번도 없었다. 언젠가 다툰 적이 있는 사람이라도 곤경에 빠진 걸 보면 예전 감정은 감쪽같이 잊어버리고 발 벗고 도우려 나섰으며, 구걸하는 이를 보면 앞뒤 생각 않고 무조건 지갑을 열어 가진 돈을 몽땅 털어주곤 했다. 게다가 대화하는 모습을 보면, 표정과 말투, 손짓까지 마치 그 자체가 말을 하는 듯 생생하고 열정적인데다, 옷의 주름마저도 그녀의 얘기에 맞춰 휘날리는 듯하여 금방이라도 그녀가 자신의 이야기에 실려 어디론가 날려갈 것만 같았다. 그녀는 무엇 하나 감추는 법이 없었다. 누구에게나 자신의 생각을 솔직히 털어놨고, 무엇으로도 그녀의 입을 막을 수 없었다. 그녀만의 매혹적인 독특한 걸음걸이는 누구랄 것도 없이 길을 내줄 만큼 대담하고 활기가 넘쳤다. 그녀 앞에 서면 아무리 거친 사내도 쩔쩔매며 꿀 먹은 벙어리꼴이 되었고, 아무리 뻔뻔스럽고 말주변이 좋은 이라도 무슨 말을 꺼내야 할지 몰라 진땀을 흘리기 십상이지만 수줍음이 많은 사람은 오히려 그 어떤 대화 상대보다도 편안하고 자연스럽게 애기를 나눌 수 있다. 마치 상대방이 오래전부터, 어렸을 적 친척 집에 머물며 그곳 마을 아이들과 즐거운 시간을 보내던 그 먼 옛날부터 알고 지낸 사이인 것처럼 느껴졌다. 그 행복했던 유년 시절에 비하면 어른이 된 지금은 얼마나 따분하고 무겁게만 느껴지는지.

이 같은 교류가 그녀와 텐테트니코프 사이에서 일어났다. 말로 표현할 수조차 없는 새로운 감정이 그의 영혼으로 흘러들어오면서 따분하기만 했던 그의 삶에 한 줄기 빛이 쏟아졌다.

장군도 처음에는 텐테트니코프를 기꺼이 환영해주었지만, 아무래도 두 사람은 잘 어울리지 못했다. 대화는 늘 논쟁으로 번졌고 논쟁은 불쾌한 기분과 함께 끝나곤 했다. 장군은 자신의 이야기가 반박당하는 걸 좋아하지 않았고, 텐테트니코프 또한 매우 까다로운 사람이었기 때문이었다. 물론 그의 딸을 봐서라도 텐테트니코프가 많이 참아주었기에 그나마 두 사람 사이에 평화가 유지될 수 있었다. 장군의 저택으로 두 명의 친척 부인이 오기 전까지는 말이다. 그녀들은 보르뒤레프 백작부인과 유자킨 공작의 두 딸로, 전에 황궁에서 일한 적이 있었던지라 지금도 황궁에 연줄을 갖고 있었다. 두 여인이 온 뒤로 장군은 두 사람 앞에서는 꾸벅꾸벅 허리를 숙여댔고, 텐테트니코프는 아주 쌀쌀맞게 대하거나 마치 하인을 대하듯 무시했다. 얘기를 나눌 때면 경멸스럽게 "이봐", "거기", 심지어는 "너"라고까지 부르는 데까지 이르자, 마침내 텐테트니코프도 폭발하고 말았다. 터져 나오는 분노를 억누르려 이를 악물은 텐테트니코프는 정중하고 부드러운 목소리를 유지했지만 얼굴은 붉으락푸르락했고 속에선 미칠 듯 부아가 치밀었다.

"각하께서 이렇게 호의를 베풀어주시니 몸 둘 바를 모르겠군요. 저와의 친밀한 우정을 위해 '너'라고 불러주셨으니 저도 각하를 '너'라고 불러야 마땅하겠지만 안타깝게도 나이 차이가 저희를 가로막는군요."

장군은 당황했다. 속으로 이리저리 생각하던 장군은 자기가 '너'라고 한 것은 그런 뜻이 아니며, 늙은이가 젊은이를 부를 때는 '너'라고 해도 된다는 식으로 두서없는 얘기를 늘어놓았다(자신의 관등에 대해서는 한마디도 언급하지 않았다).

그렇게 두 사람의 관계는 끊어졌다. 막 싹을 틔워가던 사랑도 끝을 맺으면서, 텐테트니코프를 비추던 한 줄기 빛도 사라졌다. 다시금 찾아온 어둠은

더욱 어둡게 느껴졌다. 모든 것이 독자 여러분이 첫머리에서 보았던 삶······
무미건조한 무위도식의 삶으로 돌아갔다. 집안은 난장판이 되었다. 바닥에
는 먼지가 잔뜩 쌓인 빗자루가 굴러다녔고, 양복바지가 응접실에 얼굴을 내
밀지를 않나, 소파 앞에 놓인 운치 있는 탁자에는 마치 손님에게 대접하려고
내놓은 음식마냥 기름에 찌든 멜빵이 놓여있는 꼴이었다. 이 비참하고 초라
한 모습에 하인들은 더 이상 그를 존경하지 않았고, 기르던 암탉들마저 그를
쪼아대려고 달려들었다. 텐테트니코프는 펜을 들고는 종이에다 아무 이유도
없이 몇 시간이고 마름열매, 오두막, 통나무집, 화물마차, 사륜마차 따위를
그리곤 했다. 그러다보면 자기도 모르게 넋을 잃고 맵시 있는 얼굴에 모든
것을 꿰뚫어 보는듯한 눈동자와 쓸어 올린 어여쁜 곱슬머리 여인의 얼굴을
그려놓곤 했다. 어떠한 화가도 그려내지 못할 그녀의 초상화에 깜짝 놀란 그
는 더욱 우울해졌고 세상에 행복 따윈 존재하지 않는다고 느끼며 더욱 지루
하고 소심한 사람이 되어갔다. 안드레이 이바노비치 텐테트니코프의 영혼은
바로 그런 상태에 있었다.

그러던 어느 날, 평소처럼 밖을 구경하기 위해 창가에 앉았을 때, 그리고
리 녀석과 페르필리예브나 녀석이 싸우는 소리도 없는데 저택의 정문 쪽이
시끄러워 깜짝 놀라고 말았다. 요리사와 청소부가 문을 열고 밖으로 나갔다.
마치 개선문에 새긴 조각이나 한 폭의 그림처럼 말 세 마리가 한 놈은 오른
쪽을, 한 놈은 왼쪽을, 또 한 놈은 정면을 바라보고 서 있었다. 마부석에는
마부와 헐렁헐렁한 프록코트를 입고 손수건을 허리에 둘러맨 하인이 앉아
있었고, 그 뒤로는 챙 없는 모자에 외투를 걸치고 무지개색 목도리를 두른
신사가 보였다. 마차가 현관 앞에서 방향을 돌리고서야 용수철이 달린 가벼
운 사륜마차란 것을 알 수 있었다. 훌륭한 외모의 신사는 군인이 아닌가싶을
만큼 민첩하고 경쾌하게 계단을 뛰어올라 왔다.

텐테트니코프는 온몸에 소름이 돋았다. 정부에서 파견한 관리가 찾아왔다
고 생각했기 때문이었다. 미리 밝혀두자면 그는 젊은 시절 어떤 사건에 휘말
렸던 적이 있었다. 많은 책자를 섭렵한 창기병과 철학자, 중퇴한 미술대학
생, 그리고 파산한 노름꾼이 모여 늙은 사기꾼이자 프리메이슨 회원이며 노
름꾼이지만 말주변이 좋은 사내를 회장으로 하는 자선협회를 만든 일이 있
었다. 이 협회는 템스 강에서부터 캄차카 반도에 이르는 지역의 모든 사람들

에게 지속적로 행복을 가져다주겠다는 크나큰 목표를 바탕으로 관대한 회원들이 기부한 막대한 돈을 긁어모았지만 그 돈은 어느 날 거짓말처럼 사라져 버렸다. 돈이 어디로 갔는지 아는 사람은 회장뿐이리라. 이런 협회에 텐테트니코프를 끌어들인 것은 앞서 소개한 '불평분자' 친구들이었다. 본바탕은 선했지만 과학과 문명과 미래에 도래할 인류해방을 위해 너무 과하게 축배를 기울이다보니 주정뱅이가 되고 말았다. 텐테트니코프는 겨우 정신을 차리고 협회에서 탈퇴했다. 그러나 협회는 이미 귀족과는 어울리지 않는 사건에 연루되면서 경찰 신세까지 지게 되었던 것이다. ……그렇기에 협회를 탈퇴하고 모든 이들과 관계를 끊은 지금까지도 마음이 편치 못했다. 지금도 활짝 열린 문만 보면 소름이 끼쳤다. 하지만 이 모든 것은 노파심일 뿐이었다. 자못 조심스럽고 우아한 태도로 고개 숙여 인사하는 방문객의 모습에 텐테트니코프의 두려움은 씻은 듯이 사라졌다. 방문객은 짧고 분명하게 자신이 방문한 까닭을 이야기했다. 자신은 전부터 개인적인 용무와 호기심에서 러시아 전국을 떠돌고 있으며 러시아의 넓은 땅과 다양한 토질, 풍부한 자원, 그리고 아름다운 마을에 매료되어 있다, 그런데 초봄의 손길로 울퉁불퉁해진 길 탓에 마차가 생각지도 못한 손상을 입어 대장장이를 찾다가 여기까지 오게 되어 이렇게 폐를 끼치게 되었지만, 그런 사고가 없었더라도 기꺼이 찾아와서 경의를 표했을 것이라고 했다.

이렇게 한바탕 이야기가 끝나자 손님은 무척이나 유쾌한 모습으로 진주 단추를 단 양가죽 장화를 신은 다리를 한데 모으더니 뚱뚱한 체구에도 불구하고 고무공처럼 날렵하게 뒤로 물러서는 것이었다. 그제야 안심이 된 안드레이 이바노비치는 이 방문객은 호기심 많은 교수로 식물이나 유물을 찾아 러시아 전국을 여행하고 있는 것이라고 짐작했다. 그래서 안드레이는 무슨 일이든 도와주겠다며 자신의 기술자와 대장장이를 빌려드릴 테니 모쪼록 자기 집이다 생각하시고 편하게 있으라며 손님을 커다란 볼테르 의자에 앉히고는 자연과학에 관한 이야기를 들려달라고 요청했다.

그런데 손님이 꺼낸 얘기는 내면세계에 관한 것이었다. 그는 자신의 삶을 휘몰아치는 바람에 쫓기며 바다를 떠도는 조각배에 비유했다. 많은 직장을 전전했고, 정의를 위해 많은 것을 감내해야했으며, 적들의 농간에 목숨을 잃을 뻔했던 적이 한두 번이 아니었다고 얘기했지만, 그는 오히려 현실주의자로 보였다. 그 증거로 그는 애기를 끝맺으면서 하얀 바티스트 손수건을 꺼내 텐테트니코프가 일찍이 들어본 적이 없는 요란한 소리를 내며 코를 풀었던 것이다. 이따금 오케스트라에 이런 고물 나팔이 등장하곤 한다. 연주자가 나팔을 불면 악단과 함께 합주를 하고 있는 게 아니라 바로 귓가에 대고 빽빽 불어대는 것만 같다. 그런 요란한 콧소리가 잠에 빠진 방들을 깨우며 여기저기로 퍼져나갔다. 코를 푼 손님은 능숙하게 바티스트 손수건을 털었다. 보이지는 않았지만 마치 콧소리를 따르듯 그윽한 오드콜로뉴 향기가 방안 가득히 퍼졌다.

독자 여러분은 이미 눈치 챘겠지만 이 방문객은 바로 오랫동안 버려졌던 우리 주인공 파벨 이바노비치 치치코프였다. 그는 전에 비해 조금 나이를 먹었다. 그 사이에 순탄치 못한 시간을 보낸 것이 분명했다. 연미복은 조금 헤졌고, 마차에 마부, 하인, 말, 마구까지 낡고 너덜너덜해진 것처럼 보였다. 그의 주머니사정 역시 좋지 못한 것 같았다. 하지만 얼굴 표정이라든지 예의 바르고 붙임성 있는 몸가짐은 전과 비해서 조금도 달라진 데가 없었다. 아니, 한층 더 나아졌다. 안락의자에 앉는 저 우아한 몸동작이며, 부드러운 어조, 절도 있는 말투와 표현, 몸가짐도 신중하고 모든 것이 보다 능숙해진 듯했다. 옷깃과 셔츠는 눈처럼 새하얗고 깨끗했으며 여행 중임에도 그의 프록코트에는 먼지 한 톨 없어서 당장에라도 세례식에 참석해도 될 정도였다. 두 뺨과 턱은 매끈하게 면도를 해서 장님이 아닌 이상 누구든 그 통통한 곡선의 매력에 푹 빠져들 것이었다.

저택에도 큰 변화가 일어났다. 닫아놓은 덧문 탓에 애꾸눈이 되어버렸던 집이 다시금 빛을 보게 된 것이었다. 환해진 방으로 물건들이 들어와 제 자리를 찾아갔다. 침실로 지정된 방에는 몸단장에 필요한 물건들이 골고루 갖춰졌고, 서재로 지정된 방에는…… 먼저 미리 밝혀두지만 이 방에는 탁자가 셋 있었다. 하나는 글쓰기용 탁자로 소파 앞에 놓여 있었고, 또 하나는 카드놀이용 탁자로 창문 사이의 거울 앞에 놓여 있었다. 마지막 하나는 방구석에 놓기 위해 만들어진 것으로 침실로 통하는 문과 지금은 응접실로 쓰고 있지만 1년 동안 아무도 발을 들이지 않았던 탓에 못쓰게 된 가구들이 잔뜩 쌓인 아무도 쓰지 않는 거실로 통하는 문 사이에 놓여 있었다. 이 구석에 자리 잡은 탁자 위에는 트렁크에서 꺼낸 프록코트용 바지, 새로 맞춘 바지, 회색 바지, 벨벳 조끼 두 벌과 공단 조끼 두 벌, 프록코트 등속이 피라미드 모양으로 차곡차곡 쌓였고 그 위를 비단 천으로 덮어놓았다. 문과 창문 사이의 다른 구석에는 장화들이 가지런히 놓여 있었다. 그다지 새것은 아닌 장화와 새로 산 장화, 윤이 반들반들 나는 장화가 있는가 하면, 침실용 장화도 있었다. 마찬가지로 장화에도 비단 천을 덮어두어 여기에 장화가 있다고는 아무도 생각지 못할 것이다. 글쓰기용 탁자 위에는 서류가방에 오드콜로뉴 향수병, 달력, 두 권 모두 제2편인 소설책이 가지런히 놓여졌다. 깨끗한 셔츠는 침실에 있던 장롱에 넣었고 세탁하러 보내야할 셔츠는 돌돌 말아서 침대 밑에 처박아 놓았다. 텅 빈 트렁크도 침대 밑으로 밀어 넣었다. 도둑을 위협하기 위해 늘 갖고 다니는 검도 침대에서 멀지 않은 곳에다 걸어두었다. 산뜻해진 방안은 먼지 한 톨 보이지 않을 만큼 깔끔했다. 공기마저 고상해진 것 같았다. 속옷을 자주 갈아입고 일요일마다 목욕탕에서 젖은 갯솜으로 목욕을 하는 건강하고 생기 넘치는 사내의 기분 좋은 체취가 방안에 물씬 풍기기 시작한 것이리라. 응접실로 쓰고 있는 거실에선 하인 페트루슈카의 체취가 자리 잡아보려고 했지만 이내 부엌으로 쫓겨나고 말았다.

처음 며칠 동안 텐테트니코프는 손님이 자신에게 달라붙는 통에 생활의 변화나 여태껏 지켜온 질서가 무너져서 자신의 독립성이 위협받지는 않을까 걱정했지만, 그것은 괜한 걱정이었다. 우리 치치코프에게는 어떤 환경에도 적응하는 뛰어난 순발력이 있었기 때문이었다. 주인의 철학적 달관에 박수 갈채를 보내며 그게 주인장을 백 살까지 살게 해줄 것이며 그의 고독한 생활은 사람의 마음에 위대한 사상을 길러줄 것이라 칭찬했다. 이어서 책장을 둘러보더니 소장한 책들의 면면을 칭찬하며 사람은 책을 통해 안일한 생활에서 벗어날 수 있는 것이라고 했다. 말수는 적었지만 그 모든 말에 무게가 있었다. 몸가짐에 있어서는 더욱 빈틈이 없었다. 필요한 시간에 나타나 물러가 주었으면 하는 시간에 물러갔다. 이야기를 나누고 싶지 않은 때에 마구 질문을 퍼부어서 주인을 귀찮게 하지도 않았고 함께 체스를 둘 때는 침묵을 지켰다. 주인이 뭉게뭉게 담배연기를 내뿜고 있을 때면, 담배를 피우지 않는 손님은 주인에게 지지 않을 심심풀이를 생각해내곤 했다. 주머니에서 거무튀튀한 은빛 담뱃갑을 꺼내더니 왼손 손가락 사이에 끼워 마치 지구 표면이 지축을 중심으로 회전하는 것처럼 오른손 손가락으로 빙글빙글 돌리거나, 휘파람을 불며 담뱃갑을 손가락으로 톡톡 두들기곤 했다. 한 마디로 결코 주인을 번거롭게 하지 않았다.

'처음으로 함께 할 만 한 사람을 만났군.' 텐테트니코프는 혼자 생각했다. '이런 사람은 우리나라에 드문데 말이야. 똑똑하고 교양 있고, 착한 사람이야 널렸겠지만 항상 일관된 사람, 평생을 함께 해도 싸움 한번 하지 않을 사람은 흔치 않아. 처음으로 그런 사람을 만난 거야.' 텐테트니코프는 자기 손님을 이렇게 평가했다.

치치코프 또한 잠시나마 이렇게 조용하고 인자한 주인의 집에 머무르게 된 것을 대단히 기쁘게 생각하고 있었다. 그는 떠돌이 생활에 진절머리가 나 있었다. 한 달만이라도 이렇게 아름다운 마을의 들판을 바라보며 요양하면 치질에도 도움이 될 것이었다. 이보다 더 좋은 요양지가 어디 있겠는가? 오랫동안 추위에 억눌려 있던 봄기운이 온갖 치장을 하고 찾아와 여기저기에서 생명을 깨우고 있다. 벌써 산에는 푸른빛이 스며들었고, 푸른 에메랄드 빛깔의 새싹에서는 노란 민들레꽃이 피어나고, 연보랏빛이 도는 분홍색 바람꽃이 부드럽게 고개를 숙인다. 늪지대에서 파리떼가 모습을 드러내면, 그 뒤를 소금쟁이가 쫓아다닌다. 그러면 소금쟁이가 그려진 새들이 메마른 갈대숲으로 모여들어 힐끔힐끔 서로의 눈치를 본다. 갑자기 땅 위가 시끄러워지더니 숲이 잠에서 깨어나고 들판에선 메아리가 울려 퍼진다. 사람들이 손을 잡고 둥글게 춤을 추고 있다. 놀고 마시기에 이보다 더 좋을 수 있겠는가! 저 선명한 초록빛! 이 상쾌한 공기! 정원에서 들려오는 새들의 지저귐! 기쁨과 희열이 넘치는 이곳이야말로 진정한 낙원이다! 마을은 결혼식 때처럼 시끄럽게 웅성이며 노래가 울려 퍼지고 있었다.

치치코프는 자주 산책을 했다. 어디 할 것 없이 산책하기에는 안성맞춤이었다. 저 아래 펼쳐진 골짜기를 한 눈에 내려다볼 수 있는 완만한 산등성이를 거닐었다. 골짜기에는 여기저기 눈이 녹아서 생긴 커다란 호수가 남아 있었고, 아직 새순이 나오지 않은 숲이 섬처럼 검은 빛을 띠고 모여 있었다. 계곡으로 내려가면 새들의 둥지 탓에 가지가 뻐근해진 나무들이 모여 있다. 나뭇가지 사이사이로 보이는 하늘에는 까맣게 덮은 까마귀떼가 시끄럽게 울어대며 날아다녔다. 언덕을 타고 내려와 들판을 거닐었다. 무너진 둑 근처를 거닐며 물레방아 위로 세차게 떨어지는 요란한 물살을 구경하기도 하고, 때로는 선착장에 나가보기도 했다. 강의 얼음만 녹는다면 완두콩에 보리, 밀을 실은 배가 출항할 것이다. 치치코프는 이제 막 일하기 시작한 봄의 성과도 보러 갔다. 가래질 한 검은 밭이랑 사이로 녹색 줄무늬가 자라 있고, 농부가 가슴팍에 건 채를 가볍게 두드리며 씨를 한 줌씩 골고루 뿌리고 있었다.

치치코프는 이리저리 돌아다니며 집사에 농부, 방앗간지기까지 많은 사람들과 이야기를 나눴다. 어떤 작물을 심어서 어떻게 가꿨는가, 수확량은 얼마나 되는가, 가래질은 얼마만큼 해두었는가, 밀은 얼마에 파는가, 올해 가루를 낼 곡물은 무엇인가, 농부들의 이름은 무엇인가, 서로의 친척관계는 어떻게 되는가, 황소는 어디서 샀는가, 돼지에게 사료는 뭘 주고 있는가까지 미주알고주알 캐물었다. 죽은 농노가 몇이나 되는지도 물어봤지만 그 수는 얼마 되지 않았다. 머리가 좋은 치치코프는 단번에 텐테트니코프의 영지가 관리가 엉망이라는 걸 알아챘다. 여기저기 손길이 닿지 않아 방치된 땅들에 도둑질이 횡행하며 영지 곳곳에는 주정뱅이들 투성이였다. '텐테트니코프란 녀석도 참으로 머저리로군! 해마다 5만 루블의 수익을 얻을 수 있는 이 아까운 땅을 아무렇게나 내버려두다니!'

산책을 하는 동안에도 머릿속에서는 그 생각이 떠나지를 않았다. 자신도 언젠가(물론 지금이 아니라 계획이 성공을 거두어 일확천금이 들어오면) 이런 영지의 온화한 지주가 되고 싶었다. 그럴 때면 으레 상인이나 유복한 집안 출신으로 하얀 피부에 음악에 소양이 있고 생기발랄한 젊은 아가씨의 모습을 떠올리기 마련이었다. 그러다 보면 어느새 생각은 치치코프 가문을 이을 젊은 세대에 대한 상상으로 이어졌다. 장난꾸러기 사내아이 하나와 어여쁜 계집아이 하나, 아니면 사내아이 둘에 계집아이가 둘이나 셋도 좋으리라. 그래야 치치코프라는 인간이 이 땅에서 그림자나 허깨비처럼 사라진 것이 아니라 실제로 살아있었고, 존재했다는 사실을 세상에 알리고, 조국 앞에서도 떳떳할 수 있으리라. 그러면 조금 더 높은 관등으로 해두는 것도 나쁘지 않을 것 같다. 이를테면 5등 문관만 되더라도 명예롭고 사람들의 존경을 받을 테니…… 산책자의 머릿속에 떠오르는 이러한 망상들은 산책자의 상상력을 자극하고 의식을 흥분시킴으로써 잠시나마 따분한 현실을 잊게 하고, 비록 산책자가 그러한 망상들이 결코 이루어질 수 없는 것임을 잘 알고 있을지라도 그 자체로 크나큰 만족감을 느낄 수 있는 법이다.

세리판과 페트루슈카도 마을이 퍽 마음에 들었던 터라 이곳에 자리를 잡았다. 페트루슈카는 어느 틈에 요리장 그리고리와 친구가 되었다. 처음에는 서로 젠체하느라 성질을 부리기도 했지만 말이다. 페트루슈카가 지금까지 둘러봤던 곳들을 늘어놓아 그리고리의 정신을 쏙 빼놓자, 그리고리는 페르투슈카가 한 번도 가보지 못한 페테르부르크 이야기를 꺼내 꼼짝 못하게 만들었다. 그러자 페트루슈카는 자신이 가봤던 곳의 거리를 놓고 반격했지만 그리고리는 지도에서도 찾을 수 없는 지명을 부르더니 그곳은 3만 베르스타도 넘게 떨어져 있다고 허풍을 떨어 페트루슈카를 꿀 먹은 벙어리로 만듦으로써 하인들의 웃음거리가 되게 했다. 하지만 이 사건을 통해 두 사람은 친구가 되었다. 누구나 좋아하는 대머리 아저씨 피멘이 운영하는 변두리 선술집 '아크리카'에 늘 함께 마주 앉곤 했으니 흔히 말하는 '술친구'가 된 것이다.

　세리판은 다른 즐거움을 찾아냈다. 매일 저녁만 되면 마을 사람들은 노래를 부르고 쉴 새 없이 춤을 췄다. 세리판은 다른 마을에서는 여간해서 보기 어려운 아름답고 우아한 아가씨들에게 눈이 팔려 몇 시간이고 입을 다물지 못한 채 구경하곤 했다. 새하얀 가슴과 새하얀 목덜미, 동그랗고 생기 넘치는 눈동자, 공작과 같은 걸음걸이, 허리까지 치렁치렁 내려오는 머리까지 어느 것이 더 아름다운지 우열을 가리기 힘들 지경이었다. 아가씨들의 새하얀 손을 맞잡고 천천히 춤을 추고 있을 때라든가, 다른 청년들과 함께 줄을 지어 아가씨들을 향해 걸어가면 그녀들 역시 줄을 지어 청년들 쪽으로 밀려오며 "주인어른, 우리 새신랑을 보여줘요." 웃어대며 크게 노래를 부른다. 주변은 조용히 땅거미가 지고 저 멀리 강 너머까지 흘러간 노랫가락이 구슬픈 메아리가 되어 돌아올 무렵까지도 세리판은 무슨 일이 일어난 건지 알지 못했다. 그 뒤로 깨어 있을 때나 자고 있을 때나, 낮이나 밤이나 그 하얀 손을 맞잡고 춤추던 자신의 모습이 계속 아른대는 것이었다.

　치치코프의 말들도 새로운 마구간을 마음에 들어 했다. 밤털이도, '의원님'도, 그리고 우리의 '얼룩이'도 텐테트니코프의 집에 머무는 것이 조금도 따분하지 않았다. 귀리도 훌륭하고, 마구간은 무척이나 편안했다. 칸막이가 있긴 했지만 칸막이 너머로 친구들을 볼 수도 있었고, 멀리 떨어진 곳에 있는 친구의 부름에도 화답할 수 있었다.

　요컨대 모두가 자기 집처럼 편안하게 지냈다. 아마 독자 여러분은 치치코프가 예의 그 중요한 용건에 대해서 한마디도 꺼내지 않았다는 사실에 적잖이 놀랐을 것이다. 치치코프는 '죽은 농노를 사들이는 일'에 매우 신중해졌다. 어수룩한 이와 거래를 할 때라도 여간 조심을 하는 게 아니었고, 만나자마자 얘기를 꺼내는 법도 없었다. 더구나 텐테트니코프는 머리에 든 것도 많고 무슨 일이든 왜 그렇게 된 건지 알아내려 노력하는 위인이다. '빌어먹을, 아무래도 다른 방법을 찾아야겠어.' 치치코프는 집안 하인들에게서 들은 얘기로, 예전에 주인이 장군의 딸을 마음에 두고 장군 댁에 자주 들락거렸는데, 장군의 딸도 주인을 마음에 들어 했건만 어찌된 영문인지 주인과 장군의 사이가 틀어졌다는 것을 기억해냈다. 그래서 치치코프는 텐테트니코프가 연필과 펜으로 늘 누군가의 얼굴을 그리는 것을 눈여겨 봐둔 참이었다.

어느 날 점심식사가 끝난 뒤 평소처럼 은제 담뱃갑을 빙빙 돌리면서 치치코프가 이렇게 말했다.

"안드레이 이바노비치 씨, 모든 걸 가진 당신에게도 부족한 것이 하나 있습니다."

"그게 뭐죠?" 그는 뻐끔뻐끔 담배연기를 내뿜으며 물었다.

"인생의 반려자입니다."

텐테트니코프는 어떤 말도 하지 않았다. 대화는 그걸로 끝나고 말았지만 치치코프는 전혀 개의치 않았다. 이번에는 저녁식사를 기다리며 이런저런 얘기를 나누던 중에 다시 얘기를 꺼냈다. "이건 진심입니다. 정말로 결혼하셔야 합니다."

텐테트니코프는 이런 얘기를 주고받는 것 자체가 불쾌하다는 듯이 아무런 대꾸도 하지 않지만, 치치코프는 전혀 개의치 않았다. 세 번째로 얘기를 꺼낸 것은 저녁식사가 끝난 무렵이었다. "하지만 말입니다, 아무리 생각해봐도 주인장께서는 결혼하셔야 합니다. 이대로 가면 우울증에 걸릴 거예요."

이번에는 치치코프의 말이 지당하다고 여겼던 건지, 아니면 그날따라 마음을 털어놓고 싶었던 건지, 텐테트니코프는 한숨과 함께 담배연기를 혹 내뿜더니 이렇게 말했다. "뭐든 운을 타고 태어나야하는 법입니다, 파벨 이바노비치 씨." 그러더니 장군과의 만남에서 절교에 이르게 된 일들을 남김없이 털어놓기 시작했다.

이야기에 귀를 기울이던 치치코프는 '너'라는 말 한마디 때문에 장군과 절교했다는 텐테트니코프의 말에 어처구니가 없었다. 이 사내는 머저리인걸까? 아니면 어수룩한 걸까? 그저 상대의 눈을 멀뚱멀뚱 바라볼 뿐이었다. 치치코프는 겨우 입을 열었다. "이거 참 놀랍군요, 안드레이 이바노비치 씨!" 치치코프는 텐테트니코프의 두 손을 맞잡고 이렇게 말했다. "그게 무슨 모욕이란 말입니까? '너'라는 말이 모욕이라니요?"

"말 자체에는 모욕적인 것이 없지요. 그러나 그 말에 숨겨진 속뜻! 그 말을 내뱉었을 때의 말투! 거기에 모욕이 담겨있었단 말입니다! '너'라는 말은 바로 이런 뜻입니다. '잘 듣게, 넌 그저 쓰레기야. 내가 네 녀석을 손님으로 대접해준 건 달리 나은 사람이 없어서였을 뿐이야. 하지만 이렇게 공작부인께서 오셨으니 넌 네 분수를 알고 문가에나 서 있으란 말이야.' 바로 이런 뜻입니다!" 그때 마음씨 착하고 온화한 안드레이 이바노비치의 눈이 번뜩이고 목소리가 분노로 떨렸다.

"좋습니다, 그렇다고 치지요. 그런데 그게 어쨌다는 겁니까?"

"그게 어쨌다니요? 그런 무례를 당하고도 계속 장군을 찾아가야 한다는 겁니까?"

"무례라니요? 그런 건 무례도 아닙니다." 치치코프가 냉정하게 말했다.

"어찌 그게 무례가 아니라는 겁니까?" 당황한 텐테트니코프가 물었다.

"그건 장군의 습관입니다. 그 위인들은 누구나 그렇게 부른답니다. 거기다 상대는 나라를 위해 평생을 바친 존경할 만한 위인 아닙니까? 그 정도쯤은 눈감아 주시는 게 어떻겠습니까……?"

"이건 다른 문제입니다!" 텐테트니코프가 말했다. "만일 그가 자존심 강하고 불손한 장군이 아니라, 가난한 노인이었다면 저를 '너'라고 불러도 용서해주었을 겁니다. 아니 더욱 공손히 받아들였을 겁니다."

'이 양반, 머리가 어떻게 된 게 틀림없어. 거지라면 괜찮지만 장군은 용서할 수 없다니……!' 이렇게 속으로 곱씹어본 치치코프는 큰 목소리로 대답했다.

"좋습니다! 그럼 장군이 당신을 모욕했다고 칩시다. 하지만 당신도 앙갚음을 했습니다. 당신도 장군을 모욕했으니 이제 무승부가 아니겠습니까? 그런데 가장 중요한 일은 내버려두고 그깟 사소한 일에 매달리다니요! ……정말 어처구니가 없군요. 뭐든 목표를 세웠다면 죽자사자 달려들어야 할 것 아닙니까? 그렇게 무례를 따지고 들어서 무슨 소용이 있다는 겁니까! 사람은 누구나 무례를 저지르기 마련입니다. 세상 어디를 찾아봐도 무례하지 않은 사람은 없습니다."

'이 치치코프란 사내는 참 괴짜로군!' 텐테트니코프는 어안이 벙벙해져 속으로 이렇게 생각했다.

'이 텐테트니코프란 사내는 참 괴짜일세그려!' 한편 치치코프도 이런 생각을 하고 있었다.

"안드레이 이바노비치 씨! 저와 당신 사이이기에 감히 말하겠습니다. 당신은 아직 사회경험이 부족합니다, 그러니 이 일을 저에게 맡겨주시지요. 제가 각하께 가서 이번 일은 오해 때문에 빚어진 일이며, 당시엔 당신이 아직 세상 물정을 잘 몰랐던 까닭이라고 설명하겠습니다."

"그 작자에게 아첨을 떨 생각은 없습니다!" 텐테트니코프는 화를 내며 말했다. "거기다 이 일을 당신께 맡기고 싶지도 않습니다."

"아첨은 신께서 금지하신 겁니다!" 치치코프가 성호를 그으며 말했다. "분별력 있는 중재인의 충고로도 충분합니다! 죄송하지만 안드레이 이바노비치 씨, 저의 선의에 대해 이렇게 말씀하실 줄은…… 주인장께서 제 말을 모욕으로 받아들이실 줄은 짐작도 못했습니다!"

"제가 잘못했습니다, 용서하십시오!" 깊이 감동받은 텐테트니코프가 황급히 두 손을 마주잡고 말했다. "당신을 모욕할 뜻은 전혀 없었습니다. 당신의 친절한 마음을 그르치거나 등한시했던 것이 아닙니다! 그러니 이 이야기는 그만둡시다. 다시는 이 얘기를 꺼내지 말도록 하지요."

"그렇다면 저는 장군을 찾아가 보겠습니다."

"그건 또 어째서입니까?" 텐테트니코프가 적잖이 놀란 얼굴로 물었다.

"경의를 표하기 위해서지요." 치치코프가 말했다.

'이 치치코프란 사내는 참 괴짜로군.' 텐테트니코프는 생각했다.

'이 텐테트니코프란 사내는 참 괴짜로군.' 치치코프도 생각했다.

"그러면 안드레이 이바노비치 씨, 저는 내일 아침 10시에 가보도록 하겠습니다. 경의를 표하는 일이라면 빠를수록 좋으니까요. 그런데 제 마차가 아직 고쳐지지 않아서 말입니다만, 주인장의 마차를 빌려도 괜찮겠습니까?"

"뭘 그리 부탁하고 그러십니까. 마차든 뭐든 마음껏 쓰십시오. 여기서 당신은 주인이나 마찬가지입니다." 그리고 두 사람은 서로 인사를 건네고 괴짜

같은 상대방을 떠올리며 잠자리에 들었다.

이상한 일이었다. 다음 날 치치코프를 위해 마차가 준비되면서 새 연미복에 하얀 넥타이를 매고 하얀 조끼를 입은 치치코프가 군인과 같은 날렵한 몸놀림으로 마차에 올라타 장군을 만나러 떠나갔을 때, 텐테트니코프는 오랫동안 경험하지 못했던 두근거림에 빠져있었다. 지금까지 잠에 빠져 녹슬어 있던 그의 머리가 갑자기 활동하기 시작한 것이다. 나태에 빠져있던 이 게으름뱅이의 마음을 격렬한 감정이 뒤흔들어 놓은 것이다. 소파에 앉아보기도 하고, 창밖을 바라보기도 하고, 책을 읽어보기도 하고, 사색에 잠기려고도 해봤지만 헛수고였다! 마음이 도저히 안정되지 않았다. 그래서 아무 생각도 하지 않으려고 해봤지만 이 역시 아무 소용이 없었다. 단편적이고 두서없는 생각들이 머릿속으로 들어와 떠나려 하지 않았다. "그것 참 이상하군!" 먼지 구름이 채 가라앉지 않은 참나무 숲 사이로 난 길을 바라보며 그가 말했다. 하지만 이제 텐테트니코프는 내버려두고, 치치코프를 따라가 보자.

2

훌륭한 말들은 반 시간 조금 넘게 달려 치치코프를 10베르스타 떨어진 곳까지 데려다주었다. 울창한 떡갈나무 숲을 지나, 새로 가래질을 한 땅 위로 파릇파릇 싹이 난 옥수수밭을 지나, 시시각각 펼쳐지는 푸르른 평야가 내려다보이는 언덕을 지나, 이제야 새순이 돋은 보리수 길을 지나 장군이 사는 마을에 도착한 것이다. 보리수 길에서 오른쪽으로 꺾어 들어가자 나뭇가지로 엮은 울타리로 둘러싸인 미루나무 길이 나타났고, 미루나무 길은 저택의 커다란 철문 앞까지 이어져 있었다. 철문 너머로 여덟 개의 코린트식 둥근 기둥을 받친 화려하기 그지없는 곡선 처마가 보였다. 곳곳에서 페인트 냄새가 심하게 나긴 했지만 깨끗하게 단장된 건물에선 조금도 낡았다는 느낌이 들지 않았다. 정원은 세공마루처럼 깨끗했다. 마차가 현관 앞에 이르자 치치코프는 공손하게 마차에서 내려 자신의 이름을 알렸고, 곧바로 장군의 서재로 안내되었다.

치치코프는 장군의 위풍당당한 외모에 압도되었다. 장군은 진홍빛 공단으로 만든 가운을 입고 있었다. 거침없는 시선, 남자다운 얼굴, 희끗희끗 하얀 수염이 섞인 구레나룻과 콧수염, 유난히 짧게 깎은 머리, 흔히들 말하는 세

겹 주름이 잡힌 굵은 목덜미, 어딘지 거칠게 들리는 낮은 목소리, 게다가 몸가짐이나 태도에 이르기까지 어디를 보나 장군다운 사람이었다. 그런데 여기 베트리시체프 장군도 우리처럼 실로 많은 장점과 함께 많은 단점을 갖고 있었다. 장군은 우리 러시아인에게서 흔히 볼 수 있는 것처럼 장단점이 마치 그림처럼 한데 뒤섞여 있었다. 위기가 닥치면 희생정신과 배짱, 용기, 그리고 슬기로운 지혜가 솟아났지만, 그 속에는 변덕과 명예심, 이기심이 한데 도사리고 있어 작은 일에도 성을 잘 내고, 다른 사람의 흔한 단점도 너그럽게 받아들이지 못했다. 공직에서 자기보다 윗자리에 있는 자들을 누구라 할 것 없이 싫어했으며 그들을 헐뜯고 신랄하게 조롱했다. 누구보다도 신랄하게 비난을 받았던 사람은 자신보다도 두뇌와 재능이라는 두 가지 면에서 열등하다고 생각했으나 자신을 앞질러 두 마을을 다스리는 총독이 된 예전 동료였다. 하필이면 자신이 사는 영지의 총독이 된 탓에 경쟁상대의 손바닥 위에 놓인 꼴이 되어버린 것이었다. 장군은 복수를 위해 사사건건 총독을 헐뜯고 하는 일마다 빈정대고 트집을 잡았으며, 총독이 내리는 지시들을 하나같이 어리석은 짓이라고 비난했다.

장군은 다른 사람에 비해 모든 면에서 모순적이었다. 이를테면 그는 문화의 옹호자이면서 비판자였으며, 남들이 모르는 사실을 아는 것을 좋아하고, 자신이 모르는 사실이라면 무엇이건 그걸 아는 사람을 싫어했다. 그는 무슨 일에서건 자신만이 빛나고 싶어 했다. 교육의 반을 외국에서 받았건만, 당당한 러시아 귀족노릇을 하고 싶어 했다. 이 고르지 못한 성격과 뚜렷하게 드러나는 모순 탓에 공무 중에 수많은 불쾌한 사건을 일으키게 되었고, 그것이 원인으로 결국 퇴역하게 되었던 것이다. 사이가 나쁜 상대를 늘 문책하면서도 자신을 문책할 만큼의 그릇을 갖추지 못한 장군이 자리에서 물러나게 된 것은 당연한 일이었다. 하지만 퇴역하고 나서도 장군은 그림에 그려진 것처럼 당당한 위엄을 여전히 갖추고 있었다. 프록코트를 입건, 연미복을 입건 그 모습은 늘 변치 않았다. 하지만 그의 목소리는 가장 작은 것에 대해서조차 엄격하고 명령적이었기에 계급이 낮은 사람들이 존경심이 아닌 두려움을 느끼기에 충분했다. 치치코프는 그러한 장군의 모습에서 존경심과 두려움, 이 두 가지 감정을 모두 느꼈다.

그는 공손히 고개를 조아리며 이렇게 말했다. "전부터 전쟁에서 조국을 구해낸 분들의 무용을 존경하고 있었던지라 각하를 찾아뵙는 것이 저의 의무라 생각하여 이렇게 찾아뵙게 되었습니다."

장군은 이런 인사를 싫어하지 않는 것이 분명했다. 장군은 자못 우아하게 고개를 숙이며 이렇게 대답했다. "나도 이렇게 자네를 알게 되어 무척이나 기쁘네. 자, 앉게나. 그런데 어디서 근무했었나?"

"그럼 제 이력에 대해 얘기해보겠습니다." 치치코프는 소파에 비스듬히 걸터앉아 한손으로 소파 손잡이를 잡고 이렇게 말했다. "저는 세무감사국을 통해 관직에 들어섰습니다. 그 뒤로 이곳저곳을 떠돌며 근무를 했지요. 고등재판소에도 있었고, 건축위원회, 세관에서도 일을 했었습니다. 제 삶은 그야말로 파도에 떠밀리는 조각배와 같았습니다. 굳이 얘기하자면 저는 굳은 인내심으로 항상 참고 견디며 살아왔습니다. 그야말로 저 스스로가 인내의 화신이 되었던 것이지요. 게다가 제 목숨을 노리는 적들에게 어떤 고통을 당했는지는 말로 다 표현할 수 없을 지경입니다. 이제 이렇게 인생의 내리막길에 들어서서는 그저 여생을 편안히 보낼 작은 보금자리를 찾아다니고 있습니다. 지금은 각하와 가까운 이웃집에 머물고 있습니다만……."

"아니, 거기가 어딘가?"

"텐테트니코프 씨의 댁입니다, 각하."

장군이 얼굴을 찡그렸다.

"각하, 그는 응당 해야 했을 일을 하지 못한 걸 후회하고 있습니다."

"뭘 말인가?"

"각하께서 이뤄놓은 공적에 경의를 표하는 것 말입니다." 치치코프가 대답했다. "그는 어떻게 속죄해야할지 모르고 있습니다. '할 수만 있다면, 조국을 구해주신 장군들께 경의를 표하고 싶건만…… 어찌해야 좋을지 모르겠소.' 그는 저에게 이렇게 말했습니다."

"아니, 그가 그렇게 얘기했단 말인가? 나도 그에게 특별히 화가 난 것은 아니라네." 장군은 조금 부드러워진 말투로 말했다. "난 그를 마음 깊이 사랑했고, 언젠가 그가 큰 인물이 되리라 믿고 있다네."

"그렇습니다, 말씀하신 대로 큰 인물이 될 겁니다, 각하. 글재주가 있으니 문호로 이름을 떨칠지도 모르겠군요." 치치코프가 맞장구를 쳤다.

"하지만 듣기로는 시답잖은 시 같은 걸 끼적인다고 하던데?"

"아닙니다, 각하. 시답잖은 것이 아닙니다."

"시답잖은 것이 아니라면, 대체 무어란 말인가?"

"그가 쓰고 있는 건, 그러니까…… 역사입니다, 각하."

"역사? 무슨 역사 말인가?"

"그 역사라는 건……." 여기서 잠깐 얘기를 멈춘 치치코프는 자신의 앞에 앉은 장군 때문이었는지, 아니면 얘기에 한층 더 무게를 주기 위해서였는지 이렇게 덧붙여 말했다. "장군의 역사에 대해 쓰고 있답니다, 각하."

"장군이라니? 어떤 장군 말인가?"

"모든 장군에 대한 역사입니다, 각하. 더 정확하게 얘기하자면 러시아 장군들의 역사이지요." 자신이 내뱉은 이야기에 치치코프는 당황하며 할 말을 잃고 자신에게 침을 뱉을 뻔했다. '맙소사 무슨 헛소리를 한 거야!'

"미안하네만 무슨 소리인지 모르겠군…… 대체 그게 무슨 뜻인가? 어떤 시대를 말하는 건가? 아니면 개인들의 전기(傳記)를 말하는 건가? 그리고 러시아의 모든 장군에 대한 것인가, 그렇지 않으면 12년 전쟁에 참전했던 장군들을 말하는 건가?"

"바로 그렇습니다, 각하. 12년 전쟁에 참전했던 장군들의 역사입니다!"

"그럼 왜 나를 찾아오지 않는 건가? 흥미로운 자료들을 얼마든지 넘겨줄 수 있는데."

"그는 장군님을 만나는 것을 두려워하고 있습니다, 각하."

"그게 무슨 헛소린가! 그딴 하잘것없는 말 한마디 가지고…… 난 그렇게 속 좁은 위인이 아닐세. 뭣하면 내가 직접 그를 찾아가겠네."

"장군님께서 그러셔야 되겠습니까? 그가 직접 찾아뵐 것입니다."

그제야 제정신으로 돌아온 치치코프는 한숨을 몰아쉬며 이렇게 생각했다. '앞뒤 생각도 않고 꺼낸 장군의 역사가 이렇게 좋은 결과를 낼 줄이야. 다행이지 뭐야!'

서재에서 사락사락 옷깃 스치는 소리가 들려왔다. 세공된 호두나무 문이 저절로 열리더니 문 뒤로 청동 손잡이를 잡고 있는 발랄한 아가씨의 모습이 보였다. 갑자기 등 뒤에서 쏟아진 등잔불에 캄캄한 방안에서 투명한 그림이 번뜩이더라도, 이 여인의 모습처럼 사람을 놀라게 하지는 않았을 것이다. 환하게 방안을 비추는 그녀의 모습에 잔뜩 찡그리고 있던 장군의 서재가 활짝 웃음 짓는 것만 같았다. 치치코프는 한순간 자신의 눈앞에 서 있는 여인이 누구인지 분간하지 못했다. 어느 나라 출신인지조차 가늠하기 어려웠다. 이 토록 아름답고 고상한 외모는 고대 그리스 조각상에서밖에 찾아볼 수가 없었기 때문이었다. 화살처럼 곧고 가벼운 그녀는 키가 상당히 커 보였다. 그러나 그건 한낱 착각에 불과했다. 머리끝에서부터 손끝까지 균형 잡힌 그녀의 몸매가 그렇게 보이게 한 것이었다. 저 화려한 드레스도 솜씨 좋은 재봉사들이 어떻게 하면 그녀를 더욱 아름답게 보일 수 있을까 의논 끝에 지어놓은 것처럼 너무나 잘 어울렸다. 그러나 이 역시 착각에 지나지 않았다. 그녀가 손수 지어 입은 듯 제대로 재단도 안 된 옷감을 두서 군데 시침질해놓은 드레스는 주름과 접힌 선이 그녀와 절묘하게 어울려 마치 그 모습을 그림으로 옮겨놓으면 최신 유행하는 드레스를 입고 나선 젊은 여인도 뒤쥐처럼 저속하고 넝마라도 입은 것처럼 보일 것이고, 저 매혹적인 드레스를 대리석 조각으로 새긴다면 어느 천재 조각가의 걸작의 복사본이라고 불러도 될 정도였다. 황홀한 눈빛으로 그녀를 뚫어져라 쳐다보던 치치코프는 한참 뒤에야 풍만함이라고는 눈곱만큼도 없는 야윈 몸이 그녀의 유일한 결점이라는 것을 깨달았다.

"우리 말괄량이 딸을 소개하리다!" 그러더니 장군이 치치코프를 바라보며 말했다. "그러고 보니 아직 자네의 이름도 성도 묻지 않았군."

"이름도 드높이지 못한 한낱 사내의 이름을 물어서 어쩌려고 그러십니까?"

"그래도 들어둬야지 않겠소."

"파벨 이바노비치라고 합니다, 각하." 치치코프는 마치 군인처럼 날렵하게 몸을 숙이더니 튕겨 오르는 고무공처럼 가볍게 몸을 일으켰다.

"울린카!" 장군이 딸을 바라보며 말했다. "방금 파벨 이바노비치 씨가 아주 재미난 소식을 가져다주었단다. 우리 이웃 텐테트니코프가 생각했던 것만큼 바보가 아니었어. 그는 12년 전쟁에 참전했던 장군들의 역사라는 매우 중요한 책을 쓰고 있다는구나."

"누가 그를 바보라고 했나요? 그런 얘기를 하는 건 아버님께서 신뢰해 마지않는 비시네포크로모프 한 사람뿐이에요. 그는 머리가 텅 빈 비열한 사람이에요!"

"어째서 그가 비열하다는 거냐? 하기야 머리가 텅 비었다는 건 나도 인정한다만……."

"머리도 텅텅 비었지만 천하고 추악하기까지 한 인간이에요. 자기 형제자매를 그토록 핍박하여 집에서 쫓아내다니, 어떻게 인간이 그럴 수 있나요?"

"그거야 떠도는 소문이지 않느냐."

"근거 없는 소문은 없어요. 어떻게 아버님처럼 착하고 어진 분이 하늘과 땅만큼이나 차이가 나는 그런 악당을 집안에 들이실 수 있으세요? 이게 다 그 악당이 간사하게도 아버님의 비위를 맞추기 위해 아첨을 일삼기 때문이에요."

"하지만 애야 오는 사람을 쫓아낼 수는 없지 않느냐."

"누가 쫓아내라고 그랬나요? 제 말은 어째서 그런 자를 가까이 두시는 거냐고요, 그런 악당을."

"자, 자, 제 얘기 좀 들어보십시오." 치치코프는 자기가 뭐라고 몇 마디 하는 것이 옳다고 생각했는지 고개를 살며시 옆으로 기울이고는 명랑한 웃음을 지으며 얘기를 꺼냈다. "우리가 사랑해야 마땅한 사람들은 바로 이런 사람들이지요." 그러더니 장군을 돌아보며 적잖이 교활한 웃음을 띠며 이어서 이렇게 말했다. "각하께서는 이런 말을 들어보신 적 있으십니까? '더러운 모습까지도 사랑하라, 왜냐하면 깨끗한 모습은 누구든 사랑할 수 있을 테니까.'"

"들어본 적 없네." 장군은 소리 내어 웃으며 대답했다.

"아주 재미난 이야기랍니다." 치치코프가 예의 그 교활한 웃음을 띠며 말했다.

"장원을 가진 구코조프스키 공작에 대해서는 각하께서도 들어보셨을 겁니다."

"난 그런 사람을 모르오."

"그곳에 한 관리인이 있었습니다, 각하. 젊은 독일인이었지요. 그는 부과된 세금과 그 밖에 여러 사무 때문에 시내로 가야만 했습니다. 물론 서기들에게 뇌물을 줘야 했지만 서기들이 그를 좋아했던 덕분에 뇌물을 주지 않아도 일을 잘 처리해주었습니다. 그러던 어느 날, 젊은 관리인은 서기들과 함께 점심을 먹다가 이렇게 말했습니다. '언제 한번 저희 집에 놀러 오지 않으시겠습니까?' 서기들이 대답했습니다. '그야 물론이지요.' 그로부터 얼마 뒤, 법원에서는 트데메티에프 백작의 영지를 조사하라는 명령이 떨어졌습니다. 트데메티에프 백작에 대해서는 각하께서도 잘 아시리라고 생각합니다만……"

"나는 모르오."

"그러나 명령을 받은 서기들은 조사는커녕 전부 백작의 늙은 관리인 집에 머물면서 사흘 밤낮으로 카드놀이만 했습니다. 물론 탁자에는 항상 사모바르와 펀치가 대령해 있었지요. 늙은 관리인은 진저리가 났습니다. 그래서 그들을 내쫓기 위해 이렇게 말했습니다. '여러분, 공작의 관리인에게 가보시는 건 어떻겠습니까? 여기서 그다지 멀지도 않답니다.'—'그거 좋구려.' 그리고는 면도도 하지 않고, 반쯤 술에 취한 꼴로 마차를 타고 꾸벅꾸벅 졸면서 독일인 관리인의 집으로 찾아갔던 것입니다. 그런데 그 독일인 관리인은 말입니다, 각하께서 반드시 아셔야 하는 이야기입니다만, 얼마 전 결혼한 몸이었던 것입니다. 그는 기숙학교 출신의 젊고 훌륭한 가문의 딸과 결혼했었습니다(치치코프는 그녀가 가문이 좋은 집 딸이라는 것을 표정으로 나타내 보였다). 찻잔을 앞에 두고 두 사람은 무심히 앉아 있었습니다. 그런데 갑자기 문이 열리더니 술에 취한 서기들이 떼를 지어 들어왔던 것입니다."

"나도 상상이 가네, 참 대단한 광경이었겠어!" 장군은 웃으면서 말했다.

"몹시 당황한 관리인은 이렇게 말했습니다. '이게 대체 뭐하는 짓입니까!'—'아, 그게 당신이 하고 싶었던 말이오?' 그러자 서기들은 표정을 바꾸더니 독일인 관리인에게 엄격하게 대하기 시작했습니다. '우리는 일 때문에 찾아왔소. 이 영지에서 사라진 농노는 몇이나 되오? 장부를 보여주시오.' 독일인 관리인은 어찌할 바를 몰랐습니다. 서기들은 증인을 불렀고 관리인은 두 팔이 묶여 시내로 끌려가 일 년 반 동안 감옥살이를 해야만 했습니다."

"세상에 그게 정말인가?" 장군이 말했다.

울린카는 깍지를 꼈다.

"젊은 관리인의 아내는 무슨 일이든 했습니다." 치치코프는 이야기를 계속했다. "그러나 세상 경험도 없는 젊은 처자가 뭘 할 수 있겠습니까? 하지만 다행히도 친절한 사람들이 나타나 평화적으로 문제를 해결할 방법을 가르쳐주었고, 독일인 관리인은 2천 루블을 내고 감옥에서 나올 수 있었습니다. 관리인은 서기들과 함께 식사를 했습니다. 분위기가 무르익었을 무렵, 적잖이 기분이 좋아진 서기들이 관리인에게 이렇게 말하는 것이었습니다. '아직도 그때 그 태도가 부끄럽지 않소? 당신은 우리가 면도를 하고 연미복 차림으로 찾아오기를 바랐을 테지요. 하지만 말입니다, 당신은 우리의 더러운 모습까지도 사랑해줬어야만 했습니다. 깨끗한 모습이라면 누구라도 사랑해줄 테니 말입니다."

마구 껄껄대며 웃어대는 장군과는 달리 울린카는 고통스러운 듯 신음했다.

"아버님, 어떻게 그렇게 웃으실 수 있어요!" 그녀의 어여쁜 이마가 분노로 일그러져 있었다. "그런 짓을 한 서기들은 모두 추방해야 마땅해요! 어디로 추방해야 할지는 저도 잘 모르겠지만요······."

"애야, 나도 그들이 옳다는 것이 아니란다." 장군이 말했다. "하지만 이토록 우스꽝스러운 이야기를 듣고 어찌 안 웃을 수가 있겠느냐? 뭐라고 그랬지? '깨끗한 모습까지도 사랑해주십시오'였나?"

"'더러운 모습까지도 사랑해주십시오'입니다, 각하." 치치코프가 질문이 떨어지기가 무섭게 대답했다.

"'더러운 모습까지도 사랑해주십시오, 깨끗한 모습이라면 누구라도 사랑해줄 테니 말입니다'라는 거로군, 하하하하!"

장군의 커다란 몸이 웃음으로 부르르 떨렸다. 한때 묵직한 견장이 달려 있었을 어깨도 견장을 달아놓은 것처럼 흔들거렸다. 치치코프 또한 웃음을 터뜨렸는데, 그건 장군에게 경의를 나타내기 위한 웃음이었다. 그래서 껄껄 웃음을 터뜨리지 못하고 작게 오므린 입으로 헤헤하고 웃었던 것이다. 그의 몸도 웃음소리에 맞춰 가늘게 떨렸다. 그러나 두 어깨는 견장을 달아본 적이 없어서 그런지 잘 흔들리지 않았다.

"텁석부리 같은 서기 놈들 꼴이 얼마나 가관이었겠나!" 장군은 여전히 껄껄 웃으며 말했다.

"그렇습니다, 사흘 밤낮을 진탕 놀았으니 그 꼬락서니가 어땠을지 알만하지요." 치치코프가 비위를 맞추듯이 웃으며 말했다.

울린카는 소파에 몸을 푹 파묻고 한 손으로 그녀의 귀여운 두 눈을 가렸다. 자신의 분노를 함께 나눌 사람이 아무도 없어서인지 안절부절 못했다.

그리고 보면 이상한 점이 이 세 사람이 저마다 느끼고 있던 감정이 전혀 조화가 되고 있지 않았다는 사실이다. 첫 번째 사람은 전혀 농간을 부릴 줄 모르는 완고한 독일인 관리인을 재미있어 했고, 두 번째 사람은 악당들의 우스꽝스러운 계략을 재미있어 했으며, 세 번째 사람은 이러한 부정행위가 태연히 이루어진 것이 불쾌했다. 여기에서 빠진 것이 있다면 사람들을 배꼽 잡게 만든 그 말 때문에 눈물지은 사람이 있었다는 사실을 곱씹는 네 번째 사람이다. 그들이 우스갯소리로 생각하는 그 말이 뜻하는 것은 명예를 잃고 파멸의 구렁텅이에 빠지더라도 자신을 망친 사람들을 사랑해야만 한다는 것일까? 열등감이라는 무거운 짐에 억눌리면서도 "나 좀 살려주게!" 울부짖는 것은 나약한 영혼의 외침일까, 아니면 동물적인 본능의 표현일까? 아무튼 파멸 당한 넋을 같이 슬퍼해 줄 네 번째 사람이 이 자리에 없었다는 것은 엄연한 사실이었다.

"모르겠어요." 얼굴을 덮은 두 손을 치우며 울린카가 말했다. "저는 이런 이야기를 들으면 도저히 화가 나서 참을 수가 없어요!"

"애야, 화내지 말거라." 장군이 말했다. "우리가 잘못한 건 아무것도 없단다, 그렇지 않나?" 여기서 장군이 치치코프를 돌아보며 말했다. "자, 나한테 키스하고 방으로 돌아가거라. 난 이제 식사하러 갈 준비를 해야겠구나. 그렇지, 자네도……." 장군은 치치코프의 눈을 바라보며 말했다. "자네도 들지 그러나?"

"각하, 아니 저는……."

"걱정 말게, 단출하게 차릴 테니까. 이래봬도 식사정도는 대접할 수 있다네. 뭐 양배추 수프만 나오겠지만."

치치코프는 두 팔을 벌리고 공손하게 머리를 조아려 인사를 했지만, 너무 고개를 숙였던 탓에 방안의 모든 것들이 그의 시야에서 벗어났다. 앞에 보이는 것이라곤 자신의 장화뿐이었다. 치치코프가 다시 고개를 들었을 때 울린카의 모습은 보이지 않았다. 벌써 자리를 떠난 것이다. 그 대신 구레나룻과 턱수염이 덥수룩한 거대한 몸집의 하인이 은주전자와 세숫대야를 들고 서 있었다.

"좀 벗어도 되겠나?"

"물론입니다, 각하께서 뭘 하시든 저는 상관없습니다."

장군은 가운을 반쯤 벗더니 대담무쌍한 사내대장부처럼 팔을 걷어 올리고 오리처럼 물을 튀겨가며 큰 콧소리와 함께 세수를 했다. 비눗물이 방안 여기저기 튀었다.

"뭐라고 그랬더라?" 장군은 두 손으로 두터운 목을 문지르면서 말했다. "깨끗한 모습까지도 사랑해주시오, 였던가……?"

"'더러운 모습까지도'입니다, 각하. '더러운 모습까지도 사랑해주시오, 깨끗한 모습이라면 누구라도 사랑해줄 테니' 이렇게 말입니다."

"참 좋은 말이야, 그것 참……."

치치코프는 말로 표현할 수 없을 만큼 기분이 좋았다. 갑자기 그에게 영감이 떠올랐다. "이토록 친절하시고 배려 깊은 각하께 긴히 부탁을 하나 드릴까 합니다."

"무슨 부탁인가?"

치치코프는 주위를 둘러보고 하인이 세숫대야를 가지고 가버렸다는 것을 깨닫고 다음과 같은 이야기를 시작했다.

"각하, 저에게는 나이든 백부가 한 분 계십니다. 백부께선 농노 3백 명과 2천……을 갖고 계신데 저 말고는 상속인이 없는 처지입니다. 그런데 연로한 탓에 관리도 제대로 못하면서 저에게 물려주려고 하지를 않으시지 뭡니까. 까닭을 물으면 '널 어떻게 믿겠느냐. 네 놈이 그저 놈팡이 같은 녀석일지 내가 어떻게 아느냔 말이다. 그러니 네가 믿을 만한 사람이라는 걸 증명해보거라. 먼저 내 힘으로 3백 농노를 모아와라. 그러면 내가 가진 농노를 너에게 주마.' 이러시는 겁니다."

"멍청한 작자로군!"

"문제가 그것뿐이면 다행이지요. 하지만 더 큰 문제가 따로 있습니다." 그러더니 치치코프는 마치 비밀이라도 털어놓는 것처럼 목소리를 낮추고 말을 이어갔다. "백부께서 수발을 들어줄 여인을 들여놨는데 자식까지 여럿 딸려 있더군요. 자칫하면 전 재산이 그녀의 손에 넘어갈지도 모릅니다."

"바보 같은 노친네가 노망까지 들었다 이거로군. 그런데 내가 어떻게 도움이 된다는 건가?" 장군이 의아하다는 듯이 물었다.

"그래서 이렇게 해보려고 합니다. 만일 각하께서 살아 있는 농노처럼 죽은 농노들의 거래계약서를 작성해 주신다면, 그걸 노친네에게 들이밀고 유산을 받아내는 것이지요."

그러자 장군은 사람의 웃음소리인지 의심이 갈 만큼 요란하게 웃음을 터뜨렸다. 안락의자에 앉은 채 머리를 뒤로 젖히고 숨이 막힐 정도로 자지러지게 웃어대는 통에 깜짝 놀란 온 집안 식구들이 장군의 방으로 달려오는 소동이 벌어졌다. 하인이 달려오고, 장군의 딸까지 달려왔다.

"아버님, 무슨 일이에요?"

"아무 일도 아니란다, 애야. 걱정 말고 네 방으로 가거라. 우린 이제 식사하러 갈 테니 마음 놓거라, 하하하하!"

몇 번인가 숨을 몰아쉬더니 다시 요란하게 웃음을 터뜨렸다. 현관에서부터 제일 구석진 방까지도 장군의 웃음소리에 들썩거릴 지경이었다.

치치코프는 약간 불안을 느끼며 장군이 웃음을 거두기만을 기다렸다.

"이보게, 이렇게 웃는 걸 용서하게! 악마와 거래라도 했나? 이런 계략을 꾸미다니! 하하하하! 그 노친네를 골탕 먹이려고 죽은 농노를 떠맡긴다 이 말이로군! 하하하하! 자네는, 자네는 말이야! 자네는 백부를 아주 바보로 만들 셈이로군 그래!"

치치코프는 조금 거북스러움을 느꼈다. 입을 딱 벌린 하인이 휘둥그레진 눈으로 자신을 바라보고 있었기 때문이었다.

"각하께서는 재미나시겠지만 저에게는 눈물이 날 만큼 쓰라린 일입니다."

"허나 그 노친네에게 죽은 농노를 갖다 주려는 자네도 사기꾼이 아닌가! 하하하하! 자네가 거래계약서를 내밀었을 때 자네 백부의 얼굴을 볼 수 있다면 내 뭐든 아낌없이 주리다. 그런데 자네 백부는 어떤 작자인가? 뭐하는 사람인가? 나이는 꽤나 먹었는가?"

"여든 살쯤 됩니다, 각하. 하지만 그건 사사로운 문제입니다. 저는…….'"

의미심장한 눈길로 장군을 바라보던 치치코프가 하인을 힐끔 쳐다봤다.

"물러가 있게, 다시 부르겠네." 장군의 명령에 구레나룻 난 거구가 물러갔다.

"그렇습니다, 각하…… 다소 묘한 거래인만큼 조용히 끝냈으면 합니다만……."

"나도 잘 알고 있네. 그나저나 바보 같은 노친네로군! 여든 살이나 된 영감이 이런 머저리 같은 제안을 생각하다니! 그래, 어떤 작자인가? 걸어는 다니나? 속세에 얼굴을 내밀만큼 정정한가?"

"간신히 걸어 다닐 정도입니다."

"노망난 노친네! 치아는 있나?"

"두 개 뿐입니다, 각하."

"한심하기 짝이 없군. 아, 이렇게 말한다고 해서 화내진 말게…… 자네 백부이기는 하지만 아닌 건 아닌 거지."

"그렇습니다, 각하. 친척어른이기에 인정한다는 것이 괴로운 일이긴 합니다만 사실인 걸 어쩌겠습니까?"

그러나 치치코프가 조금도 괴롭지 않으리라는 것을 독자 여러분도 짐작했을 것이다. 어리석은 백부를 인정하는 것은 치치코프에게 전혀 괴로울 까닭이 없었고, 애당초 그러한 삼촌이 있었는지조차 의심스러울 따름이다.

"그러니 말입니다, 말씀드린대로 저에게 양도해주신다면……."

"죽은 농노를 주는 것 말인가? 그거라면 땅과 집까지 몽땅 주겠네! 비석까지 뽑아가지 그러나? 하하하하! 그 영감하고는! 하하하하! 그 얼마나 바보란 말인가! 하하하하!"

그렇게 장군의 웃음소리가 다시금 온 집안에 울려 퍼졌다.

(2장의 나머지 원고는 누락되어 있다—옮긴이 주)

3

"코시카료프 대령이 미친 게 사실이라면, 나쁘지 않겠어." 치치코프는 눈앞에 다시 모습을 드러낸 탁 트인 들판과 조각구름이 떠 있는 푸른 하늘을 바라보며 말했다. "그래 세리판, 코시카료프 대령 댁이 어딘지 잘 알아냈겠지?"

"어휴, 줄곧 마차를 돌본 제가 그럴 틈이 어디 있었겠습니까요? 페트루시카가 마부에게 대신 물어봤습니다요."

"이런 머저리 같으니! 페트루시카한테 부탁하지 말라고 늘 일렀거늘! 페트루시카는 멍텅구리란 말이다! 지금도 저렇게 곤드레만드레 취해있지 않느냐!"

"아니 정말로 간단했었습니다." 눈치를 보던 페트루시카가 끼어들었다. "언덕을 곧장 내려가기만 하면 된다고 하더군요."

"브랜디 말고 다른 술은 입도 못 대게 했어야지. 그렇게 마셔댔으니 아직도 저 꼴이지 원."

이야기가 슬그머니 이상한 쪽으로 흘러갔지만 페트루시카는 그저 코를 실룩해보였을 따름이었다. 그리고는 술은 전혀 입에 대지 않았다고 말하려고 했지만 어쩐지 창피한 기분이 들어 그만두었다.

"커다란 마차 모는 일은 참 즐겁구만요." 세리판이 뒤를 돌아다보면서 말했다.

"그건 또 뭔 소리야?"

"이렇게 나리를 모시고 가는 게 즐겁다는 겁니다. 가벼운 작은 마차보다는 덜 흔들리잖습니까?"

"빨리 마차나 몰기나 해. 누가 너더러 그런 소리 하래?"

세리판은 말들에게 한 차례 채찍질을 하고는 페트루시카를 보고 이렇게 말했다. "그보다 자네 그 얘기 들었나? 코시카료프 나리는 자기 농부들을 독일인들처럼 차려 입힌다더군. 멀리서 보면 그들이 어떻게 보이는지 아나? 두루미마냥 점잖게 걸어 다니는 독일 사람들 같다더군! 그리고 아낙네들은 스카프를 머리띠 모양으로 머리에 감지 않고 독일식 두건을 만들어 쓴다는 군. 독일 여자들이 쓰는 카폴(Kapors) 말일세. 자네도 알지? 카폴이라고 독일인들이 쓰는 두건 말일세."

"그래, 자네가 독일인처럼 차려입고 카폴을 쓴 꼴을 나도 보고 싶구먼." 페트루시카는 세리판을 놀리며 싱긋 웃었다. 그런데 이를 드러내고 웃고 있는 페트루시카의 낯짝이란 참으로 야릇했다. 싱긋이 웃고 있다는 느낌은 전혀 없고 감기에 걸린 사람이 재채기를 하려다 재채기가 나오지 않아서 애를 먹고 있는 그런 낯짝이었다. 페트루시카가 대체 어떤 표정을 하고 있나 보고 싶어 자리에서 일어난 치치코프는 이렇게 중얼거렸다.

"저 빌어먹을 낯짝 좀 보게!" 그러면서 치치코프는 자신의 턱을 쓰다듬으며 이렇게 생각했다. '교양 있는 신사와 우락부락한 하인의 얼굴이 이토록 차이가 나다니……!'

"그보다 왜 그러시지 않으셨습니까요?" 세리판이 고개를 돌려 주인을 내려다보며 물었다. "왜 안드레이 이바노비치님께 이 얼룩이 놈을 다른 말과 바꿔달라고 부탁하시지 않으셨습니까? 그분은 나리께 호의를 갖고 계셨을 테니, 기꺼이 저 거치적거리는 심술꾸러기를 바꿔주셨을 거란 말입니다."

"입 닥치고 마차나 몰라니까!" 그러면서도 치치코프는 속으로 생각했다. '아차, 미처 그 생각을 못했구나!'

그러는 사이에도 마차는 가볍게 내리막길을 내달렸고 저 아래로 텐테트니코프의 미루나무 숲이 펼쳐졌다. 안락한 마차는 가볍게 흔들리며 가파른 내리막길을 지나 물레방앗간 옆 다리를 건넜다. 저지대의 울퉁불퉁한 길에서나 조금 크게 흔들렸을 뿐 언덕길을 오르내리는 줄도 모를 만큼, 때로는 마차를 타고 있다는 것마저 잊어버릴 만큼 편안했다.

들판을 빠져나오자 시시때때로 포도덤불과 비실비실한 오리나무, 은빛 미루나무 가지가 마부석에 앉은 세리판과 페트루시카의 뺨을 화살처럼 빠르게 후려치고 지나갔다. 그때마다 모자가 떨어져 뾰로통해진 페트루시카는 자신을 골탕 먹인 멍청한 나무와 나무를 심은 사람에게 욕을 퍼부었지만, 모자를 비끄러매거나 손으로 붙잡고 있을 생각은 하지 않았다. 하지만 갈수록 나무들은 많아졌다. 여기저기에서 자작나무와 미루나무가 나타나더니 길은 커다란 숲속으로 이어졌다. 햇살마저 사라진 어두컴컴한 숲은 끝도 없이 뻗어나갈 것만 같았다. 그런데 갑자기 가지 사이로 반짝이는 빛이 쏟아져 들어오더니 점차 듬성듬성해지는 숲과 함께 빛은 더욱 밝아졌고, 어디선가 들려오는 고함 소리와 함께 호수가 나타났다. 지름이 4베르스타는 되어 보이는 호수 맞은편에 회색 오두막집들이 늘어서 있었다. 호수에는 스무 명가량 되는 사람들이 어떤 사람은 허리, 어떤 사람은 어깨, 또 어떤 사람은 목까지 물에 잠긴 채 건너편 기슭으로 그물을 끌어가고 있었다. 사람들 가운데에는 몸둘레가 키와 똑같아 보이는 수박처럼 뚱뚱한 사내가 빠르게 헤엄치며 사람들에게 고래고래 소리를 질러 무언가를 지시하고 있었다. 어찌나 뚱뚱한지 그의 등에 사내가 둘 올라타더라도 가라앉지 않고 터지지 않는 풍선처럼 물위에 둥둥 떠 있을 것만 같았다. 입과 콧구멍으론 연신 물거품을 뿜어대긴 하겠지만 말이다.

"주인나리." 세리판이 뒤를 돌아보면서 말했다. "분명 저 사람이 코시카료프 대령일 겁니다."

"왜 그렇게 생각하지?"

"보시다시피 다른 사람들보다 피부가 하얗고 주인나리처럼 뚱뚱하고 위엄이 있잖습니까요."

그러는 사이에도 고함 소리는 더욱 크게 들려왔다. 수박처럼 뚱뚱한 주인은 쩌렁쩌렁 울리는 목소리로 성마르게 소리치고 있었다.

"데니스 이 머저리야, 코즈마한테 넘겨! 코즈마, 데니스한테서 줄을 받으란 말이다! 키다리 포마는 난쟁이 포마가 있는 곳까지 밀고 가! 내 말대로 하라니까, 내 말대로 해! 멈춰! 멈추란 말이다, 이 빌어먹을 것들아! 젠장, 둘 다 뒈져버려! 나를 그물로 잡아서 뭘 어쩌자는 게냐, 이 망할 것들아!"

뜻하지 않은 사고에 반대편에서 그물을 잡아당기던 사람들이 손을 놓았다. 자신들의 주인이 그물에 걸려들었기 때문이었다.

"저기 좀 보게, 저놈들이 자기 주인을 그물로 낚았네 그려." 세리판이 페트루시카에게 말했다.

뚱뚱한 주인은 몸에 감긴 그물을 풀려고 버둥대며 애를 써봤지만 그럴수록 그물은 더욱 몸에 엉겨들었다. 그물이 찢어질까 겁이 난 주인은 그물에 걸린 고기들과 함께 헤엄을 치며 밧줄로 자기 몸을 동여매라고 일렀다. 밧줄로 주인의 몸을 동여맨 어부들은 그물 끝에 달린 밧줄을 둑 위로 집어 던졌다. 둑 위에 서 있던 스무 명가량의 어부들이 밧줄을 잡고 조심스레 잡아당기기 시작했다. 얕은 곳에 이르자 부인들이 끼는 여름용 장갑을 뒤집어 쓴 것 같은 모습으로 벌떡 일어난 뚱보 주인이 위를 올려다보았다. 저 멀리 둑을 따라 달려오는 마차가 보였다. 손님을 본 주인은 가볍게 고개를 숙여 인사를 했고, 치치코프도 모자를 벗고 마차 안에서 정중하게 머리를 조아려 인사를 했다.

"점심은 드셨습니까?" 그물에 잡힌 물고기와 함께 둑 위로 기어 올라온 주인이 한손으로 챙을 만들어 햇볕을 가리고, 다른 한손은 막 목욕을 마친 메디치의 비너스처럼 축 늘어뜨린 모습으로 말했다.

"아직입니다."

"그렇습니까? 마침 잘 되었군요."

"그건 또 무슨 소리입니까?" 치치코프는 모자를 하늘 높이 치켜든 채로 호기심에 찬 목소리로 물었다.

"무슨 소리냐고요? 이걸 보시지요." 대령은 자신의 발밑에서 펄떡펄떡 뛰어오르고 있는 붕어와 잉어를 가리키며 말했다. "대단하지 않습니까? 모두 호수에서 건져낸 놈들이랍니다. 키다리 포마, 철갑상어를 보여드려라."

억세게 생긴 두 어부가 물통 속에서 괴물의 머리를 끄집어냈다.

"어떻습니까, 대공(大公)감이지요? 강물을 거슬러 온 녀석이랍니다." 땅딸막한 대령이 말했다. "저희 집으로 먼저 가 계시지요, 곧 뒤따라가겠습니다. 이보게 마부, 밭을 지나 아랫길로 마차를 몰게나. 키다리 포마, 한달음에 달려가서 울타리 문을 열어드려라! 저 녀석이 안내해줄 겁니다. 그리고전 손님께서 알아채기도 전에 곁에 와 있을 겁니다."

'별난 위인이로군.' 치치코프는 생각했다.

다리가 길고 맨발인 키다리 포마는 달랑 셔츠만 걸친 차림으로 앞장서서 걸어갔다. 마을 여기저기마다 그물과 같은 고기 잡는 도구들이 널려 있었다 (이곳은 어업을 겸하고 있었다). 키다리 포마가 울타리 문을 열었고 마차는 밭을 지나 오래된 목조 교회 근처의 공터로 들어섰다. 교회 뒤로 저 멀리 지주 저택의 지붕과 다른 건물들의 지붕이 올려다보였다.

"자, 다 왔습니다!" 옆에서 목소리가 들렸다. 치치코프가 옆을 돌아보자 말끔하게 옷을 차려입은 땅딸보 주인이 사륜마차를 타고 자신과 나란히 달리고 있었다. 풀빛처럼 새파란 무명 외투에 노란 바지를 입고 넥타이를 매지 않은 모습이 영락없는 큐피드 같았다. 사륜마차에 비스듬히 걸터앉은 대령은 혼자서 자리를 모두 차지하고 있었다. 치치코프가 그에게 몇 마디 말을 걸려고 했지만 대령의 모습은 온데간데없이 사라져버렸다. 그의 마차는 잡은 고기를 끌어올리는 곳에 가 있었고 다시금 큰 고함소리가 들려왔다.

"잡은 고기들을 끄집어내라! 붕어 일곱 마리는 얼간이 요리장한테 갖다주고, 철갑상어는 여기다 내려놔라. 내가 직접 마차에 싣고 가겠다." 또다시 고함이 들렸다. "키다리 포마, 난쟁이 포마, 코즈마, 데니스!"

현관에 도착한 치치코프는 깜짝 놀랐다. 어떻게 된 일인지 땅딸보 주인이 현관에서 자신을 마중하고 있는 것이 아닌가! 어떻게 이렇게 한달음에 달려올 수 있는지 알다가도 모를 일이었다. 옛 풍습을 좋아하는 땅딸보 주인의 뜻대로 두 사람은 양쪽 뺨에 번갈아 세 번씩 키스를 주고받았다.

"각하의 안부를 전해드리고자 찾아왔습니다." 치치코프가 말했다.

"각하라니요? 어느 각하를 말씀하시는 겁니까?"

"주인장의 친척이신 알렉산드르 드미트리예비치 장군님입니다."

"알렉산드르 드리트리예비치가 누굽니까?"

"베트리시체프 장군님이십니다." 치치코프는 적잖이 당황하며 대답했다.

"저는 그런 분을 모르는데요? 전혀 모르는 분입니다."

치치코프는 더욱 놀라지 않을 수 없었다.

"이게 어떻게 된 일이지요? 저는 적어도 지금 코시카료프 대령님과 얘기하고 있다고 생각했는데요?"

"저는 표트르 페트로비치 페트프이올시다." 뚱뚱한 주인이 치치코프의 말을 가로채며 대답했다. 치치코프는 망연자실했다.

"이게 어떻게 된 거지?" 치치코프는 세리판을 돌아보며 말했다. 마부석에 앉아있던 세리판도, 마차 옆에 서 있던 페트루시카도 기가 막힌 얼굴로 입을 떡하니 벌리고 있었다. "이 바보 머저리들아! 이게 무슨 짓이야? 너희들에게 코시카료프 대령의 댁으로 가자고 이르지 않았더냐! ……이곳은 표트르 페트로비치 페트프 씨의 댁이란 말이다!"

"아니 자네들은 아주 잘 했네." 페트로비치가 말했다. "내 자네들에게 보드카 한 잔과 피로시키 한 접시씩을 대접하겠네. 말들을 풀어 놓고 하인들 방으로 가 있게나."

"이거 부끄럽군요, 이런 어처구니없는 실수를 저질러서 죄송할 따름입니다." 치치코프가 머리를 조아리며 말했다.

"무슨 말씀이십니까!" 페트로비치가 딱 잘라 말했다. "전혀 그렇지 않습니다. 먼저 점심을 들고 나서 이게 실수였는지 아닌지 얘기를 나누도록 하시지요. 자, 안으로 들어갑시다." 페트로비치는 치치코프의 팔을 붙잡더니 안채에 있는 방으로 데려갔다.

치치코프는 주인과 함께 나란히 문을 지나기 위해 정중히 몸을 비스듬히 틀어서 안으로 들어갔다. 하지만 이런 치치코프의 수고는 아무짝에도 소용이 없었다. 뚱뚱한 두 사람이 나란히 문을 지나갈 수도 없었던 데다, 어느 틈엔가 뚱보 주인이 다시 모습을 감추었기 때문이었다. 다시 정원에서 고함소리가 들려왔다.

"뭐? 키다리 포마가 어쨌다는 거지? 왜 그놈이 여기 없는 거야! 얼뜨기 에미리안, 어서 가서 얼간이 요리장한테 철갑상어 요리를 서두르라고 일러라. 그리고 수프에는 도미의 알과 내장을 넣으라고 해라. 그리고 붕어도! 아 참, 가재도 넣으라고 일러라, 가재 말이다, 가재! 뭐, 가재가 어쨌다고?" 그리고 한참동안 "가재! 가재!"하는 고함이 들려왔다.

"이 집 주인장은 꽤나 바쁘구면." 치치코프는 소파에 앉아서 여기저기를 기웃거리며 이렇게 중얼거렸다.

"자, 다시 왔습니다." 뚱뚱한 주인나리는 두 젊은이를 데리고 방안으로 들어왔다. 가벼운 여름용 외투를 입은 두 젊은이는 버들 회초리마냥 삐삐 말라 있었지만 키는 표트르 페트로비치보다 1아르신 (러시아의 옛 길이단위, 1아르신=71.12센티미터) 은 더 커보였다.

"제 아들들입니다. 김나지움 (유럽의 고등 교육 기관)에 다니는데 방학이라 집에 와 있답니다. 니콜라샤, 너는 손님과 함께 있어라. 알렉사샤, 너는 나를 따라오너라."

그러더니 주인은 이내 다시 사라져버렸다.

치치코프는 니콜라샤와 시간을 보냈다. 그런데 이 니콜라샤라는 젊은이는 장차 건달이 될 소질이 출중해보였다. 그는 이런 변변찮은 시골 학교를 다닌들 무슨 소용이 있겠느냐며, 이런 시골에서 사느니 동생과 함께 페테르부르크로 떠나고 싶다고 했다.

'그럴 나이지.' 치치코프는 속으로 생각했다. '그리고 그러다 찻집이나 가로수길 사이에서 삶을 종치겠지……'

"그런데 말이네." 치치코프는 소리 내어 물었다. "아버님의 영지는 지금 어떤 상태인가?"

"저당 잡혔습니다." 어느 틈에 응접실에 나타난 주인이 직접 대답했다. "영지를 담보로 내놨지요!"

치치코프는 입술을 실룩실룩 움직이고 싶어졌다. 애쓴 보람도 없이 허탕을 쳤을 때 느끼는 그런 감정이었다.

"어쩌다 그렇게 됐습니까?" 치치코프가 물었다.

"오, 특별한 까닭이 있어서 그런 것은 아닙니다. 요즘은 누구나 다 영지를 담보로 내놓더군요. 그러니 저라고 못 할 까닭이 없지 않겠습니까? 사람들이 말하기를 담보로 내놓는 것이 이득이라고 하더군요. 게다가 전 줄곧 이곳에서만 살았기에 이제는 모스크바에서 한번 살아보려고 합니다. 아들 녀석들도 그렇게 설득하더군요, 한번쯤은 수도에서 최신 유행의 문화를 즐기며 생활해보고 싶다고요."

'이놈은 바보야, 바보 멍텅구리라고!' 치치코프는 속으로 이렇게 생각했다. '재산을 모조리 탕진하고 자식들까지 사기꾼으로 만들고 말거야. 영지도 멀쩡하고 농노들도 잘 살고 있건만…… 넌 그저 시골에 머무르며 고기나 잡는 게 팔자라고, 이 머저리야!'

"당신이 지금 무슨 생각을 하고 있는지 알고 있습니다." 페트프가 말했다.

"뭐라고요?" 치치코프는 적잖이 당황해하며 물었다.

"당신은 지금 이렇게 생각하고 있을 겁니다. '이놈은 바보야, 바보 멍텅구리라고! 이렇게 식사에 초대해놓고 아직까지도 식사를 내오지를 않다니 말이야!' 하지만 곧 준비될 테니 조금만 더 기다려보십시오. 가랑머리 계집아이가 머리 땋는 것보다 더 빨리 될 겁니다."

"아버지! 플라톤 미하일로비치 씨께서 오셨습니다." 알렉사샤가 창밖을 내다보면서 말했다.

"밤색 말을 타고 오고 있어요." 니콜라샤가 창밖으로 몸을 내밀면서 한마디 거들었다.

"어디, 어디?" 페트프가 창가로 다가오며 말했다.

"플라톤 미하일로비치라는 사람은 누구니?" 치치코프는 알렉사샤에게 물었다.

"저희 이웃이랍니다. 플라톤 미하일로비치 플라토노프라는 분이신데 대단한 미남에 아주 훌륭한 신사이지요." 주인인 페트프가 직접 대답했다.

그러는 사이에 눈부시게 빛나는 아마 빛깔의 고수머리에 검은 눈동자의 우아한 미남이 방안으로 들어왔다. 그런 미남 신사를 따라 구리 목걸이를 절렁거리며 억센 턱과 험상궂은 외모의 야르브라는 이름의 개가 뒤따라 들어왔다.

"점심은 들었나?" 주인이 물었다.

"미안하네만 들고 오는 길일세." 손님이 대답했다.

"아니, 날 놀리는 건가? 자네가 점심을 들었다면 내가 대접할 것이 아무것도 없지 않나!" 페트프가 버럭 화를 내며 말했다.

"미안하네, 사실은 아무것도 먹지 않았다네. 이러면 자네 마음이 풀리겠나? 식욕이 없어서 말이네." 손님이 빙그레 웃으면서 대답했다.

"오늘 굉장한 수확이 있었다네. 자네도 봤으면 좋았을 것을. 괴물 같은 철갑상어를 잡았다네. 붕어는 셀 수도 없이 많이 잡았고."

"듣기만 해도 부럽군 그래. 어쩌면 자네처럼 그리 즐겁게 살 수 있는지 방도라도 가르쳐주게."

"아니, 자네 왜 그렇게 우울하나?"

"왜 우울하냐고? 그저 따분해서 그렇다네."

"그건 다 자네가 배부르게 먹지 않아서 그런 걸세. 그럴 땐 배부르게 먹는 게 제일이지. 따분함은 요즘 생겨난 병이거든. 전에는 아무도 따분해하지 않았어."

"자랑은 그만하게! 그래, 자네는 여태껏 따분했던 적이 없단 말인가?"

"난 한 번도 따분했던 적이 없네! 따분하다는 게 뭔지도 모르고, 따분해하고 있을 여유도 없다네. 아침에 일어나면 먼저 차를 마셔야지, 그리고 관리인을 만나봐야지, 그 다음엔 고기를 잡으러 가야지, 일이 끝나면 점심을 먹어야지, 점심을 먹었으면 낮잠을 자야지, 그러면 코를 골기가 무섭게 요리장이 찾아와서는 내일 점심은 뭐로 할지 묻는단 말일세. 이러니 내가 따분할 틈이 어디 있겠나?"

주인이 손님과 이야기를 주고받는 동안 치치코프는 내내 손님을 바라보고 있었다. 아킬레우스(그리스 신화에 등장하는 불사신 영웅)와 파리스(트로이의 왕자, 불사신 아킬레우스를 죽였다)를 섞어놓은 듯한 우아한 모습과 그림이라도 그려놓은 것처럼 늘씬한 키, 아직 앳돼 보이는 깔끔한 외모의 미남이었다. 열정도 슬픔도 불안도 이 여인처럼 아름다운 얼굴에 주름 하나 남기지 못했지만, 오히려 그러한 얼굴이 그를 더욱 생기 없게 만들고 있었다. 때때로 짓는 비웃음은 그를 더욱 우아하게 보이게 했지만, 어쩐지 졸음에 겨운 듯한 인상을 주었다.

"저는 솔직히 이해할 수가 없습니다." 치치코프가 한마디 했다. "당신처럼 훌륭하신 분이 따분해하시다니, 혹 돈이 부족하다든가, 목숨을 노리는 악당이라도 있으신 겁니까?"

"그런 일은 전혀 없습니다." 플라토노프가 말했다. "오히려 그런 일이 일어나길 바라고 있다면 믿어지시겠습니까? 근심이나 골치 아픈 일이 생겼으면 좋겠어요. 저를 화나게 만들어줄 사람이라도 있으면 좋으련만, 그런 사람도 없단 말입니다. 그러니 따분할 수밖에요!"

"이해할 수가 없군요. 혹 영지가 부족하거나 농노들이 적습니까?"

"천만의 말씀! 저는 형과 함께 1만 데샤치나(러시아의 넓이단위 1데샤치나는 약 1헥타르)의 땅과 천 명의 농노들을 관리하고 있습니다."

"그렇게 모든 것을 갖추고 계시면서 따분하시다니 도저히 믿기지가 않는군요! 혹 영지에 큰일이 난 것은 아닙니까? 이를테면 흉작이 났다거나, 역병이 돌았다던가?"

"그 반대랍니다, 이보다 더 좋을 수는 없을 겁니다. 형님은 수완이 아주 뛰어난 지주랍니다."

"도무지 모를 일이군요." 치치코프는 두 어깨를 으쓱해 보이며 말했다.

"그럼, 이제 우리가 이 친구의 따분함을 날려버리도록 하지요." 주인이 말했다. "알렉사샤, 부엌으로 가서 요리장더러 빨리 피로시키를 내오라고 일러라. 참, 얼뜨기 에미리안과 도둑놈 안토시카는 어디에 있지? 왜 전채 요리를 내오지 않느냔 말이다!"

그때 문이 열렸다. 얼뜨기 에미리안과 도둑놈 안토시카가 식탁보와 쟁반을 들고 나타났다. 식탁에 식탁보를 덮고 쟁반을 올려놓았는데, 쟁반에는 형형색색의 과일주가 담긴 병이 여섯 개 놓여 있었다. 입맛을 돋궈주는 전채 요리가 듬뿍 담긴 접시들이 쟁반 주변에 둥그렇게 놓였고, 이어서 덮어놓은 뚜껑 아래 지글지글 끓는 소리가 나는 접시들이 들어왔다. 얼뜨기 에미리안과 도둑놈 안토시카는 동작이 빠르고 일을 잘하는 하인들이었다. 이러한 별명은 주인이 붙여준 것이었는데, 단순히 이름만 부르는 것은 단조롭고 재미가 없다고 생각했기 때문이었다. 그는 뭐든 단조롭고 재미없는 것을 달가워하지 않았다. 주인은 마음씨가 착한 사람이었지만 러시아인답게 보드카처럼 얼얼한 말을 즐겨 쓰곤 했던 것이다. 그러나 하인들도 주인의 이런 취미를 못마땅하게 여기지 않았다.

전채 요리에 이어 고기들이 식탁에 올라오면서 마음씨 착한 주인은 악한으로 탈바꿈했다. 손님의 접시에 고기가 한 덩어리밖에 없으면 "사람이든 날짐승이든 짝이 없으면 살아갈 수 없는 법이지요" 하면서 한 덩어리를 더 갖다놓는 것이었다. 또 손님이 두 덩어리의 고기를 모두 먹어버리면 "둘로 뭘 하겠습니까? 신께서는 삼위일체를 원하시지요" 하면서 세 번째 덩어리를 접시에 올려놓았다. 손님이 그렇게 세 덩어리를 모두 먹고 나면 "바퀴가 세 개뿐인 마차를 보셨습니까? 누가 기둥 세 개로 집을 짓겠습니까?" 하면서 네 번째 덩어리를 권하기 마련이었고, 그런 식으로 다섯 번째 덩어리까지 더 권하는 것이었다. 이런 식으로 고기를 열두 덩어리 가량 먹고 난 치치코프는 생각했다. '이제 더는 먹으라고 권하지 않겠지.' 그런데 웬걸! 그것은 치치코프의 착각이었다. 주인은 말 한마디 없이 꼬챙이에 끼워서 구운 송아지 갈비를 내장과 함께 접시에 올려놓는 것이 아닌가. 그 갈비는 또 어쩌나 큰지!

"2년 동안 우유만 먹여서 키운 송아지랍니다. 제 자식처럼 애지중지 길렀지요." 주인이 말했다.

"더는 못 먹겠습니다." 치치코프가 단호히 말했다.

"한번만 드셔보시고 나서 못 먹겠다고 하십시오!"

"더 이상 뱃속에 들어갈 자리가 없습니다."

"당신도 아시겠지만 사과 한 알 놓을 틈도 없이 붐비는 교회에도 시장이 찾아오면 앉을 자리가 생기는 법입니다. 자, 드셔보십시오. 이 고기조각은 바로 시장님이나 마찬가지입니다."

시험 삼아 먹어보자 정말로 고기조각은 시장님이었다. 도저히 들어갈 곳이 없었는데 자리가 생겨난 것이다. 하지만 이제 정말로 그 이상 들어갈 자리는 없는 듯했다.

'이런 양반이 어떻게 수도로 가겠어? 이렇게 손님 접대를 하며 지내다간 3년 안에 쪽박을 찰 게 뻔해.' 그러나 치치코프는 이미 페트로비치가 3년은커녕 석 달도 채 못 버틸 형편이라는 것까지는 모르고 있었다. 페트로비치는 영지를 담보로 빌린 돈으로 10년 동안 마실 술을 장만했던 것이다.

페트로비치는 쉴 새 없이 손님들의 술잔에 술을 가득 따라주었다. 손님들이 미처 비우지 못한 술은 알렉사샤와 니콜라샤에게 주었는데, 두 사람은 물이라도 마시는 양 차례차례 잔을 비우더니 아무 일도 없었다는 듯이 태연하게 식탁에서 물러났다. 하지만 손님들은 그렇지 못했다. 간신히 베란다로 나온 손님들은 소파에 몸을 기댔다. 주인은 네 사람이 앉을 수 있는 소파에 앉기가 무섭게 그대로 잠들어 버리더니 그 커다란 몸은 순식간에 대장장이가 쓰는 풀무로 변했고 쩍 벌린 입과 콧구멍에서는 신인 작곡가도 만들어내지 못할 이상야릇한 음악이 흘러나왔다. 모든 악기들을 다 갖추고 있기라도 한 듯 북 두드리는 소리에서부터 피리소리에, 개가 짖는 것 같은 굉음이 들려오기도 했다.

"굉장하지요?" 플라토노프의 말에 치치코프가 하하하 소리 내어 웃었다. "이렇게 배부르게 먹는다면 따분할 틈이 없겠군요. 식사가 끝나기가 무섭게 잠들어버릴 테니 말입니다. 안 그렇습니까?"

"그렇군요." 치치코프는 나른한 목소리로 대답했다. 그의 두 눈은 거의 감긴 것처럼 보였다. "실례지만 어째서 따분해하시는지 이해할 수가 없군요. 따분함을 이길 방도야 많지 않습니까?"

"어떤 방법이지요?"

"젊은이가 즐길 일이야 얼마든지 있지요! 춤을 추거나, 악기를 연주하거나…… 아니면 결혼을 하는 것이지요."

"결혼이라니요! 누구랑 말입니까?"

"주변에 매력 있고 부유한 여인이 없으십니까?"

"전혀 없습니다."

"없다면 찾으시면 되지요!" 그리고 갑자기 그럴 듯한 생각이 치치코프의 뇌리를 스치고 지나갔다. 두 눈을 치켜 뜬 치치코프는 플라토노프의 얼굴을 바라보며 말했다. "그렇지, 아주 좋은 방법이 있군요!"

"뭐가 말입니까?"

"여행을 하시면 됩니다."

"어디로 말입니까?"

"여유가 되면 저와 함께 가시지 않으시겠습니까?" 그러면서 치치코프는 속으로 생각했다. '그럼 나야 좋지. 비용도 반으로 줄어들 거고, 마차 수리비는 그에게 떠맡길 수도 있겠지.'

"당신은 어디로 가시는데요?"

"글쎄요, 어떻게 설명해야 좋을까요? 지금은 제 볼일보다는 다른 일 때문에 여행을 하고 있습니다. 베트리시체프라는 장군님이 계신데, 그 분은 저의 벗이자 은인이랍니다. 그 분으로부터 친척을 찾아봐달라는 부탁을 받았답니다. 물론 친척 분들은 모두 잘 계시지요. 하지만 이건 어떻게 보면 저를 위한 여행이기도 하답니다. 세상과 사람들을 만나볼 기회이기도 하니까요. 여행이란 그야말로 살아 있는 책이며, 제2의 학문이라고도 할 수 있답니다." 말하는 동안에도 치치코프는 속으로 이런 생각을 하고 있었다. '일이 잘 풀리는구나. 그가 모든 경비를 댈지도 몰라. 거기다 그의 마차를 타고 떠난다면 내 말들은 마구간에서 편히 쉴 수도 있겠지.'

'그래, 떠나지 못할 까닭이 어디 있겠는가?' 한편, 플라토노프도 생각에 잠겨 있었다. '기분전환도 될 수 있을 거야. 집안일은 전부 형님이 돌보고 있으니 난 할 일이 없단 말이야. 그러니 내가 없다고 큰일이 날 걱정도 없어. 그래 내가 삶을 즐겁게 보내지 못할 까닭이 어디 있겠어!'

"그러면 저희 집에 다만 이틀 정도라도 머무르지 않으시겠습니까? 그렇지 않으면 형님께선 제가 떠나는 걸 허락지 않으실 겁니다." 플라토노프가 큰 소리로 말했다.

"기꺼이 그러지요! 원하신다면 사흘도 괜찮습니다."

"좋습니다, 그럼 동의하신 겁니다! 함께 가시지요!" 플라토노프는 더욱 신바람이 나서 말했다.

"그거 좋지요, 갑시다!" 치치코프도 박수를 치며 소리쳤다.

"가다니요? 어디를 간단 말입니까!" 잠에서 깬 주인이 눈을 휘둥그레 뜨고 두 사람을 바라보며 말했다. "안 됩니다, 안 돼요! 여러분 마차는 바퀴를 떼어놓으라고 일러두었고, 말들은 15베르스타 떨어진 곳에서 풀을 뜯고 있을 겁니다. 오늘은 못 갑니다, 못가요. 우리 집에서 자고, 내일 점심을 들고 가도록하시지요."

'이런 빌어먹을!' 치치코프는 속으로 생각했다.

저 고집쟁이 페트프가 뭐든 한 번 정해버리면 그 결정을 뒤집을 방법이 없다는 걸 잘 알고 있는 플라토노프는 아무 말도 하지 않았다. 두 사람은 머무를 수밖에 없었다. 하지만 그 덕분에 멋진 봄날 저녁을 보낼 수 있었다. 주인이 두 사람을 위해 뱃놀이를 마련해준 것이다. 열두 사공이 노랫가락에 맞춰 젓는 스물네 개의 노를 따라 배는 거울과 같이 잔잔한 호수 위를 미끄러져갔다. 그렇게 호수를 빠져나온 배는 양쪽으로 둑이 늘어선 큰 강으로 들어섰다. 바람 한 점 없어 물결은 잔잔했다.

조용히 절경이 들어선다. 계속해서 바뀌는 숲의 모습과 각양각색의 나무들로 눈이 즐겁다. 열두 사공은 일제히 스물네 개의 노를 하늘 높이 들어 올렸고 배는 마치 작은 새처럼 거울과 같은 수면 위를 미끄러지듯 가볍게 흘러갔다. 뱃머리에서 세 번째 자리에 앉은 건장한 청년이 꾀꼬리처럼 맑은 목소리로 노래를 부르자 다섯 사내가 노래를 따라 불렀고, 남은 여섯 사내까지 합창을 하면서 노래는 러시아처럼 가없이 울려 퍼졌다. 합창단의 노랫가락이 힘이 달린다 싶으면 페트프는 몸을 부르르 떨며 목청껏 노래를 불렀고, 우리 치치코프도 노랫가락을 통해 자신이 러시아 사람이라는 걸 다시 한 번 느꼈다. 하지만 플라토노프는 달랐다. '이 따분하기만 한 노래가 뭐가 좋다는 건지. 듣고 있자니 더 우울해지는구나.'

돌아올 무렵에는 이미 땅거미가 져있었다. 노들은 이제 하늘이 비치지 않는 검은 물길을 때리고 있었다. 강기슭의 불빛들은 간신히 알아볼 만큼 희미했다. 배가 기슭에 도착할 무렵 달이 떠올랐다. 어부들은 강둑에서 불 위에 삼각대를 놓고 갓 잡은 농어로 수프를 끓이고 있었다. 다른 사람들은 모두 집으로 돌아가고 없었다. 가축들은 오래 전에 우리에 가두었고, 가축들이 몰려다니며 일으킨 흙먼지도 이제는 다 가라앉아 있었다. 가축들을 우리에 몰아넣은 목부(牧夫)들은 우유 한 병과 생선 수프를 얻어먹을 양으로 문가에 서서 기다리고 있었다. 어슴푸레한 어둠 속에서 사람들의 말소리와 저 멀리 개 짖는 소리가 들려온다. 차오른 달이 어둠에 잠긴 마을을 밝게 비추면서 세상이 달빛에 젖어들었다. 절경이로다! 그러나 이를 눈여겨보는 사람은 아무도 없었다. 니콜라샤와 알렉사샤는 힘센 말을 타고 앞서거니 뒤서거니 하면서 수도에서 왔던 사관후보생이 들려준 모스크바와 찻집, 극장에 대한 상상에 빠져 있었고, 페트르는 어떻게 하면 손님들을 만족시켜줄 수 있을까 생각하고 있었고, 플라토노프는 연신 하품을 하고 있었다. 그렇다보니 경치에 푹 빠진 사람은 치치코프뿐이었다. '언젠가 나도 이런 영지를 꼭 갖고 말테다!' 이런 치치코프의 머릿속에는 다시금 미래의 아내와 어린 자식의 모습이 떠올랐다.

세 사람은 저녁도 포식을 했다. 안내받은 방으로 들어가 침대에 드러누운 치치코프는 배를 쓸어내리며 말했다. "북처럼 팽팽하구나! 이래선 어떤 시장님이 찾아오더라도 앉을 자리가 없겠어." 그런데 어찌된 영문인지 치치코프의 침실 벽 너머에는 주인의 서재가 있었다. 게다가 벽도 두텁지 않았던 탓에 서재에서 나누는 얘기소리가 고스란히 들려왔다. 주인은 주방장에게 내일 아침 일찍부터 호화스러운 점심식사를 준비해두라고 지시를 내리고 있었다. 그 메뉴가 어찌나 호화스러운지 죽은 사람도 군침을 흘릴 정도였다.

"그리고 생선이 들어간 피로시키는 네모나게 굽도록 해라." 주인은 연신 숨을 들이키며 이야기를 했다. "한쪽에는 철갑상어 턱을 집어넣고, 다른 한쪽에는 메밀 수프와 파를 섞은 버섯, 달콤한 우유, 뇌수, 그리고 또…… 아무튼 뭐든 간에 이것저것 다 집어넣도록 해라, 알겠지?"

"잘 알겠습니다, 나리. 분부대로 하겠습니다."

"한쪽은 노릇노릇하게 구워서 갈색 빛깔이 돌게 하고, 다른 한쪽은 살짝 굽도록 해. 그리고 바닥은 퍼석퍼석하지 않게 해서 입에서 살살 녹게 만들고." 그러면서 페트프는 입맛을 다시고는 입술을 핥았다.

'이런 제기랄! 잠을 잘 수가 없군.' 치치코프는 속으로 이렇게 투덜대면서 이불 속에 머리를 푹 파묻었지만 끊임없이 들려오는 주인의 목소리는 도무지 막을 도리가 없었다.

"그런 다음 고명으로 근대를 별모양으로 늘어놓고 빙어, 버섯, 순무, 당근, 콩을 잔뜩 얹도록 해라. 그리고 돼지 내장은 보기 좋게 부풀게끔 얼음을 넣어둬라." 그 밖에도 이런저런 많은 지시를 내렸지만 들려오는 소리라고는 "잘 알겠지? 태우지 말고, 설굽지도 말고, 맛나게 찌도록 해!" 같은 요리에 관한 것들뿐이었다. 칠면조를 어떻게 하라는 대목에서야 치치코프는 겨우 잠들 수 있었다.

다음날 손님들은 어찌나 포식을 했던지 플라토노프는 말을 타고 집으로 돌아갈 수가 없었다. 그가 타고 온 말은 페트프의 마부가 집으로 데려다줘야만 했다. 두 사람은 마차에 올라탔다. 플라토노프가 데리고 온 개, 야르브도 나른한 걸음걸이로 마차 뒤를 따랐다. 야르브도 포식을 한 것이다.

"이거 참 너무하는 군요." 마차가 집을 빠져나오자 치치코프가 말했다.

"하지만 확실히 따분하지는 않더군요!" 플라토노프의 대답에 치치코프는 속으로 이렇게 생각했다. '나도 자네처럼 한해 7만 루블을 벌어들이기만 한다면 따분하지 않을 걸세. 세금징수원 무라조프는 또 어떻고. 1천만 루블이라니! 말이야 쉽지 정말이지 엄청난 재산이야!'

"그나저나 불편하지 않으십니까? 전에는 편안했는데 지금은 좀 불편한 것 같군요. 페트루시카, 왜 이렇게 짐을 아무렇게나 쌓아놓은 게냐! 여기저기 바구니가 함부로 눈에 띄지 않느냐!"

플라토노프가 소리 내어 웃으면서 말했다. "그건 제가 설명해드리지요. 표트르 페트로비치 씨가 여행할 때 필요할 거라면서 음식을 담은 바구니를 마구 갖다 놓으신 겁니다."

"그렇습니다요." 마부석에 앉은 페트루시카가 고개를 돌려 치치코프를 바라보며 말했다. "그 댁 주인나리께서 마차에 실으라고 분부하셨습니다."

"맞습니다요, 나리!" 매우 기분이 좋아 보이는 세리판도 한마디 거들었다. "정말 훌륭하신 분이더군요. 친절하게 샴페인 한 잔을 나눠주신데다가 접시까지 그냥 가져가라고 하시지 뭡니까. 아주 훌륭한 접시더군요. 저는 일찍이 이토록 훌륭한 신사를 뵌 적이 없구먼요."

"보시다시피 그는 우리 모두를 만족시켜주었군요." 플라토노프가 말했다. "그런데 말입니다, 잠깐 어디 좀 들러도 괜찮겠습니까? 누님과 매부에게 작별인사를 하고 싶군요."

"기꺼이 그렇게 하지요." 치치코프가 말했다.

"만일 당신도 농사에 관심이 있으시다면 매부와 인사를 나누시는 게 좋을 겁니다. 저희 매부는 아주 비범한 인물이랍니다."

"어디가 비범하시다는 건가요?"

"매부보다 훌륭한 지주는 어디에도 없을 겁니다. 2만 루블을 주고 사들인 땅을 10년 사이에 한해 20만 루블의 수익을 올리는 멋진 영지로 만들었으니까요."

"참 훌륭하신 분이로군요! 그런 분과 가까이할 수 있다니 저로서는 더할 나위 없는 영광입니다. 성함이 어떻게 되시는지요?"

"코스탄조글로라고 합니다."

"세례명과 성(姓)도 알 수 있을까요?"

"콘스탄틴 표도로비치입니다."

"콘스탄틴 표도로비치 코스탄조글로 씨로군요. 그런 분을 만난다는 생각만으로도 흐뭇해지는군요. 그런 분이라면 배울 것도 많겠지요."

그런데 마부석에 겨우겨우 매달려가던 페트루시카가 두 번이나 바닥으로 굴러 떨어지는 바람에 결국 밧줄로 그를 마부석에 꽁꽁 묶어두고 플라토노프가 직접 길안내를 해줘야만 했다. "어휴, 이 머저리 같은 놈!" 치치코프는 연신 이렇게 되뇌었다.

"저기 보십시오." 플라토노프가 들판을 가리키며 말했다. "저기부터가 매부의 땅입니다. 다른 지주의 영지들과는 확연히 다르지요?" 그의 말대로 들판에는 화살처럼 곧게 자라난 묘목들이 솟아나 있었다. 그리고 그 뒤로는 키가 더 큰 어린 나무들이, 그 너머로는 훨씬 더 키가 큰 고목들이 늘어서 있었다. 그리고 이런 숲을 세 번을 더 지나쳐 가야만 했다. "이 나무들은 모두

8년에서 10년 정도 키운 것들이랍니다. 다른 영지라면 20년을 키워도 이렇게 자라지는 못할 겁니다."

"정말이군요. 대체 어떻게 한 거죠?"

"그건 매부에게 직접 물어보십시오. 그는 모르는 게 하나도 없는 농사 도 사랍니다. 어떤 토양에는 어떤 작물을 심어야 하는지 잘 알고 있고, 수확한 다음에는 뭘 심어야 하며, 어떤 작물은 어떤 나무 근처에 씨를 뿌려야 한다는 것까지 정확히 알고 있답니다. 매부의 영지에서는 뭐든 서너 가지의 역할이 주어진답니다. 저 숲만 하더라도 목재뿐만이 아니라 습도 유지에서부터 거름, 그늘을 제공하고 있답니다. 그래서 가뭄으로 땅이 쩍쩍 갈라져 흉작이 들 때도 그의 땅은 끄떡도 없지요. 제가 아는 게 적은 탓에 제대로 설명해드리지 못해 죄송할 따름입니다만, 아무튼 그는 많은 것을 알고 있답니다. 모두가 그를 마법사라고 부르지요."

'이거 참 대단한 위인이로군!' 치치코프는 속으로 생각했다. '하지만 이 머릿속이 습자지처럼 얄팍한 사내 때문에 자세한 이야기를 듣지 못한 건 정말이지 유감이야.'

마침내 마을이 모습을 드러냈다. 깔끔하게 정돈된 마을에는 울타리가 쳐져 있고, 수확한 곡물들이 숲처럼 쌓여 있어 어디를 보나 풍족해보였다. '그렇군, 여기 지주는 확실히 대단한 실력가야.' 집은 튼튼했고, 길은 잘 정돈되어 있었다. 길가에 보이는 달구지는 새것 같았고, 농부들은 모두 똑똑해보였다. 소들은 하나같이 엄선된 품종이었으며, 돼지들조차 귀족처럼 보였다. 그야말로 노랫가락에는 없지만 '갈퀴로 은화를 긁어모으는' 농부들이 사는 마을이 분명했다. 멋들어진 영국식 정원이나 잔디밭은 없었지만 옛날 방식대로 지은 헛간과 일터가 지주의 집까지 쭉 뻗어 있었다. 지주의 집 꼭대기에는 15베르스타 반경을 둘러볼 수 있는 망루가 있었는데, 이는 장식이나 경치감상용이 아니라 농부들을 감시하기 위한 것이었다.

현관에서 자신들을 맞이해준 하인들은 주정뱅이 페트루시카가 도저히 흉내도 낼 수 없을 만큼 날렵했으며 연미복이 아닌 푸른빛이 도는 카자크 외투를 입고 있었다. 여주인도 현관까지 나와 두 사람을 맞이해주었다. 금발에 새하얀 우유빛깔 피부가 플라토노프를 빼다 박은 미모의 여인이었지만, 그처럼 축 처져 있지 않았고 수다쟁이에다 밝고 명랑했다.

"어머나, 어서 오렴! 네가 와서 정말 기쁘구나. 네 매형이라면 곧 돌아올 거란다."

"어디 가셨는데요?" 플라토노프가 물었다.

"마을 중개인과 일이 있다나봐." 여주인은 손님들을 방으로 안내하며 이렇게 말했다.

치치코프는 그 비범한 사내가 살고 있는 집을 자못 흥미로운 시선으로 둘러보았다. 덩그러니 남겨진 껍데기를 보고 그 속에 살았을 굴이나 달팽이를 미뤄 짐작하는 것처럼, 치치코프는 이 집에 남겨진 그의 흔적을 통해 성품을 알아보려고 했지만, 어디에도 흔적은 보이지 않았다. 방은 텅텅 비어있었고, 벽화는커녕 유화조차 걸려 있지 않았다. 탁자 어디에도 장식품은 물론이고 도자기, 꽃병도 놓여있지 않았으며, 심지어 책장에는 책조차 꽂혀 있지 않았다. 그저 간단한 가구와 피아노 한 대만이 구석에 놓여 있을 뿐이었다. 이러한 사실이 말해주는 것은 주인은 삶의 대부분을 집이 아닌 일터에서 보내고 있다는 것이다. 따스한 난로가의 푹신한 소파에 앉아 명상에 잠기는 것이 아니라, 일터에서 좋은 생각이 떠오르면 떠오르는 족족 현장에서 실행에 옮기는 그런 위인이 분명했다. 그렇다보니 집안에서 나온 흔적이라고는 살림하는 여인의 것뿐이었다. 탁자 위에는 깨끗한 보리수 판자에 말려둔 꽃잎이 널려 있었다.

"이게 뭔가요, 누님? 왜 쓰레기를 이렇게 널어 놨어요?" 플라토노프가 말했다.

"쓰레기라니." 여주인이 말했다. "이건 열병에 좋은 특효약이야. 작년에는 이걸로 농부들을 다 치료했었어. 그리고 이건 과실주를 만들 때 넣을 거고, 이건 잼으로 만들 거야. 넌 항상 잼이나 절인 음식을 비웃지만 막상 먹어보면 너도 입이 닳도록 칭찬할걸?"

플라토노프는 피아노로 다가가 악보를 훑어보았다. "세상에! 전부 골동품들뿐이잖아!"

"미안해. 하지만 통 연주할 시간이 없었던 걸 어쩌겠니? 내가 음악이나 하겠다고 손이 많이 타는 우리 여덟 살 공주님을 외국인 가정교사에게 맡길까? 그건 절대로 안 되지."

"누님도 퍽이나 따분하겠어요." 플라토노프는 창가로 다가갔다. "아! 저기 매형이 오고 있어." 플라토노프의 외침에 치치코프가 창가로 달려왔다. 마흔 살쯤 되어 보이는 거무스름한 얼굴에 날카로운 인상의 사내가 현관 계단을 걸어 올라오고 있었다. 아무렇게나 차려입은 옷차림에 가짜 벨벳 모자를 쓰고 있었다. 양쪽으로는 두 하층민이 모자를 손에 든 채 그에게 뭐라고 얘기를 하면서 걸어오고 있다. 한 사람은 평범한 농부였고, 다른 한 사람은 푸른빛 짧은 외투를 입은 사내였는데, 언뜻 보기에도 여기저기 떠돌아다니는 고리대금업자 같았다. 현관 계단에 멈춰 선 세 사람의 이야기는 방 안에까지 들려왔다.

"아니, 차라리 내 말대로 하게. 몸값을 치르고 자유의 몸이 되게. 부족하다면 내가 빌려줄 테니, 나중에 갚도록 하게나."

"하지만 말입니다요, 나리. 이제 와서 저희가 자유의 몸이 된들 뭘 어쩌겠습니까? 부디 저희를 받아주십시오. 나리와 함께 있으면 온갖 지혜를 배울 수 있는걸요. 세상 어디를 뒤져봐도 나리처럼 총명하신 분은 어디에도 없습니다요. 거기다 요즘에는 자기 몸조차 돌보지 않는 사람들이 너무 많습니다. 술집주인 놈들은 한 입만 마셔도 물 대여섯 바가지는 들이켜야 할 정도로 위가 뒤집어지는 술을 만들고 있어요. 정신 차릴 새도 없이 돈이 주머니에서 빠져나가 버립니다요. 사방에 유혹이 득실거려요! 마치 악마 놈들이 세상을 지배하고 있는 것 같습니다! 어딜 가나 유혹뿐입니다. 사람이란 절제를 할 줄 모르니 대체 어쩌면 좋겠습니까?"

"바로 그걸세, 그게 요점이라네. 여기도 모든 게 내 뜻대로 되지는 않는다네. 물론 이곳에 오면 소와 말을 받을 수 있겠지. 하지만 말이네, 중요한 건 난 누구보다도 자네들에게 바라는 것이 많은 사람이라는 걸세. 이곳에 오면 먼저 일을 해야 하네. 그게 나를 위한 일이든, 자신을 위한 일이든 상관없네. 다만 뒹굴며 노는 꼴만큼은 결코 용납하지 않는다네. 나도 그렇고 우리 식구들 모두 황소처럼 열심히 일하고 있지. 그러면 자네들처럼 쓸데없는 생각이 나질 않는다는 걸 잘 알고 있기 때문이라네. 그러니 자네들도 돌아가서 다시 한 번 천천히 따져보도록 하게."

"물론입니다, 저희도 따져봤습니다요. 하지만 말입니다, 노친네들이 이런 소리를 늘어놓더군요. 나리의 농노들이 부자인 것은 다 까닭이 있는 법이라고 말입니다. 거기다 이곳 신부님들은 무척이나 자비로우시지만, 저희 마을에선 신부님들마저 발길을 돌려버려 장례조차 치루지 못하고 있습니다."

"그래도 다시 가서 따져보게."

"알겠습니다."

"그러면 콘스탄틴 표도르비치 나리, 조금만 더 은혜를 베푸셔서…… 좀 더 싸게 해주시면 안 되겠습니까?" 반대편에서 나란히 걷고 있던 푸른빛 짧은 외투를 걸친 고리대금업자가 말했다.

"미리 얘기했을 텐데? 난 흥정을 원치 않네. 그리고 난 자네들한테 저당 잡힌 지주들과는 다르네. 난 자네 속을 훤히 꿰뚫고 있어. 자네들은 누가 언제 돈을 갚아야하는지 적혀 있는 명부를 갖고 있지. 그래서 돈을 갚아야 할 시일이 다가오면 지주들을 찾아가서는 물건을 반값으로 사들이지. 하지만 난 아닐세. 난 3년 동안 물건을 팔지 않아도 괜찮은데다 은행에 빚진 것조차 없단 말이네."

"지당하신 말씀이십니다요. 하지만 말입니다, 전 어떤 사심도 없이 그저 나리와 거래를 트고 싶을 뿐입니다. 여기 그 보증금으로 3천 루블을 가져왔습니다."

고리대금업자는 가슴팍에 달린 주머니에서 기름때로 꼬질꼬질해진 돈뭉치를 끄집어냈다. 코스탄조글로는 돈뭉치를 대수롭지 않게 받더니 헤어보지도 않고 외투 안주머니에다가 쑤셔 넣었다. '세상에 마치 손수건을 구겨 넣는 것 같군!' 치치코프는 속으로 이렇게 생각했다.

잠시 뒤, 코스탄조글로가 응접실의 문을 열고 들어왔다. "잘 있었나? 처남이 찾아오다니 별일이 다 있군." 두 사람은 서로 부둥켜안고 키스를 주고받았다. 치치코프는 깜짝 놀랐다. 저 새까만 얼굴과 벌써부터 희끗희끗 흰 머리가 돋아난 머리, 거기다 저 열정적이고 조급해 보이는 특징적인 인상이 남부 출신자처럼 보였다. 확실히 그는 순수한 러시아인이 아니었다. 그는 자신의 조상이 어디 출신인지도 몰랐지만 그런 건 영지 경영과는 아무 관계도 없다며 관심조차 가지지 않았다. 그는 스스로를 러시아인이라고 믿었고, 러시아어만 구사했다.

플라토노프는 코스탄조글로에게 치치코프를 소개해주었다. 치치코프는 공손히 주인 곁으로 걸어가 그의 뺨에 키스를 했고, 주인은 치치코프의 뺨에 키스를 해주었다.

"이리저리 떠돌아볼까 해요. 여행을 하면 우울증이 나아질지도 모르겠어요." 플라토노프가 말했다. "그래서 여기 계신 파벨 이바노비치 씨와 함께 여행을 떠날 거랍니다."

"아주 잘 생각했네!" 코스탄조글로가 말했다. 그러더니 치치코프 쪽으로 정중히 고개를 돌리며 물었다. "그래서, 언제 어디로 떠나실 겁니까?"

"사실은 말입니다." 치치코프는 공손하게 고개를 돌려 소파 손잡이를 쓰다듬으며 말했다. "지금은 제 볼일보다는 다른 분의 부탁 때문에 여행을 하고 있습니다. 저의 가까운 벗이자 은인이신 베트리시체프 장군께서 자신의 친척을 찾아가 봐달라고 부탁을 하신 것이지요. 물론 부탁도 부탁이지만, 어떻게 보면 저를 위한 여행길이라고도 볼 수 있습니다. 제 치질 요양에도 도움이 될 것이고, 넓은 세상과 많은 사람들이 살아 가는 모습을 본다는 건…… 그야말로 살아 있는 책이자 학문이니까요."

"그렇습니다, 여행이란 아주 멋진 일이지요."

"훌륭한 말씀이십니다. 실로 멋진 일이고 말구요. 여행을 하면 지금까지 보지 못했던 것을 볼 수 있고, 만나지 못했던 사람을 만날 수 있지요. 그런 사람들과 나누는 이야기는 억만금의 가치가 있는 법입니다. 그리고 지금 저에게도 그 억만금과 같은 기회가 찾아왔습니다……. 존경하는 콘스탄틴 표도로비치 님, 부탁드립니다, 부디 제게도 가르쳐주십시오! 당신의 현명한 지혜를 하늘에서 내리는 만나(가나안으로 떠나던 이스라엘 사람들에게 여호와가 내린 기적의 음식)처럼 기다리고 있습니다."

"아니, 뭘 말입니까?" 코스탄조글로가 당황해하며 말했다. "저는 제대로 된 교육도 받지 못한 몸입니다."

"비법 말입니다, 제게도 비법을 가르쳐주십시오! 경영이라는 힘겨운 키를 붙잡고도 순항하는 비법을 제게 가르쳐주십시오. 상상이 아니라 정말로 수익을 올려 재산을 모으고, 시민의 의무를 다하며 사람들의 존경을 받으며 사시는 그 비법을 가르쳐주십시오."

"정 그러시다면." 코스탄조글로가 말했다. "저희 집에 묵었다 가십시오. 제가 하고 있는 일에서부터 관리법까지 모조리 알려드리도록 하겠습니다. 그러면 자연히 알게 되시겠지만, 특별한 비법이 있는 것도 아니랍니다."

"너도 묵었다 가는 게 어떻겠니?" 여주인이 플라토노프를 돌아다보며 말했다.

"나야 아무래도 상관없지만, 파벨 이바노비치 씨께서는 어떻게 하실 겁니까?"

"저야 그렇게 해주신다면 기꺼이 그렇게 하겠습니다만…… 난처한 일이 하나 있습니다. 베트리시체프 장군의 친척 되는 분을 꼭 찾아뵈어야만 한답니다. 코시카료프 대령이라는 분인데……."

"그는 미친 사람입니다."

"그 얘기라면 저도 들었습니다. 찾아간들 아무 소용이 없겠지만 저의 벗이자 은인이신 베트리시체프 장군의 부탁이다 보니…… 찾아가지 않을 수도 없는 처지랍니다."

"그러시다면 이렇게 하는 건 어떻겠습니까?" 코스탄조글로가 말했다. "지금 다녀오십시오. 저희 집에는 언제나 떠날 채비가 되어있는 가벼운 사륜마차가 있답니다. 거기까지는 10베르스타도 되지 않으니 차 마실 시간 전에는 돌아오실 수 있을 겁니다."

"아주 멋진 생각이십니다!" 치치코프는 기꺼이 주인의 권유를 받아들였다.

가벼운 사륜마차는 30분도 채 못 되서 치치코프를 코스카료프 대령의 영지로 데려다주었다. 마을 전체가 어수선했다. 신축이나 재건축이다 해서 거리마다 회반죽이니 벽돌이니 목재가 잔뜩 쌓여있었다. 관청처럼 꾸며놓은 건물들도 몇 보였다. 건물들에는 금색 글씨로 '농기구 창고', 어떤 건물에는 '회계청사', 또 다른 건물에는 '농업위원회', 또 어떤 건물에는 '주민계몽학교'라고 씌어져 있었다. 그야말로 없는 게 없었다. 치치코프는 자신이 큰 도시로 잘못 찾아온 건 아닐까 깜짝 놀라고 말았다.

사무용 책상에 앉아 펜을 물어뜯고 있던 대령은 치치코프를 반갑게 맞이해주었다. 겉보기에 매우 선량하고 예의바른 대령은 입을 열기가 무섭게 자신이 영지를 번영시키기 위해 어떤 노력을 해왔는지 털어났다. 문화나 예술이 가져다주는 고상한 쾌락을 농부들에게 이해시킨다는 것은 무척이나 어려운 일이라고 했다. 1814년에 독일에 주둔할 당시 그곳에선 물레방앗간 아낙네의 딸마저 피아노를 연주할 줄 알았건만, 이곳 아낙네들은 코르셋조차 입으려고 하지 않는다는 것이었다. 그러나 이러한 무지(無知)가 아무리 끈질기더라도 반드시 농부들이 밭을 갈면서도 프랭클린의 피뢰침에 관한 책이나 베르길리우스의 〈게오르기카〉, 토양의 화학적 연구 논문을 읽게 만들 것이라고 했다.

'거 참, 뭔 소리를 지껄이는 거야!' 치치코프는 속으로 생각했다. '나도 시간이 없어서 아직 《라바리엘 공작부인》을 다 읽지 못했단 말이다.'

"무지(無知)란 무서운 것입니다." 코시카료프 대령은 기나긴 이야기를 이렇게 마무리 지었다. "사람들이 무식하면 중세시대와 같은 암흑기를 비켜날 수 없습니다. 하지만 저는 사람들을 행복하게 만들어줄 유일한 방법을 알고 있습니다."

"어떤 방법인가요?"

"러시아의 모든 사람들에게 독일식 양복바지를 입히는 겁니다. 이거면 충분합니다. 이렇게만 하면 모든 일이 척척 풀릴 겁니다. 교육이 향상되고, 무역이 증진되어 러시아에 황금기가 찾아올 것입니다."

치치코프는 대령의 얼굴을 뚫어져라 쳐다보며 이런 생각을 했다. '이런 사람한테는 격식을 차릴 필요가 없겠어.' 그리하여 치치코프는 두말없이 농노를 거래하고자 하는데, 필요한 서류와 절차를 모두 이 자리에 끝내고 싶다고 설명했다.

"하시는 말로 미루어보아, 이건 청원이로군요? 맞습니까?"

"정확하십니다."

"그러면 서면으로 제출해주십시오. 접수처로 제출된 서류는 날짜를 달아 제게로 보내질 것이고, 그러면 저는 서류를 사무위원회로 넘길 테고, 거기서 수정된 서류는 담당자의 손으로 넘겨질 겁니다. 거기서 담당자는 서기와 함께……."

"잠, 잠깐만요!" 어안이 벙벙해진 치치코프가 소리를 질렀다. "실례지만 그랬다간 일이 엄청나게 지연될 겁니다."

"그야 그렇겠지요." 대령은 빙긋 웃으며 대답했다. "하지만 문서로 처리하는 게 편리하거든요. 시간이 좀 걸리기는 합니다만, 하나하나 빠짐없이 꼼꼼히 살피게 되니 누락되는 부분이 없어진답니다."

"지금 농담하십니까? 이런 거래를 어떻게 문서로 꾸미란 말입니까! 그러니까 이건 기묘한 거래란 말입니다. 그…… 농노들이…… 어떤 의미에서…… 죽은 것들이란 말입니다."

"그거 좋군요. '어떤 의미에서 농노들은 죽었음'이라고 써넣으십시오."

"어떻게 죽었다고 쓰겠습니까? 말도 안 됩니다! 혹 죽었다 하더라도 살아 있는 것처럼 꾸며야한단 말입니다."

"그거 좋군요. '그러나 살아 있는 것처럼 꾸며야한다'라든가, '꾸밀 필요가 있다', 아니면 '꾸며 달라', '꾸며주길 바람'이라고 쓰시면 되겠군요. 아무튼 서류로 제출해주지 않으면 수속을 밟아드릴 수 없습니다. 좋은 예로 영국과 나폴레옹이 있지 않습니까. 그럼 심부름꾼을 붙여드리겠습니다. 필요한 게 있으시면 그 녀석이 안내해줄 겁니다."

종을 울리자 한 사내가 나타났다.

"서기! 이리로 심부름꾼을 보내게!" 그러자 농부 같지도 않고, 관리 같지도 않은 체구의 심부름꾼이 나타났다. "그가 안내해줄 겁니다."

이런 위인과 무슨 일을 할 수 있겠는가? 차라리 치치코프는 심부름꾼을 따라 마을의 여러 위원회를 직접 찾아가보기로 했다. 그런데 어찌된 영문인지 접수처는 간판만 내걸려 있을 뿐 문이 잠겨있었다. 담당자 흐를료프는 새로 조직된 건축위원회로 자리를 옮겼고, 대신 베레조프스키라는 하인이 그 자리에 앉게 되었지만 그도 건축위원회의 지시로 출장을 떠난 탓에 자리가 텅 빈 것이었다. 두 사람은 사무위원회도 찾아가보았지만 그곳도 마찬가지였다. 술에 잔뜩 취한 사내를 두들겨 깨워봤지만 전혀 도움이 되지 않았다.

"이래선 누구를 찾아가야 한단 말인가? 제대로 된 사람은 아무도 없는 건가?" 치치코프는 대령이 보내준 심부름꾼을 바라보며 이렇게 말했다.

"어딜 가나 다 마찬가지입니다." 심부름꾼이 말했다. "엉망진창이에요. 여긴 건축위원회가 모든 일을 멋대로 감독하고 있습니다요. 관할에 관계없이 누구든 부서에서 빼내 자기네 마음대로 일을 시키고 있어요. 이 마을에서 두 다리 쭉 뻗고 다니는 건 건축위원회 뿐이랍니다." 심부름꾼은 건축위원회가 마음에 들지 않는 것 같았다. 치치코프도 더는 둘러보고 싶지 않았다. 그리하여 대령의 집으로 돌아온 치치코프는 당신의 마을은 엉망진창이고 어떤 분별도 없으며, 접수처라는 곳은 어디에도 없었다고 꾸짖었다.

대령은 분노로 가득한 얼굴로 치치코프의 손을 꽉 맞잡으며 고맙다고 인사를 하더니 대뜸 펜과 종이를 집어 들고 아주 엄격한 여덟 가지의 심문조항을 써내려갔다.

건축위원회는 어떤 근거로 관할에 놓여 있지 않은 관리들에게 일을 떠맡겼는가? 관리주임은 어찌하여 담당자가 직무인계도 없이 출장을 떠나게끔 허가를 내줬는가? 농업위원회는 어찌하여 접수처가 존재하지 않는다는 사실에 그토록 무심한가?

'완전 엉망진창이로군!' 치치코프는 이런 생각에 떠날 차비를 했다.

"아뇨, 가지 마십시오. 제 체면이 말이 아니게 되었지만 지금부터 유기적이고 올바른 경영이 어떤 것인지 보여드리겠습니다. 부탁하신 일을 대학을 졸업한 뛰어난 직원에게 맡기도록 하겠습니다." 대령은 서재로 들어가는 문을 열면서 이렇게 말했다. "그동안 제 서재에서 기다리십시오. 여기 있는 책에서부터 종이, 펜, 연필, 뭐든 마음껏 쓰십시오. 당신이 주인입니다. 문화는 모든 이에게 개방되어야 하는 법이니까요."

굉장히 큰 서재였다. 바닥에서부터 천장까지 수많은 책들이 가득 꽂힌 책장에, 동물 박제까지도 있었다. 책장에는 여러 분야의 서적들이 구비되어 있었는데, 임업에 관한 책에서부터 목축, 양돈, 원예에 구독신청만 하면 날아오는 온갖 종류의 잡지들도 있었다. 이런 책들로는 시간을 보낼 심심풀이가 되지 못한다고 생각한 치치코프는 다른 책장으로 자리를 옮겼지만, 엎친 데 덮친 꼴이었다. 책장에는 철학서적들이 빼곡히 꽂혀 있었다. 한 질에 여섯 권짜리 서적이 눈에 들어왔는데 제목이 《사상세계 입문. 보편과 화합, 그리고 본질에 대한 이론. 사회적 생산력 상호분열의 유기적 원리해설》이었다. 치치코프가 책을 뒤적이자 페이지마다 '표현', '진화', '추상', '괴리', '접합'과 같은 알아먹지도 못할 소리가 수두룩했다! "내 취향은 아니군." 그러더니 치치코프는 세 번째 책장으로 발을 옮겼다. 이번에는 미술에 관한 책들이 빼곡히 꽂혀 있었다. 치치코프는 책장에서 신화에 관한 두꺼운 책을 끄집어내서 음란한 삽화를 구경하기 시작했다. 중년에 접어든 독신자나 발레와 같은 자극적인 구경거리로 욕망을 돋우는 노인들이 더러 이런 그림을 즐겼다. 막 한 권의 책을 훑어보고 다른 책 한 권을 끄집어내려는 순간, 코시카료프 대령이 싱글벙글 웃으며 한 손에 서류를 들고 나타났다.

"다 됐습니다. 아주 멋지게 됐어요. 제가 얘기했던 사내는 정말 천재에요. 몇 분도 안 돼서 혼자 다 끝내버렸답니다. 나중에는 그를 부장으로 하는 새로운 부서를 만들까 생각중이랍니다. 이게 그가 쓴 서류입니다."

'나 참, 좋을 대로 하라지!' 치치코프는 속으로 이렇게 생각하며 대령이 읽어주는 서류 내용에 귀를 기울였다.

각하께서 위임한 사안을 면밀히 검토하여 다음과 같이 보고하는 바입니다.

첫째, 6등관이자 훈장 수여자인 파벨 이바노비치 치치코프가 제출한 요청에는 논리적인 오류가 있다. 호적상 살아 있는 농노들을 경솔하게 죽은 농노라고 불렀기 때문이다. 아마도 이는 죽은 농노가 아니라 죽을 고비가 가까워진 농노를 뜻으로 짐작하는 바이다. 이미 죽어서 땅에 묻힌 농노들이라면 어찌 거래를 할 수 있겠는가. 이런 논리에서 치치코프라는 자는 학교는커녕 체험학습장밖에 못 다녀봤을 것이다.

"요놈 보게!" 글을 읽던 코시카료프가 아주 득의양양하게 말했다. "여기서 그놈이 당신을 비아냥거렸군요. 하지만 확실히 재치 있는 문장이지 않습니까?"

둘째, 죽을 고비가 가까운 농노이든 아니든, 이 영지에는 저당 잡히지 않은 농노는 아무도 없다. 영지가 담보로 넘어갔을 뿐만 아니라, 지주 프레디시체프트와의 소송에 휘말린 '구르마일로프카' 마을을 제외하고 모든 농노가 150루블이라는 저당에 잡혀 있어 〈모스크바 신문〉 제42호에 발표된 것처럼 영지는 압류상태에 놓여 있다.

"뭐, 뭐라고요! 왜 그걸 처음부터 얘기해주시지 않으셨습니까! 이런 쓸데없는 것 때문에 절 붙잡아 둔 겁니까?" 치치코프는 화가 난 목소리로 따졌다.

"그렇기는 합니다만, 이 모든 것은 다 당신께서 문서로 꾸밀 필요성을 알아주셨으면 해서입니다."

머리끝까지 화가 난 치치코프는 예의범절을 모두 무시한 채 모자를 들고 밖으로 뛰쳐나갔다. 마부는 바로 떠날 채비를 모두 갖추고 마차 옆에 서 있었다. 코시카료프의 영지에서는 말먹이를 달라고 할 때도 서류를 써서 제출해야만 했고, 귀리를 주어도 좋다는 허락도 다음날이 돼서야 떨어진다는 것을 잘 알고 있었기 때문이었다. 치치코프가 막 마차에 올라타려고 할 때, 코시카료프가 정중하고 품위 있는 태도로 달려 나왔다. 자신에게 예의에 어긋난 태도를 보였음에도 불구하고 그는 치치코프의 손을 꽉 잡고 자신의 가슴에 올리더니 마을의 실상을 알려줘서 고맙다고 인사를 하는 것이었다. 이번 일을 계기로 한층 더 엄격하게 관리들을 다스려서 행정이라는 용수철에 녹이 슬지 않도록 하겠다며, 아무도 속임수를 쓰지 못하도록 '건축위원회를 감독하는 위원회'를 설립하도록 하겠다고 했다.

화가 난 치치코프가 몹시 불쾌한 기분으로 코스탄조글로의 집으로 돌아왔다. 시간은 밤이 되었고 이미 식탁에는 저녁식사가 차려져 있었다.

"왜 이렇게 늦으셨습니까?" 돌아온 치치코프를 보고 코스탄조글로가 물었다.

"무슨 이야기를 그리 오래 나누셨습니까?" 플라토노프도 물었다.

"내 평생 그런 바보는 처음입니다!" 치치코프가 말했다.

"뭘 그 정도 갖고 그러십니까." 코스탄조글로가 말했다. "그래도 재밌지 않습니까? 그 코시카료프 대령이라는 인물은 현대 지식인의 어리석음을 매우 사실적으로 풍자하고 있습니다. 조국에 대해선 아무것도 모르면서 외국에서 하는 일이라면 원숭이처럼 흉내를 내는 지식인들 말입니다. 지금 지주들을 한 번 보십시오. 사무소니 공장이니 학교니 위원회니 이상한 것들을 잔뜩 세우고 있어요, 아니 세워야만 한다는 겁니다! 이게 바로 지식인이라는 족속들입니다! 12년 전쟁에서 겨우 다시 일어서는가 했더니 이제는 그걸 스스로 무너뜨리고 있어요. 프랑스 놈들도 두 손 두 발 다 들 겁니다. 그에 비하면 표트르 페트로비치 페트프 같은 지주는 양반이나 마찬가지이지요."

"그렇습니다, 하지만 그도 영지를 저당 잡혔더군요." 치치코프가 말했다.

"네, 전부 저당 잡혔지요. 영지 전체를 담보로 내놨어요!" 코스탄조글로는 약간 화를 내기 시작했다. "하나같이 공장을 짓고 런던에서 기술자까지 데려와서는 장사를 하고 있어요! 존경받는 지주라는 직함이 제조사 사장이니 공장주로 바뀌었어요! 방직기계 같은 걸로…… 도시의 매춘부들과 어린 소녀들에게 모슬린을……."

"하지만 매형도 공장을 세우시지 않으셨습니까?" 플라토노프가 한마디 했다.

"그걸 내가 세우더냐? 다 알아서 들어선 것들이다. 쌓이고 쌓인 양모를 어찌할 바를 몰라서 옷감을 짰지. 그런데 이 양모옷감이란 말이다 두껍고 거칠지만 값이 싸기 때문에 시장에 내놓는 족족 팔려나갔단다. 양모옷감이란 농부들에게 꼭 필요한 것이거든, 우리 농부들한테도 마찬가지고. 거기다 업자들이 생선비늘을 6년 동안 우리 마을 강가에 버렸는데, 그게 또 쌓이지 뭐냐. 그래서 이걸 어쩌면 좋을까 생각하다 끓여서 아교를 만들었지. 그걸로 또 4만 루블을 벌어들였단다. 우리 마을에선 모든 게 다 이런 식이란다."

'지독한 친구로군.' 치치코프는 그의 두 눈을 바라보며 이렇게 생각했다. '갈퀴로 돈을 마구 긁어모으고 있어!'

"그리고 굶어 죽어가던 노동자들이 이곳으로 몰려왔기 때문이기도 했지. 모든 게 다 기근 때 농부들을 토지에서 몰아낸 공장주들 때문이야. 아마 여긴 이런 식으로 하나둘 공장이 늘어날게다. 해마다 쓰레기와 고물들이 굴러들어오고 차례차례 공장이 들어서는 게지. 뭐든 주의 깊게 살펴보도록 해라. 그러면 쓰레기에서도 돈을 벌 수 있다. 그렇게 되면 '필요 없다'라는 말은 나오지 않게 될 거다. 그래서 난 둥근 기둥이니 무늬를 새겨 넣은 궁궐 같은 건물을 짓지 않는 거란다."

"정말 놀랍군요…… 무엇보다 쓰레기에서 돈을 번다는 얘기는 무척이나 흥미로운데요." 치치코프가 말했다.

"뭘 그런 걸 가지고 그러십니까! 그저 모든 걸 있는 그대로 받아들이면 되는 겁니다. 문제는 괜히 기술자다 뭐다 하면서 상자 하나 여는데 쓸 도구 때문에 영국에까지 들락거리는 거지요. 정말 머저리 같은 짓이 아닙니까!" 코스탄조글로가 침을 퉤 뱉었다. "외국에 갔다 돌아오면 백 배는 더 바보가 되어 있단 말입니다!"

"또 화내시는 거예요?" 아내가 걱정스러운 듯이 말했다. "그게 당신한테 해롭다는 걸 알면서 그러세요."

"어떻게 화를 안 내? 이건 남의 일도 아니고 나와 관련된 일이야!" 그러더니 다시 치치코프를 바라보며 말했다. "러시아인들이 본성을 잃어가고 있어요! 전에는 없던 돈키호테들이 부쩍 늘었단 말입니다! 어설픈 계몽 탓에 돈키호테가 된 머저리들은 바보도 떠올리지 못할 학교를 지어대요. 그런 학교를 졸업한 사람을 어디다 써먹겠습니까? 도시에서도 손사래를 칠거고, 시골에서도 마찬가지겠지요. 자존심만 가득한 주정뱅이가 될 겁니다. 그러다 자선사업을 시작하면 박애주의에 빠져서는 수백만 루블을 들여 아무 쓸모도 없는 병원과 호화스런 건물을 짓다가 파산해서 환자들을 모조리 길바닥에 내몰 겁니다. 참 대단한 자선(慈善)이지 않습니까?"

치치코프는 계몽에 관심이 없었다. 그보다 어떻게 하면 쓰레기에서 돈을 벌 수 있는지 이리저리 물어보고 싶었지만, 이미 흥분할 대로 흥분한 코스탄조글로는 말할 기회조차 주지 않고 격한 말을 마구 쏟아냈다.

"다들 농민 계몽이다 뭐다 떠들어대는데 그보단 농부들을 배불리 먹일 훌륭한 지주를 만들어야 합니다. 그러면 농부들도 다 깨우쳐요. 그런데 지금은 어떻습니까? 상상도 할 수 없을 만큼 세상이 미쳐있어요! 요즘 삼류작가들이 써내는 책은 또 어떻습니까? 그딴 말도 안 되는 책이 나오는 족족 달려드는 꼴이라니…… 거기다 그 책들은 이딴 소리나 늘어놓고 있어요. '단순한 삶을 살고 있는 농부들에게 사치를 접하게 하여 분수에 넘치는 욕망을 자극할 필요가 있다' 하지만 정작 그딴 소리나 늘어놓는 놈들은 사치 덕분에 아직 열여덟도 되지 못한 나이에 넝마 조각이 되어서는 듣도 보도 못한 병에 걸려 세상 다 산 놈처럼 이와 머리가 뭉텅 빠진 자기 꼴을 다른 사람한테 전염시키려 하고 있어요! 우리는 이렇게 타락하지 않은 건전한 계층이 남아있다는 사실에 신께 감사드려야 합니다! 정말이지 농부들 앞에서는 고개를 들 수가 없습니다. 오오, 신이시여, 모든 이가 농부를 닮도록 해주십시오!"

"그럼 농업에 종사하는 게 더 이득이란 말씀이십니까?" 치치코프가 물었다.

"더 걸맞다는 거지 이득이라는 게 아닙니다. 땀 흘려 땅을 일구라는 말이 있지 않습니까? 이건 전혀 복잡한 일이 아닙니다. 농사를 천직으로 삼는 사람이 가장 도덕적이고 순수하며 고상하고 품격 있다는 얘기는 벌써 몇 세기 전에 증명된 바 있습니다. 그렇다고 다른 일을 하지 말라는 것도 아닙니다. 농사를 토대로 삼으라는 겁니다! 그러면 공장 같은 것은 알아서 세워집니다. 일하는 농부들에게 필요한 물품을 생산하는 아주 적합한 공장이지요. 오늘날 사람들의 욕망을 채우고 사업을 유지하기 위해 온갖 추악한 방법으로 가엾은 대중을 타락시키고 부패시키는 그런 공장이 아닙니다. 저는 그게 아무리 돈이 된다고 해도 절대 그런 물건을 만들지 않을 겁니다. 담배든, 설탕 따위든 그런 건 수백만 루블의 손해를 보더라도 생산하지 않을 겁니다. 끝내 세상이 타락하더라도 말이지요. 저는 신 앞에서 당당하고 싶습니다…… 이래봬도 저는 20년 동안 농부들과 함께 살아왔기에 그 결과가 어떠한 것인지 잘 알고 있습니다."

"하지만 제가 놀랐던 건 머리만 잘 굴리면 어떤 쓰레기에서도 돈을 벌 수 있다는 말씀이었습니다."

"흠, 경제학 말이군요!" 코스탄조글로는 치치코프의 얘기에는 귀도 기울이지 않고 화가 난 얼굴로 비아냥거리듯이 말했다. "뭐가 경제학입니까! 자기 앞도 못 보는 주제에 바보가 바보 위에 올라타서 바보를 쫓고 있어요! 그딴 바보가 얼굴에 철판을 깔고 강단에 올라와서는 안경을 쓰는 꼴이란…… 말이나 됩니까!" 너무 화가 난 나머지 코스탄조글로는 침을 퉤 뱉었다.

"모두 맞는 말이에요. 그러니 제발 그렇게 열을 올리지 말아줘요." 안주인이 말했다. "그 이야기만 나왔다하면 저렇게 열을 올리시니 원!"

"정말 대단하군요, 콘스탄틴 표도로비치 씨. 이렇게 얘기를 듣고 있자니 삶의 의미가 느껴지고 사물의 본질을 보게 되는 것 같습니다. 그런데 인류를 위한 이야기는 잠시 제쳐두고 사적인 이야기로 넘어가도 괜찮겠습니까? 만일 지주가 된 제가 시민의 본질적 의무를 수행하기 위해 빠르게 부자가 되려면 어떻게 해야 합니까?"

"부자가 되려면 어떻게 해야 하냐고요?" 코스탄조글로가 치치코프의 말을 받았다. "그건 말입니다……."

"이제 식사하실 시간이에요." 안주인이 말했다. 그녀는 소파에서 일어나 가볍게 부르르 떠는 자신의 어깨를 숄로 감싸면서 방 한가운데로 나섰다.

치치코프는 마치 군인처럼 날렵하게 일어나 엄숙한 얼굴로 그녀에게 팔을 건네 식당까지 에스코트했다. 식탁에는 벌써 뚜껑이 열린 수프 그릇이 놓여 있어 방안에는 갓 따온 신선한 봄나물과 근채(根菜)로 끓인 수프의 향내로 가득했다. 모두 식탁에 앉았다. 하인들은 접시에 담긴 온갖 요리와 식기들을 식탁에 올리고 즉시 밖으로 나갔다. 이는 코스탄조글로가 하인들이 자신의 개인적인 이야기를 듣거나 식사중인 모습을 쳐다보는 걸 좋아하지 않았기 때문이었다.

수프를 먹고 헝가리 산(産)으로 보이는 훌륭한 술을 들이켠 치치코프는 주인에게 이렇게 말했다. "대단히 실례지만 아까 이야기를 다시 해도 괜찮겠습니까? 만일 제가 지주가 된다면 어떻게 될지, 어떻게 해야 할지, 어떻게 두각을 나타내는 게 가장 좋을지 여쭤봤습니다만……

(여기서 두 장 정도의 원고가 빠졌지만 아마도 코스탄조글로가 치치코프에게 가까운 이웃인 흐로브예프의 땅을 사라고 주선했을 것으로 생각된다. —옮긴이주)

……그가 5만 루블까지 부르더라도 저는 그 땅을 살 겁니다.”

'으음!' 잠시 생각에 빠졌던 치치코프는 조심스럽게 얘기를 꺼냈다. “그렇다면 왜 선생께서 직접 그 땅을 사지 않으십니까?”

“뭐든 정도가 필요한 법입니다. 전 제 영지를 돌보는 것만으로도 할 일이 많습니다. 거기다 귀족 놈들이 그들의 어려운 상황과 처지를 이용해서 토지를 헐값에 매입하는 거라고 아우성을 치다보니 저도 넌더리가 나지 뭡니까.”

“귀족 놈들 악담이야 알아주지요!” 치치코프가 말했다.

“이곳 귀족 놈들은 당신의 상상보다도 더 심합니다. 놈들은 절 구두쇠니 노랑이라고 부르면서 정작 자기들은 '전 빈털터리랍니다. 하지만 이건 다 저의 고상한 욕망과 사업가(다시 말해 사기꾼 놈들이지요) 육성을 위해서였지, 코스탄조글로처럼 돼지 같은 탐욕스러운 삶을 산 것은 아닙니다.' 이따위 변명을 늘어놓고 있답니다.”

“차라리 전 그런 돼지가 되겠습니다!” 치치코프가 말했다.

“다 헛소리에요. 뭐가 고상한 욕망입니까? 누구를 속이려고요? 그 놈들은 책을 빼곡히 사 모아놓고 읽지를 않아요. 아마 카드노름에나 빠져있겠지요……. 이건 다 제가 그놈들에게 식사를 대접하지 않고 돈을 빌려주지 않아서 그렇답니다. 식사대접 같은 건 번거롭고 영 익숙지가 않아요. 하지만 저와 같은 걸 먹는 분이라면 환영입니다. 또 제가 돈을 빌려주지 않는다는 것도 헛소리입니다. 정말로 절실한 사정이 있다면 직접 와서 무슨 사정인지 남김없이 털어놓으면 됩니다. 제가 그 얘기를 듣고 그가 돈을 현명하게 쓸 것이고, 그에게도 도움이 될 거라고 확신이 들면 저는 즉각 이자도 받지 않고 돈을 빌려줄 겁니다.”

'이건 들어둘 필요가 있겠는걸.' 치치코프는 생각했다.

"절대로 거절하지 않을 겁니다." 코스탄조글로는 계속해서 말했다. "그렇다고 전 마구잡이로 돈을 빌려주거나 하지는 않습니다. 전 그런 건 딱 질색입니다! 멋대로 만찬회장에 정부(情婦)를 부르고, 미치광이처럼 집을 가구로 장식하고, 저속한 계집을 데리고 가장무도회를 가고, 자신이 평생을 헛되이 살았다는 걸 기념하는 파티에 얼굴을 내미는 놈들에게 돈을 빌려주고 싶겠습니까?"

여기서 코스탄조글로는 침을 뱉고 하마터면 부인 앞에서 불쾌한 욕설을 내뱉으려던 것을 겨우 참았다. 짙고 어두운 그림자가 그의 얼굴을 뒤덮었다. 이마를 가로지르는 주름살이 그가 무척이나 화가 났다는 것을 보여주고 있었다.

"잠깐 괜찮겠습니까? 좀 전의 이야기로 돌아갔으면 합니다만……." 치치코프는 마리노프카 한 잔을 비우면서 말했다. "가령 제가 말씀해주신 영지를 사들인다면 얼마나 빨리 부자가 될 수 있을까요……?"

"그렇게 성급해해서는 부자가 될 수 없습니다." 마음이 심란해진 코스탄조글로는 매우 퉁명스럽게 말을 받았다. "빨리 부자가 되고 싶다면 시간에 구애받지 말아야합니다."

"그런 겁니까?" 치치코프가 말했다.

"그렇고말고요." 코스탄조글로는 마치 치치코프에게 화가 난 듯이 쌀쌀맞게 대답했다. "먼저 노동을 사랑해야하고 농사일을 사랑해야 합니다. 그렇지 않고선 아무것도 할 수 없습니다. 잘 들으세요, 농사는 결코 따분한 일이 아닙니다. 사람들은 시골이 따분하다고 하지만 만일 저더러 도시의 클럽이나 레스토랑, 극장에 다니라고 했다간 하루도 못 견디고 따분해 죽을 겁니다. 바보, 멍청이, 머저리들 천지입니다! 어디 그렇게 지주가 한가하단 말입니까? 지주란 쉴 틈도 없이 뛰어다녀야 합니다. 그 수없이 많은 일들은 또 어떻고요! 그야말로 품격을 높여주지요. 뭐, 이 이야기는 잠시 제쳐두도록 하지요. 사람은 자연, 다시 말해 사계절과 함께 살아갑니다. 둘은 만물의 세계에서 함께 일하는 협력자이자 동반자이지요. 그럼 한 해가 어떻게 흘러가는지 살펴보도록 할까요? 봄이 오기 전부터 사람들은 준비를 합니다. 뿌릴 씨를 마련이고, 곳간을 점검하고, 곡물을 다시 말리고, 새 농부에게 땅을 나누어줍니다. 미리 조사해서 모든 것을 다 계산해놓아야 합니다. 이제 얼음이 녹고 강물이 흘러 메마른 땅이 촉촉이 젖으면 밭과 과수원에서는 괭이가, 들판에는 쟁기와 써레가 땅을 갈고 작물을 심습니다. 자, 어떻습니까? 대단하지 않습니까? 바로 수확의 준비입니다! 세계 번영을 일구는 것입니다! 수백만 명이 먹을 양식을 일구고 있어요! 여름이 오면…… 여기저기서 제초를 합니다. 그러면 또 정신없이 호밀을 수확하지요, 그 다음에는 밀, 그 다음에는 보리와 귀리가 나오지요. 한번 불이 붙으면 쉴 수가 없어요. 몸이 열 개라도 모자를 정도에요. 자, 이렇게 한바탕 소동이 끝나면 이번에는 탈곡을 하고, 볏단을 쌓고, 겨울 밭갈이를 하고, 겨울을 대비해 곳간과 헛간, 축사를 손질하고 나면 아낙네들의 손일이 잔뜩 남게 되지요. 지금까지의 결실을 확인하는 것이지요. 이 또한 녹녹치 않은 일이랍니다. 이제 겨울이 왔군요! 탈곡장마다 탈곡을 하고 탈곡된 곡물은 곳간으로 옮겨지지요. 그러면 방앗간으로 가봐야 하고, 공장에도 가봐야 하고, 작업장은 물론 농부들이 있는 곳까지 찾아다니며 일이 어떻게 되어가나 감독해야 합니다. 저는 도끼를 아주 잘 다루는 목수라면 그가 하는 일을 2시간도 넘게 지켜본답니다. 재미있거든요. 거기다 이 모든 것들이 어떤 목적에 따라 실행되고 있으며, 주변의 것들이 성과와 수익을 올려 어떻게 번영해 가는지 보게 된다면, 그때의 기분은 도저히 말로 설명할 수가 없습니다. 돈이 불어나서가 아닙니다. 돈도 돈이지만 이 모든 것이 자신의 손에서 만들어졌기 때문이지요. 자신이 원인이며, 창조자로서 마법사처럼 스스로의 손이 자아내는 풍요와 행복이 만인에게 쏟아지는 걸 볼 수 있기 때문입니다. 이보다 더 한 기쁨이 어디에 있겠습니까?"

코스탄조글로가 고개를 들자 그의 얼굴에선 주름이 사라져 있었다. 마치 장엄한 대관식 날의 황제처럼 빛나는 듯한 그의 얼굴에선 광채마저 흘러나오는 것 같았다.

"어디를 가더라도 이보다 즐거운 일은 없을 겁니다! 신께서는 최고의 기쁨이라 할 수 있는 창조의 업(業)을 통해 저희가 행복의 창조자가 되기를 바라고 계십니다. 그런데 사람들은 어떻게 이를 따분하다고 한단 말입니까!"

마치 극락조의 노랫가락이라도 되는 듯 치치코프는 코스탄조글로의 감미로운 얘기에 귀를 기울이고 있었다. 침을 꿀꺽 삼켰다. 촉촉하게 젖은 눈망울은 다시금 그의 얘기를 듣고 싶어 하는 것만 같았다.

"여보, 그만 일어나요." 안주인이 식탁에서 일어서면서 말했다. 모두가 자리에서 일어났다. 치치코프는 이번에도 팔을 내밀어 그녀를 거실로 에스코트했지만 어쩐지 세련미가 부족했다. 왜냐면 그의 생각은 진정 실질적인 것들로 가득 차 있었기 때문이다.

"하지만 역시 따분하네요." 뒤따라가던 플라토노프가 말했다.

'이 손님은 멍청이가 아니야.' 주인은 생각했다. '매우 신중하고 말에는 조리가 있어. 다른 덜렁이 놈들과는 달라.' 코스탄조글로는 자신의 지혜로운 충고에 귀를 기울여줄 사람을 찾은 걸 축복하는 듯이 훨씬 더 명랑해졌다.

네 사람은 발코니와 정원을 마주보는 유리문을 등지고 작게 등불을 밝힌 아늑한 방에 앉았다. 하늘 높이에서 잠든 정원을 비추는 밝은 별을 들여다보는 순간, 치치코프는 오랫동안 느끼지 못한 아늑함을 느꼈다. 마치 원하던 것도 바라던 것도 모두 얻고 오랜 여행 끝에 그리운 집으로 돌아와 "이제 충분해!"라고 외치며 지팡이를 던져버릴 때와 같은 느낌이었다. 사람들마다 자신의 마음에 와 닿는 말이 있는 법이다. 치치코프에게 이런 황홀한 기분을 안겨다준 것은 주인의 지혜로운 말이었다. 황량한 외딴 시골마을처럼 이렇게 뜻하지 않은 곳에서 여행의 피로와 여관의 불편함, 시끄러운 소음, 사람을 기만하는 속임수 따위를 말끔히 잊게 해주는 가슴 따뜻한 말을 들려주는 사람을 만나게 된다. 이렇게 보낸 하룻밤은 오래토록 기억에 생생히 남게 된다. 함께 앉았던 사람은 누구이며, 누가 어디에 앉아 있었고, 손에는 뭘 들고 있었는지, 구석구석의 온갖 사소한 것까지 영원토록 기억에 남게 된다.

치치코프 또한 그러했다. 이 낯설지 않고 깔끔한 방이며 지혜로운 주인의 관대한 표정, 벽지의 문양, 플라토노프가 피우는 호박보석이 달린 파이프 담뱃대, 그가 야르브의 얼굴에 뿜어대는 담배연기, 야르브의 거친 재채기 소리, "그만하면 됐잖니, 그만 괴롭혀." 빙긋이 웃으면서 말하는 아름다운 부인의 얼굴, 즐거운 등잔불, 구석에서 우는 귀뚜라미, 유리문, 그리고 별들이 반짝이는 저 나뭇가지의 무성한 잎사귀 속에서 휘파람을 불며 노래하는 꾀꼬리의 노랫소리에 봄의 모든 것이 그날 밤 치치코프의 마음속에 새겨졌다.

"존경하는 콘스탄틴 표도로비치 씨, 좀 전의 이야기는 정말로 훌륭했습니다!" 치치코프가 말했다. "러시아 어디를 가더라도 선생과 같이 지혜로운 사람은 없을 겁니다."

그가 미소 지었다. 치치코프가 한 말에 한 치의 거짓이 없다는 것을 깨달았기 때문이었다. "아닙니다, 혹 지혜로운 위인을 찾고 계시다면 이 지방에 전 발끝에도 미치지 못하는 분이 한 사람 계십니다."

"아니 대체 누구입니까?" 치치코프가 깜짝 놀라 물었다.

"이곳의 세금징수원 무라조프입니다."

"그에 대해서라면 전에도 들었던 적이 있습니다!" 치치코프가 소리쳤다.

"그는 영지가 아니라 국가를 다스릴 만한 분입니다. 제가 국왕이었다면 당장에 그를 재정부 장관으로 삼았을 겁니다."

"상상을 뛰어넘을 만큼 훌륭하신 분이라고 들었습니다. 듣기로는 천만 루블에 가까운 재산을 모았다고 하더군요."

"천만이라니요! 4천만 루블이 넘습니다. 곧 러시아의 절반이 그의 손에 들어갈 겁니다."

"설마요!" 눈을 휘둥그레 뜨고 입을 딱 벌린 치치코프가 소리쳤다.

"틀림없이 그렇게 될 겁니다. 수십만 루블은 불어나는 것이 작지만, 수백만 루블은 엄청나게 불어나는 법입니다. 무엇을 하든 두 배, 세 배로 불어나지요. 무엇보다 분야, 다시 말해 무대의 규모가 다르답니다. 이렇게 되면 경쟁자는 없는 거나 마찬가지에요. 그가 어떤 물건에 어떤 값을 부르던 그게 가격이 될 테고, 아무도 그걸 어기지 못할 테니까요."

"세상에 정말 놀라운 일이군요." 치치코프는 성호를 그으며 코스탄조글로의 눈을 쳐다보았다. 숨이 턱 막히는 것만 같았다. "도무지 상상이 가질 않는군요! 작은 곤충을 바라보는 것만으로 신의 지혜에 놀라곤 하는데, 사람의 손으로 그토록 많은 돈을 벌어들였다니 정말 놀라울 따름입니다! 한 가지 묻고 싶은 것이 있습니다만 아무런 속임수 없이 벌어들인 겁니까?"

"한 치의 거짓 없이 정당한 방법과 수단으로 벌어들인 겁니다."

"믿을 수가 없군요! 말도 안 되는 이야기지 않습니까! 수천 루블이면 몰라도 수백만, 수천만 루블이라니……."

"그 반대입니다. 수천 루블은 속임수 없이 힘들지만 수백만, 수천만 루블은 손쉽게 법니다. 백만장자들은 속임수를 쓸 일이 없어요. 정정당당하게 눈앞에 있는 것들을 모두 거두기만 하면 되지요. 다른 사람들은 나서지도 못합니다. 맞설 사람이 없으니 경쟁자는 없는 거나 마찬가지지요. 한마디로 격이 다르답니다. 어디에 손을 대든 두 배, 세 배를 거두어들인답니다. 그러니 천 루블 가지고 뭘 하겠습니까? 이익이 남는다고 해봐야 고작 10퍼센트나 20퍼센트겠지요."

"도무지 이해가 가질 않는군요. 이 모든 게 코페이카 한두 푼에서 시작되었단 겁니까?"

"물론이지요. 이건 이미 정석입니다." 코스탄조글로가 말했다. "어설픈 자산가로 태어나 그저 그런 교육을 받은 사람은 돈을 모으지 못합니다. 온갖 변덕이 들끓기 때문이지요! 중간이 아니라 처음부터 시작해야합니다. 루블이 아닌 코페이카에서부터에요. 위가 아니라 토대에서부터 시작해야합니다. 그래야 비로소 농민들의 삶을 이해하게 되어 훗날 거기서부터 두각을 나타내게 됩니다. 온갖 역경을 이겨내고 돈 한 푼도 아껴야한다는 것을 몸소 깨닫게 된다면, 지혜로워지고 강인해져 어떤 일에서도 좌절과 실패를 맛보지 않게 될 겁니다. 아시겠습니까? 이게 진리입니다. 중간부터가 아니라 처음부터 배워야합니다. '10만 루블을 빌려주십시오, 당장 부자가 되겠습니다.' 저는 이렇게 말하는 사람을 믿지 않습니다. 순전히 운에 맡길 뿐이지 견실한 것이 아닙니다. 그러니 코페이카에서부터 시작해야만 하는 겁니다."

"그러면 저도 부자가 되겠군요." 치치코프는 문득 죽은 농노들을 떠올리며 말했다. "정말로 무일푼으로 시작하려하고 있으니까요."

"여보, 이제 파벨 이바노비치 씨가 주무시게 그만 일어나요." 안주인이 말했다. "언제까지 그러고 계실 거예요?"

"물론이다마다요." 코스탄조글로는 부인의 말은 한 귀로 흘려보내고 계속해서 말했다. "쏟아지는 돈을 어찌해야 좋을지 모를 만큼 황금 강물이 왈칵 흘러들 겁니다."

치치코프는 마법에 홀린 것처럼 황금빛 몽상과 환상 속을 떠돌고 있었다. 왕성해진 상상력은 미래의 수익이라는 금빛 양탄자 위에 황금문양을 수놓고, 귓가에선 "황금 강물이 왈칵 흘러들 겁니다……"라는 말이 맴돌았다.

"정말이지 여보, 이제 그만 파벨 이바노비치 씨도 좀 쉬게 해줘요."

"또 그런다, 또! 그렇게 자고 싶으면 당신 먼저 가서 자도록 해요." 하지만 코스탄조글로는 금세 잠잠해지고 말았다. 방안 가득히 플라토노프의 코고는 소리가 울려 퍼졌기 때문이었다. 야르브 녀석까지 덩달아 큰 소리로 코를 골았다. 이제 정말로 잠자리에 들 시간이란 걸 깨달은 코스탄조글로는 플라토노프를 깨우고 치치코프에게도 잘 자라고 인사를 건넸다. 이렇게 모두 헤어져 각자의 잠자리에 들었다.

하지만 치치코프는 잠을 이루지 못했다. 계속해서 온갖 상념이 눈앞에 떠올랐기 때문이다. 치치코프는 어떻게 하면 상상이 아닌 실제 지주가 될 수 있을지 궁리했었다. 하지만 이제 코스탄조글로와의 대화로 모든 게 선명해졌다! 부자가 될 길이 열린 것만 같았다! 힘든 영지경영도 이제는 식은 죽 먹기처럼 보였고, 일도 자신에게 어울리는 것처럼 보였다. 이제 죽은 농노를 담보로 돈을 빌리기만 하면 그러한 영지도 더는 상상이 아니다! 곧바로 코스탄조글로의 가르침대로 영지를 운영하는 자신을 상상해보았다. 날렵하면서도 차근차근 일을 하고, 옛것을 속속들이 알기 전에는 새것을 들이지 않으며, 모든 걸 직접 확인하고, 자신의 농노들을 속속들이 숙지하고, 사치에 눈독들이지 않으며 그저 농사와 경영에만 헌신하는 자신을 말이다. 그리고 질서가 잡혀 경영이라는 기계가 온힘을 다해 활발히 움직일 때 느낄 수 있는 만족감을 맛보았다. 노동이 용솟음친다. 경쾌하게 돌아가는 방아에서 밀가루가 쏟아져 나오듯이 쓰레기에서 돈이 쏟아져 나온다. 순간순간마다 치치코프의 눈앞에는 경이로운 위인 코스탄조글로가 아른거렸다. 그는 치치코프가 존경하게 된 첫 위인이었다. 여태껏 높은 관직이나 많은 돈을 번 사람을 존경한 적은 있었지만 이렇게 순수하게 지혜로운 사람을 존경해본 것은 이번이 처음이었다. 어떠한 수단을 쓰더라도 그와는 맞설 수가 없을 것만 같았다. 그보다 치치코프의 관심사는 다른 데에 있었다. 바로 흐로브예프의 영지를 사들이는 것이었다. 자신에게 1만 루블이 있으니 1만 5천 루블을 코스탄조글로에게 빌릴 속셈이었다. 부자가 되고 싶어 하는 사람이라면 누구나 도와줄 것이라고 했다. 나머지 돈은 어떻게 담보를 두거나 흐로브예프에게 기다려달라고 하면 충분하다. 그래도 안 된다면 재판이든 뭐든 걸라고 하면 된다!

치치코프는 내내 이런 생각에 빠져 있었다. 모두가 잠든 뒤 네 시간이 지나서야 잠이 소리 없이 치치코프를 감싸 안았다. 그는 깊이 잠들었다.

4

다음날, 모든 일이 순조롭게 마무리되었다. 코스탄조글로는 이자나 보증도 없이 서명한 영수증 한 장만으로 기꺼이 1만 루블을 빌려주었다. 이처럼 그는 돈을 벌려는 사람이라면 누구에게도 지원을 아끼지 않았다. 코스탄조글로는 거기서 그치지 않고 흐로브예프의 영지를 보러 함께 가주겠다고 발 벗고 나서준 것이다. 치치코프는 기뻐서 어쩔 줄을 몰랐다. 배부르게 아침을 먹은 세 사람은 치치코프의 마차에 몸을 싣고 길을 떠났다. 그 뒤를 코스탄조글로의 텅 빈 마차가 따라왔다. 야르브는 길가에 앉은 새들을 쫓으며 앞장서서 달려갔다. 길 양쪽으로 코스탄조글로의 숲과 밭이 15베르스타 넘게 이어졌다. 풀 한 포기 보이지 않는 밭은 마치 천상의 정원처럼 보였다. 하지만 흐로브예프의 영지로 접어들자 풍경이 바뀌었다. 숲이 있어야 할 자리에는 잘려나간 밑동만이 남아 있었고, 밭에는 빽빽이 자라난 풀에 짓눌린 호밀이 앙상하게 자라나 있었다. 그러한 모습에 마을은 훌륭한 지세에도 불구하고 폐허처럼 보였다. 마침내 짓다 만 채로 버려진 석조건물이 있는 곳에 도착했다. 지붕을 지을 돈이 부족했는지 검게 변한 볏단이 올려져 있었다. 주인은 다른 1층 집에 살고 있었다. 다 해진 프록코트에 막 잠에서 깼는지 머리는 헝클어졌고 졸린 얼굴의 주인이 구멍이 난 장화를 신고 손님들을 맞으러 뛰쳐나왔다.

주인은 찾아온 손님들을 마치 신의 계시가 내려온 것처럼 기뻐했다. 오랫동안 헤어졌던 형제를 다시 만난 것처럼 말이다.

"이런 세상에, 콘스탄틴 표도로비치! 플라톤 마하일로비치! 정말 잘 와주셨습니다. 이게 꿈입니까, 생시입니까! 아무도 다시는 저를 찾지 않을 거라고 생각했었습니다. 하나같이 페스트에 걸린 놈처럼 저를 피하려고 들더군요. 제가 돈이라도 빌려달라고 부탁할까봐 그러는 것이겠지요. 살기 힘듭니다, 힘들어요! 하긴 이렇게 된 것도 다 제 탓이지요. 어쩌겠습니까, 천성이 이렇게 돼지인 것을요. 부디 이런 옷차림으로 여러분을 맞이하는 걸 용서하기 바랍니다. 보시다시피 장화에도 구멍이 송송 뚫렸답니다. 그보다 뭐라도 드시겠습니까?"

"그런 염려는 하지 않으셔도 됩니다. 저희는 일 때문에 찾아온 거니까요. 여기는 당신의 영지를 사겠다고 하시는 파벨 이바노비치 치치코프 씨입니다." 코스탄조글로가 말했다.

"이거 잘 오셨습니다." 흐로브예프가 말했다. "악수를 청해도 괜찮겠습니까?"

치치코프는 흐로브예프의 말에 두 손을 내밀었다.

"그러시다면 당신께 주목할 가치가 있는 제 영지를 보여드리도록 하지요. 그런데 여러분 점심은 드셨습니까?"

"먹고 왔습니다." 부질없이 시간을 끌게 되지는 않을까 코스탄조글로가 재빨리 대답했다. "꾸물거리지 말고 곧바로 가보도록 하지요."

"그럼 가보도록 할까요?" 흐로브예프가 모자를 집어 들었다. "저의 부조리와 방탕함을 보러 가시지요."

손님들도 모자를 쓰고 따라 나섰다. 양쪽 길가로 아주 작은 창문까지 못질을 한 눈먼 집들이 늘어서 있었다.

"그보다 식사를 들고 오셨다니 정말 다행입니다. 믿기지 않으시겠지만 저희 집에는 닭 한 마리조차 없답니다. 콘스탄틴 표도로비치 씨, 이렇게나 생계가 어려워졌답니다."

흐로브예프는 깊게 한숨을 몰아쉬었다. 그리고는 냉정한 코스탄조글로의 동정을 받지는 못할 거라는 걸 알기라도 하는 듯 플라토노프와 팔짱을 끼더니 앞장서서 걸어갔다. 코스탄조글로와 치치코프도 팔짱을 끼고는 멀찍이 뒤처져서 두 사람을 뒤따라갔다.

"힘듭니다, 정말 힘들어요!" 흐로브예프가 플라토노프에게 말했다. "제가 얼마나 힘든지 당신께선 상상도 못하실 겁니다. 돈은 물론이고 빵도 장화도 없답니다! 당신은 제 얘기가 곧잘 이해가 되지 않으시겠지요. 홀몸이라면 손가락이라도 빨면서 살아가겠건만, 아내와 자식 다섯을 거느리고 있는 이 나이에 이렇게 불행이 찾아왔으니 어떻게 우울하지 않을 수가 있겠습니까."

"하지만 영지를 팔고 나면 형편이 좀 피시겠군요?" 플라토노프가 말했다.

"펴지기는요!" 흐로브예프는 손을 내두르며 말했다. "빚을 갚고 나면 천 루블도 안 남을 겁니다."

"그러면 앞으로 어쩌실 겁니까?"

"그야 신께서 아시겠지요."

"그럼 어떤 대책도 세우지 않은 겁니까? 다른 방도는 없나요?"

"전혀 없습니다."

"일자리를 구해보지 그러십니까?"

"저 같은 놈에게 누가 일자리를 주겠습니까? 고작해야 관청 서기나 하겠지요. 그 쥐꼬리만 한 월급으로 아내와 다섯 아이를 어떻게 먹여 살리겠습니까?"

"관리인이 되어보는 건 어떻습니까?"

"누가 제게 영지를 맡기겠습니까? 자기 영지도 팔아먹은 위인인데요."

"하지만 이렇게 배를 곯게 되었다면 뭐든 해봐야지 않겠습니까? 제가 형님을 통해 도시에 일자리를 알아봐드리겠습니다."

"아닙니다, 플라톤 미하일로비치 씨." 흐로브예프는 한숨을 몰아쉬더니 그의 손을 꼭 잡고 이렇게 말했다. "전 이제 아무 짝에도 쓸모없는 인간입니다. 저는 제 나이보다도 더 늙어버렸습니다. 젊은 시절에 저지른 죄 때문에 허리가 쑤시고, 어깨가 결려요. 이런 제가 뭘 할 수 있겠습니까? 저 같은 놈이 어쩌자고 나랏돈을 축내겠습니까? 안 그래도 그런 자리를 노리는 사람도 많은데 저까지 국고를 축내 가난한 사람들의 세금을 더 무겁게 할 수야 없지 않겠습니까? 그건 천벌 받을 짓입니다."

'방탕한 삶의 끝이란 이런 거로군.' 플라토노프는 생각했다. '무기력한 나의 삶보다 상태가 나쁜걸.'

그렇게 두 사람이 이야기를 나누는 사이 치치코프와 함께 뒤따라 걷던 코스탄조글로는 매우 화를 내고 있었다.

"저기 좀 보십시오." 코스탄조글로가 손가락으로 농부를 가리키며 말했다. "농부들을 가난의 구렁텅이로 몰아넣었어요. 짐마차는커녕 말 한 마리 없습니다. 역병이 돌아 가축이 죽었다면 돈을 아껴선 안 됩니다. 당장 재산을 팔아 농부들에게 가축을 나눠줘야만 해요. 농부들이 단 하루라도 놀게 해선 안 됩니다. 그게 버릇이 되면 몇 년이 걸려도 못 고칩니다. 일 년만 놀게 해보십시오. 게으름뱅이에 주정뱅이가 되어서 아마 평생 못 고칠 겁니다. 아니, 이게 뭐야. 저쪽을 한번 보십시오!"

코스탄조글로가 농가 저편에 나타난 목초지를 가리키며 말했다.

"이곳은 눈이 녹으면 비옥해지는 땅입니다. 저라면 아마(亞麻)를 심어서

5천 루블을 벌어들일 겁니다. 거기다 순무를 심는다면 4천 루블을 더 벌겠지요. 저기를 좀 보십시오, 구릉을 따라 호밀이 났지요? 전부 야생 호밀입니다. 그는 절대 씨를 뿌리지 않기 때문이지요. 그리고 저기 골짜기가 있지요? 저라면 저곳에 숲을 가꿔서 까마귀들이 날아들지 못하게 할 겁니다. 이런 금싸라기 같은 땅을 이렇게 내버려두다니! 가래질할 농기구가 없다면 호미로 땅을 파헤쳐서 채소밭이라도 만들었어야 했습니다! 그러면 얼마간 수입이 들어왔겠지요. 자신이 앞장서서 호미를 들고 아내와 자식들, 하인들까지도 함께 죽어라 일했어야 했습니다. 돼지처럼 밥만 축낼 게 아니라 자신의 의무를 다하다 죽었어야 했어요!" 코스탄조글로가 침을 퉤 뱉었다. 화가 난 그의 얼굴은 온통 어두운 그늘로 뒤덮여 있었다.

그들은 반짝이는 강줄기가 내려다보이는 절벽에 도착했다. 저 멀리 펼쳐진 숲 너머로 베트리시체프 장군의 집 일부가 들여다보였고, 그 너머로 고수머리가 난 것처럼 숲으로 뒤덮인 산이 푸른 안개에 뒤덮여 있었다. 치치코프는 저곳이 텐테트니코프의 영지가 틀림없다고 생각했다. "여기에 숲을 가꾸면 경관이 한층 더 아름다워지겠어……."

"당신은 좋은 경관에 신경을 많이 씁니까?" 코스탄조글로가 치치코프를 날카롭게 쏘아보며 말했다. "조심하십시오. 아름다움에 휘둘렸다간 빵과 경치 둘 다 놓치게 됩니다. 아름다움보다는 실리를 추구하십시오. 그러면 아름다움은 절로 따라옵니다. 도시를 예로 들어보지요. 사람들의 취향과 필요에 따라 세워진 도시만큼 훌륭하고 아름다운 건 없습니다. 규정에 따라 세워진 도시는 그저 볼품없는 막사가 쭉 늘어서 있을 뿐이지요……. 아름다움 따위는 내던지고 실리를 보도록 하세요!"

"네, 하지만 기다리는 건 언제나 힘들어요. 그럴 때마다 어서 내가 바라는 풍경이 펼쳐지기를 고통스럽게 갈망하곤 했지요."

"세상에, 당신이 스물 대여섯 먹은 청년인줄 아십니까? ……이래서 페테르부르크 출신은 안 된다는 겁니다. 인내하십시오! 6년만 꾹 참고 일하십시오. 한 순간도 쉬지 않고 모를 내고, 씨를 뿌리고, 땅을 일궈보십시오. 물론 힘들 겁니다. 하지만 멋지게 땅을 되살려낸다면 이번엔 땅이 당신을 도와줄 겁니다. 당신에게 70명의 농노가 있다면 보이지 않는 7백 명이 당신을 돕고 있을 겁니다. 모든 것이 열 배가 될 겁니다! 전 이제 손가락 하나 움직이지 않습니다, 모든 게 알아서 돌아가거든요. 그렇습니다, 자연은 인내를 사랑합니다. 이는 인내심 강한 자들을 위해 신께서 내린 법칙입니다."

"당신의 말씀을 듣고 있자니 힘이 솟는군요."

"저기 땅 갈아놓은 것 좀 보십시오!" 구릉을 가리키며 코스탄조글로는 한심하다는 듯이 소리를 질렀다. "더는 못 참겠군요. 이렇게 무질서하고 황폐해진 땅을 보고 있자니 제가 죽겠습니다. 이젠 저 없이도 그와 교섭하실 수 있겠지요? 저 머저리한테서 빨리 보물을 빼앗도록 하세요. 그는 신의 선물을 더럽히고 있을 뿐입니다."

그리고 코스탄조글로는 치치코프에게 작별인사를 하더니 흐로브예프에게 쫓아가 작별인사를 건네는 것이었다.

"아니 무슨 말씀이십니까, 콘스탄틴 표도로비치 씨!" 흐로브예프는 깜짝 놀라 소리를 질렀다. "이제 막 오셨는데, 벌써 가시다니요!"

"급한 볼일이 있어 더는 머무를 수가 없군요." 코스탄조글로는 작별인사를 하더니 황급히 자신의 마차를 타고 떠나가 버렸다.

흐로브예프는 그가 떠난 이유를 이해한 것 같았다.

"견딜 수가 없으셨겠지요." 흐로브예프가 말했다. "그처럼 훌륭한 지주께서 이토록 피폐해진 영지를 둘러보는 게 즐거울 리가 있겠습니까. 파벨 이바노비치 씨, 하지만 어쩔 수가 없었습니다, 어쩔 도리가 없었어요……. 올해는 파종도 하지 못했습니다! 솔직하게 말씀드리지요, 뿌릴 씨앗조차 없었습니다. 그러니 땅을 일구는 게 무슨 소용이 있겠습니까? 플라톤 미하일로비치 씨께 드리는 얘기지만 형님이 무척이나 훌륭한 지주라는 소문이 자자하더군요. 콘스탄틴 표도로비치 님은 또 어떻고요! 그분은 경영에 있어 나폴레옹 같은 분이시지요! 전 가끔 이런 생각을 한답니다. '왜 저토록 많은 지혜를 한 사람에게만 주신 걸까? 나의 어리석은 머리에 단 한 방울이라도 지혜를 주셨다면 좋으련만!' 아차차, 여러분 웅덩이에 빠지지 않도록 발밑을 조심하십시오. 봄부터 발판을 대어두라고 농부들에게 지시를 내렸건만 아직도 이 모양입니다……. 그들에게는 엄격하고 정의감 넘치는 사람이 필요합니다. 하지만 전 아무 짝에도 쓸모없는 인간이에요. 오, 파벨 이바노비치 씨, 부디 저 가엾은 이들을 잘 보살펴주십시오. 저도 그렇지만 우리 러시아인들은 뒤에서 지켜보는 사람이 없으면 멍청해지고 게으름을 피우게 되거든요."

"참 이상하군요." 플라토노프가 말했다. "어째서 러시아 사람들은 멍하니 게으름을 피우고, 농부들은 잠깐 눈만 때면 주정뱅이에 게으름뱅이가 되는 걸까요?"

"다 교육이 부족한 탓입니다." 치치코프가 한마디 했다.

"과연 그럴까요?" 호로브예프가 말했다. "보십시오, 대학까지 졸업한 저희에게 교육이 대체 무슨 도움이 되었습니까? 뭘 배웠지요? 바르게 살아가는 방법은커녕 온갖 도락과 쾌락에 빠져드는 법만 배웠습니다. 하나같이 자신을 해치고 돈을 낭비하는 법만 배운 것이지요. 이게 다 제가 생각 없이 배워서 그런 걸까요? 아닙니다, 제 친구들도 모두 마찬가지였습니다. 하기야 돈을 번 몇몇 친구가 있기도 했습니다만, 그건 아마 그들이 똑똑했기 때문이겠지요. 거짓말이 아닙니다! 저희는 거죽을 핥았을 뿐이지 진짜 교육을 받았던 게 아니었습니다. 그렇습니다, 파벨 이바노비치 씨, 저희는 결국 어떻게 살아야 하는지 몰랐던 겁니다. 저는 아무것도 몰랐던 겁니다. 때때로 전 우리 러시아인이 멸망할 족속이라는 생각이 듭니다. 러시아 사람들에게는 의지력도 없고 인내도 없어요. 그렇다보니 뭐든 하고 싶어 하면서도 아무것도 하지를 못한답니다. 사람들은 늘 생각해요. 내일부터는 새 삶을 시작하겠어, 내일부터는 식습관을 바꿔야지, 하지만 전혀 실천하지를 않아요. 오히려 그날 저녁에 배가 터지도록 먹어서 혀도 잘 돌아가지 않아 부엉이처럼 눈만 끔뻑이며 앉아 있어요! 하나같이 이 모양이랍니다."

"그렇습니다." 치치코프가 싱긋 웃으며 말했다. "어딜 가나 매한가지지요."

"저희는 태어났을 때부터 분별력을 잃었습니다. 우리 러시아에서 분별력이 있는 사람이 있었다고 한들 저는 믿지 않습니다. 가령 존경받을 만한 삶을 사는 부자를 두 눈으로 보더라도 믿지 않습니다. 그런 위인도 나이를 먹으면 악마의 유혹에 넘어가 깜짝할 사이에 재산을 탕진해버리고 마는 게 고작입니다. 교육을 받았던 안 받았던 상관없습니다. 너나 할 것 없이 이 모양입니다. 우리에겐 뭔가 부족한 것이 있어요. 그런데 그게 뭔지는 저도 모르겠군요. 아무튼 이걸로 보여드릴 건 다 보여드린 것 같군요. 물레방앗간이 남았긴 합니다만, 방아가 없어서 아무 짝에도 쓸모가 없답니다."

"그럼 가본들 무슨 소용이 있겠습니까?" 치치코프가 말했다.

"그러면 집으로 돌아가도록 하지요."

돌아가는 길가에도 부조리와 방탕함으로 추해진 광경이 그대로 드러나 있었다. 다른 점이 있다면 마을 한 가운데에 새로운 물웅덩이가 생겨났다는 것 정도였다. 모든 것이 볼썽사납게 내버려져 있었다. 누더기를 걸친 드세 보이는 아낙네가 가엾은 계집아이를 때리며 상스러운 욕을 퍼붓고 있었고, 그러한 광경을 두 농부가 무심하게 쳐다보고 있었다. 한 농부가 등을 벅벅 긁었고 다른 농부는 입을 크게 벌려 하품을 했다. 집들도 크게 지붕을 벌려 하품을 하고 있었다. 플라토노프도 하품을 했다. 하나같이 누더기였다. 어떤 집은 지붕이 없어 대문을 대신 얹었고 주인집 헛간에서 훔쳐온 대들보로 떨어진 창문을 받쳐놓고 있었다. 〈트리시카의 카프탄(러시아 우화작가 크릴로프의 작품)〉의 이야기처럼 벌어진 팔꿈치를 깁겠다고 소매나 치맛단을 자르는 격이었다.

주인의 집안으로 들어서자 최신 유행하는 호화로운 사치품들이 옹색한 살림살이 사이에 뒤죽박죽 섞여 있는 것을 보고 치치코프는 놀라지 않을 수 없었다. 잉크스탠드에는 셰익스피어 조각이 새겨져 있었고, 탁자에는 상아(象牙)를 깎아 만든 화사한 효자손이 뒹굴고 있었다.

호로브예프의 부인이 공들여 만든 최신 스타일의 드레스 차림으로 손님들을 맞이해주었다. 그녀는 도시나 연극 이야기만을 늘어놓아 남편 못지않게 시골생활에 넌더리가 났다는 걸 보여주었다. 혼자 남게 되면 아마 플라토노프보다 하품을 더 많이 할 것이다. 방안 가득히 귀여운 아이들이 들어섰다. 명랑한 아이들을 보고 있자니 자신도 명랑해지는 것만 같았지만 저 장난꾸러기들이 하나같이 화려하고 예쁜 옷을 입고 있어 어쩐지 서글픈 마음이 들었다. 홈스펀 속옷에 평범한 루바슈카를 입고 농부의 자식들과 함께 뛰어놀았다면 더 좋았을 것을! 어떤 수다쟁이 부인이 안주인을 찾아오자 여인들은 방으로 물러가고 아이들도 뒤따라 나가면서 방안에는 사내들만 남게 되었다. 치치코프가 슬그머니 농장 이야기를 끄집어냈다.

"그럼 주인장께서는 얼마를 바라십니까?" 치치코프가 말했다. "부디 주인장께서 생각하신 최하 가격을 불러주셨으면 합니다. 생각보다 영지 상태가 좋지 못하더군요."

"정말 최악이지요." 호로브예프가 말했다. "그게 전부가 아닙니다. 숨기지 않고 얘기하겠습니다. 호적에 오른 농노 백 명 중에 남아 있는 건 절반도 안 됩니다. 역병이 창궐하면서 죽었거나 멀리 달아나버렸답니다. 달아난 놈들은 죽은 걸로 치십시오. 그놈들까지 얻으려고 재판을 거셨다간 영지 전체가 압류되고 말 겁니다. 그러니 전부 다 해서 3만5천 루블만 받으려고 합니다."

"세상에 3만5천 루블이라고요! 이렇게 황폐한 땅과 죽은 농노를 3만5천 루블이란 말씀이십니까? 2만5천 루블만 받으십시오."

"파벨 이바노비치 씨, 이 땅을 담보로 내면 2만5천 루블을 빌릴 수 있습니다. 무슨 말인지 아시겠습니까? 저당을 잡히면 저는 2만5천 루블을 받고도 여전히 이 땅은 제 것이란 말입니다. 제가 이 땅을 팔려는 것은 단순히 돈이 필요하기 때문입니다. 땅을 담보로 내놓으려면 시일도 많이 걸리는데다 서기 놈들에게 쥐어줄 돈도 제겐 없기 때문입니다."

"어떻게 2만5천 루블에 안 되겠습니까?"

플라토노프는 치치코프의 염치없는 요구에 부끄러운 마음이 들었다. "파벨 이바노비치 씨, 그냥 사십시오. 이 땅은 그 만큼의 값어치가 있습니다. 돈이 부족해서 못 사시겠다면 저희 형제가 사도록 하겠습니다."

소스라치게 놀란 치치코프가 말했다. "좋습니다! 대신 잔금은 1년 뒤에 드리도록 하겠습니다."

"안 됩니다, 파벨 이바노비치 씨! 그건 절대 안 됩니다! 지금 당장 1만5천 루블을 주시고 나머지는 2주 안에 주셔야 합니다."

"하지만 어떻게 하지요? 지금 가진 돈이라곤 1만 루블뿐입니다." 거짓말이었다. 치치코프는 코스탄조글로한테서 빌린 돈까지 합쳐 2만 루블을 가지고 있었다.

"안 됩니다, 파벨 이바노비치 씨! 분명히 말씀드리는데 반드시 1만5천 루블이 있어야 합니다."

"제가 빌려드리지요." 플라토노프가 말했다.

"그렇게 해주신다면 저야 고맙지요!" 치치코프는 속으로 생각했다. '이거 잘 됐군. 그러면 당장 내일이라도 돈을 마련할 수 있겠어.'

즉시 마차에서 가방을 꺼내 1만 루블을 흐로브예프에게 건넸다. 남은 5천 루블은 다음날 지불하기로 약속되었다. 하지만 치치코프는 3천 루블만 가져올 심산이었다. 나머지는 최대한 시간을 끌다가 줄 속셈이었다. 치치코프는 자기 호주머니에서 돈이 빠져나가는 걸 유난히 싫어했다. 불가피하게 지불

해야 하는 돈도 오늘보다는 내일 주는 걸 더 좋아했다. 말하자면 치치코프도 우리와 똑같았다. 사람이란 누구나 돈을 받아내려는 사람이 졸졸 따라오게 만드는 걸 즐기는 법이다. 그렇게 돈이 받고 싶거든 현관에서 싹싹 빌라지 뭐! 안달이 나게 만드는 거야! 그렇게 한 시간, 한 시간 소중한 시간을 낭비하게 되겠지만 그게 나랑 무슨 상관인가? "이보시오, 내일 찾아오시겠소? 오늘은 경황이 없어서 말이오." 이러면 될 게 아닌가!

"이제 어디로 가실 생각입니까? 다른 농장이라도 있으신가요?" 플라토노프가 흐로브예프에게 물었다.

"도시에 작은 집이 있어 거기로 갈 생각입니다. 저보다는 제 아이들을 위해서이지요. 시골에선 아무리 돈을 들여도 음악과 무용 선생을 구할 수가 없더군요."

'빵 한 조각 없다는 위인이 아이들한테는 무용을 가르치려 하는군!' 치치코프가 생각했다.

'참 대단한 양반이군!' 플라토노프가 이렇게 생각했다.

"아무튼 계약이 성사되었으니 축하하는 뜻에서 뭐라도 들지 않겠습니까?" 흐로브예프가 말했다. "키루시카, 샴페인 한 병 가져와!"

'빵 한 조각 없다는 위인이 샴페인은 있다는 건가?' 치치코프가 생각했다.

플라토노프도 기가 막혀 어찌할 바를 몰랐다.

하지만 흐로브예프에게 샴페인은 필수품이었다. 어디에서도 크바스 한 병 외상으로 해주지 않았지만 최근 페테르부르크에서 가게를 연 프랑스인은 누구에게나 외상으로 술을 팔았다. 어쩔 도리가 있겠는가? 흐로브예프는 샴페인 한 병도 페테르부르크에 가서 사와야만 했다.

샴페인을 석 잔씩 들이켜자 모두 흥에 겨워졌다. 긴장이 풀렸는지 흐로브예프는 애교도 부리고 재미있는 이야기와 농담을 늘어놓았다. 그는 세상과 사람에 대한 깊은 조예를 드러냈다! 여러 사물을 실로 정확하게 바라보았고, 겨우 두서너 마디의 말로 이웃 지주들을 재치 있게 묘사했으며, 단점과 잘못까지도 콕 집어내 어떻게 그들이 몰락했는지 사소한 습관까지 들어가며 매우 우스꽝스럽게 설명했다. 흐로브예프의 이야기에 푹 빠져버린 두 사람은 기꺼이 그를 똑똑한 위인으로 인정하지 않을 수 없었다.

"정말 놀랍군요." 치치코프가 말했다. "그만한 지혜와 경험을 갖고 계시면서도 지금의 처지에서 벗어날 방도를 찾지 못하다니요?"

"방도야 있지요." 흐로브예프가 자신의 계획을 털어놓았다. 그러나 하나같이 말도 되지 않는 이상야릇한 것들로 이토록 지혜롭고 경험이 풍부한 사람의 얘기라고는 믿을 수가 없어 듣는 사람은 그저 어깨를 으쓱일 따름이다. '맙소사! 뛰어난 머리와 그 머리를 활용하는 재능이 이토록 다른 것이었다니!' 계획은 하나같이 20만 루블, 아니 적어도 10만 루블의 돈이 있어야만 가능한 것들뿐이었다. 그 돈만 있으면 모든 일이 잘 풀려 경영도 잘 되고 모든 실수도 만회하고 수입도 네 배가 되어 빚도 다 갚을 수 있다는 것이었다. "허나 어쩌겠습니까? 선뜻 20만, 아니 10만 루블이라도 빌려주겠다는 자선가가 나타나질 않으니 말입니다! 신께서 허락지 않으시는 거겠지요."

'그야 당연하지.' 치치코프가 속으로 생각했다. '하느님도 너 같은 바보한테 20만 루블은 주지 않아!'

"사실 제겐 3백만 루블의 재산을 가진 백모님이 계십니다." 흐로브예프가 말했다. "아주 독실한 기독교신자라 교회나 수도원에는 넘치도록 기부하면서 정작 친척은 돕지 않는 분이랍니다. 몹시 완고하긴 하지만 아주 멋진 분이시지요. 4백 마리가 넘는 카나리아와 불도그를 키우고 있고, 식객과 하인도 여럿 데리고 계시지요. 가장 젊은 하인이 육십인데 백모님은 그를 '이봐 젊은 양반!'이라고 부르신답니다. 만일 손님이 백모님의 비위에 거슬리는 행동이라도 했다간 식사자리에서 그 손님에게만 식사를 가져다주지 말라고 하인들에게 이른답니다. 제 백모님은 이런 위인이십니다."

플라토노프가 싱긋이 웃었다.

"성함이 어떻게 되십니까? 어디에 사시지요?" 치치코프가 물었다.

"알렉산드라 이바노프나 하나사로바라고 합니다. 시내에 살고 계시지요."

"그럼 왜 백모님께 부탁하지 않으셨습니까?" 플라토노프가 동정하듯이 말했다. "백모님이라면 당장 도와주셨을 것 같은데요?"

"당치도 않습니다, 아마 길가에 돌멩이 보듯 하셨을 걸요? 아주 고집불통이세요. 거기다 저와 백모님 사이를 갈라놓으려는 사람들까지 있답니다. 그중에서도 주지사가 되겠다고 난리치던 놈은 친척이라도 되는 것처럼 백모님 곁에 붙어 있답니다. 아마 성공했을 겁니다. 잘 해 먹으라지요! 전 지금도 마찬가지지만 남에게 굽실거리질 못하는 성미니까요."

'바보 멍텅구리로군! 나라면 그런 고모님을 갓난아이 돌보듯이 돌봐드릴 텐데!' 치치코프는 생각했다.

"얘길 좀 했더니 목이 마르군요." 흐로브예프가 말했다. "키루시카, 샴페인을 한 병 더 가져와라!"

"아닙니다, 더는 못 마십니다." 플라토노프가 말했다.

"저 역시 마찬가지입니다." 치치코프가 말했다.

"그렇습니까…… 그보다 오는 6월 8일에 지역 귀족들을 초대하는 작은 연회를 열 예정입니다만, 두 분께서도 참석해주시겠습니까?"

"하느님 맙소사!" 플라토노프가 소리쳤다. "이런 상황에서! 재산을 모두 탕진하고도 연회를 여시겠단 말입니까?"

"어쩔 수 없습니다. 그건 제가 갚아야 할 빚이에요." 흐로브예프가 말했다.

플라토노프는 눈이 휘둥그레졌다. 그는 아직 러시아의 수도나 여러 도시에 정말이지 수수께끼 같은 삶을 사는 괴짜들이 수도 없이 많다는 걸 모르고 있었다. 이를테면 빚더미에 앉아 있으면서도 연회를 열어 손님을 초대하려는 지금의 주인이 그런 부류이다. 초대받은 손님들은 이 연회를 끝으로 주인이 감옥으로 끌려갈 거라고 짐작하지만, 10년이 지나도 멀쩡히 남아 더 큰 빚더미에 앉아서는 여전히 연회를 연다. 그러면 손님들은 또 이 연회를 마지막으로 내일이면 주인이 감옥으로 끌려갈 거라고 믿는다.

흐로브예프가 이렇게 살아갈 수 있는 것도 오직 러시아이기에 가능할 것이다. 가진 건 아무것도 없으면서 그는 언제든지 문을 활짝 열고 손님들을 기꺼이 맞이했다. 찾아오는 예술가들에게 기꺼이 집을 숙소로 제공해주고 후원자 노릇까지도 해주었다. 시내에 있는 그의 집을 들여다본 이가 있었다면 누가 집주인인지 구분하지 못했을 것이다. 어느 날은 예복을 차려입은 신부님이 있는가 하면, 다음날에는 프랑스 배우들이 연습을 하고 있고, 어떤 때는 처음 보는 사람이 서류를 잔뜩 들고 찾아와서는 응접실을 자기 사무실로 꾸민 일도 있었다. 하지만 으레 있는 일이라는 듯이 아무도 이런 일에 신경 쓰는 사람이 없었다. 때로는 며칠 동안 집안에 빵 한 조각 없다가도 어떤 날에는 미식가들도 군침을 흘릴 만한 성대한 연회가 열려 부유한 귀족처럼 명랑하고 품위 있는 모습으로 연회석상에 모습을 드러내곤 했다. 그런 주인의 모습만 본다면 누구나 그가 풍족한 생활만 영위해왔을 거라고 생각할 것이다. 하지만 다른 사람이었다면 벌써 오래전에 목을 매달던지 권총으로 자살을 했을 만큼 어려웠던 시절도 있었다. 이러한 시기에 그를 구원해준 것은 종교였다. 어렵고 힘겨울 때면 어떤 불행도 이겨낼 수 있도록 정신을 단련해온 순교자와 고행자들의 전기(傳記)를 읽었다. 그럴 때마다 아주 포근한 기분에 잠길 수 있었다. 마음은 감동으로 넘쳤고, 눈에는 눈물이 글썽였다. 흐로브예프는 늘 기도를 올렸다. 그러면 이상하게도 뜻하지 않은 도움의 손길이 뻗어왔다. 오랜 친구가 얼마간의 돈을 보내온다던지, 어떤 귀부인이 그의 이야기를 듣고 동정심이 일어 많은 돈을 기탁한다던지, 자신은 전혀 몰랐던 소송에서 이겨 큰 이익을 보기도 했다. 그럴 때면 흐로브예프는 경건한 마음으로 하느님의 끝없는 자비에 감사의 기도를 올리고 다시 방탕한 삶을 보냈다.

"가엾어요, 참으로 딱한 사람입니다!" 마차를 타고 떠나면서 플라토노프가 치치코프에게 말했다.

"영락없는 탕자더군요!" 치치코프가 말했다. "그런 사람은 동정할 필요도 없습니다."

머지않아 두 사람은 흐로브예프에 대해 더 이상 생각하지 않았다. 평소처럼 다른 사람의 사정에 관심이 없었던 플라토노프는 멍하니 앞만 바라보았다. 괴로워하고 고민하는 사람을 보면 가엾다는 생각이 들긴 하지만 그건 그저 그 때뿐, 인생이 따분하기만 한 플라토노프는 금세 흐로브예프에 대해서는 잊어 버렸다. 치치코프도 마찬가지였다. 그의 머릿속은 온통 새로 사들인 농장으로 가득했다.

'인내와 노동이라, 어렵지 않아! 기저귀 찰 때부터 겪어온 일인걸. 하지만 지금의 내가 젊었을 때처럼 참고 이겨낼 수 있을까?' 치치코프는 어떻게 밭을 갈고, 쓸데없는 상념을 어떻게 처리하고, 아침 해가 뜨기 전에 어떻게 일을 끝마칠 것인지 생각하다 점차 발전하고 성장해가는 영지와 자신의 아이들을 지켜보는 게 얼마나 즐거울지 상상했다. '그래, 이게 진짜 삶이야. 코스탄조글로의 말이 맞아.' 그러자 치치코프의 얼굴마저 고상해진 것 같았다. 이렇듯 올바른 일을 떠올리면 사람은 고상해진다. 하지만 늘 그렇듯 사람은 옳지 못한 일도 떠올리는 법이다.

'잠깐만…… 이렇게 해도 되겠군! 제일 좋은 땅만 잘라서 팔고 남은 땅을 죽은 농노와 함께 담보로 내놓은 다음 코스탄조글로한테 빌린 돈도 갚지 않고 여길 뜨는 거야!' 이 무슨 얼토당토않은 생각이란 말인가! 하지만 이는 치치코프가 떠올린 것이 아니다. 저 생각이 치치코프의 머릿속으로 날아와 그를 부추기고, 웃음 짓고, 눈짓했다. 이 얼마나 비열한가! 이 얼마나 변덕스러운가! 대체 이런 뚱딴지같은 생각은 누가 한 것인가? 아무튼 이번 거래는 횡재나 다름없었다. 만족스러웠다. 정말로 지주가 된 것이다. 허깨비가 아닌 진짜 영지와 살아있는 농노를 거느린 명실상부한 지주가 된 것이다! 치치코프는 흥분하여 두 손을 비비고 창에 비친 자신에게 눈을 찡긋해 보이기도 했다.

"멈추게!" 플라토노프가 마부에게 소리를 질렀다. 그제야 정신을 차린 치치코프가 주변을 둘러보았고, 어느 틈에 자신이 아름다운 숲 속을 달리고 있다는 걸 깨달았다. 조금 전까지만 해도 탁 트인 들판이었는데, 어느 틈에 이렇게 아름다운 곳에 오게 되었는지 어리둥절할 뿐이었다. 왼쪽으로도 오른쪽으로도 결이 바른 자작나무들이 울타리처럼 늘어서 있었다. 하얗게 빛나는 자작나무와 사시나무의 줄기를 따라 파란 새순들이 돋아나 있었다. 숲속에선 앞다투어 꾀꼬리들이 노래를 지저귀고, 풀잎 사이로 노란 야생 튤립들이 보였다. 나무 사이로 하얀 벽돌 교회가 보이고 맞은편에는 무성한 숲 너머로 울타리가 보였다. 길 끝에서 지팡이를 들고 모자를 쓴 신사가 이쪽을 향해 걸어오고 있었다. 다리가 긴 영국 사냥개가 신사를 앞질러 이쪽을 향해 달려오고 있었다.

"저희 형님이십니다. 이봐, 마차를 세우게!" 그러더니 플라토노프가 마차에서 뛰어내렸다. 치치코프도 플라토노프를 따라 마차에서 내려 신사를 향해 걸어갔다. 개들은 벌써 서로의 얼굴을 핥아주며 인사를 주고받고 있었다. 다리가 긴 사냥개 아조르는 야르브 녀석의 콧등을 핥고, 플라토노프의 손을 핥더니 이번에는 치치코프에게 달려들어 그의 귀를 핥았다.

형제가 키스를 주고받았다.

"대체 어떻게 된 거야, 플라톤!" 신사가 다그쳐 물었다.

"아니 형, 대체 뭘 어쨌다는 거야?" 플라토노프가 무심하게 대답했다.

"어쨌다니! 사흘 동안 연락도 없이 코빼기도 비치지 않았잖아! 페트프의 마부 녀석이 네 말을 데려다주고는 이러더구나. '아우님께서는 어떤 나리와 함께 떠나셨습니다.' 하지만 정작 네가 어디로 갔고 무슨 일로 얼마 동안 있다 오겠다는 건지 한마디도 없더구나. 어떻게 그리 무심할 수 있지? 요 며칠 동안 얼마나 걱정했는지 아느냔 말이다!"

"하지만 깜빡한 걸 어쩌겠어?" 플라토노프가 말했다. "콘스탄틴 표도로비치 자형을 만나고 오는 길이야. 누나도 형한테 안부 전해달라고 하던걸. 파벨 이바노비치 씨, 소개해드리지요, 저희 형님이신 바실리 미하일로비치입니다. 형, 이쪽은 파벨 이바노비치 치치코프 씨야."

소개받은 두 사람은 악수를 나누고 키스를 했다.

'이 치치코프란 사내는 어떤 위인일까?' 바실리 미하일로비치는 속으로 생각했다. '플라톤 녀석이 사람을 가려 사귈 줄을 모르니 원.' 그는 예의에 어긋나지 않도록 조심스레 치치코프를 뜯어보았다. 얼핏 보기에 그는 무척이나 품위 있어보였다.

치치코프 역시 실례가 되지 않는 범위에서 바실리 미하일로비치를 자세히 살펴보았다. 플라토노프보다 작은 키에 짙은 머리카락, 거기에 빼어난 미남은 아니었지만 그의 얼굴에는 생기와 활력이 넘쳤고, 매우 선량해보였다. 하지만 치치코프는 그를 그다지 마음에 두지 않았다. 아무래도 그는 이상(理想)에 집착하는 위인은 아닌 듯했기 때문이었다.

"형, 내가 이제 뭘 하려는지 알아?" 플라토노프가 말했다. "여기 계신 파벨 이바노비치 씨와 함께 러시아를 여행할 거야. 그러면 내 우울증도 사라질지 몰라."

"왜 그렇게 갑작스레 결정을 한 거야!" 적잖이 당황한 바실리 미하일로비치가 소리를 질렀다. 하마터면 "처음 보는 사람과 여행을 하기로 했다니! 저놈이 악당이면 어쩌려고 그러느냐!" 이런 말까지 튀어나올 뻔 했다. 그리고는 자못 수상쩍다는 눈초리로 치치코프를 훑어봤지만 부드러운 미소와 갸웃이 기울인 머리, 단정한 자세를 보고 있자니 예의바른 사람이라고 인정하지 않을 수가 없었다.

세 사람은 오른쪽 길로 들어 집으로 들어섰다. 정원은 고풍스러웠고 집은 높은 지붕 아래 처마가 달려있는 옛날식이었다. 정원 가운데에는 커다란 보리수(菩提樹) 두 그루가 정원의 반을 그늘로 덮고 있었다. 나무 아래에는 여기저기 나무 벤치가 놓여 있었다. 정원은 한창 만발한 라일락과 벚꽃으로 가득했다. 정원을 울타리처럼 둘러싼 꽃이 마치 화환이나 목걸이 같아 보였다. 바실리 플라토노프는 치치코프에게 벤치에 앉기를 권했고 치치코프는 나무 벤치 위에 앉았다. 뒤따라 동생도 앉았다.

열일곱 정도 되어 보이는 연보랏빛 무명 셔츠를 입은 소년이 여러 종류의 크바스가 담긴 술병들을 들고 왔다. 어떤 것은 버터처럼 진했고 어떤 것은 레모네이드처럼 탄산 거품이 부글거렸다. 소년은 술병을 내려놓더니 나무에 기대놓은 삽을 들고 정원 쪽으로 사라져버렸다. 플라토노프 형제의 하인들은 모두 정원에서 일했다. 아니 정확하게 말하자면 모두가 하인이 아닌 정원사로, 정원사들이 하인 노릇을 하고 있었던 것이다. 바실리 미하일리비치는 하인이라는 신분은 존재하지 않는다는 신조를 갖고 있었다. 누구나 일을 할 수 있는데 구태여 사람을 고용할 필요가 뭐가 있냐는 것이었다. 또 그가 말하길 러시아 사람은 루바슈카나 외투를 걸친 동안에는 성실하고 바지런하지만, 독일식 프록코트를 걸치기라고 했다간 쓸모없고 빈둥대는 게으름뱅이가 되어서는 속옷도 갈아입지 않고 목욕도 하지 않고 코트를 입고 잠자는 버릇까지 생겨 온몸에 벼룩과 빈대가 들끓게 된다고 했다. 그건 그의 말이 옳은 듯했다. 마을 농부들은 하나같이 깨끗한 루바슈카나 외투를 걸치고 있었고, 아낙네들은 금색 자수가 새겨진 두건과 소매에 터키 숄이 늘어진 셔츠를 입고 있었다.

"한 잔 하시겠습니까?" 바실리가 술병을 가리키며 말했다. "직접 빚은 크바스입니다. 저희 집 명물이지요."

치치코프는 맨 앞에 놓인 술병을 들어 한 잔 따랐다. 샴페인처럼 부글거리는 것이 폴란드에 있을 무렵 즐겨마시던 청량음료와 비슷한 맛이었다. 탄산가스가 기분 좋은 트림이 되어 튀어나왔다.

"정말 달고 맛있군요!" 치치코프가 말했다. "존경하는 콘스탄틴 표도로비치 씨의 집에서 최고의 와인을 마셨다면, 여기선 최고의 크바스를 마시는군요!"

"어떻게 보면 그 와인도 저희 집에서 만든 겁니다. 시집 간 제 여동생이 만든 것이니까요. 어머니가 소러시아 폴타바 출신이십니다. 요새는 하나같이 자급자족이라는 말을 잊어버린 것 같더군요. 그런데 어느 쪽으로, 어느 지방을 여행하실 겁니까?" 바실리 미하일로비치가 물었다.

"지금은 저 자신의 일보다⋯⋯." 치치코프는 가볍게 몸을 추스르더니 무릎을 쓰다듬으며 얘기를 계속했다. "다른 분의 부탁으로 여행하고 있습니다. 가까운 벗이자 은인이신 베트리시체프 장군의 부탁으로 장군님의 친척들을 찾아뵙는 중이지요. 물론 부탁도 부탁이지만 한편으로는 저 스스로를 위해서이기도 합니다. 이런 여행은 치질 치료에도 도움이 될 것이고, 세상이 돌아가는 모습과 사람들의 삶을 구경하는 것이야말로 살아있는 책, 다시 말해 제2의 학문이라고 할 수 있기 때문이지요."

바실리 미하일로비치는 생각에 잠겼다. '좀 과장하기는 했지만 일리가 있어. 동생 녀석은 세상이 어떻고, 사람들은 또 어떻고, 삶이 어떠한 것인지 전혀 모르고 있어.' 그리고 잠시 침묵을 지키더니 플라토노프에게 말했다. "플라톤, 이 분의 말씀대로 여행이 너에게 좋은 자극이 될 거다. 너의 괴로움은 모두 너의 넋이 잠들어 있기 때문이야. 너의 넋이 잠든 건 배가 불러서도 피곤해서도 아니야, 생생한 인상과 감각이 부족하기 때문이지. 너는 나와 정반대로구나. 나로 말하자면, 이제는 제발 좀 내 신경을 자극하거나 마음을 심란케 하는 일이 생기지 않았으면 하니까."

"그건 형이 뭐든지 심각하게 생각하려고만 해서 그런 거야. 형은 근심을 사서 하고 있어." 플라토노프가 말했다.

"걸핏하면 불쾌한 일이 생기니 난들 어쩌겠느냐? 네가 집을 비운 사이 레니친 녀석이 나를 함정에 빠뜨렸단다. 그놈이 '붉은 언덕' 부근의 우리 들판을 가로챘어."

"뭘 몰라서 그랬을 거야. 만나서 설명을 해줘야 해!" 플라토노프가 말했다.

"아니, 그는 알고 있어. 하나도 빠짐없이 다 알고 있어. 내가 사람을 보내서 사정을 설명했건만 그는 무례한 대답을 늘어놓더구나."

"아니 형이 직접 찾아가서 설명했었어야지."

"아니, 그럴 수는 없어. 난 그 거들먹거리는 놈을 만나고 싶지 않아. 만나고 싶거든 네가 찾아가렴."

"가고 싶은 마음이야 굴뚝같지만 내가 간들 무슨 소용이 있겠어? 나 같은 건 그놈에게 홀랑 속아 넘어가 버릴걸?"

"괜찮다면 제가 찾아가도 되겠습니까?" 치치코프가 말했다.

바실리는 그를 힐끔 바라다보고는 이렇게 생각했다. '어지간히 나서기를

좋아하는 위인이로군!'

"그는 누구고 또 뭐가 말썽인지 간략하게 설명을 부탁드리겠습니다." 치치코프가 말했다.

"이런 불쾌한 일을 맡기게 되어 참으로 부끄럽군요. 그는 어느 소지주 집안 출신으로 관리가 되어 관청에서 근무하다 어떤 고관(高官)의 사생아와 결혼하여 귀족사회에 발을 들여놓게 된 위인입니다. 아주 거들먹거리는 놈이지요. 하지만 여기도 바보만 살고 있는 건 아닙니다. 저희에게 유행은 법률도 아니고, 페테르부르크가 신성한 장소인 것도 아니에요."

"그야 물론이지요. 그런데 뭐가 말썽이 된 겁니까?"

"어처구니없는 일이지요. 새로운 땅이 필요했던 그가 저희 들판을 빼앗아 간 겁니다. 그 땅이 황무지에다 누구의 소유인지 알고 저지른 짓입니다. 저희 마을은 예로부터 그곳에서 마을 잔치를 벌여왔지요. 저희에게 전통은 매우 소중한 만큼 그에게 다른 땅을 줄려고까지 했었습니다."

"그에게 땅을 거저 줄 생각이셨습니까?"

"물론입니다. 그놈이 이 문제를 법정까지 끌고 가지만 않았다면 말입니다. 하지만 상관없습니다. 누가 이기나 두고 보라지요. 확실하지는 않지만 그 땅이 누구의 것인지 기억하는 늙은이들이 아직 살아 있을 겁니다!"

'흠, 둘 다 다루기 힘든 위인이로군!' 그러나 치치코프는 큰 소리로 이렇게 말했다. "제가 보기에 이번 일은 평화롭게 해결될 수 있을 것 같군요. 모든 건 중재인이 하기 나름이니까요. 편지로……

(두 장 정도의 원고가 빠져 있다. 형제의 부탁으로 치치코프가 레니친이라는 사내를 만나러 가는 장면으로 그는 앞서 나온 흐로브예프의 고모에게 빌붙어 지사가 되려고 하는 위인이다. 치치코프는 레니친을 부추겨 노부인의 유언장을 위조하게 한다. ─옮긴이주)

……주인장의 호적에 올라간 죽은 농노들을 저한테 넘겨주시면 주인장한테도 이득이지 않겠습니까? 그러면 그들의 세금은 제가 부담하게 될 테니까요. 혹 문제가 될 것을 대비해서 죽은 농노들이 살아있는 것처럼 꾸며 서류를 만들면 되는 겁니다."

'이거 참! 아무래도 수상한데 그래.' 레니친은 의자에 앉은 채로 뒤로 물러앉았다. "하지만 말입니다, 저…… 그러니까……."

"이런 제 부탁을 기꺼이 들어주시리라 저는 의심치 않습니다. 이는 주인 장께서 말씀하신 그 훌륭한 직함을 가진 분들 사이에서 거래된 일이며, 또 믿을 만한 사람들이 조용히 처리한 일이기에 누구에게도 피해가 가지 않을 것이기 때문입니다."

어쩌면 좋단 말인가? 한순간 내뱉은 말 때문에 이런 꼴이 될 줄은 상상도 하지 못했다. 이런 거래를 했다간 누군가가 손해를 볼 거란 것은 불 보듯 뻔했다. 지주들은 살아있는 농노와 함께 죽은 농노까지 담보로 내놓을 것이고 이는 국가적 손실로 이어질 것이다. 다만 다른 점이 있다면 몇몇 사람의 소유를 한 사람이 전부 갖게 된다는 점일 것이다. 그럼에도 불구하고 레니친의 마음은 편치 못했다. 그는 지금까지 뇌물을 받아 부당한 일에 손을 댄 적이 단 한번도 없을 만큼, 법을 준수하고 분별력 있는 사업가였다. 그러나 이번에는 이러한 행동이 옳은지 나쁜지 판단을 내릴 수가 없었다. 만일 다른 사람이 이런 제의를 했다면 "헛소리 집어치우게! 난 그런 말도 안 되는 일에 손대고 싶지 않네"라고 말했을 것이다. 그 만큼 치치코프가 레니친에게 좋은 인상을 준 것이 사실이었다. 그토록 열심히 과학의 진보와 교화에 대해 열띤 토론을 나눈 사이인데 어떻게 손님의 부탁을 거절할 수 있겠는가? 레니친은 자신이 난처한 처지에 놓였다는 것을 깨달았다.

그러나 마치 노리기라도 한 것처럼 레니친의 젊은 아내가 나타났다. 여윈 몸매에 키가 작고 얼굴이 창백했지만 옷차림은 매우 화려했고 '우아하고 예절 바른' 사람이라면 사족을 못 썼다. 그녀를 따라 얼마 전 태어난 부부의 사랑의 결실인 갓난아이가 유모에 안겨 들어왔다. 치치코프는 곧장 부인에게 달려가 정중히 고개를 기울이고 깍듯이 인사를 건네 부인의 호감을 샀다. 아이는 금방이라도 울음을 터뜨릴 것 같았다. "옳지, 옳지, 아이쿠 귀엽기도 해라!" 치치코프는 아이를 어르며 소리 나게 손가락을 튕기거나 시계에 달린 붉은 인장을 흔들고 아이를 품에 안아 천장에 닿을 듯 높이 들어올렸다. 아이의 얼굴에는 즐거운 미소와 웃음이 흘러넘쳤고, 부모들도 기뻐했다. 하지만 기분이 좋아서 그런 것인지 아니면 다른 원인이 있었는지 아이가 실례를 저질렀다.

"어머나, 이를 어째!" 레니친 부인이 소리를 질렀다. "손님의 코트를 더럽히고 말았네요!"

치치코프가 확인해보자 자신의 새 프록코트의 소매가 완전히 더러워져 있었다. '이 망할 놈의 자식! 염병에나 걸려라!' 화가 치민 치치코프는 속으로 이렇게 중얼거렸다.

주인과 안주인, 유모가 모두 오드콜로뉴를 가지러 뛰어갔고, 연신 그의 코트를 닦아내며 소란을 떨었다.

"아닙니다, 괜찮습니다. 이 정도야 아무것도 아닙니다." 치치코프는 최대한 밝은 표정을 지으려 애쓰며 "갓난아기란 원래 이런 법이지요" 하고 말했지만 속으로는 '하필이면 내 코트에 실례를 할 게 뭐람! 망할, 늑대한테나 잡아먹혀라!' 이런 생각을 하고 있었다.

"갓난아이 때가 제일 좋은 시절이지요!" 깨끗하게 닦아내고 다시 명랑한 웃음을 되찾은 치치코프가 이렇게 말했다.

"맞네." 레니친이 명랑한 미소를 띠우며 치치코프에게 말했다. "갓난아이 때보다 더 좋은 시절이 어디 있겠나? 아무런 근심도 없고 장래에 대한 걱정도 없지."

"갓난아이 때로 돌아갈 수 있다면 누구나 돌아가려고 할 겁니다." 치치코프가 말했다.

"그래, 두 번 생각할 것도 없지."

그러나 나는 이 두 사람이 말이 거짓이라고 생각한다. 가령 두 사람이 갓난아기로 돌아갈 기회가 주어진다면 바로 생각을 바꿔먹을 것이다. 유모의 품에 안겨 남의 코트에 실례를 저지르는 게 얼마나 우스운지 잘 알기 때문이다.

부인은 옷을 갈아입히기 위해 아기를 안고 안으로 들어갔다. 유모도 그 뒤를 따랐다. 이 사소한 사건은 상황을 치치코프에게 유리하게 이끌었다. 이토록 자신의 아이를 귀여워해주고, 코트에 실례까지 했건만 싫은 내색도 하지 않는 손님의 부탁을 어떻게 거절할 수 있겠는가! 일이 잘못되는 것보다 소문이 도는 게 더 두려웠던 두 사람은 몰래 일을 결정짓기로 했다.

"그럼 각하의 호의를 기꺼이 받아들이도록 하겠습니다. 사실 저는 각하와 플라토노프 형제의 중재자가 되고 싶습니다. 각하께선 땅이 필요하다고 하셨지요?"

(여기서 상당한 양의 원고가 빠져 있다—옮긴이주)

마지막 장 (몇 번째 장인지 확실치 않기에 러시아판에
맞춰 마지막 장으로 표기한다—옮긴이주)

치치코프는 금빛 자수가 놓인 페르시아 산(産) 가운을 걸치고 소파에 앉아 독일 억양의 유대인 밀수업자와 거래를 하고 있었다. 루바슈카 옷감으로 쓰이는 아주 훌륭한 네덜란드 산(産) 리넨과 최고급 비누가 든 종이상자 두 개가 그들 앞에 놓여 있었다. 이 비누는 치치코프가 세관으로 근무하던 무렵에 늘 간직하고 다녔던 얼굴에 화색이 돌게 하고 두 뺨을 하얗게 만들어주는 그 비누였다. 이렇게 치치코프가 교양 있는 사람의 필수품을 사들이고 있을 무렵, 벽과 창문이 흔들거리며 덜그럭덜그럭 이쪽을 향해 달려오는 마차소리가 들리더니 알렉세이 이바노비치 레니친이 방으로 들어왔다.

"마침 잘 오셨습니다. 각하께서 판단해주시겠습니까? 어제 제가 이걸 샀는데 어떻게 생각하십니까?" 그러더니 치치코프는 금실로 자수를 놓고 비즈를 단 모자를 머리에 썼는데, 엄숙하고 무게가 느껴지는 것이 페르시아의 왕처럼 보였다. 하지만 레니친은 치치코프의 물음에 대답도 않고 이렇게 말했다.

"좀 중요한 이야기를 해야겠소."

그의 얼굴에는 근심이 깃들어 있었다. 독일 억양의 유대인 장사꾼이 밖으로 나가고 방에는 두 사람만이 남았다.

"큰일이야, 노부인께서 10년 전에 써둔 다른 유서가 발견되었네. 재산의 반을 수도원에 기부하고 나머지 반을 자신의 시중을 들었던 두 하인에게 똑같이 나눠주라는 내용이더군. 하나도 남김없이 말이네!"

치치코프는 깜짝 놀랐다.

"하지만 그 유서는 무효입니다. 두 번째로 쓴 유서 때문에 그 유서는 어떤 효력도 발휘하지 못할 겁니다."

"하지만 두 번째 유서에는 첫 번째 유서를 무효로 한다는 말은 없었네."

"그야 당연하지요. 두 번째 유서 자체가 첫 번째 유서를 무효로 만드는 것이니까요. 그건 말도 안 되는 소리입니다. 첫 번째 유서에 증인은 있습니까? 두 번째 유서를 쓸 때 노부인 곁에는 제가 있었습니다."

"법원에서 정식으로 작성된 것이네. 하바노프 판사와 버밀로프 판사가 증인이지."

'이거 좋지 않군. 하바노프는 뭐든 절제해야한다고 지껄이는 늙은이고, 버밀로프는 교회에서 성경이나 읽으며 점잔 떠는 위선자야!' 속으로 생각하던 치치코프가 갑자기 크게 외쳤다. "말도 안 됩니다, 말도 안 되는 소리입니다! 저는 병든 노부인의 임종을 지켜봤습니다! 이 문제에 대해서는 그 누구보다도 제가 제일 잘 알고 있어요. 하느님 앞에 맹세할 수도 있습니다!"

확신에 가득한 치치코프의 외침에 레니친은 안도의 한숨을 내쉬었다. 사실 어떤 일이 벌어진 건지 레니친 역시 전혀 짐작하지 못했었다. 치치코프가 농간을 부린 건 아닐까 의심도 했지만 이제는 그런 자신을 나무랐다. 하느님 앞에 맹세할 수도 있다는 그의 말이 뚜렷한 증거처럼 여겨졌던 것이다. 하지만 치치코프가 그런 거짓 맹세를 아무렇지 않게 늘어놓을 만큼 뻔뻔스런 위인이라는 것을 레니친은 알지 못했다.

"걱정하지 마시고 마음 푹 놓으십시오. 제가 변호사를 만나보고 오겠습니다. 각하께서 나서실 것까지도 없습니다. 그저 지켜만 보고 계십시오. 일이 잘 해결될 때까지 저는 시내에 머무르도록 하겠습니다."

치치코프는 즉시 마차를 대령시켜 변호사를 찾아갔다. 치치코프가 찾아간 변호사는 비범한 위인이었다. 지난 15년 동안 변호사 일을 하면서 그는 아무도 자신을 해코지하지 할 수 없을 만큼 확고한 기반을 다졌던 것이다. 악당들을 도운 탓에 유배될 위기에 처했지만, 여섯 번에 걸친 멋진 변론으로 무마시켰다는 얘기는 모르는 사람이 없을 정도였다. 그를 의심하더라도 그를 몰아세울 자료나 증거를 찾아낸다는 건 불가능했다. 그에게는 뭔가 신비한 힘이 있는 것이 분명했다. 만일 이 이야기의 무대가 암흑시대였다면 우리는 그를 마법사라고 불렀을 것이다.

기름때 찌든 가운을 걸친 변호사가 무표정한 얼굴로 치치코프를 맞이했다. 집안에 놓인 마호가니 가구며, 금으로 만든 괘종시계, 모슬린 덮개를 씌운 샹들리에와 같은 계몽된 서구문명의 모습과 강한 대조를 이루는 모습이 매우 인상적이었다.

수상쩍어하는 변호사의 태도에도 굴하지 않고 치치코프는 자신이 얽힌 이 사건의 어려운 점을 차근차근 설명하고 친절한 조언을 해준다면 충분한 사례를 하겠노라는 식으로 그럴듯하게 이야기를 늘어놓았다. 하지만 변호사는 이 세상에 진실된 말이란 없다고 지적하더니 손에 잡힌 새 한 마리가 숲에서 노는 새 두 마리보다 낫다는 의미심장한 말을 하는 것이었다. 그리하여 치치코프가 변호사의 손에 새 한 마리를 쥐어주자 이야기가 달라졌다. 변호사의 쌀쌀맞은 태도가 감쪽같이 사라진 것이다. 변호사는 가장 친절하고 묻는 말에 즐겁게 대답해주는 재치 있고 유쾌한 의논 상대로 탈바꿈한 것이었다.

"길게 이런저런 얘기를 늘어놓는 것보다 짧은 충고를 하나 해드리지요. 선생께서는 그 유서를 자세히 검토해보지 않았을 겁니다. 아마 유서에 도움이 될 만한 짧은 구절이 있을 지도 모릅니다. 잠시 유서를 집으로 가져가 살펴보시는 건 어떻겠습니까? 하기야 그런 서류를 개인이 간직한다는 것 자체가 법에 저촉되기는 합니다만, 담당 사무관에게 적당한 방법으로 부탁을 한다든지, 제가 도와드리면 충분히 가능할 것입니다."

'무슨 소리인지 짐작이 가는군.' 그러나 치치코프는 자신이 유서를 위조하지 않았다는 듯이 대답했다. "유서에 그런 구절이 있었는지 기억나질 않는군요."

"아무튼 그게 최선의 방법입니다." 변호사는 친절하게 이야기해주었다. "마음을 차분하게 가라앉히고 어떤 일이 생겨도 쓰러지지 말고, 당황하지 말고, 포기하지 마십시오. 해결할 수 없는 문제란 없습니다. 저를 보십시오. 늘 평온하지 않습니까. 아무리 저를 비난하더라도 이러한 제 마음을 흔들어 놓지 못할 것입니다."

확실히 변호사의 얼굴은 비범하다 싶을 만큼 평온해 보였다.

"물론 그렇긴 합니다." 치치코프가 말했다. "그러나 세상에는 그렇지 못한 경우도 있는 법입니다. 적들의 그릇된 비난에 이처럼 어려운 처지에 놓이게 되면 그런 평온 따위는 산산조각이 나고 마는 법입니다."

"제 말을 믿으십시오. 그건 마음이 약해졌기 때문입니다." 이 철학적인 변호사는 아주 침착하고 또 친절하게 대답했다. "모든 진술이 서류상의 증거와 이어지도록 하고 절대 말꼬리를 잡히지 마십시오. 이제 결말에 가까워졌다고 생각되시거든 스스로를 보호하고 정당화하려고 하기보다는 아무도 모르는 사실을 진술해서 사건을 미궁으로 몰아넣으면 됩니다. 그러면 문제는 쉽게 해결됩니다."

"무슨 말씀인지 납득이 가질 않습니다만?"

"말하자면 사건을 더 복잡하게 만들라는 겁니다." 약삭빠른 변호사가 대답했다. "사건과는 전혀 관계없는 일들을 끄집어내서 다른 사람들을 끌어들이는 것이지요. 이렇게 복잡하게 만들면 자연스레 다른 관리가 파견될 것이고, 그 관리가 사건을 마무리 짓도록 만들면 됩니다. 아시겠습니까? 그 관리가 사건을 마무리 짓도록 해야 한다는 겁니다!" 변호사는 매우 즐거운 표정으로 치치코프의 얼굴을 들여다보며 이렇게 말했다. 마치 선생이 러시아 문법을 배우는 교묘한 방법을 학생에게 알려줄 때와 같았다.

"다시 말해 사람들의 눈을 멀게 만들면 된다는 거로군요." 치치코프 역시 선생님이 설명해주는 교묘한 방법을 이해한 학생처럼 변호사의 얼굴을 바라보며 말했다.

"그렇습니다, 그러면 사건은 뒤집힙니다! 제 말을 믿으십시오. 머리만 잘 쓰면 어떤 역경도 이겨낼 수 있습니다. 가장 먼저 기억할 것은 선생도 도움을 받을 수 있다는 겁니다. 사건이 복잡하게 얽힐수록 그게 행운이 됩니다. 그때마다 더 많은 관리가 오게 되고, 그 때문에 더 많은 돈이 들게 되지요. 다시 말해, 우리는 이 사건에 될 수 있는 대로 많은 사람을 끌어들여야 한다는 겁니다. 아무것도 아닌 일로 몇 사람을 끌어들이더라도 해로울 건 없습니다. 그들도 자기 몸 정도는 충분히 지킬 수 있을 테니까요. 그들이 써낸 진술서와 보석금이 저희에게는 더할 나위 없는 좋은 미끼가 되어줄 것입니다. 제 말을 믿으십시오. 당신이 사건을 복잡하게 만들수록 사람들은 갈피를 잡지 못하고 당황하게 됩니다. 제가 왜 침착한지 아십니까? 전 사태가 불리해지면 물귀신처럼 다른 사람들을 끌어들이기 때문입니다. 주지사도, 부지사도, 경찰서장이며 서기까지 모두 끌어들입니다. 저는 그들 사이가 어떤지 모조리 알고 있습니다. 누가 누구와 사이가 좋지 못하며, 누구는 누구를 골탕먹이려 하는지 다 알고 있습니다. 그렇게 그들이 알아서 빠져나오게끔 내버려두면 저희는 유용한 시간적 여유를 갖게 되는 것이지요. 아시겠습니까? 당신은 흙탕물 속에서 가재만 잡아내면 되는 겁니다.

현명한 변호사는 마치 러시아 문법을 익히는 쉬운 방법을 설명해준 교사처럼 만족스런 표정으로 치치코프의 두 눈을 바라보았다.

'이 사람이야말로 진짜 현명한 사내야!' 완전히 안심을 한 치치코프는 든든한 마음으로 변호사 사무실을 나와 마차의 폭신폭신한 방석에 털썩 주저앉았다. 그리고 세리판에게 마차의 포장을 뒤로 젖히라고 일렀다(치치코프는 변호사를 찾아갈 때 포장은 물론이고 그 위에 가죽덮개까지 씌우게 했다). 그리고는 퇴역한 대령이라도 되는 것처럼 턱을 괴고 앉아서는 다리를 꼬고 새로 산 실크해트를 귀 아래까지 덮고는 싱글벙글 웃으며 지나가는 사람들을 바라보았다. 마차는 시장을 향해 달려갔다. 장사꾼들은 가게 앞에 서서 공손히 모자를 벗고 인사를 했고, 치치코프도 적잖이 위엄 있는 태도로 모자를 벗어 답례를 했다. 대부분이 치치코프와 안면이 있는 장사꾼들이었다. 다른 사람들은 모두 치치코프를 처음 봤지만 멋지게 처신하는 신사의 세련된 몸가짐에 매혹되어 마치 안면이 있는 것처럼 인사를 했던 것이다. 이곳에선 쉴 틈 없이 시장이 들어섰다. 마시장이 끝나면 농산물 시장이 섰고, 농산물 시장이 끝나면 곧바로 세련된 취미를 가진 귀족나리를 위한 피륙시장이 들어서서 바퀴 달린 마차를 타고 왔던 장사꾼들이 썰매를 타고 돌아가야 할 정도로 이곳에 머무르곤 했다.

"자, 오세요, 오세요!" 모스크바에서 재단한 독일식 프록코트를 걸친 가게 주인이 깨끗이 면도한 얼굴에 온통 웃음을 띠우고는 쭉 뻗은 한쪽 손에 모자를 들고 가게 앞을 이리저리 오가며 손님들을 불러들이고 있었다.

치치코프가 가게로 들어갔다.

"이보게 주인장, 옷감 좀 보여주게."

싹싹한 가게주인은 잽싸게 덮어놓은 나무판자를 추켜올려 카운터 안으로 들어가더니 치치코프를 마주보고 모자를 벗어 정중히 머리 숙여 인사를 했다. 다시 모자를 쓴 가게 주인이 두 손을 카운터에 짚고 몸을 앞으로 내밀며 이렇게 말했다.

"어떤 물건을 찾으십니까?"

"반짝반짝 광택이 나면서 진홍빛에 가까운 올리브나 짙은 녹색 옷감 있나?" 치치코프가 말했다.

"최상품이 있습지요. 수도 어디를 가더라도 찾아볼 수 없으실 겁니다." 가게 주인이 일하던 종업원에게 소리를 질렀다. "이봐, 거기 34번 옷감을 이리 던지게! 아니, 그거 말고! 넌 왜 항상 시골뜨기마냥 그 꼴이야! 그래, 그걸 이리로 던져! 자, 옷감 여기 있습니다." 가게 주인은 옷감의 한쪽 끝을 잡고 등불 앞에 펼쳐보였다. 옷감은 마치 비단처럼 윤기가 반드르르했다. 치치코프는 옷감을 만져보고 코를 대고 냄새까지 맡았다.

"훌륭하군. 하지만 내가 찾는 물건은 아닐세." 치치코프가 말했다. "난 세관으로 일했던 적이 있어. 이 정도 물건으론 내 눈을 만족시킬 수 없네. 더 광택이 나고 더 붉은 녀석으로 부탁하네."

"잘 알겠습니다. 지금 페테르부르크에서 유행하는 최고급 옷감을 찾고 계신 거로군요. 저희 가게에 그 옷감이 있긴 합니다만, 값이 대단히 비싸다는 것만큼은 알아두시기 바랍니다. 하지만 그만한 값어치를 한답니다."

선반 위로 다시 옷감뭉치가 던져졌다. 가게 주인은 옷감을 여봐라는 듯이 펼쳐보였고 치치코프는 다시 옷감을 쓰다듬고 냄새를 맡았다.

"훌륭하군! 한데 어우러진 진홍과 잿빛이 마치 나바리노 (그리스 남부 펠레폰네소스 지방에 위치한 만(灣)) 같군!"

치치코프는 옷감이 마음에 들었다. 가게 주인은 값이 정가(定價)라고 했지만 치치코프는 값을 흥정했고 합의를 보았다. 곧바로 가게 주인은 능숙하게 옷감을 가위로 잘라 깔끔하게 종이로 포장을 했다. 그리고 튼튼한 노끈으로 단단히 묶고 마차에 싣자 가게 주인이 모자를 벗어 인사를 했다. 치치코프는 주머니에 손을 넣어 막 돈을 꺼내려고 했다.

갑자기 누군가 다정하게 치치코프의 허리를 껴안더니 "뭘 그렇게 사들이고 계신가요?" 하고 인사를 건넸다.

"정말 반갑습니다. 이렇게 만나 뵙게 될 줄은 생각도 못했습니다." 치치코프가 소리치듯 대답했다.

"우연이라도 만나 뵙게 되어 참 즐겁습니다그려." 한쪽 팔로 치치코프의 허리를 껴안은 사내가 말했다. 그의 이름은 비스네포코로모프였다.

"아무 생각 없이 가게 앞을 지나가는데 낯익은 얼굴이 보이지 뭡니까! 당신을 만난다는 즐거움을 뿌리치지 못하고 이렇게 안으로 들어왔답니다! 올해는 그 어느 해보다 좋은 물건들이 들어왔더군요. 늘 제가 다 부끄러울 만큼 형편없는 물건들만 가득하더니 말입니다. 물건만 좋다면 저는 40루블, 아니 50루블도 내놓을 용의가 있어요. 뭐든 살 때는 최상품을 사야지 그렇지 않다면 안사는 것이 나은 법입니다. 그렇지 않습니까?"

"아주 옳은 말씀입니다. 정말 좋은 물건이 아니라면 이렇게 애를 쓸 필요가 없지요." 치치코프도 그렇게 말했다.

그런데 갑자기 뒤에서 이런 목소리가 들렸다. "검은 나사 옷감이 있거든 좀 보여주게." 뒤를 돌아보자 호로브예프가 서 있었다. '이런 빌어먹을, 호로브예프잖아!' 치치코프는 그의 눈에 띄지 않게끔 몸을 돌렸다. 지금 그와 유산에 대해 이야기를 나누는 것은 현명하지 못하다고 생각했기 때문이었다. 하지만 이미 그가 치치코프를 알아보았다.

"아니 세상에, 파벨 이바노비치 씨! 드디어 만났군요. 몇 번을 만나 뵈려고 했었습니다만, 그때마다 집에 안 계시더군요. 설마 일부러 절 피하신 건 아니겠지요?"

"그럴 리가 있겠습니까!" 치치코프가 호로브예프의 손을 맞잡고 말했다. "요새 도통 바빠서 만날 시간이 있어야지요." 호로브예프를 피해 도망칠 곳이 없을까 사방을 두리번거리던 치치코프는 가게 안으로 들어오는 무라조프를 보았다.

"아타나시 바실리예비치! 이렇게 만나 뵙게 되어서 정말로 반갑습니다!" 치치코프가 먼저 인사를 건넸다. 그 뒤를 이어 비스네포코로모프가 같은 말을 되풀이했고, 또 그 뒤를 이어 호로브예프가 되풀이해서 말했다. 그리고 마지막으로 싹싹한 가게 주인이 모자를 벗더니 호들갑스럽게 팔을 길게 뻗으면서 소리쳤다. "아타나시 바실리예비치, 삼가 경의를 표합니다!" 사람들의 얼굴에는 마치 백만장자 앞에 선 빚쟁이처럼 어떻게든 인심을 사보려는 비굴한 표정으로 가득했다.

사람들에게 답례를 마친 무라조프는 곧바로 호로브예프를 향해 돌아섰다.

"이런 말씀을 드려서 실례가 될지도 모르겠습니다만, 당신이 이곳으로 들어가시는 걸 보고 감히 이렇게 발걸음을 하게 되었습니다. 괜찮으시다면 단 몇 분이라도 저희 집을 찾아주실 수는 없으실는지? 당신과 얘기할 게 있어서 그러는 것이올시다."

"물론이지요, 아타나시 바실리예비치 영감님!" 호로브예프가 대답했다.

그러자 무라조프는 또 다시 사람들에게 꾸벅 인사를 하더니 가게 밖으로 나가버렸다.

"저 사람이 천만 루블을 갖고 있다고 생각하면 눈앞이 빙빙 돌곤 합니다. 도저히 믿을 수가 없거든요." 치치코프가 말했다.

"하지만 그건 정상적인 게 아닙니다. 자본은 결코 한 사람에게 집중되어서는 안 됩니다. 오늘날 유럽의 여러 나라들이 그토록 많은 조약을 맺고 있는 것도 한 나라가 자본을 독차지하지 못하게 하기 위해서이지요. 가령 당신에게 돈이 있다면 그걸 다른 사람과 나누어 가져야 하는 것입니다. 연회를 열어 사람들을 즐겁게 해주고, 상인과 장인들이 생활할 수 있도록 사치스러운 물건을 사줘야만 하는 것입니다."

"하지만 저렇게 돈이 많으면서 가난한 농부처럼 생활하는 걸 도무지 이해할 수가 없습니다. 천만 루블입니다! 제게 그런 돈이 생긴다면 공작이나 장군들만 만나고 다닐 겁니다." 치치코프가 말했다.

"그렇습지요." 가게 주인이 한마디 거들었다. "정말 세련되지 못한 일입니다. 제게 그런 돈이 생긴다면 당장에 장사는 때려치우고 극장을 예약하고 딸을 가난한 대령이 아닌 부유한 장군에게 시집보낼 거고, 주방장이 아니라 전문 요리사에게 만찬을 차리게 할 겁니다."

"맞습니다!" 비스네포코로모프는 말했다. "천만 루블만 있다면 무슨 일인들 못하겠습니까. 제게 천만 루블만 줘보세요. 제가 그 돈으로 얼마나 좋은 일을 하는지 보실 수 있을 겁니다."

'아니, 네놈한테 천만 루블이 떨어진다 한들 무슨 신통한 일이 있으려고?' 치치코프는 생각했다. '하지만 나라면 무슨 일이든 해보일 거야.'

'만일 내게 천만 루블이 있다면!' 흐로브예프도 상상해보았다. '절대로 전처럼 돈을 낭비하지 않을 거야! 그렇게 끔찍한 일을 겪고 한 푼의 가치를 깨달은 지금이라면 전혀 다른 삶을 살겠지…….' 한참을 생각에 잠겨있던 흐로브예프는 스스로에게 물었다. '정말로 내가 돈 관리를 잘 할까?' 그러자 흐로브예프는 절망적인 몸짓을 해보이며 이렇게 생각했다. '나 같은 건 그냥 죽어버려야 해! 또 전처럼 방탕한 삶을 보낼 게 뻔해!' 이런 생각에 잠긴 채 그는 무라조프의 집을 향해 밖으로 나갔다. 무라조프가 무슨 이야기를 들려줄 것인가 궁금해 하면서……

"기다리고 있었습니다, 세몬 세묘노비치 씨." 응접실로 들어선 흐로브예프를 보며 무라조프가 말했다. "자, 안으로 드시지요."

무라조프는 흐로브예프를 자신의 방으로 안내했다. 그의 방은 연봉 7백 루블을 받는 하급관리보다 더 검소하게 꾸며져 있었다.

"형편은 좀 나아지셨습니까? 돌아가신 백모님께서 뭔가를 남겨주셨으리라고 생각합니다만……?"

"뭐라고 해야 좋을까요, 제 살림살이가 나아졌는지 어떤지 저도 모르겠습니다. 제 손에 있는 거라고 해봐야 쉰 명의 농노와 3만 루블인데 그것도 전부 빚쟁이의 손에 넘어갈 겁니다. 빚도 다 갚지 못했는데 빈털터리가 될 형편입니다. 그보다 제일 난처한 것은 유서를 둘러싸고 아주 사악한 행위가 벌어지고 있다는 겁니다. 영감님께 전부 털어놓겠습니다. 아마 제 이야기를 들으시면 깜짝 놀라시게 될 겁니다. 저 치치코프란 사내가……."

"말씀하시는데 끼어들어서 죄송합니다만, 치치코프에 대해 말씀하시기 전에 먼저 당신에 대한 이야기부터 들려주십시오. 지금 당신이 처한 처지에서 벗어나려면 얼마나 필요합니까? 얼마나 많은 돈이 필요한 거죠?"

"많이 좋지 않습니다." 흐로브예프가 말했다. "빚을 다 갚고 검소하게 살려면 적어도 10만 루블은 필요합니다. 이건 불가능해요."

"알겠습니다. 그럼 가령 그 돈을 구했다고 칩시다. 그때는 어떻게 생활하실 겁니까?"

"조그만 셋집을 얻어 자식들 교육에만 헌신할 생각입니다. 이제 제 삶은 완전히 끝났습니다. 전 아무 짝에도 쓸모없는 인간이에요."

"어째서 당신이 아무 짝에도 쓸모가 없습니까?"

"이런 제가 무슨 쓸모가 있겠습니까? 벌써 나이도 마흔 다섯이고 허리까지 아파요. 이미 방탕해질 대로 방탕해진 제가 어떻게 하급관리 노릇을 하겠습니까? 그렇다고 이런 제게 높은 자리를 맡기지도 않을 텐데요."

"일하지 않고 어떻게 살려고 그러십니까? 자신이 걸어갈 길도 없이 어떻게 살아간단 말입니까! 어찌 땅을 밟지 않고 길을 나아가려 하십니까? 어찌 보트도 없이 물길을 건너려 하십니까? 인생이란 여행길입니다. 계속해서 걸어간다면 어디든 도착하겠지만, 멍하니 서 있어서는 아무데도 갈 수 없습니다. 멈춰 선 사람에게 결코 길은 열리지 않습니다."

"아, 영감님! 영감님께서 하시는 말씀이 모두 옳습니다! 그러나 이미 저에게 주어진 능력은 모두 죽어버렸습니다. 이런 제가 누굴 위해 일할 수 있겠습니까? 젊었을 적만 하더라도 돈만 있으면 못하는 일이 없다고 생각했었습니다. 10만 루블만 있으면 수많은 사람들을 행복하게 해줄 수 있다고 생각했습니다. 가난한 예술가를 돕고, 좋은 책을 모아 도서관을 설립하는 것처럼 어리석은 일에 돈을 낭비하는 부자들보다 나은 일을 한다고 생각했습니다. 하지만 이제 와서 보면 그 역시 하나의 허영에 지나지 않았습니다. 아타나시 바실리예비치 영감님, 저는 아무 짝에도 쓸모없는 사람입니다. 분명히 말씀드리지만 저는 전혀 쓸모가 없습니다. 전 어떤 일에도 맞지 않는 사람입니다."

"아닙니다, 세묜 세묘노비치 씨! 당신은 빼먹지 않고 교회에 다니고 있어요. 아침기도도 저녁기도도 열심히 하고 있잖습니까. 모두가 잠든 새벽 네 시에 일어나 기도를 드리지 않습니까. 기도를 올리는 것은 주님을 기쁘게 하기 위함이오, 당신의 영혼을 구원받기 위함입니다. 기도를 올리면 주님께선 나태에서 벗어날 힘과 기운을 주실 것이고, 주님께 봉사하는 것처럼 맡은 바 의무를 다한다면 당신은 올바른 삶을 살아갈 능력을 얻게 될 것입니다. 그러면 아무도 당신을 그 자리에서 밀어내지 못할 것입니다."

"영감님, 그건 별개의 문제입니다. 무엇보다 저는 제가 무슨 짓을 하고 있는지 잘 알고 있습니다. 감히 말씀드리자면 저는 언제라도 수도원에 들어가 달게 시련을 받을 수도 있습니다. 그러한 시련이 저 자신이 아닌 주님을 위한 것이라는 걸 잘 알고 있기 때문입니다."

"그렇다면 왜 그렇게 살아가려 하지 않으십니까? 누구도 아닌 오직 주님을 위해 살아가야 한다는 걸 잘 아시지 않습니까? 설사 다른 누군가를 섬기더라도 그건 하느님의 뜻이라고 믿기 때문이지, 만약 하느님의 뜻이 아니라면 결코 섬겨서는 아니 되는 것입니다. 저마다 다른 재능과 능력을 갖고 있는 것은 하느님의 뜻이 아니고 무엇이겠습니까? 그렇기에 우리는 어떤 사람은 입으로, 어떤 사람은 몸으로 주님께 기도를 드리는 것입니다. 거기다 가족이라는 속세에 얽매인 당신은 수도원에 갈 수 없을 것입니다."

무라조프가 잠시 이야기를 중단했다. 흐로브예프 또한 아무 말도 하지 않았다.

"그러니까 10만 루블만 있으면 앞으로 걱정 없이 살 수 있다 이 말씀인가요?"

"그렇습니다. 제가 할 수 있는 일인 아이들 교육에 힘쓸 생각입니다."

"굳이 한마디 하겠습니다, 세묜 세묘노비치 씨. 당신은 아마 2년 안에 빚쟁이가 될 겁니다."

한참을 망설이던 호로브예프가 겨우 말문을 열었다. "그럴 리가요. 이렇게 끔찍한 경험을 하고 어떻게 또⋯⋯."

"콩이다 팥이다 따져서 뭘 어쩌겠습니까!" 무라조프가 말했다. "당신은 착한 사람입니다. 가령 친구가 찾아와서 돈을 빌려달라고 한다면, 당신은 돈을 빌려줄 겁니다. 가난한 이를 보면 도와줄 것이고, 유쾌한 손님이 찾아오면 멋지게 대접해주고 싶겠지요. 그러다보면 검소하게 살겠다던 결심은 까맣게 잊어버리게 될 겁니다! 마지막으로 말씀드리겠습니다. 당신은 자식들을 교육시킬 자질이 없습니다. 마땅히 해야 할 의무를 지킨 아버지만이 자식을 교육시킬 자격이 있습니다. 그리고 당신 부인도 마찬가지입니다. 역시 착한 분이긴 합니다만, 자녀를 훌륭히 키워낼 올바른 교육을 전혀 받지 못했어요. 이런 얘기를 해서 죄송합니다만, 세몬 세묘노비치 씨, 당신이 아이들을 데리고 있는 게 아이들에게 좋은 일인지 의심스럽기까지 합니다⋯⋯. 세몬 세묘노비치 씨, 당신은 이반 포타피치라는 위인을 아십니까?"

"물론이지요, 깊이 존경하고 있습니다!"

"이반 포타피치는 백만장자였습니다. 딸들은 장군에게 시집보내고 친구들과 진탕 술을 마시며 방탕한 삶을 보냈지요. 그러다 스스로를 탕진하고 파산해버렸습니다. 그런 그가 어떻게 했을 것 같습니까? 서기가 되었습니다. 물론 은 접시에 음식을 담아 먹던 사람이 초라한 주발을 쓰는 신세가 된 것은 결코 즐거운 일이 아니었습니다. 그는 은 접시에 담긴 음식이 아니면 손도 대지 않던 사람이었거든요. 하지만 이제 그는 다시 은 접시에 음식을 담아 먹을 만큼 형편이 나아졌습니다. 다시 장사를 한다면 수십만 루블을 벌 수 있겠지요. 하지만 그는 이렇게 말할 따름이었습니다. '아닙니다, 아타나시 바실리예비치. 저는 더 이상 저 자신을 위해 살지 않을 겁니다. 그게 바로 하느님의 뜻입니다. 전 이제 영감님의 말씀에만 귀를 기울일 겁니다. 저는 그 누구도 아닌 주님의 말을 따르려고 합니다. 하지만 주님은 가장 훌륭한 사람의 입을 통해 자신의 말씀을 들려주시지요. 영감님은 저보다 현명하신 분입니다. 그러니 주님은 제게 직접 말씀을 들려주시지 않고 영감님의 입을 통해 얘기를 들려주실 겁니다.' 하지만 사실대로 말한다면 그는 저보다 갑절은 더 현명한 위인이었습니다."

"아타나시 바실리예비치 영감님, 저 또한 영감님의 말씀에 따르겠습니다!

영감님의 머슴이 되어 시키는 일이라면 뭐든지 하겠습니다. 그러나 제가 감당할 수 없는 일은 맡기지 말아주십시오. 저는 포타비치가 아닙니다. 전 착한 일을 하기에는 적합한 사람이 아닙니다."

"세묜 세묘노비치 씨, 제가 당신에게 일을 맡기는 것이 아닙니다. 당신이 주님께 봉사하겠다고 했을 때부터, 이 일이 당신에게 주어졌던 것입니다. 지금 착한 사람들이 기부금으로 교회를 세우려고 하는데 기부금이 충분히 모이질 않고 있어요. 그러니 농부들이 입는 초라한 외투를 걸치고 성경을 들고 달구지에 몸을 싣고 헌금을 구하러 돌아다녀 주십시오. 아시다시피 당신은 지금 초라한 인간입니다. 파산한 귀족은 거지보다 조금도 나을 게 없어요. 하지만 그렇게 마을을 돌아다니게 되면 주님의 축복과 많은 지혜를 얻게 될 것입니다. 그렇게 함으로써 당신은 주님과 함께 하게 됩니다."

흐로브예프는 지금까지 한 번도 해본 적이 없는 일을 맡아달라는 얘기에 그만 하얗게 질리고 말았다. 대대로 귀족이었던 그가 성경을 들고 달구지에 몸을 실은 채 헌금을 구걸하러 길을 떠나야한다니 생각만 해도 기가 막힐 노릇이었다. 하지만 그렇다고 거절할 수도 없었다. 왜냐하면 그건 바로 주님을 섬기는 일이었기 때문이었다.

"왜 망설이십니까? 이 일을 맡음으로써 당신은 두 가지 봉사를 하게 될 것입니다. 하나는 주님에 대한 봉사요, 또 하나는 저에 대한 봉사입니다." 무라조프가 말했다.

"아니 그게 영감님께 무슨 봉사가 된단 말입니까?"

"그렇습니다. 제가 일찍이 가보지 못한 고장을 두루 돌아다니며 그곳에서 일어나는 일들을 가르쳐주셨으면 합니다. 농부들의 살림살이는 어떠하며, 어느 고장이 더 잘 살고, 농부를 필요로 하는 곳은 어디라는 것까지 샅샅이 알려주셨으면 합니다. 제가 이런 걸 궁금해 하는 것도 아마 제가 농부 출신이기 때문이겠지요. 골치 아픈 문제는 다름이 아니라 농부들에게 온갖 악행이 일상이 되어버렸다는 것입니다. 이교도와 불량배들이 횡행하고 폭동까지 일어나고 있습니다. 억눌려 있던 사람을 자극하면 반항하기 쉬운 법이지요. 사실 계몽이란 아래에서부터 시작해서는 안 되는 것입니다. 생활에 허덕이는 사람은 바른 마음을 갖지 못합니다. 그래서 도적이 생겨나지요. 현명한 당신은 여행을 통해 스스로를 되돌아보고, 다른 사람의 잘못 때문에 고통 받는 사람과 참지 못하는 성격 탓에 고통 받고 있는 사람들을 보게 될 것입니다. 여행을 마치고 제게 모든 이야기를 들려주십시오. 아무런 잘못도 저지르지 않았음에도 고통 받고 있는 사람들을 만날 때를 대비해서 얼마간의 돈도 드리겠습니다. 만일 당신께서 그들을 만나 위로의 말을 건네고, 주님은 우리에게 불평하지 말고 의무를 다하며, 불행할 때는 기도를 올리고, 악행을 저지르지 않으며, 우리의 손으로 문제를 해결할 것이 아니라 주님의 손에 모든 것을 맡기라고 분부하셨다는 것을 설교한다면 당신은 주님께 봉사하는 것이 됩니다. 다시 말해, 그들이 서로를 미워하지 않도록 잘 타일러 평화를 이룩하라는 것입니다. 어떤 이유에서든, 어떤 사람이든, 서로 미워하는 모습을 보시거든 최선을 다해 막아주십시오."

"아타나시 바실리예비치 영감님, 그건 제가 맡기에는 너무 성스러운 임무입니다." 흐로브예프가 말했다. "저보다는 모름지기 남을 용서할 줄 알고 올바른 삶을 살아온 이에게 맡기셔야 할 것입니다. 거기다 제가 떠나면 아내와 아이들은 어떻게 하겠습니까?"

"걱정하지 마십시오. 제가 후견인이 되어드리겠습니다. 그러니 할 수 있는 데까지 해보십시오. 그러면 주변 고장에 대해 많은 사실을 알게 될 테고, 이들 지역이 어떤 상태라는 것까지 알게 될 것입니다. 관리들은 농부들과 결코 접촉하지 않고, 농부들 또한 관리들을 터놓고 대하지 않는 법입니다. 하지만 교회 건축 헌금을 걷으러 다니면서 당신은 사람들의 삶을 낱낱이 들여다볼 기회를 갖게 될 것입니다. 기술자며 장사치들에게서 많은 이야기를 들을 수 있을 것입니다. 제가 이런 말을 드리는 것은 총독님이 이런 사실을 잘 아는 사람을 필요로 하고 계시기 때문입니다. 그렇게 되면 당신은 결코 자신의 삶이 아무 짝에도 쓸모없지 않았다고 생각할 만큼 중요한 일을 맡게 될 것입니다."

"애써 보겠습니다, 제 힘이 미치는 데까지 최선을 하겠습니다." 흐로브예프의 목소리에는 자신감이 깃들어있었다. 마치 희망의 빛을 본 사람처럼 꼿꼿이 등을 펴고 고개를 높이 치켜들고 있었다.

"저는 주님이 우리처럼 먼 앞을 내다보지 못하는 사람보다 더 현명하기에 당신을 축복해주신 것이리라 믿고 있습니다."

"……."

"자, 그럼 이제 말씀해주세요. 치치코프에 대해서라니 대체 무슨 말씀이십니까?" 무라조프가 말했다.

"이제부터 영감님이 한번도 들어보지 못한 이야기를 들려드리겠습니다. 그는 끔찍한 짓을 저질렀습니다! 잘 들으십시오, 아타나시 바실리예비치 영감님, 그 유서는 위조된 것입니다. 나중에 진짜 유서가 발견되었는데, 진짜 유서에는 전 재산을 하인들에게 주라고 쓰여 있었다는 군요."

"그게 무슨 말씀이십니까? 누가 유서를 위조했다는 겁니까?"

"그건 정말이지 엄청난 짓이었습니다! 유서를 위조한 자는 바로 치치코프입니다. 그 거짓 유서는 노부인이 돌아가신 뒤에 서명된 것입니다. 어떤 여인에게 옷을 입혀서는 돌아가신 노부인의 자리에 눕혀 거짓 유서에 서명을 하게 했습니다. 참으로 지저분한 일이 아닐 수가 없습니다. 몇몇 관리들도 이 사건에 개입했다는 의심을 받고 있습니다. 사람들의 애기로는 총독님께서도 이 일을 알고 계시다고 하더군요. 벌써 수천 통의 청원서가 총독님 앞으로 보내졌습니다. 원고(原告)들은 마리아 에레미에프나를 위해 진실을 덮어놓고 싸움질까지 벌이고 있다더군요. 이것이 지금 일어난 사건입니다. 아타나시 바실리예비치 영감님!"

"저는 그 사건에 대해 처음 듣습니다만 확실히 절로 눈살이 찌푸려지는 이야기로군요." 무라조프가 말했다.

"돌아가신 분께 가까운 친척이 있다는 사실을 상기시키고자 저 또한 청원서를 보냈습니다. 그들은 저를 위해 함께 싸워줄 것입니다." 흐로브예프는 그렇게 말하면서도 속으로 이런 생각을 하고 있었다. '아타나시 바실리예비치 영감은 바보가 아니야. 그가 내게 이런 일을 맡긴 것은 다 뜻이 있어서 그런 게 틀림없어. 반드시 그 일을 해내고 말겠어.'

"파벨 이바노비치 치치코프는 참으로 알 수 없는 인물이군요. 만일 그가 이처럼 굳건한 의지를 좋은 일에 썼더라면 얼마나 좋았겠습니까!" 무라조프가 말했다.

하지만 그 와중에도 흐로브예프는 자신이 떠날 여행에 대해 생각하고 있었다.

한편 그동안 법원에서는 청원이 꼬리에 꼬리를 물고 이어졌다. 여태껏 이름 한 번 들어보지 못한 친척들까지 나타나 노부인이 남긴 막대한 유산에 달려드는 꼴이란 마치 시체에 달려드는 까마귀 떼를 방불케 했다. 첫 번째 유서에 대한 온갖 소문이며 두 번째 유서가 위조되었다는 증거며, 돈을 은닉했다는 증거까지 치치코프에 대한 고발이 잇따랐다. 심지어 죽은 농노를 사들인 것이며, 세관으로 근무하던 당시 저질렀던 밀수 증거까지 제출되었다. 그렇게 치치코프의 과거 경력이 낱낱이 드러나기 시작했다. 어떻게 이런 것들을 찾아낼 수 있었는지는 하느님만이 아실 것이다. 거기다 치치코프 자신밖에 모르리라고 생각했던 일에 대해서도 증거가 제출되었으니 무엇을 더 말하겠는가?

사실 이러한 내용은 모두 재판상 비밀로 다루어졌기에 치치코프의 귀에는 들어오지 않았지만, 변호사가 보낸 편지로 시끄러운 일이 벌어지리란 것을 다소나마 짐작하고 있었다. '앞으로 큰 소동이 벌어질 것 같습니다. 하지만 제가 얘기했듯이 절대 동요하지 마십시오. 가장 중요한 건 침착해야 한다는 것입니다. 제가 알아서 잘 처리해놓겠습니다.' 편지를 읽고 완전히 마음을 놓은 치치코프가 한마디 했다. "그는 정말 천재야!" 때마침 재봉사가 새로 지은 양복을 갖고 들어오면서 치치코프의 기분은 더욱 좋아졌다. 진홍과 잿빛이 한데 어우러진 나바리노 양복을 당장이라도 입어보고 싶어졌다. 바지를 입어보니 어찌나 잘 어울리는지 마치 그림이라도 그려놓은 것처럼 품이 꼭 맞았다. 조이지도 느슨하지도 않게 몸을 감싸 한층 더 탄력을 더해주었다. 허리끈을 조이자 배가 북처럼 톡 튀어나왔다. 치치코프는 머리솔로 튀어나온 배를 톡톡 두드리며 중얼거렸다. "이거 참 바보 같구먼! 하지만 이놈 덕에 더욱 그림 같이 보이는군." 코트는 바지보다 훨씬 더 멋지게 만들어진 것 같았다. 주름 하나 없이 탄탄하게 드러난 곡선이 몸맵시를 그대로 보여주고 있었다. 하지만 오른쪽 겨드랑이가 너무 조인다는 치치코프의 불만에도 재봉사는 미소만 지을 뿐이었다.

"그래야 몸맵시가 납니다. 안심하십시오. 이 옷에 대해서만큼은 안심하셔도 좋습니다." 재봉사는 자못 의기양양하게 되풀이해서 말했다. "페테르부르크를 빼놓고 어디를 가보신들 이렇게 맵시 있게 만들지는 못할 겁니다."

이 재봉사는 페테르부르크에서 온 사람이었지만 '런던과 파리에서 온 외국인 재봉사'라는 간판을 내걸고 있었다. 그렇다고 재봉사가 허풍선이였던 것은 아니다. 이렇게 두 도시 이름을 써서 다른 재봉사들을 모조리 골탕 먹일 심산이었던 것이다. 이런 간판을 걸어두면 앞으로 어떤 재봉사가 오더라도 이 두 도시의 이름은 쓸 수가 없으리라. 기껏해야 카를세루나 코펜하겐 따위를 내거는 게 고작일 것이다.

치치코프는 후하게 값을 치르고 재봉사를 돌려보냈다. 혼자 남게 되자 마치 심미적인 감수성과 사랑에 빠진 배우처럼 거울에 비친 자신의 모습을 찬찬히 바라보았다. 모든 게 전보다 한층 더 돋보이는 것 같았다. 더욱 매력적으로 변한 뺨과 턱은 흰 옷깃을 한결 눈에 띄게 만들었고, 옷깃은 푸른 공단 넥타이에 기품을 더해주었다. 또 넥타이는 새로 유행하는 셔츠 가슴판과 한데 어울려, 화려한 벨벳조끼와 비단결처럼 반드르르한 나바리노 코트와 함께 몸맵시를 살려주었다. 몸을 오른쪽으로 돌려보았다. 좋아! 왼쪽으로 돌려보았다. 좋아, 훨씬 더 좋군! 그의 모습은 흡사 궁전 시종 같았다. 아니, 외교관이나 프랑스인이 무색해할 만큼 아름다운 프랑스어를 구사하고 화가 나더라도 러시아어가 아닌 프랑스어로 욕을 퍼붓는 신사처럼 보였다. 어쩜 그리도 우아한지! 치치코프는 고개를 갸웃이 기울여 교양이 풍부한 중년 부인에게 말을 거는 듯한 자세를 취해 보았다. 그야말로 한 폭의 그림이지 않은가! 화가들이여, 붓을 들어 이 모습을 그려라! 흥겨워진 치치코프는 앙트르샤(발레 동작 중 공중에서 발을 마주치는 동작)를 하듯 가볍게 뛰어올랐다. 찬장이 흔들리면서 오드콜로뉴 향수병이 바닥으로 굴러 떨어졌지만 치치코프는 전혀 개의치 않았다. 오히려 바닥에 떨어진 향수병을 멍청이라고 놀리고는 생각에 잠겼다. '자, 누구를 찾아갈까? 제일 먼저……' 그 순간이었다. 갑자기 현관 쪽에서 절그럭절그럭 박차 달린 장화 소리가 요란하게 울리더니 머리부터 발끝까지 무장을 한 헌병이 안으로 들어왔다.

"즉시 총독님께 출두하시오!"

치치코프는 소스라치게 놀랐다. 갑자기 눈앞에 시커먼 구레나룻 괴물이 나타났기 때문이었다. 머리에 말총을, 어깨에는 견장을 단 괴물이 한쪽 옆구리에는 커다란 검을, 다른 옆구리에는 총과 악마만이 그 정체를 알고 있을 무언가를 달고 있었다. 마치 이 한 사람 속에 군대가 숨겨져 있는 것만 같았다! 치치코프는 뭐라 말대답을 하려고 했지만 괴물은 매우 퉁명스럽게 말했다. "지금 즉시 출두하라는 명령이오."

문틈으로 현관을 바라보자 거기에도 괴물이 하나 더 있었다. 살그머니 창밖을 내다보자 그곳에는 마차가 대령해 있었다. 자, 이러니 어찌하겠는가? 진홍과 잿빛이 어우러진 나바리노 코트를 걸치고 마차에 올라탈 수밖에 없었다. 치치코프는 오들오들 떨면서 헌병들의 감시 속에 총독이 있는 곳으로 호송되었다. 그들은 치치코프에게 숨 돌릴 틈도 주지 않았다.

"안으로 들어가십시오! 각하께서 기다리고 계십니다!" 서기가 말했다.

치치코프는 마치 안개 속을 헤매는 것처럼 아른거리는 눈으로 심부름꾼들이 바쁘게 짐을 옮기고 있는 방들을 지나쳐갔다. '이런 식으로 체포되어 재판도 없이 시베리아로 유배당하는 거로구나!' 그의 심장은 사랑하는 연인을 만나러갈 때보다도 더 요란스레 고동치고 있었다. 마침내 운명의 문이 활짝 열렸다. 손가방에 책상, 책들로 가득한 서재와 분노의 화신(化身)으로 변한 공작이 눈앞에 나타났다.

'파멸자다!' 치치코프는 생각했다. '그는 내 삶을 파멸로 몰아넣을 거야! 늑대가 양을 잡아먹듯이 나를 갈가리 찢어 죽일 거야!'

"나는 마땅히 그대를 감옥에 보냈어야 함에도 이곳에 남도록 너그러이 용서했소. 그런데 또다시 뻔뻔하기 짝이 없는 파렴치한 행위로 그대 자신을 더럽혔소!"

공작의 입술이 분노로 부르르 떨렸다.

"가, 각하, 제가 어떤 파렴치한 해, 행위를, 어떤 사기를 저질렀단 말입니까?" 치치코프가 와들와들 떨면서 말했다.

"자네의 사주를 받고 유서에 서명한 여자가……." 공작이 바싹 다가오더니 치치코프를 뚫어져라 쳐다보며 말했다. "그 여자가 체포되었다. 곧 그녀와 대질심문을 받게 될 거다."

치치코프의 얼굴이 백지장처럼 하얗게 질렸다.

"각하! 모두 털어놓겠습니다. 제가 잘못했습니다. 비난받아 마땅하옵니다! 그러나 그토록 큰 죄를 짓지는 않았습니다. 모두 적들이 저를 모함하려는 것입니다!"

"모함? 누가 모함했다는 거지? 그대가 저지른 파렴치한 짓은 그 어떤 거짓말쟁이의 거짓말보다 몇 배는 더 추악하네. 내가 보기에 그대는 평생 파렴치하지 않은 일은 해본 적이 없는 것 같군. 그대가 가진 동전 한 닢도 파렴치한 짓으로 얻은 것이겠지. 도둑질 중에서 가장 저열한 것은 사기이네. 그대가는 채찍질이나 시베리아 유배뿐이네. 아니, 이만하면 충분하네! 더는 말할 것도 없네! 그대는 지금 당장 감옥으로 보내져서 극악한 악당들과 함께 단죄(斷罪)가 내려질 시간을 기다리게 될 걸세. 이것도 봐준 건줄 아시오. 그대는 그 극악한 악당들보다 몇 배는 더 죄질이 나빠. 그들은 시장에서 산 가죽외투를 입고 지냈지만 그대는……."

공작은 진홍과 잿빛이 한데 어우러진 나바리노 양복을 힐끗 쳐다보더니 끈을 당겨 종을 울렸다.

"각하!" 치치코프가 비명을 질렀다. "자비를 베풀어주십시오! 각하 또한 한 집안의 아버지가 아니십니까! 저를 봐서 용서해달라는 것이 아닙니다, 저의 늙은 어머니를 불쌍히 여겨서라도 용서해주십시오!"

"거짓말!" 화가 치민 공작이 고함을 질렀다. "그때는 있지도 않은 아내와 자식을 들먹이며 내게 간청을 했으렷다! 이젠 어머니 차례로군!"

"각하! 저는 사기꾼에 천하의 악당이옵니다!" 치치코프가 말했다. "전 거짓말을 했습니다. 제게는 아내와 자식이 없습니다. 하지만 저는 늘 아내와 자식을 거느리고 가정을 꾸리기를 바라왔습니다. 주님이 그 증인이십니다. 그렇게 가정을 꾸려 가장으로써, 한 사람의 시민으로써 의무를 다해 시민들과 관리들의 존경을 받고 싶었습니다. 그런데 어떻게 된 영문인지 불행한 일들이 잇따라 일어났사옵니다! 각하, 저는 피를 흘려가며 하루하루를 버텨야만 했습니다. 한 걸음 한 걸음 내딛을 때마다 온갖 속임수와 유혹을 마주해야 했고, 저를 해하거나 재산을 빼앗으려는 적들과 맞서야만 했습니다. 저의 삶은 거친 파도에 정처 없이 떠도는 조각배와 같았습니다. 각하! 저도 한 인간이옵니다!"

그의 두 눈에서 눈물이 쏟아졌다. 치치코프는 진홍과 잿빛이 한데 아우러진 나바리노 코트와 공단 넥타이, 벨벳조끼, 멋지게 재단한 양복바지를 입고 공작의 발밑에 쓰러지듯 엎드렸다. 맵시 있게 빗어 넘긴 머리에선 향긋한 오드콜로뉴 향수 냄새가 코를 찔렀다.

"가까이 다가오지도 마라! 여봐라, 병사를 불러서 이놈을 끌고 가라!" 공작은 방으로 들어온 하인에게 일렀다.

"각하!" 치치코프는 두 팔을 벌려 공작이 신고 있던 장화에 얼싸안듯이 매달렸다.

공작은 몸서리가 쳐졌다. "가까이 다가오지 말라고 했다!" 공작은 자기 다리를 빼내려 안간힘을 쓰면서 말했다.

"각하께서 자비를 베풀어주시기 전에는 절대로 물러서지 않겠습니다!"

치치코프는 손을 놓기는커녕 더욱 부둥켜안았다. 그렇게 진홍과 잿빛이 어우러진 나바리노 양복을 입은 채로 공작의 발에 매달려 바닥 위를 질질 끌려갔다.

"냉큼 놓아라, 명령이다!" 공작은 발로 짓밟아 죽일 용기조차 나지 않을 만큼 추악한 벌레를 보았을 때와 같은 뭐라 표현할 수 없는 혐오감을 느꼈다.

공작이 격렬하게 발을 흔들면서 치치코프는 둥근 턱이며 코, 입술, 뺨을 호되게 걷어차였다. 그래도 그는 공작의 다리를 놓지 않고 더 세게 발을 끌어안았다. 억세게 생긴 헌병이 둘이나 달려들어서야 겨우 치치코프를 떼어놓을 수 있었고, 그대로 두 팔을 붙잡고 치치코프를 끌고 가버렸다. 여러 방을 지나면서 그의 얼굴은 새파랗게 질려 혼비백산이 되었다. 우리의 본성을 거스르는 저 괴물과도 같은 깜깜한 죽음을 마주한다면 누구라도 이처럼 무감각한 공포에 질릴 것이다. 그런데 계단으로 통하는 문 맞은편에서 무라조프가 나타나면서 그에게 한 줄기 희망의 빛이 쏟아졌다. 치치코프는 초자연적인 힘을 발휘하여 두 헌병의 손아귀에서 벗어나 영문을 몰라 멍하니 서 있는 노인의 발치에 몸을 내던졌다.

"아니 파벨 이바노비치 씨, 무슨 일입니까?"

"살려주십시오! 저를 사형에 처하려고 감옥으로 끌고 가고 있습니다!"

하지만 헌병들은 대답을 들을 여유조차 주지 않고 치치코프를 끌고 가버렸다.

경비병들의 장화와 바지에서 풍기는 악취와 곰팡이 냄새가 코를 찌르는 축축한 감옥. 그 안에는 볼품없는 탁자 하나와 더러운 의자 두 개, 쇠창살이 끼워진 창문, 틈으로 연기만 나올 뿐 온기 하나 없는 난로가 놓여 있었다. 이것이 진홍과 잿빛이 어우러진 나바리노 양복을 입고 인생의 달콤함과 다른 사람의 관심을 손에 넣으려던 우리 주인공이 처하게 된 현실이었다. 치치코프에게는 생필품과 돈이 든 지갑, 옷이 든 트렁크를 챙길 여유조차 주어지지 않았다. 각종 서류에서부터 죽은 농노를 사들인 매입증서까지 모두 관리들의 손아귀에 떨어지게 된 것이었다. 치치코프는 바닥에 몸을 내던졌다. 절망의 비애가 살을 파먹는 구더기처럼 그의 심장에 달려들었다. 구더기들은 시간이 갈수록 더욱 빠르게 절망에 사로잡힌 심장을 파먹었다. 만일 하루라도 더 이런 슬픔이 계속되었다면 치치코프는 이 세상에서 사라졌을지도 모른다. 하지만 치치코프에게도 구원의 손길이 뻗쳐왔다. 한 시간쯤 지나 감옥문이 열리더니 무라조프가 안으로 들어온 것이었다.

먼지투성이가 된 지친 여행자의 타는 듯한 목구멍으로 샘물을 흘려 넣어준들, 저 가엾은 치치코프가 다시 기운을 차린 것처럼 기운을 차리지는 못할 것이다.

"오, 나의 구세주시여!" 자신을 갈기갈기 찢는 슬픔에 몸을 내던지고 있던 치치코프는 벌떡 일어나 무라조프 노인의 손에 입을 맞추고 그의 손을 자신에 가슴에 올렸다. "이렇게 불행에 빠진 저를 찾아와주시다니, 주님께서 보답하실 것입니다!" 치치코프는 울음을 터뜨렸다.

그러나 노인은 실망과 고통이 섞인 표정으로 치치코프를 바라보며 이렇게 말할 따름이었다. "아, 파벨 이바노비치! 파벨 이바노비치! 끔찍한 일을 저지르셨더군요!"

"어쩔 수 없었습니다! 악마의 꼬임에 넘어가고 말았습니다! 분별력마저 잃고 제때 그만두질 못했습니다. 악마 놈들이 절 이렇게 만들었어요. 그렇습니다, 죄를 저질렀어요, 저지르고 말았습니다! 하지만 어떻게 이럴 수 있습니까? 귀족을, 귀족을 재판은커녕 심문 한 번 없이 감옥에 집어넣다니요. 어떻게 소지품을 챙겨올 여유조차 주지 않을 수 있단 말입니까. 그곳에 제모든 것이 있는데…… 트렁크 말입니다, 트렁크! 그 속에 전 재산이 있어요! 오랜 시간 피땀 흘려 모은 재산인데…… 다 빼앗기고 말거에요!"

다시 북받쳐 오르는 슬픔을 이기지 못하고 큰 소리로 흐느껴 울었다. 그의 울음소리는 감옥의 두꺼운 벽을 뚫고 먼 곳까지 메아리치며 퍼져나갔다. 치치코프는 공단 넥타이를 잡아 뜯고, 옷깃을 움켜쥐더니 진홍과 잿빛이 어우러진 나바리노 코트를 찢어버렸다.

"파벨 이바노비치 씨, 이제 당신은 지금까지 모은 재산과 작별을 해야만 할 것입니다. 당신을 단죄하는 것은 가차 없는 단호한 법이지, 어느 개인의 권세가 아닙니다."

"하지만 아타나시 바실리예비치 씨, 무엇 때문에 제가 이토록 끔찍한 벌을 받아야만 하는 겁니까? 제가 도둑질을 했습니까? 공금을 횡령했습니까? 피땀 흘려가며 한 푼, 한 푼 모은 것입니다. 무엇 때문에 이렇게 돈을 모았냐고요? 만족스러운 여생과 조국에 대한 봉사, 그리고 언젠가 생길 아내와 아이들에게 뭐든 남겨주고 싶어서였습니다. 제가 길을 잘못 들었다는 건 저도 인정합니다……. 하지만 어쩌겠습니까? 평생을 가도 바람을 이루지 못하는 올곧은 길보다 샛길로 빠지는 게 빠른 것을요. 그래도 저는 일을 했습니다. 법원의 악당 놈들은 수천 루블도 넘는 돈을 횡령하고 가난한 사람들의 푼돈까지도 박박 긁어냈어요! 영감님, 제가 얼마나 고생을 했는지 아십니까? 얼마나 참고 견뎠는지 아십니까? 하지만 이 꼴입니다. 매번 결실을 손에 쥐려고 할 때마다 암초에 걸린 배처럼 가라앉아 버렸어요. 30만 루블이 있었고, 3층 집이 있었습니다. 영지도 두 번이나 샀어요. 아, 무슨 운명이 이렇단 말입니까? 왜 이렇게 고생만 해야 합니까? 마치 파도에 휩쓸리는 조각배 같지 않습니까? 주님의 뜻은 어디에 있습니까? 제 인내에 대한 보상은 어디서 받을 수 있습니까? 저는 세 번이나 다시 시작했습니다. 몽땅 잃고 푼돈에서부터 시작했어요. 다른 사람 같았으면 진즉 술독에 빠져 썩어 문드러졌을 것입니다. 정말이지 힘들게 싸우고 참아냈는데! 혼신의 힘을 다해 모았는데 또 빼앗기고 마는군요. 그 끔찍한 고생 끝에 얻은 것을……."

가슴이 메어지는 듯한 괴로움을 참지 못하고 끝내 울음을 터뜨렸다. 이내 의자에 털썩 주저앉더니 너덜너덜해진 코트 자락을 잡아 뜯어 멀리 내던지더니 그토록 정성껏 가꾼 머리카락을 두 손으로 가차 없이 쥐어뜯으며 그 고통을 즐겼다. 가슴을 저미는 듯한 마음의 고통을 조금이나마 덜고 싶었던 것이리라.

무라조프는 한참동안 말없이 이 야릇한 번민을 지켜보았다. 얼마 전까지만 하더라도 사교계 인사나 군인처럼 활달하고 민첩하게 돌아다녔던 이 사내는 이제 불행과 광기에 휩싸여 다 찢어지고 단추까지 풀어진 양복 차림으로 피투성이가 된 주먹을 휘두르며 인간을 유혹하는 악마들에게 욕설을 퍼붓고 있었다.

"아, 파벨 이바노비치, 파벨 이바노비치!" 무라조프는 비통한 표정으로 치치코프를 바라보며 고개를 절레절레 저었다. "만일 당신이 좀 더 나은 목표를 가지고 거기에 그 인내와 노력을 쏟았다면 훌륭한 위인이 되어 많은 공덕을 쌓았을 것입니다! 착한 사람들 중에서 단 한 사람이라도 당신이 한 푼한 푼 돈을 모았던 것처럼 착한 일에 자존심과 허영심을 희생시키고 그만한 노력을 기울였더라면 이 땅은 무척이나 번창했을 것입니다! 파벨 이바노비치, 파벨 이바노비치! 제가 안타까운 것은 당신의 죄가 아니라 당신이 당신에게 주어진 그 힘과 재능을 낭비했다는 것입니다. 위인이 될 운명에도 불구하고 당신은 자신을 타락시키고 망쳐버렸습니다!"

실로 오묘한 것이 사람의 마음이다. 방탕에 빠져 올곧은 길에서 아무리 멀리 떨어지더라도, 죄인이 되어 돌이킬 수 없을 만큼 흉악해지더라도, 엇나간 삶에 아무리 익숙해지더라도, 자신이 더럽히고만 자신의 장점을 보는 순간, 사람은 크나큰 동요와 함께 감동에 휩싸이게 된다.

"아타나시 바실리예비치 영감님!" 불쌍한 치치코프가 무라조프의 두 팔에 매달렸다. "맹세하겠습니다! 만일 제가 풀려나 재산을 되찾는다면 전혀 다른 삶을 살겠습니다! 살려주십시오, 제발 저를 살려주십시오!"

"제가 뭘 할 수 있겠습니까? 당신을 석방시키려면 법과 싸워야만 합니다. 설사 그렇게 하더라도 강직하신 공작님은 결코 이를 용납하지 않으실 겁니다."

"구세주시여! 당신께서 해내지 못할 일이 어디에 있겠습니까! 저는 법이 두려운 것이 아닙니다. 법에 대항할 수단이라면 뭐든 찾아낼 수 있습니다. 제가 두려운 것은 죄도 없이 감옥에 갇혀 들개처럼 이곳에서 죽고 마는 것입니다. 거기다 제 재산과 서류, 가방도…… 제발 살려주십시오!"

치치코프는 노인의 두 발을 얼싸안고 눈물을 적셨다.

"아, 파벨 이바노비치, 파벨 이바노비치!" 무라조프 노인은 고개를 절레절레 저으며 말했다. "그놈의 재산이 당신을 장님으로 만들어놓았군요. 그 때문에 당신은 자신의 불쌍한 영혼을 보지 못했던 것입니다."

"앞으로는 제 가엾은 영혼을 직시하겠습니다. 그러니 저 좀 살려주십시오!"

"파벨 이바노비치 씨!" 무라조프는 잠시 침묵에 잠겼다. "아시다시피 제 힘으로는 당신을 구해드릴 수 없습니다. 다만 당신에게 주어질 처벌을 가볍게 해서 풀려날 수 있도록 애는 써보겠습니다. 성공할 수 있을지는 모르겠지만 노력은 해보도록 하지요. 만일 성공한다면 저는 당신에게 그에 대한 보수를 요구하겠습니다. 앞으로 그릇된 방법으로 재산을 모으겠다는 생각을 버리도록 하십시오. 제 명예를 걸고 말하겠습니다, 저는 당신보다 수십 배는 더 많은 재산을 가졌지만 가령 그걸 잃더라도 전 흐느껴 울지 않을 것입니다. 가장 중요한 것은 누군가에게 빼앗길 수 있는 재산이 아니라 아무도 훔쳐갈 수 없는 것에 있습니다! 당신도 오래 살아보셨으니 잘 아실 것 아닙니까? 지금도 그렇게 자신의 생애를 파도에 휩쓸린 조각배라고 비유하시니 말입니다. 당신은 이미 여생을 편안히 지내기에 충분한 재산을 갖고 있습니다. 교회가 있는 한적한 고장에 소박하고 선량한 사람들 곁에 터를 잡으십시오. 그리고 그토록 자손을 남기고 싶으시다면 부잣집 딸이 아닌 검소한 살림이 몸에 밴 마음씨 착한 아가씨를 아내로 맞이하세요. 그러면 후회하지 않을 겁니다. 이 시끄러운 속세와 마음을 유혹하는 사치는 모두 잊어버리십시오. 아니 속세가 당신을 잊게 만드십시오. 속세에 평온함이란 없습니다. 당신도 알다시피 그 안에는 적들과 유혹, 배신자들만이 우글거리지요."

지금까지 경험해보지 못한 무어라 형용할 수 없는 낯선 감정이 찾아왔다. 엄격하기만 할 뿐 죽어버린 가르침, 따분한 어린 시절, 쓸쓸한 집, 형제가 없다는 고독함, 철이 들면서 찾아온 빈곤한 삶에 대한 인상으로 억눌려 있던 어떤 감정이 마음속에서 깨어나려 하고 있었다. 마치 겨울철 눈보라로 뿌옇게 흐려진 창문 너머로 깨나른하게 흘겨보는 암울한 운명의 눈동자에 속박되어 있던 것이, 이제는 자유를 찾아 버둥거리고 있는 것만 같았다. 그의 입에서 한숨이 새어나왔다. 그리고 두 손바닥을 얼굴에 맞대더니 비통한 목소리로 말했다.

"물론입니다, 물론입지요! 저도 올곧은 삶을 살려고 했습니다. 가정을 꾸릴 생각이었습니다. 그런데 악마 놈들이 나타나 저를 유혹해서 길을 헤매게 만든 것입니다. 그 망할 악마 놈들!"

"아무리 지식과 경험이 많다한들 근본이 삐뚤어진 상태에선 아무런 도움도 되지 못합니다. 만에 하나 그 근본이 삐뚤어지지 않았더라면……! 정말 안타깝습니다, 파벨 이바노비치 씨! 왜 자신을 망친 겁니까? 이제 눈을 뜨세요, 아직 늦지 않았습니다."

"아닙니다, 늦었어요, 이미 늦었습니다!" 치치코프는 마치 무라조프의 심장을 쥐어짜는 듯한 목소리로 말했다. "이런 식으로 살아서는 올곧은 길에서 벗어날 뿐이라는 걸 저도 잘 알고 있습니다. 하지만 되돌릴 수 없습니다! 저는 그런 교육을 받지 못했습니다. 아버지는 늘 제게 설교를 하고, 훈계하고, 수행자들의 교훈을 옮겨 적게 했지만, 정작 자신은 이웃의 숲을 훔치고 그걸 저더러 돕게 했습니다. 또 제가 보는 앞에서 부정을 저지르고, 자신이 후견인이 되어주었던 고아 소녀를 타락시키기까지 했습니다. 본보기가 교훈보다 더 강한 법이지요. 영감님, 제가 올곧은 삶을 살지 않았다는 건 저도 잘 압니다. 하지만 제게 죄책감이란 감정은 없습니다. 더럽혀진 마음에는 선(善)을 사랑하는 마음은 물론이요, 주님께 봉사하려는 아름다운 마음마저도 없습니다. 재산을 탐하는 욕망에서 선행을 행하려는 욕구가 생겨날 리 없어요. 그러니 제가 무엇을 할 수 있겠습니까?"

노인은 깊은 한숨을 내쉬었다.

"파벨 이바노비치 씨, 당신에게는 그만한 의지와 인내가 있습니다. 약은 본디 쓴 법이고, 다른 치료법이 없으면 환자는 별 수 없이 그 쓰디쓴 약을 삼키게 되어 있습니다. 당신은 선을 사랑하는 마음이 없다고 하셨습니다만, 그러면 사랑하는 마음이 없이 선행을 실천해보십시오. 그러면 사랑하는 마음으로 선행을 실천하는 사람보다 더 큰 공적을 쌓게 될 것입니다. 시험 삼아 몇 번 정도 해보십시오. 그러면 사랑하는 마음도 생겨날 것입니다. 정성이 지극하면 돌 위에도 풀이 자라는 법입니다. '천국도 찾아가는 사람만이 얻을 수 있다'고 하지 않습니까? 파벨 이바노비치 씨, 당신에게는 다른 사람에게 없는 강철과 같은 그 인내력이 있는데 어찌 극복하지 못한단 말입니까. 당신은 지금의 의지력 없고 나약한 현대인들의 영웅이 될 수도 있습니다."

무라조프의 말은 치치코프의 영혼을 뚫고 들어가 그 바닥에 있는 명예심을 건드렸다. 결의까지는 아니더라도 그와 비슷한 어떤 강인함이 그의 눈에서 번뜩였다.

"영감님!" 치치코프가 결연한 목소리로 말했다. "만일 제가 석방되어 재산까지 챙겨 이곳을 떠난다면, 맹세코 다른 삶을 살겠습니다. 작은 마을을 사들여, 한 가정의 가장이 되어, 저 자신이 아닌 다른 사람을 돕기 위해 돈을 모으고 힘닿는 데까지 선행을 실천하겠습니다. 저 자신은 물론이고 모든 도락과 사치를 잊고 소박하고 건실한 삶을 살겠습니다."

"부디 주님께서 그대의 결심을 더욱 굳건히 해주시기를 바랍니다!" 노인은 기쁨에 찬 얼굴로 말했다. "그럼 공작님께 당신을 석방시켜달라고 온 힘을 다해 부탁해보겠습니다. 성공할지 어떨지는 주님께서만 아시겠지요. 하지만 당신의 죄는 확실히 가벼워질 것입니다. 참으로 기쁩니다! 자, 나를 안아 주시겠소? 나도 그대를 안아드리리다. 당신 덕분에 나까지 기뻐졌군요. 그럼, 주님이 그대와 함께 하시기를. 당장 공작님께 가봐야겠소."

노인이 자리를 떠나면서 치치코프는 혼자 남겨졌다.

치치코프의 본성 전체가 뒤흔들리고 정화되었다. 금속 중에서도 가장 단단하고 열에 강하다는 백금도 화력을 높이고 풀무질을 더해 용광로의 열기가 정점에 다다르게 되면 녹아서 액체가 된다. 이처럼 불행이라는 견디기 어려운 열기로 본질이 달궈지면 아무리 강인한 사내라 하더라도 그 불행의 용광로 속에서 녹아버리기 마련이다.

'난 멍청이야. 허영이나 쫓아다니는 멍청이였어. 전부 가까운 곳에 있었거늘, 손을 뻗으면 닿을 곳에 있었는데 엉뚱한 곳을 찾아다니고 있었어. 맞아, 시골생활도 나쁘지 않아. 즐거움은 노동 속에서 찾아야만 해. 그래, 코스탄조글로처럼……. 떳떳하게 일궈낸 결과만큼 달콤한 것은 없는 법이지. 그래, 일하자! 시골에 터전을 잡고 열심히 일하는 거야! 다른 사람들에게 좋은 영향을 끼칠 수 있도록 정직하게 일하겠어. 그러고 보면 나도 전혀 쓸모없지는 않아. 농장을 잘 경영해나갈 능력은 충분해. 신중하고, 민첩하고, 분별력 있고, 어떤 난관에도 굴하지 않지. 그래, 결정만 내리면 돼. 이제야 나도 이 땅에 태어난 사람이 반드시 해야 할 의무를 깨달은 것 같아.'

그러자 도시의 소음과 노동을 잊은 게으름뱅이들이 만들어낸 온갖 유혹에서 벗어나 부지런히 일하는 모습이 생생히 눈앞에 그려졌다. 불쾌한 마음을 모두 벗어던진 치치코프는 만약 자신이 석방되어 일부나마 재산을 챙기게 된다면 이 어려운 시련을 겪게 해준 주님의 은총에 감사기도라도 올릴 생각이었다.

바로 그때였다. 더러운 감옥 문이 열리면서 한 관리가 들어왔다. 쾌락주의자요, 친구로서는 더할 나위 없는 호인이지만 난봉꾼인 사모스비토프라는 사내였다. 사람들은 그를 대책 없는 무뢰한으로 여겼다. 전쟁 때라면 놀라운 무공(武功)을 세웠을지도 모른다. 위험한 지역을 뚫고 들어가 적군의 코앞에서 대포를 훔쳐올 정도의 배짱이니 어떤 임무라도 해낼 수 있을 것이다.

하지만 명예를 떨칠 전장이 없었던 탓에 그는 그러한 재능을 온갖 추악하고 지저분한 일에 쏟아 부었다. 도저히 믿기 힘든 사실이지만, 그는 자기 친구들한테는 무척이나 선량한 위인이었다. 결코 친구들을 팔지 않았고 약속한 일은 반드시 지켰다. 하지만 상관에 대해서는 마치 적군의 대포라도 되는 것처럼 약점만 찾아내면 그곳으로 돌진하려고 들었다.

"당신의 처지에 대해서라면 다 알고 있습니다. 이야기는 전부 들었습니다!" 그는 문이 확실히 닫혔는지 확인하고 얘기를 꺼냈다. "조금도 걱정하실 것 없습니다. 모두 잘 풀릴 겁니다. 저희가 당신을 도와드리겠습니다! 저희를 고용하십시오! 전부 다해서 3만 루블이면 됩니다. 그 이상은 필요 없습니다."

"정말입니까?" 치치코프가 소리쳤다. "그걸로 전 무죄가 되는 겁니까?"

"완전히 자유의 몸이 될 수 있습니다! 거기다 손해배상금까지도 받게 되실 겁니다."

"그럼 수고해주신 분들에게 드릴 수수료는 어떻게 하지요?"

"그것도 3만 루블이면 됩니다. 저희와 총독의 부하들, 비서들에게 골고루 배당될 것입니다."

"하지만 제 재산은 전부 제 손을 떠나버렸습니다. ……전부 봉인되어 감독받고 있을 겁니다."

"한 시간만 기다리면 다시 당신의 곁으로 돌아올 겁니다. 그럼 동의하겠다는 뜻으로 악수 하시지요."

치치코프는 손을 내밀었다. 심장이 요동쳤다. 설마 이런 일이 가능하리라고는 믿을 수가 없었던 것이다.

"그럼 실례하겠습니다. 아, 그리고 당신과 저의 친구인 그분께서 이런 말을 전해달라고 부탁하더군요. 어떤 경우에든 침착해야 한다고 말입니다."

'알았어! 그 변호사야!' 치치코프는 생각했다.

사모스비토프가 밖으로 나갔다. 혼자 남겨진 치치코프는 아직도 그가 들려준 말이 믿기지가 않았다. 그러나 두 사람이 이야기를 나눈 지 한 시간도 채 지나지 않아 트렁크와 서류, 돈이 손댄 흔적 하나 없이 치치코프에게 되돌아왔다. 그것도 아주 놀라운 방법으로 말이다. 사모스비토프는 감독관의 모습을 하고 나타났다. 보초들의 태만한 모습을 지적하고 더 엄중한 관리를 위해 많은 병사를 데리고 오도록 명령을 내린 다음, 그 사이에 트렁크와 치치코프에게 불리한 서류를 모조리 챙겼던 것이다. 그리고 이 모두를 한데 묶어 봉인한 다음, 치치코프에게 꼭 필요한 침구류와 함께 갖다 주었던 것이다. 그리하여 치치코프는 그토록 바라던 물건들과 함께 따뜻한 침구까지 손에 넣게 된 것이었다. 이렇게나 빨리 도착할 줄이야, 치치코프는 말로 표현할 수 없을 정도로 기뻤다. 다시 희망으로 부푼 치치코프의 머릿속에는 다시 저녁나절의 극장과 좋아하던 여배우가 아른거렸다. 그러자 고요한 시골은 무미건조하게, 시끄러운 도시는 화려하고 아름답게 느껴지기 시작했다……. 오, 인생이여!

그러는 사이 법원과 관청에서는 일이 걷잡을 수 없이 커져갔다. 서기들이 펜을 끼적이고 있었다. 숙달된 사람들은 코담배를 맡으며 서툰 자신의 글씨를 화가가 그려놓은 그림 감상하듯이 들여다보고 있었다. 이 모든 것은 변호사가 모습을 드러내지 않는 마술사처럼 몰래 사건을 조작하여 사람들이 진상을 알아채기 전에 혼란에 빠뜨렸기 때문이었다. 혼란은 계속해서 커져갔다. 그러는 사이 사모스비토프는 뻔뻔하고 대담한 행동으로 활약을 펼쳤다. 먼저 체포된 여자가 어디에 잡혀 있는지 알아낸 그는 대담하고 위풍 있는 상관의 모습으로 찾아갔다. 보초는 그를 보자마자 경례를 하고 차렷 자세를 취했다.

"여기 오래 있었나?"

"아침부터입니다!"

"교대 시간까지 얼마나 남았나?"

"세 시간 남았습니다!"

"자네가 필요하네. 대신 보초를 설 병사를 보내라고 일러둘 테니 교대가 오는 즉시 날 찾아오게."

"예, 알겠습니다!"

집으로 돌아온 사모스비토프는 아무에게도 들키지 않게끔 콧수염과 구레나룻을 달고 헌병으로 위장했다. 이 헌병이 사모스비토프인 줄은 악마도 모를 것이다. 그는 치치코프가 갇혀 있는 감옥으로 길을 잡았다. 그리고 가는 길에 만난 거리의 창부를 붙들어 젊은 두 관리에게 넘겼다. 그러고는 좀 전에 만났던 보초를 다시 찾아갔다. "그만 가보게. 자네 대신에 나더러 보초를

서라고 그러시더군." 그렇게 교대를 한 사모스비토프는 총을 들고 보초를 섰다. 이로서 모든 일은 끝난 셈이었다. 그가 보초를 서고 있는 동안 먼저 체포됐던 여자와 그가 데려온 거리의 창부가 바뀌치기 되었고, 이렇게 감옥을 빠져나온 여자는 아무도 찾을 수 없을 만한 곳으로 몰래 옮겨졌다.

이렇게 사모스비토프가 헌병으로 분장을 하고 대활약을 펼치는 동안 변호사는 관청에서 기적을 일으키고 있었다. 먼저 그는 주지사에게 검사가 당신을 고발하려 한다고 속삭였고, 검사에게는 이 마을에 파견된 비밀 관리가 당신을 밀고하려 한다고 넌지시 알렸으며, 비밀 관리에게는 시내에 잠복중인 다른 관리가 당신을 밀고하려 한다고 믿도록 만들었다. 대혼란이 벌어지면서 모두가 변호사를 찾아와 자문을 구했다. 밀고에 밀고가 줄을 이으면서 있지도 않은 사건까지 생겨났다. 별의별 일들이 사건과 연관 지어지면서 어떤 가문의 어떤 직위에 있는 사람은 사생아라는 소문이 돌았고, 어떤 사람에게는 정부(情婦)가 있으며, 어떤 부인은 어떤 사내와 눈이 맞았다고 비난을 받았다. 비방과 터무니없는 소문이 퍼지면서 치치코프가 저지른 사건과 죽은 농노에 대한 이야기가 뒤죽박죽이 되어버려 어느 것이 진실이고 거짓인지 도무지 알 수가 없게 되어버렸다. 어느 쪽이고 헛소리처럼 보였다. 마침내 사건에 대한 보고서가 총독에게 제출되었지만 가엾은 총독은 어떻게 된 영문인지 도통 알 수가 없었다. 사건을 맡은 관리는 매우 똑똑하고 뛰어난 사람이었지만 그도 사실을 가려내자니 미칠 지경이었던 것이다. 어떤 방법으로도 사건을 해결할 실마리는 나오지 않았다.

게다가 공작은 잇따라 들이닥치는 매우 불쾌한 사건에 시달리고 있었다. 기아가 발생한 고장에 양식을 나누어주도록 관리들을 파견했지만 제대로 일 처리가 되지 않았고, 다른 곳에서는 이교도들이 말썽이었다. 누군가가 죽은 이들을 편안히 잠들지 못하게끔 죽은 혼을 사들이는 적그리스도가 나타났다는 소문을 퍼뜨렸기 때문이었다. 어떤 이들은 참회했고, 어떤 이들은 범죄를 저질렀으며 어떤 이들은 적그리스도를 잡겠다며 적그리스도가 아닌 이들을 잡아 죽이기까지도 했다. 또 다른 곳에서는 농민들이 지주와 경찰에 대항해 민란을 일으켰다. 이는 어떤 방랑객이 이제 농민들이 지주가 되어 연미복을 차려입고 지주는 농부들이 입는 양가죽 외투를 입고 농민 신분이 되는 시기가 가까워졌다는 소문을 퍼뜨렸기 때문이었다. 그리하여 농민들은 정말 그렇게 되었다가는 지주와 경찰관이 너무 많아진다는 사실을 곰곰이 생각해보지도 않은 채, 납세를 거부해버린 것이다. 결국 강경수단에 의지해야만 했다. 불쌍한 공작은 정신이 돌아버릴 것만 같았다. 바로 그때, 세금징수원 무라조프가 찾아왔다는 보고가 들어왔다.

"안으로 들라고 해라." 공작이 말했다.

무라조프가 안으로 들어왔다.

"노인께서 변호하던 치치코프란 놈이 이딴 짓을 저질렀습니다! 노인은 항상 그놈 편을 들었지요. 그런데 그가 결국 악랄한 도둑놈도 저지르지 않을 그런 추악한 사건을 저지르고 체포되었습니다."

"각하, 무슨 말씀이신지 이해가 가질 않습니다만."

"아주 추잡한 방법으로 유서를 위조했습니다. 그런 놈에게는 공개 태형(笞刑)이 마땅할 것입니다."

"각하, 저는 치치코프를 변호하려고 이런 말을 올리는 게 아닙니다. 사건은 아직 증거도 잡지 못했고, 심리도 끝나지 않았잖습니까?"

"증거가 있습니다. 죽은 노부인 노릇을 한 여자가 체포되었습니다. 그럼 제가 영감님 앞에서 직접 심문해보이겠습니다."

공작은 벨을 눌러서 시종을 불렀다. "체포한 여자를 데리고 들어오게."

무라조프는 아무 말도 하지 않았다.

"가장 불명예스러운 사건입니다! 거기다 입에 담기도 부끄러운 사실은 마을 관리들, 심지어 주지사까지도 사건에 연루되었다는 것입니다. 그는 결코 이번 일에 끼어들지 말았어야 했소!" 공작이 열을 올리며 말했다.

"글쎄올시다, 주지사는 돌아가신 노부인의 친척이니 유산을 요구할 권리가 있습니다. 거기다 이렇게 사람들이 사방에서 달려드는 것도 당연한 일이지요. 부유한 노부인이 유산을 지혜롭고 공정하게 처리해두지 않고서 죽으니 국물이라도 얻어먹으려고 사람들이 몰려드는 겁니다. 사람이란 다 그런 것이지요."

"하지만 어찌 이리도 추악할 수 있단 말이오? 비열한 놈들!" 공작이 분통을 터뜨리며 말했다. "내겐 착한 관리가 단 한 명도 없소. 모두 비열한 악당들뿐이라오!"

"각하, 우리 중에 누가 착한 사람이겠습니까? 이 마을의 관리들은 모두 사람입니다. 그렇기 때문에 저마다의 장점이 있고 재능이 있지만, 사람이기에 부정에 물들기 쉬운 법입니다."

"아니, 아타나시 바실리예비치 영감님, 말씀 좀 해보십시오. 제가 아는 사람들 중에서 유일하게 정직하신 영감님이 왜 그런 악당들을 변호하시는 겁니까?"

"각하께서 악당이라고 말씀하신 위인들도 어찌되었건 그 역시 사람입니다. 그들이 저지른 죄의 대부분이 무지(無知)와 실수라는 것을 아는데, 어떻게 변호하지 않을 수 있겠습니까? 저희 또한 악의 없이 매 순간 불의를 저지르고 다른 사람들의 불행의 씨앗을 만들어내고 있습니다. 각하께서도 큰 불의를 저지른 적이 있으시지 않습니까?"

"뭐라고요!" 무라조프의 얘기가 너무나도 뜻밖이었는지 깜짝 놀란 공작이 소리를 질렀다.

무라조프는 한참을 생각에 잠긴 것처럼 말이 없더니, 마침내 입을 열었다. "네, 젤펜니코프의 일만 하더라도 그렇습니다."

"아니 영감님은 제가 내린 판결이 부당하다 이 말씀이십니까? 그는 국법을 위반한 범죄자로 조국을 배신한 배신자나 다름없습니다!"

"그를 옹호하려는 게 아닙니다. 다만 자신의 미숙함 때문에 다른 사람의 꼬임에 넘어간 젊은이를 마치 주동자처럼 벌한다는 것이 옳은 일이겠습니까? 젤펜니코프와 보로노이 드리얀노이는 같은 죄를 저질렀지만 두 사람이 받은 죗값은 결코 같지 않았습니다."

"그럼……." 공작은 눈에 띄게 흥분한 모습으로 말했다. "영감님은 그 사건에 대해 뭔가를 알고 계신 거로군요. 말씀해주십시오! 저는 얼마 전에 그의 형량을 감해 달라는 청원서를 페테르부르크에 보냈습니다."

"그렇지 않습니다. 각하께서 모르는 사실이 있어 이런 얘기를 드리는 것이 아닙니다. 사실 그에게 유리한 이야기가 있기는 합니다만, 그 때문에 고통받을 사람을 생각하면 그는 결코 제가 이 이야기를 털어놓는 걸 용납하지 않겠지요. 저는 다만 각하께서 너무 성급하셨던 것은 아닌가 싶습니다. 제 빈약한 머리로 판단한 것이니 부디 노여워하지는 마십시오. 각하는 늘 제게 솔직히 말해달라고 하셨지요. 제가 관리였을 무렵, 제 밑에는 여러 일꾼들이 있었습니다. 착한 사람도 있었고, 악당도 있었지요. 제가 하고 싶은 얘기는 사람을 판단할 때 그가 살아온 삶도 고려해야 한다는 것입니다. 모든 것을 냉정하게 살펴보지도 않고 처음부터 고함을 지른다면 겁을 먹은 상대는 결코 진실한 고백을 해주지 않습니다. 하지만 마치 형제를 대하듯이 연민을 갖고 심문한다면 상대는 자진해서 속내를 털어놓고 죄를 덜어달라고도, 다른 누군가에게 가혹한 처벌을 내려달라고도 요구하지 않을 것입니다. 왜냐하면 자신을 벌하는 것은 제가 아니라 법이라는 걸 분명히 깨닫게 되기 때문입니다."

공작은 생각에 잠겼다. 바로 그때 한 젊은 관리가 공손히 손가방을 들고 들어왔다. 아직 앳돼 보이는 발랄한 얼굴에는 맡은 일이 얼마나 고되고 복잡한 것인지 뚜렷이 드러나 있어 자신이 맡은 특수한 임무를 소홀히 하고 있는 것처럼 보이지 않았다. 그는 맡은 바 일에 애정을 갖고 임하는 몇 안 되는 사람 중 하나였다. 금전욕이나 공명심이 있는 것도 아니며 다른 누군가를 흉내 내고 있는 것도 아니었다. 그저 자신을 필요로 하는 곳은 다른 어디도 아닌 바로 이곳이며 이 일을 위해 자신의 삶이 주어진 것이라 철석같이 믿고 있었던 것이다. 그가 맡은 일은 복잡하게 얽힌 사건을 검토하고 분석해 찾아낸 실마리로 사건의 전모를 밝히는 것이었다. 고된 노력을 아무도 알아주지 않지만, 감춰져 있던 사실이 드러나 사건의 전모가 밝혀지게 되어 누구든 납득할 만큼 알기 쉬운 몇 마디의 말로 전할 수 있게 되면 밤잠을 희생한 보람을 느끼는 것이다. 이를테면 도무지 이해가 가지 않는 어려운 사상가의 글귀의 참뜻을 알게 된 학생처럼, 얽힐 대로 얽힌 사건을 해결했을 때 그가 느끼는 기쁨은 그만큼 큰 것이었다. 그 대신……

(한 페이지의 원고가 사라지고 중간부터 다음 대화가 시작되고 있다. —옮긴이주)

……굶주림으로 고통 받는 지방에 양식을 나눠주는 일이라면 제가 관리들보다 더 잘 압니다. 어디에 뭐가 필요한지 제가 직접 알아보도록 하겠습니다. 그리고 각하께서 허락만 해주신다면 이교도와도 얘기를 나눠보도록 하지요. 그들은 자신과 같은 평민이라면 기꺼이 대화에 응해줄 것입니다. 모든 게 주님의 뜻이라면 화기애애한 분위기 속에서 일이 잘 수습될 것입니다. 각하, 보수는 필요 없습니다. 사람들이 굶어 죽어가고 있는데 자신의 득실을

생각한다는 것은 부끄러운 일입니다. 제게는 저장해둔 양식이 많습니다. 바로 얼마 전에도 시베리아에 양식을 보냈고, 올 여름에 또 보낼 것입니다."

"그렇게 해주신다면 반드시 주님께서 보답해주실 것입니다. 아타나시 바실리예비치. 뭐라 드릴 말이 없군요. 영감님께서도 아시겠지만 제가 뭐라 한들 무슨 도움이 되겠습니까? 하지만 좀 전에 영감님께서 부탁하신 일에 대해 한마디 하겠습니다. 솔직히 말씀해주십시오. 이 사건을 심리하지 않고 내버려두는 것이 정의일까요? 저런 악당들을 용서해주는 것이 과연 옳은 일일까요?"

"각하, 그들을 악당이라고 불러서는 안 됩니다. 그들 중에도 훌륭한 위인은 많습니다. 한 사람, 한 사람의 개인사란 그만큼 어려운 것입니다. 그렇습니다, 무척이나 어렵고말고요. 죄를 지은 것처럼 보이는 사람도 내막을 살펴보면 그가 저지른 죄가 아닌 일이 허다한 법입니다."

"하지만 이대로 내버려둔다면 그들이 뭐라고 하겠습니까? 콧대가 높아져서는 총독도 우리를 못 건드린다는 말까지 나올지도 모릅니다. 그리고 그들을 시작으로 아무도 절 존경하지 않게 되면……."

"각하, 제 생각을 들려드리겠습니다. 사람들을 한데 모아놓고 각하께서 알고 계신 모든 것을 그들에게 들려주십시오. 각하의 입장을 지금 제게 말씀하신 것처럼 그대로 들려주시고, 관리들의 의견을 물어보십시오."

"그런다고 그 위인들이 음모와 욕심을 벗어던지고 고상한 태도를 취하리라 생각하십니까? 천만의 말씀! 그들은 절 비웃기만 할 겁니다."

"각하, 저는 그렇게 생각하지 않습니다. 아무리 지독한 악당이라도 러시아인이라면 누구나 정의로운 마음을 갖고 있습니다. 유대인들은 틀림없이 각하를 비웃겠지만, 러시아 사람들은 결코 그렇지 않습니다. 뭘 숨기려고 하십니까? 지금 제게 들려주신 것처럼 똑같이 말씀하시면 됩니다. 그들은 각하를 남의 말에 귀 기울이지 않는 콧대 센 야심가라고 생각하고 있어요. 그런 그들에게 각하를 있는 그대로 보여주십시오. 왜 각하가 그들을 두려워하십니까? 각하는 옳은 일을 하고 계십니다. 그러니 주님께 고해하듯이 툭 털어놓아보십시오."

"아타나시 바실리예비치." 공작은 주저하면서 말했다. "그 문제에 대해서는 좀 더 생각해 보겠습니다. 이렇게 충고를 해주셔서 진심으로 감사드립니다."

"그리고 치치코프를 석방시켜주십시오, 각하."

"그자에게 되도록 빨리, 먼 곳으로 떠나라고 일러주십시오. 저는 그자를 용서할 수 없으니까요."

무라조프는 머리를 조아리고 곧장 치치코프가 있는 곳으로 향했다. 그런데 치치코프는 자못 명랑한 얼굴로 도자기 그릇에 담긴 일류 레스토랑의 고급 요리를 마음 편히 들고 있는 것이 아닌가. 무라조프는 치치코프와 몇 마디 이야기를 나누고선 그가 벌써 어떤 교활한 관리와 내통했다는 것을 단번에 알아챘다. 그뿐만 아니라 수완 좋은 그 변호사가 이 사건에 몰래 관여했다는 것까지도 알아챘다.

"잘 들으십시오, 파벨 이바노비치." 무라조프가 말했다. "지금 당장 이 마을에서 떠나라는 조건으로 당신의 석방 명령을 받아왔습니다. 한순간도 지체하지 말고 짐을 챙겨 떠나십시오. 곧 모든 사건의 전말이 밝혀질 것입니다. 저는 누가 당신을 돕고 있는지 다 알고 있습니다. 그러니 한마디 해두겠습니다. 사건의 전말이 드러나게 되면 당신을 돕고 있는 사람들은 어떤 권력으로도 구해낼 수 없게 될 것입니다. 그렇게 되면 그는 기꺼이 죄를 나누고자 물귀신처럼 다른 사람들을 모조리 끌고 들어갈 것입니다. 조금 전 헤어졌을 때의 당신의 마음 상태가 지금보다 훨씬 좋았었다고 생각합니다. 진심으로 충고하지요. 모두가 재산을 놓고 서로 물어뜯으며 싸우고 있지만 그건 중요하지 않습니다. 제 말을 믿으십시오. 사람들이 아귀다툼을 멈추고 정신적인 재산을 모으지 않는다면 이 땅의 재산마저도 위태로워집니다. 우리민족 전체에 굶주림과 궁핍의 날이 다가오고 있어요……. 틀림없는 사실입니다. 당신께서 뭐라고 하던 정신이 있기에 육체가 존재하는 법이지요. 이제 그만 죽은 혼(혹은죽은농노)이 아닌 살아 있는 당신의 영혼에 대해 생각하도록 하십시오! 여태껏 걸어온 길과 다른 길을 주님과 함께 걸어가십시오! 저는 내일 이곳을 떠날 겁니다. 그러니 서두르십시오! 제가 떠나고 나면 골치 아픈 일이 생길 겁니다." 무라조프는 이 말을 남기고 나가버렸다.

치치코프는 생각에 잠겼다. '무라조프의 말이 옳아. 이제는 다른 길을 걸어야 할 때야!' 삶의 의미가 다시 한 번 중요하게 생각되었다. 치치코프는 감옥에서 걸어 나왔다. 보초가 그의 짐을 들고 뒤를 따랐다. 셀리판과 페트루슈카는 석방된 주인을 보고 그지없이 기뻐해주었다.

"너희들이구나." 치치코프는 자신의 하인들을 보고 다정하게 말했다. "어서 짐을 꾸려라, 서둘러 떠나야 한다."

"멋지게 달릴 수 있습니다요, 나리." 세리판이 말했다. "눈이 충분히 내렸으니 길도 충분히 단단해졌을 겁니다. 슬슬 이곳에서 떠날 때가 된 것 같습니다. 전 이제 여기가 꼴도 보기 싫어졌습니다요."

"장인을 불러다가 마차에 썰매를 달도록 해라."

치치코프는 시내로 들어갔다. 하지만 어느 누구와도 작별인사를 나누고 싶지는 않았다. 그런 일이 있었던지라 치치코프도 적잖이 겸연쩍었고, 자신에 대한 유쾌하지 않은 소문이 파다했기 때문에 더욱 그러했다. 될 수 있는 대로 모든 만남을 피하고 조용히 진홍과 잿빛이 어우러진 나바리노 옷감을 샀던 가게를 찾았다. 거기서 양복옷감을 4아르신 사들인 치치코프는 전에 찾아갔던 재봉사의 가게로 향했다. 값을 두 배로 치르겠다는 소리에 의욕이 불타오른 재봉사는 모든 직원들을 불러 모아 양초불빛 아래에서 바늘과 다리미, 이빨을 써가며 밤새워 일을 했다. 조금 늦어지기는 했지만 연미복은 다음날 완성되었다. 말들에게 마구가 씌워지고 출발 준비가 끝났다. 치치코프는 연미복을 입어보았다. 앞서 만들었던 것만큼 훌륭했다. 하지만 슬프구나! 치치코프는 반질반질해진 자신의 하얀 머리를 바라보며 중얼거렸다. "어쩌자고 그토록 지독한 절망에 빠졌었던 걸까? 머리카락을 쥐어뜯을 것까지는 없었는데……."

재봉사에게 셈을 치른 치치코프는 마침내 이상야릇한 기분에 휩싸인 채로 마을을 떠났다. 한 꺼풀 벗은 그는 이미 예전의 치치코프가 아니었다. 그의 영혼은 새 건물을 짓기 위해 허문 건물과도 같았다. 그러나 아직 새 건축물의 설계도가 도착하지 않았기에 노동자들은 어찌할 바를 모르고 멍하니 지켜보고만 있는 그런 상태였다.

무라조프는 치치코프보다 한 발 앞서 마차를 타고 떠났고 치치코프 역시 마을을 떠났다. 공작은 페테르부르크로 떠나기에 앞서 모든 관리들에게 빠짐없이 회견에 참석하라는 명령을 내렸다.

총독 관저의 홀에 주지사에서부터 9등 문관까지 마을의 모든 관리들이 모였다. 사무국장, 서기, 참사(參事), 보좌관들은 물론 키슬로예도프, 크라스노노소프, 사모스비토프까지 참석했고, 뇌물을 받은 관리도, 뇌물을 받은 적이 없는 관리도, 양심을 속이고 살아온 관리도, 반쯤 양심을 속인 관리도, 전혀 양심을 속이지 않았던 관리도 한데 모여, 알 수 없는 호기심과 불안한 마음을 안고 공작이 나타나기만을 기다렸다. 마침내 공작이 나타났다. 우울하지도, 그렇다고 명랑하지도 않은 태도였지만 걸음걸이와 눈망울은 확신으로 가득했다. 자리에 모인 관리들이 머리를 조아렸다. 대부분의 관리들은 허리까지 몸을 굽혀가며 인사를 했다. 공작은 가벼운 목례로 답하고 말문을 열었다.

"페테르부르크로 떠나기에 앞서 그대들을 만나 내가 떠나는 이유를 설명하는 것이 낫겠다는 생각이 들어 이 자리를 마련했소. 우리에게 아주 추악한 사건이 벌어졌소. 여기 모인 그대들은 무슨 사건에 대해 얘기하고 있는지 잘 알 거라고 생각하오. 이 사건으로 인해 그 못지않게 파렴치한 사건들이 연이어 드러났고, 여태껏 청렴하다고 알려진 위인들까지 연관되어 있었다는 것이 밝혀졌소. 또 본인은 정식절차로는 사건을 해결하지 못하게끔 사안을 뒤죽박죽으로 만들어놓은 진짜 이유도 알고 있소. 아주 교묘하게 감추기는 했지만 누가 이번 사건의 주모자인지 다 알고 있소. 그리하여 본인은 이번 사건을 서식에 맞춰 정식으로 심리하지 않고, 전시(戰時) 때와 같은 군법회의를 통해 해결할 작정이오. 폐하께 이번 사건의 자초지종을 설명한다면 분명 본인에게 권한을 위임해주실 것이오. 이렇게 사건을 정식 절차를 통해 해결하는 것이 불가능하고, 사건 서류로 책장은 터질 것만 같고, 사건과 관계없는 거짓 증거와 허위 고발이 난무하여 사건이 더욱 복잡해지고 있으니, 군법회의를 통해 사건을 처리하는 게 유일한 방법이라고 생각하는데, 그대들의 의견은 어떠하시오?"

공작은 답변을 듣고 싶다는 듯이 말을 끊었지만 사람들은 그저 창백하게 질린 얼굴로 바닥을 내려다보며 서 있을 뿐이었다.

"본인은 또 다른 사건에 대해서도 알고 있소. 그 주모자들은 누구에게도 그 사실이 알려지지 않으리라 굳게 믿고 있겠지만, 그 사건은 정식절차를 밟지 않을 것이오. 바로 본인이 사건의 고소인이자 탄원자가 되어 직접 명백한 증거들을 제시할 것이기 때문이지."

관리들 가운데 누군가가 몸을 부르르 떨었다. 겁이 많은 사람들은 당황하여 어쩔 줄을 몰랐다.

"당연하겠지만 주모자들은 관직과 재산이 박탈될 것이고 단순 가담자들에게는 면직 조치가 내려질 것이오. 그 과정에서 죄 없는 관리들까지 고통 받게 되겠지만, 사안이 너무 파렴치해서 도무지 어쩔 도리가 없소. 물론 본인도 이 방법이 교훈이 되지 못하리라는 걸 잘 알고 있소. 아무리 정직하고 믿음직하던 사람도 관직에 오르면 어느새 사기꾼이 되고 배신자가 되는 세상이니 말이오. 그러나 사건이 공정한 판결을 요구하고 있기에 본인은 가혹한 수단을 쓸 수밖에 없소. 이러한 처사가 잔인하다고 비난하는 자들도 있을 것이오. 그러나 오히려 그들이 (구절이 잘려 나가 있다) ……처럼 더 많은 비난을 받게 될 것이오. 그러니 그대들은 본인을 아무런 감정 없이 공정한 판결만을 내리는 기계라고 생각해주어야 할 것이오."

사람들의 얼굴에 전율이 일었다.

공작은 침착했다. 그의 얼굴에는 어떤 분노도 흔들림도 없었다.

"이제 그대들의 운명을 손아귀에 쥐고서 어떤 청원에도 귀 기울이지 않았던 위인이 그대들 앞에서 무릎을 꿇고 간절한 부탁을 드리고자 하네. 만일 본인의 부탁을 그대들이 들어준다면, 모든 사건은 깨끗이 씻겨 용서받게 될 것이고, 또한 본인이 그대들의 변호인이 되어줄 것이오. 본인이 부탁하고자 하는 것은 바로 이것이오. 본인은 어떤 수단이나 예방책으로도, 그리고 어떤 깊게 뿌리내린 부정을 완전히 뿌리 뽑을 수 없다는 걸 잘 알고 있소. 또한 뇌물을 주고받는 것이 청렴한 본성을 지닌 이들조차 피해갈 수 없는 관행이 되어 있으며, 이러한 관행을 거부하는 것이 얼마나 어려운 일인지도 잘 알고 있소. 그러나 이제 모두가 저마다 무거운 짐을 짊어지고 모든 것을 희생하여 조국을 구한다는 엄숙하고 단호한 결단을 내릴 때가 되었소. 아직 마음 한편에 러시아인의 혼을 갖고 있으며, '고결하다'는 말이 무엇인지 이해하는 사람들에게 소리 높여 외치겠소. 우리 중에서 누구의 죄가 더 깊은지 따져본들 무슨 소용이 있겠나! 어쩌면 본인의 죄가 제일 깊을지도 모르지. 어쩌면 애초에 본인이 그대들을 너무 엄격하게 대했던 것일 수도 있고, 진심으로 본인을 도우려는 이들을 너무 의심하다 내쳐버렸을지도 모르오. 그러나 만약 그대들이 진심으로 정의를 사랑하고 조국을 위한다면 본인의 거만한 태도에 분개하지 않고, 자신의 허영을 이겨내어 자신을 희생했을 것이오. 그랬다면 본인 또한 그대들의 숭고한 희생과 고결한 사랑을 못 보고 지나치지 않았을 것이며, 그대들의 유익하고 현명한 충고를 받아들였을 것이오. 상관이 부하에게 맞추는 것보다는 부하가 상관에게 맞추는 것이 옳은 길일 것이오. 부하에게는 장관이 한 사람뿐이지만 장관에게는 수백의 부하가 있기 때문이지. 어느 쪽이 더 합리적이고 쉽겠나? 우리 조국이 망해가는 원인은 스물이 넘는 외적들의 침입이 아니라 우리 자신에게 있소. 우리의 행정에 있어서 법률보다 훨씬 더 강력한 힘을 미치는 제2의 통치기관이 나날이 그 몸집을 불리고 있소. 그리고 그곳엔 독자적으로 확립된 조건이 있고, 청탁에 따라 치러야 하는 대가에는 저마다 일정한 가격이 매겨져 있소. 뿐인가, 기가 막히게도 이제는 그런 뻔뻔한 조건을 공공연하게 세상에 디밀어도 누구 하나 이상하게 여기지 않는 세상에 되고 말았소. 이러니 아무리 지혜로운 법률가나 정치인일지라도 부정부패를 완전히 뿌리 뽑지 못하는 것이오. 과거 우리 러시아를 침략해 온 적(敵)에 맞서 싸웠던 것처럼 부정에 맞서 싸우기 전에는 어떤 노력도 결실을 맺을 수 없을 것이오. 지금 본인은 같은 핏줄로 이어진 하나의 러시아인으로서 그대들 중에 고결한 사상이 무엇인지 다소나마 이해하고 있는 사람들에게 말하겠소. 그대들이 어디에 있건 자신의 본분과 의무를 좀 더 신중하게 생각해주기를 바라오. 왜냐하면 우리는 아직도 그것에 대해 명확하게 이해하지 못하고 있어서 자칫하면…… (원고가 여기서 끊어져 있다─옮긴이주)

Shinel

외투

외투

어느 관청에…… 아니, 그곳이 어느 관청인가는 말하지 않는 편이 좋을 것 같다. 이 세상에서 가장 상대하기 까다로운 것이 관청이라든가, 연대(連隊)라든가, 재판소라든가 하는, 이른바 공무원 관료들이니 말이다. 또 오늘날에는 모든 개인이 자기가 받은 모욕을 마치 사회 전체가 모욕당한 것처럼 해석해 버리기 때문이다. 최근에 어느 마을의 경찰서장이 탄원서를 제출했다. 거기에는 국가의 공권력 전체가 오늘날 위기를 맞고 있으며 경찰서장이라는 신성한 직위가 서푼 가치도 없는 것처럼 사람들 입에 오르내리고 있다는 주장이 적혀 있었다. 그 증거로 꽤 두툼한 소설이 한 권 첨부되어 있었는데, 거기에는 거의 10쪽마다 경찰서장이 고주망태 꼴을 하고 등장했다. 그러므로 이처럼 귀찮은 문제를 피하기 위하여 그 관청에 대해서도 그저 어느 관청이라고만 해두겠다.

하여튼 그 어느 관청에 공무원 하나가 근무하고 있었다―공무원이라고는 하지만 그리 대단한 사람은 아니었다. 작달막한 키에 살짝 얽은 얼굴, 불그스름한 머리털에 침침한 눈, 벗겨진 이마에 잔주름이 잡힌 두 뺨, 치질환자 특유의 누렇게 뜬 얼굴빛……이 얼굴빛은 어쩔 도리가 없을 것이다. 페테르부르크의 기후 탓이니까. 그의 계급을 말하자면―러시아 사람들은 무엇보다 먼저 계급을 따지니까―그는 이른바 만년 9등관이었다. 잘 알려진 바와 같이 저항하지 못하는 상대만을 공격하는, 칭찬받을 만한 버릇을 가진 많은 작가들로부터 마음껏 비웃음과 조롱을 받는 그런 계급에 속해 있었다.

그의 성(姓)은 바시마치킨이었다. 그 성으로 미루어 보건대 바시마크(구두라는 뜻)에서 따온 게 분명했지만, 언제 어느 시대에 어떻게 해서 따오게 된 것인지는 모를 일이었다. 그의 아버지도 할아버지도, 바시마치킨 집안 식구들은 누구나 1년에 3번만 구두창을 갈면서 늘 장화만 신고 다녔다. 그의 이름은 아카키 아카키예비치라고 불리었다. 독자 여러분께서는 좀 괴상한 이름을 일부러 찾아서 붙인 것이라고 생각할지도 모르겠지만, 그런 것이 아니라 다른 이름은 붙이려야 붙일 수 없는 사정이 있었기 때문이다.

그 까닭은 이렇다. 아카키 아카키예비치는 내 기억이 틀림없다면 3월 23일 초저녁에 태어났다. 지금은 죽었지만, 공무원의 아내이며 마음씨 고왔던 어머니는 아기에게 세례를 받게 해줄 참이었다. 어머니는 방문 맞은편에 놓여 있는 침대에 누워 있었는데, 그녀의 오른편에는 대부(代父)가 서 있었다. 그는 이반 이바노비치 에로시킨이라는 원로원의 과장을 지낸 적이 있는 훌륭한 사람이었다. 또 대모(代母)로서는 관할 구의 경찰서장 아내인 아리나 세묘노브나 벨로브류시코바라는 보기 드물게 선량한 부인이 서 있었다. 그들은 산모에게 '모키', '소시' 혹은 순교자 '호즈다자트' 등 이 세 가지 중에서 마음에 드는 이름을 지어주도록 권했다.

"싫어요, 이름들이 모두 마음에 안 들어요."

산모는 이렇게 말했다. 그래서 마음에 드는 이름을 찾기 위해 달력을 넘겨 다른 곳을 펼쳐 보이자, 또 다른 세 가지 이름이 나타났다. '트리필리', '두라', '바라하시'라는 이름이었다.

"트리필리." 나이 지긋한 산모는 이렇게 말하는 것이었다. "무슨 이름이 그렇담—그런 이름은 들어본 적도 없는데. '바라다트'라든지 '바루프'라든지 하면 또 몰라도 '트리필리'나 '바라하시'라니, 이게 뭐예요."

할 수 없이 또 달력을 넘기자, '파브시카히'와 '바흐티시'라는 이름이 나왔다.

"이젠 됐어요, 이것이 이 아이의 운명이겠죠. 차라리 이 애 아버지 이름을 따서 붙여주는 게 좋을 것 같아요. 아버지 이름이 '아카키'니까, 아들 이름도 '아카키'라고 해두죠."

이렇게 해서 그는 '아카키 아카키예비치'라고 불리게 되었던 것이다. 아기는 세례를 받게 되었는데, 그때 그는 마치 자기가 장차 9등관 신세를 면치 못하리라는 것을 알아차리기나 한 것처럼 울음을 터뜨리며 오만상을 찌푸렸다.

이것이 모든 일의 시작이었다. 이런 것을 밝히는 까닭은, 그에게 다른 이름을 붙인다는 것은 도저히 불가능했었다는 사정을 독자 여러분께서 알아주었으면 하는 마음에서 비롯된 것이다.

언제 어떻게 해서 그가 관청에 근무하게 되었는지, 또 누가 그를 임명했는지에 대해서는 아무도 아는 이가 없었다. 장관이나 상관들이 그렇게 많이 바꿰었건만, 그만은 언제나 같은 자리와 같은 지위에서 같은 일—서류담당—을 하고 있으므로, 이윽고 사람들은 그가 제복을 입고 머리가 벗겨진 채 세상에 태어났다고 생각하기에 이르렀던 것이다. 관청에서는 아무도 그를 털 끝만큼도 존경하지 않았다. 수위들조차 그가 앞을 지나가도 일어서기는커녕 그를 쳐다보지도 않았다. 마치 접수구 앞으로 하찮은 파리 한 마리가 날아가는 정도로만 여긴 것이다. 그에 대한 상관들의 태도는 어딘지 모르게 쌀쌀맞고 위압적이었다. 그들은 "이것 좀 정서해주게"라든가 "재미있군. 잘했네"라든가 하는 식으로, 흔히 쓰이는 인사말 한 마디 없이 불쑥 그의 코 밑에 서류를 내밀곤 했다. 그는 그대로, 상대방이 누구이며 과연 그럴 권리가 있는 사람인지 아닌지 따져 보려고도 하지 않았다. 그저 서류를 받자마자 냉큼 정서하기 시작하는 것이었다.

젊은 관리들은 내키는 대로 그를 놀리고 비웃었으며, 그에 대한 소문들을 눈앞에서 이야기했다. 일흔 살 먹은 그의 하숙집 안주인에 대해서도, 그녀가 그를 때렸다는 둥, 두 사람이 언제 혼인식을 올리냐는 둥 허튼소리를 하곤 했다. 눈이라고 하면서 종잇조각을 그의 머리 위에 끼얹는 일도 있었다. 그러나 아카키 아카키예비치는 무슨 짓을 당하든, 무슨 소리를 듣든 한 마디도 대꾸하는 일이 없었다. 마치 자기 눈앞에 아무도 없는 것 같은 태도였다. 이런 사건은 그의 일에 아무런 지장도 주지 않았다. 아무리 성가시게 시달림을 당해도, 그는 글자 한 자 잘못 쓰는 일이 없었다. 다만 농담이 너무 지나치거나 팔꿈치를 툭툭 쳐서 일을 훼방 당했을 때만 이렇게 말할 따름이었다.

"나를 좀 내버려 두세요. 왜 모두 나를 놀리는 겁니까?"

이렇게 말하는 그의 말과 목소리에는 어딘지 야릇한 울림이 섞여 있었다. 그 목소리에는 연민을 이끌어내는 무언가가 있었다. 한 젊은 신입 직원은 동료들의 본을 따서 그를 놀리려던 순간, 무엇에 찔린 사람 모양으로 갑자기 입을 다물어버렸을 정도였다. 이런 일이 있은 뒤 그 젊은 친구의 눈에는 모든 것이 다르게 보이게 된 듯했다. 어떤 신비로운 힘이 그를 여태껏 훌륭한 사교인으로서 사귀어 왔던 동료들로부터 떼어 놓고 만 것이었다. 그 뒤 오랜 시간이 지난 뒤까지도, 이 젊은 친구는 매우 유쾌한 기분에 잠겨 있을 때조차도 "나를 좀 내버려 두세요. 왜 당신들은 나를 바보 취급하는 겁니까?" 그렇게 말하던, 머리가 벗겨지고 키가 작달막한 공무원의 모습이 눈에 떠오르곤 했다.

이 가슴을 찌르는 듯한 말 속에는 "나도 당신들과 같은 인간이라오"라는 또 다른 말이 깃들어 있었던 것이다. 애처롭게도 이 젊은이는 그 뒤에도 몇 번이나 인간의 마음속에 그 얼마나 많은 비인간적인 요소가 숨겨져 있는가, 더욱이 세련되고 교양 있는 상류사회 속에, 특히 사회에서 점잖고 성실한 사람으로 인정받고 있는 이들 가운데조차 얼마나 많은 잔인한 난폭함이 숨어 있는가를 볼 때마다 한 손으로 얼굴을 가리고 몸서리를 치곤 했던 것이다.

이렇게까지 자기 일에 열중하여 살아가고 있는 사람을 과연 어디서 찾아 볼 수 있을 것인가. 그는 열심히 일했다—이렇게 말하는 것만으로는 부족할 것이다. 아니, 그는 애정을 품고 일을 하고 있었다. 그는 정서라는 일 속에서 자기만이 아는 변화무쌍한 어떤 즐거운 세계를 보고 있었던 것이다. 그의 얼굴에는 언제나 즐거운 표정이 감돌았다. 그는 어떤 글자를 유난히 좋아했기에, 정서를 하다가 그 글자가 나오면 어쩔 줄 몰라하며 기뻐하곤 했다. 빙그레 웃는가 하면, 눈을 끔벅거려 보기도 하고, 그런가 하면 입술까지 우물 거리기도 하면서 일을 했으므로 그 얼굴 표정만 보고 있어도 무슨 글자를 쓰고 있는지 모조리 알 수 있을 것 같았다. 만일 그의 이러한 열의에 어울리는 포상이 주어진다면, 본인도 깜짝 놀라겠지만 5등관 정도의 지위는 얻을 수 있었을 것이다. 그러나 그는 입이 험한 동료들이 놀리던 것처럼 짐말같이 일만 하고 얻은 것이라고는 옷깃에 달린 배지와 엉덩이의 치질뿐이었다.

그렇다고 해서 그에 대해 아무도 눈길을 주지 않는가 하면 꼭 그런 것도 아니었다. 어떤 장관은 인정이 많은 사람이었으므로, 그가 오랫동안 열심히 일한 것에 대한 보답으로, 정서 말고 다른 중요한 일을 맡기도록 명령을 내린 일이 있었다. 이미 작성된 서류들로 다른 관청으로 보낼 공문서를 만드는 일이었다. 단지 제목을 바꾸고 어떤 대목에서 1인칭을 3인칭으로 고치기만 하면 되는 일이었다. 그렇건만 그에게는 이 일이 몹시 힘에 겨운 듯 땀을 뻘 뻘 흘리며 이마를 연방 닦아내더니, 결국 "안 되겠습니다. 역시 정서하는 일을 하게 해주십시오" 하고 말했다. 이런 일이 있은 뒤부터 그는 쭉 정서 일을 계속하게 되었던 것이다.

그에게는 정서하는 일만이 전부여서, 그 밖에는 아무 데도 관심이 없는 것 같았다. 옷차림에 대해서도 전혀 관심을 갖지 않았다. 그의 제복은 녹색이 아니라 녹병 걸린 곡물가루 같은 빛깔이었다. 목깃의 폭이 좁고 낮아서 그리 길지 않은 그의 목이, 외국인 행상꾼들이 머리에 이고 팔러다니는 고양이 석고상처럼 기다랗게 보였다. 그리고 제복에는 항상 마른 풀잎이나 실밥 같은 것이 붙어 있었다. 게다가 그에겐 거리를 걸을 때도 하필이면 창문에서 쓰레기를 내버릴 시간에 그 아래로 걸어가는 특이한 재주가 있었으니, 늘 그의 모자 위에는 수박이나 멜론 껍질 같은 볼썽사나운 것들이 얹혀 있었다. 거리에서 날마다 일어나는 일들에 대해 그는 언제나 무관심했다. 반면 다른 젊은 직원들은 이런 일에는 아주 눈치가 빨라서 길 건너편을 걷고 있는 사람의 속바지 끈이 밖으로 나와서 너덜거리는 것까지 살펴보며 심술궂은 웃음을 띠게 마련이었다. 하지만 아카키 아카키예비치는 설령 그런 것이 눈에 띄었다 하더라도, 모든 것이 아름답고 고르게 써진 서류 글자의 행(行)으로만 보이게 마련이었던 것이다. 어디선가 별안간 말이 그의 어깨너머로 콧등을 불쑥 내밀고 두 콧구멍을 벌름거리면서 거센 콧김이라도 내뿜을 때에야 비로소 그는 자기가 서류 속에 있는 것이 아니라 길 한복판을 걷고 있다는 것을 깨닫는 것이었다.

집으로 돌아오면 우선 식탁에 앉아서, 허겁지겁 양배추 수프를 훌훌 마시고는 양파를 곁들인 쇠고기 한 점을 맛이 있건 없건 또는, 파리가 붙어 있건 말건 게 눈 감추듯 먹어치운다. 배가 불룩해지면 식탁에서 일어나 잉크병을 꺼내놓고 집으로 갖고 온 서류를 정서하기 시작했다. 만약 일거리가 없을 경우에는 취미 삼아 특별한 서류를 골라서 베끼곤 했다. 특히 훌륭한 서류는 정성을 다해 베끼는데, 대개는 문장이 훌륭한 서류라기보다는 그저 처음 보는 서명이 되어 있거나 지위가 높은 사람에게 보내는 서류였다.

페테르부르크의 잿빛 하늘이 완전히 어두워질 무렵, 관리들은 모두 자신들이 받고 있는 봉급이나 취향에 맞추어 배부르게 식사를 마친다. 때로는 관청에서 바쁘게 펜을 놀리거나 일처리를 위해 분주히 돌아다니고, 어쩔 수 없이 자신과 남들의 일을 처리해야 할 때도 있다. 그들 중에는 시키는 사람이 없어 안 해도 되는 일까지 해 버리는 열정적인 사람도 있다. 그런 일이 모두 끝나고 나면 겨우 한숨을 돌리게 된다. 관리들은 하루를 마치고 남은 시간을 즐겁게 보낼 생각으로 서두른다. 사무실을 나서자마자 극장으로 달려가는 혈기왕성한 이들이 있는가 하면, 거리에서 여인을 유혹하는 이도 있다. 어떤 이는 파티에 나가 인기 있는 매력적인 여자의 관심을 끌기 위해 아부하는데 시간을 보내기도 한다. 하지만 대부분은 직장 동료의 집을 방문하곤 하는데, 이들은 대개 3, 4층에 자리한, 방 두 개에 응접실과 부엌이 딸려 있고 식사비나 유흥비를 아껴서 장만한 최신 유행의 가구나 램프 등으로 겉멋을 부린 작은 아파트에서 산다. 그곳에서 동료들은 휘스트 따위를 즐기고, 동전만큼이나 딱딱한 싸구려 비스킷을 씹고, 홍차를 마시고, 파이프 담배를 피우며 러시아인이라면 언제 어디서든 마다치 않는 화제인 상류사회에 대한 온갖 소문들로 이야기꽃을 피우는 것이었다. 이야깃거리가 떨어지면, 팔코네가 제작한 기념상의 말 꼬리가 잘려나갔다는 보고를 듣고 속아 넘어간 경비사령관에 대한 유명한 일화를 떠들기도 했다. 그런데 이렇게 누구나 기분전환을 하는 데 열중하는 시간에도 아카키 아카키예비치는 그 어떤 오락도 즐기려고 하지 않았다. 어느 모임에서도 그를 봤다는 이야기가 나온 적은 없었다.

그는 흡족할 만큼 서류를 베끼고 난 다음에는 하느님이 내일은 어떤 서류를 정서하게 해주실까 하는 공상에 잠겨 빙그레 웃는 얼굴로 잠자리에 들곤 했다. 1년에 4백 루블의 봉급을 받으면서 자기 운명에 만족할 줄 아는 사나이의 평화로운 생활은 세월과 더불어 흘러갔다. 만약 살아가면서 9등관만이 아니라 3등관이나 4등관, 7등관 등 모든 문관들, 그리고 누군가에게 조언을 해주거나 받을 수도 없는 고독한 인간들에게도 공평하게 닥쳐오는 여러 가지 불행이 없었더라면, 그의 평온한 생활은 노인이 될 때까지 계속되었을 것이다.

페테르부르크에는 연봉 4백 루블 정도의 봉급을 받고 있는 모든 월급쟁이들에게 무서운 적(敵)이 있었다. 이 무서운 적이란 다름 아닌, 건강에는 매우 좋다고 하는 살을 에는 북국(北國)의 혹한이었다. 거리가 관청으로 출근하는 사람들로 가득 차는 아침 9시면 추위는 사정없이 모든 사람의 코를 아프도록 찔러대기 시작했고 가난한 공무원들로서는 이에 대응할 방법이 없었다. 고관들까지도 이마가 욱신거리고 눈에선 눈물이 날 판이니 가난한 9등관 따위는 더 말할 나위가 없었다. 그들은 얇은 외투 속에 몸을 움츠린 채 되도록 빠른 걸음으로 대여섯 개 길을 뛰어와서, 수위실에 들러 집무에 필요한 기량과 재능이 녹아 되살아날 때까지 발을 동동 굴러서 녹이는 수밖에 없었다.

아카키 아카키예비치도 늘 다니는 길을 최대한 빨리 뛰어가기 위해 무던히 애를 썼지만, 언제부터인가 등과 어깨가 떨어져나갈 것처럼 시려웠다. 혹시 외투에 문제가 있나 하는 생각이 들었다. 집에 돌아와서 외투를 자세히 살펴보았다. 그랬더니 아니나다를까, 두어 군데 등과 어깨 쪽이 종잇장만큼이나 얇아진 것을 발견했다. 나사천이 비쳐 보일 정도로 낡고 안감도 너덜너덜하게 떨어져 있었다. 여기서 독자 여러분이 알아두어야 할 것은 아카키 아카키예비치의 외투가 동료들 사이에서 비웃음거리가 되어 있었다는 사실이다. 그들은 그의 외투를 외투라는 고상한 이름으로 부르는 것조차 꺼려하고 그냥 겉옷이라고 부르고 있었던 것이다. 사실 그의 외투는 좀 이상한 모양을 하고 있었다. 옷깃은 외투의 다른 곳을 기우는 데 쓰느라 해마다 점점 줄어들었다. 그렇게 기운 것도 재봉사의 솜씨와는 거리가 멀어서 꼭 주머니처럼 불룩한 모양이라 볼썽사나웠다. 이런 사실을 확인하자, 아카키 아카키예비치는 외투를 한 번 페트로비치한테 갖고 가야겠다고 생각했다. 그는 뒷계단으로 오르내리는 어느 집 4층에 사는 재봉사로 애꾸눈에 곰보였지만, 공무원의 제복이나 다른 단골 손님의 바지, 연미복을 솜씨 있게 잘 고치는 사나이였다. 하기야 그것도 술에 취하지 않고 머릿속에 잡념이 없는 때에 한해서였지만 말이다.

이 재봉사에 대해서 여러 말을 할 필요는 없지만, 소설에서는 각각의 등장 인물의 성격을 뚜렷이 묘사하는 것이 관례이므로 할 수 없이 여기서 잠깐 페트로비치를 소개하겠다. 예전에 그는 그리고리라고만 불렸고, 어느 부잣집의 농노였다. 그가 페트로비치라고 자칭하게 된 것은 해방증(解放證)을 받아들고 휴일마다 진탕 술을 마시게 되면서부터였다. 하기야 그도 처음에는 큰 명절날에만 술을 마시곤 했으나, 차차 달력에 십자가 표시가 적혀 있는 교회 축일이면 언제나 술을 마시게 되었던 것이다. 이런 점은 선조들의 습관을 충실히 따른 것이라 볼 수도 있었다. 아내하고 싸울 때면 이 쌍것, 독일계집 같으니 하며 고래고래 소리 지르기가 일쑤였다. 기왕 그의 아내 이야기가 나온 김에 그녀에 대해서도 두어 마디 해두는 것이 좋겠지만 유감스럽게도 그녀에 대해서는 그다지 알려진 것이 없다. 그저 페트로비치에게는 아내가 있었다는 것, 그리고 그녀는 스카프 대신 두건을 두르고 다니며, 얼굴은 거짓말로라도 차마 예쁘다고는 말할 수 없는 여인이었다는 것 정도만 알 뿐이다. 그래서 그녀와 마주쳤을 때 그나마 두건 아래 얼굴을 들여다보고 콧수염을 떨면서 이상한 소리를 지르고 가는 것은, 순찰을 도는 경비병 정도밖에 없었다.

페트로비치의 방으로 올라가는 계단은 함부로 내버린 설거지 물로 얼룩져 페테르부르크의 집들 뒷계단이 으레 그런 것처럼 눈이 아파올 만큼 고약한 냄새가 풍겼다. 아카키 아카키예비치는 그 계단을 숨을 헐떡이며 올라가면서, 페트로비치가 얼마나 달라고 할까 생각하고는 2루블 이상은 주지 않으리라고 마음속으로 작정했다.

문은 활짝 열려 있었다. 부인이 부엌에서 무슨 생선을 굽느라고, 바닥 위를 기어다니는 바퀴벌레조차 보이지 않을 정도로 연기를 피우고 있었기 때문이었다. 아카키 아카키예비치는 그 주부에게 들키지 않고 살짝 부엌을 지나 작업실로 들어갔다. 그러자 페트로비치가 칠도 입히지 않은 큰 테이블 앞에 터키의 장군처럼 도사리고 앉아 있는 것이 눈에 들어왔다. 발은 재봉사들이 일할 때 하는 버릇대로 맨발이었다. 제일 먼저 눈에 띈 것은 거북 등딱지처럼 단단하고 투박스러우며 못생긴 손톱이 달린 엄지손가락이었다. 페트로비치의 목에는 명주실과 무명실 타래가 걸려 있고, 무릎 위에는 낡은 옷이 놓여 있었다. 페트로비치는 벌써 3분 동안이나 바늘귀에 실을 꿰려고 기를 쓰고 있었지만 도무지 꿰어지지가 않아, 방 안이 어둡다고 투덜거리며 심지어는 실에다 대고 욕을 퍼붓던 참이었다.

"제기랄! 빌어먹을 놈 같으니! 죽어라 안 꿰어지는군!"

아카키 아카키예비치는 하필이면 페트로비치가 울화통을 터뜨리고 있을 때 찾아온 것이 재수 없게 느껴졌다. 그는 페트로비치가 거나하게 술에 취해 기분이 좋거나, 페트로비치의 아내가 말하듯이 '애꾸눈이 악마가 싸구려 보드카로 고주망태가 된' 그런 때를 골라서 일을 시키고 싶었다. 그러면 대개 페트로비치는 기분 좋게 값을 깎아 주었고, 고분고분한 태도로 일을 맡으면서 굽실 머리를 숙이며 치사를 하기가 일쑤였던 것이다. 하기야 그런 뒤에는 아내가 찾아와서 남편이 술이 취해서 그렇게 싸게 불렀노라고 투정을 하곤 했지만, 그것도 10코페이카쯤 쥐여주기만 하면 끝나기 마련이었던 것이다. 그런데 지금은 페트로비치가 술을 마시지 않은 게 분명했다. 이럴 때는 고자세로 나오면서 터무니없는 가격을 부를 때도 있었다. 페트로비치가 취해 있지 않다는 것을 깨닫자, 아카키 아카키예비치는 나중에 다시 찾아오는 게 좋겠다고 생각했으나 때는 이미 늦었다. 페트로비치가 한 눈을 가늘게 뜨고 뚫어지게 그를 보았으므로, 아카키 아카키예비치는 인사를 하지 않을 수 없었다.

"페트로비치, 편안한가!"

"예, 예, 안녕하셨습니까, 나리."

페트로비치는 이렇게 말을 하고는 상대가 무슨 돈벌이가 될 일감이라도 가져왔나 보려고 외눈으로 그의 손을 살펴보는 것이었다.

"여, 내가 말야, 페트로비치, 자네한테 온 것은 말이지, 저어……."

여기서 알아두어야 할 것은, 아카키 아카키예비치는 무슨 말을 할 때마다 전치사니, 부사니, 심지어는 아무 뜻도 없는 말까지 줄줄 늘어놓는 버릇이 있다는 사실이다. 정말로 말을 하기 힘들 때는 한마디도 제대로 못하는 버릇까지 있어서, "저 이건, 사실은 정말, 그러니까……" 등의 말로 서두만 떼어놓고 다음 할 말을 잊어버린 채, 자기 딴에는 말을 다했다고 생각해서 입을 다물고 있는 일도 흔히 있었던 것이다.

"무슨 일이십니까?"

페트로비치는 이렇게 물어보고는 하나밖에 없는 눈으로 아카키 아카키예비치의 제복을 목깃부터 소매, 등 부분, 섶, 단춧구멍까지를 샅샅이 훑어보았다. 이 모든 것이 자기 손으로 만든 것이어서 그에게는 낯이 익었다. 하기야 그런 일은 재봉사들의 직업의식에서 나온 것이어서 사람을 대할 때에는 우선 이렇게 훑어보는 것이 그네들의 습관이었다.

"아니 실은 그게 말이지. 이거 말일세. 페트로비치. 외투가, 나사천이…… 바로 여기가 말이지 좀, 다른 데는 다 아직 튼튼한데 말야……. 좀 먼지가 껴서 낡은 것 같지만 말야, 그렇지만 아직 새거거든. 단지 여기 한 군데가, 거기가 좀…… 등하고 여기 어깨 쪽도 좀 낡아서, 그렇지 여기…… 알겠나? 그저 그것뿐인데, 조금만 손질해주면……."

페트로비치는 겉옷을 받아서 테이블 위에 펴놓고 오랫동안 살펴보더니, 머리를 절레절레 젓고는 한쪽 손을 창틀 있는 데로 뻗어서 둥근 코담뱃갑을 집었다. 그 갑에는 어느 장군의 초상(肖像)이 그려져 있었는데, 얼굴이 있어야 할 곳이 손길이 많이 닳아 벗겨진 데다 네모진 종잇조각이 붙어 있었기 때문에 어느 장군의 초상인지는 알 수가 없었다. 페트로비치는 코담배를 한 번 맡더니 겉옷을 펼쳐들고 빛에 비춰보고는 또다시 절레절레 머리를 젓는 것이었다. 이번엔 겉옷을 뒤집어보더니 다시금 고개를 갸웃거렸다. 그리고 다시 한 번 종잇조각이 붙어 있는 담뱃갑 뚜껑을 열고 한 줌의 담배를 코에다 갖고 가더니 뚜껑을 닫고 담뱃갑을 치우고는 드디어 입을 열었다.

"안 되겠는뎁쇼. 이건 도저히 고칠 수가 없는걸요. 고물이 다 된 옷인뎁쇼!"

그 말을 듣자, 아카키 아카키예비치는 가슴이 덜컥 내려앉았다.

"정말? 도대체 왜 안 되는데, 페트로비치?" 마치 어린애가 보채는 것처럼 그가 말했다. "뭐 어깨 쪽이 좀 닳았을 뿐인데 그래, 자네한테는 헝겊이 있을 텐데……."

"그야 헝겊은 있구말굽쇼." 페트로비치는 말했다. "그렇지만 기울 수가 있어야죠. 보시다시피 바탕이 워낙 헐었거든요. 그러니 바늘을 대는 날에는 걷잡을 수 없게 다 찢어져 버릴 것입니다요."

"찢어지면 금방 또 기우면 될 게 아닌가?"

"기울 수 있는 부분이 없구만요. 천을 꿰맬 부위가 전혀 없어요. 바탕이 너무 낡았어요. 나사천도 말뿐이지, 바람이 불면 다 날려가 버릴 걸요."

"제발 그러지 말고 기워주게나. 뭐가 어떻다고, 참내……."

"안 되겠는뎁쇼." 페트로비치는 딱 잘라 말했다. "어떻게 손을 댈 재간이 있어야지요. 너무 헐어서 말입니다. 그보다는 추운 겨울철이 되걸랑 그걸로 아주 각반을 만드시는 게 어떠실는지. 양말만 가지고는 따뜻하지가 않으니까 말씀이에요. 그것도 독일놈들이 돈벌이에 눈이 벌게져서 만들어낸 것이긴 합니다만." 페트로비치는 이렇게 걸핏하면 독일사람을 욕했다. "그리고 외투는 아무래도 새 것을 하나 장만하셔야겠습니다."

'새 것'이라는 말을 듣는 순간, 아카키 아카키예비치의 눈앞이 별안간 캄캄해졌다. 방 안에 있는 것이 온통 복잡하게 뒤섞이기 시작했다. 그에게는 오직 페트로비치의 코담뱃갑 뚜껑의, 얼굴에 종잇조각이 붙어 있는 장군 초상만이 또렷이 보일 따름이었다.

"새 것이라니?" 그는 마치 꿈을 꾸고 있는 것 같은 목소리로 말했다. "하지만 나한테는 새 것을 맞출 돈이 없는걸."

"그렇습니다요, 새 것을 장만하시란 말씀입지요."

페트로비치는 잔인할 정도로 침착한 목소리로 말하는 것이었다.

"그래, 새 걸 맞춘다면 그게, 저어……?"

"말하자면 값이 얼마나 드냐고 하시는 건갑쇼?"

"그렇지."

"글쎄요, 아무래도 150루블은 더 들 것입니다요."

페트로비치는 이렇게 말하고는 의미심장하게 입을 꼭 다물었다. 그는 사람의 간담을 서늘하게 만드는 것을 매우 좋아해서 우선 터무니없는 말을 해서는 상대를 기절초풍하게 만들어놓고, 이어서 슬금슬금 곁눈질을 해서 상대가 어떤 표정을 짓고 있나 훔쳐보는 것이 취미였던 것이다.

"뭐라고! 외투 한 벌에 150루블이라니!"

가엾은 아카키 아카키예비치는 생전 처음으로 이렇게 큰 소리를 쳐본 것 같았다. 늘 조용한 소리로 말하는 것이 그의 특징이었으니 말이다.

"그렇습죠." 페트로비치는 이어 이렇게 말하는 것이었다. "그것도 외투 나름인뎁쇼. 목깃에다가 담비털이라도 대고, 후드에다 비단을 안감으로 쓰거나 할 것 같으면 아무래도 2백 루블은 들 것입니다요."

"페트로비치, 제발 그만하게." 아카키 아카키예비치는 애원하는 목소리로 페트로비치의 말 따위는 들리지 않는다는 듯이, 아니 그런 무서운 소리는 듣고 싶지도 않다는 듯이 말했다.

"제발 그러지 말고 얼마 동안이라도 좋으니 더 입을 수 있게 어떻게든 좀 고쳐주게나."

"그건 안 됩니다요. 아무리 애써 보았자 헛수고만 하고 돈만 버리는 게 될 테니까요." 페트로비치의 이런 말을 듣고, 아카키 아카키예비치는 완전히 풀이 죽어서 바깥으로 나오고 말았다. 페트로비치는 그가 나간 뒤에도 한참 동안 의미심장하게 입을 꼭 다물고, 자기의 위신도 떨어뜨리지 않았으며 재봉사의 기술도 싸게 팔지 않았음을 만족스럽게 여기고 그 자리에 그대로 서 있었다.

아카키 아카키예비치는 길거리로 걸어나온 뒤에도, 아직도 꿈을 꾸고 있는 것 같은 기분이었다. "이럴 수가 있나." 그는 혼잣말로 중얼거렸다. "이렇게 되리라고는 꿈에도 생각 못했는데……." 잠시 침묵했다가 그가 다시 말을 이었다. "원 참! 터무니없는 일이 벌어지고 말았구만! 설마 이렇게 될 줄이야." 그리고 또다시 오랫동안 침묵에 잠겼다. "원, 기가 막혀서! 일이 이렇게 되다니. 이건 정말이지…… 참 내 신세도 기막히구나!" 그렇게 말하며 그는 자신도 모르는 사이에 집으로 가는 대신 전혀 반대 방향을 향해 걷기 시작했다. 도중에 굴뚝 청소부와 부딪쳐서 숯검정을 온통 어깨에 뒤집어썼는가 하면, 건축 중인 어느 집 지붕에서 꽤 많은 석탄가루가 모자 위에 떨어지기도 했다. 그러나 그는 그런 것도 전혀 깨닫지를 못했다. 얼마쯤 더 걸어간 그는 옆에다 미늘창을 세워놓고 담배쌈지에서 담배가루를 굳은살 박인 손 위로 쏟아내던 순경과 부딪쳤을 때 비로소 겨우 좀 정신을 차렸다. 그것도 순경한테서 "이봐, 왜 남의 코앞으로 튀어나오고 그래? 인도가 보이지도 않는 거냐?" 하고 호되게 핀잔을 받았기 때문이었다. 그제야 아카키 아카키예비치는 사방을 둘러보고, 자기 집 쪽을 향해 걸음을 돌렸다.

이제 그는 비로소 생각을 정리하고, 자기의 처지를 확실히 자각했다. 이번에는 두서없이 지껄이는 것이 아니라 조리 있고 솔직하게, 마치 어떤 비밀 이야기라도 할 수 있는 절친한 친구하고 이야기를 주고받듯이 자문자답을 하기 시작했다. "아니야, 이러면 안 돼." 아카키 아카키예비치는 중얼거렸다. "지금 페트로비치하고 이러니저러니 따져 보았자 소용없는 일이야. 녀석은 지금…… 틀림없이 마누라한테 한 대 얻어맞았을 거야. 일요일 아침에 찾아가는 게 좋을 듯싶구먼. 토요일 이후에 가면 틀림없이 애꾸눈을 게슴츠레 뜨고 잠 오는 눈을 비비고 있을 게야. 해장술을 좀 마시고 싶은데 여편네는 돈을 주지 않거든. 그럴 때 내가 10코페이카 동전 하나라도 슬그머니 쥐여주면……. 그렇게 하면 설득하기도 쉬워질 테고 그러면 외투도……." 아카키 아카키예비치는 이런 식으로 혼자 결론을 내고 자신을 격려한 뒤, 다음 일요일이 오기를 기다렸다. 그리하여 일요일, 그는 페트로비치의 마누라가 바깥으로 나가는 것을 멀리서 지켜본 뒤에 곧장 페트로비치를 찾아갔다.

과연 페트로비치의 애꾸눈은 토요일 다음 날이어서 그런지 아주 게슴츠레하고 퉁퉁 부어 있었다. 그는 고개를 폭 숙이고 졸음이 오는 표정을 짓고 있었다. 그러나 아카키 아카키예비치가 찾아온 용건이 무엇인가를 알아차리기가 무섭게 악마가 그 기억력을 불러일으키기라도 한 것처럼, "도저히 안 되겠습니다요" 하고 말하는 것이었다. "새 외투를 한 벌 장만하시죠." 아카키 아카키예비치는 얼른 페트로비치의 손에다가 10코페이카짜리 동전 한 닢을 쥐여주었다. "고맙습니다, 나리. 나리의 건강을 빌면서 한 잔 올리겠습니다." 페트로비치가 말했다. "하지만 외투에 대해선 이제 조금도 걱정하지 마십쇼. 그 외투는 전혀 쓸모가 없으니까요. 새 외투를 한 벌 훌륭하게 지어 드립지요. 그러니까 그렇게 하는 걸로 결론을 내십시다요."

아카키 아카키예비치는 그래도 고쳐 보라고 얘기를 늘어놓았으나, 페트로비치는 다 듣지도 않고 이렇게 말하는 것이었다. "예예, 제가 나리께 새 외투를 만들어 올리겠습니다. 있는 공 다 들여서 지어 올릴 테니 아무 염려 마십쇼. 요즘 유행하는 것처럼 만들 수도 있습죠. 깃에는 은도금한 후크를 달도록 할깝쇼?"

이쯤 되고 보니 아카키 아카키예비치도 정말 외투를 새로 장만하는 수밖에 없겠구나 하는 생각이 들어 완전히 풀이 죽고 말았다. 정말이지 무슨 돈으로 외투를 지어 입는단 말인가? 물론 일부분은 머지않아 받게 될 연말 상여금으로 충당할 수도 있겠지만, 그 돈은 미리부터 쓸 곳이 정해져 있었다. 바지도 새로 장만해야 하고, 구둣방에 낡은 장화의 발부리를 수선했던 비용도 갚아야 했다. 덧붙여 와이셔츠 세 장과 활자로 인쇄하기에는 조금 꺼려지는 이름의 속옷도 두 장 주문해야 했다. 결국 돈이란 돈은 모조리 미리 쓸 용도가 정해져 있었던 것이다. 설령 장관이 크게 인심 써서 상여금을 40루블에서 45루블이나 50루블로 올려준다 하더라도, 역시 손안에 남는 돈이란 외투를 지을 자금으로 쓰기에는 턱없이 부족하여 큰 바다에 물 한 방울 떨어뜨리는 격이었다. 그야 물론 페트로비치가 변덕을 부려서 때때로 터무니없는 가격을 부르는 경우가 있다는 것은 그도 알고 있었다. 오죽하면 아내가 참지 못하고 "이런 밥통 같으니! 분수도 모르고 그렇게 돈을 많이 불러?" 하고 소리칠 정도였다. 그리고 그는 페트로비치가 80루블만 받으면 새 외투를 만들어주리라는 것도 잘 알고 있었다. 그래도 그 80루블을 도대체 어디서 장만한단 말인가? 반쯤이라면 혹시 마련할 수 있을지도 모른다. 하지만 그 나머지를 어디서 변통한단 말인가? 여기서 우선, 독자 여러분에게 아카키 아카키예비치가 어디서 미리 금액의 절반을 마련할 수 있었는지 설명해야 할 것이다. 아카키 아카키예비치는 1루블 쓸 때마다 2코페이카씩을 자물쇠가 달린 구멍 뚫린 작은 상자에 넣는 버릇이 있었다. 그리고 반년마다 상자 속의 동전 액수를 세어보고 은화로 바꿔놓곤 했던 것이다. 그는 퍽 오래전부터 이렇게 해왔었기에 몇 년이 지난 지금에 와서는 모인 돈이 40루블이 넘었다. 이런 연고로 반액은 이미 손안에 있는 셈이지만, 나머지 반액은 어디서 마련한단 말인가? 어디서 또 40루블을 마련할 것이냐? 아카키 아카키예비치는 곰곰이 생각한 끝에 생활비를 적어도 1년 동안은 절약해야겠다고 결심했다. 예를 들면 저녁마다 차를 마시던 것도 그만두고, 촛불도 켜지 않는 것이다. 만약 꼭 해야 할 일이 있을 때면 하숙집 안주인 방에 가서 일을 하면 된다. 길을 걸을 때에도 될 수 있는 대로 가볍게 사뿐사뿐 조심해서 걷고 포장도로나 대리석 바닥을 걸을 때에는 발끝으로 걸어서 구두창이 쉽게 닳지 않도록 조심할 것이다. 또한 속옷이 빨리 해지지 않도록 세탁소에는 가능한 한 가져가지 않기로 했다. 즉 집에 돌아오자마자 바로 속옷을 벗고, 완전히 낡은 두꺼운 가운 한 장만 입고 생활하는 것이다.

사실 처음에는 이런 내핍 생활에 익숙해진다는 것이 그로서도 좀 벅찬 일이긴 했었다. 그러나 그럭저럭 지내는 동안에 마침내 그도 이런 생활이 예사롭게 느껴지게 되었다. 어디 그뿐이랴, 심지어 그는 매일 허기진 상태로 지내는 데도 익숙해졌다. 그 대신 그는 머지않아 외투가 생기게 된다는 꿈을 떠올리는 것으로써 정신의 양식으로 삼았던 것이다. 그 순간부터 어쩐지 그의 삶 자체가 무엇보다도 충실해진 것처럼 보였다. 마치 결혼을 한 것처럼 다른 누군가가 옆에 있어 주는 듯, 그는 이제 더 이상 외톨이가 아니라 인생의 반려라 할 수 있는 존재가 평생 그와 함께 살아가겠다고 약속해준 느낌이 들었던 것이다. 그 반려라는 것은 다름이 아니라, 두꺼운 솜을 넣고 결코 뜯어지지 않도록 튼튼한 안감을 받친 외투였다.

그는 전보다 더욱 활기를 띠게 되었고, 성격도 마음속에 일정한 목적을 가진 사람처럼 꼿꼿해졌다. 얼굴에서도 거동에서도 자연스럽게 의혹이나 우유부단함, 다시 말해서 불안하고 애매한 태도가 저절로 사라져버렸다. 두 눈에는 광채가 어렸고 때로는 아주 대담무쌍한 생각이 떠오르기도 했다. 가령 깃에다가 담비털이라도 붙여볼까 하는 생각이 들 때도 있었던 것이다. 이런 생각들은 그를 멍하게 만들곤 했다. 한 번은 서류를 베끼다가 하마터면 잘못 베낄 뻔하여, "앗!" 하고 거의 소리치다시피 하면서 성호를 그은 일도 있었다. 그는 한 달에 한번씩 옷감은 어디서 사는 것이 좋을지, 무슨 색이 좋으며 값은 어느 정도가 적당한지를 의논하러 페트로비치의 집에 들렀다. 그러나 얼마간 걱정하면서도, 모든 준비가 갖춰져서 외투가 완성되는 것을 마음속에 그려 보면서 언제나 만족스럽게 집으로 돌아가곤 했다.

일은 그가 생각했던 것보다 더 순조롭게 풀렸다. 천만뜻밖으로 장관이 아카키 아카키예비치에게 40루블도 아니고 45루블도 아닌 60루블을 상여금으로 주었던 것이다. 아카키 아카키예비치에게 외투가 필요하다는 것을 장관이 알아차린 건지 우연히 그렇게 되었는지는 알 수 없어도, 하여튼 그에겐 20루블이라는 뜻하지 않은 공돈이 생긴 것이다. 덕분에 예상했던 것보다 일을 빨리 진행할 수 있었다. 그 뒤 두서너 달 동안 배고픔을 참고 견디고 나니, 아카키 아카키예비치의 손안에는 꼭 80루블 가까운 돈이 모이게 되었다. 평소에는 지극히 평온하던 그의 가슴이 두방망이질을 하기 시작했다. 그날 당장 그는 페트로비치와 함께 외투감을 사러 나섰다. 그들은 최고급 나사를 적당한 값을 주고 사왔다. 그도 그럴 것이 그들은 벌써 여섯 달 전부터 이때를 생각해서 매달 이 가게 저 가게로 값을 물으러 다녔기 때문이다. 페트로비치도 이보다 더 좋은 외투감은 아마 없으리라고 말했다. 안감으로는 옥양목을 골랐는데, 이 또한 질이 좋은 튼튼한 물건이어서 페트로비치의 말을 빌린다면 보기에도 비단만큼이나 아름답고 윤이 난다는 것이었다. 담비털은 역시 아무래도 비싸서 사지 않았으나, 그 대신 그 가게에 있는 것들 가운데 제일 좋은 고양이모피를 샀다. 멀리서 보면 영락없는 담비털로 보일 만한 것이었다.

외투를 완성하는 데는 꼬박 두 주일 정도가 걸렸다. 그것도 솜을 두껍게 두고 누비느라고 그런 것이지, 그렇지만 않았더라면 좀더 빨리 만들 수 있었을 것이다. 페트로비치는 재봉 비용으로 12루블을 청구했다. 그 이하로는 도저히 불가능하다고 했다. 옷감은 명주실로 촘촘히 두 줄로 꿰매고, 거기다 솔기마다 이빨로 여러 번 깨물어 야무지게 마무리를 했다.

그날이 언제였는지 정확하게 말하긴 어렵지만, 페트로비치가 외투를 가지고 왔던 날은 아카키 아카키예비치의 생애에서 가장 눈부신 날이 아니었던가 싶다. 페트로비치는 그 외투를 아침 일찍, 그가 관청에 출근하기 전에 가지고 왔다. 새 외투를 입기에 이보다 더 적당한 날은 없을 것이었다. 벌써 상당히 매서운 추위가 시작되었고 앞으로는 점점 더 추워지리라고 예상되었기 때문이다. 페트로비치는 일류 재봉사처럼 손수 외투를 안고 찾아왔다. 페트로비치의 얼굴에는 아카키 아카키예비치가 여태껏 한 번도 본 적이 없는 엄숙한 표정이 어려 있었다. 아무래도 대단한 일을 해냈다는 심경인 모양이다. 안감을 꿰매거나 옷을 수선하는 게 고작인 재봉사와는 격이 다르다, 자신은 새로운 옷을 만들 수 있는 재봉사다, 그런 말을 하고 싶은 것처럼 보였다. 그는 싸가지고 온 큼직한 손수건을 풀어서 외투를 꺼냈다. 손수건은 방금 세탁소에서 찾아온 것이었으므로 나중에 쓰기 위해 다시 접어서 자기 주머니 속에 넣었다. 그는 꺼내 든 외투를 자랑스러운 듯이 바라보더니, 두 손으로 펼쳐들고 아카키 아카키예비치의 어깨에 걸쳐주었다. 그러고는 뒤쪽 외투자락을 잡아당겨 주름을 펴고, 옷맵시를 정돈한 뒤, 앞섶을 약간 벌린 채 아카키 아카키예비치의 몸을 감쌌다. 아카키 아카키예비치는 나이 든 사람답게 소매에 팔을 꿰보려고 했다. 페트로비치는 팔을 꿰는 것을 도와주었다. 소매에다가 팔을 꿰고 보니 양쪽 소매 역시 품이 나긋하니 꼭 알맞았다. 한 마디로 말해서 외투는 나무랄 데 없이 몸에 꼭 맞았던 것이다. 페트로비치는 이 기회를 놓치지 않고 잽싸게 말했다. 자기는 좁은 뒷골목에서 간판도 걸지 않고 일을 하고 있는 데다가, 아카키 아카키예비치하고는 오래전부터 거래를 해온 터이니까 이렇게 싼 값으로 외투를 지어올린 것이지, 네프스키 큰 길가에 있는 양복점에서라면 재봉비만 해도 75루블은 받았을 게 틀림없다는 것이었다.

아카키 아카키예비치는 이런 일로 페트로비치와 말다툼을 하고 싶지는 않았다. 페스토비치가 또다시 여봐란 듯 터무니없는 돈을 요구할까 봐 두렵기도 했다. 그래서 그는 서둘러 돈을 지불하고, 고맙다는 치사를 하고는 새 외투를 입고 관청을 향해 떠났다. 페트로비치도 그의 뒤를 따라나서서 길가에 선 채 멀리서 오랫동안 외투를 바라보았다. 그러고는 일부러 옆길로 빠져서 좁은 골목길을 가로질러 앞질러 나오더니, 이번에는 다른 각도—즉 정면에서부터 자신이 만든 외투를 질리지도 않고 바라보고 있었다.

한편 아카키 아카키예비치는 축제처럼 들뜬 기분으로 걸어가고 있었다. 그는 매순간 자기의 어깨에 새 외투가 걸쳐져 있다는 것을 느끼면서, 만족감이 샘솟는 나머지 몇 번이나 싱글벙글 웃기까지 했다. 실제로 새 외투에는 두 가지 좋은 점이 있었으니, 하나는 따뜻한 것이요, 또 하나는 입으면 기분이 좋다는 것이었다. 어디를 어떻게 걸어왔는진 몰라도 제정신을 차려보았을 때는 벌써 관청에 도착해 있었다. 수위실에서 외투를 벗고 다시 한 번 조심스레 살펴보고는, 각별히 잘 보아달라고 수위에게 부탁을 했다. 어찌된 일인지는 모르겠지만 관청의 누구나가 아카키 아카키예비치에게 새로운 외투가 생겼다는 것, 전에 입고 다니던 겉옷은 이제 없어졌다는 것을 알게 되었다. 사람들은 모두 너나 할 것 없이 새 외투를 구경하러 수위실로 달려갔다.

그러면서 축하하는 말을 늘어놓기도 하고 놀려대기도 하여, 처음에는 그도 좋아서 싱글거렸으나 나중에는 부끄러운 생각이 들었다. 모두가 그를 에워싸고 새 외투가 생겼으니 축하를 해야 한다는 둥, 적어도 하루 저녁 동료들을 위해서 파티를 열어줘야 할 필요가 있다는 둥 떠들어 대기 시작했다. 아카키 아카키예비치는 그만 정신을 못 차리고 어쩔 줄을 몰라 쩔쩔매며 뭐라고 대답을 해야 할지, 어떻게 발뺌을 하면 좋을지 도무지 갈피를 잡을 수가 없었다. 몇 분 뒤에 그는 얼굴이 온통 홍당무가 되어 가지고, 이것은 결코 새 외투라고 할 것이 못 되고 헌 외투나 다름없는 것이라고 순진한 변명을 늘어놓기 시작했다. 마침내 과장대리를 하고 있는 관리가 자기는 결코 거만하지 않고, 부하 직원들하고도 흉허물없이 지낸다는 것을 보여줄 속셈으로 다음과 같이 말했다.

"그렇다면 좋아, 내가 아카키 아카키예비치 대신에 파티를 열어 줄 테니까 모두 오늘 밤 우리집으로 차나 한 잔 마시러들 오게나. 마침 오늘은 내 명명일(命名日)이기도 하니 말일세."

직원들은 당장 그 자리에서 과장대리에게 치사를 늘어놓고 기쁘게 그 제안을 받아들였다. 아카키 아카키예비치는 사양하려고 했으나, 모두가 그것은 실례가 된다느니, 부끄러운 노릇이라느니 떠들어대었으므로 거절을 하려야 할 수가 없게 되고 말았다. 그래도 나중에는 그도 덕분에 밤에 또다시 새 외투를 입고 나갈 수 있으리라 생각하니 마음이 들뜨고 유쾌한 기분이 들기까지 했다.

아카키 아카키예비치에게 있어서 그날은 온종일 축제나 마찬가지였다. 굉장히 행복한 기분으로 집으로 돌아오자, 그는 외투를 벗어서 조심스레 걸어놓고 다시 한 번 겉감과 안감을 황홀한 눈초리로 눈여겨본 뒤, 이번에는 비교해 보기 위해 완전히 낡아서 너덜너덜해진 헌 겉옷을 끄집어내왔다. 헌 외투를 보자 그는 자기도 모르게 웃음을 터뜨리고 말았다. 너무나도 차이가 심했기 때문이었다. 그리고 저녁식사를 하면서도 헌 겉옷을 생각하면서 다시금 웃음이 났다. 그는 즐거운 마음으로 식사를 마치고는, 서류를 정서하는 일에는 조금도 손을 대지 않은 채 바깥이 어두워질 때까지 침대에 멍하니 누워 있었다. 이윽고 때가 되자 천천히 옷을 갈아입고, 그 위에 외투를 걸치고는 들뜬 마음으로 거리로 나갔다.

그를 초대해준 과장대리가 어디 살고 있었는지는 유감이지만 말할 수 없다. 요즘엔 기억력이 아주 무뎌져서 페테르부르크에 있는 어느 건물이라든가 거리라든가 하는 것들이 머릿속에서 온통 뒤섞이는 바람에, 그 가운데 무언가를 끄집어내는 것이 매우 어려운 일이 되어 버렸기 때문이다. 어쨌든 그 관리는 시내에서도 특히 번화한 지역에 살고 있었으며, 아카키 아카키예비치의 숙소로부터 그다지 가깝지 않았다는 것만은 확실하다. 아카키 아카키예비치는 처음에는 어둡고 인적이 없는 길을 지나야만 했다. 하지만 그 관리가 사는 동네가 가까워짐에 따라 길거리는 활기를 띠고 번화해지며, 대낮처럼 눈부시게 불이 켜져 있었다. 지나가는 사람들의 수도 늘고 아름답게 치장한 부인들도 눈에 띄었으며, 비버가죽을 목깃에 단 외투를 입은 신사들과도 마주치게 되었다. 금박을 입힌 못을 박은 나무로 된 싸구려 썰매는 점점 줄어들고, 반대로 곰가죽을 깔고 옻칠을 한 썰매를 끄는 빨간 벨벳 모자를 쓴 마부들이 점점 늘어났다. 또한 마부대(馬夫臺)를 아름답게 꾸민 사륜마차가 눈 위로 바퀴를 굴리면서 나는 듯이 달려가는 것이었다.

아카키 아카키예비치는 이 모든 광경을 마치 태어나서 처음 보는 것처럼 멀거니 바라보았다. 그는 몇 년 동안이나 밤거리에 나와 본 일이 없었던 것이다. 그는 불빛이 밝은 가게 진열장 앞에 멈추어 서서 신기한 듯이 그 안의 그림을 바라보았다. 그림 속에선 어떤 아름다운 여인이 한쪽 구두를 벗고 매끈한 다리를 드러내놓고 있는데, 그 여인 뒤에서는 다른 방문 너머로 구레나룻을 기르고 입술 아래 턱수염을 삼각형으로 멋지게 기른 사나이가 엿보고 있었다. 아카키 아카키예비치는 한 번 머리를 젓고 쓴웃음을 짓더니, 이윽고 다시 길을 걷기 시작했다. 그는 어째서 웃었던 것일까? 눈에 들어온 그림은 그에겐 너무나 낯선 것이었지만, 결국 그도 그런 쪽의 감정을 감춰두고 있었던 것인지, 아니면 다른 많은 관리들과 마찬가지로 "정말이지 프랑스인들이란! 할 말이 없어! 어째서 저런……" 하고 생각했기 때문일지도 모른다. 어쩌면 별 생각이 없었을 수도 있다. 어떤 사람의 마음속에 들어가서 그 사람이 어떤 생각을 하고 있는지를 완벽하게 알아내기란 불가능한 법이니까.

마침내 아카키 아카키예비치는 과장대리가 살고 있는 아파트에 도착했다. 과장대리는 상당히 호화스러운 생활을 하고 있었다. 그의 방은 2층에 있었고, 계단에는 불이 환하게 켜져 있었다. 현관에 들어서자 아카키 아카키예비치는 바닥에 덧신이 즐비하게 놓여 있는 것을 보았다. 그 즐비한 덧신 사이로 방 한가운데에서는 사모바르가 쉭쉭 소리를 내면서 김을 피우고 있었다. 벽에는 가지각색의 외투와 망토가 걸려 있었는데, 그중에는 비버가죽 깃이 달려 있는 외투가 있는가 하면, 벨벳 깃이 달린 것도 있었다. 벽 너머에서는 수런거리는 말소리가 들려오고 있었다. 문이 열리고 하인이 빈 잔들과 크림 주전자, 비스킷 그릇을 쟁반에 가득히 들고 나오자, 방 안에서 나는 소리들은 더욱 크고 또렷이 들려오게 되었다. 다른 사람들은 벌써 오래전부터 모여서 차 한 잔을 마시고 난 뒤인 듯싶었다.

아카키 아카키예비치는 자기 외투를 걸어놓고 방 안으로 들어갔다. 많은 촛불과 손님들, 파이프와 트럼프놀이용 테이블 등등 모든 것이 그의 눈앞에 한꺼번에 나타났다. 여기저기서 이야기 소리나 의자 끄는 소리가 시끄럽게 들려왔다. 그는 어찌할 바를 모르고 몹시 겸연쩍어하면서 방 한가운데 우두커니 서 있었다. 그러나 손님들은 금방 그를 알아보고 환성을 지르며 맞이하더니, 우르르 현관으로 몰려나가서 그의 외투를 자세히 구경했다. 아카키 아카키예비치는 좀 겸연쩍기는 했지만, 본디 순진한 사람이라서 자기 외투에 대해서 모두가 칭찬하는 것을 보고는 기뻐할 수밖에 없었다. 이윽고 조금 지나고 나니, 당연한 일이겠지만 그들은 아카키 아카키예비치와 외투를 모두 내버려둔 채 곧장 휘스트를 하러 테이블로 돌아가버렸다.

시끄러운 소음, 이야기 소리, 와글와글한 사람들—이런 모든 것들이 아카키 아카키예비치에게는 딴 세상 일처럼 느껴졌다. 이제부터 어떻게 해야 할지, 손과 발을, 자기 몸을 어디에 두면 좋을지 알 수가 없었다. 결국에는 트럼프놀이하는 이들 곁에 앉아서 카드를 쳐다보거나 사람들의 낯빛을 이리저리 살폈다. 시간이 좀 흐르자 하품이 나오고 진력이 나기 시작했다. 여느 때 같으면 벌써 오래전에 잠자리에 들었을 시간이었다. 그는 주인에게 작별인사를 하고 돌아가려고 했지만, 사람들은 새 외투를 장만한 것을 축하하는 뜻으로 꼭 샴페인을 들어야만 한다고 하면서 부득부득 그를 붙잡는 것이었다. 1시간쯤 지나니 샐러드, 차가운 송아지고기와 페이스티, 제과점에서 만든 파이에다 샴페인이 야식(夜食)으로 나왔다.

　손님들의 권유에 못 이겨 아카키 아카키예비치는 억지로 샴페인 두 잔을 마셨다. 샴페인을 마시고 나니 방 안에 있는 모든 것이 훨씬 더 활기를 띤 것같이 느껴졌으나, 그래도 벌써 12시가 되었다는 것, 이미 돌아갔어야 할 시간이라는 생각만큼은 잠시도 그의 머리에서 떠나지를 않았다. 그래서 그는 주인에게 붙잡히지 않으려고 살그머니 방에서 빠져나왔다. 현관에서 외투를 찾아보았더니 애처롭게도 마룻바닥에 떨어져 있었다. 그는 탈탈 털어서 외투에 묻은 먼지를 깨끗이 떼어버리고 난 뒤 몸에 걸치고 층계를 내려와 거리로 나섰다.

　길거리는 아직도 환했다. 이 근처의 하인들이 늘 모여 있는 근방의 작은 가게들은 아직도 문을 열고 있었다. 문을 닫은 가게도 더러 있었지만, 문틈으로 온통 불빛이 새어나오고 있어 아직 손님이 끊기지 않았음을 알 수 있었다. 안에서는 아마도 하녀와 하인들이 잡담을 나누는 데 열중하고 있을 것이 분명했다. 그들의 주인은 자기네 하인들이 대체 어디로 사라졌는지 모르겠다며 고개를 갸웃거리고 있을 것이다. 아카키 아카키예비치는 들뜬 기분으로 걷고 있었다. 이유도 없이 어떤 부인의 뒤를 쫓아 달리기까지 했을 정도였다. 그 부인은 그의 옆을 번개처럼 지나쳐 갔는데, 온몸이 격렬하게 요동치고 있었다. 그러나 그는 이내 걸음을 멈추고, 왜 그렇게 빨리 뛰어가려 했는지 스스로 의아하게 여기면서 다시 천천히 걷기 시작했다. 이윽고 그의 앞에는 낮에도 그다지 번화하지 않은, 그러니까 밤이면 더욱 쓸쓸한 거리가 나타났다. 이 시간에는 한층 더 음침하고 적막했다. 가로등 불빛도 약해져 있었는데, 아마도 기름이 다 졸아든 탓인 듯싶었다. 목조가옥과 울타리가 이어질 뿐, 사람 그림자 하나 보이지 않는 길거리 위에는 눈만이 희게 빛나고 있었다. 덧문을 꼭꼭 닫고 깊이 잠들어 있는 오두막집들이 을씨년스럽게 검은 그림자를 늘어뜨리고 있을 뿐이었다.

　이윽고 그는 길이 넓게 펼쳐진 광장에 삼켜지는 곳까지 다가왔다. 보이는 건 저 멀리 희미하게 서 있는 집들뿐인지라, 광장은 무시무시한 사막처럼 느껴졌다. 어딘지 분간할 수 없을 만큼 먼 곳에, 마치 세상 끝에 서 있는 것처럼 생각되는 순찰초소의 불빛이 어른거리고 있었다. 아카키 아카키예비치의 유쾌하던 기분도 여기까지 오니 완전히 시들었다. 광장에 들어서자 그의 심장은 어떤 불길한 것을 예감한 듯했다. 그는 뒤를 돌아다보기도 하고 사방을 두리번거렸다—마치 바다 한복판에 있는 것 같았다. '아니, 보지 않는 게 낫겠어.' 그는 이렇게 생각하고 두 눈을 감고 걸어갔다. 이제는 광장 끝까지 왔나 하고 눈을 뜬 순간, 그의 바로 코앞에 턱수염이 난 사나이 둘이 떡 버티고 선 것이 눈에 들어왔다. 어떤 자들인지 알아볼 수가 없었다. 눈앞이 캄캄해지면서 가슴이 몹시 두근거렸다.

"야, 이 외투는 내 거야!" 그중 한 사나이가 그의 외투깃을 움켜쥐더니 벽력같이 소리를 질렀다. 아카키 아카키예비치는 자기도 모르게 "사람 살려!" 하고 고함을 치려고 했으나, 또 한 명의 사나이가 그의 입 앞에 관리들 머리만 한 주먹을 불쑥 내밀고 이렇게 외쳤다. "소리 지르면 재미없어, 알지!"

아카키 아카키예비치는 자기 몸에서 외투가 벗겨졌다는 것과 호되게 걷어채었다는 것을 느꼈을 뿐, 눈구덩이 속에 모로 쓰러지자 그대로 정신을 잃고 말았다. 몇 분 뒤 다시 정신을 차렸을 때는 그 자리에는 이미 아무도 없었다. 광장 주변은 유독 추웠고, 그는 자기 몸에서 외투가 벗겨져 나갔다는 것을 깨닫게 되었다. 그는 고함을 치기 시작했으나 그의 목소리가 광장 끝까지 닿을 것 같지는 않았다. 절망에 빠진 그는 그래도 쉴 새 없이 외치면서 광장을 가로질러 곧장 순찰초소로 달려가기 시작했다. 순찰초소 옆에는 한 야경꾼이 창에 기대어선 채, 소리 지르면서 자기를 향해 뛰어오는 사람이 도대체 어떤 작자인지 알고 싶다는 호기심에 찬 눈초리로 바라다보고 있었다. 아카키 아카키예비치는 그에게로 달려와서 거의 울먹이는 목소리로, 당신이 졸고 있는 동안 나는 날치기를 당하고 말았다며 소리를 질렀다. 순경은 광장 한가운데에서 웬 사람 둘이 당신을 불러세우는 것을 보긴 했지만, 아마 친구려니 생각했노라고 태평하게 대답했다. 그리고 여기서 쓸데없이 욕을 퍼붓고 있을 게 아니라, 내일 경찰에 출두해서 외투 도둑을 찾아 달라고 신고하는 편이 나을 것이라고 충고했다.

아카키 아카키예비치는 완전히 이성을 잃고 허둥대며 집으로 돌아왔다. 머리 뒤통수와 관자놀이께에 조금 남아 있던 머리털도 온통 헝클어지고 옆구리와 가슴, 그리고 바지 전체가 눈투성이가 되어 있었다. 요란스럽게 문을 두드리는 소리에 그의 하숙집 주인인 노파는 허겁지겁 자리에서 일어나 겨우 한쪽 발에만 신을 꿰고, 한 손으로 블라우스 앞섶을 붙잡고 문을 열러 뛰어나왔다.

문을 열고 아카키 아카키예비치의 그런 끔찍한 꼴을 보자, 노파는 그만 기겁을 해 뒤로 물러서지 않을 수 없었다. 그가 자초지종을 이야기하자, 노파는 손뼉을 딱 치며, 그런 일이라면 경찰서장에게 직접 찾아가야 된다고 말했다. 순찰초소에선 아무렇게나 취급하여 약속을 해도 일을 질질 끌기만 하며 방치한다는 것이다. 그러니까 역시 제일 좋은 방법은 경찰서장을 찾아가는 것이며, 마침 서장은 그녀와 친분이 있다고 했다. 전에 노파네 집 요리사로 일했던 핀란드 여자 안나가 지금은 서장네 집에 유모로 가 있었던 것이다. 또 노파는 이따금 서장이 이 집 앞을 지나가는 것을 보기도 했고, 일요일마다 교회에 나와서 기도를 드리고 동시에 아주 즐거운 얼굴로 사람들을 대하는 양반이니까 분명히 좋은 사람임이 틀림없을 거라고 말했다. 이런저런 말을 듣고 나서 아카키 아카키예비치는 풀이 죽어서 비틀거리며 자기 방으로 들어갔다. 그가 어떤 모양으로 하룻밤을 지냈을지는 조금이라도 남의 입장에서 생각할 줄 아는 사람이라면 능히 짐작하고도 남을 것이다.

다음 날 아침 일찍 그는 서장네 집을 찾아갔다. 그러나 아직 자고 있다고 하기에 10시에 다시 찾아갔는데, 이때도 역시 자고 있다고 했다. 그는 11시에 다시 한 번 찾아갔다. 이번에는 "서장께서는 집에 안 계십니다" 하고 퇴짜를 맞았다. 점심 시간에 또다시 찾아갔지만 이번에는 현관 앞에서 서기(書記)들이 안으로 들어가지 못하게 그를 막으면서 무슨 용건인지, 무엇이 필요한지, 무슨 일이 일어난 것인지 꼬치꼬치 캐물으려 들었다. 그리하여 그는 일생에 처음으로 단호한 태도를 보였다. 자기는 서장을 직접 만나야 할 일이 있어서 찾아온 것이며 당신들은 내가 들어가는 것을 막을 권리가 없다, 나는 관청에서 공무를 띠고 찾아온 사람이다, 만일 이대로 돌아가서 당신들을 고소하면 어떻게 될지 아느냐, 그때 가서 후회하지 말라고 냅다 호통을 쳤던 것이다.

서기들은 이 말에 대해 아무런 반론을 하지 못했고, 그중 한 사람이 서장을 부르러 갔다.

그런데 서장은 어째서인지 외투를 빼앗겼다는 말을 아주 묘하게 왜곡해서 받아들였다. 그는 사건의 요지에 주목하는 대신 아카키 아카키예비치에게 다른 것들을 꼬치꼬치 캐물었다. 왜 그렇게 늦게 집에 돌아간 것이냐, 어딘가 이상한 곳에 들렀던 것은 아니냐는 것이다. 그래서 아카키 아카키예비치는 당황한 나머지 외투 사건이 어떻게 처리될지도 모르는 채로 그 자리를 떠야만 했다.

그날 그는 생전 처음으로 관청에 출근하지 않았다. 그 다음날 그는 몹시 창백한 얼굴에 한층 더 초라해진 낡은 겉옷을 걸치고 출근했다. 이런 때조차도 아카키 아카키예비치를 놀리는 사람들도 몇 명 있기는 했지만, 대부분의 사람들은 외투를 빼앗겼다는 말을 듣고 안타깝게 여겼다. 그들은 즉시 그를 위해서 모금을 시작했지만 모인 돈은 얼마 되지 않았다. 그러지 않아도 걸핏하면 장관의 초상화를 구입하거나, 상사의 친구가 지은 책을 예약하거나 하느라 다들 상당히 많은 돈을 써야만 했던 것이다. 그래서 모인 돈의 액수는 그토록 적을 수밖에 없었다.

그를 동정한 한 직원은 적어도 적당한 충고라도 해서 아카키 아카키예비치를 도와주자고 생각했다. 그는 경찰에게는 가지 않는 편이 좋다고 충고했다. 만약 경찰이 상사의 칭찬을 기대하고 어떤 방법으로 외투를 찾아온다 하더라도, 그것이 그의 외투라는 법적 증거를 내놓지 않으면 그 외투는 경찰서에서 보관하게 될 것이 분명하기 때문이다. 그보다도 어떤 높으신 분을 찾아가보는 편이 좋을 것이다, 그런 사람이라면 적당한 사람들에게 연락을 취해서 일이 잘 해결될 수 있게 해 줄 것이란 이야기였다.

아카키 아카키예비치는 달리 어떻게 할 방도도 없었으므로 그 높으신 분을 찾아가기로 작정했다. 헌데 그가 찾아가기로 한 높으신 분이 어떤 직무에 종사하고 있었는지는 지금까지도 잘 알려져 있지 않다. 다만 이 사람도 사실은 최근에 그 지위에 오른 것이며, 얼마 전까지만 해도 그다지 유력하지 않은 인물이었다는 사실을 알아둘 필요가 있을 것이다. 또 지금은 유력하다고는 하지만, 그 지위는 다른 높은 사람들과 비교한다면 그다지 중요하다고 말할 수는 없을 것이다. 그러나 어느 시대든지 남들이 보기엔 그다지 중요하지도 않은 것을 아주 중대한 것으로 생각하는 위인들이 있는 법이다. 이 인물도 마찬가지로, 여러 수단을 사용해서 자신이 대단히 유력한 인물이라는 것을 다른 사람들에게 과시하기를 좋아했다. 이를테면 관청에 출근할 때 부하 직원들이 계단 앞까지 영접하러 나오게 했으며, 또 누구도 자기를 직접 찾아오지 못하게 하고 모두 엄격한 수속을 밟게 했다. 그러니까 14등관은 12등관에게 보고하고, 12등관은 9등관이나 또는 다른 적당한 사람에게 보고하는 식으로 해서 사건이 자기 앞으로 도착하게 만들었던 것이다. 성스러운 러시아에선 다들 이런 식으로 매사에 남의 흉내내는 것을 능사로 알고, 너나 할 것 없이 자기 상관을 따라하며 으스대는 것이다. 심지어는 이런 소문도 있었다. 어느 9등관이 어떤 작은 분국(分局)의 장(長)으로 임명되자, 당장 별실을 마련하고는 그곳을 자신의 집무실이라 불렀다. 그리고 그 집무실 문 앞에는 붉은 옷깃에 금색 몰 장식을 단 심부름꾼을 세우고, 손님이 드나들 때마다 손잡이를 잡고 열게 했다. 그런데 그 집무실이란 흔한 사무용 책상 하나가 겨우 놓여 있는 비좁은 방이었다는 것이다.

그 유력하다는 인물이 사람을 대하는 태도와 습관은 웅장하고 인상적이었지만 조금 과장된 면이 없지 않았다. 그가 세운 방침의 요지는 엄격함에 있었다. "첫째, 엄격하여라. 둘째, 엄격하여라. 항상 엄격하여라!" 그는 입버릇처럼 이렇게 말하곤 했다. 마지막 말을 할 때는 꼭 거드름을 피우며 상대의 얼굴을 바라다보았다. 그러나 꼭 그렇게 엄격한 규칙을 강조할 이유는 없었다. 이 사무국에서 일하는 열 사람 정도의 공무원은 그렇지 않아도 벌벌 떨고 있는 터여서 먼발치에 그의 모습이 힐끗 눈에 띄기만 해도, 그들은 하던 일을 멈추고 그가 방 앞을 지나갈 때까지 차렷자세로 서 있었기 때문이다. 그는 부하 직원들과 평범하게 대화할 때도 위압적인 말투였고, 주로 다음과 같은 세 마디만 했다.

"감히 어떻게 이런 일을 저질렀나? 자네가 누구하고 이야길 하고 있는지 알고 있나? 자네 앞에 서 있는 게 누군지 아느냐 말이야?"

그렇다고는 하지만, 그도 본디 바탕은 선량한 사람이었기에 동료들과도 잘 지내며 남에게도 친절했다. 그러던 것이 칙임관(勅任官)이라는 지위에 오르자 그는 완전히 평정심을 잃고 길을 벗어났던 것이다. 그는 자기와 동등한 지위에 있는 사람들과 함께 있을 때는 제법 예의 바르고 분별 있는 똑똑한 사람이었다. 그러나 자기보다 한 계급이라도 낮은 사람들과 어울리게 되면 갑자기 입을 꾹 다물어버리고 마는 것이었다. 그 스스로도 좀 더 즐겁게 시간을 보내고 싶다고 생각하는 것이 느껴지는 만큼, 오히려 안됐다는 생각이 들 정도였다. 그의 시선에서는 때때로 무언가 흥미진진한 대화나 모임에 끼고 싶다는 강한 호기심이 엿보이곤 했다. 그러나 그때마다 자신을 낮추는 꼴이 되지 않을까, 지나치게 허물없는 것이 아닐까, 자기 위신을 떨어트리지나 않을까 하는 쓸데없는 생각 때문에 망설이게 되는 것이다. 결국 그는 고독한 침묵 상태를 유지하면서 때때로 두세 마디쯤 할 뿐인지라, 끝내는 따분하기 짝이 없는 위인이라는 별명을 얻게 되었다.

아카키 아카키예비치가 찾아온 것은 바로 이런 고관이었다. 그런데 문제는 아카키 아카키예비치가 방문한 시간이 고관 입장에서는 마침 적절한 때였지만 아카키 아카키예비치 본인에게는 최악의 시점이었다는 것이다. 고관은 때마침 집무실에서 요 몇 년 동안 만나보지 못했던, 최근에 상경한 오랜 옛 친구와 즐겁게 이야기를 주고받고 있었다. 바로 이때 바시마치킨이란 사람이 찾아왔노라는 전갈을 받았던 것이다. "어떤 사람이라더냐?" 퉁명스럽게 그가 물었다. "어느 관청의 공무원인 듯합니다." 서기가 대답했다. "기다리라고 해라. 지금은 바빠서 만날 시간이 없으니." 고관이 말했다.

여기서 밝혀두어야만 할 일은, 그 고관이 터무니없는 거짓말을 했다는 사실이다. 시간은 충분했다. 그들은 오래전부터 이것저것 이야기를 나누었기에, 이제 대화 중간에 긴 침묵이 끼어드는 경우가 늘고 있었다. 때때로 서로 가볍게 무릎을 치면서, "그렇군 그래, 이반 아브라모비치!", "그래그래, 스테판 바르라모비치!" 이런 식으로 말하고 있을 뿐이었다. 그럼에도 불구하고 공무원을 기다리게 하라고 명령한 것은 이미 오래전에 퇴직해서 고향에서 살고 있는 친구에게, 공무원이 자기를 만나려면 얼마나 오래 기다려야 하는지를 보여주기 위함이었다.

드디어 이야깃거리도 다 떨어지고, 더욱이 긴 침묵에도 진력이 났으므로 그는 등받이가 있는 푹신푹신한 안락의자에 푹 파묻혀서 담배를 한 대 피웠다. 그리고 문득 생각이 난 것처럼 보고서를 들고 문가에 서 있던 서기에게 말했다. "그러고 보니 공무원이 한 사람 기다리고 있을 텐데, 들어와도 좋다고 이르시오."

아카키 아카키예비치의 조심스러운 태도와 낡아빠진 제복을 보자 고관은 대뜸 입을 열었다. "무슨 일로 왔나?" 무뚝뚝하고 딱딱한 목소리였다. 이 목소리는 그가 칙임관에 임명되어 지금의 지위에 앉기 1주일 전부터 자기 방에 틀어박혀 거울 앞에서 연습했던 것이다. 이미 겁을 집어먹은 아카키 아카키예비치는 당혹감을 감추지 못했다. 그래도 어떻게든 혀를 움직이려 노력해서, 평소보다도 더 많이 "저기……"를 끼워 넣으면서 필사적으로 사정을 이야기했다. 새로 맞춘 자기 외투를 잔혹한 방법으로 빼앗기고 말았는데, 제가 이렇게 각하께 부탁을 드리러 온 것은 부디 한 번만 수고를 해주셔서 경찰서장이나 다른 분에게 연락을 취해 외투를 찾도록 말씀해 주셨으면 하는 바람 때문이라는 이야기였다. 하지만 어찌된 영문인지, 칙임관에게는 아카키 아카키예비치의 태도가 지나치게 허물없이 구는 것처럼 느껴졌다.

"도대체 뭔가 자네는!" 그는 퉁명스럽게 말했다. "일에는 순서가 있다는 걸 모르나? 여기가 어디라고 생각하는 건가? 정해진 수속을 따라야 할 것 아닌가. 우선 사무국 접수계에 진정서를 제출해야 한단 말이야. 그러면 그 서류가 과장하고 국장한테 넘어가고, 그게 비서관의 손에 넘어가고, 비서관에게서 비로소 나한테 넘어와야 한단 말이야."

"그렇지만 각하." 아카키 아카키예비치는 있는 용기를 다 짜내기 위해 몹시 애를 썼다. 그는 자기가 땀을 철철 흘리고 있다는 것을 의식하면서 변명을 했다. "제가 각하께 염치를 무릅쓰고 부탁드리는 것은, 사실 비서관들이라고 하는 것이 그…… 사실 믿을 만한 이들이 못 되기에……."

"뭐, 뭣이 어쩌고 어째!" 고관은 말했다. "참으로 겁도 없군. 어디서 그 따위 사고방식을 배웠나? 젊은 놈들 사이에서 상사나 장관한테 대들려는 이런 건방진 행태가 퍼지고 있었다니!"

고관은 아카키 아카키예비치가 이미 쉰 고개를 넘었다는 사실을 눈치채지 못한 모양이다. 그를 젊다고 하려면, 일흔이 된 노인들과 비교할 경우에나 가능할 것이다.

"자네가 도대체 누구하고 이야길 하고 있는 줄 알고나 있나? 자네 앞에 있는 사람이 누군지 알고 있느냐 말이야, 응? 그것부터 들어보고 싶군그래."

그는 한 발을 쾅 구르며 아카키 아카키예비치가 아닌 다른 사람일지라도 깜짝 놀랐을 만큼 크게 소리를 질렀다. 아카키 아카키예비치는 심장이 멈춘 것처럼 딱딱하게 굳어서 온몸을 부들부들 떨다가, 도저히 서 있을 수 없을 지경이 되고 말았다. 만약 수위가 달려와서 부축해주지 않았다면 그는 분명히 바닥에 쓰러지고 말았을 것이다. 그는 몸도 가누지 못하고 밖으로 실려 나갔다. 고관은 예상을 훨씬 넘어서 그런대로 효과를 봤다며 만족스러워 했다. 자신의 말 한 마디로 사람을 인사불성으로 만들 수 있다는 그 사실에 도

취되어, 이것을 친구가 어떻게 받아들이고 있는지 알아보려고 슬쩍 곁눈질을 했다. 그랬더니 그 친구도 깜짝 놀라서 허둥지둥대고 있었다.

어떻게 해서 층계를 내려왔는지, 어떻게 거리로 나왔는지 아카키 아카키예비치는 전혀 기억이 없었다. 팔다리가 어떻게 움직이는 건지 감각이 없었다. 그는 태어나서 지금까지 한번도 상관으로부터, 그것도 다른 부처의 상관으로부터 이렇게 심한 꾸중을 들어본 일은 없었다. 그는 입을 딱 벌린 채, 길거리에 휘몰아치고 있는 눈보라 속을 비실비실 걸어갔다. 때때로 발을 헛디뎌 보도에서 벗어나기도 했다. 페테르부르크에선 으레 그렇듯이 바람은 사방팔방에서 거리거리, 골목골목으로 사정없이 휘몰아쳤다. 순식간에 편도선에 염증(炎症)이 생기고, 집에 돌아오니 말 한마디 할 기력도 남아 있지 않았다. 그는 온몸이 부어올라 쓰러지듯이 자리에 눕고 말았다. 훌륭한 질책도 때로는 이처럼 비참한 결과를 낳기도 하는 것이다.

다음날이 되자 심각한 고열이 났다. 페테르부르크 날씨가 쓸데없이 후한 원조를 해준 덕분에 병은 예기했던 것 이상으로 빨리 악화되어, 의사가 왔을 때에는 이미 손을 쓸 도리가 없었다. 다만 환자가 의약의 혜택을 전혀 받지 못하고 죽지 않도록 뜨거운 습포를 처방해주었을 뿐이었다. 그리고 그 자리에서 의사는 환자가 앞으로 36시간 안으로 임종하리라고 선고했다. 이어 의사는 하숙집 안주인을 향하여 말했다. "아주머니, 공연히 시간 낭비하지 말고 당장 소나무 관(棺)이나 주문해 두세요. 참나무 관은 이 사람에겐 너무 비쌀 테니까요."

아카키 아카키예비치가 치명적인 이 선고를 들었는지 못 들었는지, 만약 들었다면 그것이 그의 병을 더 악화시켰는지 어쨌는지, 그가 자기의 불운한 생애를 슬퍼하기나 했는지, 그것은 전혀 알 수 없는 일이었다. 그도 그럴 것이 그는 고열에 들뜬 채 줄곧 헛소리만 해대고 있었으니 말이다. 그의 눈앞에 쉴 새 없이 기묘한 환상이 연달아 나타났다. 그는 재봉사 페트로비치를 봤는지, 도둑들을 잡기 위해 올가미를 설치한 외투를 주문하고 싶다고 말했다. 그러더니 도둑들이 계속 침대 밑에 숨어 있는 것만 같다고 1분마다 집주인 노파를 불러서 이불 밑에 있는 도둑놈을 좀 끌어내 달라고 부탁했다. 또는 자신은 새 외투를 가지고 있는데, 왜 눈앞에는 그 낡은 겉옷이 걸려 있느냐고 물어보기도 했다. 그러다가는 또다시 그 고관 앞에 서서 질책을 당하고

있는 줄 알았는지 "죄송합니다, 각하!" 하고 외치기도 했다. 그러다가 결국
에는 자기 쪽에서 욕설을 퍼붓기도 했는데, 너무나도 무서운 말들을 토해내
는 바람에 노파는 놀라서 성호를 긋기도 했다. 아카키 아카키예비치는 태어
나서 한 번도 그런 말을 입에 담아본 적이 없었던 데다가, 그것이 '각하'라
는 말 뒤에 나온 것인지라 노파는 더더욱 놀랐던 것이다. 그 뒤로 아카키 아
카키예비치의 입에서 흘러나온 것은 횡설수설하는 헛소리뿐이라서 아무도
무슨 소리인지 알아들을 수가 없었다. 단지 그 맥락도 없는 말과 생각 모두
가 같은 외투를 둘러싸고 있다는 것만은 틀림없었다.

드디어 가없은 아카키 아카키예비치는 숨을 거두었다. 그의 방도, 그 어떤
소지품도 봉인되지 않았다. 첫째로는 상속자가 없었기 때문이고 둘째로는
유산이라고 할 만한 것이 거의 없었기 때문이다. 거위깃 펜 한 다발, 관청에
서 쓰는 백지 한 묶음, 양말 세 켤레, 바지에서 떨어진 단추 두세 개에다가,
독자 여러분도 이미 잘 알고 있는 낡은 겉옷이 전부였다. 그러한 것들이 누
구의 손에 들어갔는지는 하느님만이 아실 것이다. 솔직히 말해서 이 이야기
를 쓰고 있는 작자조차도 그것에 대해선 별로 흥미가 없다. 아카키 아카키예
비치는 실려 나가서 매장되었다.

그리하여 마치 그런 사람은 애초부터 없었던 것처럼 페테르부르크는 아카
키 아카키예비치 없이 남겨졌다. 그는 아무에게도 보호를 받지 못하고, 누구
의 호감도 얻지 못하고, 흥미도 끌지 못했다. 흔해빠진 파리조차 놓치지 않
고 핀으로 꽂아 현미경으로 관찰하는 학자선생들의 주의마저 끌어보지 못한
채, 세상에서 사라져 묻히고 만 것이다. 관청 동료들의 비웃음도 겸손하게
참고, 뚜렷한 업적 하나 남기지 않은 채 무덤으로 들어간 존재였다. 그래도
인생의 마지막 즈음에나마 외투라는 형상을 빌린 눈부신 손님이 나타나서,
그의 비참한 생활에 한순간 생기를 불어넣어 주었다. 그러나 그것도 잠시였
을 뿐, 이 세상 황제나 세도가들에게도 공평하게 찾아오는 불행의 무게를 이
길 수는 없었던 것이다.

그가 죽고 나서 며칠 후, 관청 수위가 당장 출근하라는 상사의 명령서를
들고 하숙집으로 찾아왔다. 그러나 수위는 빈손으로 돌아가서, 그 사람은 이
제 두 번 다시 나올 수 없게 되었다고 보고할 수밖에 없었다. "어째서 못 온
다는 건가?" 하는 물음에 다음과 같은 말로 대답하는 수밖에 없었던 것이다

—"예, 사실은, 그 사람은 벌써 죽어버렸기 때문입니다. 엊그저께 장례도 치렀답니다." 이리하여 아카키 아카키예비치의 죽음은 관청 안에 널리 알려지게 되어, 그 다음날에는 벌써 그가 앉아 있던 자리에 새로 부임한 관리가 앉게 되었다. 그는 키도 훤칠하게 크고 필적도 고인(故人)이 쓰던 반듯한 필체가 아니고, 한쪽으로 기울어진 사체(斜體)의 글씨를 쓰는 사람이었다.

그러나 그 누가 상상이라도 할 수 있었을까. 아카키 아카키예비치의 이야기는 이것으로 모두 끝난 것이 아니었다. 그는 죽은 뒤에도 한동안 주변을 온통 떠들썩하게 만든 화제의 대상이 되었다. 누구에게도 인정받지 못했던 비참한 삶에 대한 일종의 보상이었을까? 그로 인해 우리의 이 처량한 이야기도 환상적인 결말을 맞이하게 된 것이다.

어느 날 갑자기 페테르부르크 시내에 밤마다 칼린킨 다리부근이나 그로부터 좀 떨어진 곳에서 공무원 차림을 한 유령이 나타난다는 소문이 퍼지기 시작했다. 그 유령은 도둑맞은 외투를 찾고 있어서, 그것과 비슷한 외투를 발견하기만 하면 관등이나 신분도 개의치 않고 모두 다 벗겨 간다는 것이다. 고양이나 비버의 모피, 솜이나 너구리, 여우, 곰 가죽 외투까지, 한 마디로 인간이 추위로부터 몸을 지키기 위해 마련한 모피와 가죽이라면 가리지 않고 벗겨간다는 것이다. 어느 관청의 공무원 한 사람은 자기 두 눈으로 똑똑히 그 유령을 보았는데, 첫눈에 그것이 아카키 아카키예비치라는 것을 알아보았노라고 했다. 그러나 너무나 무서웠던 탓에, 걸음아 날 살려라 하고 달아나버리고 말았기 때문에, 제대로 확인하지는 못했고 다만 유령이 멀리서 손가락으로 자기를 위협하고 있는 것을 보았을 뿐이었노라고 했다.

그러는 사이에 여기저기서 애로사항이 끊임없이 쏟아져 나왔다. 9등관만이 아니라 7등관 나리들마저 밤중에 외투를 빼앗기고, 등이나 어깨가 시려서 감기에 걸릴 판이라고 호소했다.

경찰에서는 생사불문하고 반드시 유령을 사로잡아서, 가장 가혹하게 엄벌을 내려 다른 사람들의 본보기가 될 수 있게 하라는 지시가 내려왔다. 이것은 거의 성공에 이를 뻔했다. 이를테면 어느 지구의 경관 한 사람이 키류시킨 골목에서, 젊었을 땐 플루트의 명수였던 어느 은퇴한 음악가의 앙고라 외투를 벗기려는 현장에서 유령의 멱살을 붙잡았던 것이다. 그 경관은 유령의 멱살을 잡은 채 큰 소리로 동료 두 사람을 불러서 유령을 단단히 잡고 있으라고 부탁했다. 그 동안에 자기는 잠시 장화 속을 뒤져 담뱃갑을 꺼내어, 지금까지 이미 여섯 번이나 지독한 동상에 걸렸던 코에 잠깐이라도 산뜻하게 생기를 불어넣으려고 했던 것이다. 그러나 그 담배라는 것이 아마 유령으로서도 견딜 수 없을 만큼 싸구려였던지, 경관이 손가락으로 오른쪽 콧구멍을 막고, 왼쪽 콧구멍으로 반 줌쯤 되는 코담배를 빨아들이려는 순간, 유령이 어찌도 요란스럽게 재채기를 했던지 그만 담배 가루가 사방으로 날아서 세 사람의 눈을 못 뜨게 만들고 말았다. 경관들이 주먹으로 눈을 비비던 사이에 유령은 온데간데없이 사라져버리고 말았으므로, 정말로 유령이 그들에게 잡히기나 했던 것인지 그것조차 아리송하게 되고 말았다. 이런 일이 있은 뒤로 경관들은 유령을 무서워하게 된 나머지 산 사람조차 잡기를 꺼려하게 되었고, 다만 멀리서 "야! 냉큼 꺼져버리지 못해!" 이렇게 소리칠 뿐이었다. 그 덕분에 관리의 유령은 칼린킨 다리 건너편에까지 출몰하게 되어, 겁이 많은 이들에게 적잖은 공포심을 가져다주었던 것이다.

그런데 우리는 이 모든 사실들이 환상적인 경향을 띠게 된 사실상의 원인이라 할 수 있는, 그 고관에 대해서는 까맣게 잊고 있었던 셈이다. 무엇보다 공정을 따져서 말해야 할 것은 된서리를 맞은 가엾은 아카키 아카키예비치가 돌아간 뒤, 그 고관이 양심의 가책 비슷한 것을 느꼈다는 사실이 아닌가 한다. 동정심이란 원래 이 인물과 전혀 연관이 없는 감정은 아니었다. 단지 그의 지위가 그것을 밖으로 드러내는 것을 꼭 틀어막고 있었던 것뿐이지, 사실은 선량한 구석도 많은 사람이었던 것이다. 방문했던 고향 친구가 방에서 나가자 그는 불쌍한 아카키 아카키예비치에 대한 일로 생각에 잠기게 되었던 것이다. 그리고 그 뒤부터는 거의 매일같이 그 정도의 질책도 견디지 못하고 창백하게 질려 나가던 아카키 아카키예비치의 모습이 눈앞에 떠오르곤 했다.

너무나 마음이 뒤숭숭해서 1주일쯤 지난 뒤에 그에게 부하직원을 한 사람 보내서, 그가 어쩌고 있는지, 실제로 어떻게 도와주면 되는지 알아보고 오게 했다. 그러나 그 공무원으로부터 아카키 아카키예비치가 열병에 걸려서 갑작스럽게 세상을 떠났다는 보고를 받게 되자, 그는 소스라치게 놀라는 동시에 양심의 가책을 받아 온종일 침울하게 지냈을 정도였다.

그는 조금이라도 침울한 기분을 없애고 기분전환을 할 생각으로, 그날 저녁 어느 친구가 개최하는 야회에 참석했다. 상류층이 모이는 자리였고, 무엇보다도 좋았던 것은 그들 대부분이 자기와 같은 직위에 있는 사람들이어서 조금도 어색해할 필요가 없었던 것이다. 이 일이 그의 심경에 놀랄 만한 효과를 가져다주었다. 그는 느긋하게 즐거운 이야기들을 나누며 하루 저녁을 아주 즐겁게 보낼 수 있었다. 저녁식사를 하면서 그는 샴페인을 두 잔이나 마셨는데—이것은 잘 알고 있듯이 마음을 흥겹게 하는 데는 아주 효과적인 방법이었다. 이렇게 마신 샴페인이 뭔가 저질러보고 싶은 마음을 부추겼다. 그래서 그는 곧장 집으로 돌아가지 않고, 전부터 각별한 친분이 있던 독일 태생의 카롤리나 이바노브나라는 부인을 만나러 가기로 작정을 했던 것이다.

그런데 여기서 한 마디 해두지 않으면 안 될 것은 그 고관은 이미 젊은 사람이 아니라 한 가정의 좋은 남편이며 존경받는 아버지라는 사실이다. 아이가 둘인데, 그중 한 아들은 이미 관청에서 근무를 하고 있었다. 약간 들창코 같은 느낌이 들기는 했으나 코가 예쁘고 귀여운 열여섯 살 된 사랑스러운 딸은 아침마다 그의 손에 키스하면서 "봉쥬르, 파파^(안녕히 주무셨어요, 아빠)" 하면서 인사를 하곤 했다. 아직 젊고 아름다운 부인은 우선 남편에게 자기 손을 내밀어 키스하게 하고는, 그 손을 뒤집어서 남편 손에 키스하는 것이었다. 그는 자기의 가정생활에 충분히 만족하고 있었지만, 다른 곳에 친한 여자친구를 두고 있다는 것을 그다지 못된 일이라고는 생각하지 않았다. 이 여자친구는 그의 아내보다 결코 젊지도 아름답지도 않았지만, 어쨌거나 세상에는 흔히 있는 일이므로 우리가 이러쿵저러쿵할 것은 아니다. 아무튼 고관은 층계를 내려와 썰매에 올라타고 마부에게, "카롤리나 이바노브나의 집으로!" 하고 일렀다. 그리고 자기는 따뜻한 외투로 기분 좋게 몸을 감싸고, 러시아 사람에게 이보다 더 좋은 일은 상상하기 어려울 만큼 유쾌한 기분에 잠겼다. 일부러 생각하려고 하지 않아도 점점 더 즐거운 생각이 저절로 마음속에 떠올랐다. 그지없이 흐뭇한 기분에 잠겨 그는 지금 막 다녀나온 야회의 즐겁던 장면과 친구들끼리 배를 잡고 웃었던 이야기들을 되뇌고 있었다. 그중 몇 마디를 낮은 목소리로 반복해 보곤, 그 말이 아까처럼 재미있게 느껴져서 또다시 크게 웃었다. 그런데 어디서 어떻게 된 까닭인지 갑자기 불어닥친 세찬 바람으로 그의 즐거운 생각은 방해를 받게 되었다. 세찬 바람은 칼로 치듯이 그의 얼굴에 부딪치더니 눈가루로 후려치기도 하고, 또 외투깃을 마치 돛처럼 빳빳하게 만들기도 했다. 또는 갑자기 초자연적인 힘으로 외투깃을 머리 위로 밀어올리기도 하여, 그는 쉬지 않고 옷매무새를 고쳐야 했다.

그러자 갑자기 그 고관은 누군가가 무서운 힘으로 자기 목덜미를 휘어잡는 것을 느꼈다. 무심코 뒤를 돌아다본 그는 바로 자기 등 위에 낡고 너덜너덜한 제복을 입은 작은 체구의 남자, 바로 아카키 아카키예비치가 있다는 것을 알고 소스라치게 놀랐다. 그 공무원의 얼굴은 눈처럼 새하얀 것이 틀림없는 시체의 모습이었다. 그러나 고관의 공포가 한계를 넘은 것은, 그 시체의 입이 음흉스럽게 열리고 무덤 속의 끔찍한 썩은 냄새를 그의 얼굴에다 확 끼얹으면서 다음과 같이 내뱉었을 때였다. "아, 마침내 네 녀석이 여기 왔구나! 나는 드디어 네놈의 목덜미를 붙잡고야 만 게다! 나는 네놈의 외투가 필요하다! 네 녀석은 내 외투를 찾도록 도와주지는 않고 오히려 야단을 쳤지! 그러니까 이제 네놈의 외투를 내놓아야 한단 말이다!"

고관은, 너무 놀라 숨도 제대로 쉬지 못했다. 관청이나 부하 직원들 앞에서는 언제나 강인한 모습을 보였고, 그의 당당한 용모와 풍채를 본 사람이면 누구나 할 것 없이—"아 참, 굉장히 의지가 강한 사람이군!" 이렇게 말하곤 했다. 그러나 그 순간의 그는, 겉으로만 강한 척하는 이들이 대부분 그렇듯이 잔뜩 겁을 집어먹었다. 그래서 이유도 없이 자기가 무슨 발작이라도 일으키는 것이 아닌가 하는 생각이 들었다. 그는 자기 어깨에서 외투를 재빨리 벗어서 내던지고는 평소 목소리가 아닌 아주 다급해진 어조로 마부를 향해 "전속력으로 집으로 몰아!" 하고 외쳤다. 마부는 보통 아주 위급한 경우가 아니면 들을 수 없는 주인의 다급한 그 목소리를 듣자, 만일의 경우를 생각해서 두 어깨 사이에 머리를 움츠린 채 채찍을 한 번 냅다 휘둘러 화살처럼 빨리 썰매를 몰았다. 6분가량 지나자, 그 고관은 이미 자기 집 현관에 도착해 있었다. 새파랗게 질린 얼굴을 하고 무서워 떨면서 외투도 없이, 카롤리나 이바노브나의 집을 찾는 대신 자기 집으로 돌아온 그는 간신히 자기 방까지 갈 수 있었다. 그리고 하룻밤을 끔찍한 두려움 속에 뜬눈으로 지새우다시피 했으므로, 다음 날 아침 차를 마실 때 딸이 대뜸 이렇게 말했을 정도였다. "아빠, 오늘 얼굴이 참 핼쑥하시네요." 그러나 그는 아무 말도 하지 않았다. 간밤에 일어난 일에 대해서는 자기가 어디 있었다는 것도 무슨 일이 있었는지도, 또 어디로 찾아가려고 했었다는 사실에 대해서도 절대로 이야기하지 않았다.

이 사건은 그에게 강렬한 인상을 남겼다. 그는 부하들에게도, "용케도 그런 짓을 할 수 있군? 자네 앞에 있는 사람이 누군지 알기나 하나, 엉?" 하는 소리를 그전보다 훨씬 덜 지껄이게 되었다. 설령 그런 말을 한다고 하더라도, 상대방의 이야기를 먼저 들어주게 되었다. 그러나 그보다도 더 주목할 만한 것은, 이런 일이 있은 뒤로 관리의 유령이 자취를 감추고 만 것이었다. 아마 칙임관(勅任官)의 외투가 그의 몸에 꼭 맞았던 모양이다. 어쨌든 그 뒤로는 누군가가 외투를 빼앗겼다는 사건이나 소문도 완전히 사라졌다. 그러나 호기심 많고 소문내기 좋아하는 많은 사람들은 안심하려고 하지 않고, 도시 외곽에서는 아직도 관리의 유령이 나타난다고 여러 사람들이 모여 수군대기를 그치지 않았다. 사실 콜롬나의 어떤 경관은, 자기 눈으로 어떤 집 뒤에서 유령이 나타나는 것을 보았노라고 말했다. 그러나 이 사람은 원래부터 힘이 별로 없었다. 그래서 언젠가 어떤 집에서 튀어나온 평범한 돼지 한 마리가 그의 다리에 부딪쳤을 때, 그는 바로 떠밀려 바닥에 나뒹굴고 말았던 적이 있었다. 그것을 본 길가의 마부들은 모두 크게 웃었다. 경관은 그것을 굴욕적으로 느끼고 그들로부터 담뱃값 명목으로 2코페이카씩 징수했던 것이다. 아무튼 이렇게 기운이 딸리는 사람인지라 유령을 불러 세운다는 것은 도저히 불가능했다. 그래서 그저 유령의 뒤를 쫓아가기만 했다. 어두운 곳으로 들어왔을 때, 유령은 갑자기 멈춰 서서 뒤를 돌아보고 말했다.

"무슨 용무지?" 유령은 절대 살아 있는 사람의 것이라고 볼 수 없는 거대한 주먹을 불쑥 내밀었다. 경관은 "아무것도 아니야" 하고 대답한 뒤 즉시 몸을 돌리고 그곳에서 벗어났다.

그런데 이때의 유령은 훨씬 키가 크고, 끔찍스럽게 많은 코밑수염을 기르고 있었다. 아무튼 오브호프 다리 쪽으로 걸음을 옮기는 듯하더니, 밤의 어둠 속으로 이내 사라져버리고 말았다는 것이다.

Nos

코

코

1

3월 25일, 페테르부르크에서는 보기 드문 기상천외한 사건이 벌어졌다. 보즈네센스키 거리에 사는 이발사 이반 야코블레비치…… (그런데 이 사람의 성(姓)을 모르겠다. 가게에는 간판도 붙어 있지만, 뺨에 비누칠을 한 신사 그림과 '침도 놓아 드립니다'라는 글귀 외에는 아무것도 씌어 있지 않았다). 그 이발사 이반 야코블레비치가 아침 일찍 눈을 뜨자, 갓 구운 빵 냄새가 풍겨왔다. 침대에서 몸을 일으킨 그는, 커피를 무척 좋아하는 그의 존경할 만한 부인이 난로에서 방금 구운 빵을 꺼내고 있는 것을 보았다.

"여보, 프라스코비야 오시포브나, 오늘 커피는 필요 없소." 이반 야코블레비치는 말했다. "그보다 갓 구운 빵과 양파가 먹고 싶군그래."

사실 그는 커피와 빵 둘 다 먹고 싶었지만 부인이 그런 욕심 많은 짓을 싫어한다는 것을 잘 알고 있었기에 둘 다 달라고 하지 않았던 것이다.

'빵만 먹겠다면 나야 좋지. 커피가 한 잔 더 남겠어.'

부인은 내심 기뻐하며 식탁 위에 빵을 내던졌다.

이반 야코블레비치는 예절을 지키기 위해 셔츠 위에 연미복을 걸쳐입고 식탁에 앉아 양파에 소금을 뿌린 다음, 나이프를 손에 들고 진지한 표정으로 빵을 잘랐다. 빵을 두 조각으로 자른 다음 그 속을 들여다보았더니 놀랍게도 뭔가 희끄무레한 것이 눈에 띄었다. 이반 야코블레비치는 나이프로 조심스럽게 속을 헤치고 손가락으로 만져보았다. "단단한데, 이게 도대체 뭐지?" 그는 혼잣말로 중얼거렸다.

손가락을 쑤셔 넣어 그놈을 뽑아냈더니…… 세상에, 코였다! ……이반 야코블레비치는 말문이 막혔다. 눈을 비비고 다시 만져보았으나 역시 코, 어느 모로 보나 틀림없이 사람의 코였다! 게다가 어디서 많이 본 사람의 코 같았다. 이반 야코블레비치의 얼굴은 사색이 되었다. 하지만 그런 건 부인의 화난 얼굴에 비하면 아무것도 아니었다.

"아니, 여보! 어디서 남의 코를 잘라온 거예요?" 그녀는 버럭 성을 내며 소리를 질렀다. "이 쓸모없는 주정뱅이 같으니! 내가 직접 경찰에 신고해야지! 이런 악당이 어디 있담. 당신이 면도질을 할 때 남의 코를 죽어라 쥐어 뜯는다는 건 나도 벌써 세 사람한테서나 들었지만……."

그러나 이반 야코블레비치는 제정신이 아니었다. 이 코가 바로 매주 수요일과 일요일에 면도를 하러 오는 팔등관(八等官) 코발료프의 코였기 때문이다.

"좀 가만히 있어요, 프라스코비야 오시포브나! 내 이놈을 헝겊에 싸서 구석에 처박아 두었다가 나중에 내다 버릴 테니."

"그따위 소린 듣기도 싫어요! 내가 내 집에다 남의 얼굴에서 베어낸 코를 놓아두게 할 줄 알았어요? 얼간이 같으니! 허리띠에다 면도칼 문지르는 재주밖엔 없으면서, 저러다 자기 일도 제대로 못하게 되겠지. 정말 주책바가지라니까! 내가 당신 대신 경찰한테 변명해줄 걸로 생각하는 거죠? ……아이구, 저 등신, 얼간이! 어서 나가요, 어서! 아무데나 갖고 가버려요! 꼴도 보기 싫으니!"

이반 야코블레비치는 마치 무엇에 호되게 얻어맞기라도 한 것처럼 얼떨떨한 얼굴로 서 있었다. 그리고 그는 이리저리 생각해 봤지만 무엇을 어떻게 생각해야 좋을지 도통 알 수가 없었다.

"도대체 어쩌다 이런 일이 일어났을까?" 그는 뒤통수를 긁적이며 중얼거렸다. "어제 내가 술에 취해 돌아왔는지 어떤지는 모르겠지만 아무리 생각해봐도 이건 도저히 있을 수 없는 일이야. 빵이야 구울 수 있지만 코는 그렇지가 않거든. 어찌된 영문인지 도무지 알 수가 없군!"

이반 야코블레비치는 입을 다물어버렸다. 이 코가 경찰한테 발각되어 자기가 죄를 덮어쓸 생각을 하니 금방이라도 기절할 지경이었다. 은실로 수놓은 경관복의 붉은 옷깃이며 대검이 벌써부터 눈앞에 어른거려서 온몸이 후들후들 떨렸다. 결국 그는 속옷과 장화를 꺼내 꾀죄죄한 옷차림을 하고는 프라스코비야 오시포브나의 시끄러운 잔소리에 떠밀려 헝겊에 코를 싸들고 거리로 나왔다. 이반 야코블레비치는 그것을 어느 집 주춧돌 사이에 밀어 넣든가, 아니면 땅바닥에 슬쩍 떨어뜨리고 얼른 골목길로 달아날 속셈이었다. 그런데 공교롭게도 잘 아는 친구와 맞부딪치고 말았다. 친구가 "어딜 가는 길인가? 이렇게 아침 일찍 누구 집에 면도를 해주러 가나?" 하고 치근치근 묻는 바람에 도저히 버릴 수가 없었다. 어쩌다가 감쪽같이 길바닥에 떨어뜨려도 저 멀리서 경관이 곤봉으로 가리키며, "자네 거기 뭔가 떨어뜨렸군. 주워 가지고 가게!" 하고 주의를 주었다. 그래서 이반 야코블레비치는 하는 수 없이 코를 주워 다시 호주머니 속에 넣어야만 했다. 그러다 보니 어느새 크고 작은 상점들이 문을 열고 사람들의 왕래도 점점 많아져서, 이반 야코블레비치는 절망에 빠져들기 시작했다.

이반 야코블레비치는 이사키예프스키 다리 쪽으로 가기로 했다. 어쩌면 네바 강물 속에다 슬쩍 던져버릴 수 있을지도 모른다고 생각했기 때문이다. 그건 그렇고 여러모로 존경할 만한 인물인 이반 야코블레비치에 대해 여태껏 한 마디 소개조차 하지 않았다는 건 약간 죄송스러운 노릇이다.

이반 야코블레비치는 러시아의 솜씨 있는 이발사들이 모두 그렇듯 대단한 주정꾼이었다. 매일같이 남의 수염을 깎아주고 있으면서도 자기 자신은 좀처럼 면도를 하지 않았다. 이반 야코블레비치의 모닝코트는(그는 프록코트를 입어본 일이 한 번도 없었다) 얼룩덜룩하게 보였다. 본디 검은빛이던 것이 퇴색하여 지금은 온통 누릇누릇한 얼룩과 회색 무늬로 덮인 것이다. 옷깃은 반질반질하게 닳아버리고, 단추는 세 개나 떨어져서, 그 자리엔 실밥만 남아 있었다. 이반 야코블레비치는 상당한 게으름뱅이였는데, 코발료프가 면도를 할 때마다 "이반 야코블레비치, 자네 손에선 언제나 구린내가 나는군!" 하면, 그는 "글쎄올시다, 어째서 구린내가 날까요?" 하고 되물었다. 그러면 코발료프는 "어째서 그런지 나야 모르지, 아무튼 구린내가 나는 건 사실이야"라고 대답했다. 그러면 이반 야코블레비치는 코담배를 들이마시고 나서, 분풀이로 팔등관의 볼이건, 코 밑이건, 뒤통수건, 턱 밑이건—말하자면 손이 가는 대로 마구 비누칠을 했다.

이런 존경할 만한 시민이 이제 막 이사키예프스키 다리에 다다랐다. 이반 야코블레비치는 우선 주위를 한 번 둘러보고 나서, 다리 밑에 물고기가 많이 놀고 있는지 어떤지를 보려는 것처럼 난간 너머로 상반신을 쑥 내밀었다. 그러고는 태연한 얼굴로 헝겊에 싼 코를 슬쩍 밑으로 떨어뜨렸다. 흡사 천근이나 되는 무거운 짐을 한꺼번에 벗어던진 것 같은 홀가분한 기분이었다. 이반 야코블레비치의 입가에는 만족스러운 미소가 절로 떠올랐다. 이반 야코블레비치는 관리의 면도를 해주러 갈 생각은 하지 않고 '식사와 차'라는 간판이 붙은 음식점을 향해 발길을 돌렸다. 당장 술을 한 잔 하고 싶었던 것이다. 그런데 그때 뜻밖에도 널찍하게 구레나룻을 기르고 삼각모에 대검을 찬 의젓하게 생긴 경관 하나가 다릿목에 서 있는 것이 눈에 들어왔다. 이반 야코블레비치는 정신이 아찔했다. 경관은 이반 야코블레비치를 보고 손가락으로 오라는 시늉을 하며 말했다.

"이봐, 이리 와 봐!"

이반 야코블레비치는 예의라는 걸 알고 있었기 때문에 멀찌감치서부터 모자를 벗어 들고 총총걸음으로 달려가서 "안녕하십니까, 나리?" 하고 인사를 했다.

"나리고 뭐고 간에. 자네 지금 저기 다리 위에서 무슨 짓을 했지? 바른 대로 말해봐!"

"나리, 맹세코 아무 짓도 하지 않았습니다. 면도를 해드리러 가는 길에 물살이 빠른지 어떤지 보려 했을 뿐이올시다."

"거짓말 마라! 누가 그따위 수작에 넘어갈 줄 알아? 어서 바른 대로 불어!"

"그보다 나리, 일주일에 두 번씩, 아니 세 번씩이라도 좋습니다, 제가 면도를 해드리죠. 물론 보수 같은 건 한 푼도 필요 없습니다."

"쓸데없는 소리! 본관에겐 지금 세 명의 이발사가 붙어 있어, 그리고 그 친구들은 모두가 그걸 영광으로 생각하고 있단 말이야. 그보다 무슨 짓을 했는지 어서 말하지 못할까!"

이반 야코블레비치는 새파랗게 질려버렸다. 하지만 사건은 여기서 안개 속으로 빠져버리고, 그 뒤에 어떻게 되었는지는 전혀 알 길이 없다.

2

팔등관 코발료프는 아침 일찍 눈을 뜨자 크게 숨을 내쉬며 입술로 "푸르르……" 소리를 냈다. 자신도 무엇 때문에 그러는지 설명할 수는 없었지만, 어쨌든 아침에 잠이 깨면 언제나 하는 버릇이었다. 코발료프는 늘어지게 기지개를 켜고, 책상 위에 놓아둔 손거울을 집어 들었다. 엊저녁에 코에 난 여드름이 어떻게 되었나 보려 했던 것이다. 그런데 천만뜻밖에도 코가 붙어 있어야 할 장소가 납작한 팬케이크처럼 반들반들하지 않은가! 코발료프는 소스라치게 놀라서, 물을 가져오게 하여 수건으로 눈곱을 닦았다. 그렇지만 아무리 다시 봐도 코가 붙어 있지 않았다! 코발료프는 꿈을 꾸고 있는 것은 아닌가하고 코가 있던 곳을 만져보기도 했지만 아무래도 꿈 같지는 않았다. 코발료프는 침대에서 벌떡 일어나 온몸을 부르르 떨었다. 코가 없다! …… 코발료프는 하인에게 곧 옷을 가져오라 해서 몸에 걸치기가 무섭게 경찰국장한테로 달려갔다.

그런데 여기서 코발료프가 어떤 인물인지 간단히 소개할 필요가 있겠다. 통틀어서 한마디로 '팔등관'이라고 하지만, 학사출신 팔등관과 캅카스(Кавка́з : 러시아 남쪽 끝, 중동과 이어져 있다.) 출신 팔등관은 서로 비교할 수조차 없는 전혀 다른 존재인 것이다. 학사출신 팔등관이라면 대개가…… 아니 그보다, 러시아라는 나라는 정말로 이상한 곳이어서 어떤 팔등관에 대해 한 마디 하기만 하면, 리가(Ри́га : 러시아의 서쪽 끝)에서 캄차카(Камча́тка : 러시아의 동쪽 끝)에 이르는 전국의 팔등관들이 모두 이건 틀림없이 내 얘기를 하고 있구나 하고 생각해버리는 것이다. 그 밖의 어떠한 관등이나 칭호를 가진 사람들도 이 점에선 역시 마찬가지라 할 수 있다. 아무튼 코발료프로 말하면 캅카스 출신 팔등관이었다. 그는 이 지위를 차지한 지가 겨우 2년밖에 안 되었기 때문에, 잠시라도 그 칭호가 머릿속에서 떠나질 않았다. 뿐만 아니라 한층 더 위신과 품위를 높이려고, 언제나 스스로를 팔등관이 아닌 소령이라 불렀다. 옷 장사를 하는 아낙네를 길가에서 만나면 그는 으레 이렇게 말했다. "우리집으로 갖다 줘. 사도바야 거리에서 코발료프 소령이 어디 사느냐 물으면 누구나 다 가르쳐 줄 거야."

혹시나 장사치 여인이 좀 반반하다 싶으면 "그저 코발료프 소령의 집이 어딘지만 물어봐요, 예쁜이" 하고 은근슬쩍 속삭이는 것이다. 그러니 우리도 앞으로는 코발료프 팔등관을 소령이라 부르기로 하자.

코발료프 소령은 날마다 넵스키 거리를 산책하는 것이 습관이 되어 있었다. 그의 드레스 셔츠의 디키(Dickey : 예복을 입을 때 쓰는 남성용 가슴 받이)는 언제 봐도 새하얗고, 빳빳하게 풀이 먹여 있었다. 구레나룻으로 말하면 최근 지방의 측량기사나 토목기사, 연대 군의관, 그렇지 않으면 각종 공무를 수행하는 관리처럼 뺨이 불그스름하고 투실투실한, 카드놀이에 푹 빠진 신사들에게서만 볼 수 있는 물건이었다. 다시 말해서 그 구레나룻은 뺨 한가운데를 내려오다가 곧장 코앞으로 뻗쳐 있었다. 그리고 코발료프 소령은 문장(紋章)이 새겨진 홍옥 도장이나 '수요일' '목요일' '월요일' 등과 같은 글자가 새겨진 나무도장이 많았다. 코발료프 소령이 페테르부르크에 온 데는 물론 이유가 있었는데, 다름 아니라 자기 관등에 적합한 벼슬자리를 구해보려는 것이었다. 만일 가능하다면 부지사(副知事) 자리를, 그것이 안 되면 유명한 관청청장 자리를 노리고 있었다. 코발료프 소령은 결혼할 생각이 없는 건 아니었지만, 그것은 다만 신부에게 20만 루블의 지참금이 딸려 있을 때의 얘기였다. 이쯤 소개하면 잘생긴 코가 흔적도 없이 사라지고 그 자리에 보기 흉한 평지만 남아 있는 것을 발견한 순간, 소령의 심정이 어떠했겠는지 알 수 있을 것이다.

코발료프가 거리로 나왔을 때, 공교롭게도 마차가 한 대도 보이지 않았다. 코발료프는 외투로 몸을 감싸고 코피가 나오기라도 하는 것처럼 손수건으로 얼굴을 가린 채 걸어가는 수밖엔 없었다.

'아니, 어쩌면 내가 착각했을지도 몰라. 사람의 코가 그렇게 쉽사리 떨어져 달아날 리가 있나.' 문득 그런 생각이 들어, 코발료프는 거울을 들여다보려고 제과점에 들렀다. 다행히 손님은 아무도 없었다. 심부름하는 사내아이들이 가게를 청소하고 의자를 정리하고 있을 뿐이었다. 잠이 덜 깬 얼굴로 방금 튀긴 피로시키(러시아
만두)를 나르고 있는 아이도 있었다. 탁자와 의자 위에는 커피얼룩이 진 어제 신문이 놓여 있었다.

"다행히 아무도 없군. 느긋하게 볼 수 있겠어." 코발료프는 슬금슬금 거울 앞으로 다가가서 들여다보았다. "이런 제기랄! 꼴이 이게 뭐람!" 코발료프는 침을 뱉었다. "코가 없으면 하다못해 뭐라도 대신 붙어 있어야 할 게 아냐! 그런데 아무것도 없으니! ……"

코발료프는 원통하다는 듯 입술을 깨물며 제과점에서 나왔다. 이제는 누구를 만나더라도 못 본 체하고, 또 아무한테도 웃어 보이지 않아야겠다고 마음속으로 다짐했다. 이것은 평소 코발료프의 습관과는 반대되는 일이었다. 그런데 갑자기 코발료프는 어떤 집 앞에서 못 박힌 듯 우뚝 서버리고 말았다. 상식을 가지고는 도저히 이해할 수 없는 괴이한 일이 눈앞에서 일어난 것이다. 현관 앞에 마차가 한 대 와서 멎더니 문이 열리고 제복을 입은 신사가 마차에서 내려 계단을 달려 올라갔다. 그런데 그 신사가 바로 자기 자신의 코라는 걸 알았을 때 코발료프의 놀람과 두려움은 어떠했으랴! 이 괴이

한 광경을 목격한 순간 코발료프는 너무 어지러워서 서 있을 수가 없었다. 코발료프는 열병환자처럼 온몸을 후들거리면서도 자기 코가 마차로 돌아올 때까지 기다려야겠다고 결심했다. 2분 뒤에 과연 예상대로 코가 나왔다. 코는 커다란 깃이 달린 금실로 수놓은 제복에 양가죽 바지를 입고, 허리에는 대검을 차고 있었다. 깃털 장식이 달린 모자로 보아 오등관이라는 걸 알 수 있었다. 그리고 그 밖에 모든 점으로 보아 그는 누군가를 만나러 온 게 분명했다. 코는 주변을 한번 둘러보고 마부에게 "출발하자!" 하고 소리쳤다. 그러고는 마차를 타고 어디론지 달려가 버렸다.

가엾은 코발료프는 미칠 지경이었다. 그는 이처럼 기괴한 사건을 어떻게 받아들여야 할지 엄두가 나지 않았다. 어제까지만 해도 자기 얼굴에 붙어 있던 코, 걸어다니지도 못하고 마차를 타고 다니지도 못했던 코가 제복을 입고 돌아다니다니, 이건 아무리 생각해도 있을 수 없는 일이었다. 코발료프는 무의식중에 마차를 쫓아갔다. 마차는 다행히 얼마 안 가서 카잔 대성당 앞에서 멈췄다.

코발료프는 예배당으로 급히 달려갔다. 넝마로 얼굴을 감싸고 빠끔히 뚫린 두 개의 구멍으로 눈만 내놓고 있는 노파 거지들이 줄지어 서 있었다. 여느 때 같으면 그 꼴이 우스꽝스럽다고 비웃었던, 그 거지들을 헤치고 코발료프는 예배당 안으로 들어갔다. 예배당 안에는 예배 보는 사람이 그리 많지 않았다. 그들은 모두 문 옆에 몰려 있었다. 물론 정신이 쏙 빠진 코발료프는 기도할 여유가 없었다. 그는 이리저리 눈을 두리번거리면서 조금 전의 그 신사를 찾았다……. 마침내 저편에 서 있는 신사를 발견했다. 코 녀석은 높은 옷깃 속에 얼굴을 깊숙이 파묻고, 자못 경건한 표정으로 기도를 드리고 있었다.

'어떻게 저 친구 옆으로 간다?' 코발료프는 생각했다. '저 제복으로 보나 모자로 보나 틀림없는 오등관이야. 제기랄 어쩌면 좋담!'

그래서 그는 그 곁으로 다가가서 우선 헛기침을 해보았다. 그러나 코는 여전히 경건한 자세로 계속해서 예배를 드리고 있었다.

"여보십시오……." 코발료프는 마음을 가다듬고 입을 열었다. "여보십시오……."

"왜 그러시죠?" 코는 얼굴을 돌리며 물었다.

"너무 이상해서 말입니다. 그러니까…… 저, 당신께서 자신이 있어야 할 곳을 알고 계실 텐데요? 그런데 이렇게 교회에서 뵙게 될 줄은 상상도 못했습니다. 안 그렇습니까?"

"미안하지만 무슨 말을 하는 건지 알아들을 수가 없군요. 좀더 분명히 말해 주시오."

'어떻게 말하면 알아들을까?' 코발료프는 이렇게 생각하고 용기를 내어 입을 열었다. "물론 나는…… 이렇게 말하는 나는 소령이올시다. 소령인 내가 코를 떼어놓고 다닌다는 건 창피스러운 일이 아닙니까? 보스크레센스키 다리 위에서 껍질 벗긴 귤을 파는 여인이라면, 코가 없어진 얼굴로 앉아 있어도 상관없겠지만 전 머지않아 어떤 관직을 받게 될 몸이란 말입니다. 거기다여러 집안의 부인들과도 친분이 많습니다. 체흐타레바 오등관 부인 등……뭐, 그 밖에도 많답니다. 그러니 직접 판단해주십시오. 전 도저히 모르겠습니다." 코발료프는 어깨를 움츠렸다. "죄송하지만 이 문제는 의무와 명예의 관점에서 봐주신다면…… 이해해주시리라 믿습니다만."

"무슨 말인지 하나도 모르겠구려" 코가 대답했다. "좀더 납득할 수 있도록 쉽게 설명해 주실 수는 없겠소?"

"죄송하지만." 코발료프는 위엄 있게 말했다. "오히려 제가 당신의 말을 어떻게 받아들여야 할지 모르겠습니다……. 문제는 지극히 명백한 것 같은데요……. 안 그렇습니까? 당신은 다름 아닌 제 코입니다!"

코는 약간 미간을 찌푸리며 소령을 바라보았다.

"뭔가 착각하신 모양이군요. 나는 어디까지나 나 자신입니다. 더욱이 나와 당신 사이엔 어떤 관계도 없지 않습니까? 제복 단추를 봐도 당신은 다른 관청에서 일하시는 것 같은데……. 저는 교육 관계자입니다." 코는 이렇게 말하더니 다시 고개를 돌리고 기도를 계속하였다.

코발료프는 전혀 갈피를 잡을 수가 없었다. 손 쓸 방법도 없고, 아무 생각도 떠오르지 않았다. 그때 드레스 자락이 스치는 부드러운 소리가 들렸다. 온몸을 레이스로 꾸민 중년 부인이 딸과 함께 걸어오고 있었다. 부인의 딸은 날씬한 몸매가 드러나는 흰 드레스를 입고 케이크처럼 폭신해 보이는 크림색 모자를 쓰고 있었다. 그 뒤로 덥수룩한 구레나룻에 여러 개의 옷깃을 단키 큰 하인이 따라 들어와 코담배 갑을 열었다.

코발료프는 두 여인에게 가까이 다가가서 케임브릭 (Cambric : 프랑스산 아마실로 짠 리넨

^{직물,올이 세심}
^{하고 부드럽다})으로 만든 옷깃을 잡아당겨 금줄에 늘어뜨린 자신의 도장을 똑바로 정돈하고 미소를 지으면서 화사한 부인의 딸을 뚫어져라 쳐다보았다. 딸은 봄꽃처럼 살며시 고개를 숙이고는 새하얀 손을 뺨에 갖다 댔다. 그녀의 모자 밑으로는 새하얗고 동그란 턱, 초봄에 피는 장미꽃 같은 뺨이 어슴푸레 보였다. 한층 더 환하게 미소 짓던 코발료프는 마치 화상을 입기라도 한 것처럼 자기도 모르게 뒤로 물러났다. 자신에게는 코가 있을 자리에 없다는 것을 갑자기 떠올렸기 때문이다. 코발료프의 눈에서는 눈물이 흘러나왔다. 코발료프는 제복을 입은 신사에게 너는 가짜 오등관이며 사기꾼에 비겁자다, 너는 내 코에 불과하다…… 하고 강하게 밀어붙여야겠다고 다시 뒤를 돌아봤지만, 코는 이미 그 자리에 없었다. 아마도 다시 누군가를 방문하려고 날아간 것에 틀림없었다.

코발료프는 절망에 빠졌다. 그는 발길을 돌려 회랑(回廊)으로 나와 잠시 걸음을 멈추고 사방을 둘러보았지만 어느 곳에도 코는 보이지 않았다. 그는 코가 깃털 장식이 달린 모자에 금실자수를 놓은 제복을 입었다는 것은 기억하고 있지만, 어떤 외투를 입었고, 마차는 무슨 색이었고, 말은 무슨 종류였으며, 하인은 있었는지, 있었다면 어떤 제복을 입었는지, 어느 것 하나 똑똑히 보아두지 못했던 것이다. 더욱이 거리에는 엄청나게 많은 마차가 빠른 속도로 왕래하고 있어서 눈여겨 찾아보는 것은 힘든 일이었다. 어쩌다 찾았다 해도 마차를 세울 방법이 없었다.

이 날은 활짝 갠 화창한 날씨로 넵스키 거리는 그야말로 인산인해를 이루고 있었다. 폴리채이스키 다리에서 아니치킨 다리로 가는 길에 모여든 수많은 여인들의 화사한 드레스가 색색의 폭포를 만들고 있었다. 그런데 저쪽을 보니 그가 잘 아는 칠등관이 걸어가고 있었다. 코발료프는 그 친구를 중령이라고 불렀는데, 특히 사람들 앞에서 그렇게 부르고 있었다. 코발료프와는 절친한 친구 야르이시킨 원로원 과장도 보였다. 보스턴 카드놀이에서 언제나 잃기만 하는 사내였다. 그런데 이번에는 캅카스에서 팔등관으로 임명된 또 한 사람의 소령이 나타나 이리 오라며 그에게 손짓을 하고 있는 것이었다.

"제기랄, 내가 지금 어디 가게 됐어야 말이지!" 코발료프가 소리쳤다. "이봐, 마부! 빨리 경찰서장 댁으로 가세."

코발료프는 마차에 올라타기가 무섭게 마부를 재촉했다. "더 빨리 달려,

더 빨리!"

"서장께선 댁에 계신가?" 코발료프는 현관에 들어서자마자 큰 소리로 물었다.

"안 계십니다. 방금 나가셨습니다." 문지기가 대답했다.

"허 참, 일이 안 되려니까!"

"그렇게 됐군요." 문지기가 말을 받았다. "조금 전에 나가셨습니다. 1분만 빨리 오셨어도 만나보셨을 텐데……."

코발료프는 얼굴에서 손수건을 떼지 않은 채 다시 마차에 올라탔다. 그리고 마부에게 화풀이하듯이 소리를 질렀다. "자, 가자!"

"어디로 가시죠?" 마부가 물었다.

"곧장 가!"

"곧장이라뇨? 여긴 갈림길입니다. 오른쪽으로 갑니까, 왼쪽으로 갑니까?"

이에 코발료프는 곰곰이 생각해보았다. 이런 경우에는 먼저 경찰서에 사건을 신고하는 것이 순서라고 생각하였다. 이 사건이 경찰과 직접적인 관련이 있어서라기보다는 경찰의 수배가 다른 기관보다 훨씬 빠를 것이기 때문이었다. 코 녀석이 근무하고 있다는 기관의 윗선에 부탁하는 방법이 없지도 않았지만, 그것은 부질없는 일이었다. 우선 그 녀석의 말투를 들어보면 상당히 철면피임에 틀림없었고, 코발료프와 전혀 모르는 사이라고 능청맞게 거짓말을 하는 것을 보면 코가 얘기한 근무처도 진짜인지 확실치 않았기 때문이었다. 그래서 코발료프는 마부에게 경찰서로 가자고 하려 했지만, 그때 또 다른 생각이 들었다. 코는 자신과 처음 만났을 때부터 뻔뻔스럽게 거짓말을 한 협잡꾼이니까, 이러고 있는 사이에 페테르부르크를 떠날지도 모른다. 그렇게 되면 수색은 물거품이 되고 코를 붙잡는데 한 달도 넘게 걸릴 것이다. 그래서는 안 된다! 그러자 좋은 생각이 떠올랐다. 곧장 신문사로 가서 코의 상세한 특징을 적은 광고를 내는 것이다. 그러면 코를 발견한 사람이 그 코를 붙잡아서 그에게 데려오거나 그렇지 않으면 코의 거처를 알려줄지도 모른다. 그렇게 결정한 코발료프는 쇠뿔도 단김에 빼랬다고 마부에게 신문사로 가자고 명령했다. 가는 도중에 쉴 새 없이 주먹으로 마부의 등을 때리고 윽박지르며 소리쳤다.

"빨리 가자, 이놈아! 더 빨리 가란 말이다, 망할 놈아!"

"아얏! 나리도 참……" 마부는 고개를 가로저으며 채찍으로 스패니얼처럼 털이 긴 말 등을 내리쳤다. 얼마 뒤에 마차가 멈췄다. 코발료프는 숨을 헐떡이며 좁다란 접수실로 달려갔다. 거기에서는 낡아빠진 프록코트에 안경을 쓴 백발의 계원이 책상에 앉아서 펜대를 입에 물고 받은 동전을 세고 있었다.

"광고 접수는 어디죠?" 코발료프는 큰 소리로 묻다가 인사를 건넸다.

"아, 안녕하시오?"

"예, 어서 오십시오." 백발의 계원은 이렇게 대답하며 눈을 들어 흘끔 쳐다보고는 다시 동전 무더기로 눈길을 돌렸다.

"광고를 냈으면 하는데……."

"잠시만 기다려 주십시오." 계원은 한 손으로 서류에 숫자를 적어가며 왼손으로 주판알을 두 개 튕겼다.

금실로 장식한 제복을 말쑥하게 차려입은 것으로 보아 어느 귀족집 하인인 듯싶은 사내는 광고지를 들고 계원의 책상 앞에 서 있었다. 그런데 그는 아무래도 이런 경우에는 허물없이 대하는 게 예라고 생각하는 것 같았다.

"이봐, 친구. 80코페이카도 안 되는 강아지를 말이야. 나 같으면 공짜로 준다 해도 마다하겠지만 백작부인께서는 그놈을 이만저만 귀여워하는 게 아니더라고. 그 강아지를 찾아주는 사람한테는 100루블을 주겠다지 뭔가! 나랑 자네를 놓고 봐도 그렇지만, 정말 사람이란 가지각색이란 말야. 한 번 개에 빠지면, 세터(setter)다 푸들이다 해서 500루블이건 천 루블이건 조금도 아까워하지 않거든. 그것도 개가 고급이어야 하긴 하지만 말이야."

계원은 진지한 얼굴로 얘기를 듣고 있었지만, 한편으로는 접수한 광고문의 글자 수를 계산하기에 바빴다. 주위에는 제각기 광고문을 손에 든 노파와 가게 종업원, 문지기가 줄줄이 서 있었다. 어떤 광고문에는 술 안 마시는 마부가 일자리를 구한다고 씌어 있었고, 또 다른 광고문에는 1814년에 파리에서 수입한 새것 같은 마차를 팔겠다는 것도 있었다. 세탁부 경험이 있고 다른 일도 할 수 있는 열아홉 살 하녀가 일자리 구함, 스프링 하나가 부족한 튼튼한 화물마차, 생후 17년 되는 회색 반점이 있는 젊고 사나운 말, 런던에서 새로 들어온 무씨와 배추씨, 자작나무와 전나무를 가꿀 공터와 마구간 두 채가 딸린 별장, 그리고 낡은 구두 밑창을 매일 오후 8시에서 오전 3시에 경매를 해서 처분한다는 광고처럼 다양한 것들이 있었다. 좁다란 접수실에 이렇게 많은 사람들이 들어와 있었으므로, 실내의 공기는 말할 수 없이 혼탁했으나 팔등관 코발료프는 그 냄새를 맡을 수조차 없었다. 손수건으로 얼굴을 가리고 있었기 때문이기도 하지만 있어야 할 코가 어디론지 행방을 감춰 버렸기 때문이었다.

"여보게, 부탁이 있네만…… 좀 긴급을 요하는 광고인데……." 더는 기다릴 수 없었던 코발료프가 말을 꺼냈다.

"예, 예, 금방 끝납니다……. 이쪽 분은 2루블 43코페이카! ……잠깐만 기다리세요! ……그리고 이쪽 분은 1루블 64코페이카입니다!" 백발의 계원은 노파와 문지기 앞에 계산을 끝낸 광고문을 돌려주며 말했다. 그 다음에야 마침내 코발료프를 보고 물었다. "무슨 일로 오셨지요?"

"다름 아니라 나는……" 하고 코발료프는 대답했다. "사기를 당했달까, 농락을 당했달까…… 지금도 어찌된 영문인지 전혀 알 수가 없다네. 그래서 그 사기꾼을 나한테 끌고 오는 사람에게 충분한 사례를 하겠다고 광고를 내주었으면 해서 왔다네."

"성함이 어떻게 되십니까?"

"굳이 이름을 알아야 할 건 없지 않나? 그건 말할 수 없네. 난 체흐타레바 오등관 부인이나 포드토치나 대령부인처럼 친하게 지내는 부인들이 많다네. 만일 이걸 부인들이 알게 된다면…… 그야말로 큰일일세! 그저 팔등관이라는 것만, 아니 소령이라는 것만 밝혀두면 되지 않겠나?"

"그럼 사기를 치고 달아난 놈은 댁의 하인입니까?"

"하인이냐고? 하인이었다면 내가 이러지도 않았을 걸세. 도망을 친 놈은 바로…… 내 코라네."

"거 이상한 이름도 다 있군요! 그래서 그 '내코라네'라는 자가 거액의 돈을 잘라먹었다 그 말씀인가요?"

"아냐, 코일세, 코! 뭘 오해하고 있군. 코말일세. 내 코가 달아났단 말일세. 제기랄, 별 꼴을 다 보는군."

"코가 어떻게 달아났다는 겁니까? 무슨 말씀인지 전혀 모르겠군요."

"어떻게 그런 일이 생겼는지 나도 모르겠네. 그런데 문제는 내 코가 지금 마차를 타고 페테르부르크를 돌아다니며 오등관 행세를 하고 있다는 걸세.

그래서 나는 한시바삐 그놈을 붙잡아 달라는 광고를 내겠다고 당신에게 부탁하는 거야. 코는 사람의 얼굴에서 제일 눈에 잘 띄는 곳이 아닌가? 그 코를 잃어버린 내 심정이 어떻겠는지 한 번 상상해 보게! 새끼발가락 하나가 없어진 것과는 얘기가 전혀 다르네. 신발을 신으면 발가락이 없다는 것을 아무도 눈치채지 못할 게 아닌가. 나는 매주 목요일마다 체흐타레바 오등관 부인, 그리고 포드토치나 대령부인과 부인의 어여쁜 따님과 친하게 지내고 있다네. 이제 알겠나? 지금 내 심정이 어떻겠는지……. 나는 이제 더 이상 그녀들을 만날 수가 없단 말일세!"

계원은 입술을 굳게 다물고 무언가 깊이 생각하고 있는 눈치였다.

"안 됩니다. 나는 그런 광고를 신문에 낼 수 없습니다." 오랜 침묵을 깬 답변은 야속하기만 했다.

"뭐라고? 어째서 낼 수 없단 말이오?"

"어째서고 뭐고 없습니다. 신문이 신용을 잃고 말 테니까요. 세상 사람들이 다 내 코가 달아났다고 하고 다닐 겁니다. 안 그래도 엉터리에 허위기사를 쓴다는 불만이 많단 말입니다."

"어째서 이 사건이 엉터리란 말이오? 조금도 그런 점은 없다고 생각하는데……."

"그건 당신 생각일 뿐입니다. 그러고 보면 지난주에도 이런 일이 있었습니다. 지금의 당신처럼 진지한 얼굴을 한 어떤 관리 한 분이 찾아와서 광고문을 적은 종이를 내놓더군요. 요금은 2루블 73코페이카라고 생각되는데, 아무튼 그 광고라는 것이 검은 푸들이 달아났다는 것뿐이어서 그냥 그러려니 했지요. 그런데 아니나다를까 그건 누구를 빈정대는 뜻이었다고 합니다. 자세히 기억나지는 않지만, 검은 푸들이란 건 어느 학교의 경리를 가리키는 말이었거든요."

"그렇지만 나는 푸들 광고를 내달라는 게 아니지 않나. 내 코에 대한 거니까, 말하자면 나 자신에 대해 광고하는 것과 다를 게 없지 않나?"

"안 되겠습니다. 아무래도 그 광고는 절대로 낼 수 없습니다."

"다른 것도 아닌 내 코가 사라졌는데도 말인가?"

"정말로 코가 정말 떨어져나갔다면, 그건 병원에 찾아가셔야지요. 요새는 얼마든지 근사한 코를 달아주는 의사가 있다더군요. 제가 보기에는 장난으로 사람들을 놀려주고 싶어 그러시는 것 같군요."

"맹세코 아닐세! 이렇게 된 이상 할 수 없군. 직접 보여 주겠네."

"뭐, 일부러 그러실 것까진 없습니다!"

계원은 코담배를 한번 들이마시고 호기심에 사로잡혀 말을 덧붙였다. "하지만 별 지장이 없으시다면, 한 번 보여주시면 좋겠군요."

코발료프는 얼굴에서 손수건을 거두었다.

"이거 정말 보기 드문 일이군!" 계원은 말했다. "코가 있어야 할 자리가 갓 구운 팬케이크처럼 납작하군! 어떻게 저리도 매끈매끈할 수가 있지?"

"아직도 할 말이 있소? 이제 보았으니까 어째서 광고를 내야 되는지 알겠군. 이렇게 자네와 알게 된 것도 어쩌면 무슨 인연일지도 모르겠네." 아무래도 아쉬운 입장인 소령이 말했다.

"신문에 내는 건 물론 어려운 일은 아니지만" 계원이 대답했다. "광고를 내봐야 당신한테 이로울 건 하나도 없을 것 같습니다. 굳이 내고 싶으시다면 문장력이 있는 사람을 찾아가서 이 희한한 사건을 주제로 작품을 써 달라고 해서, '북국의 꿀벌 ^(1825~1865, 페테르부르크에서 간행된 신문)'에 기고해 보시는 건 어떻습니까?" 여기서 계원은 다시 코담배를 들이마셨다. "그러면 젊은 사람들에게 교육적이고……" 이번엔 코를 문질렀다. "또 일반 독자들의 흥미도 끌 수 있을 것 같은데요."

코발료프는 실망하지 않을 수 없었다. 문득 코발료프는 신문에 실린 연극 광고를 보았다. 예쁘장하게 생긴 여배우의 이름을 보자 그의 얼굴엔 금세 미소가 떠오르려 했다. 그리고 한 손으로 호주머니 속을 뒤져서 5루블짜리 지폐가 있는지 확인하려 했다. 적어도 소령급에 속하는 사람이라면 특별석에 자리를 잡아야 하기 때문이었다. 그러나 코가 없다고 생각하니 금세 들뜬 마음도 사라져 버렸다.

한편, 곤경에 빠진 코발료프가 가여웠던 계원은 뭐라고 위로의 말을 건네 격려하는 것이 예의라고 생각한 듯했다.

"그처럼 어이없는 일을 당한 당신에게 어떤 위안의 말씀을 드려야 할지 모르겠습니다. 코담배라도 한 대 하시면 어떻겠습니까? 골치가 아플 때나 우울할 때 효과가 클 뿐더러 치질에도 좋다니까요." 이렇게 말하고 계원은 코발료프에게 담뱃갑을 내밀며 모자를 쓴 부인이 그려져 있는 뚜껑을 재치

454 코

있게 뒤집어 보였다.

아무런 생각 없이 입 밖에 낸 이 말이 마침내 코발료프의 분통을 터뜨리고 말았다.

"농담도 분수가 있지!" 코발료프는 매우 화를 내며 말했다. "내 코가 없어진 게 안 보이나? 그놈의 코담배 좀 저리 치우게! 그따위 싸구려 베레진 담배는커녕 프랑스제 라페 담배를 권한대도 싫네!"

머리끝까지 화가 난 코발료프는 신문사를 뛰쳐나와 이번에는 지구(地區) 경찰서장한테로 갔다.

마침 그때 서장은 기지개를 켜고 하품을 하면서 평온한 시간을 음미하며 "좋아, 2시간 정도 잘 수 있겠군" 하고 있을 때였다. 그러니까 코발료프는 아주 좋지 못한 때에 찾아갔다고 볼 수 있다. 설령 몇 백 그램의 차(茶)나 나사(羅紗 : 양털로 만든 고급 옷감)를 들고 왔더라도 서장이 기뻐하며 맞이해줄지 어떨지 의심스러웠을 것이다. 서장은 입으로는 예술과 공예를 칭찬하지만 가장 좋아하는 건 돈이었다. 서장은 언제나 돈에 대해서 이렇게 말하곤 했다. "그저 그만이거든. 이보다 좋은 건 세상에 없어. 사달라고 조르기를 하나, 자리를 차지하기를 하나, 언제나 주머니 속에 들어 있고 떨어뜨려도 깨지거나 부서질 염려도 없지."

서장은 매우 무뚝뚝하게 코발료프를 맞이했다. 그리고 점심시간 뒤에는 사건을 맡기에 적당한 시간이 아니라느니, 식후에는 잠깐 휴식을 취하는 것이 자연의 섭리라고 얘기했다(코발료프는 서장이 선현들의 격언을 굉장히 많이 알고 있구나 생각했다). 이어서 서장은 성실한 사람이라면 코를 잃어버리는 일이 없다고 하였다. 그 말은 미간에 대고 주먹질을 하는 것이나 다름이 없었다.

여기서 잠깐 한 마디 하자면, 코발료프는 걸핏하면 불끈대며 화를 잘 내는 남자라는 점이다. 그는 자기 개인에 관한 것이라면 얼마든지 아량을 보일 수 있었지만 일단 관등이나 계급에 관계될 경우엔 결코 그냥 넘기지 않았다. 코발료프의 말에 따르면 연극에서 하급장교를 다룬다고 해서 검열하라고 지시하지는 않지만, 영관급 장교를 놀리는 장면은 절대로 용서하지 않았다. 그러므로 경찰서장의 그와 같은 응대에 코발료프는 어찌할 바를 몰라서, 고개를 가로저으며 두 손을 좀 벌리고 위엄 있게 말했다.

"그런 모욕적인 언사를 하는 이상 더 이상 할 말이 없소……" 코발료프는 그렇게 말하고 그냥 나와버렸다.

무척이나 지쳐버린 코발료프는 자기 집으로 돌아왔다. 이미 해가 진 시각이었다. 이렇게 모든 노력이 헛수고로 돌아가고 나니 어쩐지 자기 집마저 을씨년스럽고 초라하게 여겨졌다. 현관에 들어서니 헐어빠진 가죽 소파에 이반이라는 하인놈이 팔자 좋게 드러누워 천장에다 침을 올려 뱉고 있었는데, 그것이 또 용하게 같은 자리에 명중하는 것이었다. 너무나 무사태평한 그 꼬락서니에 화가 치밀어올라 코발료프는 모자로 하인의 이마를 내려치며 호통을 쳤다.

"이 돼지만도 못한 놈아, 그게 무슨 쓸데없는 짓이야!"

이반은 벌떡 일어나서 재빨리 그의 등 뒤로 돌아가 외투를 받았다. 소령은 자기 방에 들어가자 온몸이 나른하고 마음이 서글퍼서 맥없이 안락의자에 몸을 던지고는 몇 번이고 크게 한숨을 쉬었다.

"아아! 아아! 이렇게 기막힐 데가 어디 있담! 팔다리가 없어져도 이보다는 나을 거야. 귀가 없어져도, 흉하긴 하겠지만 그래도 참을 수는 있겠지. 그러나 코가 없어 가지고서야 도대체 뭘 어떡하라는 거야……. 부엉이도 아니고, 사람도 아니고…… 이래선 아무짝에도 쓸모가 없어! 그것도 전쟁이나 결투에서 떨어져나갔다든가, 아니면 내 실수로 그렇게 됐다면 몰라도, 이건 무엇 때문인지 전혀 영문도 모르게 없어져 버리지 않았느냐 말이야! 아니야, 아무리 생각해도 이런 일은 있을 수 없어!" 코발료프는 잠시 생각하다가 계속해서 말했다.

"코가 없어지다니, 이건 믿을 수 없는 일이야. 아무리 생각해도 이상해. 이건 틀림없이 내가 꿈을 꾸고 있는 게 아니면 환상일 거야. 어쩌면 면도를 하고 나서 보드카를 물인 줄 잘못 알고 마셔버렸는지도 몰라. 바보 같은 그 이반 녀석이 술인 줄 모르고 무심코 내준 것을 멋모르고 들이마셨는지도 모르지."

소령은 자기가 취했는지 아닌지 확인해 보려고 몸을 힘껏 꼬집고는 아얏 하고 비명을 질렀다. 아픈 것으로 보아 자기가 현실에서 살아 움직이고 있음이 명백했다. 그는 조심조심 거울 쪽으로 다가갔다. 그래도 처음엔 혹시 코가 제자리에 돌아왔는지 모른다는 생각에서 눈을 가늘게 뜨고 거울 속을 들여다보았다. 그러나 다음 순간 그는 흠칫 뒤로 물러나며 중얼거렸다.

"이건 정말 꼴불견이군!"

이것은 도저히 이해할 수 없는 사건이었다. 단추나 은수저, 시계 같은 것이 없어졌다면 이해할 수 있지만, 코가 사라지는 바보 같은 일이 어디 있단 말인가. 그것도 자기 집에서 말이다. 이리저리 생각하던 코발료프는 이 사건의 가장 유력한 범인으로 포드토치나 대령부인을 지목했다. 이것이 진상에 가장 가까울 것 같았다. 왜냐하면 부인은 그가 자기 딸과 결혼해 주기를 바라고 있었고 코발료프 역시 대령부인의 딸을 좋아했지만 결정적인 대답은 회피하고 있었기 때문이다. 대령부인이 자기 딸과 결혼해 달라고 직접적으로 얘기를 꺼낼라 치면 코발료프는 아직 자신은 젊고, 5년 정도만 더 관직 생활을 하면 마흔두 살이 될 거라면서 적당히 얼버무렸던 것이다. 그래, 여기에 대한 앙갚음을 하려고 대령부인이 늙은 마녀를 고용해서 얼굴을 못쓰게 만든 게 분명했다. 그렇지 않고서야 성한 코가 잘려 나갈 리 만무하지 않은가! 그날 저녁에 그의 방에 들어왔던 사람은 아무도 없었다. 이반 야코블레비치가 와서 면도를 한 것은 수요일이었는데 수요일은 말할 것도 없고, 그 이튿날인 목요일에도 코는 제자리에 붙어 있었다. 이것은 똑똑히 기억하고 있을 뿐더러 확실한 사실이다. 게다가 코가 잘렸으면 아팠을 것이고, 상처도 이렇게 빨리 아물어서 팬케이크처럼 반질반질해질 리가 만무했다. 코발료프는 법적 절차를 밟아 대령부인을 법정에 끌어낼 것인가, 아니면 직접 찾아가서 담판을 지을 것인가 여러모로 생각해보았다. 그의 생각은 갑자기 방문 틈새로 들어오는 불빛 때문에 중단되고 말았다. 이반이 현관에 촛불을 켠 모양이었다. 잠시 뒤 이반이 촛불을 들고 방을 환하게 밝히며 들어왔다. 코발료프는 얼른 손수건을 집어들고 어제까지 코가 붙어 있던 자리를 황급히 가렸다. 멍청한 하인 놈이 주인의 얼굴이 이상하다는 것을 알아챌지도 몰랐기 때문이었다. 그건 도저히 참을 수 없는 일이었다.

이반이 자기의 구석방으로 물러가자마자, 이번엔 현관에서 낯선 사람의 목소리가 들려왔다.

"여기가 팔등관 코발료프 씨 댁입니까?"

"들어오시오. 내가 코발료프 소령이오." 코발료프는 벌떡 일어나서 방문을 열었다.

방에 들어온 것은 알맞게 살찐 볼에 거무스름한 구레나룻을 기른 풍채가
좋은 경찰관이었다. 그는 이 이야기 첫머리에서 이사키예프스키 다릿목에
서 있던 바로 그 경관이었다.

"당신은 혹시 코를 잃어버리지 않았습니까?"

"네, 잃어버렸습니다."

"그걸 찾았습니다."

"저, 정말입니까?" 코발료프 소령은 저도 모르게 큰 소리를 질렀다. 어찌
나 반갑던지 혀가 말을 듣지 않았다. 코발료프는 눈을 크게 뜨고 그저 앞에
서 있는 경관을 멍하니 바라보기만 할 뿐이었다. 경관의 두터운 입술과 뺨이
촛불에 반짝이고 있었다.

"어, 어떻게 찾았습니까?"

"참 우연하게도, 즉 여행을 떠나려고 하는 것을 체포했습니다. 역마차를
타고 리가 쪽으로 도망치려던 참이었습니다. 여권도 어느 관리의 이름으로
받아두었더군요. 저도 처음엔 관리인 줄 알았습니다. 다행히도 안경을 가지
고 있었기 때문에 그놈이 코라는 걸 당장에 알아챘지요. 저는 근시라서 당신
이 이렇게 눈앞에 서 있어도 얼굴은 어렴풋이 알아볼 수 있지만 코나 수염
같은 건 잘 분간하질 못합니다. 장모님, 그러니까 마누라의 어머니를 보아도
장님이나 마찬가지입니다."

코발료프는 제정신이 아니었다. "그래, 그 코는 어디 있습니까? 당장 가
봐야겠습니다!"

"염려 마십시오. 당신한테 꼭 필요할 것 같아서 제가 가지고 왔습니다. 그
런데 일이 참 묘하게 됐더군요. 이 사건의 공범(共犯)은 보즈네센스키 거리
의 이발사놈인데 지금 유치장에 들어가 있습니다. 저는 전부터 그놈이 주정
뱅이니까 도둑질이라도 능히 할 만한 놈이라 눈여겨보고 있었습니다. 그랬
더니 그저께 어느 상점에서 단추 한 다스를 슬쩍하더군요. 어쨌든 당신의 코
는 아무 이상 없이 본래대로 여기에 있습니다."

이렇게 말하며 경관은 호주머니에 손을 넣어 종이에 싼 코를 꺼냈다.

"네, 바로 이겁니다!" 코발료프가 소리쳤다. "틀림없어요. 같이 차라도
한잔하시지요."

"감사합니다만 그럴 수가 없습니다. 형무소에 가 봐야 해서 말입니다. 그

런데 요새 식료품 값이 굉장히 오르더군요. 저희 집에는 장모님, 그러니까 마누라의 어머니가 얹혀살고, 자식도 많아서 말입니다. 하긴 큰놈은 무척 영리해서 장래가 촉망됩니다만, 교육비를 댈 재간이 없습니다그려."

이런 일에는 눈치가 빠른 코발료프는 10루블짜리 붉은 지폐를 경관의 손에 쥐여주었다. 그러자 경관은 절도 있게 경례를 하고 밖으로 나갔다. 그런데 곧바로 밖에서 경관의 고함이 들려왔다. 아마도 인도(人道)에서 마차를 모는 어리석은 농부를 보고 화가 나서 한 대 때려준 것이리라.

경관이 돌아간 뒤에도 코발료프는 멍하니 서 있었다. 그리고 몇 분이 지난 뒤에야 코를 확인해야겠다는 생각이 들었다. 이처럼 무의식 상태에 빠졌던 것은 그의 기쁨이 전혀 뜻밖에 찾아든 것이었기 때문이다. 코발료프는 물을 뜰 때처럼 한데 모은 두 손 위에 소중한 코를 올려놓고 다시 한 번 뚫어져라 들여다보았다.

"음, 틀림없어, 내 코가 틀림없어" 코발료프가 말했다. "옳지, 여기 왼쪽에 어제 튀어나온 여드름이 있군." 소령은 하도 기뻐서 금방 웃음이 터져나올 지경이었다.

하지만 이 세상 무엇이든 오래가지는 못하는 법이다. 기쁨 역시도 최초의 순간이 지나면 더 이상은 그리 대수롭지 않게 되고, 또 그 다음엔 더욱 시들해져서 결국에는 예사로워진다. 그것은 바로 조그만 돌이 물에 떨어졌을 때 생긴 파문이 마침내는 다시 유리알 같은 수면으로 되돌아가는 것과도 흡사하다. 코발료프는 생각에 잠겨들었다. 그리고 사건이 아직 끝나지 않았다는 것을 깨달았다. 코는 찾았지만 이번엔 그것을 다시 제자리에 붙이는 어려운 일이 남은 것이다. "만일 안 붙으면 어떡한다?" 소령은 한심하게도 자신의 말에 얼굴이 창백해졌다.

말로 표현할 수 없는 두려움을 느낀 코발료프는 탁자로 달려가서 코를 삐뚤게 붙이면 안 된다며 거울을 챙겼다. 손이 부들부들 떨렸다. 조심조심 코를 제자리에 올려놓았지만…… 아뿔싸! 어쩌면 좋으랴. 코가 붙질 않았다! 코발료프는 코에다 따뜻한 입김을 불어주고 다시 두 뺨 사이의 공터에 올려봤지만, 그래도 이놈의 코는 붙어 있으려고 하질 않았다.

"이놈아! 사람 귀찮게 하지 말고 좀 붙어!" 코발료프가 소리를 질렀지만, 바닥에 떨어진 무뚝뚝한 코는 코르크처럼 이상한 소리만 냈다. 소령의 얼굴은 경련이 난 것처럼 일그러졌다. "정말로 안 붙잖아." 죽고픈 심정이었다. 몇 번이고 코를 제자리에 올려놓았지만, 그것은 헛수고일 뿐이었다.

코발료프는 이반을 시켜서 같은 건물에 있는 2층의 호화로운 방에서 사는 의사를 불러오게 했다. 그 의사는 검고 멋진 수염을 길렀고 생기가 넘쳤으며 젊은 아내를 둔 훌륭한 남자로, 매일 아침마다 사과를 챙겨 먹었다. 그리고 입안이 불결한 걸 견디지 못하는 성격이라 매일 아침 45분 동안 입을 헹구고 다섯 종류의 칫솔로 깨끗이 이를 닦았다. 의사는 곧바로 달려와주었다. 그는 이 비극이 일어난 지 얼마나 되었는지 묻더니 코발료프의 턱을 잡아 위를 바라보게 하고 코가 있던 자리를 엄지손가락으로 딱하고 때렸다. 휙 하고 머리가 뒤로 넘어간 소령은 벽에 뒤통수를 부딪치고 말았다. 의사는 "이거, 실례" 하더니 코발료프를 벽에서 조금 떨어져 앉게 했다. 그러고는 먼저 오른쪽을 바라보게 하고 코가 있던 자리를 만져보고 "음!" 하더니, 다음엔 왼쪽을 바라보게 하고 "음!" 했다. 마지막으로 다시 엄지손가락으로 코가 있던 곳을 때렸고, 코발료프는 마치 치아 검사를 받는 말처럼 고개를 뒤로 젖혔다. 진찰이 끝나고 의사는 고개를 가로저으며 말했다.

"이건 곤란합니다. 그냥 이대로 놔두는 편이 낫겠습니다. 섣불리 건드렸다간 오히려 좋지 않을 겁니다. 그야 물론 코는 붙일 수 있지요. 붙여달라고 하시면 당장에라도 붙일 수 있습니다. 하지만 당신을 위해서 하는 말인데, 그렇게 하면 오히려 해롭습니다."

"말씀이 지나치신 것 아니오? 왜 내가 코 없이 살아야 한단 말이오!" 코발료프가 말했다. "이대로 놔두는 편이 낫다고? 헛소리! 이런 꼴사나운 얼굴로 누굴 만나란 말이오! 잘난 척하는 소리 같겠지만 나는 훌륭한 사람들과 교제를 하고 있어서, 오늘 저녁만 해도 두 군데나 방문해야 합니다. 체흐타레비 오등관 부인과 포드토치나 대령부인…… 하기야 포드토치나 부인과는 이번 일로 법정에서 뵙게 되겠군요……. 그러니 제발 좀 봐주십시오……." 코발료프는 애원하다시피 말했다. "무슨 방법이 없을까요? 어떻게 해서든지 붙여만 주십시오. 보기 흉해도 떨어지지만 않으면 됩니다. 떨어질 것 같아서 손으로 눌러줘야 해도 상관없습니다. 앞으로는 댄스도 그만두겠습니다. 혹시 상하게 할지도 모르니까요. 왕진비는 힘닿는 데까지 드릴 터이니 그 점은 조금도 염려 마시고……."

"이렇게 말하면 곧이들으실지 모르겠지만" 의사는 높지도 낮지도 않은 힘차고 박력 있는 목소리로 말했다. "나는 돈 때문에 의사 노릇을 하는 사람이 아닙니다. 그것은 나의 신념과 의술에 위배되는 것이니까요. 내가 왕진료를 받는 건 사실이지만, 그것은 오히려 환자의 기분을 상하게 하지나 않을까 염려되기 때문입니다. 물론 나는 당신의 코를 당장에라도 붙여드릴 수 있지만 결과는 안 붙인 것만도 못할 겁니다. 못 믿으시겠다면, 제 명예를 걸도록 하지요. 그 자리를 찬물로 자주 씻어주십시오. 사실 코가 없어도 있을 때나 매한가지로 건강엔 조금도 지장이 없을 겁니다. 그리고 그 코는 병에 넣어 알코올에 담가두면 좋을 겁니다. 아니 그것보다 독한 보드카와 따뜻하게 데운 식초를 두어 숟갈 넣는 편이 좋겠군요……. 그러면 상당한 금액을 받을 수 있을 겁니다. 비싸게 부르지만 않는다면 제가 살 수도 있습니다만."

"코를 팔다니 말이 됩니까!" 절망에 빠진 코발료프 소령은 펄쩍 뛸 듯이 하며 이렇게 외쳤다. "차라리 다시 잃어버리는 편이 낫겠소."

"실례했습니다." 의사는 허리를 숙이며 말했다.

"도움이 될까 싶어 드린 얘기였습니다만, 별수 없군요. 적어도 내가 노력했다는 것만은 당신도 인정하시겠지요?"

이렇게 말하고 나서 의사는 점잔을 빼며 방에서 나갔다. 코발료프는 의사의 안색을 살펴볼 여유가 없었다. 망연자실한 코발료프의 눈에 들어온 것은 의사의 새까만 프록코트 소매 끝으로 삐져나온 눈처럼 흰 셔츠의 커프스뿐이었다. 다음날 코발료프는 소송을 제기하기에 앞서 대령부인에게 편지를 보내서, 그녀가 자기에게 돌려줘야 할 것을 군소리없이 돌려줄 것인지 물어보기로 했다.

친애하는 알렉산드라 그리고리예브나

당신이 취하신 기괴한 행위를 전 도저히 이해할 수 없습니다. 이런다고 해도 당신에게는 이로울 것이 없으며, 저를 당신의 딸과 억지로 결혼시킬 수도 없다는 것을 알아주시기 바랍니다. 저의 코와 관련된 사건의 주모자가 바로 당신이라는 건 명백한 사실입니다. 갑자기 코가 자기 위치를 떠나 일개 관리로 변장하는가 하면, 또 원래의 자기 모습으로 나타나기도 한다는 것은 당신이나 당신과 유사한 짓을 하는 사람들의 마술 때문이 아니고 무엇이겠습니까? 만약에 저의 코가 오늘 안에 본래 위치로 돌아오지 않을 경우에는 부득이 법적 조치를 취할 수밖엔 없다는 것을 미리 알려드리는 바입니다.

당신의 충실한 하인
플라톤 코발료프

친애하는 플라톤 쿠지미치에게

보내주신 편지를 읽고 얼마나 놀랐는지 모릅니다. 솔직히 말씀드려서 이런 이해할 수 없는 꾸지람을 받으리라고는 꿈에도 생각지 못했습니다. 분명히 말씀드리지만, 나는 당신이 말씀하시는 그런 관리에 대해서는 변장을 했건 안 했건 간에 한 번도 저의 집에 들여놓은 일이 없습니다. 필립 이바노비치 포탄치코프라는 분은 자주 오시기는 합니다. 행실이 바르고 학식이 뛰어난 신사분이십니다. 딸애에게 청혼하긴 했지만 저는 어떤 확답도 하지 않았습니다. 그리고 편지에는 코에 대한 말씀이 있었는데, 만약에 그것으로 내가 당신을 놀린 거라고 암암리에 암시하는 것이라고 말씀하신다면 그것에 대해서는 분명히 아니라고 말하겠습니다. 그렇게 말씀하신 것은 오히려 당신이었고 아시다시피 나는 그때 정반대의 의견이었으니까요. 그러니까 지금이라도 당신이 정식으로 청혼만 하신다면 나는 언제든지 쾌히 응할 용의가 있습니다. 그것은 내가 항상 마음속으로 바라고 바라던 것이니까요. 그럼 좋은 소식이 있기를 기다리며 이만 줄이겠습니다.

알렉산드라 포드토치나

"아니야." 편지를 읽고 나서 코발료프가 말했다. "이건 절대 그 여자의 짓이 아니야! 죄가 있다면 이런 편지는 절대로 쓸 수 없는 법이거든."

코발료프가 이런 방면에 밝은 것은 이유가 있었다. 캅카스 지방에 있을 때 몇 번인가 사건 조사를 맡아 본 일이 있었기 때문이다.

"그렇다면 대체 어찌하여, 무슨 운명의 장난으로 이런 사건이 일어났을까? 갈수록 캄캄하기만 하군!" 그는 맥없이 손을 축 늘어뜨렸다.

그러는 동안 이 기상천외한 사건에 대한 소문은 페테르부르크 시내 전체에 퍼졌다. 그리고 소문이란 언제나 그렇듯 이 사람한테서 저 사람에게로 옮겨질 때마다 허무맹랑한 꼬리가 덧붙기 마련이었다. 이 무렵 사람들은 모두 신기한 것을 쫓아다니고 있었다. 최근에는 자력(磁力)의 작용에 대한 실험이 크게 유행했었고, 코뉴센나야 거리에 춤추는 의자가 있다는 소문이 난 것도 얼마 전의 일이다. 때문에 코발료프의 코가 3시 정각이 되면 넵스키 거리를 산책한다고 소문이 났더라도 그리 이상할 것은 없다. 호기심 많은 사람들이 날마다 모여들었다. 융케르 상점에 코가 나타난다고 소문이 나면 상점 앞은 인산인해를 이루어 경찰까지 동원되는 형편이었다. 구레나룻을 기른 풍채 좋은 사기꾼들은 극장 입구에서 여러 가지 파이를 팔고 있었는데, 이제는 그것을 집어치우고 훌륭하고 견고한 벤치를 많이 만들어 놓고는 한 사람 앞에 80코페이카씩 받고 구경꾼들을 불러모으고 있었다. 그런가 하면, 한 퇴역장교는 그것을 구경하려고 아침 일찍 집을 나와 군중을 헤치고 겨우 안으로 들어갔지만 괘씸하게도, 상점 창문으로 보이는 것은 흔해빠진 스웨터와 벽에 걸린 석판화뿐이었다. 그 석판화라는 것은 스타킹을 고쳐 신고 있는 처녀와 그것을 나무 그늘에 숨어서 훔쳐보고 있는 짧은 수염에 조끼를 입은 놈팡이를 그린 것인데, 그것은 이미 10년 이상이나 바로 그 자리에 걸려 있었던 것이었다. 대령은 그 자리를 떠나며, "도대체 어찌하여 이런 쓸데없는 일들이 일어나는 것일까!" 하면서 씩씩거렸다.

이윽고 넵스키 거리가 아니라 타브리체스키 공원에 코발료프 소령의 코가 나타난다는 소문이 퍼졌다. 그곳에 나타난 지가 이미 오래되었다느니, 호스레프 미르자(페르시아의 유명 정치가, 1829년 러시아와 정전협정을 위해 방문)가 거기 살고 있을 때에도 괴상한 사건이 일어나서 그가 몹시 놀랐다느니, 별별 소문이 다 떠돌았다. 의과대학 학생 몇 명은 견학을 오기도 했고, 어느 유명한 귀부인은 공원 관리인에게 편지를 보내어 교육적 이야기를 붙여서 아이들에게 이 기이한 현상을 보여줄 수 없는지 묻기도 했다.

이 사건을 손뼉치며 좋아한 것은 사교계 신사들이었다. 그들은 여자들 웃기기를 무엇보다 좋아하는데, 마침 재미있는 이야깃거리가 없어 곤란하던 참이었기 때문이다. 그러나 소수에 지나지는 않았지만, 점잖고 생각이 깊은 인사들은 그것을 매우 못마땅하게 여겼다. 어느 신사는 분노에 찬 어조로, 오늘날과 같은 문명 시대에 그따위 황당무계한 헛소문이 어떻게 퍼질 수 있었는지 모르겠다면서, 왜 정부는 아무런 대응도 하지 않는 것인지 도무지 이해할 수가 없다고 했다. 아무래도 이 신사는 정부가 자기 집 부부싸움까지 간섭해주기를 바라는 듯하다. 이런 일들이 있은 뒤…… 여기서 또다시 사건의 추이는 어두운 장막 아래 가려졌다.

3

세상에는 정말로 어처구니없는 일들이 벌어진다. 때로는 마치 거짓말 같은 일도 있는 법이다. 한때는 오등관 행세를 하면서 마차를 타고 돌아다니며 세상을 떠들썩하게 만들었던 코가, 갑자기 아무 일도 없었던 것처럼 시침을 떼고 다시 코발료프 소령의 얼굴로 돌아온 것이다. 그건 4월 7일의 일이었다. 잠이 깨서 무심히 거울을 들여다보았더니 얼굴에 코가 있는 것이 아닌가! 코발료프는 손으로 만져보았다. 틀림없는 코다!

"히야!" 코발료프는 어찌나 반가웠던지 소리를 지르며 맨발로 껑충껑충 춤을 추려고 했다. 그러나 마침 이반이 들어왔기 때문에 주춤하고 말았다. 코발료프는 즉시 세면도구를 가져오라고 했다. 세수를 하고 나서 다시 한 번 거울을 봐도 코가 있었다. 수건으로 얼굴을 닦고 다시 보았지만, 역시 코가 있었다.

"이반, 내 코에 여드름이 난 것 같은데 잠깐 봐주게" 그는 말했지만, 속으로는 이반이 "나리, 여드름은 고사하고 코가 보이질 않습니다" 하지는 않을까 걱정했다.

그러나 이반은 이렇게 대답했다. "여드름이 다 뭡니까, 아무것도 없어요. 코는 아주 말쑥합니다."

"좋아, 이젠 됐어!" 소령은 혼잣말을 하며 손가락을 딱하고 튕겼다. 바로 이때 방문으로 얼굴을 들이민 것은 이발사 이반 야코블레비치였다. 이발사는 돼지기름을 훔쳐 먹다 혼이 난 고양이처럼 겁에 질린 얼굴을 하고 있었다.

"먼저 묻겠는데, 손은 깨끗한가?" 코발료프는 아직 방에 들어오지도 않은 이발사에게 이렇게 물었다.

"네, 깨끗합니다."

"거짓말은 아니겠지?"

"네, 정말로 깨끗합니다, 나리."

"좋아, 조심해서 해주게."

코발료프는 의자에 앉았다. 이발사 이반 야코블레비치는 코발료프에게 보자기를 씌우고 수염과 볼에다가 상인의 생일 답례품으로 받은 크림을 발랐다. '이야, 깜짝 놀랐어!' 이발사는 소령의 코를 힐끔 쳐다보며 말했다. 그리고 이번에는 옆으로 고개를 돌리고 측면에서도 보았다. '이거 정말 놀랍군!' 하고는 한참을 코만 보고 있었다. 이윽고 코 끝을 쥐려고 조심스럽게 두 손가락을 뻗쳐 들었다. 이것은 이반 야코블레비치가 면도하는 순서였다.

"이봐, 조심해야 하네!" 코발료프가 다짐을 했다. 이반 야코블레비치는 여태껏 경험해보지 못한 두려움에 말이 나오질 않았다. 한참만에야 그는 턱 밑에 살며시 면도칼을 갖다 댔다. 후각기관에 손을 대지 않고 면도를 하자니 불편하기 짝이 없었으나, 단단한 엄지손가락으로 볼과 아랫입술을 눌러주며 겨우 면도를 마쳤다.

면도가 끝나자마자 코발료프는 서둘러 옷을 갈아입고 마차를 타고 제과점으로 갔다. 코발료프는 가게 문을 열면서 곧바로 큰 소리로 주문했다. "여기 코코아 한 잔!" 그러면서도 거울을 바라보며, '역시 코가 붙어 있군' 하고 생각했다. 기분이 좋아진 코발료프는 뒤에 있는 두 군인을 실눈을 뜨고 바라보았다. 그중 한 군인의 코는 조끼 단추보다 작았다. 제과점을 나온 그는 평소부터 부지사 자리를, 그것이 안 되면 서무과장 자리라도 얻으려고 찾아다니던 관청으로 발길을 돌렸다. 대기실을 지나면서 슬쩍 거울을 들여다보았지만 여전히 코는 붙어 있었다. 코발료프는 다른 팔등관…… 아니, 소령 친구를 찾아갔다. 남을 놀리는 걸 밥보다 좋아하는 친구로, 이 친구에게 당하는 날이면, '정말 자네한테는 못 당하겠군. 바늘로 찌르는 것 같아'라는 말이 절로 나왔다. '그 친구가 나를 보고도 웃지 않는다면 내 얼굴에 있어야 할 물건이 모두 제자리에 붙어 있다는 증거가 될 거야.'

그런데 그 팔등관은 웃지 않았다. '됐어, 이제 됐어!' 그는 속으로 쾌재를 불렀다.

돌아오는 길에 코발료프는 포드토치나 부인과 그녀의 딸을 만났다. 코발료프가 인사를 건네자 두 여인은 환성을 올리며 반가워했다. 그러니까 그의 몸에는 어떤 이상도 없는 것이었다. 그는 길가에 서서 오랫동안 두 사람과 얘기를 나누었다. 그리고 일부러 코담배를 꺼내어 보란 듯이 한참 동안이나 양쪽 콧구멍에 쑤셔넣었다. 그러면서도 속으로는 '여자들은 바보라니까. 관두자, 관둬, 역시 이 여인과는 결혼하고 싶지 않아. 연애라면 모를까' 하고 생각하고 있었다.

이리하여 코발료프 소령은 아무 일도 없었던 것처럼 넵스키 거리나 극장이나 그 어디든 거리낌없이 다닐 수 있게 되었다. 코 역시 아무 일 없었던 것처럼 얼굴 한복판에 들러붙어서 어디로 달아날 것 같지 않았다. 그런 일이 있은 뒤 코발료프 소령은 언제나 싱글벙글했고, 예쁜 여자라면 가리지 않고 추파를 던졌다. 한 번은 유명한 고스티니 드보르(Gostiny Dvor : 1757년에 지은 실내 쇼핑센터) 백화점 앞에서 걸음을 멈추고 훈장용 장식끈을 샀는데, 아직 아무런 훈장도 받은 적이 없는 코발료프가 왜 그걸 샀는지는 알 수 없는 일이었다.

이게 쓸데없이 크기만 큰 우리나라 북쪽 도시에서 일어났던 사건의 전말이다. 누가 봐도 믿기 어려운 점이 한두 가지가 아니다. 코가 떨어져 나가고, 그 코가 오등관 행세를 하고 다니다니 정말이지 이상한 이야기가 아닐 수 없다. 아니, 그보다 어떻게 코발료프는 신문에 잃어버린 코를 찾는 광고 따위가 실릴 수 있을 거라 생각한 걸까? 광고료가 지나치게 비싼 것 같다는 얘기를 하려는 게 아니다. 말도 안 되는 소리다. 난 그깟 돈 몇 푼에 관심을 가질 만큼 속물은 아니다. 어쨌거나 상상만 해도 꼴사납고 어리석은 짓이다! 더군다나 구워낸 빵 속에 어떻게 코가 들어 있었던 것일까? 또 이반 야코블레비치는 어째서…… 아아, 도무지 뭐가 뭔지 알 수가 없다. 그런데 가장 이상하고 이해할 수 없는 점은 글을 쓴다는 작자가 하필이면 이런 주제로 이야기를 썼느냐는 것이다.

이것은 요컨대…… 아니, 역시 무리다. 첫째로 이런 이야기는 국가에 도움이 되지 않고, 둘째로…… 아니, 이 둘째도 전혀 도움이 되지 않는다…… . 정말이지 뭐가 뭔지 도무지 알 수가 없다.

그건 그렇고 확실히 이것도 저것도 이상한 일뿐이다. 전부 있을 수 없는 이야기……. 하지만 어떤가? 세상에 말이 되지 않는 일도 있지 않을까? 잘 생각해보면 이 이야기에는 분명히 뭔가가 있다. 지금도 세상 어딘가에는 이와 비슷한 일들이 일어나고 있으리라. 물론 그리 흔한 얘기는 아닐 테지만.

Zapiski sumasshedshego

광인일기

광인일기

10월 3일

오늘은 이상한 일이 있었다. 아침에 늦잠을 자고 말았는데, 마브라 녀석이 번쩍번쩍 광이 나게 닦은 장화를 들고 오기에 몇 시냐고 물었다. 벌써 10시가 넘었다는 말에 나는 서둘러 옷을 입었다. 솔직히 난 관청에 출근하고 싶지 않았다. 과장이 언짢은 표정을 지을 게 뻔했기 때문이다. 그는 전부터 나에게 이런 얘기를 했다. "자네 대체 뭐하자는 건가? 항상 시답잖은 생각만 하고 있으니 원. 미친놈처럼 서류 제목을 소문자로 쓰질 않나, 날짜나 숫자를 빼먹어서 아무도 못 알아먹게 해놓질 않나!" 그 빌어먹을 새대가리! 내가 국장님의 서재에서 각하를 위해 펜을 깎는 걸 시기하는 게 틀림없다. 솔직히 나도 그 쩨쩨한 경리한테서 급료를 당겨 받을 수 있지 않을까 해서 갔던 거지, 그렇지 않았다면 가지 않았을 것이다. 그 경리라는 놈도 쓰레기다. 지급 신청한 급료보다 최후의 심판이 먼저 찾아올 거다. 아무리 어려운 형편을 들어 애걸복걸해도 그 백발 악마는 절대 돈을 내주질 않는다. 그런 주제에 자신은 집에서 하녀에게 따귀나 맞고 다니니 원. 아, 이건 세상이 다 아는 얘기다. 그나저나 중앙관청에 근무해서 뭐가 좋은 건지 나는 전혀 모르겠다. 돈줄이 있는 것도 아닐 텐데. 현청이나 민사법원이 아니라, 세무국에서는 사정이 전혀 다르다. 예를 들어 세무국 한구석에서 뭔가를 끼적이는 놈이 있다고 치자. 보기에도 안쓰러운 연미복에 침을 뱉고 싶어지는 상판대기를 하고 있건만……, 세상에! 아니 세상에나! 이런 별 볼 일 없어 보이는 놈도 호화 별장을 빌리고 다닌단 말이다! 이런 놈들에게는 도금한 도자기나 찻잔 따위는 안 먹힌다. 그랬다간, "의사 놈한테 가져다주라는 건가?" 하면서 놀리기만 할 것이다. 가져간다면 경주마 한 쌍이나 사륜마차, 3백 루블쯤 하는 비버 가죽이 좋을 것이다. "펜을 깎을 칼이 있으시다면 잠시만 빌려주실 수 없겠습니까?"라고 겸손하게 얘기하지만, 청구인이 왔다 하면 셔츠 한 장만 남기고 탈탈 털어버리는 것이다. 그렇지만 우리 관청의 업무는 무척이나 고상하다. 현청만 하더라도 다시 볼 수 없을 만큼 청결하고, 책상들은 마호가니에, 상관들은 모두 존칭을 쓴다. 말이 나와서 말이지만, 사실 업무가 이렇게 고상하지 않았다면 나는 진즉 이 일을 때려치웠을 것이다.

나는 낡은 외투를 입고, 우산을 챙겨 밖으로 나갔다. 밖에는 세찬 폭우가 쏟아지고 있었다. 거리는 한산했다. 소맷자락을 얼굴에 뒤집어 쓴 여인과 우산을 쓴 상인, 문서배달꾼만이 간혹 눈에 띌 뿐이었다. 고상해 보이는 사람이라고는 사거리에서 마주친 동료 관리 한 놈뿐이었다. 그놈을 보자마자 나는 속으로 이렇게 중얼거렸다. '흥! 뻔하지. 자넨 관청에 가는 게 아니라 저기 바삐 종종걸음 치는 여인네 뒤꽁무니를 쫓고 있는 게지. 여자 다리를 훔쳐보려고 말이야.' 관리라는 것들이 어찌나 하나같이 음흉한지! 그런 면에선 장교 놈들에게도 뒤지지 않는단 말이야. 모자 쓴 여인이 지나가기라도 하면 어떻게든 그녀를 골려주지 않고선 배기지를 못하지. 이런 생각을 하면서 어떤 가게 앞을 지나가고 있었는데, 마차 한 대가 그 가게 앞에 멈춰 섰다. 국장님의 마차였다. 하지만 국장님이 물건을 사러 올 리가 없다. '그렇다면 따님이로구먼.' 그렇게 생각하며 나는 벽에 몸을 기댔다. 하인이 마차의 문을 열자 아가씨가 종달새처럼 쪼르르 뛰어나왔다. 두리번두리번. 눈썹과 눈동자가 아른아른. 그 모습은 정말이지…… 아아, 기절할 것만 같구나! 그런데 어쩌자고 이런 날씨에 외출을 한 걸까? 이러니까 여자는 반짝이는 것에 사족을 못 쓴다고 말하는 놈이 있는 것이다. 아가씨는 날 알아채지 못했다. 그도 그럴 것이 내가 가능한 외투로 몸을 감쌌을 뿐만 아니라, 외투가 매우 더럽고 구식이었던 덕분이었다. 요즘은 깃이 긴 외투가 유행인데 내 것은 깃이 짧고 짝짝이에다 다림질도 하지 않았다. 아가씨가 데리고 있는 강아지는 안으로 들어가지 못하고 밖에 남겨졌다. 난 저 강아지를 잘 안다. 이름은 메쥐이다. 그런데 얼마 되지 않아서 가는 목소리가 들렸다. "안녕하세요, 메쥐?" 어럽쇼? 이건 누구 목소리지? 슬쩍 뒤를 돌아보자 두 여인이 우산을 쓰고 걸어가고 있었다. 한쪽은 노파에, 다른 한쪽은 어린 소녀였다. 그런데 그 두 사람이 지나간 뒤에도 여전히 목소리가 들려왔다. "너무하시는군요, 메쥐!" 이게 무슨 일이람! 메쥐 녀석이 좀 전에 지나간 두 여인 곁을 따르던 강아지와 만나 서로 냄새를 맡고 있는 게 아닌가. "허허!" 무심코 나는 중얼거렸다. "내가 술에 취했나? 하지만 내가 취하는 건 꽤 드문 일인데." 그러자 메쥐 녀석이, "그렇지 않아요, 피델레. 그건 당신께서 오해한 거예요." 하고 얘기하는 걸 나는 똑똑히 보았다. "저는 말이에요, 쿵쿵! 저는 말이에요, 쿵쿵! 무척이나 아팠었답니다." 개가 말을 하잖아? 개가 사람처럼 말하는 것을 듣고서 나는 꽤나 놀랐던 것 같다. 지금 생각해보면 별로 놀랄 일도 아니었는데 말이다. 실제로 이런 예는 얼마든지 있다. 영국에선 물고기 한 마리가 폴짝 뛰어올라 되지도 않는 이상한 소리를 지껄였는데, 학자들이 그 뜻을 밝히려고 벌써 3년째 연구 중이지만 아직 아무것도 알아내지 못했다고 한다. 그리고 이건 신문에서 읽은 얘기지만, 어느 날 암소 두 마리가 가게로 찾아와서는 차 1파운드를 달라고 했다는 것이다. 하지만 나도 메쥐 녀석이, "피델레, 당신에게 편지를 썼었답니다. 아아, 그렇다면 우리 폴칸 녀석이 제대로 전해주지 않은 거로군요!" 하고 말했을 때는 벌어진 입을 다물 줄을 몰랐다. 월급을 몰수한다고 했을 때도 이렇게 놀라진 않았다! 개가 편지를 쓰다니! 난 이 나이가 될 때까지 그런 얘기는 들어본 적이 없다. 제대로 된 문장을 쓸 줄 아는 건 귀족뿐이다. 물론 상가 경리나 농노 중에서도 글을 쓸 줄 아는 놈들이 더러 있긴 하지만 그래봐야 쉼표도 마침표도 없는 조잡한 엉터리 문장일 뿐이다.

아무튼 나는 깜짝 놀랐다. 솔직히 말하자면 요즘 나는 아무도 못 듣고 못 보는 것들이 들리고 보이기 시작했다. '좋아! 한번 저 두 강아지를 쫓아가봐야겠어. 놈들의 정체가 뭐고, 무슨 생각을 하고 있는지 밝혀내고야 말겠어!'

나는 우산을 펼치고 두 사람의 뒤를 밟았다. 그 둘은 고로호바야 거리로 들어가 메시챤스카야 거리로 꺾어 들어가더니, 스트랴르나야 거리로 빠져나와 코쿠쉬킨 다리로 가는 길목에 있는 큰 집 앞에서 멈췄다. '저 집이라면 알고 있지. 즈베르코프의 건물이잖아.' 엄청나게 큰 건물이다! 저기에는 어떤 사람들이 살고 있을까? 가정부며 외지에서 온 시시껄렁한 놈들이 잔뜩 살고 있겠지! 나와 같은 관리들이 보기에는 그야말로 개떼처럼 복작복작 살고 있는 꼴이다. 내 친구 놈도 하나 살고 있는데, 그놈은 트럼펫의 달인이다. 두 여인은 5층으로 올라갔다. '좋아! 지금은 들어가지 말자. 위치만 기억해뒀다가 다음을 노리면 돼.'

10월 4일

오늘은 수요일이라 국장님의 서재로 출근했다. 일부러 더 일찍 나와서 차분하게 책상에 앉아 모든 펜을 깎았다. 우리 국장님은 머리가 좋은 게 틀림없다. 어디를 둘러봐도 서재에는 온통 책으로 가득한 책장이 늘어서 있다. 몇 권정도 표지만 쳐다봤었는데 어느 것이고 알아먹기 힘든 학술서적이라 나 같은 것은 감히 가까이 할 수도 없었다. 프랑스어 독일어 원서뿐이다. 저 얼굴을 좀 보라고! 저 위엄 넘치는 눈빛! 국장님은 절대로 쓸데없는 말을 하시지 않아. 서류를 넘겨받을 때도 이런 걸 물어볼 뿐이지. "날씨는 어떤가?"—"습한 날씨입니다, 각하!" 정말이지 각하는 나 같은 것과 비교조차 할 수 없는 분이다. 국가를 책임지는 분이시다. 그런데 그런 분이 나를 마음에 두고 계신 것 같다. 어쩌면 아가씨께서도…… 빌어먹을! ……아니다, 아무것도 아니다, 아무것도! 그저 입을 다물 뿐! 《북방의 꿀벌》을 읽었다. 프랑스 놈들은 지독한 멍청이다! 대체 어떻게 해주기를 바라는 걸까? 나 참, 저런 놈들은 죄다 잡아들여 채찍으로 찰싹찰싹 매질을 해야 한다! 잡지에는 무도회에 대해 쓴 쿠르스크 지방의 어느 지주의 재미난 글이 실려 있었다. 쿠르스크 지주 놈들은 글을 잘 쓴다. 나중에 깨달은 것이지만, 벌써 12시 반이 지났건만 국장님은 여전히 침실에서 나오질 않았다. 그런데 11시 반 무렵, 글로 표현하기조차 힘든 사건이 일어났다. 문이 열리길래 나는 국장님이라고 생각하고 서류를 들고 벌떡 의자에서 일어났다. 그런데 그녀였다, 바로 그녀였다! 저 멋진 옷차림! 백조처럼 새하얀 드레스. 아아, 어찌나 눈이 부시던지! 그야말로 태양, 태양과 같았다! 아가씨는 가볍게 인사를 하더니 이렇게 말했다. "아빠가 여기 계신가요?" 아아, 이 무슨 달콤한 목소리인가! 카나리아, 그야말로 카나리아다! "아가씨." 나는 이렇게 얘기하고 싶었다. "부디 이런 저를 극형에 처해주십시오. 하오나, 부디 아가씨께서 그 고결하신 손으로 직접 저를 죽여주십시오." 그런데 짜증나게도 혀가 제대로 돌아가질 않아서, "아니요, 여기 안 계십니다"라고만 겨우 얘기했을 뿐이었다. 아가씨는 나를 힐끔 바라보고는 책으로 시선을 옮기다 손수건을 떨어뜨리고 말았다. 나는 거꾸러지면서까지 몸을 날렸지만 저 빌어먹을 마룻바닥에 발이 미끄러져서 하마터면 코가 깨질 뻔했다. 간신히 버텨내고 손수건을 집었다. 아아, 이 무슨 거룩한 손수건이란 말인가! 얇디얇은 손수건에서는 용연향(龍涎香), 그렇다 용연향이 났다! 고귀한 분께 어울리는 고상한 향기가 났다. 아가씨는 가볍게 감사인사를 하고 살짝 미소 짓더니 그대로 밖으로 나가버렸다. 그렇게 한 시간을 앉아 있었는데 갑자기 하인 놈이 찾아와서는 이러는 것이 아닌가. "아크센티 이바노비치, 댁으로 돌아가세요. 주인 어른께선 외출하셨습니다." 나는 이 무례한 하인 놈들이 정말이지 싫다. 언제나 뻣뻣하게 목을 세우고는 인사조차 귀찮다는 얼굴로 현관에 서 있기만 한다. 어디 그뿐이랴, 지난 번에는 한 놈팡이 녀석이 자리에서 일어나지도 않은 채 태연한 얼굴로 나에게 코담배를 권했었다. 빌어 처먹을 놈들. 사람을 뭐로 보는 거야? 난 이래 봬도 관리란 말이다. 귀족이란 말이다! 나는 모자를 들고 저 빌어먹을 것들이 외투 입는 걸 도와줄 생각이 없어 보였기에 혼자 외투를 입고 밖으로 나왔다. 집에서는 온종일 침대에 누워 있었다. 그리고 멋진 시(詩) 한 편을 베껴 썼다.

그대를 한순간 보지 못했는데
마음은 일 년이 흐른 것 같습니다
자신의 삶을 저주하면서
살아가야 한다며 나 혼잣말하네

아마 푸시킨의 작품(사실은 니콜레프 통속/가요의 한 구절)일 것이다. 해가 지고 나는 외투를 걸치고 아가씨의 마차가 서 있는 곳에 가보았다. 혹시나 그녀가 집에서 나와 마차를 탄다면, 한 번 더 그녀를 볼 수 있을지도 모르기 때문이다. 한참을 기다려봤지만, 허탕이었다. 그녀를 만날 수 없었다.

11월 6일
과장 놈이 버럭버럭 화를 냈다. 관청에 오자마자 날 부르기에, 뭔 소리를 하려나 했다.
"내 한 가지만 묻지. 대체 뭐하자는 건가?"
"뭐가 말입니까? 전 아무 짓도 안 했습니다."
"이봐, 생각 좀 하란 말이야! 자넨 벌써 마흔이 넘었어. 이젠 슬슬 정신 차릴 때도 되지 않았나? 내가 자네의 그 머저리 같은 짓을 모를 거라고 생

각했나? 국장님의 따님을 넘보다니! 조금은 자네 분수를 알란 말이네. 생각
해보게, 자넨 대체 뭔가? 자넨 숫자 0보다 못한 인간이야. 거기다 땡전 하
나 없는 거지잖나. 대체 무슨 배짱인지 원. 거울에다 자네 상판대기를 비춰
보란 말일세!"

제기랄, 악마에게나 잡혀가라지. 얼굴은 약병처럼 생긴데다 앞머리가 한
줌밖에 안 돼서 억지로 포마드로 돌돌 말아 올린 놈이 잘났다는 듯이 소리치
고 있어. 난 저놈이 왜 저러는지 잘 알아. 질투야, 질투. 아가씨께서 내게
보였던 남다른 호감을 알아챈 거겠지. 저딴 놈에게는 침이나 뱉어주면 그만
이야! 시계에는 금줄이나 달고, 한 켤레에 30루블이나 하는 장화나 주문한
다고 해서 그게 뭐 어쨌다는 건데? 내가 이름도 없는 평민인줄 알아? 재봉
사나 하사관의 자식이라도 되느냔 말이다! 썩어도 준치라고, 나도 귀족이
야! 더 출세할 수 있단 말이다. 난 아직 마흔둘이라고. 본격적인 건 이제부
터 시작이야. 두고 보라고! 난 대령이 되겠어. 아니 어쩌면 그보다 더 훌륭
한 사람이 될지도 모르지. 너 따위보다 더 유명한 사람이 되어주겠어. 넌 자
기 말고는 세상에 제대로 된 사람이 없다고 생각하지? 내가 루치의 최신 연
미복으로 갈아입고, 네놈이 하고 있는 그런 넥타이를 하면, 너 같은 건 내
발톱의 때만큼도 못해. 하지만 내겐 돈이 한 푼도 없지, 그게 문제야!

11월 8일

극장에 다녀왔다. 러시아 광대 필라트카를 봤는데, 정말 재미있었다. 그
밖에도 재미난 볼거리가 많았는데, 그중에서도 법원 하급관리들, 특히나 14
등급 관리를 풍자한 희곡은 대사가 어찌나 신랄하던지 어떻게 검열을 통과했
는지 궁금할 지경이었다. 상인들은 전부 사기꾼이며 그 자식들은 방탕하게
살아가면서 귀족들을 우습게 안다고 비난하는 내용도 있었다. 신문, 잡지 기
자들을 풍자한 희곡도 있었는데, 그놈들은 뭐든 들추고 다니는 버릇이 있어
서 작가가 독자들에게 응원을 부탁한다는 내용이었다. 요즘 작가들은 글을
재밌게 쓴다. 나는 연극을 좋아한다. 주머니에 푼돈이라도 있으면 극장에 가
고 싶어 안달이 날 정도다. 하지만 나의 동료 관리들 대부분은 무식한 촌뜨
기 놈들이어서 설령 손에 공짜 표를 쥐어 주어도 연극을 볼 생각을 않는다.
여배우 하나가 기막히게 노래를 잘 불렀다. 불현듯 그녀가 떠올랐다…… 빌

어먹을! ……아니다, 아무것도 아니다, 아무것도! 그저 입을 다물 뿐!

11월 9일

8시에 관청에 출근했다. 과장 놈은 내가 왔는데도 모른 척을 했다. 그래서 나도 아무 일도 없었던 것처럼 굴었다. 서류 검토와 대조. 4시에 퇴근했다. 국장님의 저택을 지나쳐갔지만, 사람의 모습은 보이지 않았다. 저녁을 먹고 바로 침대에 누워 빈둥거렸다.

11월 11일

오늘은 국장님의 서재에서 펜 스물세 자루를 깎았다. 그리고 그녀…… 아아! 아가씨의 펜을 네 자루 깎았다. 국장님은 잘 깎인 펜이 늘어서 있는 걸 좋아하신다. 정말이지 대단한 분이시라니까! 항상 말씀이 없으시지만, 속으로는 많은 생각을 하고 계실 거야. 무슨 생각을 하고 계실까? 뭘 계획하고 계실까? 알고 싶다. 저런 훌륭하신 분들의 생활과 사교방법, 정치책략을 더 가까이에서 보고 싶다. 교우관계는 어떠하며, 뭘 하면서 지내는지 알고 싶다! 그래서 각하에게 몇 번이고 말을 걸었지만 입에서는 오늘은 날이 참 춥군요, 오늘은 따뜻하군요 같은 말밖에 나오질 않았다. 응접실을 들여다보고 싶었지만, 열려 있는 문틈으로 안쪽에 방이 하나 더 있다는 게 겨우 눈에 띄었을 뿐이었다. 이 무슨 호화로운 실내장식이란 말인가! 거울도 그렇고, 도자기도 엄청난 것들이다! 그리고 저곳, 아가씨께서 쓰고 계시는 저 방…… 저곳에 가 보고 싶다! 분명 갖가지 작은 병과 유리그릇들, 그 향기에 숨쉬기조차 힘들 만큼 꽃들이 가득 놓여 있겠지. 아가씨의 옷들이 여기저기 흩어져 있겠지. 아니 옷이라기보다는 보드라운 공기라고 해야 할까. 침실도 들여다보고 싶다…… 아마 그곳은 기적의 세계와 다를 바가 없을 것이다. 천국에도 없을 낙원이겠지. 그녀가 침대에서 일어나 귀여운 발을 올려놓는 받침대가 보고 싶다. 눈처럼 새하얀 스타킹을 신는 모습을 보고 싶다…… 아아! 아아! 아아! 아니다, 아무것도 아니다, 아무것도! 그저 입을 다물 뿐!

그나저나 오늘은 갑자기 눈앞이 환해지는 것만 같았다. 넵스키 거리에서 들었던 두 강아지의 대화를 떠올린 것이다. '좋아! 이번에야말로 다 밝혀내 주지. 먼저 그 시답잖은 개들이 주고받은 편지부터 확보해야겠어. 그러면 뭘

가 알 수 있겠지.' 솔직히 말하자면 난 메쥐를 불러서 이런 얘기를 하기도 했었다. "이봐, 메쥐. 지금 여기엔 우리 둘 뿐이야. 원한다면 아무도 보지 못하게 문도 잠글게. 그래서 말인데, 네가 아가씨에 대해서 알고 있는 걸 나한테 전부 가르쳐주지 않을래? 평소에 어떤 모습이고, 뭘 하고 지내시는지 말이야. 맹세코 아무한테도 얘기 안 할게." 그랬더니 저 약아빠진 개가 꼬리를 말고 몸을 잔뜩 움츠리더니 아무 얘기도 못 들었다는 듯이 살금살금 밖으로 내빼는 게 아닌가. 나는 전부터 개라는 놈들이 사람보다 약아빠진 건 아닐까, 말을 할 줄 아는 건 아닐까 의심했었다. 그저 일종의 고집으로 말을 하지 않는 것일 뿐이라고 말이다. 저 능구렁이 같은 놈들은 인간의 모든 것을 꿰뚫어보고 있다. 아무튼 내일은 반드시 즈베르코프의 집으로 찾아가 피델레에게 물어보도록 하자. 일이 잘 풀리면 메쥐가 쓴 편지도 챙겨올 수 있겠지.

11월 12일

오늘은 무슨 일이 있더라도 피델레를 만나 전부 밝혀내고 말겠다는 각오로, 오후 2시에 집을 나섰다. 나는 양배추를 무척이나 싫어하는데 메시찬스카야 거리의 가게에선 한 집도 빠지지 않고 양배추 냄새가 폴폴 풍겼다. 거기다 집집마다 문 밑에서 흘러나오는 뭐라 표현할 수 없는 악취에 걸음을 바삐 놀리는 동안 코를 틀어막고 있어야 했다. 장인들의 가게에서는 시시때때 잿가루와 매연이 뿜어져 나와 도저히 그 매캐한 장막을 뚫고나갈 엄두가 나지 않을 정도였다. 6층으로 겨우겨우 올라가 초인종을 누르자 그럭저럭 봐줄 만한 소녀가 나왔다. 난 그녀를 알아보았다. 노파와 함께 있던 그 소녀였다. 발그레 뺨을 붉히다니! 요 녀석은 남자를 원하고 있는 것이 분명하다. "무슨 일이신가요?"―"당신네 강아지에게 할 얘기가 있습니다." 멍청한 계집. 말귀를 못 알아먹다니 멍청하긴. 때마침 그 강아지가 왈왈 짖으며 달려오기에 나는 그놈을 붙잡으려고 했다. 빌어먹을. 자칫하면 코를 깨물릴 뻔했다. 하지만 나는 곧 그놈이 잠자리로 쓰는 상자를 발견했다. 좋았어, 바로 이거야! 바로 상자에 깔린 짚을 뒤졌다. 소름이 돋을 만큼 기쁘게도 작은 종이뭉치가 나왔다. 망할 놈의 강아지는 그걸 보자마자 달려들어서 내 장딴지를 물었지만, 내가 편지를 챙겼다는 걸 알아채곤 끙끙 애처롭게 짖으며 애교를 부렸다. 하지만 난 "이거 참 죄송하게 되었습니다. 그럼 잘 있으십시오!" 하고는 부리나케 달아났다. 그 계집은 내가 미쳤다고 생각했을 것이다. 떡하니 벌어진 입을 다물 줄을 몰랐으니 말이다. 집에 돌아온 나는 곧바로 일을 시작하고 싶었다. 촛불로는 글씨가 잘 보이지 않았던 탓에 해가 남아 있는 낮에 읽고 싶었기 때문이다. 그런데 마브라가 갑자기 마룻바닥을 닦는 게 아닌가. 하여간 저 멍청한 핀란드 여자는 뜬금없이 쓸데없는 결벽증을 드러내곤 한다. 그래서 난 산책이라도 하면서 지금까지의 일들을 곰곰이 되짚어보고자 밖으로 나갔다. 이제 드디어 갖가지 사정과 속내, 동기가 모두 드러나 진실이 밝혀질 것이다. 편지가 모든 것을 알려줄 것이다. 개들은 영리해서 정치에 관계된 것이라면 뭐든 알고 있으니, 거기엔 분명히 국장님이 어떤 인물이고 어떤 일을 하는지 빠짐없이 써놨을 게 틀림없다. 또 그녀에 대해서도…… 아니, 아무것도 아니다. 저녁에는 집으로 돌아왔다. 그리고 침대에 누워 빈둥거렸다.

11월 13일
그럼 어디 읽어보도록 하자. 꽤나 읽기 좋은 글씨체이지만 어쩐지 개가 쓴 것 같은 필적이다. 아무튼 읽어보자.

피델레 씨! 당신의 서민적인 이름에 익숙해지는 것도 힘들군요. 더 좋은 이름을 지어줄 순 없었던 걸까요? 피델레, 로자, 너무 격이 떨어져요! 그보다 이렇게 다시 편지를 주고받게 되어서 전 정말 기쁘답니다.

편지는 매우 정갈했다. 점도 제대로 찍었고, 맞춤법도 완벽했다. 과장 놈은 무슨 대학을 나왔다고 자랑하고 다니지만 이렇게 깔끔하게 글을 쓰진 못할 것이다. 더 읽어보자.

자신의 생각과 감정 그리고 느낌을 다른 사람과 나눈다는 건 세상에서 가장 행복한 일인 것 같아요.

흠! 이건 확실히 독일 작품을 번역한 어떤 글에서 인용한 것이다. 제목은 기억나지 않는다.

이건 제 경험에서 하는 얘기랍니다. 집 밖으로 나가본 적이 없긴 하지만 말이에요. 이런 제가 불쌍하다고 생각하진 않으시겠지요? 주인님께서 소피라고 부르는 아가씨는 저를 무척이나 아껴주는 걸요.

아아! 아니, 아니야, 그냥 입을 다물자!

주인님도 늘 저를 귀여워해주셔요. 홍차에도 커피에도 크림을 타서 주신답니다. 아, 그러고 보니, 사랑스러운 친구여, 당신께 꼭 하고 싶은 얘기가 있답니다. 전 다 발라먹은 뼈다귀는 하나도 맛이 없다고 생각해요. 그런데 저희 폴칸 녀석은 부엌에서 그걸 온종일 오도독오도독 씹고 있질 않겠어요? 뼈가 맛있는 건 들새에요, 골수를 빼먹지 않으면 더 좋지요. 거기다 소스까지 곁들이면 더욱 좋겠지만 클레오메와 채소만큼은 넣어선 안 돼요. 그런데 제일 곤혹스러운 건, 빵조각을 동그랗게 뭉쳐서 주는 관습이에요. 어느 신사인지 모르겠지만 식탁에 앉아 있는 동안에 손에 온갖 더러운 게 묻잖아요? 그 더러운 손으로 비빈 빵을 곁에 부른 개의 입속에 집어넣는다지 뭐예요. 거절하면 예의에 어긋나니 하는 수 없이 먹을 수밖에요.

뭐야 이건? 쓸데없이! 이보다 더 도움이 되는 얘기도 있을 거 아냐. 다음 편지를 읽어보자. 이것보단 낫겠지.

집에서 있었던 일들을 당신께도 가르쳐드릴게요. 아가씨가 아빠라고 부르는 주인님에 대해서 몇 번인가 얘기했었지요? 그 이상한 분……

아하하! 드디어 나왔다! 그래, 내 그럴 줄 알았지. 개는 뭐든 정치적으로 보는 법이야. 그 아빠란 사람이 어쨌다는 건지, 더 읽어보도록 하자.

……이상한 분이지요. 평소에는 말이 없지만 드물게 입을 열 때가 있답니다. 그게 일주일 전쯤이었을 거예요. "받을 수 있을까? 없을까?" 이렇게 혼잣말을 하고 있지 뭐겠어요? 한쪽 손에는 뭐라고 써진 종이를 들고,

한쪽 손은 주먹을 꽉 쥐고 그러고 있었답니다. "받을 수 있을까? 없을까?" 한번은 저한테 이렇게 묻지 않겠어요? "메쥐, 너는 어떻게 생각하느냐? 내가 그걸 받을 수 있을까, 없을까?" 저는 대체 무슨 얘긴지 몰라서 장화 냄새만 맡다가 나왔답니다. 그렇게 일주일이 지나서 주인님이 무척이나 밝은 모습으로 돌아오질 않겠어요. 거기다 오전 내내 예복을 차려입은 사람들이 찾아와서는 몇 번이고 축하한다고 했답니다. 식사 때는 지금까지 본 적이 없을 만큼 기쁜 표정으로 농담까지 했답니다. 식사를 마치고 저를 자신의 목덜미까지 들어 올리더니, "자아, 보렴, 메쥐. 이게 뭐인 것 같니?" 이러지 않겠어요? 봤더니 그건 무슨 리본 같았어요. 냄새도 맡아 봤지만 좋은 냄새는 하나도 나지 않았답니다. 그래서 조금 핥아보기도 했는데, 약간 짠맛이 나더군요.

흠! 이 망할 강아지가 좀 지나치게 구는 것 같은데…… 빗자루로 얻어맞지 않게 조심하는 게 좋을 거야! 그나저나 그렇군! 국장은 대단한 야심가였어! 이건 기억해둬야겠어.

아아, 미안해요, 급한 일이 생겨 여기서 실례해야겠어요. 편지는 내일 마치도록 할게요. 안녕하셨어요?
다시 편지를 쓸 수 있게 되었답니다. 오늘은 소피 아가씨가……

아아! 이제 소피의 차례인가. 이런, 젠장! ……아니다, 아무것도 아니다, 아무것도……. 계속 읽어보자.

소피 아가씨가 한바탕 난리를 피웠답니다. 무도회에 가게 되었으니 당연한 얘기겠지요. 하지만 전 혼자서 집을 보는 동안 당신께 편지를 쓸 수 있어서 무척이나 기뻤답니다. 소피 아가씨는 무도회 얘기만 나오면 언제나 싱글벙글이세요. 옷을 갈아입을 때면 언제나 화를 내시지요. 저는 무도회에 참석하는 게 뭐가 그렇게 즐거운 건지 모르겠어요. 소피 아가씨는 무도회에 갔다가 아침 6시가 돼서야 돌아오는데, 그 창백하고 초췌한 모습을 볼 때면 너무나 가엾답니다. 무도회에서 제대로 먹지도 못하는 게 분명해요. 저라면 그런 생활은 절대로 못할 거예요. 꿩고기가 들어간 소스나 닭날개 구이를 못 먹는다면, 전…… 어떻게 될지도 몰라요. 오트밀에 소스를 뿌린 것도 맛있답니다. 당근에 무, 엉겅퀴를 넣는다면 맛이 없겠지만요.

무슨 문장이 이렇게 변덕스럽담. 사람이 쓰지 않은 게 확실하다. 처음은 괜찮은데, 끝이 개판이다. 한 통 더 읽어볼까. 이건 좀 긴데…… 어라? 날짜가 없군.

피델레 씨! 봄기운이 완연해졌어요. 저는 누군가를 기다리는 것처럼 가슴이 두근거린답니다. 요즘은 자꾸 시끄러운 소리가 나서 한쪽 발을 들고 한동안 밖을 내다보곤 한답니다. 이건 비밀인데 전 수컷들에게 인기가 많아요. 자주 창가에서 수컷들 평가를 하곤 하는데, 당신이 상상도 못할 만큼 못난 녀석들도 있답니다. 그중에서도 대단한 촌뜨기가 하나 있어요. 어찌나 멍청한지 얼굴에 멍청이라고 쓰여 있을 정도지요. 그런 주제에 뭐라도 되는 것처럼 활보하고 다니는 꼴이, 모두가 자신에게 푹 빠져 있다고 생각하는 것 같았어요. 말도 안 되지요. 저는 아예 거들떠보지도 않았답니다. 처음부터 못 본 것처럼 굴었지요. 그리고 아주 무시무시한 그레이트데인 (독일 군견으로 세상에서 / 몸집이 가장 크다) 하나가 창가에 다가왔던 적이 있었답니다! 만약 뒷다리로 일어선다면…… 물론 그 머저리가 그렇게 어려운 동작을 할 수 있을리는 없겠지만, 어쨌든 뒷다리로 일어선다면 소피 아가씨의 아버지보다 머리 하나 정도는 더 클 거예요. 주인님도 꽤 키가 크고 뚱뚱한 분이신데 말이에요. 이 머저리는 정말이지 뻔뻔했답니다. 딱 잘라 거절했는데도 태연한 표정으로 혀를 쭉 내밀고 커다란 귀를 늘어뜨린 채 창문으로 들여다보고 있질 않겠어요. 촌뜨기들이나 하는 짓이죠! 하지만, 당신은 이렇게 몰려드는 개들에게 제가 마음을 뺏기지 않았을 거라고 생각하겠죠? 오, 아니에요. ……당신에게도 보여주고 싶은 분이 있어요. 옆집 담을 넘어서 찾아오는 기사님이 계시답니다. 트레조르라는 분이에요. 아아, 그분의 얼굴은 정말이지! ……

젠장! 이게 다 무슨 짓거리야! 잘도 이런 쓸데없는 얘기를 편지에다 써놨군. 난 사람 얘기를 읽고 싶단 말이야, 사람! 내가 바라는 건, 내 영혼을 살찌우고, 위로해줄 양식이야. 그런 양식은커녕, 이런 쓸모없는 얘기만 주절거려 놨으니……. 괜찮은 게 있나 한 장만 더 읽어보자.

    소피 아가씨는 작은 탁자에서 자수를 놓고 계셨어요. 전 밖에 지나다니는 사람을 구경하는 걸 좋아해서 창밖을 바라보고 있었답니다. 그런데 갑자기 종놈 하나가 들어오더니, "테플로프 씨께서 찾아오셨습니다!" 하는 것이 아니겠어요. 소피 아가씨는 "들어오시라고 해요." 하고 말씀하시더니 황급히 나를 안아 올리셨어요. "메쥐, 아아, 메쥐! 그 사람이 어떤 분인지 넌 모를 거야! 갈색 머리에 불꽃처럼 타오르는 검은 눈동자의 시종무관이란다!" 그러더니 소피 아가씨는 그대로 자기 방으로 들어가 버렸답니다. 얼마 있지 않아서 검은 구레나룻의 젊은 시종무관이 들어오더니 거울 앞에서 머리를 정돈하고 방안을 둘러봤답니다. 저는 잠깐 으르렁거리고는 제자리에 가서 앉았지요. 소피 아가씨가 밖으로 나오자, 무관은 착 소리가 나게 발을 붙여 경례를 했고 아가씨는 반가운 인사로 되돌려주었답니다. 저는 못 본 척을 하고 아무렇지 않게 창밖을 바라봤지만, 고개를 아주 조금만 돌려서 두 사람이 어떤 얘기를 하는지 엿들었답니다. 그랬더니, 아아, 사랑하는 친구여, 정말이지 시시껄렁한 얘기뿐이었답니다. 어느 부인이 무도회에서 어쩌고 하는 춤을 추려다 다른 춤을 추고 말았다든지, 가슴 장식이 너무 화려해서 황새처럼 보이는 보보프라는 사람이 하마터면 넘어질 뻔했다든지, 리지나라는 여인이 녹색인 자신의 눈을 파란색으로 착각하고 있다는 그런 얘기였답니다. '저 시종무관은 트레조르 씨와는 비교조차 할 수 없겠어.' 저는 속으로 그렇게 생각했답니다! 그렇고말고요! 상대도 안 되지요! 무엇보다 얼굴부터가 그래요. 시종무관의 얼굴은 판판하고 커다란데다가 검은 손수건이라도 감아놓은 것처럼 턱수염이 북슬북슬하지만, 트레조르 씨의 얼굴은 갸름하고 이마 가운데에 하얀 점이 있답니다. 허리 또한 트레조르 씨와 비교가 안 돼요. 눈매도 그렇고, 행동거지도 그렇고, 사람을 즐겁게 해주는 것도 전혀 달라요. 정말이지 비교조차 안 된답니다! 아아, 사랑스런 친구여, 아가씨께선 왜 저런 작자를 멋지다고 생각하는 걸까요? 저는 도통 모르겠어요. 어째서 저런 사람에게 푹 빠져

버린 걸까요……

내가 봐도 이건 이상하다. 그딴 시종무관이 그녀의 마음을 움직이게 했을
리가 없다. 좀 더 읽어보자.

그런 시종무관이 마음에 드신다니 주인님의 서재에 앉아 있는 그 관리
도 마음에 들어 할지도 모르겠네요. 그 관리가 얼마나 못생겼냐 하면요,
내 사랑하는 친구, 당신에게도 보여주고 싶을 정도에요. 자루를 뒤집어쓴
거북이 같답니다.

이 관리는 누구지?

성(姓)은 또 얼마나 희한한지. 언제나 앉아서 펜을 깎고 있답니다. 머리
는 꼭 건초 같아요. 주인님은 그 사람을 언제나 하인 대신 부려먹는답니다.

이 빌어 처먹을 개새끼가! 이건 내 얘기잖아. 내 머리가 건초 같다니, 그
건 또 뭔 소리야?

소피 아가씨는 그 사람을 볼 때마다 웃음이 나서 참을 수가 없는가 봐요.

거짓말 마, 이 망할 개새끼야! 더러운 입을 놀리다니! 이게 다 질투 때문
이라는 걸 내가 모를 것 같아? 누가 시킨 짓인지 내가 모를까 봐? 전부 과
장이 시킨 짓이야. 그놈은 날 철천지원수라고 생각해서 못 죽여서 안달이거
든. 하나만 더 읽어보자. 그러면 모든 게 명백해지겠지.

내 사랑하는 친구, 피델레. 그동안 잘 지내셨나요? 저는 무척이나 기쁜
일이 있었답니다. 어떤 작가가 사랑은 제2의 인생이라고 했는데, 그건 정
말 옳은 말이에요. 그리고 저희 집에도 최근 큰 변화가 있었답니다. 전에
얘기했던 시종무관이 이제는 매일 찾아오고 있어요. 소피 아가씨는 그에
게 푹 빠졌답니다. 주인님도 그렇게 싫지 않으신 눈치에요. 마룻바닥을 청

소하면서 혼잣말을 중얼거리는 그리고리라는 하인이 그러는데, 가까운 시일에 결혼식을 올릴 거라고 하더군요. 주인님께서도 소피 아가씨를 장교나 시종무관, 아니면 대령한테 시집보내고 싶어 하셨거든요.

빌어먹을! 더는 못 읽겠어……. 시종무관이니 장교니, 그거면 다인 줄 알아? 세상에 좋은 것들은 전부 시종무관이나 장교들이 챙겨먹고 있군. 찾아낸 자그마한 행복에 손을 내밀려고 하면 곧바로 시종무관이나 장교 놈들이 가로채버리지. 이게 말이 되냐고! 반드시 장교가 되고 말겠어. 그런다고 그녀와 결혼할 희망이 생기는 건 아니겠지만 내가 장교가 되고 싶은 건, 나한테 착 달라붙어서 우스갯소리와 사탕발림을 늘어놓는 그 두 사람에게 너희는 별 볼일 없는 놈들이라고 한마디 해주고 싶기 때문이다. 아아, 짜증난다! 나는 그 망할 개의 편지를 갈기갈기 찢어버렸다.

12월 3일
말도 안 된다. 다 거짓말이다! 결혼이라니! 시종무관이 대체 뭐가 대단하다고. 그저 이름일 뿐, 손에 잡히고 눈에 보이는 물건도 아닌데. 시종무관이라고 이마에 눈이 하나 더 달린 것도 아닐 테고, 코가 금으로 된 것도 아닐 텐데 말이다. 그놈의 코도 다른 사람들 코와 다를 게 없어. 남들과 다르게 코로 음식을 먹거나 기침을 할 수 있는 것도 아니지. 똑같이 냄새를 맡거나 재채기할 때 쓰는 코라고. 나는 그런 신분의 차이가 왜 생긴 건지 알고 싶었다. 나는 왜 9등 문관인 걸까? 9등 문관이어야만 하는 이유라도 있는 걸까? 어쩌면 백작이나 장교인데 9등 문관처럼 보이는 게 아닐까? 어쩌면 나 자신이 누구인지 모르고 있는 걸지도 모른다. 역사에서도 그런 예가 많았다. 귀족도 아닌 평범한 시민이나 농부가 어느 날 갑자기 높은 관리나 왕의 신분으로 밝혀졌던 것처럼 말이다. 농부한테도 그런 일이 있었는데, 나 같은 귀족이라면 말할 것도 없지 않겠는가? 어느 날 갑자기 내가 장교 복장으로 그 집을 찾아가는 것이다. 양쪽 어깨에 견장을 달고 가슴을 가로지르는 하늘색 리본을 맨 모습으로 말이다. 그러면 무슨 일이 생길까? 그녀는 어떤 비명을 지를까? 그녀의 아버지인 국장은 뭐라고 그럴까? 뭣보다 그는 야심가니까 말이다! 그는 프리메이슨이다. 프리메이슨이 틀림없다. 어떻게 아닌 척을 하고 있지만 그가 프리메이슨이라는 걸 나는 진즉에 눈치챘다. 그는 악수를 할 때 손가락 두 개만 내밀기 때문이다. 나라고 지금 당장에 총독이나 경리부장으로 임명되지 못하란 법이 어디 있단 말인가? 왜 내가 9등 문관인지 알려줬으면 한다. 대체 왜 내가 9등 문관인 거지?

12월 5일

오늘은 오전 내내 신문을 읽었다. 에스파냐에서 기이한 사건이 발생했는데 그게 영 마음에 걸렸다. 국왕 자리가 공석이 되면서 신하들이 왕위계승자를 고르느라 진땀을 빼고 있는데, 그 때문에 반란이 잇따르고 있다는 것이었다 (1833년 국왕 페르디난도 7세가 사망, 공주 이자벨라가 왕위를 계승하기로 하지만 숙부 돈 카를로스가 왕위를 노리면서 반란이 일어났다). 정말이지 기이한 사건이었다. 어떻게 국왕 자리가 빌 수가 있지? 거기다 왕위를 이을 사람은 여자라고 한다. 여자는 왕위를 이을 수 없다. 왕위를 이을 수 있는 건 왕뿐이다. 그런데 그 왕이 없다고 한다. 왕이 없다는 건 있을 수 없다. 왕이 없으면 국가도 없기 때문이다. 왕은 반드시 있다. 다만 아무에게도 모르게 어딘가에 숨어있을 뿐이다. 어쩌면 에스파냐에 있을지도 모른다. 가문의 사정이나, 이웃 강대국, 예를 들자면 프랑스의 위협 때문에 모습을 드러내지 못하고 있을지도 모른다. 아무튼 어떤 연유가 있을 것이다.

12월 8일

오늘은 출근하려고 했지만 여러 가지 사정과 상념 때문에 그러질 못했다. 전에 말했던 에스파냐의 사건이 머릿속에서 떠나질 않는다. 여자가 왕이 될 리가 없다. 그런 일이 용서받을 리가 없다. 무엇보다 영국이 용서하질 않을 것이다. 이건 전 유럽의 정치문제이다. 오스트리아 황제도 용서치 않을 것이고, 우리 짜르께서도 용서치 않을 것이다. 솔직히 말해서 이 사건이 마음에 걸려서 나는 온종일 일이 손에 잡히질 않았다. 마브라가 그러길 내가 식사 중에 뭔가를 무척이나 골똘히 생각했다고 한다. 그리고 보니 실수로 접시 두 장을 떨어뜨려서 박살을 냈었던 것 같다. 식사를 했지만 기운이 나질 않았고, 교훈적인 결론은 무엇 하나 낼 수 없었다. 대부분의 시간을 침대에 누워 에스파냐 사건에 대해서 생각했다.

2000년 4월 43일

오늘은 경축해야 할 날이다! 에스파냐에는 왕이 있었다. 그가 발견되었다. 그 왕은 바로 나다. 오늘에서야 겨우 그 사실을 깨달았다. 솔직히 말하자면, 마치 번개처럼 번쩍하고 내 머리를 스치고 지나갔다. 어째서 지금까지 스스로를 9등 문관이라고 생각했던 건지 이해가 가질 않는다. 어떻게 그런 정신 나간 생각을 했었던 걸까? 나를 정신병원에 보내려던 사람이 없었던 게 천만다행이다. 이제 모든 것이 명확해졌다. 모든 것이 손에 잡힐 듯이 훤하게 보인다. 그때는 잘 몰랐는데, 앞에 보이던 것들이 하나같이 안개에 휩싸여 있었다. 이건 다 생각이 머릿속에서 나온다고 생각하기 때문이다. 터무니없는 소리. 생각은 카스피 해(海)에서 바람을 타고 날아온다. 나는 먼저 마브라에게 내 정체를 밝혔다. 마브라 놈은 내가 에스파냐 국왕이라는 사실에 깜짝 놀라서 죽을 것처럼 벌벌 떨어댔다. 멍청한 계집이다. 하긴 에스파냐 국왕을 한 번도 본 적이 없을 테니 당연하겠지. 나는 그녀를 안심시켜주고자 온화한 말투로 나의 관대함을 보여주고, 지금까지 장화를 깨끗이 닦지 않았던 일에 대해서도 화내지 않는다고 얘기했다. 하지만 그녀는 어리석은 백성이라 고상한 말을 써서는 얘기가 통하질 않는다. 그녀가 놀란 것도 에스파냐 왕이라고 해서 필립 2세(16세기의 에스파냐 국왕. 종교재판을 정치에 이용했었다) 같은 놈을 떠올렸기 때문일 것이다. 그래서 난 필립과는 전혀 다르며 카프친회(종교개혁에 대항해 탄생한 가톨릭 교단) 수행자와도 전혀 관계가 없다고 일러주었다. 출근은 하지 않았다……. 그까짓 관청 쯤이야! 이제 안 되네, 제군들. 나를 꾀어낼 생각은 하지도 말게. 그딴 역겨운 서류를 베껴 쓰는 일은 다신 하지 않을 테니까!

30월 86일 낮과 밤 사이

오늘은 관청의 감사관이 찾아와서 결근한 지 3주가 지났다며, 이제 그만 관청에 나오라고 했다. 그래서 나는 재미 삼아 관청에 얼굴을 내밀었다. 과장은 내가 무릎을 꿇고 자비를 구할 거라고 생각했겠지만, 나는 화가 나지도 호의가 느껴지지도 않는 얼굴로 아무렇지 않게 놈을 바라보다가 아무도 모르게 내 자리에 앉았다. 그리고 사무실에 있는 놈들을 쭉 둘러보고는 속으로 이렇게 생각했다. '네놈들 사이에 앉아 있는 게 누군지 알면……. 정말 큰 소동이 벌어지겠지. 과장에서부터 국장까지 내 앞으로 달려와선 꾸벅꾸벅

절을 할 거야.' 그러는 사이 누가 나에게 요약을 해달라며 무슨 서류를 두고 갔다. 나는 손가락 하나 움직이지 않았다. 몇 분이 지나서 다들 야단법석을 떨었다. 국장이 출근했다고 한다. 국장의 눈에 들고 싶은 많은 관리들이 앞다투어 밖으로 나갔지만, 나는 한 발짝도 떼지 않았다. 국장이 우리 과를 지나갈 때 다들 연미복의 단추를 채우느라 정신이 없었지만, 나는 꼼짝도 하지 않았다. 국장이 뭐 어때서! 그런 놈 때문에 일어설 것 같아? 저게 국장이라고? 저건 코르크 마개지, 국장이 아니야. 흔해빠진 코르크 마개란 말이다. 그래 맞아, 병을 막을 때 쓰는 그거. 정말이지 웃겼던 건 나한테 사람들이 몰려와서 서류에 서명을 해달라고 했을 때다. 이놈들은 내가 서류 맨 아래에다 계장 나부랭이라고 서명할 걸 기대했겠지만, 어림도 없다! 나는 국장이 서명을 하는 중요한 칸에다가 '페르디난도 8세'라고 휘갈겼다. 모두가 나의 위엄에 짓눌려 주위는 물을 뿌린 듯이 조용해졌다. 나는 손을 들어올리며 "경례는 필요 없네!" 하고 소리를 지르고 밖으로 나갔다. 나는 그대로 국장의 저택으로 향했다. 국장은 집에 없었다. 하인이 나를 들여보내려 하지 않았지만, 내가 몇 마디 꺼내자 곧바로 겁을 집어먹었다. 나는 뒤도 돌아보지 않고 그녀의 방으로 들어갔다. 거울 앞에 앉아 있던 그녀는 벌떡 일어나 뒤로 물러섰다. 하지만 난 아직 내가 에스파냐의 국왕이라는 사실을 밝히지 않았다. 단지 그녀에게 상상도 못할 행복이 기다리고 있으며, 적의 간계에도 우리는 함께하게 될 거라고만 했다. 나는 더 이상 말을 잇고 싶지 않아서 밖으로 나와버렸다. 젠장, 여자란 약아빠진 동물이다! 이제야 여자가 뭔지 알 것 같다. 지금까지 여자들이 무엇에 푹 빠져 있었던 건지 아무도 알지 못했지만, 내가 처음으로 그걸 밝혀냈다. 여자들이 푹 빠져 있는 것은 악마다. 아니, 농담이 아니다. 물리학자 놈들은 바보처럼 여자들은 이렇다 저렇다 지껄여대지만, 여자들이 사랑하는 건 오로지 악마뿐이다. 저기를 보라, 첫째 줄 특별석에서 오페라글라스를 들여다보는 한 여자가 보이는가? 사람들은 그녀가 훈장을 단 뚱보를 보고 있다고 생각하는데, 큰 착각이다. 뚱보 뒤에 있는 악마를 보는 것이다. 어럽쇼? 악마가 뚱보의 훈장 속으로 숨어버렸다. 그러더니 그녀에게 이리오라고 손짓을 하고 있군! 이제 그녀는 저놈과 결혼을 하게 되겠지. 안 봐도 뻔해. 저런 놈들의 아버지는 신분 높은 관리인데, 끼리끼리 모여서 여기저기 얼굴을 내밀며 어떻게든 궁중에 연줄을 만들려고 자신들을 애국자라고 하지만, 이 애국자들께서 원하시는 건 권력, 권력뿐이다! 놈들은 야심으로 똘똘 뭉친 마귀다. 배교자다. 돈을 위해서라면 어머니도, 아버지도, 주님까지도 팔아먹을 것이다! 다 허영심 때문이다. 이런 허영심이 생기는 건 혓바닥에 난 물집 속에 든 눈곱만 한 벌레 때문이다. 이건 모두 고로호바야 거리에 사는 어떤 이발사의 짓이다. 이름은 기억나지 않지만 이놈이 어떤 산파(産婆)와 함께 세계에 마호메트의 가르침을 퍼뜨리고 있다는 건 잘 알려진 사실이다. 덕분에 대부분의 프랑스 국민은 이슬람교를 믿고 있다고 한다.

아무 날도 아닌 날. 날짜 없음.

신분을 감추고 넵스키 거리를 거닐었다. 황제의 마차가 지나갔다. 모든 사람이 모자를 벗었고, 나도 벗었다. 하지만 에스파냐 국왕이라는 티를 내지는 않았다. 이렇게 대중들 앞에서 내 신분을 밝히는 것은 옳지 못하고, 무엇보다 왕성에 입궐한 뒤에 밝혀야 한다고 생각했기 때문이다. 입궐하지 못하는 가장 큰 이유는 국왕다운 예복이 없어서이다. 뭐라도 망토 같은 게 하나 있어야 할 텐데. 재단사에게 주문할까 싶었지만, 그놈들은 하나같이 당나귀 같은 머저리에 장사는 뒷전이고 경매장만 쏘다니며 빈둥빈둥 노는 구제불능들이다. 그래서 난 아직 두 번밖에 입지 않은 새 제복을 잘라서 망토를 만들기로 했다. 하지만 저 망할 놈들이 엉망으로 만들면 곤란하니 아무도 보지 못하게 문을 잠그고 직접 만들기로 했다. 재단법이 전혀 다를 테니 내가 직접 가위질을 해야 한다.

며칠인지 기억나지 않는다. 몇 월인지도 모른다.

망토가 완성되었다. 내가 망토를 입자 마브라 녀석이 소리를 질렀다. 하지만 나는 아직 입궐 여부를 결정하지 못했고, 에스파냐에서도 사절단이 오지 않았다. 사절단이 없어서는 의전이 엉망이 된다. 신분에 걸맞은 중후함이 드러나질 않는다. 나는 사절단이 오기만을 기다렸다.

1일

사절단 놈들의 이 같은 태만을 이해할 수가 없다. 대체 어찌하여 이리도 늦는단 말인가? 프랑스 놈들 탓인가? 하긴 가장 사이가 나쁜 나라니까. 우체국에 가서 에스파냐 사절단이 오지 않았는가 물었다. 그런데 이 머저리 같은 우체국장은 아무것도 모른다고 하면서 이러는 게 아닌가. "그런 건 오지 않았습니다. 편지를 보내고 싶으시다면 규정 요금을 내십시오." 헛소리! 편지를 써서 어쩌라고? 그딴 건 쓰레기나 마찬가지야! 약사들이나 쓰는 거라고……

마드리드에서 2월 30일

마침내 나는 에스파냐에 있다! 너무 갑작스러운 일이라 아직도 어리둥절하다. 오늘 아침 에스파냐 사절단이 집으로 찾아왔고, 나는 그들과 함께 마차에 올라탔다. 말도 안 되는 속도였다. 30분 정도 지났다고 생각했는데 에스파냐 국경에 도착해 있었다. 하긴 전 유럽에 철도가 깔려 있고 증기선도 매우 빠르게 다니지 않는가. 에스파냐는 정말 이상한 곳이었다. 방에는 머리를 박박 밀은 사람들이 있었다. 나는 곧바로 이 사람들이 에스파냐 귀족이나 병사들이라는 것을 알아챘다. 왜냐하면 그들은 머리를 깎기 때문이다. 재상이 손을 잡고 안내를 해주었는데, 그 태도가 매우 이상했다. 그는 나를 작은 방에다 밀어 넣고 이렇게 말했다. "거기 앉아 있어. 그리고 한 번만 더 페르디난도 국왕이라고 입을 놀렸다간 호된 맛을 볼게다." 하지만 나는 이것이 하나의 시험이라는 걸 알고 있었기에 싫다고 답했다. 그러자 재상이 나의 등을 몽둥이로 두 번 후려쳤는데, 어찌나 아프던지 하마터면 비명을 지를 뻔했다. 아니지, 아니지. 에스파냐에는 아직 기사도가 남아 있으니까, 이건 높은 자리에 오를 때 받는 의식이 틀림없어. 나는 그렇게 생각하며 꾹 참았다. 홀로 남겨진 나는 국무를 보기로 했다. 나는 곧바로 중국과 에스파냐가 똑같은 나라라는 사실을 발견한다. 이 두 나라가 서로 다른 나라라고 생각하는데, 그건 전부 무식해서 그런 것이다. 어디 한번 종이에 에스파냐라고 적어봐라. 어느 틈엔가 중국으로 바뀌어 있을 것이다. 그보다 짐이 염려스러운 것은 내일 일어날 사건이다. 내일 7시에 기괴한 현상이 벌어진다. 지구가 달에 착륙하는 것이다. 영국의 저명한 화학자 웰링턴도 이에 대해 얘기한 바 있다. 솔직히 나는 달이 매우 부드럽고 연약하다는 것을 상상할 때면 가슴이 아프다. 달은 대부분 함부르크에서 만드는데, 품질이 매우 좋지 않다. 영국이 왜 이 사실에 주의를 기울이지 않는지 이상할 따름이다. 달을 만드는 사람은 절름발이 나무통 장수인데, 아무래도 이놈은 머저리라 달에 대해선 아무것도 모르는 듯했다. 나무와 타르를 바른 밧줄, 올리브유를 써서 달을 만드는 통에 지구 전체에선 코를 막아야 할 정도로 지독한 악취가 난다. 그렇게 완성된 달은 매우 연약해서 도저히 사람이 살 수 없다. 그래서 지금은 코만 살고 있다. 때문에 우리는 자신의 코를 볼 수 없는 것이다. 전부 달에 가버렸으니 말이다. 무거운 지구가 달에 착륙해 코가 산산조각 날지도 모른다는 걱정에 나는 양말과 장화를 신고 서둘러 국회의사당으로 달려갔다. 경찰에 명령을 내려 지구가 달에 착륙하는 것을 막아야 했다. 국회의사당에 모인 똑똑한 귀족들은 "제군들, 달을 구해야하네. 지구가 달에 착륙하려 하고 있어." 이런 나의 지시에 따라 밖으로 나갔다. 그중에는 벽을 타고 올라가 달을 붙잡으려는 자들도 있었다. 그때 마침 재상이 나타났다. 귀족들은 재상을 보자마자 뿔뿔이 흩어져 달아났다. 나는 국왕이기에 홀로 남았다. 그런데 놀랍게도 재상이 몽둥이로 나를 때려 방으로 쫓아내는 것이 아닌가! 에스파냐 예법은 이렇게 큰 힘을 가지고 있다.

2월 지나 같은 해 1월

나는 아직도 이 에스파냐라는 나라를 이해할 수가 없다. 예법도 그렇고 궁중 예절도 그렇고 하나같이 이상하다. 모르겠다, 모르겠어, 하나도 모르겠다. 나는 오늘 머리가 깎였다. 수행자처럼 되고 싶지 않다고 소리를 질렀지만 소용없었다. 머리에 찬물이 쏟아졌을 때 어떤 기분이었는지는 기억나질 않는다. 지금까지 그렇게 무서웠던 적은 없었다. 나는 미친놈처럼 날뛰었고 사람들은 겨우겨우 나를 붙잡았다. 이런 무시무시한 풍습에 무슨 의미가 있는 걸까? 전혀 모르겠다. 그저 머저리 같고 무의미하다! 지금까지 이런 풍습을 남겨둔 선왕들의 뜻을 전혀 이해할 수가 없다. 이런 점에서 볼 때, 어쩌면 난 종교재판에 넘겨진 게 아닐까? 내가 재상이라고 생각했던 사람은 사실 심문관이 아닐까? 국왕이 종교재판에 넘겨지다니 말도 안 된다. 만약 그렇다면 프랑스의 폴리냐크(1780~1847, 프랑스의 반동 정치가)의 계략이 분명하다. 그는 결코 방심할 수 없는 인물이다! 죽을 때까지 원수를 갚겠다고 맹세하더니 이렇게까지 나를 해하려 하고 있다. 하지만 말이야, 나는 다 알고 있다네. 자네는 영국 놈들의 지시를 받고 있어. 영국 놈들은 대단한 책략가지. 무슨 일이든 간에 가리지 않고 찝쩍거리거든. 영국이 담배를 피우면 프랑스가 기침을 한다는 건 누구나 다 아는 얘기야.

25일

오늘은 심문관이 내 방으로 찾아왔는데, 나는 그의 발소리가 들리자마자 의자 밑으로 숨어버렸다. 내가 보이지 않자 그놈이 날 불렀다. 처음에는 "포프리시친!"이라고 불렀다. 나는 결코 대답하지 않았다. 다음으로 "아크센티 이바노프! 9등 문관! 귀족!"이라고 불렀다. 난 역시 대답하지 않았다. 그러자 이번에는 "에스파냐 국왕, 페르디난도 8세!"라고 불렀다. 그제야 나는 고개를 들려고 했지만 문득 생각이 들었다. '흥, 누가 속을 줄 알고! 난 다 알아. 또 내 머리에 찬물을 퍼부으려고 그러는 거지?' 하지만 날 찾아낸 그놈은 몽둥이로 마구 때려 나를 의자 아래에서 몰아냈다. 저 진절머리나는 몽둥이로 맞으면 지독하게 아팠다. 하지만 오늘은 그런 아픔을 싹 날려 보내줄 만한 발견을 했다. 모든 수탉에게는 각자의 에스파냐가 있으며, 그건 바로 날개 밑에 감춰져 있다는 것이다. 펄펄 날뛰던 심문관은 벌을 줄 것이라며 겁을 주고는 밖으로 나가버렸다. 그래 봤자 계란으로 바위 치기다. 난 그놈이 기계처럼 영국 놈들의 명령을 따르고 있을 뿐이란 걸 알고 있기 때문이다.

349년 2륨 34일

안 돼, 더는 못 참아. 아아! 대체 이게 무슨 꼴이란 말인가. 머리에 찬물을 퍼붓다니! 놈들은 인정도 없고 자비도 없다. 날 쳐다보지도, 내 말을 들어주지도 않는다. 내가 무슨 짓을 했다고 이러는 거지? 왜 나를 괴롭히는 거지? 가난한 나한테서 뭘 뺏어내려는 거야? 내가 뭘 해줄 수 있는데? 난 가진 게 아무것도 없는데……. 지쳤다. 더는 못 버텨. 머리는 불덩이 같고 세상이 빙빙 돈다. 살려줘! 나도 데려가 줘! 질풍처럼 빠른 마차를 나에게 주세요! 어서 타라, 마부야. 어서 울어라, 방울아. 어서 달려라, 말들아. 그리고 나를 지상 세계에서 끌어내 다오! 아무것도 보이지 않게 될 때까지, 멀리, 저 멀리 나를 데리고 가라. 오오, 앞에선 하늘이 소용돌이치고, 저 멀리선 별이 반짝인다. 검은 나무와 달이 숲과 함께 날아오른다. 발밑에는 푸른 안개가 끼고, 안개 속에선 현악기 소리가 들린다. 한쪽은 바다, 다른 쪽은 이탈리아였다. 저기 러시아 농가가 보인다. 저 멀리 파랗게 보이는 건 내가 태어난 집인가? 창가에 앉아 계신 저분은 우리 어머니신가? 어머니, 가엾은 아들을 살려주세요! 고통 받는 머리에 눈물 한 방울만 떨어뜨려주세요! 보세요! 이렇게 험한 꼴을 당했답니다. 가엾은 미아를 꼭 껴안아주세요! 이 세상에서 갈 곳을 잃어버린 미아랍니다! 사람들이 저를 쫓아냈답니다! 어머니! 병든 자식을 가엾게 여겨주세요! ……그런데 여러분, 알제리 태수의 코 밑에 혹이 하나 있다는 걸 알고 계셨나요?

고골의 생애와 문학

고골의 생애와 문학

유년기

니콜라이 바실리예비치 고골(Nikolai Vasilievich Gogol)은 1809년 3월 20일(율리우스력) 카자크 귀족 혈통을 이은 소지주의 아들로 우크라이나 폴타바 주에서 태어나 아버지의 영지인 바실리예프카에서 자랐다. 고골에게 큰 영향을 끼쳤던 사람은 문학적 취미로 희극을 썼던 아버지보다 교양을 갖추지는 못했지만 독실한 신자였던 어머니였다. 고골이 평생 지옥과 악마를 병적으로 두려워한 것도 유년 시절 어머니의 영향일 것이다.

교육은 같은 주에 있는 7년제 네진 고등학교에서 받았다. 게으른 학생이었지만 차츰 연극과 문학에 빠져들면서 몇 번인가 회람잡지에 습작이 실리게 되었다. 뒷날 많은 친구를 놀라게 했던 극도로 내성적이고 거만하며 비웃기를 좋아하는 고골의 조울증에 가까운 저 복잡한 성격도 바로 이때부터 나타났는데, 이러한 성격은 아마 자신의 육체적 결함의 자각에서 왔을 것이다. 병약하게 태어났던 고골은 볼품없는 몰골에 이상하리만큼 코가 길었고 그가 고백한 것처럼 한평생 여자에 대해 생리적인 끌림이 없었다고 한다. 이러한 결함의 자각이 지나친 열등감을 자아내지만 한편으로 다른 사람을 보는 신랄한 관찰력과 은밀한 자부심을 조장한다는 것은 잘 알려진 사실이다. 이러한 자부심에서 졸업을 앞둔 고골은 '명성과 높은 지위'(《서간》)를 꿈꾸며 수도 페테르부르크로 떠날 결심을 굳힌다. 그리고 고등학교를 졸업한 1828년 겨울, 고골은 설레는 마음을 안고 수도로 떠난다.

실의에서 영광으로

하지만 고골이 '천국과 같은 곳'(《서간》)이라고 부르며 동경했던 페테르부르크에서의 생활은 환멸 그 자체였다. 아마도 고골은 자신이 어떤 방면에서 명성을 얻으려고 했는지조차 모르고 있었을 것이다. 그렇게 명성을 얻고자

▲ 고골이 살던 집
현재는 고골박물관으로 쓰이고 있다.

◀ 고골 간판
'이 건물에 1833~36년까지 고골이 살았
다'고 적혀 있다.

현재의 넵스키 대로 겨울 궁전 앞에서 동남쪽으로 뻗은 이 거리를 '네바 강의 거리'로 명명되었다.

고골이 시도했던 모든 노력은 참담한 실패로 끝났다. 관청 생활은 생각처럼 쉽지 않았고 무엇보다 고골 자신이 하급관리 생활에 일찌감치 열의를 잃고 말았다. 고등학교 시절부터 써 왔던 목가적 서사시 《간츠 큐헤리가르텐》을 자비 출판하지만 두 잡지에서 혹평을 받아 의욕을 잃고 책을 모두 회수해서 불태워 버린다. 배우가 되고자 시험을 치르기도 했지만 목소리가 너무 약해 거들떠보지도 않았다. 고골은 《간츠 큐헤리가르텐》의 실패 이후, 독일과 북유럽을 6주 동안 여행했는데, 고골 자신의 설명에도 불구하고 그 동기는 분명치 않다. 경제적 어려

소년 시절의 고골

움 때문에 1829년 말부터 별수 없이 내무부 (이듬해에는 황실 토지관리국으로 전근한다) 하급관리로 일하면서 미리 조사해 두었던 우크라이나 민속과 전통을 바탕으로 산문 이야기를 써 내려갔다. 그런데 뜻밖에도 행운은 일찍 찾아왔다. 1830년에 단편소설이 문학 연감 《북녘의 꽃들》에 실리면서 고골은 편집자 A. 델비크와 주크프스키, 프레트뇨프, 이듬해인 1831년에는 고등학교 시절부터 존경해 왔던 푸시킨과 알게 된다. 이렇게 문단에서 귀족파를 대표하는 시인들과 교제하면서 고골은 허영심을 만족시키고 문학적 재능에 자신감을 갖게 되었을 것이다. 1831년 가을 최초의 단편집 《디칸카 근교 농촌 야화》 제1부를 내고, 이듬해 봄에는 제2부를 내면서 푸시킨의 격찬을 받았으며, 일반 독자들의 호평까지 받게 된다. 고골이 스물세 살 때의 일이다.

성숙기

하지만 이렇게나 이례적인 행운의 등단에도 불구하고 고골은 1831년 프레트뇨프의 주선으로 귀족자녀 교육기관인 애국여자학원의 역사 교사가 되어 관청일을 그만둔다. 이때부터 역사에 큰 흥미를 갖게 된 고골은 《토지와 인간》이라는 제목의 방대한 세계사와 우크라이나 역사에 대한 구상을 세워 장차 역사가가 되려고 생각했던 것 같았다. 1833년 말에는 신설된 키예프 대학의 역사교수가 되려고 열심히 활동했고, 이듬해 7월 마침내 숙원을 이루

어 페테르부르크 대학의 세계사 조교수로 임명된다. 담당은 중세사로 개강사는 매우 훌륭했지만 그 뒤로 알맹이 없는 졸렬한 강의가 이어졌고 그 나마도 일주일에 세 번 있는 강의를 두 번이나 휴강해 버렸다. 강의실에 나타날 때면 치통을 가장해 으레 검은 손수건을 턱에 대고 있었다고 한다.

당시 우연히 그의 강의를 들었던 투르게네프는 "우리는 그가 역사란 무엇인지 전혀 모르고 있다고 확신한다"고 썼는데, 바로 그랬다. 고골은 역사에 대한 체계적인 지식을 전혀 갖고 있지 않았다. 최고의 역사자료는

위 : 현재의 칼리킨 다리 《외투》의 주인공 아카키 아카키예비치가 한맺힌 귀신이 되어 출몰한다고 소문났던 다리.
아래 : 스파스 나 크라비 성당 예카테리나 운하를 따라 세워진 건물. 그리스도 부활 성당이라고도 불린다.

민요이며, 연대기 따위는 '소 잃고 외양간 고치는 격'(《서간》)이라는 동서고금을 통틀어 어떤 대학에서도 통용되지 않을 역사관을 갖고 있었던 것이다. 아마도 그는 역사와 문학에 어떤 명확한 구분을 두지 않았던 것 같았다. 그런 사고방식 때문에 고골은 혹독한 악평을 받아 1년 5개월 뒤인 1835년 말에 대학에 사표를 낸다. 그럼에도 역사가로서의 자신감을 조금도 잃지 않고, 오히려 모든 잘못을 감수성이 부족한 학생들과 '학식은 있지만 무지한 자들'(《서간》)인 동료들에게 돌렸던 점, 《타라스 불바》와 같은 적잖은 수의 중·단편들을 조교수 시절에 강의를 미뤄 가며 집필했다는 점이 이러한 사실을 잘

뒷받침해 준다.

　고골의 중기를 대표하는 중·단편은 대부분 1835년 초에 잇따라 세상에 나왔다. 평론·작품집 《아라베스크》(2권)에는 《초상화》(초고) 《네프스키 거리》 《광인일기》, 작품집 《미르고로드》에는 《구시대 지주 부부》 《타라스 불바》 《비이》 《두 이반이 싸운 이야기》가 수록되었다.

　소재 측면에서 보자면 《미르고로드》에 실린 네 작품은 《디칸카 근교 농촌

고골(1809~1852)

야화》와 함께 통틀어서 《우크라이나 이야기》, 《아라베스크》에 실린 세 작품은 《페테르부르크 이야기》라고 부른다. 이러한 작품들은 모두 다양한 의미에서 작가가 예술가로서 뚜렷한 진보를 이루었음을 보여 주는데, 이 모든 작품이 《아라베스크》에 실린 예술과 역사에 관한 13편의 수필과 더불어 1년 안에 쓰여졌다는 것은 놀라운 일이다. 거기서 그치지 않고 고골의 예술 작품은 《죽은 혼》 제1부를 비롯해 대부분이 페테르부르크 시대에 쓰여지거나 발표되었다. 그리고 그 시대의 마지막을 장식한 것이 바로 걸작 희곡 《검찰관》이다. 푸시킨이 준 주제로 1835년 말에 두 달도 채 안 되어서 써 낸 이 작품은 주코프스키의 노력에 힘입어 황제 니콜라이 1세의 직접적인 허가를 받아 황제가 보는 앞에서 이듬해 4월 각광을 받으며 페테르부르크에서 상연되었다. 5월에는 모스크바에서도 상연되면서 그야말로 돌풍을 불러일으켰다. 진보적인 지식인들은 열광했고, 페테르부르크의 고위 관료들과 그들을 대변하는 보수 비평가들은 격분했다. 이러한 모습에서 두 진영 모두가 이 작품을 사회적인 풍자로 받아들이고 있다는 것이 확실했다.

　하지만 작가 고골은 배우들의 연기가 불만스러웠던 데다 자신의 희곡이 제대로 이해받지 못하고 있다고 생각했다. 고골은 사회문제가 아닌 도덕적 풍자를 통해, 말하자면 웃음의 위대한 힘으로 러시아인의 영혼을 정화하려고 했던 것이다. 고골이 《검찰관》이 상연된 지 두 달 만에 서유럽으로 떠난 것도 이유는 여러 가지 있겠지만, 무엇보다 이 작품이 불러일으킨 사회적 반

향에서 비로소 자신의 작가적 재능과 도덕적 사명을 깨달았다는 것, 그리고 이미 집필 중이었던 대작 《죽은 혼》으로 도덕적 사명을 완수하기 위해서는 오히려 밖에서 러시아의 현실을 더 깊이 바라볼 필요가 있다고 생각했기 때문이었다.

위 : 레닌그라드의 네바 강 이발사 이반은 코발레프의 코를 이 강에 버렸다.
아래 : 고골의 묘 모스크바 노보데비치 수도원에 있다.

여로

고골은 1836년부터 1848년까지 12년을 서유럽에서 보냈다. 그 사이 귀국도 8개월씩 딱 두 번 했을 뿐이었다. 처음 몇 년 간은 주로 로마에서 지냈는데 이는 '영원의 도시' 로마의 남국적 경치와 사람, 이교도와 그리스도교의 아름다운 조화, 가톨릭 교회의 장엄한 의식, 그리고 고골이 싫어했던 근대 유럽 문명과 동떨어진 중세기적 분위기에 마음이 이끌렸던 것이다. 하지만 그러면서도 고골은 해마다 이탈리아의 여러 도시와 스위스, 프랑스, 독일 등지로 자주 여행을 떠났다. 이는 어린 시절부터 꿈꿔 왔던 '여로'에 대한 사랑임과 동시에 기분전환 내지는 전지요양을 위해서였다. 푸시킨의 죽음(1837)으로 명실공히 '러시아 문학의 일인자' (평론가 벨린스키는 이미 1835년에 고골을 그렇게 불렀다)가 된 고골은 러시아가 자신에게 큰 기대를 걸고 있다는 것을 깨닫고 《죽은 혼》 제1부의 집필에 몰두하면서도 《타라스 불바》《초상화》《검찰관》을 고치고, 유명한 중편소설 《외투》와 단편소설 《로마》를 썼다.

1841년 마침내 《죽은 혼》 제1부가 완성되어 인쇄를 위해 귀국한 고골은 1842년 5월 모스크바에서 출간한다. 그해 가을에는 로마에서 작품집 4권의 출판 준비에 몰두하여 이듬해 1843년 초에 세상에 내놓게 된다. 이로써 작가 고골의 화려한 경력도 마침표를 찍는다. 《죽은 혼》을 집필할 때부터 징조를 보였던 모럴리스트 고골과 (고골은 이미 고등학교 시절부터 예술이 사람을 도덕적으로 향상시켜야 한다는 신념을 갖고 있었다) 러시아의 '영적' 지도자라는 강렬한 사명감이 작가 고골을 완전히 압도해 버렸던 것이다.

동궁 앞 공원에 있는 고골 상반신 상

정신적 위기

고골은 《죽은 혼》을 단테의 《신곡》을 모방하여 3부작으로 구성할 생각이었다. '악당'만을 그린 제1부 《지옥편》에 이어 치치코프의 정신적 정화와 변모를 주제로 한 제2부 《연옥편》, '러시아 혼의 무한한 보고를 드러낼' 셈이었던 제3부 《천국편》을 써 내려갈 예정이었다. 제1부는 이러한 제2부와 제3부에 비하면 '웅장한 궁전에 시골 목수가 서둘러 붙여놓은 현관 계단'(《서간》)에 불과한 것이었다. 그러나 이와 같은 모럴리스트 고골의 장대한 계획은 비속하고 추한 현실에 대한 관찰력만이 병적으로 뛰어났던 고골의 특이한 예술적 재능과 완벽하게 대치했고, 제2부의 집필은 지지부진해질 수밖에 없었다. "고골은 약속을 지키지 못할 것이다. 그런 일은 일어날 수 없기 때문이다." 벨린스키의 예언(1842)은 그대로 적중했다.

그러나 고골은 자신이 긍정적인 인물을 그려내지 못하는 것은 스스로가 도덕적으로 불완전하기 때문이라고 믿으면서 점차 신에 대한 기도를 통해 자신의 도덕적 향상을 꾀하게 되었다. 그리고 스스로의 독특한 교육적 본능에 따라 친구들에게도 이를 끈질기게 권유했다. 1845년 《죽은 혼》 제2부의 원고를 불태우고 1847년 수필집 《친구와의 왕복 서간(書簡) 발췌》를 발표한 것도 이러한 심경에서 나온 행위였을 것이다. 요컨대 고골은 소설이 아닌 개인적 편지의 형태를 통해 자신이 갖고 있는 종교적·도덕적 이상을 설명하여 러시아인의 정신적 갱생을 노렸던 것이다. 그러나 이 책은 고골의 절대적인 기대에도 불구하고 진보 지식인은 물론이고 보수적인 친구들까지 분노하게 만들었다. 그도 그럴 것이 《서간》은 예술가처럼 직관적이고 날카로운 기지가 돋보이긴 했지만, 전체적으로 전제사상(專制思想)과 농노제, 그리스 정교회를 무조건적으로 인정하고 있는 데다 단조롭고 무미건조한 내용을 강압적인 스타일로 써 내려간 책이었기 때문이었다. 그러나 벨린스키와 게르첸이 이러한 고골의 변절을 공격한 것은 순전히 오해에서 비롯된 일이다. 벨린스키가 《죽은 혼》을 발표한 고골을 다시 '현대 러시아 문학의 일인자'로 찬양했던 것은 《검찰관》과 《죽은 혼》이 벨린스키가 이상으로 삼은 현실을 충실히 재현함과 동시에 현실 개혁을 위한 싸움에 도움이 된다고 보았기 때문이다. 하지만 앞서 서술했던 것처럼 고골은 '도덕적' 풍자를 의도한 것에 지나지 않고, 현실 개혁은 바란 적도 없었다. 초인적일 정도로 왕성한 창작력에도 불구하고 교양은 빈곤했으며, 시야는 좁고, 정치나 사회문제에 대한 견해는 농촌의 무지하고 세속적이며 보수적인 독실한 신자였던 어머니의 그림자를 벗어나지 못하고 있었다.

물론 당시의 고골이 만년의 톨스토이처럼 도덕적 관점에서 자신의 작품들을 부정하게 되기는 하지만, 그렇다고 고골을 '진보의 벗'에서 '무지몽매한 찬미자'로 변모했다고 매도하는 건 옳지 못하다. 그만큼 또 고골의 실망도 컸다. 하지만 그럼에도 고골은 '영적 자기교육'의 필요성에 대한 신념을 저버리기는커녕 기도와 고행으로 자신이 나아가야 할 길에 대한 신의 계시를 받고자 노력한다. 그러면서 그의 신앙심은 지옥과 악마에 대한 공포심밖에 남지 않게 되었고, 1848년에 있었던 팔레스타인 성지순례는 자신이 신에게 버림받은 인간이라는 확신을 더욱 깊게 만들었다.

▲《죽은 혼》 초반본 속지

◀《죽은 혼》 원고 일부
이 작품은 서사시 자체의 패러디이다.

만년

1848년 성지에서 돌아와 죽은 1852년까지 러시아 바깥으로 나선 적은 없었지만 외국에 있을 때처럼 여행은 잦았다. 매우 더디기는 했지만 태워버렸던 《죽은 혼》 제2부도 열심히 집필했고 1851년 말에는 거의 완성에 가까웠다. 뼛속까지 작가였던 고골이 글을 쓰지 않고는 견딜 수가 없었다는 것은 1842년에서 1848년에 걸친 불모의 시기에 썼던 편지가 35만 단어(《죽은 혼》 제1부는 9만 단어)에 이르렀다는 점에서 잘 엿볼 수 있다. 투르게네프, 도스토옙스키와 같은 젊은 작가들의 작업에도 관심을 기울였고, 1851년 말에는 《작품집》의 속판도 준비하고 있었다. 그러나 지옥에 대한 공포도 계속되었고 외국생활의 마지막 무렵부터 영적 지도자로서 편지를 교환해 왔던 신부 마트베이 콘스탄티노프스키의 영향으로, 고골은 자신이 신의 계시도 없이 작가로 살아 왔다는 죄의식에 시달리게 되면서 나날이 건강이 악화되었다.

1852년 1월 하순, 마트베이 신부가 고골을 만나기 위해 모스크바를 찾았을 무렵, 그는 이미 심각한 상태였다. 두 사람이 만나서 어떤 얘기를 나누었는지 알 수 없지만 아마도 신부는 지옥의 업화(業火)를 들면서 고골에게 작가생활을 포기할 것을 적극적으로 강요했을 것이다. 마트베이 신부를 만나고 일주일 동안 고민을 거듭하던 고골은 결국 2월 13일 《죽은 혼》 제2부의 원고를 다시 불태워 버린다. 그 뒤 극도의 우울증에 빠진 고골은 모든 식사를 끊고 의사 치료도 거부를 하다가 21일 아침 숨을 거둔다. 이는 분명한 자살이다. 그리고 이러한 행위야말로 '작가' 고골의 비통하기 그지없는 최후의 저항이었다.

《죽은 혼》에 대하여

《죽은 혼》에 대해 얘기하기에 앞서 고골의 작품에 공통적인 특징을 두 가지만 요약해 보고자 한다.

1. 서정성과 해학 이 두 요소는 앞서 서술한 것처럼 그의 성격과 깊은 연관이 있다. 한 사람으로써 고독한 낭만주의자였던 고골은 우크라이나에서 보냈던 어린 시절과 중세시대에 대한 동경심을 만년까지 간직하고 있었지만, 한편으로 관리와 귀족들이 지배하는 당시 러시아의 현실을 은밀히 혐오했다. 낭만적 서정성은 거의 모든 작품에서 그 모습을 드러내지만 우크라이나 전설을 주제로 했던 초기의 작품에는 이 경향이 더욱 뚜렷이 나타난다. 한편, 유명한 고골의 '해학'은 우크라이나 이야기에서는 가볍고 순수한 유머로 나타나지만, 페테르부르크 이야기나 《검찰관》에서는 당시 지배층의 비인간성에 대한 통렬한 풍자로 나타나 그 밑바닥에 분노와 증오, 슬픔을 감추고 있다. 이렇듯 고골의 작품의 가장 큰 매력은 이 두 가지 요소의 완벽한 조화라고 할 수 있다.

2. 사실주의 그러한 낭만적 성격에도 불구하고 고골은 의심할 여지가 없는 최고의 사실주의 작가이다. 도스토예프스키와는 달리 고골은 주로 인물을 밖에서 묘사했다. 인물의 육체적 특징과 '주변에 떨어져 있는 허접쓰레기들을 먼지 한 톨 남기지 않고 긁어모아'(《작가의 고백》) 세밀한 부분부터 겹겹이 쌓아간다. 그러면 이렇게 놀라우리만치 생생한 인물 형상이 우리의 눈앞에 모습을 드러내게 된다. 이 모든 것이 기이한 회화일 뿐, 현실의 인물과는 전혀 닮지 않았을지도 모른다. 그러나 비속함에 있어서는 비할 바가 없는 통찰력과 셰익스피어와 어깨를 나란히 할 정도로 폭발적인 창작력을 통해 그려진 희화는 현실의 인물 이상으로 '살아 있었다'.

《죽은 혼》 제1부는 고골의 대표작이면서 근대 유럽소설의 걸작 중 하나로

샤갈이 그린 《죽은 혼》

20세기 초 에콜드파리의 화가 샤갈은 《죽은 혼》의 연작 일러스트를 그렸다. 이 작품은 그중 하나인데 제1부가 끝날 무렵, 주인공인 협잡꾼 치치코프가 하인과 마부 사이에 몸을 숨긴 채 마차 안에서 장례식을 엿보고 있는 장면이다. 죽은 농노를 사 모으는 치치코프에 대해 흉흉한 소문이 돌자, 이 도시의 검사는 겁에 질려서 그만 죽고 만다. 치치코프는 마차를 타고 도망치지만 기다란 장례식 행렬에 가로막혀 발목이 묶인다. 행렬에 참가한 사람들은 신임 총독을 걱정하고, 마차에 탄 여자들은 무도회를 기대하고 있다.

푸시킨이 준 소재를 바탕으로 1835년 무렵에 집필에 들어가 7년의 세월이 지난 1842년에 완성시킨 소설이다. 형식적으로는 《돈키호테》와 같은 기행소설로 주인공 치치코프가 법률적으로 과세의 대상이었던 죽은 농노(당시에는 '혼'이라고 불렸다)를 싼 값으로 사들이기 위해 마을 지주들을 찾아다닌다는 지극히 단순한 내용이지만, 이러한 줄거리는 전형적인 성격을 형상화하기 위한 틀에 지나지 않는다. 사실 이 소설의 불멸의 가치는 바로 지주와 관료들의 기이하고도 사실적인 인물상을 너무나 잘 묘사했다는 데에 있다. 뛰어난 다른 세계 문학과 마찬가지로 이 소설은 당시 러시아 사회의 병폐를 적나라하게 고발할 뿐만 아니라 한 걸음 더 나아가 인생의 비속함을 진실하게 드러냄으로써 러시아적 특수성을 뛰어넘는 보편성을 획득했다.

그렇다고 해서 이 소설이 무겁고 접하기 힘든 작품이라는 것은 아니다. 오히려 줄거리에 무게를 두지 않는 러시아 소설을 읽는 데 익숙지 않은 독자라도 지루해하지 않을 만큼의 충분한 재미를 갖추고 있다. 그러한 재미는 벨린스키가 잘 지적한 것처럼 이 작품의 '주관성'에서 기인한다. 밖에서 냉철하게 바라보는 관찰자가 아니라, 등장인물을 '살아 있는 혼' (작가가 말하는 '웃음'과 '보이지 않는 눈물')을 통해 그려내는 독자적인 스타일 때문이다. 이러한 '주관성'은 소설 곳곳에 새겨진 '서정적 일탈' (가장 유명한 예는 소설의 마지막을 장식한 트로이카의 애국열정이 넘치는 감상)에서 뿐만 아니라 묘사에서도 그 특징을 엿볼 수 있는데, 어떤 인물이나 사건을 묘사할 때라도 작가는 언제나 독자와 함께 웃고 울었던 것이다. 그런 의미에서 이러한 '주관성'은 고골에게서 물려받은 근대 러시아 사실주의 문학의 최대 유산이었다고 할 수 있다.

《외투》에 대하여

"우리는 모두 고골의 《외투》에서 나왔다." 도스토옙스키의 일기에 적힌 글귀이다. 당시 《가난한 사람들》을 집필 중이었던 도스토옙스키는 사람들만 모였다하면 '여러분, 고골을 읽읍시다'라고 소리를 지르고는 자리에 앉아 밤새 책을 읽었다고 한다. 이처럼 도스토옙스키가 고골에 푹 빠져 있던 시기에 완성된 《가난한 사람들》은 벨린스키는 물론 도브롤류보프 같은 비평가에게서 《외투》를 계승 발전시킨 작품이라는 호평을 받았다. 반면 러시아 풍자문학의 거장이라고 불렸던 살티코프시체드린의 초기 작품 《얽힌 사건》(1846)은 《외투》의 값싼 패러디에 지나지 않는다는 혹평을 받았다.

이처럼 《외투》는 러시아 문학의 큰 물줄기를 이끌며 오늘날 러시아 문학을 이루는데 결정적인 역할을 했다고 보아도 과언이 아닐 것이다.

이전 러시아 문학에서, 《외투》처럼 귀족이 아닌 서민을 이야기 전면에 내세워 그네들의 삶의 애환을 이토록 강렬하게 그려낸 작품은 푸시킨의 《역장(驛長)》을 제외하고는 찾아볼 수 없었다. 그러나 《외투》 이후 서민의 삶을 그려내는 작품경향은 러시아 문학의 주요한 전통이 되어, 도스토옙스키, 톨스토이, 체호프, 고리키의 문학으로 이어졌다.

그런데 고골은 《외투》에서 서민을 어떻게 그려냈을까? 하급관리 아카키 아카키예비치는 자기 의사를 표시할 줄도 모르고, 서류 꾸미는 일밖에 할 줄 모르는 인간으로, 동료와 상관의 조롱에 시달리다 끝끝내 비참한 죽음으로 내몰린다. 하지만 이 한없이 굴종적이고 가난한 내면을 가진 하급관리는 함부로 부하직원을 괴롭히는 상관이나 그를 조롱하는 동료들보다 훨씬 더 인간적이고 선량한 인물로 묘사된다.

이처럼 고골은 한 선량하고 성실한 소시민이 그의 그러한 성정으로 인해 오히려 피해를 입고 착취당하여 결국 죽음으로 내몰리는 과정을 신랄하면서도 연민어린 필치로 그려냈다. 이것

《외투》 삽화(1925년판)
네바 강 어귀에 있는 늪지에 환상처럼 출현한 도시 페테르부르크. 사시사철 바닷바람이 강하게 부는 이 도시에서 아카키는 당장이라도 바람에 날려 쓰러질 듯이 걸어가고 있었다. 스쳐 지나가는 불량배들은 이윽고 그의 새 외투에 눈독을 들이게 된다. 크룰뤼닉스 작품.

이야말로 가장 인간적인 시선이 담긴, 러시아 휴머니즘 문학의 정수라 할 수 있다. 그러나 고골은 고통받고 무시당하는 소시민의 애환에 연민을 보낼 뿐만 아니라 서민들을 억압하고 착취하는 자들에게 정의의 철퇴를 내리고자 했다. 결말에서 유령이 된 아카키 아카키예비치가 자신을 비웃고 조롱했던 상관의 외투를 벗기는 것은 당대 기득권층에 대한 고골의 판결을 뜻한다. 그러나 이러한 결말이 노리는 것은 단순히 상류층 사람들에 대한 막연한 적의를 표현하려는 데 있는 것이 아니라, 이와 같은 타락과 비참을 빚어낸 궁극적인 원인인 제정러시아 관료체제라는 사회구조적 모순을 까발리고 비판하는 데 있었다.

네크라소프가 말한 것처럼 고골은 《외투》를 통해 자신의 '증오와 크나큰

사랑'을 보여 주었다. 고골의 사랑은 인간에 대한 사랑이며, 특히 선량하고 힘없는 서민에 대한 사랑이었다.

《코》에 대하여

《코》는 푸시킨이 편집을 맡은 〈현대인〉 1836년 제3권을 통해 발표되었다. 고골은 1833년 무렵에 구상을 마치고 1835년에 완성한 원고를 '모스코프스키 나브류다체리'에 보냈지만 편집자는 "매우 저속하고 불결한" 작품이라는 이유로 게재를 거부했다. 이에 고골은 검열을 피하기 위해 결말 부분을 대폭 수정, 1년 뒤 〈현대인〉에 게재하게 된다. 이는 추천서를 써준 푸시킨의 도움에 힘입은 바 컸다.

이 작품은 《초상화》, 《네프스키 거리》, 《광인일기》, 《외투》와 함께 《페테르부르크 이야기》에 속하는 작품으로 고골은 이 작품에서 입신양명을 꿈꾸는 한 관리가 코(자존심)를 잃고 당황해하는 모습을 통해 당대 러시아 관료 사회를 날카롭게 풍자했다. 코가 옷을 입고 돌아다니는 것과 같은 있을 수 없는 이야기에 특유의 현실감을 불어넣는 고골의 탁월한 문학성을 이 단편을 통해서도 충분히 느낄 수 있을 것이다.

《광인일기》에 대하여

《광인일기》는 1833년 집필에 착수하여, 1834년에 완성, 1835년 평론지 〈아라베스크〉를 통해 발표되었다. 고골의 지인에 따르면 작가는 어느 날 한 중년남성이 들려 준, 미치광이들의 행동거지와 사고방식에서 나타나는 '기묘한 일관성'에 대한 이야기에서 이 작품의 착상을 얻었다고 한다. 작가는 처음에 '어느 미치광이 음악가의 수기'라는 제목으로 집필을 시작했으나, 비슷한 시기에 쓰고 있던 희곡 〈블라디미르 3등 훈장〉의 집필이 순조롭지 못하자 희곡의 주인공인 고위관료를 이 작품의 '국장'으로 바꾸고, 희곡에 등장하는, 훈장을 받지 못해 미쳐 가는 한 인물의 이야기를 '귀족 9등관' 포프리시친의 이야기로 개작하여 《광인일기》를 완성했다.

《광인일기》에는 황당무계하게도 개가 쓴 편지가 등장하지만 그렇다고 이 작품이 판타지라고 생각하는 독자는 아무도 없을 것이다. 이는 어디까지나 《코》와 마찬가지로 관료들의 어리석음을 풍자하기 위해 고안된 기발한 소설

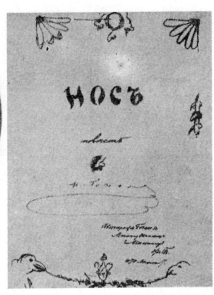

▲《코》 간판 '코발료프 소령의 코'라고 적혀 있다.

▶《코》 표지 원고

적 장치이다.

특히 애완견 메지의 편지는 주인 집안을 지배하는 관료적 사고방식과 행동양식에 대한 통렬한 패러디이다. 메지는 편지에서 친구 '피델리'의 이름이 너무 서민적이라 익숙해지기 힘들다고 이야기하는데, 이는 귀족인 여주인이 '서민'을 바라보는 경멸 섞인 시선을 반영한다. 음식이야기나 쫓아다니는 '남성들'에 대한 저속한 편지도 같은 맥락이다.

메지는 또한 여주인의 아버지인 '국장'이 입신양명만을 좇는 인물임을 폭로하고 있다. 포프리시친의 눈에 비친 국장은 독일어·프랑스어 원서가 가득 꽂힌 서재를 갖춘 존경스러운 인물이지만, 실상은 훈장이 수여될지도 모른다는 소식에 일주일 전부터 안절부절못하며 애완견에게 "받을 수 있을까? 없을까?" 하고 물어대는 속물이다.

주인공 포프리시친 역시 출세주의 망상에 찌든 속물임에는 다를 바 없다. 포프리시친은 메지와 마찬가지로 하인들과 '잿가루와 매연을 뿜어대는 창피한 줄 모르는 직공들'을 멸시섞인 시선으로 바라본다. '국장'의 딸을 사모하고, 대령이 된 자신을 꿈꾸며 점점 더 돌이킬 수 없는 광기로 치달아가는 주인공의 모습은 그 자체로 출세주의에 대한 적나라한 풍자이다.

국장의 딸이 시종 무관과 혼담이 이루어졌다는 잔혹한 현실과 마주하게 되자 포프리시친의 광기는 절정에 달한다. 하지만 그는 '신분의 차이'라는 현실에 체념하거나 저항하기보다는 자신이 사실은 에스파냐의 왕이라는 망상에 빠짐으로써 그 굴욕감을 이겨내려 한다. 그는 마지막까지 인간의 가치가 '신분의 차이'에 따라 결정된다는 고정관념에 사로잡혀 있다. 주인공의 이러한 심리는 이른바 광인의 '기묘한 일관성'을 보여 주는데, 이런 측면에서 《광인일기》는 탁월한 심리소설적인 특징을 갖추고 있다고 할 수 있다.

고골은 시종일관 주인공의 광기를 희화화하고 있지만, 그 이면에는 여전히 연민의 감정이 배어 있다. 작품 말미에 나오는 '내가 무슨 짓을 했다고 이러는 거지? 왜 나를 괴롭히는 거지? 가난한 나한테서 뭘 뺏어 내려는 거야?'라는 포프리시친의 비통한 호소는 특히 독자들의 동정심을 불러일으킨다. 하지만 그럼에도 불구하고 《광인일기》의 주인공은 동정받을 만한 인물이라기보다는 문제적, 희극적 인물이라 할 수 있으며, 그런 면에서 이 작품은 인도주의적 소설이 아닌 풍자소설, 혹은 심리소설에 가깝다고 볼 수 있다.

고골 연보

(해외에서 머물 때를 제외하면 모두 율리우스력을 따랐다.
그레고리력으로 고치려면 12일을 더 하면 된다)

1809년   3월 20일(그레고리력으로는 4월 1일) 우크라이나 폴타바 주, 미르고로드 소로친치에서 태어나 소지주였던 아버지 바실리 고골 야노프스키의 영지 바실리예프카에서 성장함.

1821년(12세)   5월 폴타바 주 네진 시에 있는 9년제 고등학교 김나지움에 입학함.

1823년(14세)   연극에 빠져들어 학교연극에 출연하거나 무대 장치 및 연출을 맡음.

1825년(16세)   아버지 죽음. 이때부터 러시아 문학을 탐독하며 친구들과 함께 회람잡지를 출판(1827년까지), 발라드나 비극 등의 습작(대부분 현존하지 않는다)을 연재함.

1827년(18세)   학교를 졸업하면 페테르부르크로 떠날 것을 결심함. 이때부터 서사시 《간츠 큐헤리가르텐 Ганц Кюхельгартен》 집필에 들어간 것으로 보임.

1828년(19세)   6월, 학교를 졸업함. 12월에 페테르부르크로 떠남.

1829년(20세)   우크라이나 민속전설을 취재하여 이를 소재로 단편을 씀. 6월, 아로프라는 필명으로 《간츠 큐헤리가르텐》을 자비 출판하지만 혹평을 받음. 남은 책들을 회수하여 불태움. 8월, 유럽으로 여행을 떠나 독일과 스웨덴, 덴마크를 돌아보고 6주 만에 귀국. 9~10월, 배우를 꿈꾸며 황실극단에 지원하나 탈락함. 11월, 관공서의 하급관리가 됨.

1830년(21세)   2월, 관직을 사퇴함. 단편소설 《이반 쿠팔라 전야 Вечер накануне Ивана Купала》를 무명으로 문화연감에 기고하면서 편집자였던 시인 델비크와 주코프스키, 프레트뇨프와 친해짐. 4월, 황실 토지관리국의 서기가 됨. 5~6월 야간 미술학교를 다니며 그림공부를 함.

1831년(22세) 1월, 처음으로 자신의 이름이 들어간 《여성론 Женщина》을 신문에 기고함. 2월, 애국여자학원의 역사 교사가 됨. 3월, 황실 토지관리국 서기를 그만둠. 5월, 푸시킨과 교유. 9월, 《디칸카 근교 농촌 야화 Вечера на хуторе близ Диканьки》 제1편 출판.

1832년(23세) 3월, 《디칸카 근교 농촌 야화》 제2편 출판. 6월, 모스크바를 떠나 바실리예프카로 돌아가 10월까지 머무르고 두 여동생을 애국여자학원에 입학시키고자 함께 페테르부르크로 돌아감. 평론 《푸시킨에 대한 교언 Несколько слов о Пушкине》 집필.

1833년(24세) 희곡 〈구혼자들 Женихи〉(훗날 《결혼Свадьба》), 중편소설 《초상화》, 《두 이반이 싸운 이야기 Повесть о том, как поссорился Иван Иванович с Иваном Никифоровичем》, 《구시대 지주 부부 Старосветские помещики》 등의 작품 집필에 들어가거나 탈고함.

1834년(25세) 2월부터 10월에 걸쳐 〈세계사 교수 초안 План преподавания всеобщей истории〉을 주된 내용으로 하는 에세이 다섯 편을 문화부 정기간행지에 발표함. 4월, 《두 이반이 싸운 이야기》를 발표함. 7월, 페테르부르크 대학의 세계사 조교수가 됨. 중편소설 《타라스 불바 Тарас Бульба》, 《초상화》, 《네프스키 거리 Невский проспект》, 《광인일기 Записки су масшедшего》, 《코 Нос》 등을 집필함.

1835년(26세) 1월, 평론작품집 《아라베스크 Арабески》, 3월 작품집 《미르고로드 Миргород》 출판. 5월부터 8월까지 바실리예프카에 머무름. 7월, 애국여자학교에서 면직처분을 받음. 10월, 푸시킨에게 장편소설 《죽은 혼 Мертвые》 집필에 들어갔다는 소식을 전함. 9월, 벨린스키가 평론 《러시아 중편소설과 고골 중편소설에 대해서》를 발표하다. 10월, 희곡 《검찰관 Ревизор》을 집필하여 12월 탈고함. 같은 달 대학에서 해고됨.

1836년(27세) 4월, 단편소설 《마차 Коляска》를 잡지에 발표함. 4월, 페테르부르크에서 《검찰관》의 첫 무대가 상연되고, 초판본이 출판됨. 4, 5월 무렵, 희곡 《연극이 끝나고 Театральный разъезд》를 집필함. 6월, 서유럽으로 떠나 독일, 스위스를 둘러보고 파리로 감. 10월, 《코》를 잡지에 발표함. 그해 말, 폴란드 시인 미츠키에비치를 만남.

1837년(28세) 2월, 푸시킨의 사망소식을 접하고 충격을 받음. 여름에는 독일, 9월에는 제네바에서 지내며 《죽은 혼》 집필에 몰두함.

1838년(29세) 주로 로마에 머무르며 화가 알렉산드르 이바노프, 요시프 비에리고르스키 백작과 친분을 쌓음. 여름은 나폴리, 가을은 파리와 제노바에서 보냄.

1839년(30세) 5월, 비에리고르스키의 사망소식에 크게 낙담함. 9월, 잠시 귀국하여 모스크바에 머무름. 중편소설 《외투 Шинель》를 집필함.

1840년(31세) 5월, 다시 서유럽으로 출국. 빈에서 수집한 우크라이나의 역사자료를 토대로 역사극을 집필하나 실패, 극도의 우울증에 빠짐. 9월, 로마에 머무름. 이때부터 《죽은 혼》 2부 집필에 착수한 것으로 보임.

1841년(32세) 《죽은 혼》 1부를 탈고함. 10월, 인쇄를 위해 일시 귀국하여 같은 달 하순까지 모스크바에 머무름. 그해 말 《외투》를 탈고함. 이때부터 종교적 강박에 따른 '영적 자기교육'에 대한 집착을 보이기 시작함.

1842년(33세) 미완성 중편소설 《로마 Рим》를 잡지에 발표함. 5월 21일, 페테르부르크 검열위원회의 요구에 따라 수정된 《죽은 혼》 제1부 출판. 7월, 《초상화》 발표. 10월, 로마 체류. 12월, 페테르부르크에서 희곡 《결혼》이 초연됨. 《결혼》, 《도박꾼 Игроки》, 《연극이 끝나고》, 《외투》, 《초상화》, 《타라스 불리바》 등이 수록된 4권의 작품집이 출판됨.

1843년(34세) 《죽은 혼》 2부 집필에 몰두하지만 건강이 나빠지면서 5월에
는 독일, 11월에는 프랑스 니스에서 요양함.

1844년(35세) 요양을 계속하면서 친구 주코프스키, 프레트뇨프, 야지코프,
스미르노바 등과 도덕, 종교 문제를 다룬 편지를 주고받음.

1845년(36세) 4월, 스미르노바에게 《친구와의 왕복서간 발췌 Выбранные
места из переписки с друзьями》에 대한 구상을 전함. 6월
말, 《죽은 혼》 2부 원고를 불태움. 가을, 건강이 조금 회복되
면서 로마로 감. 모스크바 대학 명예직에 임명됨.

1846년(37세) 7~10월에 걸쳐 프레트뇨프에게 《친구와의 왕복서간》 원고를
보냄. 《검찰관의 대단원》(1856년 출간) 《검찰관을 제대로 공연
하고자 하는 이들에게 주는 조언》(1889년 출간) 《죽은 혼》 2쇄
에 수록될 '작가가 독자에게'를 씀.

1847년(38세) 1월, 《친구와의 왕복 서간 발췌》 출판. 벨린스키의 혹평과
보수파 친구들에게서 비난의 편지를 받음. 6월, 자신에게 쏟
아지는 비난에 답하는 《작가의 고백 Автоская исповедь》
(1855년 출간)을 집필함.

1848년(39세) 1월, 성지순례를 떠나 2월 예루살렘에 도착, 4월 귀국함. 오
데사에 머무르다 9월까지 바실리예프카에서 지냄. 10월, 모
스크바로 돌아와 《죽은 혼》 2부 집필에 들어감.

1851년(42세) 10월, 투르게네프와 알게 됨. 그해 말, 《죽은 혼》 2부를 계
속 집필하고 있음을 주코프스키에게 알림.

1852년(향년) 1월, 영적 안내자인 마트베이 콘스탄티노프스키 신부와 모스
크바에서 만나 작가활동을 포기하라는 요청을 받음. 극도의
고민 끝에 2월 11일 밤, 거의 완성되었던 《죽은 혼》 제2부
원고를 다시 불태우고 친구들과 가족들 앞으로 유서를 씀.
식사와 치료를 거부하다 2월 21일 아침 8시에 죽음. 2월 25
일, 노보데비치 수도원에 있는 친구 야지코프의 무덤 옆에
매장됨.

옮긴이 김학수(金鶴秀)

한국외국어대학교 노어과 졸업. 미국 인디애나대학교 대학원 슬라브어문학과 졸업. 한
국외국어대학교·고려대학교 교수 역임. 한국노어노문학회장 역임. 지은책에 《노한사전
(露韓辭典)》《러시아어》, 옮긴책에 톨스토이 《부활》《인생의 길》《참회록》, 도스토옙스
키 《죄와 벌》《카라마조프네 형제들》《신과 인간의 비극》, 투르게네프 《사냥꾼의 수기》
《첫사랑》《루진》, 체호프 《귀여운 여인》《벚꽃동산》《약혼녀》, 두진체프 《빵만으로 살
수 없다》, 솔제니친 《이반 데니소비치의 하루》《1914년 8월》《수용소군도》 등이 있다.

World Book

171

Nikolai Vasilyevich Gogol
MYORTVYE DUSHI/SHINEL/NOS
ZAPISKI SUMASSHEDSHEGO

죽은 혼/외투/코/광인일기

고골/김학수 옮김

1판 1쇄 발행/1987. 7. 1
2판 1쇄 발행/2011. 11. 11
2판 2쇄 발행/2016. 4. 1
발행인 고정일
발행처 동서문화사
창업 1956. 12. 12. 등록 16-3799
서울 중구 다산로 12길 6(신당동, 4층)
☎546-0331~6 (FAX) 545-0331
www.dongsuhbook.com

*

*

사업자등록번호 211-87-75330
ISBN 978-89-497-0728-0 04080
ISBN 978-89-497-0382-4 (세트)